国家自然科学基金项目
"西南陆疆边境跨境旅游发展空间格局、机制及模式研究"研究成果

边境旅游发展的空间结构与模式研究

以云南省为例

明庆忠 娄思元 郭向阳 吴建丽 ◎ 著
胡 莹 杨亚萍 王 赫 刘宏芳

科学出版社

北 京

审图号：云 S（2019）029 号

内 容 简 介

为进一步评价云南省边境旅游发展的区位、探索其空间结构与发展模式，本书着重从云南省边境地区旅游发展概况、边境旅游发展区位条件评价、边境地区旅游发展时空演变及驱动机制、基于旅游者空间行为的边境旅游空间效应、边境口岸旅游发展空间结构整合与拓展、边境旅游发展模式等视角展开详尽研究。这将有助于：①助力沿边开发开放、兴边富民、"一带一路"、构建命运共同体等国家政策研究；②支持边疆安全稳定和边疆民族地区旅游扶贫研究；③突显边（跨）境旅游在边境地区社会经济发展中的作用与功能；④推动拓展国内外旅游市场与供给侧结构性改革，为大力发展边（跨）境游提供科学依据；⑤支持发展边疆地理学、丰富完善旅游地理学的研究内容。

本书可供旅游界、地理界人士阅读，也可作为大专院校教学参考书，同时可为政府部门、旅游企业等提供决策参考。

图书在版编目（CIP）数据

边境旅游发展的空间结构与模式研究：以云南省为例 / 明庆忠等著.
—北京：科学出版社，2021.6
 ISBN 978-7-03-068914-6

Ⅰ.①边⋯ Ⅱ.①明⋯ Ⅲ.①边疆地区-旅游业发展-研究-云南
Ⅳ.①F592.774

中国版本图书馆 CIP 数据核字（2021）第 103383 号

责任编辑：石 卉 吴春花 / 责任校对：贾伟娟
责任印制：徐晓晨 / 封面设计：有道文化

科 学 出 版 社 出版
北京东黄城根北街 16 号
邮政编码：100717
http://www.sciencep.com

北京建宏印刷有限公司 印刷
科学出版社发行 各地新华书店经销
*

2021 年 6 月第 一 版　开本：720×1000　1/16
2021 年 6 月第一次印刷　印张：29　插页：6
字数：585 000
定价：188.00 元
（如有印装质量问题，我社负责调换）

前　言

　　边疆包括陆疆和海疆。中国在地理跨度上有着长达2.2万多公里的陆地国界线，陆疆涉及省份包括西南地区的云南省、广西壮族自治区和西藏自治区，东北地区的黑龙江省、吉林省和辽宁省，北部地区的内蒙古自治区、甘肃省和新疆维吾尔自治区等，共有140个陆地边境县（市、区、旗），以及新疆生产建设兵团的58个边境团场[①]。无论是国外还是国内，陆疆都是开展边境旅游的主战场。

　　边境旅游是指旅游者在国家陆地边境地区进行的旅游活动。旅游者包括本国、邻国及第三国旅游者三类人，是发生在边境口岸一定区域的旅游活动。跨境旅游更多是指超越边境口岸，涉及更大空间尺度的旅游活动。边境旅游是对外开放的直接产物，在我国"一带一路"倡议加速对外开放的背景下，《国务院关于支持沿边重点地区开发开放若干政策措施的意见》（国发〔2015〕72号）明确指出，要提升旅游开放水平，促进边境旅游繁荣发展；要研究发展跨境旅游合作区，探索建设边境旅游试验区。2016年，国家旅游局组织了边境旅游试验区的申报工作[②]，正式启动跨境旅游合作区建设[③]，边境旅游迎来了历史性发展新机遇。

　　发展边境旅游已成为国家发展战略的重要组成部分。开展边境旅游是双边

---

① 《兴边富民行动"十三五"规划》。
② 《国家旅游局关于申报设立边境旅游试验区的通知》（旅发〔2016〕74号）。
③ 《中华人民共和国国家旅游局关于调查摸底跨境旅游合作区和边境旅游试验区工作进展情况的函》（2016年4月）。

和多边国家进行合作的重要领域，是国家旅游外交的重要议题，已成为提升国家文化软实力和增强国际话语权的重要渠道。在国家深入推进西部大开发、兴边富民行动、旅游扶贫、建设孟中印缅经济走廊、中国-东盟自由贸易区以及跨境经济合作区、跨境旅游合作区、边境旅游试验区等机遇下，云南省积极加强边境旅游产业体系建设，主动服务和对接国家战略体系，是区域性国际旅游合作需要与国家发展战略的重要实践内容。随着"一带一路"倡议的提出，云南省作为古代南方丝绸之路和连接北方丝绸之路与海上丝绸之路的关键节点，先后推进沿边开发开放试验区建设、沿边金融改革创新试验区和综合保税区等探索实践，以沿边地区为辐射范围，主动融入"一带一路"，务实参与国家发展战略实践过程。发展云南省沿边地区边境旅游，搭建区域旅游合作平台，逐步完善旅游合作机制、旅游支撑政策对接、基础设施建设及信息互联互通等旅游发展结构体系，是积极配合新时期对外开放战略的重要实践；是在云南省沿边重点地区以旅游为先导，助力实现全面开发开放整体格局、提升旅游开放水平的重要手段。凭借边境旅游开发建设，大力推动云南省旅游对外开放和国际旅游合作，主动承担新时期中国旅游外交使命，实现与国家沿边开放战略的协同共振。

开展以云南省为典型案例的我国西南陆疆边境旅游发展的空间格局，以及不同地理空间域的发展模式、发展机制及实现途径研究，有以下几个方面的作用。

1）助力沿边开发开放、兴边富民、"一带一路"倡议、构建命运共同体等国家发展研究。陆疆的地理和人文特殊性，使得其与周边国家和地区具有千丝万缕的关系，边境口岸、通道、城镇连接着国内与国外，起到了"承内启外"的桥梁与纽带作用。通过包括旅游在内的合作关系，寻找新的经济增长点，谋求共同发展，努力实现互联互通与跨境合作，与沿线国家形成多元利益的"最大公约数"，构建命运共同体。旅游既是国家扩大开放的重要组成部分，也是沿边开发开放的关键环节；旅游业是边疆发展的重要引擎，也是维护国家核心利益的多样化手段之一。领土边疆与文化边疆叠合、边疆开发与旅游发展过程耦合是中国边疆旅游的最大特色。

2）支持边疆安全稳定和边疆民族地区旅游扶贫研究。由于地理、交通、历史等多种发展条件的限制，边疆发展相对滞后，贫困面大，且多为少数民族地区，急需扶持。"一带一路"倡议、中国-东盟自由贸易区、孟中印缅经济走廊、中巴经济走廊等一系列边疆发展措施，立足本土，放眼世界，同时兼顾邻国与我国的发展。边疆地区得到了前所未有的重视，为我国对外经贸合作、文化交流、旅游发展创造了新条件，同时为边疆地区的安全稳定、和谐发展提供了新机遇。边疆从物流、人流的"末梢"变为"前沿"，成为新的区域发展中心、对外交流前沿。旅游业作为服务业的主力军，在促进跨国旅游发展、实现旅游扶贫下的兴边富民方面起着关键作用。

3）突显边境旅游在边境地区社会经济发展中的作用与功能。边境旅游作为边境地区重要的产业支撑，对边境社会、经济、文化具有综合影响效应。发展边境旅游是两国或多国沿边地区经济发展的重要引擎，也是强化区域民族团结、提高边民生活质量、传承与创新民族文化的重要保障，同时对沿边地区相关产业具有高度整合作用，是精准扶贫、改善民生的重要手段。边境旅游的区域空间独特性使其成为沿边省份发展地区经济、提质增效的重要推手，而其高度的产业融合性、联动性特征决定其能与边境地区其他产业体系一道致力于边境经济的稳步增长与结构性调整。在经济转型升级的背景下，明确边境旅游的优势、地位与作用，精准定位，可优化沿边地区旅游供给与消费结构，并以此缓解边境地区经济压力，为其经济发展增添后劲，推动沿边地区旅游经济进入新的发展阶段。

4）推动拓展国内外旅游市场与供给侧结构性改革，为大力发展边境游提供科学依据。中国陆疆广阔的地理跨度、多元的文化跨度、漫长的历史跨度等都是边境跨境旅游发展中不可多得的优势资源条件，异域风情浓郁、民族风情浓厚、生态环境优美，边境旅游产品呈现出业态异质化、产业复合化、产品多元化、合作多边化、圈层叠加化的特征，有助于加强旅游供给和增量供给，改善供给品种和质量；刺激消费，增强吸引力，拓展国内外旅游市场，实现国内市场与国际市场的连接，推动形成面向国内外的多元化立体市场格局。开展边境旅游发展研究能为我国陆疆边境地区的旅游发展寻找科学合理的路径。

5）支持发展边疆地理学、丰富完善旅游地理学的研究内容。"边疆"是一个地理概念，以人地关系理论为基础，讨论陆疆有关各种旅游现象的分布、变化和扩散，以及旅游活动的空间结构、发展机制、模式及路径；将一般的地理空间发展理论与边境旅游空间发展实践相结合，可初步形成系统的边疆旅游空间发展理论。对边疆区域跨境旅游空间中的边境重点开发开放试验区、沿边国家级口岸、边境城市、跨境旅游合作区、跨境旅游线路和廊道等的空间效应进行研究和测度，主要是为了研究国家边界在边境区域发展中所起的作用，通过定量的手段得出定性的结论，不仅研究了国家边界的空间效应，也探查了常规边界效应测度方法在边境区域旅游研究中的应用。

对于云南省而言，发展边境旅游主要有以下意义。

1）发展边境旅游是云南省"三大定位"①的先行者和推动器。习近平总书记在考察云南省重要讲话中明确提出，希望云南主动服务和融入国家发展战略，闯出一条跨越式发展的路子来，努力成为民族团结进步示范区、生态文明建设排头兵、面向南亚东南亚辐射中心，谱写好中国梦的云南篇章②。云南省是一个多民族汇聚的边疆省份，沿边8个州（市）集中分布着壮族、苗族、哈尼族、彝族、傣族、景颇族、傈僳族等23个少数民族，它们是云南省乃至全国民族旅游的重要接待地，具有得天独厚的生态优势、民族文化优势与区位优势。通过研究，可统筹沿边民族地区资源开发，将其转化为资本动力，拉动边境民族地区社会发展、增进民族团结，引领沿边民族团结进步示范区建设。生态文明建设是地区经济持续发展的永久性保障，云南省沿边地区远离经济中心，开发程度相对较低，也是云南省生态环境保持相对较好的地区。《中华人民共和国国民经济和社会发展第十三个五年规划纲要》提出，支持贫困地区加快发展；把革命老区、民族地区、边疆地区、集中连片贫困地区作为脱贫攻坚重点；加快发展中小城市和特色镇；因地制宜发展特色鲜明、产城融合、充满魅力的小城镇，提升边境口岸城镇功能；扩大生态产品供给；打造生态体验精品线路，拓展绿色宜人的生态空间。以边境绿色旅游、生态旅游、民族文化旅游等发展理念为引导，转变沿边地区旅游开发方式，强化旅游生态建设，深入推进云南省沿边民族地区旅游扶贫工作与新型城镇化建设、特色村寨建设，打造我国西南面向南亚东南亚开发开放前沿，以及低碳旅游试点、全域旅游示范区、绿色经济试验示范区建设工作，重视民族地区发展，倡导绿色、低碳生产方式与生活方式，是助推云南省成为全国生态文明建设排头兵的核心环节。从宏观区位背景上看，我国云南省与越南、老挝、缅甸三国接壤，邻近泰国、柬埔寨、孟加拉国、印度等南亚东南亚国家，是我国面向南亚东南亚的辐射中心。云南省边境地区作为辐射中心的前沿窗口和重要门户，担负着沿边开发开放、先行先试的重要使命。因此，通过完善边境旅游发展结构、全力推动辐射中心的功能建构，可实现沿边辐射功能"以小见大、以点扩面"的先行效果，为后续战略的深入实施预先造势、奠定基础。

---

① "三大定位"是指民族团结进步示范区、生态文明建设排头兵、面向南亚东南亚辐射中心。
② 习近平在云南考察工作时强调：坚决打好扶贫开发攻坚战 加快民族地区经济社会发展[EB/OL]. http://cpc.people.com.cn/n/2015/0122/c64094-26428249.html [2018-12-30].

2）边境旅游已是云南省旅游的重要组成部分、主要特色和突出亮点之一。云南省是我国西南边疆省份，从产业贡献来看，2017年全省累计接待海外旅游者（过夜）667.69万人次，同比增长11.2%；实现旅游外汇收入合计35.50亿美元，同比增长15.5%；累计接待国内游客5.67亿人次，同比增长33.3%；实现国内旅游收入6682.58亿元，同比增长47.3%；全省共实现旅游业总收入6922.23亿元，同比增长46.5%[①]。边境旅游已占据云南省服务贸易的一定份额，且增势迅猛，已成为拉动云南省旅游消费的重要驱动力和云南省旅游产业发展改革创新的着力点。从发展方向来看，为实现旅游产业要素、旅游者在区域内的自由流动，助推云南省旅游业新时期转型升级、提质增效，边境旅游率先成为云南省旅游业发展的重要抓手和新的增长点。抓住国家沿边旅游开发开放的契机，以云南省边境旅游为支点，可丰富中国-东盟自由贸易区、孟中印缅经济走廊、澜沧江-湄公河旅游城市合作联盟的合作内容。在推进与老挝、柬埔寨、泰国等国家的旅游合作、推进云南省旅游业的国际化发展方面，云南省边境旅游具有巨大的发展潜力和前景。从产业功能定位来看，沿边各州（市）更趋向于将边境旅游定位为支柱型产业。从云南省旅游业态组合来看，云南省旅游产业业态丰富，融民族旅游、边境旅游、观光旅游、康体养生、休闲度假、户外探险等多元形式为一体。其中，民族旅游与边境旅游是云南省的特色旅游形式，边境旅游以异域文化、边界文化为核心体验对象，富于独特吸引力和品牌标识性。边境旅游以其资源独特性、区位优势明显等优势，可跻身于云南省旅游产业体系的关键位置，为云南省旅游产业建设成为全省国民经济的战略性支柱产业和人民群众更加满意的现代服务业贡献力量，全力助推云南省加快成为国内一流、国际著名旅游目的地和中国面向西南开放的区域性国际旅游集散地的建设步伐。

3）发挥云南省边境旅游的先导作用，助推旅游强省建设。通过云南省边境旅游的先导作用和龙头作用，探索云南省边境旅游发展布局、重点和时序，确定发展的新方向与新目标，在传统边境旅游发展的基础上，统筹利用好国际国内旅游资源与市场，促进旅游产业要素在区域内自由流动，形成稳定、有规模、有秩序的沿边旅游发展大局；通过开展边境旅游，积极争取相关扶持性政策，加强旅游跨国合作，完善边境产业支撑政策体系，健全旅游对外合作机制体制，实现国家对外合作长远性计划制定。从云南省沿边旅游供给侧结构来

---

① 2017年全省旅游接待情况[EB/OL]. http://dct.yn.gov.cn/sjgk1/32[2021-04-30].

看，边境经济发展水平、旅游基础设施与服务设施建设以及旅游支撑政策保障体系稍微滞后于现实旅游需求，旅游供给端与需求端整体呈现疲软状态，供给侧结构失衡。着力推进边境旅游产业结构调整，在招商引资的层面优化投资结构和产业结构，完善资源配置，稳步推进边境旅游市场改革，并根据旅游发展需要适当简政放权，优化边境地区通关便利度与相关政策支持力度，做到持续扩大旅游接待地的有效供给，促进区域旅游资源要素的合理配置，助力云南省旅游业扩内需、促消费、稳增长，谱写好边境旅游转型升级的大文章，主动融入云南省旅游业转型升级新阶段的发展框架，全力服务和融入云南旅游强省的建设进程。

本书为集体成果。云南财经大学首席教授明庆忠为总负责人，撰写了本书提纲，提出撰写意向，组织队伍并进行分工，进行大量的修改、多次统稿等。明庆忠、娄思元、郭向阳、吴建丽、胡莹、杨亚萍、王赫、刘宏芳等进行了研究和撰写文稿。撰写文稿分工如下：前言，明庆忠、刘宏芳（云南财经大学讲师，博士）；第一章，明庆忠、郭向阳（南京师范大学博士）、胡莹（云南财经大学）；第二章，王赫（青岛市莱西市院上镇人民政府）、明庆忠；第三章，郭向阳、明庆忠；第四章，娄思元（河南牧业经济学院讲师，博士）、明庆忠；第五章，杨亚萍（昌吉州文化体育广播电视和旅游局）、明庆忠；第六章，吴建丽（凯里学院讲师）、明庆忠；第七章，胡莹、明庆忠。感谢课题组的辛勤付出。

本书是以云南财经大学为主承担的国家自然科学基金项目"西南陆疆边境跨境旅游发展空间格局、机制及模式研究"成果之一，也受到了云南省哲学社会科学研究基地重点项目和云南省人民政府下达的、云南省旅游发展委员会委托课题组完成的"云南省边（跨）境旅游专项规划（2018—2030年）""云南省边境旅游试验区建设方案""云南省跨境旅游合作区建设方案"，以及瑞丽市委托的"瑞丽市边境旅游试验区建设实施方案"等项目的支持。在资料收集与整合、实地考察等工作中，得到了云南省文化和旅游厅及相关处室（尤其是云南省旅游规划研究院、边境旅游合作办公室）、云南省人民政府各相关职能单位、云南省8个边境州（市）和相关县（市、区）原旅游发展委员会、云南省相关旅游专家的帮助和支持。科学出版社的石卉、吴春花编辑做了大量校对、修改工作，让本书得以顺利出版，在此一并表示由衷的感谢！

明庆忠

2020年11月7日

目 录

前言 ······ i

第一章 云南省边境地区旅游发展概况 ······ 1
  第一节 云南省边境地区范围与旅游发展条件 ······ 2
  第二节 云南省边境地区旅游发展现状 ······ 6
  第三节 云南省边境地区旅游发展评价 ······ 12

第二章 边境旅游发展区位条件评价 ······ 23
  第一节 国内外相关研究 ······ 24
  第二节 云南省边境地区旅游发展区位要素条件评价 ······ 28
  第三节 云南省边境旅游发展区位价值综合评价 ······ 52
  第四节 基于区位评价的边境旅游发展对策 ······ 62

第三章 边境地区旅游发展时空演变及驱动机制 ······ 71
  第一节 国内外相关研究 ······ 72
  第二节 边境地区旅游强度的时空演变 ······ 80
  第三节 边境地区旅游效率时空演变 ······ 101
  第四节 边境地区旅游发展驱动机制 ······ 119
  第五节 基于时空演变视角的边境地区旅游发展策略 ······ 143

第四章 基于旅游者空间行为的边境旅游空间效应 …… 163

- 第一节 国内外相关研究…… 166
- 第二节 边境旅游空间关系与空间效应的基本解读…… 177
- 第三节 旅游者空间行为与边境旅游地域空间…… 185
- 第四节 基于网络旅游日志的实证研究基础…… 200
- 第五节 旅游者点空间行为与德宏州边境旅游点空间效应分析…… 207
- 第六节 旅游者线空间行为与德宏州边境旅游线空间效应分析…… 219
- 第七节 旅游者面空间行为与德宏州边境旅游面空间效应分析…… 230
- 第八节 德宏州边境旅游发展及空间效应利用建议…… 237

第五章 边境旅游发展的驱动机制：以瑞丽市为例 …… 243

- 第一节 国内外相关研究…… 244
- 第二节 瑞丽市边境旅游发展现状分析…… 249
- 第三节 瑞丽市边境旅游发展的动力系统…… 264
- 第四节 瑞丽市边境旅游发展的驱动机制…… 301
- 第五节 优化边境旅游发展驱动机制的路径与对策…… 309

第六章 边境口岸旅游发展空间结构整合与拓展 …… 321

- 第一节 国内外相关研究…… 323
- 第二节 云南省中越边境口岸旅游空间结构现状分析…… 328
- 第三节 云南省中越边境口岸区域旅游空间整合与拓展分析…… 348
- 第四节 旅游空间结构整合与拓展策略…… 378

第七章 边境旅游发展模式 …… 385

- 第一节 国内外相关研究…… 386
- 第二节 国内外边境旅游发展的主要模式及经验借鉴…… 393
- 第三节 云南省边境旅游发展模式的构建…… 402
- 第四节 云南省边境旅游发展的类型模式优化构建…… 422
- 第五节 实现云南省边境旅游发展模式对策研究…… 427

参考文献 …… 434

彩图 …… 455

第一章
云南省边境地区旅游发展概况

第一节 云南省边境地区范围与旅游发展条件

一、云南省边境地区概况

云南省边境地区地理位置优越,是我国陆上丝绸之路经济带与海上丝绸之路的重要交通节点。其与越南、老挝和缅甸3个国家接壤,是我国南下陆上通往印度洋的必经之地,战略位置非常重要。依据《云南省沿边地区开发开放规划(2016—2020年)》划定的"边境地区",自滇西北向滇东南依次有怒江傈僳族自治州(简称怒江州)、保山市、德宏傣族景颇族自治州(简称德宏州)、临沧市、普洱市、西双版纳傣族自治州(简称西双版纳州)、红河哈尼族彝族自治州(简称红河州)和文山壮族苗族自治州(简称文山州)共8个边境州(市),土地面积20.2万平方公里,总人口1882.9万人,分别占全省的51.4%和39.9%。云南省边境州(市)旅游资源赋存丰富,主要产品类型涉及边境观光休闲、边境商贸会展、边境科考探险、边跨境民族风情、远征军抗战文化、南疆边关文化和边境历史文化等。截至2015年底,云南省边境地区拥有国家A级景区84处,且旅游资源特色差异明显,部分边境州(市)(如西双版纳州、红河州等)已成为全国乃至国际重要的旅游目的地之一。

二、边境地区旅游发展条件

1. 区位条件

本书着重从地理区位、交通区位、文化区位、经济区位和旅游区位五大维度来全面阐释云南省边境地区旅游发展存在哪些优势区位,具体内容见表1-1。

表1-1 云南省边境地区旅游发展区位优势条件

区位优势维度	区位优势条件
地理区位	云南省边境地区是我国陆上丝绸之路经济带与海上丝绸之路的重要交通节点。其与越南、老挝和缅甸3个国家接壤,是我国南下陆上通往印度洋的必经之地,战略位置非常重要
交通区位	云南省边境地区具有独特的交通区位优势。澜沧江-湄公河黄金水道、昆曼国际大通道、昆河铁路、泛亚铁路等重要通道从中穿过,云南省边境地区可通过这些通道向北连接旅游发展极核昆明、大理和丽江等州(市),向南通过边境口岸(打洛、关累、磨憨、河口、瑞丽、天保等)与越南、老挝、缅甸等国相通,进而连接印度洋和南亚各国

续表

区位优势维度	区位优势条件
文化区位	云南省边境地区处于中华文化圈层与南亚东南亚文化圈层的交融地带，是多个少数民族和各族文化共存地区，历史上区域间文化、宗教、风俗的交流较为频繁。例如，泼水节、盘王节、中缅胞波狂欢节、目瑙纵歌节等业已成为边境地区跨境民族进行文化和商贸交流的重要纽带或理想载体
经济区位	受益于特殊的地理位置，云南省边境地区成为中国面向南亚东南亚国家进行商贸、文化交流的窗口，主要得益于16个国家级口岸和8个省级口岸为其经济活动开展提供的良好通道和平台，加之跨境经济合作区、边境经济合作区、沿边开发开放试验区的作用进一步发挥，将会进一步促进云南省边境地区内部经济效应的扩散
旅游区位	省域内尺度：云南省边境西北段靠近滇西北香格里拉生态边；在滇西段属于滇西火山热海旅游区的重要组成部分；在滇南段属于滇西南澜沧江-湄公河国际旅游区的重要成员；在滇东南段属于滇东南喀斯特山水文化旅游区的主要区域。 省域外尺度：云南省边境地区是中国-东盟、大湄公河次区域（GMS）等国际旅游区的重要组成部分，处于连接南亚、东南亚等旅游圈的交汇地带，旅游区位优势非常明显

2. 资源禀赋

云南省边境地区因宜人的水热条件，光照充足，适合各种动植物的繁殖与生长，加之喀斯特地貌的孕育，形成了独具区域特色的各种自然与人文景观资源，基本上涵盖了生物景观、水域风光、地文景观、遗址遗迹、旅游商品、人文活动、天象与气候景观等旅游资源类型。依据《旅游资源分类、调查与评价》（GB/T18972—2003）统计，区内部有8个主类旅游资源、31个亚类与125个基本类型。按照旅游资源主要功能划分，云南省边境地区旅游资源功能分类见表1-2。

表1-2 云南省边境地区旅游资源功能分类

旅游资源功能类型	典型旅游资源代表
养生养老型	西双版纳热带雨林国家公园、沧源国际旅游度假区、腾冲热海风景区等
山地康体型	以南贡山、高黎贡山、老君山为载体，可开展攀岩、野外徒步、登山、自行车比赛等户外康体活动
水体运动体验型	南腊河、元江、南溪河、大盈江-瑞丽江的水上漂流运动等
遗址古迹型	西双版纳茶马古道景区、沧源司岗里崖画谷、耿马石佛洞遗址、麻栗坡小河洞新石器时代遗址、史迪威公路、松山抗战遗址、滇越铁路等
溶洞探险型	沧源司岗里溶洞、芒市三仙洞、南伞跨国溶洞、孟连仙女洞、沧源天坑、麻栗坡天生桥溶洞、西双版纳勐远仙境等
宗教文化型	芒市菩提寺、孟连上城佛寺、西盟龙摩爷圣地、西双版纳勐泐大佛寺、耿马孟定洞景佛寺等

续表

旅游资源功能类型	典型旅游资源代表
口岸观光型	主要有金水河、天保、磨憨、打洛、瑞丽、猴桥口岸等陆港口岸；思茅、景洪等水港口岸；西双版纳等空港口岸等
新兴节事节庆型	中缅胞波狂欢节、腾冲火山热海文化旅游节、耿马傣族水文化旅游节、临沧滇红茶文化节、茶马古道乡村文化旅游节、澜沧葫芦节、中国磨憨-老挝磨丁边境文化旅游节、中越（文山）国际商贸旅游交易会、怒江大峡谷民族风情旅游节、沧源摸你黑狂欢节等
红色旅游型	河口、麻栗坡及金平烈士陵园，腾冲国殇墓园、滇西抗战纪念馆、临沧班洪抗英遗址碑等
边境购物型	沧源葫芦小镇购物街区、河口越南街、瑞丽旅游淘宝场、腾冲翡翠批发市场、芒市珠宝小镇等
民俗风情型	沧源翁丁原始部落景区、西双版纳傣族园、傣族泼水节、景颇族目瑙纵歌节、德昂族浇花节、苗族花山节、壮族赶花街、瑶族盘王节、哈尼族苦扎扎节等
生态休闲型	瑞丽莫里热带雨林、西双版纳原始森林公园、河口花鱼洞国家森林公园、三江并流自然保护区、腾冲北海湿地、怒江大峡谷、西双版纳热带雨林自然保护区、高黎贡山国家级自然保护区、南滚河国家级自然保护区、马关古林箐原始森林等
旅游商品型	缅甸玉石及翡翠、腾冲玉石及翡翠、西双版纳木雕、芒市珠宝、少数民族美食及工艺品等

3. 社会经济条件

近年来，云南省边境地区经济发展水平虽然与全国东中部省份相比存在较大的差距，且区域内部经济发展水平呈现发展不充分、不均衡的问题。但随着《国务院关于支持云南省加快建设面向西南开放重要桥头堡的意见》（国发〔2011〕11号）、《国务院关于支持沿边重点地区开发开放若干政策措施的意见》（国发〔2015〕72号）等一系列政策红利文件的颁布，加之"新一轮西部大开发""一带一路""长江经济带"等的进一步践行与深入实施，云南省边境地区经济发展水平取得了长足的进步与发展，其国内生产总值（gross domestic product，GDP）由2000年的487.73亿元增长到2015年的4200.59亿元，年均增长率为15.44%（图1-1），沿边地区经济发展实力进一步增强，旅游公共服务设施日趋完善，加之云南省边境地区与越北、老北、缅北的旅游合作机制和平台搭建日趋完善，且政府间跨境旅游合作的意愿和意识逐渐增强，这些均为云南省边境地区旅游的深化务实合作与区域旅游经济协同发展奠定了良好的政策与经济基础。

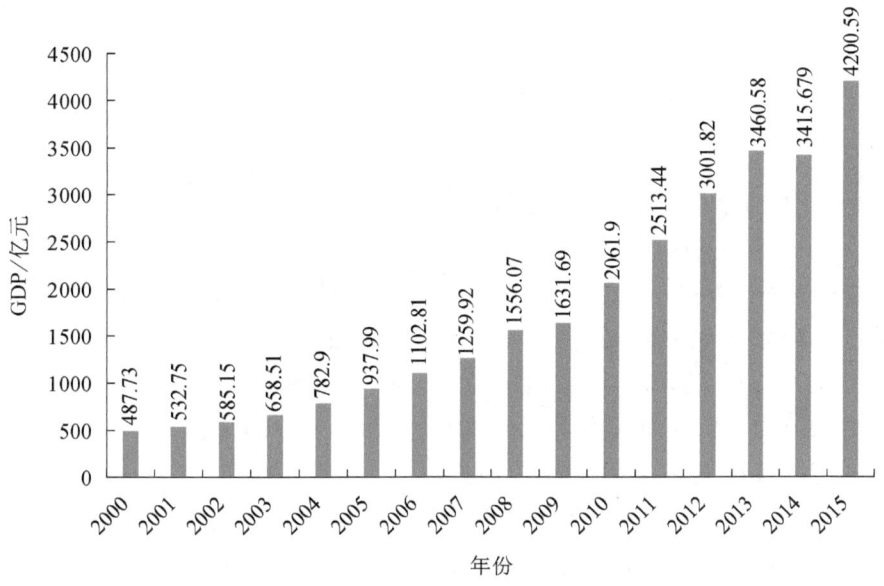

图 1-1　2000～2015 年云南省边境地区 GDP 变化

资料来源:《云南统计年鉴》(2001～2016 年)

4. 人文环境条件

云南省边境地区共包含 8 个边境州(市),覆盖人口 1882.9 万人,土地面积为 20.2 万平方公里,分别占云南省的 39.9%和 51.4%。边境地区共分布有 23 个少数民族,其中包括 16 个跨境而居民族。边境各民族之间大多语言相通、风俗相近、文化同源,在相互的文化交流与融合发展过程中,各民族形成了独具区域性特色的服饰、饮食、建筑、婚丧嫁娶、文字语言、宗教信仰、生产生活方式等民俗文化特色。与此同时,边境地区留存的红色文化抗战遗址、烈士陵园、宗教建筑、边境口岸、界碑、界河、国门等边境建筑和石窟、壁画等人文历史文化遗产均会勾起游客极强的好奇心。此外,边境地区内部不同边境段均有不同的地方性浓郁的旅游商品销售。例如,西双版纳州的木雕工艺品、腾冲市的翡翠、各民族的服装等,每种商品的文化内涵设计,均对边境民族地区地方人文性的彰显与表征具有重要意义。总之,边境地区内部丰富多彩的民俗文化、遗址古迹、人文性特色商品等人文性特色浓郁的一系列吸引物因素均为边境旅游的开展与可持续发展奠定了良好的人文环境基础。

第二节　云南省边境地区旅游发展现状

一、边境地区旅游发展规模

总体来看，2000～2015 年云南省边境地区国内旅游收入和国内旅游人次保持持续上升的态势（图 1-2）。国内旅游收入由 2000 年的 35.58 亿元增长到 2015 年的 986.81 亿元，年均增长率为 24.80%，增长速度较快；国内旅游人次由 2000 年的 1116.86 万人次增长到 2015 年的 10 365.09 万人次，年均增长率为 16.01%，增长速度略逊于国内旅游收入。深入研究发现，2000～2015 年云南省边境地区国内旅游收入和国内旅游人次的持续增长分为两个阶段，第一阶段（2000～2009 年）为持续低速增长阶段；第二阶段（2010～2015 年）为快速增长阶段。究其原因可知，2009 年 12 月国务院颁布了《国务院关于加快发展旅游业的意见》（国发〔2009〕41 号）和《国务院关于支持云南省加快建设面向西南开放重要桥头堡的意见》（国发〔2011〕11 号）等文件，均为云南省边境地区旅游经济高速发展提供了政策支撑与保障。

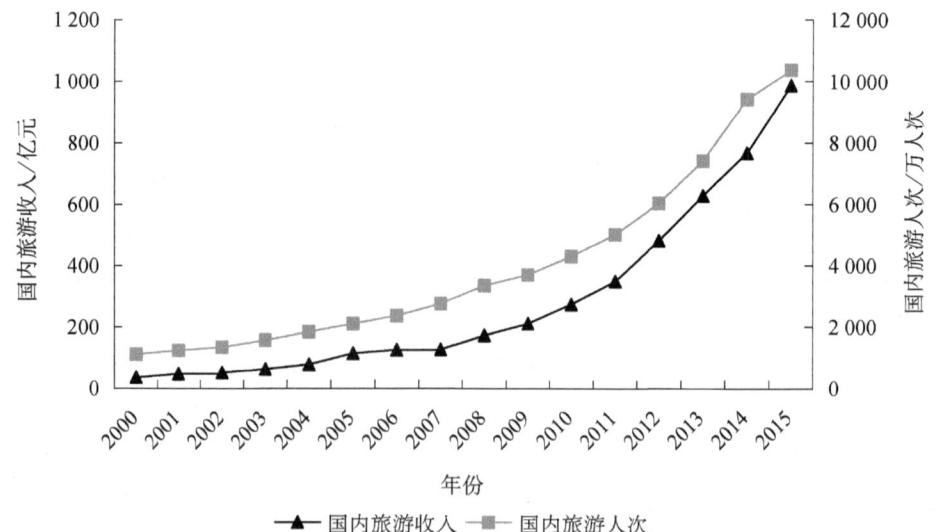

图 1-2　2000～2015 年云南省边境地区国内旅游收入和国内旅游人次

资料来源：《云南统计年鉴》（2001～2016 年）

总体来看，2000～2015 年云南省边境地区旅游外汇收入和入境旅游人次均呈现持续增长的趋势（图 1-3）。在 2003 年和 2014 年出现了两个明显的"降落点"，主要原因在于 2003 年的"非典"和 2014 年的"昆明火车站恐怖袭击事件"等突发性事件对入境旅游产生了重要影响，这也从侧面验证了入境旅游效益和规模对突发性事件具有较强的敏感性。旅游外汇收入由 2000 年的 12 766.32 万美元增长到 2015 年的 87 800 万美元，年均增长率为 13.72%；入境旅游人次由 2000 年的 21.81 万人次增加到 2015 年的 116.99 万人次，年均增长率为 11.85%。2000～2015 年，云南省边境地区旅游外汇收入和入境旅游人次等指标与国内旅游收入和国内旅游人次等指标的发展历程呈现出相同的阶段性特征，均是在前期增长较为缓慢，后期在国家级和省级政策层面的刺激下，均呈现出较快的增长速度，并有持续增长态势。

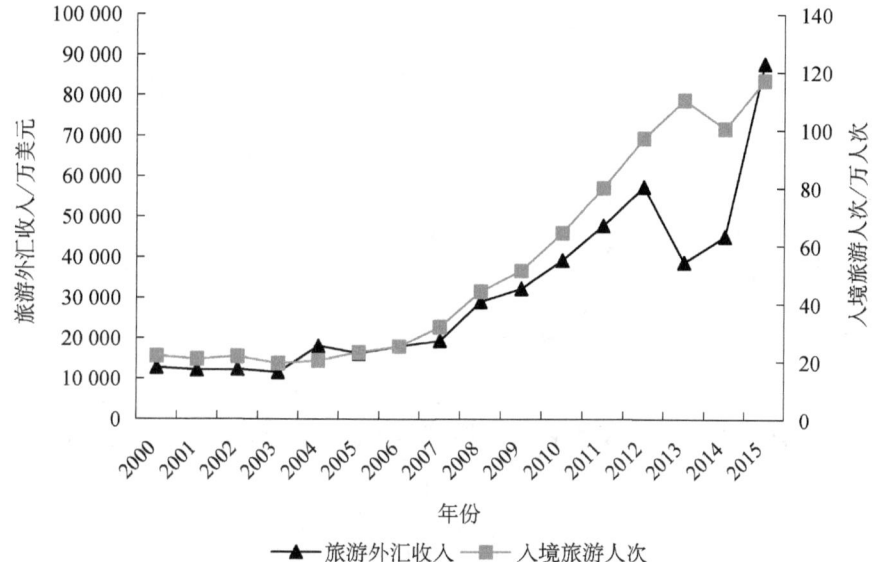

图 1-3　2000～2015 年云南省边境地区旅游外汇收入和入境旅游人次

资料来源：《云南统计年鉴》（2001～2016 年）

整体来看，2000～2015 年云南省边境地区口岸入境一日游外汇收入和入境一日游旅游人次总体呈现上升的态势（图 1-4）。但两者均在 2005 年出现了轻微的下降波动，主要是 2005 年为了严厉打击云南省边境的出境赌博行为，公安部要求，对境外有赌场的边境地区坚决停止边境游异地办证，并停止了边境地区异地办证的工作，口岸入境一日游外汇收入和入境一日游旅游人次出现了阶段性的低迷时期。2014 年，口岸入境一日游外汇收入和入境一日游旅游人次也出现了明显的降落点，主要是受到"昆明火车站恐怖袭击事件"等突发性事件的干扰。2000~2015 年，云南省边境地区口岸入境一日游外汇收入和入境一日游旅游人次持续增长呈现出两个阶段性的特征，第一阶段（2000~2010 年）为缓慢增长阶段；第二阶段（2011~2015 年）为快速增长阶段。2011 年成为口岸入境旅游效益和旅游规模转型的拐点，主要原因在于 2011 年国务院出台了《国务院关于支持云南加快建设面向西南开放重要桥头堡的意见》，加之 2011 年国务院在《兴边富民行动规划（2011—2015 年）》中明确指出，大力培育开发具有边境特色的重点旅游景区和线路，鼓励发展边境旅游。国家层面一系列的政策红利使云南省边境地区口岸入境一日游外汇收入和入境一日游旅游人次均呈现出"井喷式"的增长。

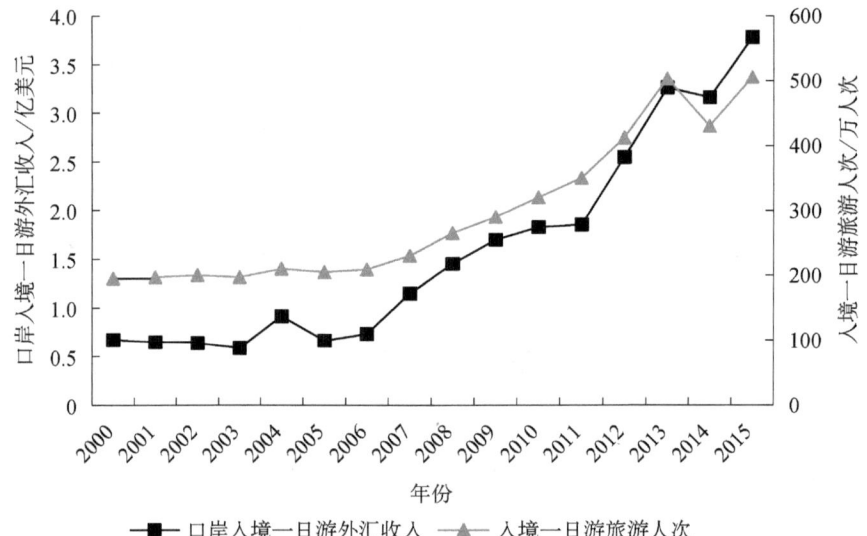

图 1-4　2000~2015 年云南省边境地区口岸入境一日游外汇收入和入境一日游旅游人次
资料来源：《云南统计年鉴》（2001~2016 年）

二、边境地区各州（市）旅游经济发展

对 2000~2015 年云南省边境各州（市）旅游总收入和旅游接待总人次排序，得到旅游总收入位序图（图 1-5）和旅游接待总人次位序图（图 1-6）。

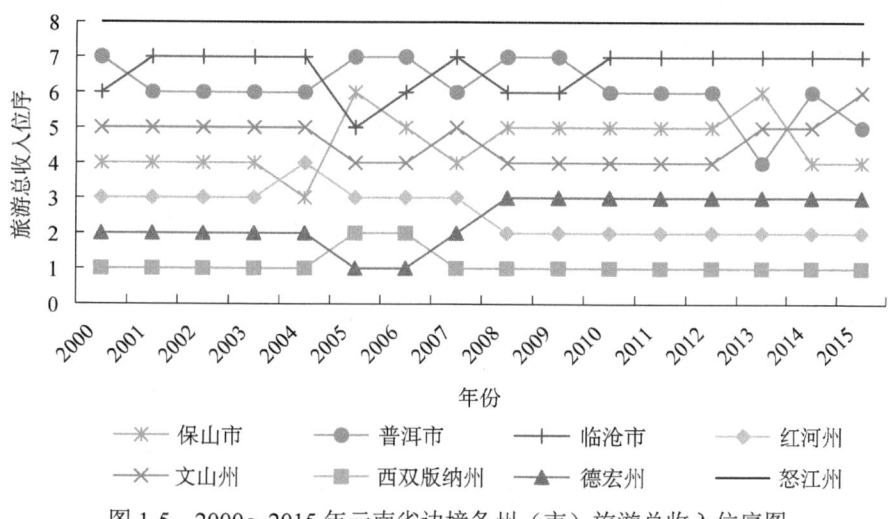

图 1-5　2000～2015 年云南省边境各州（市）旅游总收入位序图

资料来源：《云南统计年鉴》（2001～2016 年）

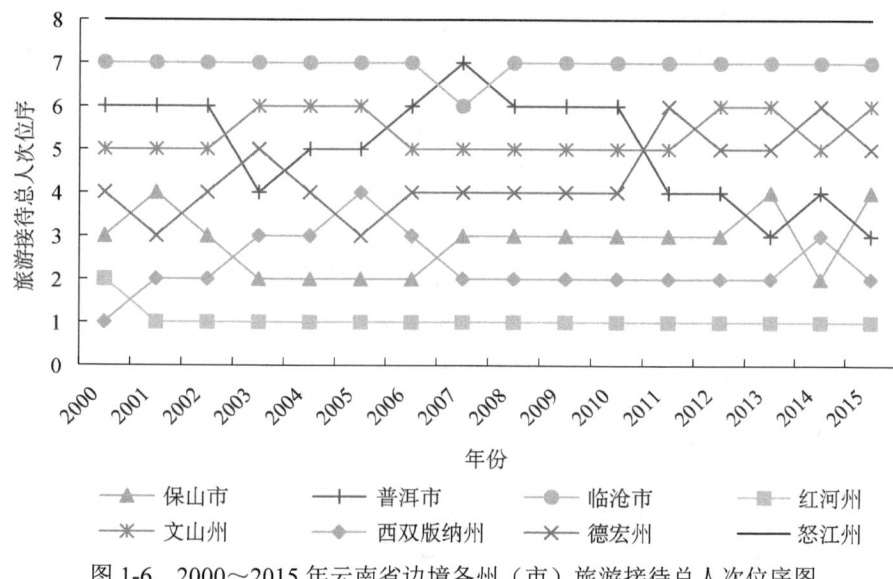

图 1-6　2000～2015 年云南省边境各州（市）旅游接待总人次位序图

资料来源：《云南统计年鉴》（2001～2016 年）

1）从 2000～2015 年云南省边境各州（市）旅游总收入位序图（图 1-5）来看，西双版纳州、德宏州和红河州三州的旅游总收入基本上处于前三的位置，西双版纳州在 2005 年和 2006 年被德宏州超越，在 2007 年之后又回到了"领头羊"的位置；2007 年之后，红河州成功超越德宏州跃居第二的位置，而德宏州在 2007 年之后一直处于第三的位置。怒江州始终处在第八的位置，其他州（市）交替上升，位序呈现波动的态势，具体来讲，临沧市、文山州为先升后降型，普洱市为波动上升型，保山市为总体降低型。总体来讲，截至2015年西双版纳州、德宏州、红河州3个州的旅游总收入占边境州（市）总和的60.88%，此三州对边境地区旅游效益的增长起到了至关重要的作用，也表明此三州为云南省边境地区发展的核心地区，其余州（市）对整个边境地区的贡献率相对较小。

2）从2000～2015年云南省边境各州（市）旅游接待总人次位序图（图1-6）来看，2000年之后，红河州一直处于首位的位置，而怒江州始终处于第八的位置。临沧市除2007年上升为第六位外，其余年份均处于第七的位置；其余州（市）的位序均呈现波动变化的态势，具体来讲，保山市、德宏州为先升后降型，普洱市为先升后降再升型，文山州为波动降低型，西双版纳州为先降后升型。2015年，红河州、西双版纳州、德宏州3个州的旅游接待总人次占边境州（市）总和的52.66%，同样说明此三州对云南省边境地区旅游人次规模的贡献率相对较大，未来可深入挖掘此三州的区域性核心带动作用，而其余边境州（市）旅游规模发展未来仍有很大的潜力需要挖掘。

三、边境地区旅游产业地位

旅游产业是复杂的关联性和综合性系统，旅游总收入是旅游产业综合效益的综合表征，研究旅游总收入占GDP的比重，即旅游产业地位，可全面了解云南省边境地区旅游产业所发挥的本地经济效应。

1. 边境地区旅游产业地位变化

由图1-7可知，总体来看，2000～2015年云南省边境地区旅游产业地位基本呈现持续上升的态势。旅游总收入占GDP的比重由2000年的9.47%增加到2015年的24.86%，增加了15.39个百分点，表明云南省边境地区旅游产业对其他产业的带动效应愈加明显。具体来看，2000～2015年云南省边境地区旅游产业地位上升大致分为三个阶段：第一阶段（2000～2005年）为缓慢上升阶段，旅游产业地位稳步上升，速度较为缓慢；第二阶段（2006～2010年）为波动上升阶段，旅游产业地位呈现起伏式上升；第三阶段（2011～2015年）为快速上升阶段，旅游总收入占GDP的比重由2011年的15.55%猛增到2015年的24.86%，增加了9.31个百分点，表明此阶段旅游产业对云南省边境地区内部经济总体增长起到了重要推动作用，旅游产业所发挥的本地经济效应愈发扩大并保持继续增长的良好势头。

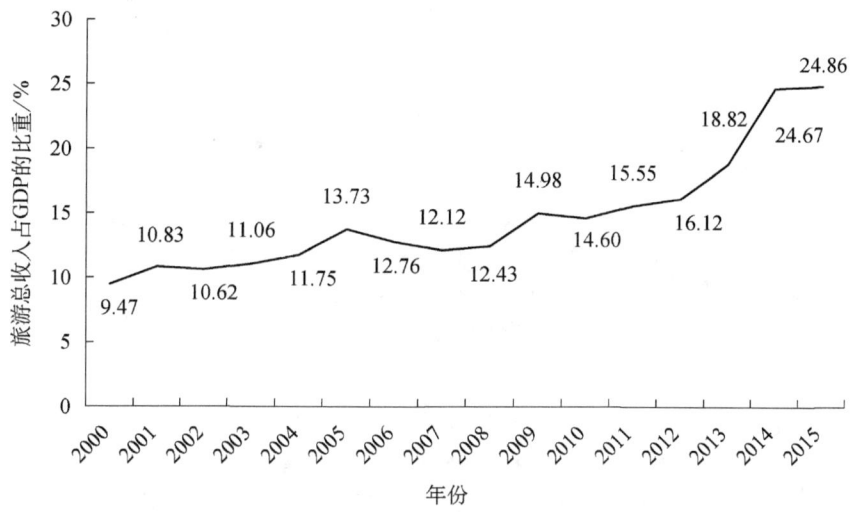

图 1-7　2000～2015 年云南省边境地区旅游产业地位变化
资料来源：《云南统计年鉴》(2001～2016 年)

2. 边境地区各州（市）旅游产业地位变化

由图 1-8 可知，总体来看，2000～2015 年云南省边境各州（市）旅游产业地位基本上保持持续上升的势头，表明边境各州（市）旅游产业的关联效应在逐年提升。尤其是西双版纳州和德宏州表现较为明显，西双版纳州旅游总收入占 GDP 的比重由 2000 年的 29.53%猛增到 2015 年的 83.35%，增加了 53.82 个百分点，表明近年来旅游产业成为西双版纳州经济增长的支柱产业；德宏州旅游总收入占 GDP 的比重由 2000 年的 24.81%猛增到 2015 年的 53.91%，增加了 29.1 个百分点，表明旅游产业均已成为西双版纳州和德宏州的支柱产业。其余边境州（市）旅游总收入占 GDP 的比重的增长幅度不大。截至 2015 年，其余州（市）旅游总收入占 GDP 的比重均在 30%以下。未来，在保持旅游产业在边境各州（市）经济中的地位稳步上升的前提下，应着力缩小边境各州（市）间旅游产业地位差距，寻求边境地区内部均衡性发展的路径。

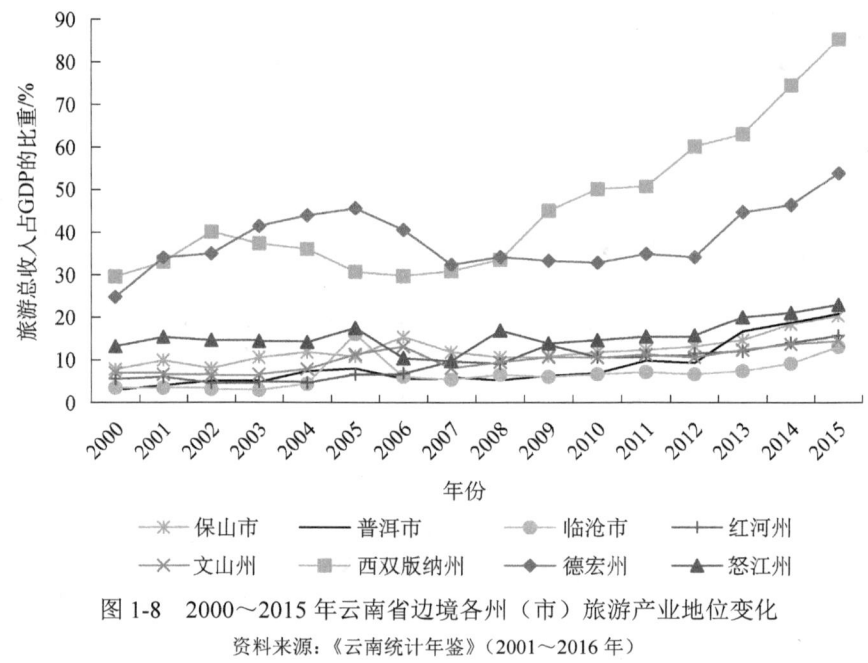

图 1-8　2000~2015 年云南省边境各州（市）旅游产业地位变化

资料来源：《云南统计年鉴》（2001~2016 年）

第三节　云南省边境地区旅游发展评价

一、云南省边境旅游发展取得的主要成绩

20 世纪 80 年代末至 90 年代初，云南省开始逐步发展边境旅游，起初主要以边境易货贸易为发展动力，并陆续开通了十余条边（跨）境旅游线路，2005 年因专项整治工作而全面停止边境旅游异地办证业务，直至 2013 年在国家加快实施沿边对外开放战略的大背景下，旅游异地办证工作得到重启并经国家旅游局批准新增了多条边境旅游线路，云南省边境旅游正式踏入发展的第二轮春天，但这一轮重启却因以前的影响等而举步维艰，一直在披荆斩棘、不断探索发展的新路径和新出口。近十多年来，云南省边境地区不断尝试以旅游产业为发展后劲，在提升沿边地区对外开放水平，增强与邻边国家对话交流，建设边疆地区新的经济增长点，促进民族团结和民族融合等方面做出了重大贡献。为服务和对接孟中印缅经济走廊、"一带一路"及云南省建设辐射中心、昆曼国际大通道等发展机遇，近五年来云南省人民政府立足云南省边境地区旅游业发

展实施了一系列产业调整举措，促进边境旅游发展。云南省边境旅游发展卓见成效，已成为省域旅游经济发展的新增长点，有效发挥了巩固边疆稳定、促进口岸繁荣、带动云南省经济发展等方面的重要作用。

1. 陆路口岸旅游占主导，旅游设施建设稳步推进

截至 2016 年底，云南省拥有对外开放口岸 25 个，是全国口岸大省，其中一类国家级口岸 18 个，二类省级口岸 7 个。除了省内的两个航空口岸昆明机场和丽江机场外，其余 23 个口岸均在边境地区（中越边境口岸 6 个，中老边境口岸 2 个，中缅边境口岸 11 个，航空、水运口岸 4 个），见表 1-3 和表 1-4。与此同时，云南省商务厅（云南省人民政府口岸办公室）的统计数据显示，云南省边境线上还有 97 条边民互市通道（中越 26 条、中老 7 条、中缅 64 条）和 111 个边贸互市点，边境小道、便道不胜枚举。全省范围内形成了陆、水、空三位一体的全方位口岸开放体系，为云南省发展边境旅游奠定了良好的通道基础。

表 1-3 云南省对外开放口岸

云南省口岸总数量	口岸等级	口岸类别			
		航空口岸（3 个）	水港口岸（3 个）	铁路口岸（1 个）	公路口岸（11 个）
25 个	一类国家级口岸（18 个）	昆明机场、西双版纳机场、丽江机场	景洪港（河港）口岸、思茅港水运（河港）口岸、关累港水运（河港）口岸	河口陆运（铁路）口岸	瑞丽口岸、畹町口岸、孟定清水河口岸、猴桥口岸、打洛口岸、河口口岸、磨憨口岸、勐康口岸、天保口岸、金水河口岸、都龙口岸
	二类省级口岸（7 个）	公路口岸			
		田蓬口岸、孟连口岸、沧源口岸、南伞口岸、章凤口岸、盈江口岸、片马口岸			

资料来源：根据《云南统计年鉴 2016》整理

表 1-4 云南省边境口岸分布一览

	边境口岸	所在位置
中越边境口岸（6 个）	河口陆运（铁路）口岸 河口陆运（公路）口岸	位于云南省红河州最南端的河口县，与越南老街口岸对接
	天保陆运（公路）口岸	位于云南省文山州麻栗坡县南端，与越南河江省清水河口岸对接
	金水河陆运（公路）口岸	位于云南省红河州金平县金水河镇，与越南马鹿塘口岸对接
	田蓬陆运（公路）口岸	位于云南省文山州富宁县的东南部，与越南上蓬口岸对接
	都龙陆运（公路）口岸	位于云南省文山州马关县境内，与越南箐门口岸对接

续表

边境口岸		所在位置
中老边境口岸（2个）	磨憨陆运（公路）口岸	位于云南省西双版纳州勐腊县南端，是中老边境唯一的国家级口岸，昆曼国际大通道从该口岸通过，与老挝磨丁口岸对接
	勐康陆运（公路）口岸	位于云南省普洱市江城县，与老挝丰沙里兰堆口岸对接
中缅边境口岸（11个）	瑞丽陆运（公路）口岸	位于云南省德宏州，与缅甸的南坎、腊戌、八莫等重要城镇相邻，与缅甸木姐口岸对接
	畹町陆运（公路）口岸	位于云南省德宏州，与缅甸九谷口岸对接
	孟定清水河陆运（公路）口岸	位于云南省临沧市耿马县，与缅甸掸邦第一特区接壤
	猴桥陆运（公路）口岸	位于云南省保山市腾冲市猴桥镇的槟榔江畔，与缅甸甘拜地口岸对接
	打洛陆运（公路）口岸	位于云南省西双版纳州勐海县西南部，与缅甸掸邦东部第四特区小勐拉接壤
	孟连陆运（公路）口岸	位于云南省普洱市孟连县，与缅甸掸邦第二特区接壤
	沧源陆运（公路）口岸	位于云南省临沧市沧源县西南部，与缅甸掸邦第二特区接壤
	南伞陆运（公路）口岸	位于云南省临沧市镇康县南伞镇，与缅甸果敢口岸对接
	章凤陆运（公路）口岸	位于云南省德宏州陇川县章凤镇，与缅甸北部雷基市（洋人街）接壤
	盈江陆运（公路）口岸	位于云南省德宏州盈江县平原镇，与缅甸克钦邦第二特区接壤
	片马陆运（公路）口岸	位于云南省怒江州泸水县片马镇，是怒江州唯一对外开放的省级口岸，也是中缅边界北段10号至47号界碑638公里长的边界线上唯一的一座口岸
航空、水运口岸（4个）	西双版纳航空口岸	位于云南省西双版纳州景洪市西南约5公里，该机场是国内重要的干线机场和通往东南亚、南亚的中型枢纽机场，先后开通国内航线23条和泰国、老挝国际航线3条
	思茅港水运口岸	位于云南省普洱市思茅港镇，是澜沧江-湄公河国际航运中国境内的第一个港口，是我国内陆地区与东南亚地区进行交流合作的重要通道和最便捷的黄金水道
	景洪港水运口岸	位于云南省西双版纳州景洪市澜沧江北岸，与老挝、缅甸、泰国多个国家港口开通杂散货、集装箱、客运航线，是澜沧江-湄公河国际航道上的重要国际口岸，是云南省及西南地区面向东南亚开放的重要前沿
	关累港水运口岸	位于云南省西双版纳州勐腊县西南部的澜沧江畔，是中南半岛腹地和东南亚诸国经湄公河进入中国的第一码头，是云南省与缅甸、老挝、泰国直接进行商贸交往的重要水路通道

资料来源：根据《云南统计年鉴2016》整理

边境陆路口岸旅游占据主导地位，自滇西北到滇西、滇西南再到滇东南汇聚了片马口岸、猴桥口岸、盈江口岸、章凤口岸、畹町口岸、瑞丽口岸、南伞口岸、孟定清水河口岸、沧源口岸、孟连口岸、勐康口岸、打洛口岸、磨憨口岸、金水河口岸、河口口岸、都龙口岸、天保口岸、田蓬口岸等20余个边境陆路口岸，其中孟连口岸等个别口岸已逐步健全口岸旅游服务设施体系（游客接待中心、旅游购物区、旅行社、星级酒店、星级餐馆等），口岸基础设施建设稳步推进，口岸国门观光与边（跨）境旅游购物项目成为核心旅游体验项目。

2016年，云南省边境旅游接待人数达9000多万人次，旅游收入近1700亿元，其中经口岸入境参加一日游的游客人数达599.04万人次，旅游外汇收入为4.27亿美元[①]，边境县（市）星级酒店、旅游购物场所、旅行社数量逐年增加，基础设施与服务设施等相关建设及改造工作正在抓紧推进。

2. 政府扶持力度逐渐增强，跨境合作积极推进

政策引导、战略带动与政府作为是云南省边境旅游发展的关键支撑动力。近年来，政府在各个层面提出有关扶持云南省边境旅游发展的政策与战略举措，具体包括《国务院关于支持沿边重点地区开发开放若干政策措施的意见》《国家旅游局关于申报设立边境旅游试验区的通知》《云南省人民政府关于支持沿边重点地区开发开放若干政策措施的意见》等，以及云南省边境各县（市）相应制定并出台的《中共临沧市委 临沧市人民政府关于加快旅游产业发展的意见》等政策举措都成为推进云南省边境旅游发展的重要驱动因素。此外，在创新旅游管理协调机制与加大资金投入力度层面，云南省边境各县（市）也积极通过成立旅游发展委员会、建立全州（市）旅游执法体系和改革旅游项目审批方式、争取发展资金等提高扶持的落实力度；在上层扶持力度逐渐增强的基础上，云南省边境各县（市）积极寻求同缅甸、越南、老挝的旅游合作，其中跨境旅游线路组合与"跨国边贸合作带动旅游"为典型的合作领域。截至2017年12月由滇西边境、滇西南边境出境开展中缅边境旅游的线路有9条，由滇西南普洱江城勐康口岸、勐腊口岸出境至老挝开展边境旅游的线路增至10条，以滇东南河口口岸、天保口岸为基点的滇越边境旅游线路3条。此外，以口岸为载体，云南省边境各县（市）依托公路基础设施联建、文化交流、经贸合作等机遇积极推进边境旅游合作发展，不断拓宽旅游沟通协作与旅游行业的合作领域。

3. 边境旅游项目丰度见长，建设发展稳步递进

旅游产业以项目体系为核心支撑，云南省边境旅游项目一直以来都较为分

---

① 根据云南省旅游发展委员会及各边境州（市）旅游局官网公开数据整理得到。

散且单一。"十三五"以来，云南省各边境州（市）在国家与云南省各级政策的扶持下，积极推进旅游项目的投资规划与建设进程：怒江州编制了《怒江州脱贫攻坚旅游建设发展规划（2016—2025 年）》《怒江大峡谷丙中洛旅游区总体规划（2016—2025 年）》《石月亮生态休闲旅游区总体规划》《泸水县百花岭旅游文化特色村修建性详细规划（2016—2020）》等规划，对旅游开发项目进行了多方位部署；腾冲市与龙陵县在保山市"十三五"规划的引领下，建设以火山热海、和顺古镇、高黎贡山、北海湿地、云峰山、松山抗战遗址、邦腊掌温泉为重点的精品旅游景区，并完成一批景区改造提升工程，打造蒲川清河茶文化温泉旅游小镇、界头花海慢城小镇、固东银杏村、滇滩水城、黄草坝·温泉一条街等一批特色村镇试点；德宏州边境旅游着力围绕"一江""一线"，布局以民俗文化体验、红色旅游体验、生态休闲为主题的项目集群带；临沧市边境旅游发展以边境经济合作区为核心对三个边境县的旅游项目进行整合提升，集中推进沧源国际旅游度假区创建工作；普洱市所辖的边境县（市）则集中在现有项目的基础上积极同缅甸、老挝开展跨境旅游项目合作开发业务；西双版纳州以实施"大项目带动大产业，大产业带动大发展"战略，建设的万达西双版纳度假区、洲际、喜来登等旅游项目投入使用，傣族园、野象谷、热带花卉园等景区也进行了提升改造，而傣乡水城、南传佛教历史文化项目等一批在建项目也有序推进；河口县与金平县边境地区稳步推进河口国际大酒店、河口-越南老街跨境文化旅游节、中越联欢晚会等边（跨）境旅游合作项目；麻栗坡县、马关县与富宁县三个边境县在文山州"十三五"规划的引导下，持续推进 A 级旅游景区创建工作并积极推进麻栗坡县出境旅游线路开发进程和富宁县七村九弄红色片区、句町古国区的项目建设。

4. 旅游市场发展缓中有进，市场结构层序丰富

云南省边境各县（市）所接待的游客集中以境内游客为主，包括省内游客和省外游客，其中省外游客主要来自邻省的四川和重庆以及沿海地带经济比较发达的环渤海地区和珠三角等地，且自驾游游客的比例逐步增大。由云南省边境独特的地缘优势所决定，缅甸、老挝、越南三国国民可经云南省边境口岸通道前来旅游，将其各边境县（市）视为旅游目的地或过境地的入境游客仍占较大比例，以缅甸腊戍和曼德勒、老挝丰沙里省以及越南沙巴的游客居多。云南省边境旅游市场增量逐年稳步上升，而就游客分类结构和市场空间结构而言层序日益丰富。在各边境州（市）"十三五"规划的指导下，云南省各边境县

（市）将积极主动地挖掘优化旅游客源市场的结构，从而推进边境旅游综合效益的整体提升。

5. 边境空间结构体系庞大，旅游发展模式交错

云南省边（跨）境地区涉及省内 25 个边境县（市）和缅甸、老挝、越南邻国的部分地域空间范围。由边境口岸、边境城镇、边境村寨、边境旅游合作区构成了多层次的边境地域空间结构，且整个边境空间结构体系庞大。云南省边境旅游发展模式整体上以边境口岸作为基点，依托其区位优势，更好地发挥其对周边地区的辐射带动作用，由边境口岸联结拓展空间，形成边境旅游轴线和廊带，辐射带动区域发展。近年来，随着云南省与邻国间旅游合作的加强，出现了基于合作发展的边境旅游形式，跨境旅游合作区、边境旅游试验区等开始筹建，旅游发展形式在区域上存在交叉，体现出了边境旅游各种发展模式之间的相互包容性。

二、云南省边境旅游发展存在的主要问题

1. 边境旅游经济存在空间异质性，整体带动性不足

为了测算云南省边境地区内部旅游经济是否存在空间异质性，本书采用流质指数对云南省边境各州（市）的旅游流质量进行科学衡量。流质指数表示一定旅游客流带来的资金流规模与旅游流规模市场占有率之比，其公式为（郭向阳等，2017a）

$$L = \frac{a_i}{b_i} = \frac{\dfrac{x_i^t}{\sum_{i=1}^{n} x_i^t}}{\dfrac{y_i^t}{\sum_{i=1}^{n} y_i^t}} \tag{1-1}$$

式中，L 表示边境各州（市）的流质指数，即旅游客流的质量；a_i 表示第 i 个年份边境各州（市）旅游外汇收入占整个边境地区的比重；b_i 表示第 i 个年份边境各州（市）入境旅游人次占整个边境地区的比重；x_i^t 表示第 i 个边境州（市）第 t 年旅游外汇收入；y_i^t 表示第 i 个边境州（市）第 t 年入境旅游人次；n 表示云南省边境地区州（市）的总数量。以 2015 年云南省边境各州（市）的

入境旅游人次、旅游外汇收入为数据样本，测算得到边境各州（市）的流质指数如图1-9所示。由边境各州（市）流质指数的对比可知，云南省边境地区旅游经济存在空间异质性，边境各州（市）流质指数差异明显，流质指数最高的为德宏州，其流质指数高达1.379，属于优质旅游流；流质指数最低的为保山市，其流质指数为0.498，属于低质旅游流。德宏州的流质指数约是保山市的2.8倍。其他边境各州（市）间的流质指数均呈现出不同程度的差异，整个云南省边境地区流质指数的方差为0.076，表明云南省边境地区旅游经济存在明显的空间异质性。进一步研究发现，相互邻近的德宏州和保山市、西双版纳州和普洱市、德宏州和临沧市等的流质指数差异均较大，表明云南省边境各州（市）旅游经济效益发展的辐射效应较差，优质旅游流边境州（市）对低质旅游流边境州（市）的整体带动性不强。

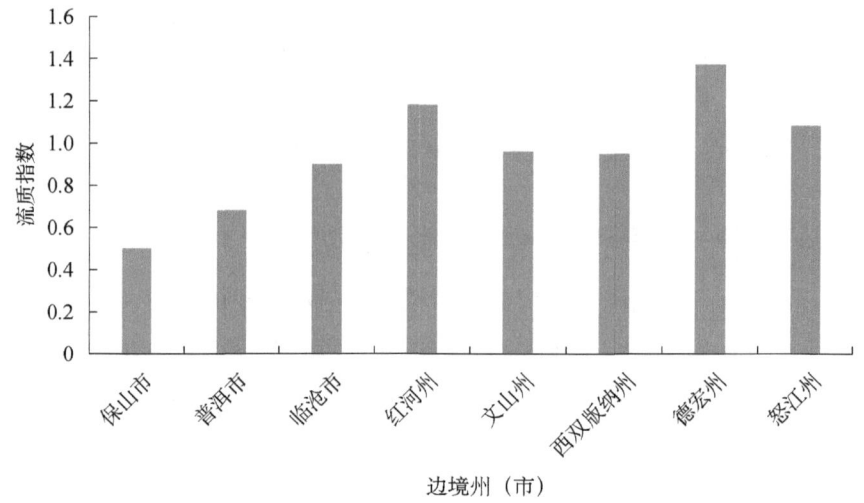

图1-9　2015年云南省边境各州（市）流质指数对比

资料来源：《云南统计年鉴2016》

2. 经济基础对边境旅游经济的支撑作用不牢固

边境旅游经济的发展离不开一定的资金要素流的支撑和保障。首先，雄厚的经济基础能够为区域旅游业基础设施完善、人才建设等提供必要的资金保障。其次，经济基础较好区域居民的可支配收入较高，能够影响到游客的旅游决策行为，增加其出游动机，从而能够更好地挖掘旅游市场开拓的本地市场效应。为了测算云南省边境地区经济基础发展底蕴的强弱程度，采用边境各州（市）人均GDP与云南省人均GDP对比的方式来衡量边境各州（市）经济基础对边境旅游经济的支撑作用是否牢固。以 2015 年边境各州（市）人均 GDP 与云南省人均 GDP 数据为研究样本，云南省边境各州（市）人均 GDP 与云南省人均 GDP 对比情况如图 1-10 所示。由对比可知，2015 年，除西双版纳州外，云南省边境各州（市）人均 GDP 均低于云南省人均 GDP，尤其是文山州、普洱市和临沧市与云南省人均 GDP 差距较大，文山州人均 GDP 落后于云南省人均 GDP 10 194 元，表明云南省边境地区经济基础发展底蕴较为薄弱，尚不能为本区域旅游经济的发展提供强劲的支撑。主要原因在于，云南省边境地区经济区位条件不佳，处在全省经济发展的边缘位置，受到经济发达区域的溢出效应较弱，加之如怒江州地形条件复杂、资源禀赋、产业政策等因素的影响，不利于经济发展要素流涌入等，经济发展很难形成一定的规模效应等。可尝试通过强化区域合作、统一经济发展战略规划、优化产业结构等缩小区域间经济差距，进而更好地为边境旅游经济发展提供强有力的支撑。

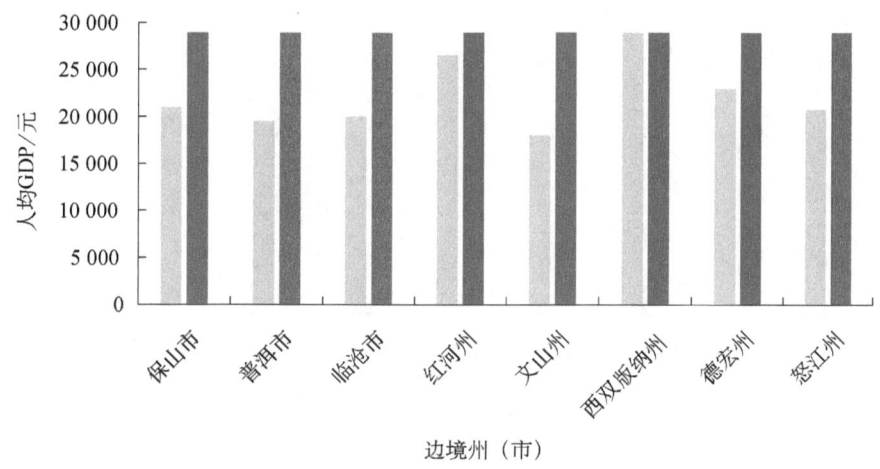

图 1-10　云南省边境各州（市）人均 GDP 与云南省人均 GDP 对比

资料来源：《云南统计年鉴 2016》

3. 边境旅游基础设施落后，目的地旅游功能性弱

云南省边境地区旅游基础设施保障相对较差是制约边境地区旅游发展的主要障碍。首先，以星级酒店数量为代表的旅游基础服务设施占云南省的比重较小，由 2015 年云南省边境各州（市）星级酒店数量占云南省的比重（图 1-11）可知，云南省边境地区星级酒店的数量仅占云南省的 31.4%，还不及全省星级酒店数量的 1/3，尤其是怒江州和文山州，星级酒店数量分别仅占云南省的

0.81%和1.73%,说明云南省边境地区旅游服务设施相对较为落后,且边境各州(市)之间的差距相对较大,存在区际非均衡现象。其次,边境旅游交通建设相对落后,建成公路等级、通达性、网络密度等较低,机场分布远离边境旅游资源点,铁路等旅游专列尚未形成规模,仅河口县有铁路直达,其他边境县(市)均未通铁路,边境地区非便捷的旅游交通相对扩大了游客旅游过程中的"行游比",进一步影响游客的旅游决策行为,降低游客的重游率和满意度,不利于边境旅游的可持续发展。最后,由于资金或政策执行不到位,边境地区的游客服务中心、解说系统、旅游引导标识系统、自驾车、房车旅游服务系统、旅游厕所规划等尚未真正形成完善的体系,未来亟须强化建设,以便建成更加完善的旅游基础设施体系,提升云南省边境地区旅游环境承载力,进而提高目的地的旅游功能性和吸引力。

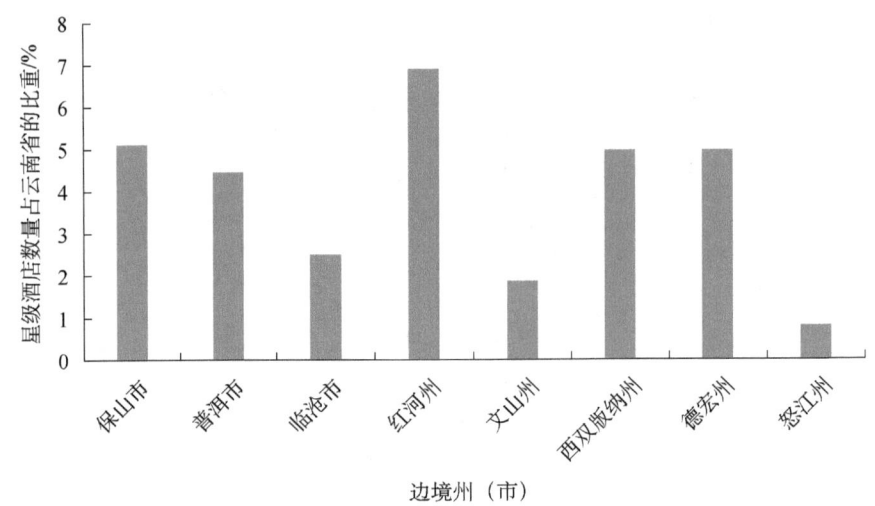

图1-11 云南省边境各州(市)星级酒店数量占云南省的比重
资料来源:《云南省旅游产业"十三五"发展规划》

4. 边境旅游环境欠佳,有待完善提升

良好的旅游环境是旅游目的地的一种无形资产,但目前云南省边境地区旅游发展过程中仍存在旅游环境欠佳的现象,这在一定程度上影响了边境旅游的正常运行。首先,旅游市场环境亟须规范。由于云南省边境地区旅游自2011年才开始恢复发展,部分边境州(市)的旅游监管部门设置还不健全,存在对部分"旅游偷渡""非法出境"等扰乱市场秩序的旅游乱象监管不力的现象。其次,旅游安全环境仍亟须重视。边境地区是两国或多国政治、文化和各种制度相互碰撞最激烈的地带，也是法律和制度管理最薄弱的地带，难免会发生一些旅游安全事故，一些非传统安全仍威胁着边境旅游的有序发展。

5. 边境旅游政策集成性弱，政策体系尚未完全形成

边境旅游政策的集成和创新是边境旅游可持续发展的基本推动力。云南省边境地区旅游政策集成性弱，政策体系尚未完全形成。首先，虽然国家颁布了部分有利于边境旅游发展的政策，但政策的关注集中点比较涣散，尚未形成统一且完善的边境旅游政策体系和层级。例如，对边境旅游运行政策集成框架体系的基础层、核心层和拓展层的划分仍不明显。其次，缺乏对与边境旅游紧密相关的区域合作政策、沿边经济发展政策、出入境管理政策、城乡建设政策、乡村建设政策、文化产业政策、旅游产业政策等政策进行集成、融合。最后，边境旅游管理体制机制仍需进一步完善。例如，在云南省边境旅游发展运营中，边境旅游体制机制的不健全导致政府主管部门对出入境相关手续审批不严，部门之间缺乏协调性与整体性，致使管理职能的发挥受到限制。此外，边境旅游的相关法律、法规体系仍有待完善，由于边境旅游处于动态的发展中，成熟和明确的边境旅游政策规范也要紧跟边境旅游发展的实际。

6. 边境旅游产品缺乏整合，尚未形成"组合拳"优势

虽然云南省边境地区旅游产品禀赋优势明显，但边境地区旅游产品仍缺乏整合规划，尚未形成"组合拳"优势。首先，边境地区旅游景点开发不充分、不均衡，经营管理尚未形成统一标准。例如，腾冲旅游景点除和顺古镇、火山地质公园、热海风景区等开发较为成熟外，其他景点均处在粗放型开发阶段，而且还有许多景点藏在深闺有待人知，同时在旅游经营管理和市场监管标准上，中缅双方未取得共识（姜太芹，2014）。其次，现有边境旅游线路中存在旅游线路老化、交通通行条件差、沿线景点少、旅游产品质量不高且吸引力不强和游览价值不高等现象，部分边境线路的运行与国家原审批的范围不一致等，如西双版纳勐海-缅甸勐拉、景栋两日游，实际运行为一日游（幸岭和徐燕，2014）。最后，边境旅游产品缺乏科学系统的整合规划。云南省边境地区旅游资源丰富且类型繁多，但边境各州（市）在旅游资源开发建设时区域合作意识较为淡薄，有关旅游资源整合的边（跨）境旅游规划较为缺乏，也没有形成较有影响力的旅游品牌形象，旅游产品的"组合拳"优势尚未真正得到彰显。

7. 边境旅游人才供给侧储备不足，高层次旅游人才匮乏

云南省边境地区教育相对落后，经济发展水平相对较低，对旅游人才的培养能力和吸引力相对较弱，导致旅游人才对边境旅游开展的贡献程度较低，"人才强旅"的战略目标没有在云南省边境地区较好的落实。首先，由云南省边境各州（市）普通高校数量占云南省的比重（图1-12）可知，云南省边境地区普通高校数量占云南省的15.58%，且本科院校仅有普洱学院、保山学院、红河学院和文山学院4所，开设旅游相关专业的高校更是寥寥无几，说明云南省边境地区旅游发展的人才供给侧储备严重不足，这在一定程度上会影响到云南省边境旅游的转型升级和向优质旅游阶段的过渡。其次，旅游高层次人才相对匮乏，由于云南省边境地区经济发展水平相对较低，加之缺乏政府部门出面搭建培训边境旅游高层次人才的平台，且一些边境旅游高层次人才引进倾斜政策还尚未真正出台实施，致使当前旅游高层次人才对云南省边境地区旅游发展的驱动力稍显不足。

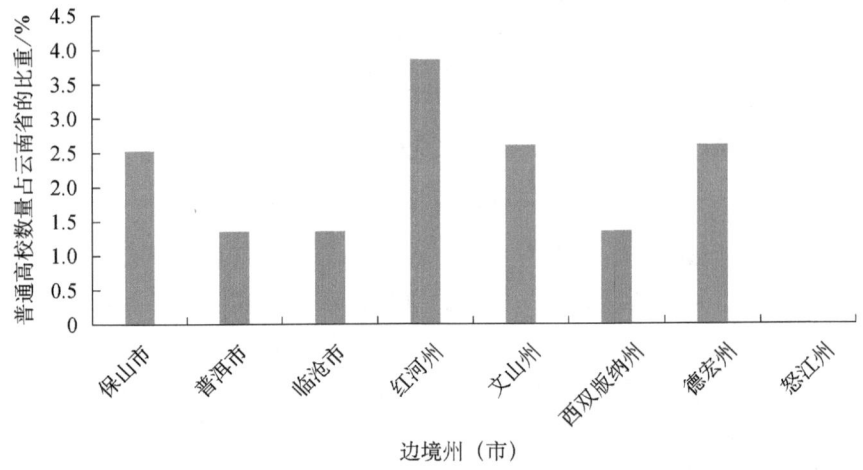

图1-12 2016年云南省边境各州（市）普通高校数量占云南省的比重

资料来源：http://education.news.cn/2016-06/06/c_129042747.htm

第二章

边境旅游发展区位条件评价

第一节　国内外相关研究

随着区域经济一体化、大湄公河次区域合作、昆曼国际大通道等进程的加快，边界的屏蔽效应减弱，中介效应增强，边境区位价值在边境的屏蔽效应向其中介效应转化过程中得以体现。边境地区由于紧邻边界，强烈地受到边界的影响，表现出独特的区位特性。传统的区位评价指标体系显然不能满足边境旅游发展的需要。因此，本书采用频度统计、理论分析、专家咨询等方法选取影响边境旅游发展区位价值的最关键、最具有针对性的指标，形成边境旅游发展区位评价指标体系。

作为中国面向南亚、东南亚辐射中心的前沿窗口和重要门户、西南地区典型的旅游目的地，云南省边境旅游发展需要借助区位的相关理论进行分析研究，尤其需要区位评价的指导。本书通过对云南省边境旅游发展区位价值的综合评价，确定云南省边境8个州（市）旅游发展潜力等级，在对各项区位因素分析的基础上，根据8个州（市）不同等级的旅游发展潜力提出相应的边境旅游发展对策，从而为云南省边境地区构建合理的旅游区域体系，准确定位旅游发展方向，提高旅游业发展质量，为云南省边境地区旅游业健康有序、可持续发展提供依据。

一、国外研究

1. 区位理论发展进程

1826年，杜能创立了农业区位论，系统考虑了农业生产的区位问题。到了工业时代，又相继出现了工业区位论，其中以韦伯的工业区位论最具代表性。随着时代的发展，区位论的研究热点逐渐转向第三产业，继而出现了设施区位论、帕兰德市场区位论等。其中，设施区位论研究服务设施最优空间布局问题，帕兰德市场区位论指出游客对旅游资源的个人偏好是很难判断的。

2. 旅游区位研究

国外对旅游区位的研究较早，1932年，克里斯塔勒（Christaller）提出中心地理论。中心地理论是一种城市区位理论，旨在探索城市最优空间布局。该理论对旅游中心地空间布局有很重要的指导意义，是对旅游中心地区位进行分析的最初理论。狄西（Deasy）和格里斯（Griess）提出同心影响带模式。齐瓦丁·乔威塞克（Zivadin Jovicic）提出中心地的腹地模式。德福特（Defert）提出旅游业布局的五条原理。克劳森（Clawson）提出利用者趋向型、资源基础型和中间型三种旅游区位指向。国外对旅游区位模型方面的研究，如沃尔夫（Wolfe）的旅行引力模型和鲁格（Rugg）的旅行效用模型。

二、国内研究

1. 旅游区位理论研究

牛亚菲（1988）认为旅游区位是旅游地与客源地及各旅游地之间的位置关系。王衍用（1999）认为旅游区位是指一旅游目的地相对于其他旅游目的地的位置和空间关系，并提出资源区位看结构、客源区位看位置、交通区位看线路的精辟观点。孙根年（2001）认为旅游区位应该看成旅游景点与其客源地相互作用中的相关位置、可达性及相对意义。高卫国（2001）认为旅游产品质量是旅游区位的主导因子，并对旅游区位优势和旅游地的空间结构进行了重新思考。孙根年和季红（2005）在广泛野外调查的基础上，依据区位开发与区域联合开发的概念模型，提出安康旅游区位开发与区域联合开发的新思路。刁春游等（2007）认为新疆在全国的区位以及境内各景点的区位都较差是造成新疆旅游资源优势并未转化为经济优势的根本原因，并针对这些问题提出了加快新疆旅游业发展的对策。张军等（2012）以恩施土家族苗族自治州来凤县为例，对该地旅游区位的渐变因素进行分析及重构。

2. 旅游区位条件研究

简王华（2000）分析了广西边境地区区位地缘优势与旅游资源优势，并提出了相应的开发策略。谌莉等（2002）借助区位理论从资源特征、客源状况及实际旅游流动情况对南京国家级钟山风景名胜区的三大景观的优劣势进行比较分析，从而确定其竞争优势，以有利于其开发利用。佟玉权等（2008）通过与我国沿海其他省份的对比研究，从资源区位、交通区位和客源区位三个视角研究了辽宁海洋旅游产业的区位特点，提出了辽宁发展海洋旅游产业的对策和建议。梁雪松（2010）认为武广高铁的出现，是湖南旅游区位优势转换为旅游经济优势的中间环节，是实现湖南旅游经济腾飞的关键区位机遇。张艺（2016）认为资源因子是广州的相对短板，旅游开发的关键是历史文化旅游资源的深入挖掘。

要轶丽和郑国（2002）以山西运城为例，提出了旅游区位非优区旅游业发展的动力机制。任静（2007）在详细分析旅游区位论的基础上，进一步得出旅游非优区的概念及非优区要素的内涵。陈玉涛（2012）基于对旅游区位非优区理论的剖析，提出了形象制胜、区域联动和产品创新三大旅游开发策略。谢万燕等（2015）以广东帽子峰省级森林公园为例，进行区位非优区分析，并提出相关发展建议。

3. 旅游区位模型研究

王瑛和王铮（2000）通过对云南旅游地分布和旅游业发展状况的分析，构建了一个旅游业区位模型。王铮等（2003）在考察贵州省旅游景观分布后，修正了王瑛等人的模型，并划分了旅游业区位带：风景名胜带、奇异风光带、特色资源带、差异突出的文化与自然风光带。孙根年和冯茂娥（2003）依据市场占有率和增长率的双指标组合，构建了一个旅游市场竞争态的模型。游灏等（2008）引入旅游增长指数和区位熵，构建了区位熵和旅游增长指数矩阵模型。郭建科等（2017）在提出景区区位优势度概念的基础上，构造了景区区位优势度评价模型，测度了我国225个国家级风景名胜区区位优势，并运用标准差椭圆方法对景区与实际发展核心区的区位优势进行了对比。

4. 旅游区位定量评价研究

孙根年和冯茂娥（2003）依据市场占有率和增长率的双指标组合，着重从资源禀赋和区位条件两个方面对其竞争态的形成进行定量分析。李文龙（2011）通过对呼包鄂地区旗（县、区）的旅游区位状况进行定性与定量分析，将呼包鄂地区26个旗（县、区）的发展潜力分成四个等级，并根据不同等级提出了相应的对策。朱彦玲（2011）对黑龙江省七大城市的旅游区位组合度进行定量评价，并提出了相关发展建议。赵玮和李艳芳（2012）运用等游线模型对出游率进行分析，验证了高铁缩短旅程时间对武汉旅游带来的收益，探讨了湖北实现旅游经济腾飞面临的前所未有的机遇。马继刚等（2014）以昆明为例，运用地理信息系统（geographic information system，GIS）空间分析方法分析了旅游集散地区位的合理性问题。

5. 旅游区位与旅游空间结构研究

陈传康等（1996）提出了城市周边旅游带。顾朝林（1999）提出了旅游中心城市体系的概念。王瑛和王铮（2000）运用边际效用函数，构建了奇异风景带、历史古迹带、自然风光与民族风情带和旅游业滞带四条旅游区位带。吴必虎（2001）提出了环城游憩带。樊贞（2008）运用区位理论对资兴旅游空间结构进行研究，以期达到优化资兴旅游空间结构的目的。丁晓娜（2011）基于点-轴开发理论，认为采用点-轴线-网络发展模式是优化皖北旅游开发空间结构，提升旅游业整体发展水平的必然选择。王思琪等（2012）以核心-边缘理论作为指导，分析大理的旅游空间结构，提出了构建该区域旅游圈的策略。汪德根等（2015）以京沪高铁线为例，从客源地和旅游区的空间距离、旅游资源禀赋、旅游交通网络密度、旅游接待设施四个角度出发，分析了区域旅游流空间结构的高铁效应的机理。

国外关于区位在旅游中的研究，走过了一条由旅游资源描述到旅游地资源利用研究和区划研究，再到注重旅游业空间效应和旅游业空间联系研究的道路。国外的研究侧重相关理论的演变进程和发展规律，且大多是从旅游设施的布局和旅游行为两方面入手，而对旅游区位因素的分析和演化、旅游区位模型研究较少。近年来，旅游空间演化模式和旅游产业集群两大研究方向，备受国外学者的关注。

我国研究者对旅游区位理论的研究还没有一套完整的体系，专门研究较少，大多与区域旅游合作相结合的应用类研究较多，以定性研究为主。旅游发展的区位应用研究十分薄弱，操作性不强，先进的分析理念和技术手段不够。今后的旅游区位研究有必要引入新的区位因子，注重创造区位条件的研究，同时在旅游区位研究中加强对 3S（GIS、RS、GPS）技术的运用，特别是 GIS 在空间设计和区位选择方面的运用。

第二节 云南省边境地区旅游发展区位要素条件评价

一、影响边境旅游发展的区位因素

旅游地域系统涉及客源地、旅游区和旅游通道三个断面,旅游活动可视为通过旅游通道在客源地与旅游区之间发生人、财、物的空间流动与再分配。图2-1为简化的旅游空间相互作用模式,包含客源地断面、旅游区断面、旅游通道断面三个影响旅游业发展的地域因素。从客源地断面来看,包括人口多少、收入高低、闲暇时间、居民文化水平、旅游偏好、客源地社会经济状况等;从旅游区断面来看,包括资源丰度及引力、旅游基础设施、环境容量、旅游服务水平、旅游安全保证、旅游区社会经济状况等;从旅游通道断面来看,主要涉及客源地到旅游区的空间距离、交通状况(可达性、通畅性、快捷性)等。此相互作用模式,既可为旅游发展的区位因素分析提供思维模式,又可为旅游学研究提供理论框架。

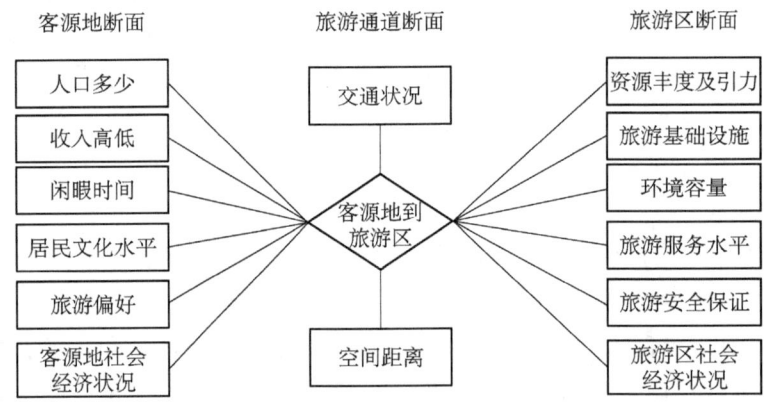

图 2-1　客源地与旅游区之间的相互作用

区位是地理空间上某一实体所处的地理位置及其与其他对该实体发展演变具有影响的各种类型实体的空间联系强度。从地理学视角来看,对区位评价主要考虑以下两个方面:一是考虑该地区与其他地区的交通联系的便捷性,从人流、物流、信息流的便利程度去测度位置的优劣,主要与交通网络规模、可达性、连接性等有关。二是从地理学第一定律出发,认为空间两点之间的联系强度与地理距离的远近有关，距离越远，空间联系强度越小。从社会经济学视角来看，两点间的空间联系强度是由空间位置差异引起的需求点和吸引点的变化过程，将其引入旅游学中，可以从两个方面考虑，一是考虑旅游目的地旅游资源丰度及引力对客源地的吸引力；二是考虑旅游目的地和客源地的社会经济发展水平对旅游需求的影响。因此，本书选择地理区位、旅游资源区位、交通区位、经济区位和客源区位对云南省边境旅游发展的区位因素进行评价。其中，利用地理区位分析云南省边境地区同省会和周边国家的地理距离。利用旅游资源区位分析旅游目的地旅游资源对客源地的吸引力。利用交通区位分析云南省边境地区交通发展水平以及旅游景点间的通畅性。利用经济区位分析旅游目的地的经济发展水平，考察本地区居民的边境旅游需求状况，考虑到边境贸易对边境旅游的促进作用，还需考察边境贸易额对本地区边境旅游发展的影响。考虑到云南省边境地区客源市场众多，很难通过对各个客源地的旅游需求测度分析达到对客源区位评价的目的，因此本书采用间接的方式，通过分析旅游目的地的旅游总收入、旅游人数（国内、国外、边境口岸入境一日游）来分析客源地的边境旅游需求。

  区位因素对旅游业的发展具有推动或制约作用，良好的区位条件，合理的区位设计，能够吸引众多游客，以较低的投资换取较高的旅游收入，推动旅游业的发展；相反，则制约着旅游业的发展。孙根年（2001）从旅游空间相互作用模式（图2-1）出发，将影响旅游发展的区位因素划分为资源区位、客源区位、交通区位和认知区位四种，探讨了区位因素对旅游发展的影响。梁雪松等（2007）借鉴孙根年对影响旅游发展的区位因素划分，在研究西安时，又特别根据西安的实际情况加入了文化区位分析。陈玉涛（2012）以滨州市为例，系统分析了影响其旅游发展的资源区位、客源区位、经济区位等区位要素的非优性。还有很多学者在这方面做了大量研究。本书借鉴其他学者对区位因素的研究，结合旅游空间相互作用模式和区位的内涵，根据云南省边境旅游的实际情况，从旅游地与周边地区相互位置关系、交通的可达性、对客源的吸引力、旅游目的地资源、经济五个角度进行研究，将影响边境旅游发展的区位因素划分为地理区位、旅游资源区位、交通区位、经济区位和客源区位（图2-2）。

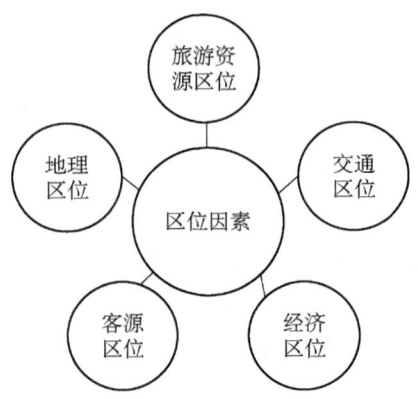

图 2-2 影响边境旅游发展的区位因素

二、要素指标释义

1. 地理区位

地理区位是与地理位置有联系又有区别的一个概念。地理区位不仅包含区域的地理位置、地形地貌,更关注本区域与周边地区的相互位置关系,旅游区与客源地的相对空间距离,本区域地理位置在国家、省战略中所处的地位。由距离衰减规律可知,空间上两点间的相互作用力,随着距离的增加而降低。将这一法则运用到旅游中,就可以表示为随着旅游目的地和客源地之间的距离增加,接待的游客数量也会降低。因此,地理区位的优劣与旅游区同客源地的空间联系强度息息相关,一般而言,两者的空间联系强度越强,地理区位条件越优,反之,地理区位条件越劣。本书中地理区位条件主要通过到省会的直线距离、到毗邻国邻近城市平均直线距离、两国口岸实际距离三个指标来测度。

1)到省会的直线距离:某一区域到省会的空间联系程度。一般而言,省会是一个地区社会经济发展最好的区域,是该地区最大的客源市场,也是该地区最重要的集散中心。该地区某一区域到省会的空间距离越短,则两者的空间联系强度越强,省会游客及以省会为中转站的游客到该区域旅游的数量越多。

2)到毗邻国邻近城市平均直线距离:某一区域同周边国家相对空间距离,这一指标反映了某一区域同周边国家邻近城市的空间联系强度。边境跨国游大多发生在两国相互邻近的主要城市,一般而言,到毗邻国邻近城市平均直线距离越短,该区域同毗邻国邻近城市的空间联系越强,出入境游客越多。

3)两国口岸实际距离:陆路边境游客一般通过两国口岸进入另一国,因此本书选择两国口岸实际距离指标来反映相邻两国之间的空间联系程度。

2. 旅游资源区位

旅游资源区位是从旅游区断面看待旅游资源及景点对周围客源市场的吸引力及相对价值。旅游资源是指对游客具有吸引力的自然存在和历史文化遗存以及直接用于旅游目的地的人工创造物。旅游资源作为旅游业发展的前提条件，是进行旅游产品开发的必备基础，也是形成地域特色的资本。区域旅游业的发展状况和前景，不仅取决于该区域旅游资源的绝对价值，而且取决于旅游资源的相对价值。旅游资源区位优劣与区域旅游资源丰度及引力、景点同客源地联系强度密切相关，一般而言，旅游资源丰度及引力越高，景点同客源地联系越强，旅游资源区位越优，反之，越差。本书中旅游资源区位条件主要通过旅游资源吸引力、高等级景区与州（市）中心的空间网络联系两个指标来测度。

1）旅游资源吸引力：游客对旅游资源所产生的游览动机。旅游资源吸引力是决定游客游览行为的重要作用力和旅游活动的基础，主要受旅游资源品质、旅游资源丰度等条件的影响。该指标反映了某一区域旅游资源对游客的吸引力，吸引力越高，游客游览意愿越强烈。

2）高等级景区与州（市）中心的空间网络联系：本书界定的高等级景区是指国家 3A、4A、5A 级旅游景区。该指标反映了区域内所有高等级景区与州（市）中心的空间联系强度。一般而言，高等级景区与州（市）中心的空间联系越强，州（市）中心的游客可以更快抵达多个旅游地，减少了因为空间距离远造成的游客流失。

3. 交通区位

交通区位是指区域在交通大格局中的位置、客源地到旅游区的空间距离及可达性。交通区位反映了在客源地与旅游区之间的地理空间距离约束下发生相互作用的机会和程度。便利的交通条件消除了客源地和目的地之间的距离阻力，可使空间距离较远的旅游地成为心理距离较近的优选目的地，从而带动当地旅游业的发展，而交通网络的发展跟不上旅游的需求，就会导致当地旅游业的发展逐渐被周边同质资源超越。因此，交通区位的优劣与区域交通条件密切相关，一般而言，区域交通可达性、通畅性越好，交通区位条件越优，反之，越差。本书中交通区位条件主要通过交通网络里程数、交通网络密度、交通网络可达性、旅游交通连接性四个指标来测度。

1）交通网络里程数、交通网络密度：交通网络里程数反映了区域交通网线拥有量，交通网络密度反映了区域交通发展水平的高低。这两项指标反映了区域交通网络规模的优劣，而区域交通网络规模大小在很大程度上反映了区域交通网络的发展水平。区域交通网络越发达对旅游业的促进作用越明显。

2）交通网络可达性：省内其他区域到该区域旅游的便捷程度。该指标反映了某一区域同其他区域旅游活动接触的机会和潜力。交通可达性越好，客源市场进入旅游目的地越便捷，游客选择该旅游目的地的意愿越强烈。

3）旅游交通连接性：区域内各个景区之间平均连接的旅游通道数量。该指标反映了区域内部旅游景区间连接的发达程度。旅游交通连接性越好，则旅游通道数量越多，景区间交通连接越发达。

4. 经济区位

经济区位既与目的地经济发展水平状况有关，又与客源地经济发展水平状况有关，主要在作为目的地的供给能力和作为客源地的需求能力两方面影响区域旅游业的发展。首先，无论是旅游产品开发、旅游项目建设，还是旅游形象宣传、旅游产品营销等都需要较大资金投入。其次，旅游是一种消费行为，只有居民收入水平达到一定程度时才会产生旅游需求。经济越发达，社会越进步，旅游消费越旺盛，开发价值越大。对于边境跨国游而言，边界效应对地区旅游业发展有重大影响。区域的对外开放程度越高，同周边国家的经济联系越密切，则边界的中介作用越明显，边境跨国游发展阻滞越低，甚至随着区域经济一体化进程加快，边境跨国游会得到跨越式发展。因此，经济区位条件可以通过 GDP、消费支出水平、旅游成本、对外贸易额等指标来反映，这些指标都直接或间接地影响着旅游需求的状况。本书中经济区位条件主要通过人口规模、GDP、居民消费、边境贸易额四个指标来测度。

1）人口规模：一定地区范围内的人数总和。该指标关系到城市建设和发展规模，以及当地客源市场的规模和发展潜力。

2）GDP：地区生产成果的指标。该指标反映了地区综合发展水平和竞争力，是边境旅游发展的重要支撑力。

3）居民消费：居民的购买力。该指标决定了地区居民消费水平，以及居民对旅游产品的消费意愿。居民消费水平越高，旅游的意愿越强烈。

4）边境贸易额：某一区域同毗邻国家进出口贸易。边境贸易与边境旅游有明显的同步性和相关性。旅游引发贸易，贸易促进旅游。该指标反映了边境贸易对边境旅游的积极推动作用。边境贸易额越大，边境入境旅游人数越多。

5. 客源区位

客源区位是从客源地断面看待周围几个旅游景点的吸引力及可达性。客源市场是促使开发商做出开发决策的强有力的外部推动力，是旅游业发展的重要外在基础。一个地区旅游人数越多、旅游收入越高，往往越拥有良好的客源市场，客源区位条件越好，反之，客源区位条件越差。客源区位条件不是一成不变的，随着社会经济的发展，改变落后的地区经济面貌，就会提升该地区的客源区位。本书中客源区位条件主要通过旅游总收入、国内旅游人数、海外旅游人数、边境口岸入境一日游人数四个指标来测度。

1）旅游总收入、国内旅游人数、海外旅游人数：这些指标反映了区域旅游现实规模。旅游收入越多、旅游人数越多，客源区位条件越好。

2）边境口岸入境一日游人数：在边境口岸附近进行一日游的入境游客人数。考虑到云南省边境独特的地理区位、特殊的边关旅游资源对入境游客的旅游吸引力，因此选择该指标反映区域入境旅游现实规模。

三、地理区位条件分析及评价

从宏观区位背景上看，云南省与越南、老挝、缅甸山水相连，与泰国、柬埔寨、孟加拉国、印度等南亚国家近邻，是中国面向南亚、东南亚的辐射中心。云南省边境地区处于同越南、老挝、缅甸三国接壤的前沿地带，这种特殊的地理位置，决定了其担负着沿边开发开放先行先试的重要使命。同时，云南省边境地区独特的地理区位也决定了其旅游业的发展和周边国家是相互联系、密不可分的。

1. 评价方法

为简化计算，比较云南省边境8个州（市）同其他区域空间距离差异，判断其地理位置的优劣，本书选取到省会的直线距离、到毗邻国邻近城市平均直线距离（到毗邻国邻近城市直线距离总和与邻近城市数量之比）、两国口岸实际距离三项指标中每个指标的中位数作为对比基准，考察三项指标中其余指标相对基数的多少，求得每项指标指数，并将每个州（市）三项指标指数求和，得到距离指数，最终确定云南省边境8个州（市）地理区位评价等级（表2-1）。

距离指数越小，区域同其他区域空间联系越紧密，对旅游业发展越有利，计算公式如下：

$$D_i = 2\left(\frac{d_i}{d} + \frac{e_i}{e} + \frac{f_i}{f}\right) \quad i=1, 2, 3, \cdots, 8 \quad (2\text{-}1)$$

式中，D_i 为第 i 个州（市）的距离指数；d_i、e_i、f_i 分别为第 i 个州（市）到省会的直线距离、到毗邻国邻近城市平均直线距离、两国口岸实际距离；d、e、f 分别为到省会的直线距离、到毗邻国邻近城市平均直线距离、两国口岸实际距离三项指标的中位数，$\frac{d_i}{d}$、$\frac{e_i}{e}$、$\frac{f_i}{f}$ 分别为每项指标相对基数的指数。

表 2-1 云南省边境各州（市）地理区位评价等级

指标	保山市	普洱市	临沧市	红河州	文山州	西双版纳州	德宏州	怒江州
到省会的直线距离/公里	370	298	300	177	220	383	435	400
到毗邻国邻近城市平均直线距离/公里	190	249	254	116	105	192	169	156
两国口岸实际距离/公里	4	4	4	4	4	62	1	4
到省会的直线距离指数	1.10	0.89	0.90	0.53	0.66	1.14	1.30	1.19
到毗邻国邻近城市平均直线距离指数	1.06	1.39	1.42	0.65	0.58	1.07	0.94	0.87
两国口岸实际距离指数	1	1	1	1	1	15.40	0.25	1
距离指数	3.16	3.28	3.32	2.18	2.24	17.61	2.49	3.06
排名	5	6	7	1	2	8	3	4

资料来源：据百度地图测算，计算后整理

2. 结果分析

由表 2-1 可知，红河州、文山州离省会昆明市距离较近，仅在 200 公里左右，能更好地依托省会昆明市，开发相应的旅游产品；普洱市、临沧市相对较远，在 300 公里左右；而保山市、西双版纳州、德宏州和怒江州较远，在 400 公里左右，致使部分游客因为费用、时间等客观因素不得不减少出行。据研究，中国城市居民出游和休闲活动 80% 集中在距城市 500 公里范围内，而边境 8 个州（市）距省会的距离都在 500 公里范围内。虽然红河州和文山州在相对省会昆明市的地理位置更具优势，但是随着云南省边境地区交通运输业的快速发展，尤其是云南省"五网"建设的推进，航空、铁路和高速公路得到迅猛发展，昆明市游客到其他州（市）的旅途时间将会大大减少，为此边境各州（市）要面向昆明市游客的市场消费需求，开发高质量、有特色的旅游产品，增强其旅游吸引力。从到毗邻国邻近城市平均直线距离来看，边境地区各州（市）离周边国家邻近城市相距不远，都在 260 公里以内，其中红河州、文山州离周边国家邻近城市平均直线距离较近，只有 100 公里左右，德宏州、怒江州其次，在 160 公里左右，保山市、西双版纳州较远，在 190 公里左右，普洱市、临沧市最远，在 250 公里左右。从两国口岸实际距离来看，除西双版纳州同周边国家口岸较远（62 公里）外，其他边境各州（市）同周边国家口岸离的非常接近，都在 5 公里范围内。从到毗邻国邻近城市平均直线距离、两国口岸实际距离两项指标可以看出，云南省边境地区发展边境旅游具有很强的地理区位优势，与东南亚诸国之间进行边境旅游合作存在巨大的优势。云南省边境地区要抓住国家加快沿边地区开发开放以及建设云南辐射中心、孟中印缅经济走廊、中国-东盟自由贸易区的机遇，依托特殊的地理区位，争取国家优惠政策，大力发展边境旅游，将其打造为云南省旅游对外展示的一张重要名片。从地理区位条件整体来看，云南省边境 8 个州（市）整体差异较小，红河州、文山州、德宏州距离指数在 2.18～2.49，怒江州、保山市、普洱市、临沧市在 3.06～3.32，只有西双版纳州两国口岸实际距离较大致使距离指数较大。云南省边境 8 个州（市）地理区位条件的排名如下：红河州、文山州、德宏州、怒江州、保山市、普洱市、临沧市、西双版纳州。

四、旅游资源区位条件分析及评价

1. 旅游资源数量分析

从表 2-2 中可以看出，旅游资源的 31 个亚类中，云南省边境地区所占比重达 93.5%，各亚类所占比重均达 80% 以上，其中生物景观、天象与气候、遗址遗迹、建筑与设施、旅游商品、人文活动六个主类包含的 20 个亚类所占比重最高达到 100%。在 155 个基本类型中，云南省边境地区所占比重为 81.3%，已经超过了 60% 全国省级旅游资源丰富的指标线，各基本类型所占比重均在 70% 以上，其中生物景观和人文活动所包含的 27 个基本类型所占比重达到 100%。从表 2-2 和表 2-3 可知，云南省边境地区的旅游资源不但丰富多样，而且总体质量较好。

表 2-2　2018 年云南省边境地区旅游资源类型

主类	亚类			基本类型		
	全国/个	云南省边境/个	占全国的比重/%	全国/个	云南省边境/个	占全国的比重/%
地文景观	5	4	80.0	37	27	73.0
水域风光	6	5	83.3	15	11	73.3
生物景观	4	4	100.0	11	11	100.0
天象与气候	2	2	100.0	8	7	87.5
遗址遗迹	2	2	100.0	12	9	75.0
建筑与设施	7	7	100.0	49	39	79.6
旅游商品	1	1	100.0	7	6	85.7
人文活动	4	4	100.0	16	16	100.0
合计	31	29	93.5	155	126	81.3

资料来源：《云南省边（跨）境旅游专项规划（2018—2030 年）》

表 2-3　2016 年云南省边境地区主要旅游资源统计

资源分类	名称	总数量	级别	数量	景区（点）
人文类旅游资源	历史文化名城	6 座	国家级 省级	1 座 5 座	建水 腾冲、保山、石屏、广南（文山）、孟连
	重点文物保护单位	140 处	国家级 省级	25 处 115 处	沧源崖画谷、曼飞龙塔等 玉皇阁、景东文庙、雁塔等
自然类旅游资源	自然保护区	31 个	国家级 省级	12 个 19 个	云南无量山国家级自然保护区、云南永德大雪山国家级自然保护区等 北海湿地自然保护区、太阳河自然保护区等
	自然类风景名胜区	30 处	国家级 省级	6 处 24 处	西双版纳国家级风景名胜区、腾冲地热火山国家级风景名胜区等 老君山省级风景名胜区、八宝省级风景名胜区、浴仙湖省级风景名胜区等
	森林公园	16 处	国家级 省级	7 处 9 处	花鱼洞国家森林公园、太阳河国家森林公园 临沧小道河省级森林公园、罗汉山省级森林公园等
	地质公园	2 处	国家级	2 处	云南泸西阿庐国家地质公园、云南腾冲火山地热国家地质公园
	水利风景区	14 处	国家级	14 处	孔雀湖国家级水利风景区、勐梭龙潭国家级水利风景区等
	湿地公园	9 处	国家级	9 处	红河哈尼梯田国家湿地公园、普者黑喀斯特国家湿地公园等

资料来源：《云南生态年鉴 2016》及云南省文化和旅游厅、云南省林业和草原局等政府部门

2. 高等级旅游景区的地域分布

为了更好地研究云南省边境地区旅游景区的地域分布，分析已开发的旅游

资源对本区域旅游业的影响。本书本着客观性、系统性、科学性、代表性和资料可获得性的原则，选取云南省边境各州（市）高等级旅游景区数量及其所占比重进行比对，得出一个初步的分布情况，见表2-4。

表2-4 云南省边境各州（市）高等级旅游景区分布情况

项目	保山市	普洱市	临沧市	红河州	文山州	西双版纳州	德宏州	怒江州
数量/处	3	5	4	13	2	11	9	0
比重/%	6.4	10.6	8.5	27.7	4.3	23.4	19.1	0
排名	6	4	5	1	7	2	3	8

资料来源：云南省文化和旅游厅

由表2-4可知，云南省边境地区高等级旅游景区的分布较为集中，大多集中在红河州、西双版纳州和德宏州，普洱市、临沧市、保山市、文山州和怒江州较少。从高等级旅游景区数量来看，红河州、西双版纳州和德宏州对旅游资源的开发力度明显高于其他州（市），高等级旅游景区数量较多，旅游业发展较为成熟；而其他州（市）受经济、交通等因素的影响在旅游业的发展过程中形成"瓶颈"，使得旅游资源得不到很好的开发利用，高等级旅游景区较少，旅游业发展相对滞后。就高等级旅游景区数量而言，边境8个州（市）的排序如下：红河州、西双版纳州、德宏州、普洱市、临沧市、保山市、文山州和怒江州。

3. 旅游资源吸引力

旅游资源吸引力是指区域内旅游资源对游客的吸引力。本书界定的区域旅游资源吸引力大小主要取决于该区域旅游资源的品质和丰度，区域内拥有高质量的旅游资源越多，旅游资源对游客的吸引力越强。

（1）指标选取

为了科学分析比较区域旅游资源吸引力的大小，本书对旅游资源的选取必须是达到省级以上、具有国家和省级别的统一入选标准且具有可比性。选取云南省边境地区所有具有入选标准和可比性的3类8种主要旅游资源作为比较对象（表2-5）。①人文类旅游资源（A、B）：国家级历史文化名城（A_1）、省级历史文化名城（A_2）、国家级重点文物保护单位（B_1）和省级重点文物保护单位（B_2）；②自然类旅游资源（C、D、E、F、G）：包括国家级自然保护区（C_1）、省级自然保护区（C_2）、国家级森林公园（D_1）、省级森林公园（D_2）、国家级地质公园（E_1）、国家级水利风景区（F_1）、国家级湿地公园（G_1）；③综合类旅游资源（H）：包括国家级风景名胜区（H_1）和省级风景名胜区（H_2）。

表 2-5　云南省边境地区主要旅游资源的分布　　　　　（单位：处）

州（市）	A_1	A_2	B_1	B_2	C_1	C_2	D_1	D_2	E_1	F_1	G_1	H_1	H_2
保山市	0	2	5	19	1	2	1	0	1	1	1	1	1
普洱市	0	1	2	15	1	5	1	1	0	4	1	0	7
临沧市	0	0	3	4	2	2	1	2	0	1	0	0	4
红河州	1	1	10	13	3	3	1	3	1	4	4	2	6
文山州	0	1	0	46	1	6	0	2	0	3	1	1	5
西双版纳州	0	0	3	5	2	0	1	0	0	1	0	1	0
德宏州	0	0	2	9	0	1	1	1	0	0	1	1	0
怒江州	0	0	0	4	2	0	1	0	0	0	1	0	1
合计	1	5	25	115	12	19	7	9	2	14	9	6	24

（2）评价方法

边境各州（市）资源拥有量指数反映了旅游资源的绝对量，综合密度指数反映了旅游资源的相对量。将旅游资源占边境地区的比重汇总成一个从总体上反映地区旅游资源绝对丰度的综合评价指标；同时，将旅游资源的综合密度指数汇总成一个反映旅游资源相对丰度的综合指标，将两者的乘积开平方，即可得到各州（市）旅游源吸引力指数，见表2-6和图2-3。计算公式为

$$P_i = \frac{\sum_{j=1}^{n} d_{ij}}{\sum_{i=1}^{m}\sum_{j=1}^{n}\dfrac{d_{ij}}{8}} \quad i=1,2,3,\cdots,8 \quad (2\text{-}2)$$

式中，P_i 为第 i 个州（市）旅游资源吸引力指数；$\sum_{j=1}^{n} d_{ij}$ 为第 i 个州（市）n 种旅游资源占边境地区的比重总和。

从表2-6可知，云南省边境地区旅游资源不但丰富多彩，种类繁多，而且数量可观、整体质量较高。从具有省级、国家级意义的旅游资源构成来看，人文类旅游资源的比重高于自然类旅游资源；从旅游资源地域分布来看，云南省边境地区旅游资源分布具有明显的地域性差异，形成了一些旅游资源相对集中的区域，红河州、文山州、普洱市旅游资源比较丰富，其他州（市）中保山市旅游资源相对丰富，西双版纳州、德宏州和怒江州旅游资源数量相对较少。其中，红河州、普洱市无论是自然类旅游资源还是人文类旅游资源都比较丰富，

表 2-6 云南省边境各州（市）旅游资源吸引力指数

州（市）	项目	A_1	A_2	B_1	B_2	C_1	C_2	D_1	D_2	E_1	F_1	G_1	H_1	H_2
保山市	数量/处	0	2	5	19	1	2	1	0	1	1	1	1	1
	比重/%	0	40.0	20.0	16.5	8.3	10.5	14.3	0	50.0	7.1	11.1	16.7	4.2
	综合密度	0	0.53	1.32	5.02	0.26	0.53	0.26	0	0.26	0.26	0.26	0.26	0.26
	吸引力	0	4.60	5.14	9.11	1.47	2.36	1.93	0	3.61	1.36	1.70	2.08	1.04
	排名	12	3	2	1	9	5	7	13	4	10	8	6	11
普洱市	数量/处	0	1	2	15	1	5	1	1	0	4	1	0	7
	比重/%	0	20.0	8.0	13.0	8.3	26.3	14.3	11.1	0	28.6	11.1	0	29.2
	综合密度	0	0.66	1.32	9.89	0.66	3.30	0.66	0.66	0	2.63	0.66	0	4.61
	吸引力	0	3.63	3.25	11.4	2.34	9.32	3.07	2.71	0	8.68	2.71	0	11.6
	排名	11	5	6	2	10	3	7	8	12	4	9	13	1
临沧市	数量/处	0	0	3	4	2	2	1	2	0	1	0	0	4
	比重/%	0	0	12.0	3.5	16.7	10.5	14.3	22.2	0	7.1	0	0	16.7
	综合密度	0	0	0.54	0.72	0.36	0.36	0.18	0.36	0	0.18	0	0	0.72
	吸引力	0	0	2.55	1.58	2.45	1.95	1.60	2.83	0	1.13	0	0	3.46
	排名	9	10	3	7	4	5	6	2	11	8	12	13	1
红河州	数量/处	1	1	10	13	3	3	1	3	1	4	4	2	6
	比重/%	100	20.0	40.0	11.3	25.0	15.8	14.3	33.3	50.0	28.6	44.4	33.3	25.0
	综合密度	0.37	0.37	3.73	4.85	1.12	1.12	0.37	1.12	0.37	1.49	1.49	0.75	2.24
	吸引力	6.08	2.72	12.2	7.40	5.29	4.21	2.23	6.11	4.30	6.52	8.14	5.01	7.48
	排名	7	12	1	4	8	11	13	6	10	5	2	9	3

续表

州(市)	项目	A_1	A_2	B_1	B_2	C_1	C_2	D_1	D_2	E_1	F_1	G_1	H_1	H_2
文山州	数量/处	0	1	0	46	1	6	0	2	0	3	1	1	5
	比重/%	0	20.0	0	40.0	8.3	31.6	0	22.2	0	21.4	11.1	16.7	20.8
	综合密度	0	0.59	0	27.0	0.59	3.52	0	1.17	0	1.76	0.59	0.59	2.93
	吸引力	0	3.44	0	32.9	2.22	10.5	0	5.10	0	6.14	2.56	3.14	7.81
	排名	10	6	11	1	9	2	12	5	13	4	8	7	3
西双版纳州	数量/处	0	0	3	5	2	0	1	0	0	1	0	1	0
	比重/%	0	0	12.0	4.3	16.7	0	14.3	0	0	7.1	0	16.7	0
	综合密度	0	0	0.65	1.09	0.43	0	0.22	0	0	0.22	0	0.22	0
	吸引力	0	0	2.79	2.18	2.68	0	1.77	0	0	1.25	0	1.92	0
	排名	11	12	1	3	2	13	5	8	9	6	10	4	7
德宏州	数量/处	0	0	2	9	0	1	1	1	0	0	1	1	0
	比重/%	0	0	8	7.8	0	5.3	14.3	11.1	0	0	11.1	16.7	0
	综合密度	0	0	0.28	1.28	0	0.14	0.14	0.14	0	0	0.14	0.14	0
	吸引力	0	0	1.50	3.17	0	0.86	1.41	1.25	0	0	1.25	1.53	0
	排名	8	9	3	1	10	7	4	5	11	12	6	2	13
怒江州	数量/处	0	0	0	4	2	0	1	0	0	0	1	0	1
	比重/%	0	0	0	3.5	16.7	0	14.3	0	0	0	11.1	0	4.2
	综合密度	0	0	0	0.99	0.50	0	0.25	0	0	0	0.25	0	0.25
	吸引力	0	0	0	1.86	2.89	0	1.89	0	0	0	1.67	0	1.02
	排名	13	12	11	3	1	10	2	9	8	7	4	6	5

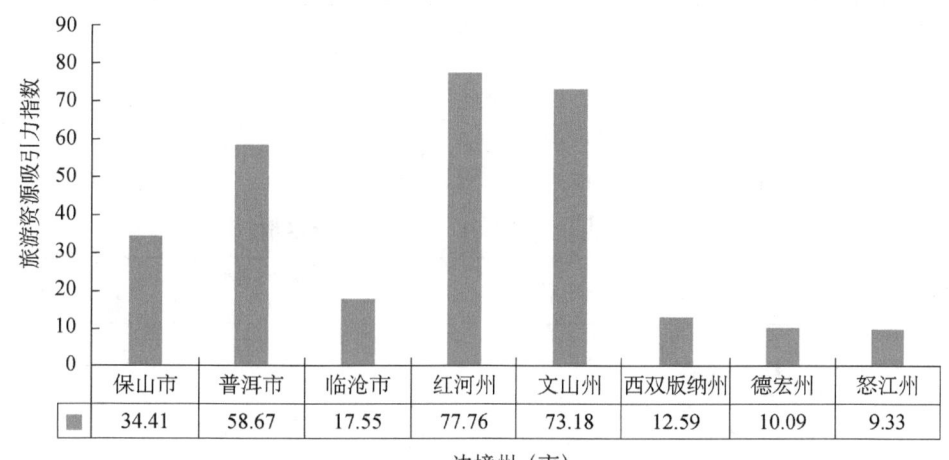

图 2-3　云南省边境各州（市）旅游资源吸引力指数

而文山州省级重点文物保护单位数量远远超过其他州（市），人文类旅游资源优势明显。在云南省边境8个州（市）旅游资源吸引力的比较（图2-3）中，可看出排名如下：红河州、文山州、普洱市、保山市、临沧市、西双版纳州、德宏州、怒江州。由上述分析可知，云南省边境各州（市）旅游资源吸引力差距较大，要实行整体开发有些困难，若想达到整体开发的效果，则必须实行重点开发和次重点开发的协调发展战略。

4. 高等级旅游景区与州（市）中心的空间网络联系

高等级旅游景区是旅游产业发展的重要依托，在吸引游客产生旅游动机过程中扮演着不可替代的角色，而州（市）中心是区域重要的客源市场。高等级旅游景区同州（市）中心的空间网络联系强度越强，区域游客人数越多。

本书引入空间联系指数来比较分析高等级旅游景区与州（市）中心的空间网络联系强度。空间联系指数越大，高等级旅游景区与州（市）中心的空间联系越强。考虑到不同等级的旅游景区对区域旅游业的影响程度不同，本书在借鉴前人研究的基础上，根据景区的等级及其景区效应等综合因素评价得到赋值说明：AAAAA级景区5分、AAAA级景区4分、AAA级景区3分。鉴于指标具有负功效取向，本书对原始数据进行了非负性处理。所有高等级旅游景区到州（市）中心距离乘以其景区等级分值，即可得到空间联系指数（表2-7）。可见，空间联系指数不仅与两者的空间距离有关，还与高等级旅游景区数量及其等级有关，计算公式如下：

$$P_i = 3 \times \sum d_i + 4 \times \sum d_j + 5 \times \sum d_k \qquad (2\text{-}3)$$

式中，P_i 为第 i 个州（市）的空间联系指数；$\sum d_i$ 为 AAA 级景区到州（市）中心的距离和；$\sum d_j$ 为 AAA 级景区到州（市）中心的距离和；$\sum d_k$ 为 AAAAA 级景区到州（市）中心的距离和。

表 2-7　云南省边境各州（市）空间联系指数

州（市）	旅游景区及等级	高等级旅游景区到州（市）中心的距离/公里	距离指数	排名
保山市	腾冲火山热海（AAAAA） 腾冲和顺景区（AAAA） 保山施甸杨善洲精神教育基地（AAA）	76 73 68	4.50	6
普洱市	普洱国家公园（AAAA）、普洱西盟勐梭龙潭景区（AAAA）、景东文庙（AAA）、中华普洱茶博览苑（AAA）、墨江北回归线标志园（AAA）	28、143 181、24、100	8.20	4
临沧市	沧源崖画谷（AAA）、临沧沧源翁丁原始部落文化旅游区（AAA）、和成·临沧生态文化创新产业园（AAA）、临沧耿马孟定芒团景区（AAA）	100、116、3、102	6.72	5
红河州	泸西阿庐古洞（AAAA）、建水燕子洞（AAAA）、建水文庙（AAAA）、红河建水团山古村景区（AAAA）、红河建水朱家花园（AAAA）、红河元阳哈尼梯田景区（AAAA）、红河弥勒湖泉生态园（AAAA） 红河州博物馆（AAA）、红河开远南洞-凤凰谷旅游区（AAA）、红河弥勒可邑旅游小镇景区（AAA）、红河个旧锡文化创意产业园（AAA）、红河撒玛坝万亩梯田景区（AAA）、泸西青龙山生态休闲农业庄园景区（AAA）	138、45、63、120、62、70、116 1、41、128、14、105、39	27.19	2
文山州	文山丘北普者黑景区（AAAA） 文山广南世外桃源坝美景区（AAA）	81 132	3.05	7
西双版纳州	中国科学院西双版纳热带植物园（AAAAA） 西双版纳傣族园（AAAA）、西双版纳原始森林公园（AAAA）、西双版纳热带花卉园（AAAA）、西双版纳野象谷景区（AAAA）、景洪曼听公园（AAAA）、西双版纳望天树景区（AAAA）、勐泐大佛寺（AAAA）、西双版纳茶马古道景区（AAAA） 西双版纳勐景来景区（AAA）、西双版纳曼迈桑康景区（AAA）	47 23、8、2、20、2、90、4、38 81、27	35.92	1
德宏州	南甸宣抚司署（AAAA）、瑞丽莫里热带雨林景区（AAAA）、潞西勐巴娜西珍奇园（AAAAA） 德宏祥样好翡翠文化产业园（AAA）、瑞丽一寨两国景区（AAA）、德宏畹町边关文化园（AAA）、德宏瑞丽边寨喊沙风景区（AAA）、德宏瑞丽姐告国际旅游景区（AAA）、德宏芒市珠宝小镇（AAA）	50、70、1 87、96、65、94、88、2	20.20	3
怒江州	无		0.00	8

由表 2-7 可知，西双版纳州由于高等级旅游景区数量较多，且多集中在景洪市，高等级旅游景区与州（市）中心空间联系最为密切；红河州除建水燕子

洞、红河州博物馆、红河开远南洞-凤凰谷旅游区、红河个旧锡文化创意产业园、泸西青龙山生态休闲农业庄园景区5个景区离州（市）中心较近外（50公里以内），其他高等级旅游景区都在50公里以外，但红河州高等级旅游景区数量众多（13个）且4A级景区高达7个，导致红河州空间联系指数较大，仅次于西双版纳州；德宏州情况与红河州基本相同，不同在于3A级景区偏多，而4A景区只有3个；普洱市有5个高等级旅游景区（4A级2个，3A级3个），两个高等级旅游景区（普洱国家公园、中华普洱茶博览苑）离市中心较近（30公里以内），其他较远（100公里以外）；临沧市除和成·临沧生态文化创新产业园离市中心近外（3公里），其他高等级旅游景区均距离较远（100公里以外），而且临沧市只有3A级景区；保山市高等级旅游景区较少，只有3个，且离市中心距离在68～76公里；怒江州由于社会经济、交通建设等较差，旅游资源开发滞后，至今没有一个高等级旅游景区。从空间联系指数比较来看，云南省边境8个州（市）排名如下：西双版纳州、红河州、德宏州、普洱市、临沧市、保山市、文山州、怒江州。

为了减少空间联系因素对云南省边境地区旅游业发展的不利影响，各州（市）要构建区域旅游空间网络，逐渐以"点-线-面"结合的区域旅游资源组织开发的"板块旅游"结构模式代替传统的"点-线"旅游结构模式；开发精品旅游景区，提升传统旅游景区，以多样化的旅游产品满足游客新的消费需求；加强旅游线路组合，按照不同功能的旅游产品和同一主题的旅游产品相继组成旅游线路，如边境体验游、民族风情体验游和观光、度假、探险旅游等，打造精品旅游线路。同时，发挥旅游目的地中心城市的带动作用，避免各州（市）景点单打独斗，通过组合资源、联合开发使各个景区形成整体，达到延长景点群整体的旅游时间比的效果。

五、交通区位条件分析及评价

1. 交通网络规模

交通网络规模大小在很大程度上反映了区域交通网络发展水平，交通网络规模通常用交通网络里程数和交通网络密度测度。交通网络里程数反映了区域交通网线拥有量，交通网络密度反映了区域交通发展水平的高低。一般而言，交通网络里程数和交通网络密度越大，其交通网络规模越大，交通网络质量越高（表2-8）。

1）交通网络里程数：

$$L = \sum_{i=1}^{n} l_i \qquad (2\text{-}4)$$

式中，L 为区域交通网络里程数；l_i 为第 i 种（包括公路、航空①）交通网络里程。

2）交通网络密度：

$$D_i = \frac{L_i}{S_i} \qquad (2\text{-}5)$$

式中，D_i 为第 i 个州（市）交通网络密度；L_i 为第 i 个州（市）交通网络里程数；S_i 为第 i 个州（市）区域面积。

表 2-8 云南省边境各州（市）交通网络规模分析

项目	保山市	普洱市	临沧市	红河州	文山州	西双版纳州	德宏州	怒江州
公路通车里程/公里	13 513	20 236	16 432	23 105	16 079	6 608	8 148	5 551
民航客运里程/公里	30 268	8 099	2 552	0	3 658	37 079	18 077	0
区域面积/平方公里	19 637	45 385	24 320	32 930	32 239	19 582	11 550	14 703
交通网络里程/公里	43 781	28 335	18 984	23 105	19 737	43 687	26 225	5 551
交通网络密度/（公里/公里²）	2.23	0.62	0.78	0.70	0.61	2.23	2.27	0.38

资料来源：公路通车里程数据来自《云南统计年鉴2016》，民航客运里程数据来自携程网（http://www.ctrip.com/）和百度地图

从表2-8可以看出，西双版纳州、保山市交通网络里程处于8个州（市）第一梯队，交通网络里程远远高于其他6个州（市），主要原因是西双版纳州和保山市航空运输业发达，西双版纳机场是边境地区唯一一个干线机场，而保山市拥有保山和腾冲两个支线机场；普洱市、红河州、德宏州交通网络里程处于8个州（市）第二梯队，普洱市航空线路较少，红河州境内甚至没有机场，导致民航客运里程数较低，而德宏州虽然公路通车里程较低，但航空运输业发达，使得其与其他两个州（市）交通网络里程接近。临沧市、文山州和怒江州交通网络里程处于8个州（市）第三梯队，交通网络里程较低，文山州和临沧市公路通车里程分别仅为16 079公里和16 432公里，民航客运里程分别仅为3658公里和2552公里，怒江州公路通车里程仅5551公里，且未开通机场。

---

① 云南省边境8个州（市）铁路运输相对滞后，只有红河州、文山州开通了高速铁路且通车里程较短，因此本书选择公路通车里程和民航客运里程测度8个州（市）的交通网络里程。

从交通网络密度来看，保山市、德宏州、西双版纳州处于第一梯队，交通比较便捷，交通网络密度在 2.23～2.27 公里/公里²；普洱市、红河州、临沧市、文山州处于第二梯队，交通网络密度在 0.61～0.78 公里/公里²，与保山市、德宏州、西双版纳州差距较大，交通发展水平有待提高；怒江州处于第三梯队，交通网络密度最低，仅 0.38 公里/公里²，交通非常不发达，交通发展水平亟待提升。

2. 交通网络可达性

本书基于最小阻抗的可达性测评方法，通过分析云南省边境 8 个州（市）到省内其他所有州（市）的平均最小阻抗，得到 8 个州（市）的交通网络可达性（表 2-9 和表 2-10），该方法具有应用广泛、不考虑出行目的，只对交通网络做一般性评价的优点。计算公式如下：

$$A_i = \frac{1}{n-1}\sum_{\substack{j=1\\j\neq i}}^{n} d_{ij} \quad i=1,2,3,\cdots,8 \quad (2\text{-}6)$$

式中，A_i 为交通网络中节点 i 的可达性；n 为节点的个数；d_{ij} 为节点 i 和 j 之间的最小阻抗，可以用距离、时间、费用等表示，A_i 值越小，说明节点 i 的可达性越高，反之越低。本书中 A_i 表示为第 i 个州（市）的交通可达性，n 为云南省所有州（市）的数量（$n=16$），d_{ij} 为州（市）i 到达州（市）j 的最短时间。

表 2-9　云南省边境各州（市）到省内其他州（市）的最短时间　（单位：小时）

州（市）	保山市	普洱市	临沧市	红河州	文山州	西双版纳州	德宏州	怒江州
昆明市	6.58	5.23	8.83	3.28	3.85	6.83	8.80	7.60
文山州	10.59	7.23	12.17	1.83	0.00	8.70	12.78	11.58
红河州	10.05	5.22	10.48	0.00	1.83	6.87	12.00	11.60
普洱市	10.97	0.00	5.82	5.22	7.23	2.00	13.40	12.63
西双版纳州	13.73	2.00	7.82	6.87	8.70	0.00	15.40	14.85
临沧市	5.95	5.82	0.00	10.48	12.17	7.82	7.97	8.23
德宏州	2.33	13.40	7.97	12.00	12.78	15.40	0.00	3.33
保山市	0.00	10.97	5.95	10.05	10.95	13.73	2.33	2.65
怒江州	2.65	12.63	8.23	11.60	11.58	14.85	3.33	0.00
玉溪市	6.68	4.60	8.75	3.00	5.23	6.23	8.90	8.17
曲靖市	7.97	7.55	10.08	3.52	4.23	8.90	10.58	9.50

续表

州（市）	保山市	普洱市	临沧市	红河州	文山州	西双版纳州	德宏州	怒江州
昭通市	10.30	9.55	12.65	7.08	7.88	11.25	12.57	11.88
楚雄州	4.67	7.08	6.80	5.23	6.37	8.70	6.70	6.13
大理州	3.00	9.05	6.87	7.38	8.97	11.60	5.00	4.27
丽江市	5.00	10.93	8.57	9.13	10.72	13.30	6.88	6.22
迪庆州	7.07	13.25	10.85	11.62	13.17	15.67	9.37	8.60

资料来源：根据百度地图整理所得

表 2-10 云南省边境各州（市）交通网络可达性

项目	保山市	普洱市	临沧市	红河州	文山州	西双版纳州	德宏州	怒江州
总时间/小时	107.5	124.5	131.8	108.3	125.7	151.8	136.0	127.2
交通网络可达性值	7.17	8.30	8.79	7.22	8.38	10.12	9.07	8.48

从表 2-10 可以看出，云南省边境 8 个州（市）交通网络可达性值偏大，都在 7 以上，这与边境地区处于云南省沿边地带，远离中心区；部分州（市）高等级公路较少，旅途花费时间较多；部分州（市）公路网之间连接性较差有很大关系。从交通网络可达性值横向比较来看，保山市、红河州最小阻抗最小，省内交通网络可达性最好；其次是普洱市、文山州、怒江州；临沧市、德宏州、西双版纳州较差。

3. 旅游交通连接性

旅游交通连接性表示区域内各个旅游节点之间连接旅游通道数量的平均值，反映了区域内部旅游景区间连接的发达程度。交通连接性大小通常用 β 指数衡量（表 2-11）。β 指数越大，表明旅游节点间连接的旅游通道数量越多，连接程度越发达；β 指数越小，表明旅游节点间连接的旅游通道数量越少，连接程度欠发达；一般情况下，β 取值范围在 0~3。计算公式为

$$\beta_i = \frac{L_i}{P_i} \tag{2-7}$$

式中，β_i 为第 i 个州（市）的 β 指数；L_i 为第 i 个州（市）旅游节点间连接的旅游通道总数量，在区域内表现为旅游线路条数；P_i 为第 i 个州（市）旅游节点总数量，在区域内表现为旅游景区 [选取云南省边境 8 个州（市）有代表性的高等级 3A、4A、5A 景区] 个数。

表 2-11　云南省边境各州（市）β 指数

项目	保山市	普洱市	临沧市	红河州	文山州	西双版纳州	德宏州	怒江州	总数
旅游线路/条	4	5	4	22	3	14	13	0	65
高等级旅游景区/处	3	5	4	13	2	11	9	0	47
β 指数	1.33	1.00	1.00	1.69	1.50	1.27	1.86	0.00	1.44

资料来源：根据云南省文化和旅游厅（http://www.ynta.gov.cn/Item/30471.aspx）、百度地图整理所得

由表 2-11 可知，云南省边境地区 β 指数为 1.44，旅游交通连接性整体上属于中等水平，旅游景区间的连接水平有待提高。从边境 8 个州（市）横向比较来看，德宏州、红河州旅游交通连接性较高，属于中等偏上水平，β 指数分别为 1.86、1.69；文山州、保山市、西双版纳州旅游交通连接性较低，属于中等偏下水平，β 指数分别为 1.50、1.33、1.27；普洱市、临沧市旅游交通连接性偏低，β 指数仅为 1.00；怒江州没有旅游景区（旅游节点），因此 β 指数最小，为 0。

六、经济区位条件分析及评价

经济区位主要在作为目的地的供给能力和作为客源地的需求能力两方面影响区域旅游业的发展。经济区位的优劣主要影响旅游投资和旅游消费。同时，随着云南省同毗邻国家区域经济一体化进程的加快，独特的地理位置决定了边境地区旅游经济发展与周边国家的联系越来越紧密。

1. 评价方法

为简化计算，比较云南省边境 8 个州（市）经济发展条件对旅游发展的影响差异，判断其经济区位的优劣，本书选取人口规模、GDP、居民消费、边境贸易额四项指标中每个指标的中位数作为对比基准，考察四项指标中其余指标相对基数的多少，求得每项指标指数，并将每个州（市）四项指标指数求和，得到经济影响指数，最终确定云南省边境 8 个州（市）经济区位评价等级（表 2-12）。经济影响指数反映了经济发展条件对边境旅游业发展的影响。经济影响指数越大，区域经济发展条件越好，对旅游业发展越有利，计算公式如下：

$$H_i = 2\left(\frac{d_i}{d} + \frac{e_i}{e} + \frac{f_i}{f} + \frac{g_i}{g}\right) \quad i=1,2,3,\cdots,8 \quad (2\text{-}8)$$

式中，H_i 为第 i 个州（市）的经济影响指数；d_i、e_i、f_i、g_i 分别为第 i 个州

（市）人口规模、GDP、居民消费、边境贸易额；d、e、f、g 分别为人口规模、GDP、居民消费、边境贸易额四项指标的中位数，$\dfrac{d_i}{d}$、$\dfrac{e_i}{e}$、$\dfrac{f_i}{f}$、$\dfrac{g_i}{g}$ 分别为每项指标相对基数的指数。

表 2-12 云南省边境各州（市）经济区位分析

指标	保山市	普洱市	临沧市	红河州	文山州	西双版纳州	德宏州	怒江州
人口规模/万人	259.7	261.7	252.0	468.1	362.1	117.2	129.4	54.4
GDP/亿元	613.4	568.1	552.4	1336.8	735.9	366.1	321.1	126.4
居民消费/亿元	267.9	289.4	256.7	476.3	339.1	151.7	131.6	39.3
边境贸易额/亿元	2.7	11.2	6.7	20.2	6.0	8.8	42.5	0.2
人口指数	1.02	1.02	0.98	1.83	1.42	0.46	0.51	0.21
GDP 指数	1.09	1.01	0.99	2.39	1.31	0.65	0.57	0.23
消费指数	1.02	1.10	0.98	1.82	1.29	0.58	0.50	0.15
贸易指数	0.35	1.45	0.86	2.61	0.77	1.14	5.48	0.03
经济影响指数	3.48	4.59	3.81	8.64	4.80	2.83	7.06	0.61
排名	6	4	5	1	3	7	2	8

资料来源：表中前四项指标来自《云南统计年鉴2016》，指数为计算所得

2. 结果分析

从表 2-12 可以看出，云南省边境 8 个州（市）经济区位条件差异明显，红河州无论是人口规模、GDP、居民消费，还是边境贸易额都排在前列，经济区位优势明显；德宏州虽然在人口规模、GDP、居民消费方面优势不明显，但是在边境贸易额方面优势巨大，达 42.5 亿元，反映了德宏州注重对外开放，同周边国家联系紧密；怒江州各项指标都是最低值，经济区位条件最差，远远落后其他州（市）；其他州（市）中文山州人口规模较大，导致 GDP、居民消费较高，经济影响指数较大，普洱市、临沧市和保山市人口规模、GDP、居民消费相差无几，但边境贸易额差距明显，导致三市经济影响指数存在一定差异；而西双版纳州人口规模相对较小，导致 GDP 和居民消费较低，经济影响指数偏小。从经济影响指数来看，边境 8 个州（市）经济区位条件的排名如下：红河州、德宏州、文山州、普洱市、临沧市、保山市、西双版纳州和怒江州。

从上述分析可知，云南省边境地区要加快经济的发展，发挥经济条件对旅游业发展的支持作用。政府有关部门要提高对沿边重点地区旅游开发资金的投入比重，加强旅游产品的开发和项目建设；加强旅游形象宣传，刺激当地居民旅游消费；加强同其他州（市）［尤其是和经济发展较好的州（市）］的区域旅

七、客源区位条件分析及评价

1. 客源市场分析

（1）入境客源分布

地理集中度指数是衡量研究对象集中程度的重要指标。本书利用地理集中度指数对云南省边境入境客源分布的集散程度进行分析，为云南省边境各州（市）客源区位优劣势提供评判依据，计算公式如下：

$$G = 100 \times \sqrt{\sum_{i=1}^{n}\left(\frac{X_i}{T}\right)^2} \qquad (2\text{-}9)$$

式中，G 为地理集中度指数；T 为入境游客总数量；X_i 为第 i 个州（市）的入境游客数量；n 为州（市）总数，$n=8$。

G 取值在 0～100，G 值越大，客源分布越集中；G 值越小，客源分布越分散。本书统计了 2014～2016 年的入境游客人数数据（表 2-13），利用地理集中度指数模型得出以下计算结果：2014 年 G=48.58；2015 年 G=48；2016 年 G=47.83。可见云南省边境地区入境客源分布较为分散，其集中度较低。由表 2-13 可知，云南省边境地区入境游客人数逐渐增多，主要集中在西双版纳州、德宏州、红河州三个州，三州比重约 80%，其他五个州（市）入境游客较少。

表 2-13　2014～2016 年云南省边境地区入境游客人数统计

项目	保山市	普洱市	临沧市	红河州	文山州	西双版纳州	德宏州	怒江州	总数
2014 年入境游客人数/万人次	7.6	19.4	28.2	121.0	53.2	121.0	206.0	10.9	567.3
比重/%	1.3	3.4	5.0	21.3	9.4	21.3	36.4	1.9	100.0
2015 年入境游客人数/万人次	23.0	17.1	35.9	150.1	47.6	142.0	225.0	11.0	651.7
比重/%	3.5	2.6	5.5	23.0	7.3	21.8	34.6	1.7	100.0
2016 年入境游客人数/万人次	25.6	22.1	41.3	171.1	68.5	169.6	263.8	12.1	774.1
比重/%	3.3	2.8	5.3	21.8	8.7	21.6	34.9	1.5	100.0

注：2014～2016 年入境游客人数来自《云南统计年鉴》（2015～2017 年）中海外旅游人数和边境口岸入境一日游人数之和

另外,根据云南省入境游客多年统计数据以及明庆忠教授主持的《云南省边(跨)境旅游专项规划(2018—2030年)》,分析可知入境客源目标市场:一级市场为泰国、新加坡、马来西亚、日本、缅甸、老挝、越南,以及中国的港澳台地区;二级市场为德国、英国、法国、美国、澳大利亚等;三级市场为其他国家和地区,如中亚、西亚等。

(2)国内客源分布

近年来,云南省边境地区国内市场约占总量的90%,且呈逐年递增态势,已形成包含基础市场(本省)、近程市场(西南地区为主)和远程市场(主要东部经济相对发达地区)的国内市场格局。省外游客多来自云南周边省份和东部经济相对发达省份,省内游客主要来自省会昆明,且省外和省内游客比重相差不大。

云南本省是国内客源一级市场,游客人数约占总量的50%,随着社会经济的发展和新旅游景点的开发,旅游发展空间仍然很大。四川省、重庆市、贵州省等邻近省份和东部沿海经济发达省份是国内客源二级市场,游客人数占总量的25%~35%。这些省份有的属于邻近地区,地理空间距离较近,可以进行短途旅行。有的省份经济发展水平较高,居民消费能力较强。其他远程省份是国内客源三级市场,地理空间距离较远,出游能力较低,到云南省边境旅游的概率较小。虽然这些地区市场密度不大,但地域范围广,人口规模大,整体客源市场规模较大,因此有必要给予足够的重视和进行必要的开发。

2. 评价方法

为简化计算,比较云南省边境8个州(市)客源市场现实规模差异,判断其客源区位的优劣,本书选取旅游总收入、国内旅游人数、海外旅游人数、边境口岸入境一日游人数四项指标中每个指标的中位数作为对比基准,考察四项指标中其余指标相对基数的多少,求得每项指标指数,并将每个州(市)四项指标指数求和,得到客源规模指数,最终确定云南省边境8个州(市)客源区位评价等级(表2-14)。客源规模指数是衡量旅游市场规模的重要指标,同时在一定程度上反映了一个地区的旅游知名度。一般而言,客源规模指数越大,区域旅游知名度越高,旅游市场规模越大,客源区位条件越好,计算公式如下:

$$K_i = 2\left(\frac{d_i}{d} + \frac{e_i}{e} + \frac{f_i}{f} + \frac{g_i}{g}\right) \quad i=1,2,3,\cdots,8 \quad (2\text{-}10)$$

式中，K_i 为第 i 个州（市）的客源规模指数；d_i、e_i、f_i、g_i 分别为第 i 个州（市）旅游总收入、国内旅游人数、海外旅游人数、边境口岸入境一日游人数；d、e、f、g 分别为旅游总收入、国内旅游人数、海外旅游人数、边境口岸入境一日游人数四项指标的中位数，$\frac{d_i}{d}$、$\frac{e_i}{e}$、$\frac{f_i}{f}$、$\frac{g_i}{g}$ 分别为每项指标相对基数的指数。

表 2-14 云南省边境各州（市）客源区位分析

指标	保山市	普洱市	临沧市	红河州	文山州	西双版纳州	德宏州	怒江州
旅游总收入/亿元	173.0	168.3	112.1	274.6	151.3	420.3	221.4	36.3
国内旅游人数/万人次	1816.4	2065.6	1250.6	3498.9	1485.2	2350.4	1239.0	300.1
海外旅游人数/万人次	17.3	7.4	12.0	36.4	7.2	47.3	40.5	3.1
边境口岸入境一日游人数/万人次	8.3	14.7	29.3	134.7	61.3	122.3	223.3	9.0
旅游总收入指数	1.01	0.99	0.66	1.61	0.89	2.46	1.30	0.21
国内客源指数	1.10	1.25	0.76	2.12	0.90	1.42	0.75	0.18
海外客源指数	1.18	0.51	0.82	2.48	0.49	3.22	0.76	0.21
边境口岸入境一日游客源指数	0.18	0.32	0.65	2.97	1.35	2.70	4.93	0.20
客源规模指数	3.48	3.07	2.88	9.18	3.64	9.81	9.71	0.81
排名	5	6	7	3	4	1	2	8

资料来源：表中前四项指标来自《云南统计年鉴2016》，指数为计算所得

3. 结果分析

由表 2-14 可以看出，西双版纳州旅游人次并不是最多，同红河州差距明显，但旅游总收入最高，高达 420.3 亿元。这与西双版纳州较为成熟的旅游产业体系有很大关系。同时，西双版纳州的海外旅游人数和边境口岸入境一日游人数较多，排名都在 8 个州（市）前列，海外旅游人数总计 47.3 万人次，边境口岸入境一日游人数达 122.3 万人次；德宏州是中国对外开放的重要窗口，边境贸易相对发达，边境口岸入境一日游人数、海外旅游人数相比其他州（市）优势明显，其中边境口岸入境一日游人数高达 223.3 万人次；红河州最大的特点是接待了最多的国内旅游人数（3499 万人次），但旅游总收入却只有 274.6 亿元，主要原因是红河州的旅游产品以观光为主，旅游消费项目严重不足；保

山市、普洱市、文山州 3 个州（市）旅游总收入相差不多，在 151.3 亿～173.0 亿元，普洱市国内旅游人数较多，文山州边境口岸入境一日游人数较多；而临沧市、怒江州由于资源、交通、经济等条件制约，四项指标都较小。从客源规模指数来看，云南省边境 8 个州（市）客源区位条件排名如下：西双版纳州、德宏州、红河州、文山州、保山市、普洱市、临沧市、怒江州。

　　由上述分析可知，云南省边境地区要以扩大旅游市场规模、优化旅游市场结构为目标，创新旅游营销理念和方式，巩固发展传统客源市场，积极开拓新兴客源市场，培育发掘潜在客源市场，大力发展入境旅游、国内旅游，规范发展出境旅游，进一步提高入境游客和省外游客比重。

第三节　云南省边境旅游发展区位价值综合评价

　　影响旅游发展的区位因素有很多，不能单看一个区位因素对旅游发展的影响，更应该考虑影响旅游业发展的区位要素之间的组合是否合理、区位要素对旅游发展的综合影响力，即区位价值。一般而言，一个地区区位价值越高，旅游发展潜力越大，反之，旅游发展潜力越小。通过对云南省边境旅游发展区位价值进行综合评价，可以为其构建合理的旅游区域体系，准确定位旅游发展方向，提高旅游业发展质量提供依据；为区域范围内合理利用旅游资源、科学开发旅游产品、合理布局重点旅游区、科学配置旅游服务设施提供决策依据，从而促进云南省边境旅游健康有序的发展。

一、云南省边境旅游发展区位评价指标体系构建

1. 评价指标遴选原则

（1）科学性原则

科学性原则指的是评价指标体系能较客观、准确、全面地反映云南省边境旅游的本质特征，能较好地度量其区位条件对边境旅游发展的作用力。

（2）系统性原则

影响云南省边境地区旅游业发展的区位可视为一个系统，各区位条件之间

是相互联系、相互作用的，整体性很强，往往某一区位条件的变化会致使其他区位条件做出相应的改变。

（3）全面与重点相结合原则

全面性是指评价指标的选择要基本能够涵盖评价指标体系的各个方面。选择的评价指标应能反映影响云南省边境地区旅游业发展的区位条件的现实状况，又能反映其旅游发展潜力。重点性是指评价指标的选取应该围绕目标主题选择最关键、最具针对性的指标，不宜面面俱到。

（4）可获得性和可量化性原则

评价指标的选取应考虑指标所需数据是否可以获得，如果有多个反映同一含义的指标，应尽量选取可以量化的数据或者是可以通过技术手段量化的数据。

2. 评价指标体系的构建

本书综合采用过滤频度统计、理论分析、专家咨询等方法选取边境旅游发展区位价值的评价指标，使选择的评价指标尽可能科学、全面。利用过滤法筛选国内外已有的研究文献；采用频度统计法，选取具较高使用频率的区位评价指标；使用理论分析法，对选取的评价指标进行分析和归类，结合云南省边境地区特殊的地理位置、旅游资源条件、交通可达性、社会经济环境等，选取与该区域边境旅游发展区位价值综合评价最相关、最具针对性的指标；利用专家咨询法，向专家咨询意见，对初选的指标进行调整和优化，形成云南省边境旅游发展区位评价指标体系。

云南省边境旅游发展区位价值评价指标体系由目标层、准则层和指标层组成。其中，准则层由地理区位、旅游资源区位、交通区位、经济区位、客源区位5个指标组成；指标层由到省会的直线距离、到毗邻国邻近城市平均直线距离、两国口岸实际距离、旅游资源吸引力、高等级旅游景区与州（市）中心的空间网络联系、交通网络里程数、交通网络密度、交通网络可达性、旅游交通连接性、人口规模、GDP、居民消费、边境贸易额、旅游总收入、国内旅游人数、海外旅游人数、边境口岸入境一日游人数17项指标组成（表2-15）。

表 2-15　云南省边境旅游发展区位价值评价指标体系

目标层	准则层	指标层
A 边境旅游发展区位价值	B_1 地理区位	C_1 到省会的直线距离
		C_2 到毗邻国邻近城市平均直线距离
		C_3 两国口岸实际距离
	B_2 旅游资源区位	C_4 旅游资源吸引力
		C_5 高等级旅游景区与州（市）中心的空间网络联系
	B_3 交通区位	C_6 交通网络里程数
		C_7 交通网络密度
		C_8 交通网络可达性
		C_9 旅游交通连接性
	B_4 经济区位	C_{10} 人口规模
		C_{11} GDP
		C_{12} 居民消费
		C_{13} 边境贸易额
		C_{14} 旅游总收入
	B_5 客源区位	C_{15} 国内旅游人数
		C_{16} 海外旅游人数
		C_{17} 边境口岸入境一日游人数

本书借鉴韦国兆（2008）对边境旅游的定义，认为边境旅游包含边境地区游和边境跨国游两个方面。由对 17 项评价指标的分析可知，到省会的直线距离、交通网络可达性、人口规模、GDP、居民消费、国内旅游人数 6 项评价指标指向边境地区游；到毗邻国邻近城市平均直线距离、两国口岸实际距离、边境贸易额、边境口岸入境一日游人数 4 项评价指标指向边境跨国游；旅游资源吸引力、高等级旅游景区与州（市）中心的空间网络联系、交通网络里程数、交通网络密度、旅游交通连接性、旅游总收入、海外旅游人数 7 项评价指标与边境地区游和边境跨国游都相关。

二、数据来源

17 项云南省边境旅游发展区位价值评价指标所需数据（表 2-16）来源于以下几种方式。

表 2-16　云南省边境旅游发展区位价值评价指标所需数据

指标	保山市	普洱市	临沧市	红河州	文山州	西双版纳州	德宏州	怒江州
C_1/公里	370	298	300	177	220	383	435	400
C_2/公里	190	249	254	116	105	192	169	156
C_3/公里	4	4	4	4	4	62	1	4
C_4	34.40	58.71	17.55	77.69	73.81	12.59	10.97	9.33
C_5	4.50	8.20	6.72	27.19	3.05	35.92	20.20	0.00
C_6/公里	43 781	28 335	18 984	23 105	19 737	43 687	26 225	5 551
C_7	2.23	0.62	0.78	0.70	0.61	2.23	2.27	0.38
C_8	7.17	8.30	8.79	7.22	8.38	10.12	9.07	8.48
C_9	1.33	1.00	1.00	1.69	1.50	1.27	1.86	0.00
C_{10}/万人	259.7	261.7	252.0	468.1	362.1	117.2	129.4	54.4
C_{11}/亿元	613.4	568.1	552.4	1336.8	735.9	366.1	321.1	126.4
C_{12}/亿元	267.9	289.4	256.7	476.3	339.1	151.7	131.6	39.3
C_{13}/亿元	2.7	11.2	6.7	20.2	6.0	8.8	42.5	0.2
C_{14}/亿元	173.0	168.3	112.1	274.6	151.3	420.3	221.4	36.3
C_{15}/万人次	1 816.4	2 065.6	1 250.6	3 498.9	1 485.2	2 350.4	1 239.0	300.1
C_{16}/万人次	17.3	7.4	12.0	36.4	7.2	47.3	40.5	3.1
C_{17}/万人次	8.3	14.7	29.3	134.7	61.3	122.3	223.3	9.0

1）《云南统计年鉴 2016》。包括：C_{10} 人口规模、C_{11} GDP、C_{12} 居民消费、C_{14} 旅游总收入、C_{15} 国内旅游人数、C_{16} 海外旅游人数、C_{17} 边境口岸入境一日游人数 7 项指标数据来源于《云南统计年鉴》。

2）2016 年云南省《政府工作报告》和《国民经济和社会发展统计公报》。C_{13} 边境贸易额指标数据来源于 2016 年云南省边境 8 个州（市）《政府工作报告》和《国民经济和社会发展统计公报》。

3）百度地图、其他。C_1 到省会的直线距离、C_3 两国口岸实际距离两项指标数据来源于百度地图直接测距；C_2 到毗邻国邻近城市平均直线距离指标数据根据百度地图测距结果简单计算所得，到毗邻国邻近城市平均直线距离=州（市）中心到毗邻国邻近城市距离之和/毗邻国邻近城市数量；C_5 高等级旅游景区与州（市）中心的空间网络联系指标数据根据百度地图测距计算整理所得；C_4 旅游资源吸引力指标数据基于旅游资源丰度测评方法计算所得，其中各边境州（市）的人口与土地面积数据来源于《云南统计年鉴 2016》；C_9 旅游交通连接性指标测度中旅游通道数量来源于百度地图，节点数量来源于云南省文化和旅游厅，旅游交通连接性=旅游通道总数量/旅游节点总数量；C_6 交通网络里程数指标测度中的公路通车里程数据来源于《云南统计年鉴 2016》，民航客运里程数据来源于携程网和百度地图，交通网络里程数=公路通车里程+民航客运里程；C_7 交通网络密度指标测度中的土地面积数据来源于《云南统计年鉴2016》，交通网络密度=交通网络里程数/土地面积；C_8 交通网络可达性指标数据基于最小阻抗的交通可达性测评方法计算所得，其中某一区域到达其他区域的最短时间数据来源于百度地图测算。

三、研究方法

1. 赋权方法

确定指标权重的方法可以分为两大类：主观赋权法和客观赋权法。主观赋权法操作简便但主观性明显，需要充足的经验和专业知识才能得到准确的权重值。而客观赋权法可以直接计算指标所包含的信息得到权重，在一定程度上修正了主观赋权法的缺点。因此，本书选用客观赋权法中的变异系数法确定各项指标权重值。

变异系数是一种客观的确权方法，主要用来衡量各观测值变异的程度。变异系数法是根据各评价指标当前值与目标值的变异程度对各指标进行赋权，通过计算指标所包含的信息获得权重。权重大小取决于指标的变化差异，变化差异越大，权重越大，反之亦然。

变异系数法具体步骤如下：

设有 n 个参评样本，每个样本用 m 个指标 X_1，X_2，X_3，…，X_m 来描述。选求出各指标的均值 $\bar{X}_i$ 和标准差 ∂_i：

$$\bar{X}_i = \frac{1}{n}\sum_{j=1}^{m} X_{ji} \tag{2-11}$$

$$\partial_i = \sqrt{\frac{1}{n-1}\sum_{j=1}^{m}(X_{ji}-\bar{X}_i)^2} \tag{2-12}$$

则各指标的变异系数为

$$V_i = \frac{\partial_i}{\bar{X}_i} \quad i=1, 2, 3, \cdots, m \tag{2-13}$$

对 V_i 做归一化处理，可得各评价指标的权重 W_i：

$$W_i = \frac{V_i}{\sum_{j=1}^{m} V_j} \quad j=1, 2, 3, \cdots, m \tag{2-14}$$

各评价指标的权重为 $W_i=(W_1,W_2,W_3,\cdots,W_m)$。

2. 无量纲化方法

云南省边境旅游发展区位价值评价指标之间存在不同的量纲，对区位价值进行综合评价时必须对原始数据进行无量纲化处理，即将数据标准化，使指标具有可比性。数据无量纲化处理的方法有很多，本书根据指标的选择情况，采用极值标准化法对初始数据进行无量纲化处理。该方法标准化后的数据数值在 0~1，以数值 1 作为参考系，易于直观比较。

1）正向指标（即当指标值与边境旅游区位价值评价指标呈正相关时）数据的计算方法：

$$P_{ij}=\frac{x_{ij}-\min x_{ij}}{\max x_{ij}-\min x_{ij}} \quad (2\text{-}15)$$

2）负向指标（即当指标值与边境旅游区位价值评价指标呈负相关时）数据的计算方法：

$$P_{ij}=\frac{\min x_{ij}-x_{ij}}{\max x_{ij}-\min x_{ij}} \quad (2\text{-}16)$$

式中，i 为州（市）的个数（$i=1,2,3,\cdots,8$）；j 为指标个数（$j=1,2,3,\cdots,17$），x_{ij} 为第 i 个州（市）的第 j 个指标的原始数值；$\max x_{ij}$ 为第 j 个指标的最大值；$\min x_{ij}$ 为第 j 个指标的最小值；P_{ij} 为第 i 个州（市）第 j 个指标标准化处理后的数值。

3. 评价方法

本书构建的云南省边境旅游发展区位价值评价指标体系由目标层、准则层、指标层三个层次构成且评价指标数量较多，因此选择多指标加权求和综合评价模型对云南省边境旅游发展区位价值进行综合评价。该评价模型具有计算快捷、操作简单等优点，适用于多指标、多层次的评价指标体系，评价模型为

$$F_i=\sum_{j=1}^{n}P_{ij}W_j \quad j=1,2,3,\cdots,n \quad (2\text{-}17)$$

式中，W_j 为第 j 个指标的权重系数；P_{ij} 为 i 地区 j 指标的标准化分值；n 为指标总个数；F_i 为第 i 个州（市）边境旅游发展区位价值的数值。F_i 越大表示该州（市）的边境区位价值越大，边境旅游开发潜力越强。

为了更好地对各州（市）边境旅游发展区位价值进行比较分析，本书对计算

所得各边境区位价值分值进行了以下处理，F_{max} 为在所有州（市）中边境旅游发展区位价值评价值的最大值，F_I 为标准化值 F_i 经过处理后的评价值，具体如下：

$$F_I = \frac{F_i}{F_{max}} \times 100 \tag{2-18}$$

四、云南省边境旅游发展区位价值综合评价

1. 评价因子权重的确定

运用变异系数法赋权。利用式（2-11）和式（2-12）计算出各评价指标的平均值和标准差；利用式（2-13）计算出各指标的变异系数，利用式（2-14）最终求出各评价指标的权重（表2-17）。

表2-17 基于变异系数法的指标权重

目标层	准则层	指标层
$A=1$	$B_1=0.2096$	$C_1=0.0236$，$C_2=0.0257$，$C_3=0.1603$
	$B_2=0.1496$	$C_4=0.0668$，$C_5=0.0828$
	$B_3=0.1493$	$C_6=0.0413$，$C_7=0.0583$，$C_8=0.0096$，$C_9=0.0401$
	$B_4=0.2909$	$C_{10}=0.0476$，$C_{11}=0.0529$，$C_{12}=0.0469$，$C_{13}=0.0934$，$C_{14}=0.0501$
	$B_5=0.2507$	$C_{15}=0.0453$，$C_{16}=0.0682$，$C_{17}=0.0872$

由表2-17和图2-4可知，影响云南省边境旅游发展区位价值的地理区位、旅游资源区位、交通区位、经济区位、客源区位的权重大小。一般认为，权重越大对云南省边境旅游发展区位价值的影响程度越大；反之，影响程度越小。

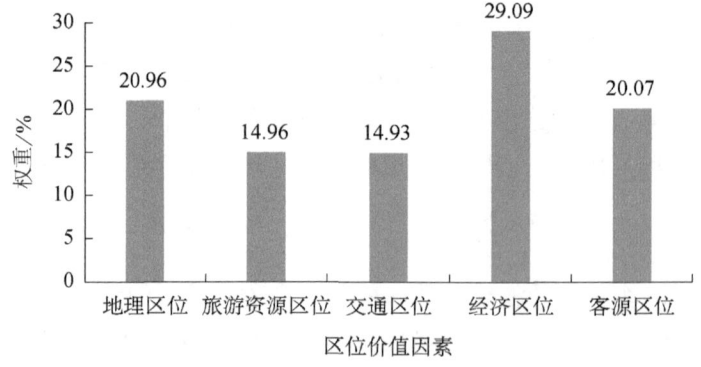

图2-4 影响区位价值的五因素权重示意图

2. 数据的无量纲化

对表 2-16 的数据利用式（2-15）和式（2-16）进行无量纲化处理，获得评价指标的标准化值（表 2-18）。

表 2-18　云南省边境各州（市）旅游发展区位价值评价指标的标准化值

指标	保山市	普洱市	临沧市	红河州	文山州	西双版纳州	德宏州	怒江州
C_1	0.2519	0.5310	0.5233	1.0000	0.8333	0.2016	0.0000	0.1357
C_2	0.4295	0.0336	0.0000	0.9262	1.0000	0.4161	0.5705	0.6577
C_3	0.9508	0.9508	0.9508	0.9508	0.9508	0.0000	1.0000	0.9508
C_4	0.3664	0.7210	0.1201	1.0000	0.9331	0.0476	0.0111	0.0000
C_5	0.1253	0.2283	0.1871	0.7570	0.0849	1.0000	0.5624	0.0000
C_6	1.0025	0.5974	0.3522	0.4603	0.3720	1.0000	0.5421	0.0000
C_7	0.9788	0.1270	0.2116	0.1693	0.1217	0.9788	1.0000	0.0000
C_8	1.0172	0.6276	0.4586	1.0000	0.6001	0.0000	0.3621	0.5655
C_9	0.7151	0.5376	0.5376	0.9086	0.8065	0.6828	1.0000	0.0000
C_{10}	0.4963	0.5011	0.4776	1.0000	0.5021	0.1518	0.1813	0.0000
C_{11}	0.4023	0.3648	0.3519	1.0000	0.5036	0.198	0.1608	0.0000
C_{12}	0.5231	0.5723	0.4975	1.0000	0.6860	0.2572	0.2112	0.0000
C_{13}	0.0591	0.2601	0.1537	0.4728	0.1371	0.2033	1.0000	0.0000
C_{14}	0.3577	0.3456	0.1994	0.6216	0.3012	1.0000	0.4835	0.0000
C_{15}	0.4740	0.5519	0.2971	1.0000	0.3705	0.641	0.2935	0.0000
C_{16}	0.3222	0.0978	0.2020	0.7529	0.0922	1.0000	0.8465	0.0000
C_{17}	0.0000	0.0299	0.0979	0.5880	0.2464	0.5302	1.0000	0.0035

3. 区位价值综合评价

将评价指标权重值（表 2-17）、评价指标标准化值（表 2-18）代入式（2-17）和式（2-18），得到云南省边境旅游发展区位价值评分（表 2-19、表 2-20 和图 2-5）。

表 2-19　云南省边境各州（市）旅游发展区位价值各项指标分值

指标	保山市	普洱市	临沧市	红河州	文山州	西双版纳州	德宏州	怒江州
C_1	0.0062	0.0130	0.0128	0.0245	0.0204	0.0049	0.0000	0.0033
C_2	0.0115	0.0009	0.0000	0.0247	0.0267	0.0111	0.0152	0.0175
C_3	0.1579	0.1579	0.1579	0.1579	0.1579	0.0000	0.1661	0.1579
C_4	0.0253	0.0499	0.0083	0.0692	0.0645	0.0033	0.0008	0.0000
C_5	0.0107	0.0196	0.0161	0.0649	0.0073	0.0858	0.0482	0.0000
C_6	0.0429	0.0255	0.0151	0.0197	0.0159	0.0427	0.0232	0.0000
C_7	0.0231	0.0073	0.0225	0.0238	0.0106	0.0000	0.0245	0.0026

续表

指标	保山市	普洱市	临沧市	红河州	文山州	西双版纳州	德宏州	怒江州
C_8	0.0101	0.0062	0.0046	0.0099	0.0060	0.0000	0.0036	0.0056
C_9	0.0297	0.0223	0.0223	0.0378	0.0335	0.0284	0.0416	0.0000
C_{10}	0.0245	0.0247	0.0236	0.0493	0.0248	0.0075	0.0089	0.0000
C_{11}	0.0220	0.0201	0.0193	0.0548	0.0276	0.0108	0.0088	0.0000
C_{12}	0.0254	0.0278	0.0242	0.0486	0.0333	0.0125	0.0103	0.0000
C_{13}	0.0057	0.0252	0.0149	0.0458	0.0133	0.0197	0.0968	0.0000
C_{14}	0.0185	0.0179	0.0103	0.0322	0.0156	0.0518	0.0251	0.0000
C_{15}	0.0223	0.0259	0.0140	0.0470	0.0174	0.0301	0.0138	0.0000
C_{16}	0.0227	0.0069	0.0143	0.0532	0.0065	0.0706	0.0598	0.0000
C_{17}	0.0000	0.0027	0.0088	0.0531	0.0222	0.0479	0.0903	0.0003

表 2-20 影响云南省边境旅游发展的区位价值分值

项目	保山市	普洱市	临沧市	红河州	文山州	西双版纳州	德宏州	怒江州
地理区位	0.1695	0.1659	0.1408	0.1999	0.1979	0.0155	0.1750	0.1726
旅游资源区位	0.0348	0.0670	0.0205	0.1294	0.0693	0.0860	0.0473	0.0000
交通区位	0.1369	0.0597	0.0408	0.0749	0.0606	0.1257	0.1243	0.0054
经济区位	0.0749	0.0943	0.0620	0.1915	0.0955	0.0487	0.1204	0.0000
客源区位	0.0613	0.0516	0.0304	0.1790	0.0596	0.1935	0.1823	0.0003
区位价值	0.4775	0.4384	0.2945	0.7748	0.4829	0.4694	0.6494	0.1783

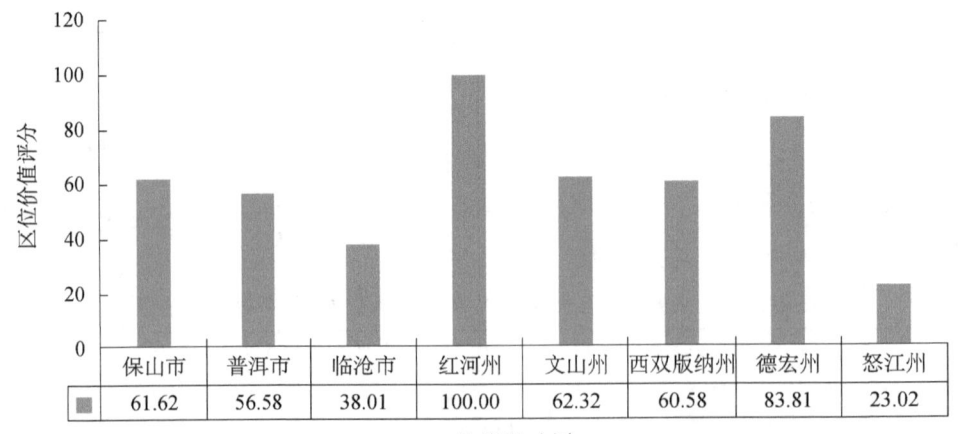

图 2-5 云南省边境旅游发展区位价值评分

由图 2-5 和表 2-20 可知，红河州是云南省边境旅游发展区位价值最高的州（市），区位优势明显，各项区位因素评分都位于前列，旅游发展潜力最大；德宏州区位价值排名第二，区位价值评分达 83.81，仅低于红河州，远超第三名的文山州区位价值评分（62.32）。德宏州旅游资源区位得分较低，但发达的旅游交通网络、良好的经济发展环境、现实规模较好的客源市场使得德宏州旅游发展得到了很好的外部支撑，整体区位价值评分较高；文山州各区位因素评价得分都不是很高，属于中等偏上水平，但各区位因素组合相对合理，区位价值相对较高；保山市区位价值评分为 61.62，属于中等水平。保山市地理区位、经济区位、客源区位优势并不明显，属于一般水平，旅游资源区位评分很低，仅高于怒江州和临沧市，但交通区位优势明显，排名第一。西双版纳州区位价值评分排名第五（60.58），与文山州、保山市差距很小，西双版纳州旅游资源区位、交通区位、客源区位得分均较高，但由于地理区位得分很低，致使区位价值评分不高，属于中等水平。普洱市各项区位因素评分都在中等偏下，区位价值评分偏低。临沧市除了地理区位［西双版纳州得分最低，其他州（市）差异较小］，其他各项区位因素得分都不高，其中旅游资源区位得分仅高于怒江州，致使区位价值评分偏低。怒江州是 8 个州（市）中区位价值评分最低的，且同评分倒数第二的临沧市差距明显，无论是旅游资源区位、交通区位，还是经济区位、客源区位条件都亟待提升。从区位价值评分来看，各边境州（市）排名如下：红河州、德宏州、文山州、保山市、西双版纳州、普洱市、临沧市和怒江州。

4. 旅游发展潜力地区等级划分

地区旅游发展的区位价值对旅游业的发展有很大影响，一般而言，区位价值越大，地区旅游发展潜力越大，反之亦然。本书在对云南省边境旅游发展区位价值综合评价的基础上，将 8 个州（市）边境旅游发展区位价值评分（图 2-5）导入 ArcGIS 10.2 中，使用自然间断点分类法将 8 个州（市）边境旅游发展潜力划分成三类：一级旅游发展潜力、二级旅游发展潜力和三级旅游发展潜力，绘制出云南省边境 8 个州（市）旅游发展潜力等级分布图（图 2-6）。由图 2-6 可知，云南省边境 8 个州（市）旅游发展潜力有明显差异，红河州、德宏州为一级旅游发展潜力区，综合区位优势明显，边境旅游发展潜力强；文山州、保山市、西双版纳州和普洱市为二级旅游发展潜力区，区位价值较高，边境旅游发展潜力较强；临沧市和怒江州为三级旅游发展潜力区，区位价值较低，边境旅游发展潜力较弱。

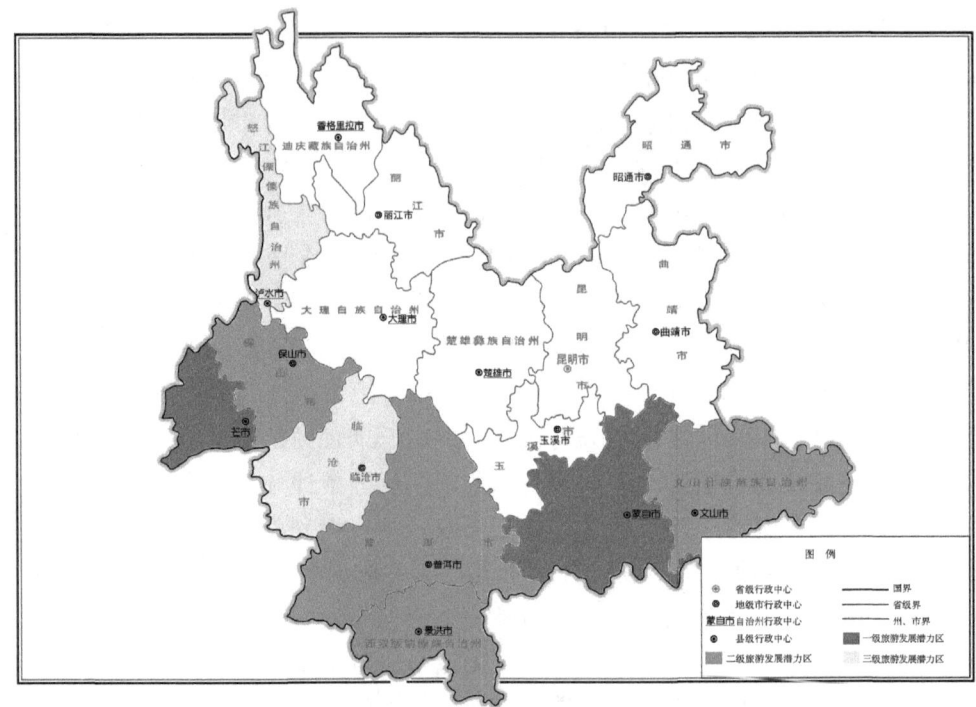

图 2-6　云南省边境各州（市）旅游发展潜力等级分布图（详见书末彩图）

第四节　基于区位评价的边境旅游发展对策

由第三节分析可以看出，一级旅游发展潜力的州（市），综合区位优势明显，边境旅游发展潜力强；二级旅游发展潜力的州（市），区位价值较高，边境旅游发展潜力较强；三级旅游发展潜力的州（市），区位价值较低，边境旅游发展潜力较弱。

在对影响云南省边境各州（市）旅游发展的各项区位因素及区位价值综合分析与评价的基础上，依据旅游发展潜力等级划分，分别提出相应的旅游发展对策。

一、不同旅游发展潜力区边境旅游发展对策

1. 一级旅游发展潜力区

（1）完善交通网络，提高区域可进入性

红河州和德宏州交通网络不够完善，交通条件还有很大的提升空间。红河州航空运输业还没起步，高速铁路通车里程仅 108 公里，而德宏州尚未开通高速铁路，致使两州（市）均未形成完善的交通网络。因此，一级旅游发展潜力的州（市）要加快高速铁路、机场建设，完善公路、铁路、航空交通网络，优化交通产业结构，进一步提高州域市县之间、城市与景区之间、景区与景区之间的行车条件，提高外部城市进入该地区的可行性以及州（市）内部各区域之间的通行能力。

（2）加强生态环境建设

红河州和德宏州旅游业发展较快，旅游资源开发较完善，但当地生态环境破坏现象逐渐明显、不容忽视。优美的生态环境是旅游业赖以生存和发展的基础。旅游的开发必将对生态环境造成不同程度的影响，同时当游客数量过多，超过景区环境承载力时，将会对景区生态环境造成严重破坏。因此，一级旅游发展潜力的州（市）应注意合理开发旅游资源，旅游旺季应注意旅客的分流，强调旅游区周边景观、卫生等旅游环境建设，整治边境城镇、乡村、边境道路沿线旅游环境，使旅游业和生态环境相互协调发展。

2. 二级旅游发展潜力区

（1）加强旅游资源深度开发，提升旅游景区品质

文山州、保山市、普洱市客源现实规模较小，且游客平均消费水平不高。这与旅游目的地旅游产品开发不完善，旅游消费项目较少，尤其是与夜间娱乐项目缺乏有很大关系。这类州（市）的游客多数为一日游游客，不能留住游客是其旅游业发展缓慢的重要原因。因此，二级旅游发展潜力的州（市）要加强对旅游资源的深度开发，尤其是人文旅游资源的开发，丰富提升观光旅游产品、大力发展休闲度假产品、积极开发专项旅游产品，增加更多的体验、参与和娱乐项目，打造区域旅游亮点，引导游客深度体验，不断提升旅游景区的品

质和档次。

(2) 加强旅游宣传,提高旅游知名度

二级旅游发展潜力的州(市)旅游知名度普遍较低(西双版纳州除外),各地对其了解较少,其中对客源市场的宣传力度不够,宣传的总体形象不够鲜明,缺乏煽动性,是这类州(市)客源数量远远少于一级旅游发展潜力州(市)的重要原因之一。可以通过积极参加旅游交易会、联谊会,积极争取大型旅游活动的举办权,将当地绮丽的自然风光和多彩的民俗文化拍成照片、宣传册、录像等,通过电视、互联网、微信、微博等媒体渠道进行宣传,以加深外界对其的印象,提高其旅游知名度。

(3) 打造个性化产品体系,改变营销战略

二级旅游发展潜力的州(市)要改变传统的营销战略。首先,避免景区单打独斗的局面,加强同热点旅游区合作,共同开发精品旅游线路;其次,推出多元化的旅游行程组合,开发个性化的自由行和半自助游产品,以满足不同的旅游需求。同时,通过旅游市场调研,分析不同年龄段、不同职业、不同学历消费者的旅游需求,对市场进行细分,打造具有个性化的旅游产品体系,增强旅游资源吸引力,延长游客停留时间,促进其充分消费。

3. 三级旅游发展潜力区

(1) 加强旅游资源开发,增加国家 A 级旅游景区数量

旅游景区是旅游业重要的生产力要素和旅游创汇创收的主要来源,精品旅游景区已成为我国旅游景区的中坚力量。三级旅游发展潜力的州(市)最大的特点是旅游资源吸引力较弱,高等级旅游景区数量较少。为带动当地旅游业的发展,要在考察市场需求的前提下,因地制宜,充分挖掘有价值的旅游资源,努力形成特色精品旅游景区,加快景区创 A 工程,避免同其他州(市)同质化竞争。考虑到高等级旅游景区对旅游业的带动作用,特别是 4A、5A 级景区,以及临沧市和怒江州没有高等级景区(4A、5A)的现状,开发龙头旅游景区、精品景区很有必要。

（2）加强同周边热点旅游区的合作，提高区域旅游形象

热点旅游区往往对周边旅游区有一定的屏蔽作用，即热点旅游区对周边地区旅游业的发展有制约作用。游客到达一个地区旅游时，由于时间、费用、精力等方面的限制，往往选择知名度高、交通便捷的旅游地旅游，而放弃一些知名度低、交通不便的旅游地。怒江州周边有大理州、丽江市、迪庆州三个热点旅游区，临沧市靠近德宏州热点旅游区。三级旅游发展潜力的州（市）可以通过加强同周边热点旅游区的合作与交流，共同开发旅游路线和旅游产品，积极主动地融入较有影响力的旅游区域，从而打破热点旅游区的屏蔽效应，充分发挥其辐射带动作用，提高自己的知名度，提升自己的旅游形象，从而加快区域旅游业的发展。

（3）加强旅游基础设施和旅游服务设施建设

怒江州和临沧市经济发展相对落后，基础设施和旅游服务设施较不完善。可以通过加强城市道路、公共交通、指路标识、公共厕所、通信等城市基础设施建设，加快宾馆酒店、餐饮、旅游购物、旅游娱乐等接待设施建设，推进自驾游营地、景区标识系统、停车场等配套设施建设等措施提高其旅游基础设施和服务设施水平。

（4）加强旅游交通建设，改善交通条件

三级旅游发展潜力的州（市）交通条件非常不便利，无论是公路还是航空运输的发展速度都远远落后于其他州（市）。旅游交通是制约其旅游业发展的一个重要因素，很多有特色的旅游景区距离较远，交通又不方便，使得游客望而却步。因此，加强旅游交通建设对怒江州、临沧市的旅游业发展至关重要。可以通过加快高等级公路建设、加快高速铁路建设、开通到各个旅游景点的直达快运、加快支线机场建设、开通更多航线等措施加快当地旅游交通的发展。

二、进一步促进云南省边境地区旅游发展的对策

1. 加强同周边国家旅游合作

云南省边境地区与缅甸、老挝、越南山水相连，泛亚铁路、昆曼国际大通道及澜沧江-湄公河黄金水道从中穿过，优越的地理区位和交通区位为边境旅

游的发展提供了前提条件。从发展方向来看，为实现旅游产业要素、游客在区域内的自由流动，助推云南省旅游业新时期转型升级、提质增效，边境旅游率先成为云南省旅游业发展的重要抓手和新的增长点；从云南省旅游业态组合来看，云南省旅游产业业态丰富，融民族旅游、边境旅游、观光旅游、康体养生、休闲度假、户外探险等多元形式为一体。其中，民族旅游与边境旅游是云南省的特色旅游形式，边境旅游以异域文化、边界文化为核心体验对象，富于独特吸引力和品牌标识性。边境旅游以其资源独特性、区位优势明显等优势，可跻身于云南省旅游产业体系的关键位置。通过抓国家沿边旅游开发开放之契机，以边境旅游为支点，可强化大湄公河次区域旅游合作、孟中印缅地区旅游合作，推进与老挝、柬埔寨、泰国等国家的旅游合作，推进云南省旅游业的国际化发展。

2. 强化境内区域性旅游发展合作

加强云南省边境地区与境内区域的跨区域性旅游合作，通过工作会议、旅游推介会等形式将合作内容落到实处。具体分为三个层级，首先，文山州、红河州、普洱市、西双版纳州、临沧市、保山市、德宏州、怒江州8个边境州（市）之间就边境旅游发展加强合作，各州（市）旅游部门之间信息共享、决策共商，共同打造云南省边境旅游整体形象，进行跨区域旅游线路规划，开发具有整体性而又各具特色的旅游产品，合力发展边境旅游；其次，加强与省内周边昆明市、迪庆州、丽江市、大理州、楚雄州、玉溪市、曲靖市等州（市）的合作，依托省内一些大型集聚中心（昆明市、丽江市、大理市）的辐射带动，提升边境区域旅游竞争力；最后，加强与广西壮族自治区、贵州省、四川省等周边省份的跨区域联动，在旅游产品开发、旅游线路组织和旅游宣传促销等方面互补合作，进而达到资源共享、客源互流、促销互助、产品互补的目的。

3. 加大宣传力度，提升区域旅游品牌形象

为提升云南省边境地区区域旅游品牌形象，扩大旅游市场规模，需要创新旅游营销理念和模式，整合旅游资源，形成专业化、品牌化、网络化的旅游宣传营销格局，全方位、多渠道开拓国内外旅游客源市场，努力提高入境游客和省外游客赴云南省边境地区旅游的比重。为了实现这一目标，还需要设计一个有创意、有特色、有文化内涵的旅游形象口号，既能反映云南省边境地区的自然风光，又能体现出深厚的文化内涵。可以通过建立广播、电视、短信、多媒体等传统渠道和移动互联网、微博、微信等新媒体渠道相结合的全媒体信息传播机制，构建跨区域、跨平台、跨网络、跨终端的旅游目的地网络营销体系，延伸营销触角；以活动促宣传，与旅行社合作，举办边（跨）境旅游主题活动（旅游节事活动、旅游促销活动、旅游比赛活动等）吸引游客参与，提高旅游知名度，如摩托车跨境旅游比赛，可对边（跨）境旅游线路起到绝佳的宣传作用；政府出面支持，与多个机构合作，在各交通站点、旅游大巴、人群集中广场等公共场所以广告牌等形式宣传云南省边（跨）境旅游形象、景区、线路等产品；制作旅游宣传小册子、旅游导航图、旅游纪念品等以礼品的方式发放给游客；加强云南省边境区域与内陆邻近区域的合作，如省内大理市、丽江市、昆明市等大型旅游集散中心，省外四川省、贵州省、广西壮族自治区等旅游大省，并与国外越南、老挝、缅甸、柬埔寨、泰国等东南亚国家进行联合对外营销，以形成组合性与拓展性优势，扩展宣传营销域面，提升整体营销竞争力；充分利用传统和现代传媒渠道，不断推出新产品、新亮点，全方位宣传和推介云南省边境地区的旅游新形象，让云南省边境地区的旅游形象走出边疆，走出云南省、走出中国、走向世界。

4. 注重旅游文化的挖掘，打造高端旅游文化产品体系

云南省边境地区历史文化资源悠久多元，包括遗产文化、边地文化、古道文化、红色文化、抗战文化、宗教文化、生态文化、农耕文化等文化资源。丰富多彩的民族历史文化与绚丽多姿的自然风光、舒适宜人的生态环境有机结合，赋予了边境地区旅游文化神秘、神远、神韵的魅力，对国内外游客具有强烈的吸引力。但云南省边境地区旅游文化产业仍存在文化内涵挖掘不够，产品特色不够鲜明，市场吸引力不强等诸多问题。云南省边境地区要想在激烈的市场竞争中挣得一席之地，对文化资源的挖掘至关重要。可以通过提升传统旅游产品的文化内涵，大力发展旅游文化新产品新业态，开发具有地方文化、民族文化特色的旅游文化产品，培育打造旅游文化演艺精品和民族文化节庆品牌等措施，构建云南省边境地区具有较强核心竞争力的高端旅游文化产品体系，进一步提升云南省边境地区旅游文化吸引力和产业核心竞争力，推动旅游文化产品由观光型产品为主向观光游览、休闲度假、康体养生等为一体的复合型产品转变，实现资源优势向经济优势的转变。

5. 打造旅游名片，丰富旅游产品体系

整合旅游资源，做活存量，做精增量，推进"景点旅游"向"全域旅游"转变，实现"旅游+"业态融合发展，拉动旅游投资和消费。依据云南省各边境州（市）旅游特色细化 8 个州（市）旅游名片，并依托各细分名片全力打造云南省边境旅游整体品牌，巩固质量，提高水平，晋档升级，使之成为独具特色、在国内外市场有较大影响力的知名旅游精品。加大边境旅游产品开发力度，针对不同层次和不同消费需求的游客，做到旅游产品"定制化、个性化"，突出地缘优势，重点开发民俗风情游、康养游、探秘游、购物游、边关风情游等地域色彩浓重的旅游产品，在此基础上拓展新业态，如针对自驾游市场、家庭亲子市场、女性购物市场、"银发"养老市场、候鸟度假市场等开发设计新型旅游产品，形成以"购物游、观光游、度假游、体验游、跨境游"为主的丰富的旅游产品体系。

6. 加快社会经济建设，优化投资环境

从区域整体经济发展水平来看，云南省边境地区经济发展水平普遍较差，人均 GDP 在 2 万～3 万元，人均 GDP 同较发达城市相比，差距明显。因此，云南省边境地区要加快经济的发展，发挥经济条件对旅游业发展的支持作用。需立足沿边资源禀赋优势和地缘特色，大力发展优势产业，拓展开放合作领域，支持沿边重点地区承接国内外产业转移，增强沿边地区开放型产业支撑；加大对沿边重点地区城镇建设和产业发展等方面的支持力度，提高政府有关部门对沿边重点地区建设资金的投入比重，引导沿边地区金融机构将吸收的存款主要用于服务当地经济社会发展；支持边境小额贸易企业能力建设，促进边境地区贸易发展，通过边境贸易的发展拉动边境旅游的发展；优化投资环境，加大对旅游资金的投入，引导社会资金持有者对旅游经营项目以及具有潜在收益的政府部门投资领域建设投资。

7. 加快旅游交通建设，构建互补贯通型的交通发展格局

云南省边境地区各州（市）公路、航空建设极不平衡，而且铁路运输非常滞后，只有文山州和红河州开通了高速铁路。为使云南省边境地区旅游业更好的发展，连接成一个整体，必须打破这种交通现状。云南省边境地区应遵循交通发展规律和现代化进程的要求，加快交通发展，优化边（跨）境航空、铁

路、公路布局，加快机场、高速铁路和高速公路建设，完善旅游环飞航线，加快构建覆盖边境地区主要旅游目的地和集散地的通用、通勤航空网络；加快建设一批连接边境旅游度假区、旅游景区、旅游名镇、旅游名村的旅游公路和打通环线断头路，推动通往 4A 级以上旅游景区的连接公路达到二级路以上标准；加快国省干线公路改造步伐，加快农村公路的发展，对落后和薄弱的交通状况给予政策倾斜，缩小各州（市）间的差距，提升整体路况的通达性；加快形成与航空、高速铁路、高等级公路相配套的交通运输网络，全面调整和优化运输结构，建立和完善统一开放、竞争有序的运输市场，加快"五网"基础设施建设，建立公路、铁路、航空互补，城镇公路贯通的交通发展格局。

8. 完善基础设施，构建立体通道体系

创建无障碍国际旅游环境。加快"食、住、行、游、娱、购"基本六要素依托设施的改造、升级，提高信息、医疗、救援等公共服务质量。国家旅游局应与公安、外事、交通等部门合作，促进云南省边境旅游交通的便利化，争取资金、政策配套扶持和外交支持，加快构建集"航空、公路、铁路"为一体、对外面向南亚东南亚、对内连接中国和云南省内各大旅游区的国际跨国大通道，在可能的情况下，让旅游巴士、火车、自驾车等直达周边国家，提高旅游目的地的可进入性，让游客进得来、走得了、散得开，提高云南省边境旅游竞争力。

第三章
边境地区旅游发展时空演变及驱动机制

第一节 国内外相关研究

一、国外研究进展

1. 边境与旅游关系研究

在20世纪90年代世界政治格局演变和经济全球化的大背景下，边境线对人们交往的阻隔作用逐渐减弱，边境地区覆盖产业部门较多的旅游业发展趋强，类型丰富的跨境旅游活动日益兴盛，旅游与边境的关系研究也成为学者逐渐关注的重点和热点。Martinetter（1994）根据边境线与旅游活动区之间的相对关系，将二者关系划分为三种类型：①单个旅游区位于边境线的一侧，与边境线距离较近；②两个旅游区位于边境线的两侧且二者距离较远，需要相互之间的中转才能到达目的地；③两个旅游区位于边境线的两侧且二者距离较近，或者一个旅游区被边境线从中间穿越，边境的开放程度对该类型旅游区的发展起着至关重要的作用。Timothy（2001）依据边境线跨越难度对旅游者的影响程度，将边境地区旅游区划分为四种类型：①边境阻隔度大且旅游文化背景差异大的地区；②边境阻隔度大，但旅游文化背景差异较小的地区；③边境阻隔度小，但旅游文化背景差异大的地区；④边境阻隔度小且旅游文化背景差异小的地区。Webster和Timothy（2006）总结出边境与旅游的三重属性，即旅游中转地带、旅游阻碍和旅游吸引力。他们认为边境作为旅游中转地带，通常指以边境口岸为依托，从一国到另一国的旅行，周边附带着加油站、银行等旅游公共基础设施；旅游阻碍包括感知阻碍和真实阻碍，前者主要指由异国文化、语言、政治体制、繁杂的出入境手续等带来的心理负担，后者主要指边境防御工事、海关政策等对旅行的阻隔。边境地区旅游吸引力一方面指边境线、瞭望塔、界碑等具体事物，另一方面指边境的异域风情，即边境购物、美食等具体的旅游活动事项（Hachowiak，2006）。

2. 边境地区旅游需求研究

（1）边境旅游感知研究

Ilbery等（2007）通过对英格兰威尔士边境地区游客对乡村综合旅游的

感知研究发现，游客对乡村地域的整体感觉良好，但也发现乡村旅游管理存在一定的瑕疵，有待进一步调整与完善。Lord 等（2008）经过研究分析认为，游客的感知及满意程度会受到经济状况条件、质量、旅游服务和愉悦度的影响。Gelbman（2008）采用问卷调查法对边境地区导游对游客的讲解内容信息进行了研究，结果表明导游传递给游客的讲解内容信息大多关于矛盾与冲突。

（2）边境旅游行为研究

Valdez 和 Sifaneck（1997）以美墨边境的"药品旅游"为案例，探讨游客空间转移模式和在转移过程中各主体间的作用关系。Webster 和 Timothy（2006）以实地调研的方式对希腊-塞浦路斯地区居民的跨境旅游活动进行了实证分析研究，发现其旅游动机大部分为寻找祖辈的土地、宗教朝拜、赌博和对异域风情的向往等，约一半的居民因为伦理束缚和好奇心缺乏等不愿跨境旅游。

（3）边境旅游市场分析与开发研究

Gibbons 和 Fish（1987）以美墨边境的旅游消费为例，研究了美墨边境地区游客旅游消费对美国和墨西哥生活成本指数及两国货币汇率变动的影响。Jakosuo（2011）针对芬兰边境地区的俄罗斯游客对芬兰政府旅游政策的反应进行了研究，并提出了芬兰在开发俄罗斯旅游市场中应采取完善旅游基础设施建设、提升旅游服务品质和加强各部门之间的协作等发展措施。

3. 边境地区旅游供给研究

（1）边境地区旅游吸引物

Matteo 和 Matteo（1996）以加拿大边境的 7 个省份为研究对象，对其跨境购物活动进行研究。Horton 和 Cole（2011）指出相较于美国医疗的"没有人情味、烦琐的体检、对手术治疗的过分依赖"，墨西哥医疗"服务周到，以人为本，重视患者，灵活的医疗风格和重视药物治疗"，促成美墨形成了各自的医疗风格，而这种医疗风格的迥异成为影响美国居民到墨西哥跨境旅游的主要因素之一。

（2）边境地区旅游开发与资源保护

Plumptre 等（2007）对刚果、卢旺达和乌干达边境地区的生态旅游环境进行了研究，并强调了边（跨）境旅游合作对边境生态旅游地保护的重要性。Saxena 和 Ilbery（2010）对英格兰与威尔士边境地区传统乡村地区的旅游资源开发进行了研究，并提出了要加强创新性实践的发展建议。Schindler 等（2011）以希腊和保加利亚地区的六个自然保护区为案例地，评估了学术界应用型研究提出的环境保护措施和建议的实施情况，研究表明，由于强有力责任机构监督的缺失，尚未采纳其建议。

4. 边境地区旅游合作与冲突管理

Timothy（1999）以美加边境的跨境公园为例，构建了旅游资源跨境合作的管理机制模式，并提出了基础设施开发、人才培养、生态保护、强化营销等理论发展框架。Lovelock 和 Boyd（2006）建立了微观、中观和宏观三个层面的跨境旅游合作框架。Gelbman（2008）解析了埃及、巴勒斯坦、叙利亚和以色列的边境地区旅游冲突发生的原因，并提出了有效的解决途径。Hampton（2010）在论述边境地区旅游目的地管理重要性的基础上，提出了促进边境旅游发展的措施与原则。

5. 边境地区旅游综合效应研究

边境地区旅游具有稳边富民、巩固国防等作用，对边境地区旅游综合效应的研究主要涉及边境地区旅游的经济效应、社会文化效应和生态环境效应等方面。

Schernewski 和 Jülich（2001）以德国和荷兰边境地区为例，针对其在夏季旅游高峰背景下，城市三废排放对游客身体健康和旅游经济增长所带来的不利影响进行研究。Ferreira（2004）以大林波波跨境公园为研究案例，对边境地区旅游对其生态环境保护造成的影响进行了研究。Hall（2005）对新西兰边境的"葡萄酒旅游"进行了实地考察，研究发现，因为许多游客不能正常识别报关单上酿酒厂的标识，对研究案例地酿酒厂造成了不良生物安全威胁。Sullivan 等（2012）运用数据包络分析法对美国和墨西哥边（跨）境的旅游类型和边境经济发展进行了系统、客观研究。

二、国内研究现状

1. 边境旅游概念界定

随着学者对边境旅游研究的不断深入，人们对边境旅游概念的了解也在不断加深，一些学者对边境旅游概念进行了界定，见表3-1。

表3-1　边境旅游概念界定

提出者	概念阐释及观点
张广瑞（1997a）	边境旅游是人们通过边境口岸所进行的跨越国界的旅游活动
姚素英（1998）	边境旅游定义为相邻两国或地区的居民，在双方接壤的对外开放的城市或地区相互进行短程旅行的行为，它是国内旅游的延伸，是国际旅游的重要组成部分
罗明义（2002）	边境旅游是相邻国家之间相互开放水陆边境口岸，按照一定的协议和约定，允许相邻国家的居民相互出入边境所进行的旅游活动
田欣（2003）	边境旅游为在我国边境地区的市（县），经中央政府批准，与相邻国家的边境地区之间开展的本方居民有组织地前往对方旅游的业务
陈永涛（2004）	边境旅游是人们通过边境口岸在指定区域和时限内所进行的跨境旅游活动，指出边境旅游具备方式、地点、时间三个要素，方式是指要经过边境地区相邻国家所开放的口岸，地点和时间一般需要双方政府共同商议和确定
熊礼明（2005）	扩大了边境旅游的参游范围，指出允许第三国和地区的游客参加边境旅游
李明（2006）	边境旅游是指游客在双方国家边境地区进行的旅游活动。从广义的视角定义了边境旅游
韦国兆（2008）	边境旅游是指游客通过边境口岸在指定区域和时限内所进行的跨境旅游活动或在边境地区进行的旅游活动，边境旅游包含边境地区旅游和边境跨国旅游两方面

综上，以上学者对边境旅游的概念做出了深入探讨。具体表现在：首先，边境旅游活动开展的范围日趋扩大；其次，参与边境旅游的对象不断拓宽。但边境旅游的最终概念尚无定论，有待今后学者进一步探讨。

2. 边境地区旅游产品规划与开发

杨洪等（2001）认为，实施西部大开发是党中央的重大战略决策，旅游业是西部大开发的突破口。西部边境地区普遍拥有将旅游业建成支柱产业的资源条件，具备形成优势产业的基本条件。同时，在客观分析西部边境地区旅游开发现状的基础上，提出了西部边境地区旅游开发的基本思路、开发模式和主要措施。赵明和郑喜珅（2004）以黑龙江中俄边境段为例，提到由于区位的影响，边境地区往往具有发展旅游业的良好基础，采取国际合作模式对跨境旅游资源加以开发是充分发挥边境地区资源优势，带动边境地区经济发展的必然选择。王丽琴（2006）客观分析了云南边境地区旅游开发的优势，提出了云南边境地区旅游开发模式和旅游路线设计。王碧英（2008）利用品牌形象塑造流程结合问卷调查结果，探讨了塑造新疆边境地区旅游购物区域品牌形象的途径，即新疆边境地区旅游购物区域品牌可以定位在"家门口的购物天堂"，树立"福阗——家一般的感觉"的区域品牌理念，提出"质量为本，诚信经营"的口号；同时，借用边境地区旅游购物（frontier tourism shopping）的英文缩写FTS，通过对三个字母的适当变形，融合了新疆"三山夹两盆"的地形特征，设计了新疆边境地区旅游购物积极向上的视觉标识系统。毕燕等（2011）以广西龙州县为例，通过对边境地区旅游的实地调查，运用数理统计分析方法对边境地区旅游主体需求特征进行定量分析，探讨了边境地区旅游产品开发对策，为边境地区旅游发展提供依据。艾思彤（2011）系统总结了黑河地区边境旅游目前存在的主要问题，并据此提出优化边境旅游空间布局等开发战略构想。李凡（2015）以云南省边境口岸为例，对其旅游发展条件进行定量评价，构建了云南省边境口岸旅游发展的"跨境旅游经济合作区"和"边境地区旅游贸易小镇"两种模式。苏靖岚（2015）运用旅游产品生命周期和旅游产品创新理论，深入探索了凭祥市边境地区旅游产品开发的优势和总体情况。

综上可知，边境地区旅游产品的规划与开发是国内研究的集中方面，主要涉及区域旅游形象品牌打造、旅游规划、旅游开发、旅游购物、旅游市场、旅游开发模式等方面，研究面不断拓宽，研究内容不断深入。边境地区旅游产品线路的规划与整合是学术界研究的热点，要坚持科学发展观，着重保护区域生态环境的良性发展和当地社区居民的利益，走边境地区旅游开发可持续发展的道路。

3. 边境地区合作机制研究

张广瑞（1996a）指出我国边境地区旅游要进一步强化开放的强度与范围，不仅要保证与国内邻近省份的合作，还要加强同毗邻国家的互动与联系，真正做到"内联"与"外拓"结合，通过多方位、多渠道的努力使边境地区旅游得到长足发展，边境旅游"内联"与"外拓"主要观点见表3-2。

表 3-2 边境旅游"内联"与"外拓"主要观点

合作方式	代表人物	主要观点
边境旅游"内联"	陈桂秋（2004a）	"南博会"对广西边境地区旅游大发展是一个难得的机遇，应借助"南博会"的联动效能，加快边境地区资源整合，建构边境地区旅游新三角，积极参与区域旅游协作，拓宽边境地区旅游发展空间，实现边境地区旅游的新跨越
	徐东北等（2009）	从辽宁、吉林两省中朝边境地区旅游合作的视角出发，较为细致地探讨了建设辽宁、吉林两省"沿鸭绿江边境地区旅游带"的意义、条件和途径，并提出了相关的实践路径
边境旅游"外拓"	张英俊（2005）	中越边境地区旅游存在旅游管理机制不健全、旅游人才缺乏、旅游线路、产品单一等问题，严重损害了游客的利益，扰乱了边境地区旅游的市场秩序，威胁到中越旅游合作的可持续发展。为此，提出了促进中越旅游合作持续健康发展的建议
	孙晓谦（2006）	中俄边境地区旅游合作要实现可持续发展，不能只停留在旅游观光和旅游购物上，还应在产品开发和营销上多下功夫，结合两国边境地区旅游资源的承受能力和客源市场的结构以及与旅游业相关产业发展的基本情况，在资源互补、客源互动和产业联动的基础上制定一个长期的发展规划，以促进中俄边境地区旅游合作协调、稳定、健康、持续发展
	石美玉（2009）	在经济全球化成为历史所向、大势所趋的形势下，应强化相邻国家间在边境地区统一旅游目的地、互为旅游客源地，以便使我国边境地区旅游走向新的历史发展阶段
	普拉提·莫合塔尔和海米提·依米提（2009）	基于旅游合作视角，提出了推动中国新疆与中亚地区旅游合作的模式
	黄爱莲（2011）	加强区域合作是实现跨界旅游目的地可持续发展的重要途径，中越旅游联合营销既具有广阔前景，也存在亟待解决的问题。构建跨界合作组织，成立旅游合作发展基金，加强中小旅游企业的准入，吸纳亚洲开发银行（Asian Development Bank，ADB）及其他非政府组织参与，是推进两国联合营销战略顺利实施的关键

4. 区域旅游时空演变研究

区域旅游时空演变能够反映出研究区域旅游发展的趋势和规律，在一定程度上有利于旅游地整体规划，可为优化区域旅游主体功能区的规划布局提供决策参考，同时也是旅游地理学研究的重点和热点问题，主要有以下学者对旅游地时空演变进行了研究。

丁正山（2004a）以南京、苏州、徐州国内旅游为例，系统分析了各城市旅游流的空间结构与集散特征。郝俊卿和曹明明（2009）选取1998~2007年陕西省10个地级市的旅游综合收入作为主要指标，对陕西省旅游经济的时空差异进行分析。卫红和严艳（2010）用标准差、变异系数、泰尔（Theil）指数及地理集中度指数（G）分析了2002~2008年陕西省旅游空间差异，结果显示，陕西省旅游经济发展存在较大的空间差异。王新越等（2014）根据国内外旅游产业发展的现状与发展趋势，科学阐释了旅游化的内涵，建立了旅游化的评价指标体系，并运用熵值法确定了各指标的权重，计算了全国 31 个省份的旅游化水平，使用灰色关联分析方法确定了各指标与旅游化水平的相关度，并分析了全国 31 个省份的旅游化时空演变特征。秦伟山等（2014）以中国东部沿海城市为研究区，运用旅游综合评价法和数据包络分析法，分析了城市旅游发展强度与发展效率的时空演变格局，并综合旅游发展强度和旅游发展效率两个方面，将东部沿海城市旅游发展分为"高-有效型"、"低-有效型"、"高-无效型"和"低-无效型"四种类型。胡文海等（2015）以安徽省各市 2001～2013 年的旅游总收入、入境旅游收入和国内旅游收入为基础数据，从时间变化和空间演变两个方面分析安徽省区域旅游经济差异和区域旅游发展模式。结果显示，安徽省区域旅游产业发展经历了点状模式、放射状模式、双核联动发展模式演化阶段；不同地市间旅游经济发展水平差异出现不平衡，呈现"南强北弱"的基本格局；影响安徽省区域旅游时空格局演变的主要因素有旅游资源禀赋、旅游政策、交通网络、旅游市场需求、区域产业发展战略调整、区域经济发展水平等。郭向阳等（2016）以云南省 73 家高等级旅游景区为研究对象，采用最邻近指数法、地理集中度指数和区位熵等分析方法，对其区域演变特征、演变模式和驱动因素进行了动态分析与探讨。滕飞和杜金涛（2017）以中国 31 个省级区域为研究单元，选取 2003～2010 年旅游总收入和旅游总人数等数据资料，运用变异系数、基尼系数、泰尔指数等统计方法分析了中国省级区域旅游经济发展空间差异的演变过程及空间格局，并对中国省级区域旅游经济发展总差异的泰尔指数与中国省级区域旅游总收入进行时间序列分析。

以上学者基于各类测度数据离散程度的系数和地理空间分析方法对区域旅游时空演变进行了有益探讨，但研究区域主要针对著名旅游区、全国单元尺度或者单一旅游城市，针对边境地区旅游发展格局时空演变的研究鲜有涉及，有待今后进一步探讨与论证。

5. 边境地区旅游影响因素与驱动机制研究

陈桂秋（2004b）认为旅游过程存在成本利益比较，着重从利益比较的视角探讨边境地区旅游的驱动机制。苏波涛（2006）将中越边境地区旅游的影响因素分为三大驱动因素和三大阻碍因素，并运用系统动力学方法解析了每个驱动因素与阻碍因素之间的相互关系。纪光萌（2015）从宏观、中观、微观三个层面，采用文献分析、专家访谈、实地调研等方法构建了边境地区旅游影响因素指标体系，并结合霍尔果斯的实际情况对其边境地区旅游影响因素进行了实证分析，得出了现阶段边境地区旅游影响因素贡献程度从高到低依次为核心资源、政策因素、价格因素、营销管理、经济水平、基础设施和区位条件的结论。

边境地区旅游发展驱动机制研究是对边境地区旅游研究的深化和有益补充，有利于促进边境地区旅游高效快速发展。但以往研究往往在方法上侧重于定性描述，较少运用科学、客观的定量方法对主要驱动要素进行筛选，今后应进一步加强量化，提高驱动力测度的客观性与科学性。

三、国内外研究比较分析

国外对边境地区旅游的研究早于国内，且研究相对进入了成熟阶段，与其他发展较早的旅游形式相比，边境地区旅游发展还处于弱势，但其发展的潜力巨大。国内对边境地区旅游的研究相对较晚，相较于国外还处于发展阶段。

1）在研究区域上，国外研究区域的选择多集中于跨境旅游区和边境口岸，而国内研究多集中于后者，国内对前者的研究仍停留在简单的合作模式创建与构想阶段。

2）在研究内容上，受制于边境地区旅游发展水平和发展阶段的影响，国外对边境地区旅游合作与管理、边境地区旅游综合效应等方面涉及较多，且研究内容多样，针对性强，分析问题较为深入。而国内则重点关注边境地区旅游产品开发、影响因素和区域合作机制等方面的研究。

3）在研究理论与方法上，国外着重于结合典型的边境地区旅游目的地，通过构建适当的指标体系，对边境地区旅游效应、边境地区旅游感知、旅游行为等进行量化测度。国内对边境地区旅游的研究虽取得了一定的丰硕成果，但大多集中于定性描述与论证分析。部分学者尝试借助系统动力学原理、管理学等理论探讨边境地区旅游发展的影响机理，为本书及今后的研究奠定了理论和方法基础，但定性与定量相结合的研究理论与方法有待加强。

本章以云南省 8 个边境州（市）为研究对象，研究时间为 2000~2015

年。本章从以下方面做重点研究：利用定性与定量相结合的方法对云南省边境地区旅游的发展现状与问题进行探讨；运用标准差（SD）反映2000~2015年云南省边境各州（市）口岸入境一日游外汇收入、国内旅游收入、旅游外汇收入、旅游总收入的绝对差异变化情况，又运用变异系数（CV）反映其相对差异演变特征，采用基尼系数（GN）、地理集中度指数（G）、首位度（S）反映其旅游经济规模均衡性演变状况；重点运用主成分分析和空间自相关方法的结合，对云南省边境各州（市）旅游强度的时空演变进行探讨，又运用DEA效率模型、方差分析法和空间自相关方法的结合，对云南省边境各州（市）旅游效率的时空演变进行重点阐释；运用SPSS软件中的相关性和多元回归分析方法的结合对其旅游发展演变驱动机制进行系统性研究。

第二节 边境地区旅游强度的时空演变

为全面分析云南省边境地区旅游发展的时空演变规律特征，本节将边境地区旅游发展分解为旅游经济发展、旅游强度发展和旅游效率发展三个维度进行测算分析。鉴于2000年以前云南省边境旅游始终处于萌芽发展阶段，边境旅游经济尚未得到实质性发展，2000年以后边境旅游经济逐步进入增长轨道，故本节的研究时间阶段为2000~2015年。为了较为科学明确地测算出云南省边境地区旅游发展的时空演变特征及驱动机制情况，本着科学性、阶段性、对比性的原则，选取云南省边境旅游初步发展阶段（1994~2004年）的2000年、停滞阶段（2005~2010年）的2007年、全面恢复阶段（2011年至今）的2015年共3个时间节点，测度云南省边境地区旅游发展的时空演变特征及其驱动机制情况。具体来讲，首先，在旅游经济的时间演化特征方面，主要采用单指标测度方法，运用标准差测算2000~2015年云南省边境各州（市）口岸入境一日游外汇收入、国内旅游收入、旅游外汇收入、旅游总收入的绝对差异变化情况，又运用变异系数反映其相对差异演变特征，采用基尼系数、地理集中度指数、首位度反映其旅游经济规模均衡性演变状况。其次，运用主成分分析和空间自相关方法的结合，对云南省边境各州（市）旅游强度的时空演变进行探讨。

一、边境地区旅游经济时间演变特征

1. 数据来源

本节研究对象涉及云南省边境 8 个州（市），研究数据样本主要来源于《云南统计年鉴》（2001～2016 年）、2000～2015 年云南省边境各州（市）的国民经济和社会发展统计公报，部分数据来源于《云南省旅游产业"十三五"发展规划》、《云南省边（跨）境旅游专项规划（2018—2030 年）》及云南省边境各州（市）文化和旅游局官方网站等。

2. 指标体系的构建

本节对旅游经济时间演化特征的分析，主要涉及云南边境各州（市）口岸入境一日游外汇收入、国内旅游收入、旅游外汇收入、旅游总收入，较为全面地涵盖了旅游经济发展的特征和内涵，对边境各州（市）旅游经济的时间演化发展具有很强的解释性和说服力。

3. 测评方法

本节在分析云南省边境地区旅游发展时间演化差异上，主要采用单指标测度方法，采用标准差反映 2000～2015 年云南省边境各州（市）口岸入境一日游外汇收入、国内旅游收入、旅游外汇收入、旅游总收入的绝对差异，采用变异系数反映其相对差异，采用基尼系数、地理集中度指数、首位度反映旅游经济规模均衡性（唐承财等，2014；宓科娜等，2014）。

（1）标准差

标准差（SD），又称均方差，是一组数据的离差平方和除以数据个数所得商的算术平方根，即方差的算术平方根。依据标准差测度云南省边境各州（市）旅游经济的绝对差异，其表达式为

$$SD = \sqrt{\frac{\sum_{i=1}^{n}(x_i - \bar{x})^2}{n}} \quad (3\text{-}1)$$

式中，x_i 为云南省边境各州（市）旅游经济规模；$\bar{x}$ 为云南省边境各州（市）旅游经济总量均值；n 为云南省边境各州（市）数量，下同。

（2）变异系数

变异系数（CV），即离散系数，是一列数值与其均值之商，适合用于年际比较。本节用其衡量云南省边境各州（市）旅游经济的相对离散程度，反映云南省边境各州（市）旅游经济的相对差异，其表达式为

$$\mathrm{CV} = \frac{1}{\bar{x}} \sqrt{\frac{\sum_{i=1}^{n}(x_i - \bar{x})^2}{n}} \qquad (3\text{-}2)$$

（3）基尼系数

基尼系数（GN）是反映区域相对均衡度的指标，其值在0～1，其值愈大，说明数值间差距愈大，其值愈小，说明数值间差距愈小。本节用基尼系数测度云南省边境各州（市）间旅游经济均衡度，其表达式为

$$\mathrm{GN} = 1 + \frac{1}{n} - \frac{1}{n^2 \bar{x}}(x_1 + 2x_2 + 3x_3 + \cdots + nx_n) \qquad (3\text{-}3)$$

（4）地理集中度指数

地理集中度指数（G）是衡量研究对象集中程度的重要指标，其值在0～100，G值越接近100，表明旅游经济越集中于某一边境州（市），反之，G值越小，旅游经济规模越分散。本节用其反映旅游经济在云南省边境各州（市）的集中程度，其表达式为

$$G = 100 \times \sqrt{\sum_{i=1}^{n}\left(\frac{L_i}{L}\right)^2} \qquad (3\text{-}4)$$

式中，L_i为第i个边境州（市）旅游经济规模；L为云南省边境地区所有州（市）旅游经济总量；n为云南省边境州（市）数量。

（5）首位度

首位度（S）是一列数据的最大值与其他数值的比较，其比值波动可反映出数值的集中度，本节利用其衡量云南省边境各州（市）旅游经济规模结构状况，其表达式为

$$S = \frac{L_1}{L_2} \qquad (3\text{-}5)$$

式中，S 为首位度；L_1、L_2 分别为旅游经济规模最大和第二大的边境州（市）。$S \leq 2$，表明旅游经济规模结构适当；$S>2$，表明旅游经济规模结构失衡，存在过度集中的态势。

4. 测评结果及分析

将 2000～2015 年云南省边境各州（市）旅游总收入、国内旅游收入、旅游外汇收入、口岸入境一日游外汇收入等旅游经济单项指标代入式（3-1）～式（3-5），计算结果如图 3-1～图 3-4 所示。

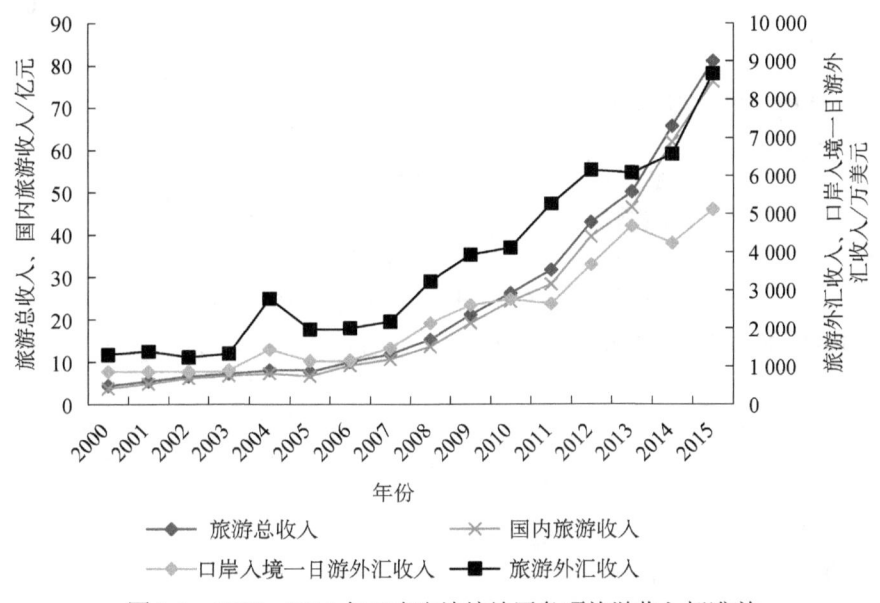

图 3-1　2000～2015 年云南省边境地区各项旅游收入标准差

（1）旅游经济规模绝对差异扩大

云南省边境各州（市）旅游经济规模呈现不均衡的演化态势，整体上边境各州（市）间旅游经济规模绝对差异呈扩大趋势。由图 3-1 可知，反映旅游经济规模绝对差异的旅游总收入、国内旅游收入、旅游外汇收入、口岸入境一日游外汇收入等单项指标的标准差随着时间演化逐渐呈上升趋势，这一现象在国内旅游总收入上表现尤为突出。具体来讲，2015 年国内旅游收入标准差相当于 2000 年的 20.74 倍，2015 年旅游总收入标准差相当于 2000 年的 18.8 倍，2015 年旅游外汇收入和口岸入境一日游外汇收入标准差分别为 2000 年的 6.69 倍和 6.03 倍。

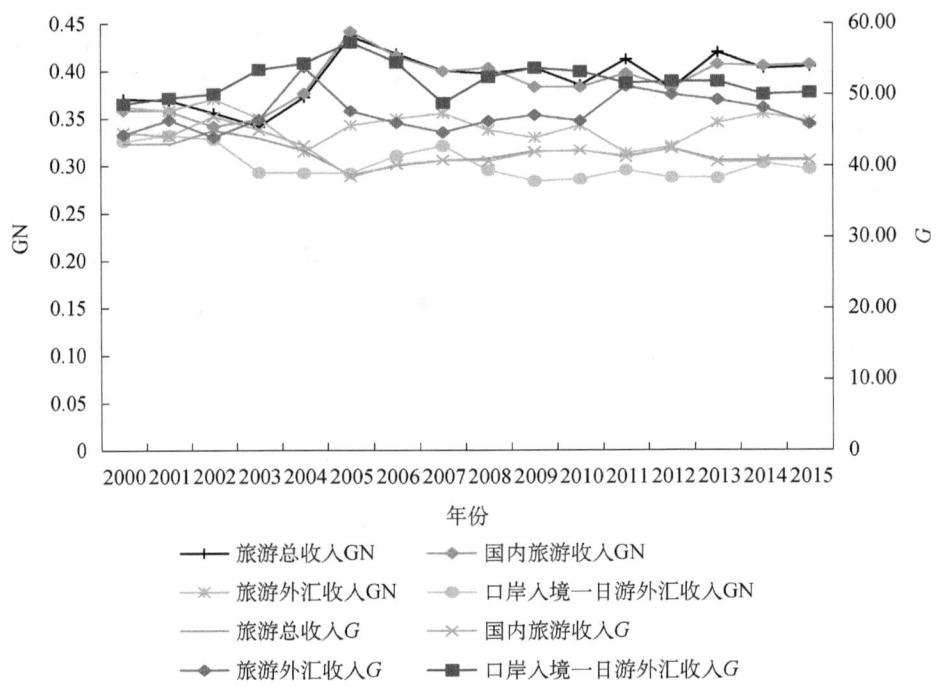

图3-2　2000～2015年云南省边境地区旅游经济规模基尼系数和地理集中度指数

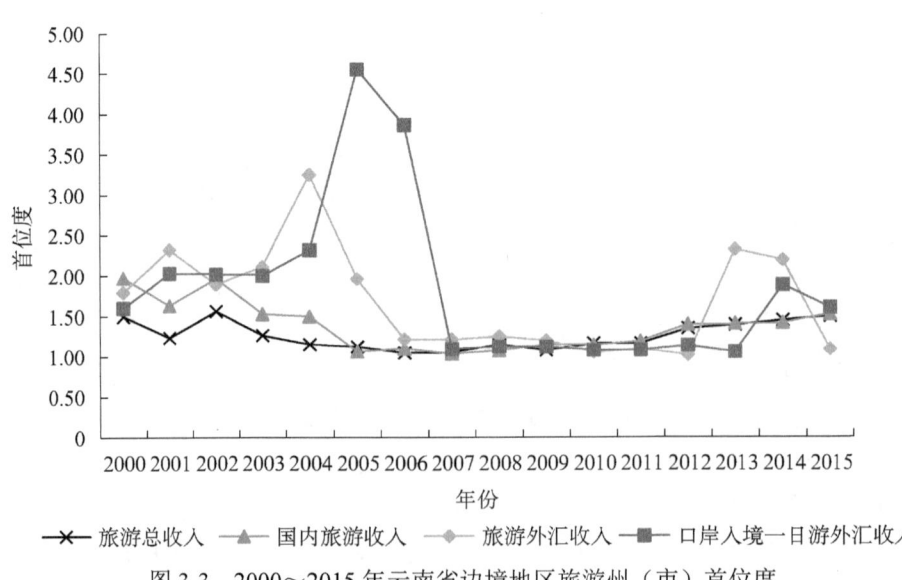

图3-3　2000～2015年云南省边境地区旅游州（市）首位度

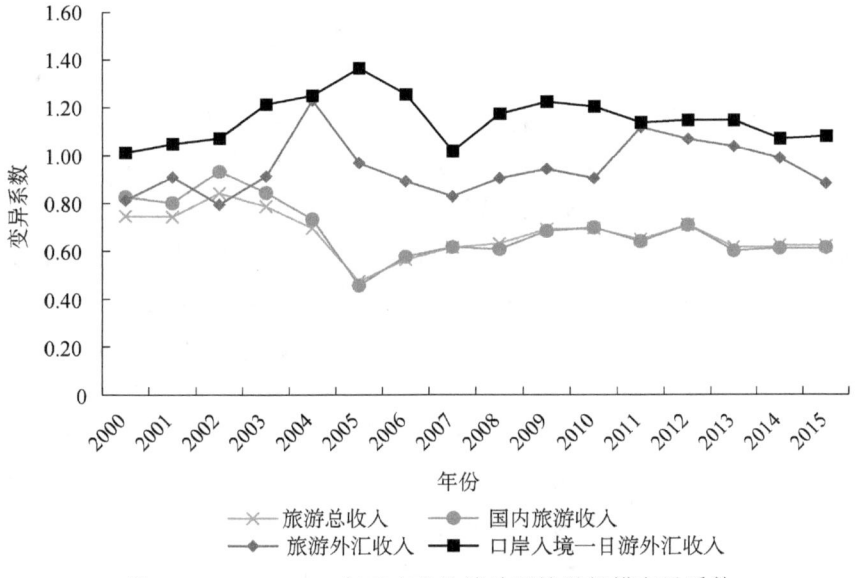

图 3-4　2000～2015 年云南省边境地区旅游规模变异系数

（2）旅游经济规模均衡度各异

基尼系数可反映出云南省边境地区各单项旅游收入的均衡程度，根据郑少智等（2006）：GN≤0.20，表明收入绝对均衡；0.20<GN≤0.30，表明收入比较均衡；0.30<GN≤0.40，表明收入合理；0.40<GN≤0.50，表明收入差距较大；GN>0.50，表明收入差距悬殊。由图 3-2 可知，总体来看，2000～2015 年云南省边境地区各单项旅游收入基尼系数大致处于 0.25～0.45，表明旅游经济规模的总体均衡度态势位于比较均衡和差距较大之间。具体来讲，2000～2015 年云南省边境地区旅游总收入 GN 处于 0.34～0.43，均值为 0.39；国内旅游收入 GN 处于 0.34～0.44，均值为 0.38；旅游外汇收入 GN 处于 0.31～0.37，均值为 0.34；口岸入境一日游外汇收入 GN 处于 0.28～0.33，均值为 0.30，表明云南省边境各州（市）间旅游总收入和国内旅游收入比旅游外汇收入和口岸入境一日游外汇收入的均衡度差距更大，旅游外汇收入和口岸入境一日游外汇收入则处于相对较为合理的区间，但旅游总收入规模差距仍较大，甚至出现了州（市）间极化发展的现象。

（3）旅游经济规模结构趋向合理

首位度可检验云南省边境地区各单项旅游收入的结构状况是否合理。一般来说，旅游业发展早期，旅游基础环境较脆弱，旅游产业要素往往集聚发展，旅游经济规模通常更倾向于首位分布。由图 3-3 可知，总体上 2000～2015 年云南省边境地区各单项旅游收入的首位度呈现先升后降再升再降的"M"字形变化趋势，表明在研究末期旅游经济规模结构逐渐趋向合理化。具体来讲，2000～2015 年云南省边境地区旅游总收入和国内旅游收入首位度始终小于 2，均值分别为 1.26 和 1.38，旅游经济规模结构相对合理，旅游经济规模最大的边境州（市）对规模第二的州（市）形成了相对稳定的压倒性优势；而旅游外汇收入和口岸入境一日游外汇收入首位度则相对波动较大，旅游外汇收入首位度在 1.01～3.25，口岸入境一日游外汇收入首位度在 1.05～4.55，表明二者旅游经济规模最大的边境州（市）对规模第二的州（市）形成了相对绝对性的压倒优势。2007 年之后，旅游外汇收入和口岸入境一日游外汇收入首位度大致在 2 以下，旅游经济规模结构回归于合理化，这也与马克·杰斐逊（M. Jefferson）的城市规模首位式分布内涵相一致（王万茂，2006）。

（4）旅游经济规模差异演化趋势向好

云南省边境地区旅游经济规模虽呈不均衡和结构不合理态势，但整体其旅游经济规模演化呈向好趋势。①由图 3-4 可以看出，2000～2015 年云南省边境地区各单项旅游收入的变异系数存在不同的变化趋势，旅游总收入和国内旅游收入变异系数呈现先降后升再降的倒"N"形趋势，总体出现轻微下降。旅游外汇收入和口岸入境一日游外汇收入变异系数呈现先升后降再升再降的"M"字形变化趋势，总体呈轻微波动变化态势，研究初期和研究末期，二者变异系数大小相当。具体来说，旅游总收入变异系数由 2000 年的 0.74 下降到 2015 年的 0.62；国内旅游收入变异系数由 2000 年的 0.82 下降到 2015 年的 0.61，表明云南省边境不同州（市）旅游经济规模的相对差异在不断缩小。②反映云南省边境地区旅游经济规模均衡度的基尼系数总体上呈现降低态势，但降低幅度较小（图 3-2），旅游外汇收入和口岸入境一日游外汇收入基尼系数下降尤为明显，旅游外汇收入基尼系数由 2000 年的 0.36 下降到 2015 年的 0.34，口岸入境一日游外汇收入基尼系数由 2000 年的 0.32 下降到 2015 年的 0.29，虽然旅游总收入和国内旅游收入基尼系数在 2005 年超出了 0.4 的警戒标准，但到 2015 年二者的基尼系数又出现了明显的回落。③反映旅游经济规模结构的首位度和评估旅游经济规模集中度的地理集中度指数总体上均出现了小幅度降低趋势（图 3-2 和图 3-3），表明旅游经济规模结构趋向较均衡合理发展的态势，同时也说明旅游产业政策等主观因素对云南省边境地区旅游经济规模差异的扩大或缩小有一定影响。

二、边境地区旅游强度时空演变

1. 数据来源

本节研究对象涉及云南省边境 8 个州（市），数据样本主要来源于《云南统计年鉴》（2001~2016 年）、2000~2015 年云南省边境各州（市）的国民经济和社会发展统计公报，部分数据来源于《云南省旅游产业"十三五"发展规划》《云南省边（跨）境旅游专项规划（2018—2030 年）》及云南省边境各州（市）文化和旅游局官方网站等。

2. 指标体系的构建

本节在衡量区域旅游经济综合发展效应旅游强度空间分异特征方面，本着客观性、科学性、综合性的原则，并结合云南省边境旅游地区发展的实际，基于以下四个维度构建了评价旅游经济综合得分的指标框架体系：①旅游经济规模。主要涉及旅游总收入和旅游接待总人次两个指标，用其分别表征旅游经济效益和旅游客流强度，考虑到研究区域的特殊性，在此加入口岸入境一日游外汇收入和口岸入境一日游旅游人次两个指标。②旅游经济贡献。测算旅游产业在区域发展中的重要性，往往会考虑到旅游经济对区域经济发展做出的贡献率，在此选择旅游总收入占 GDP 比重来表征旅游产业对所属区域的经济贡献度。③旅游经济基础。从经济学意义来讲，投入主要包括土地、资本和劳动力，因旅游产业受土地因素的制约性较小，旅游目的地旅游经济发展往往需要充裕的劳动力和资金投入，在此选择区域常住人口和人均 GDP 两项指标来表征旅游产业经济基础。④旅游经济支撑。即能够为区域旅游经济持续发展提供保障性的一系列旅游产业要素集合，在此选择与旅游经济活动关系密切的 A 级旅游景区数、旅游企业数量、星级饭店数量、公路交通密度四项指标来表征区域旅游产业经济支撑（表 3-3）。

表 3-3 旅游经济强度评价指标体系

一级指标	二级指标	单位	代码
旅游经济规模	旅游总收入	亿元	X_1
	旅游接待总人次	亿人	X_2
	口岸入境一日游外汇收入	万美元	X_3
	口岸入境一日游旅游人次	万人	X_4

续表

一级指标	二级指标	单位	代码
旅游经济贡献	旅游总收入占 GDP 比重	%	X_5
旅游经济基础	区域常住人口	万人	X_6
	人均 GDP	元	X_7
旅游经济支撑	A 级旅游景区数	家	X_8
	旅游企业数量	家	X_9
	星级饭店数量	家	X_{10}
	公路交通密度	公里/公里²	X_{11}

3. 研究方法

（1）原始数据标准化处理

为了消除复杂指标体系矩阵影响研究结果的客观性，需对已建立的指标体系数值矩阵进行标准化处理，公式如下：

$$Z_{ij} = \frac{X_{ij} - \overline{X}_{ij}}{S_j} \quad (3\text{-}6)$$

式中，Z_{ij} 为 S_i 标准化处理后的数据样本；X_{ij} 为第 i 个边境州（市）第 j 项指标的原始数值；$\overline{X}_{ij}$ 为第 j 项指标原始数值的均值；S_j 为第 j 项指标原始数值的标准差。

（2）旅游经济强度测算

在分析云南省边境地区旅游发展空间分异上，单指标测度往往不能客观、全面、综合地反映出区域旅游经济发展的综合水平，故运用 SPSS 软件采用多指标的主成分分析法对其进行综合测度（张子昂等，2016）。主成分分析是将多个指标转化为少数指标，并且保持最大原始数据相关性的一种方法，其评价模型建构如下：

$$F_j = \sum_{h=1}^{m} Q_h Z_{jh} \quad (3\text{-}7)$$

式中，F_j 为云南省边境各州（市）旅游经济综合得分；Q_h 为所提取主成分的贡献率；Z_{jh} 为第 n 个边境州（市）在主成分上的得分（$j=1, 2, \cdots, 8$；m 为 SPSS 软件降维过程提取公因子的数量）。

（3）空间自相关

全局空间自相关是测度研究区域中所有研究对象的总体关联程度、分布模式。本节用全局自相关来测度云南省边境地区各州（市）旅游经济综合效应的空间关联程度，其公式为（程乾和凌素培，2013）

$$I = \frac{n\sum_{i=1}^{n}\sum_{j=1}^{n}w_{ij}(x_i - \bar{x})(x_j - \bar{x})}{\sum_{i=1}^{n}\sum_{j=1}^{n}w_{ij}(x_i - \bar{x})(x_j - \bar{x})} = \frac{\sum_{i=1}^{n}\sum_{j=1}^{n}w_{ij}(x_i - \bar{x})(x_j - \bar{x})}{S^2\sum_{i=1}^{n}\sum_{j=1}^{n}w_{ij}} \quad (3\text{-}8)$$

式中，n 为研究对象个数；x_i、x_j 为区域 i、j 的观察值；$\bar{x}$ 为均值；w_{ij} 为空间向量矩阵，若邻近为1，反之为0；全局自相关 Moran's I 的取值范围为 [-1, 1]。当其值为正且显著时，表明区域间关联相似程度高，呈现空间聚集；反之呈现离散布局，其值为0表示空间不相关。本节采用 Z 值来检验旅游经济综合效应空间分布的显著性和相关性程度。

在实际情况中，同一研究区域内往往具有不同的空间自相关值，存在空间异质性，仅运用全局空间自相关对研究区进行分析是不够的，需通过局部空间自相关进一步研究其空间异质性（冉泽泽，2017）。本节采用空间联系的局部指标（local indicators of spatial association，LISA）测度局部空间自相关，对于研究单元 i，其局部 Moran's I 统计量计算公式为

$$I_i = z_i \sum_i w_{ij} z_j \quad (3\text{-}9)$$

式中，z_i 和 z_j 为分别表征统计值均值和标准差的标准化变量；$z_j = (x_j - \bar{x})/\delta$，$\delta$ 为 x_i 的标准差。局部 Moran's I 的高值表明具有相似变量值研究单元的空间聚集，反之则表明研究地理要素在空间上趋向离散型。当然，运用局部 Moran's I 的值进行空间异质性测度时，仍需要进行显著性检验。

4. 测评结果及分析

本节主要从旅游经济规模、旅游经济贡献、旅游经济基础和旅游经济支撑四个维度建构了测度旅游强度的综合指标体系，并运用主成分分析法测算各州（市）旅游强度得分，以便能够全面反映云南省边境地区旅游综合强度的实际发展与演化状况。在此基础上，为了深入探究边境各州（市）之间旅游强度是否存在相互关联，核心州（市）的旅游强度溢出效应是否明显，又运用空间自相关方法探究云南省边境地区旅游强度的空间分异特征、关联类型与空间结构演化模式。

（1）边境各州（市）旅游强度综合得分测算

将收集到的2000年、2007年和2015年云南省边境各州（市）测度旅游强度

的数据指标体系运用标准化公式进行量化。将标准化后的数据输入 SPSS 软件进行降维主成分分析，得到各年份数据样本 KMO（Kaiser-Meyer-Olkin）和 Bartlett's 球形检验结果、因子特征值和方差贡献率、旋转成分矩阵、成分得分系数矩阵等，将提取的公因子方差贡献率作为权重进行加总求和，进而求得边境各州（市）三个时间节点的旅游强度得分（表 3-4~表 3-11）。

表 3-4　2000 年、2007 年、2015 年样本 KMO 和 Bartlett's 球形检验结果

项目	2000 年	2007 年	2015 年
取样足够度的 KMO 度量	0.742	0.789	0.731
Bartlett's 球形检验近似卡方分布	221.654	612.312	419.591
df（自由度）	35	39	51
Sig（显著性概率）	0.000	0.000	0.000

表 3-5　2000 年因子特征值和方差贡献率

成分	初始特征值			提取平方和载入			旋转平方和载入		
	合计	方差占比/%	累计百分比/%	合计	方差占比/%	累计百分比/%	合计	方差占比/%	累计百分比/%
1	5.613	51.026	51.026	5.613	51.026	51.026	4.858	44.160	44.160
2	2.842	25.838	76.864	2.842	25.838	76.864	3.372	30.658	74.818
3	1.911	17.376	94.240	1.911	17.376	94.240	2.136	19.422	94.240
4	0.456	4.149	98.389						
5	0.129	1.169	99.558						

表 3-6　2007 年因子特征值和方差贡献率

成分	初始特征值			提取平方和载入			旋转平方和载入		
	合计	方差占比/%	累计百分比/%	合计	方差占比/%	累计百分比/%	合计	方差占比/%	累计百分比/%
1	5.836	53.050	53.050	5.836	53.050	53.050	3.761	34.188	34.188
2	2.531	23.011	76.061	2.531	23.011	76.061	3.389	30.805	64.993
3	1.684	15.310	91.371	1.684	15.310	91.371	2.902	26.377	91.370
4	0.427	3.877	95.248						
5	0.273	2.484	97.732						

表 3-7　2015 年因子特征值和方差贡献率

成分	初始特征值			提取平方和载入			旋转平方和载入		
	合计	方差占比/%	累计百分比/%	合计	方差占比/%	累计百分比/%	合计	方差占比/%	累计百分比/%
1	6.127	55.701	55.701	6.127	55.701	55.701	5.601	50.921	50.921
2	3.194	29.033	84.734	3.194	29.033	84.734	3.719	33.813	84.734
3	0.556	4.069	88.803						

表 3-8 2000 年成分得分系数矩阵

二级指标（代码）	成分		
	F_1	F_2	F_3
旅游总收入（X_1）	0.195	0.006	−0.001
旅游接待总人次（X_2）	0.185	−0.011	0.175
口岸入境一日游外汇收入（X_3）	−0.045	0.312	−0.056
口岸入境一日游旅游人次（X_4）	−0.045	0.313	−0.061
旅游总收入占 GDP 比重（X_5）	0.123	0.079	−0.290
区域常住人口（X_6）	−0.005	−0.064	0.439
人均 GDP（X_7）	0.210	−0.043	−0.048
A 级旅游景区数（X_8）	0.228	−0.176	−0.054
旅游企业数量（X_9）	−0.077	0.318	0.004
星级饭店数量（X_{10}）	0.183	0.002	0.149
公路交通密度（X_{11}）	0.055	0.018	0.375

表 3-9 2007 年成分得分系数矩阵

二级指标（代码）	成分		
	F_1	F_2	F_3
旅游总收入（X_1）	0.167	0.085	−0.047
旅游接待总人次（X_2）	0.119	−0.043	0.235
口岸入境一日游外汇收入（X_3）	−0.139	0.362	−0.009
口岸入境一日游旅游人次（X_4）	−0.148	0.367	−0.003
旅游总收入占 GDP 比重（X_5）	0.058	0.218	−0.276
区域常住人口（X_6）	−0.046	−0.073	0.348
人均 GDP（X_7）	0.343	−0.184	−0.023
A 级旅游景区数（X_8）	0.338	−0.119	−0.096
旅游总企业数量（X_9）	0.000	0.163	0.142
星级饭店数量（X_{10}）	0.224	−0.030	0.058
公路交通密度（X_{11}）	−0.077	0.096	0.287

表 3-10 2015 年成分得分系数矩阵

二级指标（代码）	成分	
	F_1	F_2
旅游总收入（X_1）	0.166	−0.003
旅游接待总人次（X_2）	0.074	0.176
口岸入境一日游外汇收入（X_3）	0.157	−0.057
口岸入境一日游旅游人次（X_4）	0.157	−0.057
旅游总收入占 GDP 比重（X_5）	0.184	−0.184
区域常住人口（X_6）	−0.078	0.271

二级指标（代码）	成分	
	F_1	F_2
人均 GDP（X_7）	0.168	−0.036
A 级旅游景区数（X_8）	0.122	0.108
旅游企业数量（X_9）	0.061	0.177
星级饭店数量（X_{10}）	0.101	0.137
公路交通密度（X_{11}）	−0.103	0.280

表 3-11 2000 年、2007 年、2015 年云南省边境各州（市）公因子得分与综合得分

项目	2000 年				2007 年				2015 年		
	F_1	F_2	F_3	F_{2000}	F_1	F_2	F_3	F_{2007}	F_1	F_2	F_{2015}
红河州	0.489	0.335	1.548	0.618	0.774	0.223	1.593	0.754	0.703	1.735	0.944
德宏州	0.138	2.335	−0.741	0.632	0.082	2.369	−0.620	0.594	1.063	0.790	0.808
西双版纳州	2.116	−0.785	−0.897	0.519	1.991	−0.696	−1.013	0.199	1.647	−0.724	0.594
保山市	0.139	−0.263	1.143	0.202	0.101	0.333	0.866	0.366	−0.244	0.550	0.062
普洱市	−0.825	−0.316	−0.080	−0.476	0.619	0.346	0.321	0.403	−0.546	0.638	−0.062
文山州	−0.386	−0.302	0.462	−0.173	−0.431	−0.455	0.191	−0.237	−0.870	0.098	−0.409
临沧市	−0.841	−0.335	1.548	−0.499	−1.098	−0.133	0.129	−0.382	−0.832	−0.052	−0.441
怒江州	−0.830	−0.669	−1.305	−0.824	−0.800	−0.629	−1.465	−0.854	−0.921	−1.456	−0.961
均值	—	—	—	−0.001	—	—	—	0.105	—	—	0.067
方差	—	—	—	0.325	—	—	—	0.301	—	—	0.451

运用 SPSS 软件对标准化后的数据进行 KMO 和 Bartlett's 球形检验，是为了验证量化后的数据样本矩阵是否适合做因子分析。由样本 KMO 和 Bartlett's 球形检验结果（表 3-4）可知，2000 年、2007 年、2015 年数据样本矩阵的 KMO 值均大于 0.5，Bartlett's 球形检验结果显示：2000 年、2007 年、2015 年数据样本矩阵的近似卡方值分别为 221.654、612.312 和 419.951，自由度（df）分别为 35、39 和 51，并且三个时间节点的显著性概率（Sig）均为 0.000<0.05。综合以上验证结果均表明 2000 年、2007 年、2015 年三个时间节点标准化处理后的数据样本矩阵均适合做因子分析。

依据各时间节点成分得分系数矩阵，可以获取已提取的主成分因子的权重系数，进一步求出云南省边境各州（市）的旅游强度得分，具体公式如下：

$$F_{2000}=0.441F_1+0.306F_2+0.194F_3$$
$$F_{2007}=0.342F_1+0.308F_2+0.264F_3 \quad (3\text{-}10)$$

$$F_{2015}=0.509F_1+0.338F_2$$

式中，F_{2000}、F_{2007}、F_{2015} 分别为各边境州（市）三个时间节点的旅游强度指数，F_1、F_2、F_3 为三个时间节点提取出的公因子，其前面的数值为通过方差贡献率计算得出的公因子权重系数。利用式（3-10）可求得 2000 年、2007 年、2015 年云南省边境各州（市）因子得分与综合得分，具体公因子及综合得分情况详见表 3-11。

（2）旅游强度层级时空演变

遵循客观性、科学性的原则，运用主成分分析提取公因子的方法，测算了云南省边境地区 2000 年、2007 年和 2015 年边境各州（市）三个时间节点的旅游发展强度指数，并采用 Excel、ArcGIS 等统计分析软件分别绘制出了三个时间节点旅游强度演化的柱状图和旅游强度层级演变空间格局图。总体来看，云南省边境各州（市）旅游强度的演变呈现出以下特征：

1）从边境各州（市）旅游强度指数演化的柱状图来看（图3-5）。2000～2015 年，旅游强度指数连续上升型仅包括红河州，占边境州（市）总量的 12.5%；旅游强度指数先升后降型包括保山市、普洱市、临沧市三市，占边境州（市）总量的 37.5%；旅游强度指数先降后升型包括西双版纳州和德宏州两州，占边境州（市）总量的 25.0%；旅游强度指数连续降低型包括文山州和怒江州两州，占边境州（市）总量的 25.0%。对比以上旅游强度指数的演变类型可知，旅游强度指数先升后降型为边境地区内部的主体演变类型，先降后升型与连续降低型边境州（市）的数量次之，连续上升型边境州（市）数量最少。总体来说，优化协调好边境各州（市）旅游强度指数的演化类型，降低区域内部旅游强度指数的异质性是未来较为迫切棘手的工作。

2）从旅游强度指数的时间演化来看（表 3-11）。首先，在云南省边境地区旅游强度指数的均值演化方面，2000 年、2007 年和 2015 年旅游强度指数均值分别为 -0.001、0.105 和 0.067，呈现出先升后降的发展趋势，表明边境地区旅游产业的综合水平发展状况在后期有所减弱。在云南省边境地区旅游强度指数的方差（方差是衡量一组数据离散程度的指标，其值越小，代表这组数据波动性越小，其值越大，代表这组数据波动性越大）演化方面，2000 年、2007 年和 2015 年旅游强度指数方差分别为 0.325、0.301 和 0.451，表明云南省边境各州（市）旅游强度指数的波动差异历经了先减小后扩大的演化趋势，强者愈强，弱者愈弱。例如，2015 年旅游强度指数排名第一的红河州要远远大于排名末位的怒江州。未来，应进一步减弱边境地区内部旅游强度发展的"两极"分化趋势。

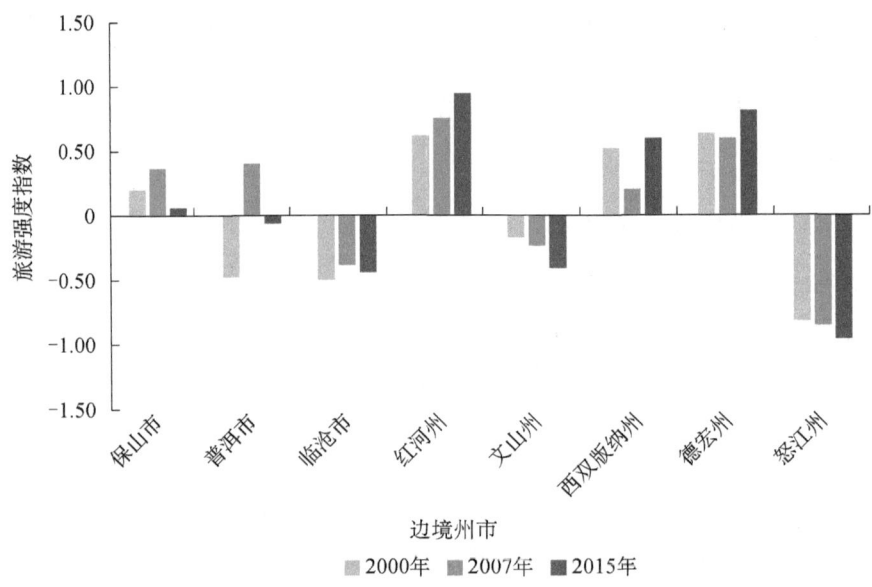

图 3-5　2000~2015 年云南省边境各州（市）旅游强度变化

3）从旅游强度指数演变的空间格局来看（图 3-6）。2000 年，旅游强度发达区包括德宏州和红河州两州；较发达区仅包括西双版纳州；一般区包括保山市和文山州；落后区包括普洱市、临沧市和怒江州三州（市）。2007 年，旅游强度发达区仅包括红河州；德宏州旅游强度指数下降，与普洱市、保山市共处于较发达区；一般区仅包括西双版纳州；落后区包括文山州、临沧市与怒江州三州（市）。2015 年，旅游强度各层级出现较大的变化，首先，德宏州、西双版纳州位置上升，二者与红河州同为旅游强度发达区，红河州依托于哈尼梯田等世界自然遗产地，加之受益于云南省旅游发展极核昆明市的"涓滴效应"显著，其旅游经济综合水平远高于其他州（市），综合得分高达 0.944，远高于最后一名怒江州的综合得分（表 3-11）。德宏州是云南省面向印度洋的主要陆路出口，区位优势明显，320 国道经芒市、三台山、畹町可直达瑞丽姐告口岸，交通网络相对便捷，加之莫里热带雨林景区、潞西勐巴娜西珍奇园等高等级旅游景区的吸引，旅游强度指数提升明显。西双版纳州依靠中国科学院西双版纳热带植物园、西双版纳傣族园、西双版纳原始森林公园等充裕的资源禀赋优势，加之较为发达的航空客运体系，均为其旅游业发展奠定了一定的基础优势。其次，保山市和普洱市仍为旅游强度较发达区，二者旅游强度得分分别处在第四和第五的位置。再次，旅游强度一般区包括文山州和临沧市两州（市），主要是受制于区域经济发展水平，旅游基础设施建设投入力度不足，天保、沧源、勐定等边境口岸旅游配套设施陈旧的影响，加之文山州丘北普者黑景区、临沧沧源翁丁原始文化旅游区等高等级旅游景点尚未发展成熟，对旅游客流的吸引力相对有限，二者均未能形成旅游经济发展的"规模效应"，致使二者旅游强度综合得分分别为-0.409和-0.441。最后，怒江州为仅有的旅游强度落后区，怒江州处于滇西北三江并流区域，地质地貌条件复杂，生态环境脆弱，旅游业发展起步相对较晚，加之落后的旅游基础设施条件，致使其旅游接待能力和旅游环境承载力相对有限，加之受制于旅游经济发达区迪庆州、丽江市对其旅游发展的"屏蔽效应"或"阴影区现象"显著，导致其旅游强度在云南省边境州（市）中处于末位。

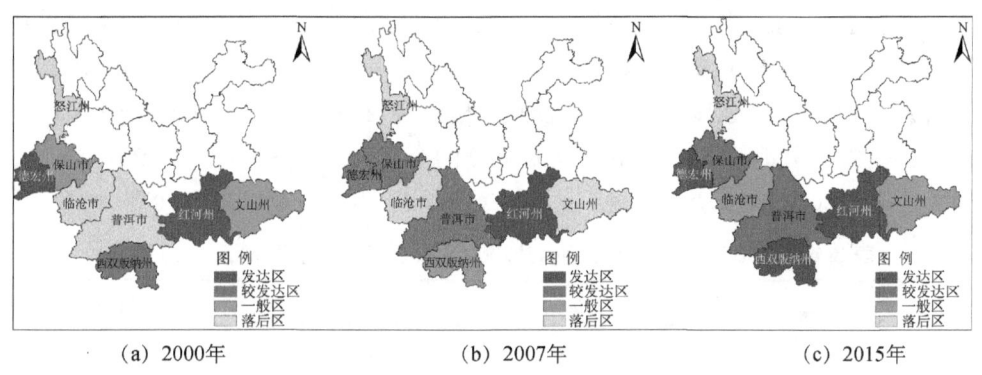

图 3-6 2000～2015年云南省边境各州（市）旅游强度时空演变

综合2015年云南省边境各州（市）的旅游强度发展状况，现阶段云南省边境地区旅游强度的空间分异特征可概括如下：①旅游强度发达区分布在中越边境段的红河州、中缅边境段的德宏州和中老、中缅边境段的西双版纳州，在空间上呈现"多旅游极核中心"的均衡布局态势，其原因在于旅游经济极核中心"扩散效应"辐射半径的有限性，加之受制于地理距离衰减规律等因素的影响，致使旅游产业生产要素的布局趋向均衡，便产生了多个旅游经济极核，共同形成了云南省边境地区旅游强度的第一圈层。②较发达区依附于发达区分布，如保山市依附于德宏州，普洱市依附于红河州和西双版纳州，主要得益于旅游强度发达区的社会经济要素"流"对其形成的"涓滴效应"明显，形成了旅游强度的第二圈层。③一般区主要区位指向于旅游强度较发达区周围，如一般区的临沧市分布在较发达区保山市和普洱市的中间过渡地带，形成了旅游强度的第三圈层。④落后区仅有怒江州，其分布在社会经济发展水平"低谷区"中缅边境段的滇西北，远离边境旅游强度发展极核，形成了旅游强度的第四圈层。总体来看，云南省边境州（市）旅游强度发展层级主要以"中越边境段的红河州、中缅边境段的德宏州和中老、中缅边境段的西双版纳州"等旅游强度发达州（市）为核心发展区，但其空间分布呈离散型，形成各自发展的"诸侯经济"，以其周边较发达州（市）为次核心发展区，旅游强度欠发达州（市）为外围发展区，形成了圈层式的核心-边缘结构旅游空间格局，这与美国地理学家弗里德曼（Friedman）的核心-边缘理论相吻合。

（3）旅游强度空间关联类型演变

依据全局空间自相关和局部空间自相关分析方法，结合 ArcGIS 软件中的空间分析工具和 GeoDA 软件分别对 2000 年、2007 年和 2015 年云南省边境各州（市）旅游强度全局和局部关联相似程度进行测算，可得到三个时间节点云南省边境地区各州（市）旅游强度的全局 Moran's I（表3-12）、局部空间关联类型（表3-13）、局部 Moran's I（图3-7）和 LISA 集聚图（图3-8）。

表 3-12 2000~2015 年云南省边境地区旅游强度的全局 Moran's I 演变

项目	2000 年	2007 年	2015 年
Moran's I	−0.2060	−0.3487	−0.2362
Z 值	−0.1878	−0.6475	−0.2848
P 值	0.8511	0.5173	0.7758

表 3-13 2000~2015 年云南省边境各州（市）旅游强度的局部空间关联类型演变

年份	空间关联类型			
	H-H 型	H-L 型	L-H 型	L-L 型
2000	德宏州	保山市、红河州、西双版纳州	文山州、怒江州、普洱市	临沧市
2007	德宏州、西双版纳州、普洱市	红河州、保山市	文山州、怒江州、临沧市	—
2015	—	德宏州、西双版纳州、红河州	文山州、普洱市	怒江州、临沧市、保山市

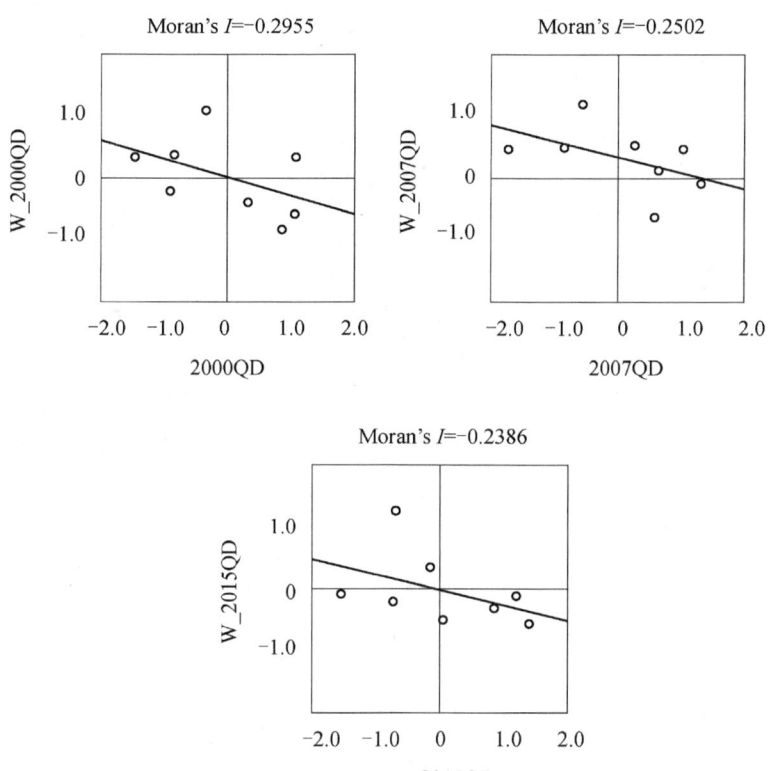

图 3-7　2000～2015 年云南省边境各州（市）旅游强度 Moran's I 散点象限图

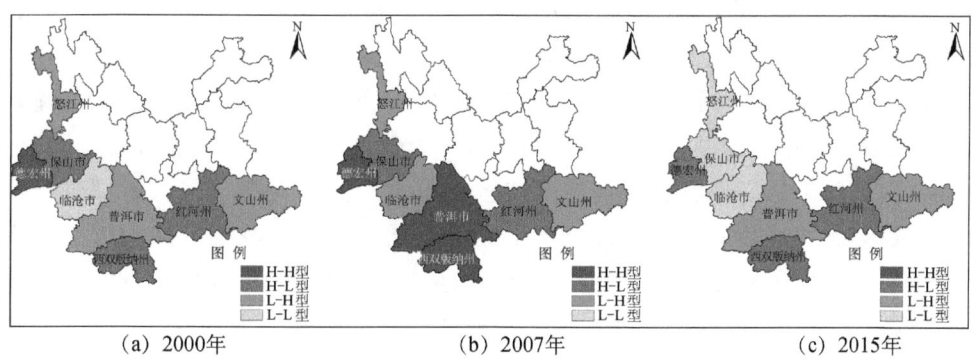

(a) 2000年　　　　　　(b) 2007年　　　　　　(c) 2015年

图 3-8　2000～2015 年云南省边境各州（市）旅游强度 LISA 集聚图

A. 全局空间自相关结果及分析

由 2000～2015 年云南省边境地区旅游强度的全局 Moran's I 演变（表 3-12）可知，2000 年、2007 年和 2015 年三个时间节点的 Moran's I 分别为 −0.2060、−0.3487 和 −0.2362，三个时间节点旅游强度全局 Moran's I 均小于 0，

其关联度属性为负值,且均没有通过 Z 值显著性检验,表明 2000 年以来云南省边境地区旅游强度指数空间集聚尚未形成地理上的空间相邻性,旅游强度指数较高的州(市),其周边州(市)的旅游强度指数却较低,旅游强度指数较低的州(市),其周边州(市)的旅游强度指数却较高。总体来说,旅游强度发达区的"规模经济"尚未真正形成对其周边旅游经济欠发达区的"涓滴效应",有时甚至是"挤出或阴影区效应",旅游经济发达区主要区位指向于个别离散分布的边境州(市),实质上也并未形成"旅游经济要素流"的规模性扩散或蔓延。

云南省边境地区旅游强度三个时间节点的全局 Moran's I 大致经历了先降低后上升的过程。具体来讲,其旅游强度空间结构的演化大致划分为两个阶段:第一阶段(2000~2007 年)为低强度均质阶段。该阶段边境地区内部各州(市)旅游业刚刚起步,旅游产业基础发展较为落后,旅游综合发展水平处于相对较低的状态,且受到 2005 年公安部禁止红河州、西双版纳州、德宏州、文山州、保山市等州(市)开展边境旅游的指令影响较大,边境大多数旅行社和酒店倒闭,旅游绩效水平发展不高,旅游经济效益增长相对缓慢,甚至停滞。全局 Moran's I 呈逐渐减小态势,且其标准化检验统计量 Z 值的绝对值小于 0.1 显著性水平下的临界值 2.65,P 值均大于 0.1,说明此阶段云南省边境各州(市)旅游强度指数的分布呈随机状态,相邻边境州(市)的相互影响和作用程度很小。第二阶段(2008~2015 年)为多核心-边缘空间格局成长阶段。此阶段的特点是国家和省级层面对云南省边境旅游的政策红利逐渐增多,如 2011 年的《国务院关于支持云南省加快建设面向西南开放重要桥头堡的意见》和《兴边富民行动规划(2011—2015 年)》等政策。云南省边境旅游开始全面恢复,边境口岸旅游基础设施逐步完善,旅游产业要素在一些旅游基础发展较好的区域产生集聚态势,边境旅游经济发展潜力和自我发展能力得到了很大提升,边境地区旅游经济效应渐趋形成多核心-边缘式空间结构的雏形。虽然 P 值及检验统计量 Z 值尚未通过显著性检验,但全局 Moran's I 呈上升态势,说明此阶段云南省边境各州(市)旅游强度指数有趋向集聚的态势,边境核心州(市)的旅游溢出效应较上一阶段有所增强。必须看到,实现边境旅游产业要素的完全集聚和溢出效应的进一步扩大,仍需要进行大量的工作,如旅游业态更新、产业结构优化调整、边境旅游政策集成与机制创新、强化顶层设计统一边(跨)境旅游规划等。

B. 局部空间自相关结果及分析

a. Moran 散点图分析

为深入分析云南省边境各州（市）旅游强度与其周边州（市）的空间关联程度，采用 GeoDA 软件绘制出了 2000 年、2007 年和 2015 年的局部 Moran 散点图作为分析研究样本。依据局部 Moran's I 的属性将边境地区内部各州（市）划分为 4 种空间关联类型：高高型（H-H 型），表明该边境州（市）旅游强度与周边边境州（市）的旅游强度发展层级都高，各州（市）之间旅游强度指数的差距较小；低高型（L-H 型），表明该边境州（市）旅游强度指数发展层级低，而其周边边境州（市）的旅游强度指数发展层级高，旅游强度指数发展差距大；高低型（H-L 型），表明该边境州（市）旅游强度指数发展层级高，而其周边边境州（市）的旅游强度指数发展层级低，旅游强度指数发展差距大；低低型（L-L 型），表明该边境州（市）旅游强度与周边边境州（市）的旅游强度发展层级都低，各州（市）之间旅游强度指数的差距较小。需要说明的是，此四种类型的聚类划分只是相对于研究区域的平均水平而言。散点图中对应的各关联类型详见表 3-13 和图 3-7，其中图 3-7 中各时间节点图像的纵坐标表示各时间节点旅游强度的空间滞后，横坐标为各时间节点旅游强度指数的标准化。

局部 Moran 散点图表明，云南省边境各州（市），高低型和低高型的空间关联类型占主体，大体上为 2~3 个边境州（市）；而高高型和低低型空间关联类型的边境州（市）数量所占比重相对较小，一般为 0~3 个边境州（市）。云南省边境州（市）旅游强度局部空间异质性结构特征在早期为高低型和低低型。随着时间的演化，高低型和低低型空间关联类型的边境州（市）数量在逐渐增加，高高型和低高型空间关联类型的边境州（市）数量在逐渐减少，云南省边境地区旅游强度总体空间异质性呈缩小态势。

b. LISA 分析

选取云南省边境各州（市）2000 年、2007 年和 2015 年的旅游强度指数数据样本，运用 GeoDA 软件绘制出可视化的局域空间异质性集聚图，即旅游强度 LISA 集聚图（图 3-8），主要包括扩散效应区（H-H 型）、过渡区（L-H 型）、极化效应区（H-L 型）和阴影区（L-L 型）四种类型。

H-H 型。此类型边境州（市）与其周围边境州（市）旅游强度指数均为高层级发展水平。2000 年，旅游强度指数处于 H-H 型的边境州（市）仅有德宏州，德宏州依托其丰富的旅游资源禀赋优势，加之相对完善的旅游公共服务设施等，旅游强度指数发展相对较高。位于其周边的保山市旅游强度指数也相对较高，此时表现出德宏州与周边边境州（市）旅游强度指数均较高的特征，空间差异不显著。2007 年，西双版纳州、普洱市与德宏州共为 H-H 型，西双版纳州与普洱市在地理位置上相互邻近且旅游强度指数均呈较高态势，二者在空间上同样呈较高的关联性。2015 年，未出现 H-H 型边境州（市），主要是因为云南省边境地区内部表征旅游经济规模结构的首位度和评估旅游经济规模集中度的地理集中度指数总体上都出现了下降趋势，旅游强度规模空间结构趋向较均衡合理的发展态势。与此同时，出现了以红河州、西双版纳州和德宏州三州为代表的旅游发展极核中心。

L-H 型。此类型边境州（市）旅游强度指数发展层级低，其周边边境州（市）旅游强度指数发展层级高。2000 年，L-H 型边境州（市）包括文山州、怒江州和普洱市三州（市），此三州（市）旅游强度发展指数均低于周边边境州（市），成为区域旅游强度发展指数的"塌陷区"。2007 年，文山州、怒江州依旧保持原空间关联类型不变，临沧市取代普洱市成为 L-H 型，临沧市由于受其周边边境州（市）普洱市和保山市的屏蔽效应较为明显，其旅游强度发展指数低于以上两者。2015 年，L-H 型边境州（市）仅剩文山州和普洱市两州（市），前者是由于受到旅游强度指数发达州（市）红河州的"阴影区效应"显著，后者主要受制于其旅游自身发展能力不足，加之红河州、西双版纳州等旅游强度较发达州（市）形成的"虹吸效应"对其发展牵制影响较大。

H-L 型。此类型边境州（市）旅游强度指数发展层级高，其周边边境州（市）旅游强度指数发展层级低。2000 年，H-L 型边境州（市）包括保山市、红河州和西双版纳州三州（市），以上州（市）旅游强度指数均高于其周边边境州（市），形成了对周边边境州（市）旅游发展的绝对优势。2007 年，H-L 型边境州（市）仅剩红河州和保山市两州（市）。2015 年，红河州依旧为 H-L 型，在此基础上又增加了德宏州和西双版州两州，此两州旅游强度指数均高于周边边境州（市），主要是因为德宏州拥有瑞丽、畹町等边境口岸为其边（跨）境旅游开展提供了重要空间载体，业已形成德宏瑞丽-缅甸八莫、德宏瑞丽-缅甸曼德勒、德宏畹町-缅甸腊戍等若干条相对成熟的边境旅游线路，加之其独特的景颇族民俗风情和腾冲玉石及翡翠、芒市珠宝等特有旅游商品，吸引了源源不断的旅游客流涌入；西双版纳州主要得益于昆曼国际大通道、西双版纳嘎洒国际机场设有省内外航空旅游环线等为其提供了便捷交通，降低了游客的"行游比"，同时，其独具滇西南特色的西双版纳傣族园、西双版纳热带植物园、望天树景区、西双版纳勐远仙境等景区对游客有极大的吸引力，加之西双版纳木雕工艺等旅游商品，使其成为国内乃至国际重要的旅游目的地之一。

L-L 型。此类型边境州（市）与其周边边境州（市）旅游强度指数均为低层级发展水平。2000 年，L-L 型边境州（市）仅有临沧市，与其邻近的保山市和普洱市旅游强度指数均高于临沧市。2007 年，尚未出现 L-L 型边境州（市），表明云南省边境地区内部整体旅游强度指数发育水平有了阶段性的提升。2015 年，L-L 型边境州（市）包括怒江州、临沧市和保山市三州（市），此三州（市）旅游强度指数发达程度均低于与其邻近的边境州（市），三者在云南省滇西边境段形成了一条旅游强度指数低水平发展轴。由此可以看出，滇西边境段各州（市）旅游综合发展水平提升对整个云南省边境地区旅游强度空间结构优化至关重要。

综上表明，第一，云南省边境地区旅游强度指数空间关联总体上呈负相关，即边境各州（市）间的空间差距较大，旅游强度指数空间均质性不显著。第二，2000～2007 年，云南省边境各州（市）旅游强度指数的分布呈随机状态，相邻边境州（市）的相互影响和作用程度很小，几乎处于无序状态。2008～2015 年，云南省边境各州（市）旅游强度指数呈趋向集聚态势，边境核心州（市）的旅游溢出效应较上一阶段有所增强。第三，云南省边境地区业已形成红河州、西双版纳州、德宏州等为旅游极核中心的"三足鼎立"旅游发展空间格局，未来仍需通过政府干预等行政手段、财税政策等经济手段、制定边境旅游法规等法律手段等，进一步挖掘并发挥边境旅游极核州（市）对旅游经济欠发达边境州（市）的辐射效应。

第三节　边境地区旅游效率时空演变

一、数据来源

本节测算云南省边境各州（市）旅游综合效率、技术效率和规模效率的主要数据样本主要来源于《云南统计年鉴》（2001 年、2008 年、2016 年）、云南省边境各州（市）的国民经济和社会发展统计公报及文化和旅游局官方网站。

二、指标体系的构建

测算产业效率的前提是要进行投入-产出指标体系的遴选，指标体系选取既要全面表征云南省边境地区旅游产出投入状况，又要克服指标间严重的线性关系（袁晓玲等，2008）。古典经济学理论中的投入要素一般由资本、劳动力、土地三部分组成（萨缪尔森，1991）。在旅游业生产过程中受土地的限制性较小，故舍弃其为投入变量；资本和劳动力对区域旅游产业绩效的提升具有重要作用，资本投入主要通过完善旅游基础设施、项目建设等来实现，故选择旅游资产投资这一指标，劳动力是通过服务人员的水平和态度等"软要素"得以实现，第三产业从业人员数量是较为理想的表征指标。本质上，旅游产出要素不仅包括旅游经济效益等可以量化的指标，而且还包括游客参与旅游活动的满意度指标，但在数据包络分析模型的分析中，考虑到满意度受游客个人感知程度的差异，很难对其量化和横向对比，多数研究者用旅游总收入进行替代（张荣天和焦华富，2014）。综上，本节选取旅游资产投资、第三产业从业人员数量两项指标为投入指标，选取旅游总收入为产出指标。云南省边境地区共有8个州（市），故本节的决策单元（decision making units，DMU）有8个，根据数据包络分析评价中决策单元数量>2×（产出指标+投入指标）的要求，8>2×（1+2）符合要求。

三、测度方法

1. 数据包络分析模型

数据包络分析是一种对若干同类具有多输入、多输出的决策单元进行相对效率与效益比较的绝佳方法，尤其适合区域旅游这种多产出且多投入的产业部门（魏权龄，1988）。区域旅游效率有效指的是与区域内同类所有研究对象的比较分析中，该区域的旅游产出相对于旅游投入而言最大化（曹芳东等，2012）。模型中假设存在 n 个决策单元，每个研究对象都作为一个决策单元，$j=1, 2, 3, \cdots, n$；x_j、y_j、θ 分别为第 j 个州（市）的投入、产出变量和综合效率，依据CCR模型，该模型方程式为

$$\begin{cases} \text{Min}\,\theta \\ \text{s.t.}\sum_{j\in n}^{n}x_{j}\lambda_{j}+\theta x_{0}\geqslant 0 \\ \sum_{j\in n}^{n}y_{j}\lambda_{j}\geqslant y_{0} \\ \lambda_{j}\geqslant 0,\ j\in n \end{cases} \quad (3\text{-}11)$$

式中，Min θ 为目标函数；s.t.为限制性条件；λ_j 为每个州（市）在某一指标上的权重变量；x_0 与 y_0 分别为决策单元的原始投入和产出值。CCR 模型是在假设决策单元为固定规模收益（constant returns to scale，CRS）的情况下测出，运用 CCR 模型测算得到 θ 为决策单元的综合效率。假设在式（3-11）中加入约束条件 $\sum \lambda_j = 1$，θ 值即为决策单元的技术效率值，则变成了 BBC 模型：

$$\begin{cases} \text{Min}\,\theta \\ \text{s.t.}\sum_{i\in n}^{n}\lambda_{i}x_{i}\leqslant \theta x_{0} \\ \sum_{i\in n}^{n}\lambda_{i}y_{i}\geqslant y_{0} \\ \sum_{i\in n}^{n}\lambda_{i}=1 \\ \lambda_{i}\geqslant 0,\ i=1,\,2,\,\cdots,\,n \end{cases} \quad (3\text{-}12)$$

依据数据包络分析模型方法，旅游综合效率表征旅游资源配置、利用和规模集聚的效率，技术效率表征旅游资源的利用、配置效率，规模效率表征旅游资源规模集聚的效率。本节基于 BBC 模型对云南省边境各州（市）旅游综合效率、技术效率、规模效率、规模报酬等指标的演化特征、关系、空间分布、波动情况等进行分析，测算云南省边境各州（市）旅游业效率发展情况，以期为云南省边境各州（市）旅游业要素投入结构优化提供参考。

2. 空间自相关

主要涉及全局空间自相关和局部空间自相关，分别见式（3-8）和式（3-9）。

3. 方差

方差一般用来衡量一组数据的波动程度大小，其值越大，表明该组数据波动性越大，越不稳定，反之，波动性越小，越稳定。方差一般用 S^2 表示，其表

达式为

$$S^2 = \frac{(x_1-M)^2+(x_2-M)^2+(x_3-M)^2+\cdots+(x_n-M)^2}{n} \quad (3\text{-}13)$$

式中，$x_1 \sim x_n$ 为该组数据具体的原始数值；n 为该组数据的实际个数；M 为该组数据的算术平均数。

四、测评结果及分析

1. 旅游综合效率及分解效率特征

为进一步解析云南省边境地区旅游产业要素投入利用效率演化情况，以 2000~2015 年云南省边境地区各边境段和边境州（市）的旅游相关产出与投入原始数据为研究样本，运用 DEAP-Version 2.1 软件，对云南省边境地区三大边境段、各边境州（市）的旅游综合效率及其分解效率、规模报酬演化情况进行测算，具体效率测算结果见表 3-14 和表 3-15。

表 3-14 云南省三大边境段旅游效率测算结果

边境段	旅游综合效率			旅游技术效率			旅游规模效率			旅游规模报酬		
	2000年	2007年	2015年	2000年	2007年	2015年	2000年	2007年	2015年	2000年	2007年	2015年
滇西	1.000	1.000	0.898	1.000	1.000	1.000	1.000	1.000	0.898	—	—	irs
滇南	0.992	0.772	1.000	1.000	0.964	1.000	0.992	0.801	1.000	drs	drs	—
滇东南	0.790	0.591	0.555	0.792	0.806	0.627	0.998	0.733	0.885	drs	drs	drs
均值	0.921	0.788	0.818	0.931	0.924	0.876	0.997	0.845	0.928	—	—	—
方差	0.014	0.042	0.054	0.014	0.011	0.046	0.001	0.019	0.004	—	—	—

注："irs"为规模报酬递增，"drs"为规模报酬递减，"—"为规模报酬最佳，下同

表 3-15 云南省边境各州（市）旅游效率测度结果

边境州（市）	2000年				2007年				2015年			
	旅游综合效率	旅游技术效率	旅游规模效率	旅游规模报酬	旅游综合效率	旅游技术效率	旅游规模效率	旅游规模报酬	旅游综合效率	旅游技术效率	旅游规模效率	旅游规模报酬
怒江州	1.000	1.000	1.000	—	1.000	1.000	1.000	—	0.553	1.000	0.553	irs
保山市	0.750	1.000	0.750	drs	0.706	1.000	0.706	drs	0.337	0.393	0.858	drs
德宏州	0.850	0.985	0.863	irs	0.939	0.998	0.941	irs	0.466	0.550	0.849	drs
临沧市	0.177	0.242	0.728	drs	0.297	0.343	0.868	drs	0.504	0.505	0.998	drs
普洱市	0.162	0.226	0.718	drs	0.304	0.442	0.689	drs	1.000	1.000	1.000	—
西双版纳州	1.000	1.000	1.000	—	1.000	1.000	1.000	—	1.000	1.000	1.000	—

续表

边境州(市)	2000年				2007年				2015年			
	旅游综合效率	旅游技术效率	旅游规模效率	旅游规模报酬	旅游综合效率	旅游技术效率	旅游规模效率	旅游规模报酬	旅游综合效率	旅游技术效率	旅游规模效率	旅游规模报酬
红河州	0.294	0.583	0.504	drs	0.293	0.741	0.395	drs	0.368	0.668	0.551	drs
文山州	0.423	0.584	0.724	drs	0.483	0.867	0.557	drs	0.485	0.490	0.990	drs
均值	0.582	0.703	0.786		0.628	0.799	0.770		0.589	0.701	0.850	
方差	0.128	0.116	0.027		0.104	0.072	0.049		0.069	0.067	0.038	

由表3-14和表3-15可知，云南省边境地区旅游综合效率、旅游技术效率、旅游规模效率和旅游规模报酬呈现出以下几个方面的特征。

1）旅游综合效率处在中等水平，各边境段异质性显著，旅游综合效率最优边境州（市）数量较少。

从2000~2015年云南省三大边境段旅游综合效率来看，旅游综合效率值尚未达到理想的效果，各边境段的非均衡型发展较为明显。在区域集聚形态演化方面，滇西边境段的旅游综合效率在三个边境段中处于最佳状态，综合效率始终处在0.898~1.000，基本上处于较为稳定的发展态势；滇南边境段的旅游综合效率在起伏的动态过程中增长，由2000年的0.992下降到2007年的0.772，此后到2015年达到旅游产业投入要素利用的最佳状态；滇东南边境段旅游综合效率状态最差，呈现逐年递减的发展态势，由2000年的0.790下降至2015年的0.555，旅游综合效率发展演化态势不容乐观。在旅游综合效率均值演化方面，由2000年的0.921下降到2007年的0.788，此后上升至2015年的0.818，呈先降低再上升的演化态势。在各边境段旅游综合效率方差演化方面，由2000年的0.014上升至2007年的0.042，上升至2015年的0.054，2000~2015年方差始终呈连续增长趋势，表明云南省边境地区各边境段之间的旅游综合效率呈逐渐拉大态势。

从2000~2015年边境各州（市）的旅游综合效率演化来看，2000年旅游综合效率达到最佳状态的仅有西双版纳州和怒江州，表明此二州旅游产业要素投入度恰当，能够使旅游经济效益产出达到最大化，保山市和德宏州旅游综合效率分别为0.750和0.850，两者均高于均值（0.582），其余边境州（市）旅游综合效率均低于均值（0.582），旅游产业要素投入与产出尚未形成合理的组合结构。2007年，旅游综合效率达到最佳状态的边境州（市）仍为西双版纳州和怒江州，保山市和德宏州旅游综合效率分别为0.706和0.939，两者均高于均值

（0.628），其余边境州（市）旅游综合效率均低于均值（0.628）。2015年，西双版纳州和普洱市两个边境州（市）旅游综合效率达到最优状态，其余边境州（市）旅游综合效率均未超过均值（0.589），表明此阶段边境各州（市）旅游综合效率的极化效应愈加明显。在旅游综合效率均值演化方面，2000年、2007年和2015年边境各州（市）旅游综合效率均值分别为0.582、0.628和0.589，其演化特征历经了先上升后下降的过程，表明云南省边境各州（市）总体旅游综合效率有弱化的趋势。在旅游综合效率方差演化方面，2000年、2007年和2015年边境各州（市）旅游综合效率方差分别为0.128、0.104和0.069，呈逐年持续降低态势，表明云南省边境各州（市）总体旅游综合效率波动差异有进一步缩小的趋势。

2）旅游技术效率处在中上等层级，主体呈递减态势，技术效率最佳边境州（市）数量有待提升。

从2000~2015年云南省三大边境段旅游技术效率来看，云南省边境地区旅游技术效率主体处在中上等层级，三大边境段旅游技术效率均值都在0.876以上，边境各州（市）旅游技术效率均值均在0.701以上。在区域集聚形态演化方面，滇西边境段旅游技术效率在三个边境段中处于最佳状态，旅游技术效率始终为最佳状态，处于较为稳定的发展态势；滇南边境段旅游技术效率次之，基本上处在0.964~1.000，其演化过程历经了先下降后上升的过程；滇东南边境段旅游技术效率最差，其演化过程经历了先上升后降低的过程，到2015年达到最低值0.627。在旅游技术效率均值演化方面，2000年、2007年和2015年云南省三大边境段旅游技术效率均值分别为0.931、0.924和0.876，整体上呈逐年降低态势，表明云南省三大边境段后期的旅游技术效率较前期有一定程度的降低。在旅游技术效率方差演化方面，2000年、2007年和2015年云南省三大边境段旅游技术效率方差分别为0.014、0.011和0.046，整体上呈增长态势，表明云南省三大边境段之间的旅游技术效率差距呈逐渐扩大态势。

从2000~2015年边境各州（市）的旅游技术效率演化来看，2000年云南省边境地区内部有怒江州、保山市和西双版纳州三州（市）旅游技术效率达到最佳状态，表明此三州（市）旅游产业与科技的融合度较好，科技投入的转化能力较强，其余仅有德宏州高于旅游技术效率均值（0.703），其余边境州（市）均低于旅游技术效率均值（0.703），旅游与科技的融合能力较弱。2007年与上一阶段保持一致，怒江州、保山市和西双版纳州三州（市）旅游技术效率仍然达到最优水平，德宏州和文山州旅游技术效率分别为0.998和0.867，均高于旅游技术效率均值（0.799），其余边境州（市）旅游技术效率均低于均值（0.799），智慧旅游发展水平有待进一步提升与强化。2015 年旅游技术效率达到最优水平的边境州（市）有怒江州、普洱市和西双版纳州三州（市），较前两个阶段有所变化，其余边境州（市）的旅游技术效率均低于均值（0.701）。在旅游技术效率均值演化方面，2000 年、2007 年和 2015 年边境各州（市）旅游技术效率均值分别为 0.703、0.799 和 0.701，呈现出先上升后下降的演化态势，表明云南省边境各州（市）后期旅游与科技的融合度较前期有所减弱。在旅游技术效率方差演化方面，2000 年、2007 年和 2015 年边境各州（市）旅游技术效率方差分别为 0.116、0.072 和 0.067，随着时间的推移呈现出持续降低态势，表明随着互联网技术发展变化的日新月异，科学技术传播推广率逐渐提高，云南省边境各州（市）对科技在旅游中的应用能力差距也逐渐缩小。

3）旅游规模效率整体呈增加态势，各边境段和边境州（市）间的差距逐渐缩小。

从 2000~2015 年云南省三大边境段旅游规模效率来看，云南省边境地区旅游规模效率主体处在中上等水平，三大边境段旅游规模效率均值都在 0.845 以上，边境各州（市）旅游规模效率均值均在 0.770 以上。在区域集聚形态演化方面，滇西边境段旅游规模效率在三个边境段中属于相对较好的状态，三个时间节点的旅游规模效率值均在 0.898 以上，变化较为稳定；滇南边境段的旅游规模效率值基本处在 0.801~1.000，旅游规模效率次之，其演化大致经历了先降低后上升的过程；滇东南边境段旅游规模发展水平在所有边境段中属于相对较差的层级，其旅游规模效率值基本处在 0.773~0.998，发展演化经历了先下降后上升的过程，表明其旅游产业要素配置趋向最优化的方向发展。在旅游规模效率均值演化方面，2000 年、2007 年和 2015 年云南省三大边境地段旅游规模效率均值分别为 0.997、0.845 和 0.928，整体上呈现先下降后上升的阶段性发展态势，表明云南省三大边境段后期的旅游规模效率较前期有一定程度的增加，旅游产业要素规模结构趋向合理。在旅游规模效率方差演化方面，2000 年、2007 年和 2015 年云南省三大边境段旅游规模效率方差分别为 0.001、0.019 和 0.004，整体上呈现先上升后下降的阶段性演化态势，表明云南省三大边境段之间的旅游规模效率差距呈现先扩大后缩小的演化特征。

从 2000~2015 年边境各州（市）的旅游规模效率演化来看，2000 年旅游规模效率处于最佳状态的边境州（市）有怒江州和西双版纳州，表明此二州旅游产业要素规模结构达到最优状态，德宏州旅游规模效率为 0.863，高于旅游规模效率均值（0.786），其余边境州（市）旅游规模效率低于均值（0.786），表明这些边境州（市）的旅游产业要素规模结构处于亟待优化的状态，亟须通过合理科学的规划进行优化整合。2007年旅游规模效率处于最佳状态的边境州（市）仍是怒江州和西双版纳州，德宏州和临沧市旅游规模效率分别为0.941和0.868，二者均高于旅游规模效率均值（0.770），旅游规模效率的发育水平处于次要地位，其余边境州（市）旅游规模效率均低于均值（0.770）。2015年旅游规模效率处于最佳状态的边境州（市）有普洱市和西双版纳州，此二州（市）旅游产业要素规模结构处于相对优化的状态，保山市、临沧市和文山州旅游规模效率分别为0.858、0.998和0.990，三者均高于旅游规模效率均值（0.850），其余边境州（市）旅游规模效率相对处于无序状态，均低于均值（0.850）。在旅游规模效率均值演化方面，2000年、2007年和2015年边境各州（市）旅游规模效率均值分别为0.786、0.770和0.850，呈现出先下降后上升的阶段性演化态势，表明云南省边境各州（市）后期旅游产业要素规模结构较前期有所优化。在旅游规模效率方差演化方面，2000年、2007年和2015年边境各州（市）旅游规模效率方差分别为0.027、0.049和0.038，呈现先上升后下降的阶段性演化态势，表明云南省边境各州（市）间后期旅游产业要素规模结构波动性较前期有所减弱，旅游产业要素规模结构趋向较稳定方向发展。

4）旅游规模报酬递减的州（市）数量始终占主体地位，旅游规模报酬递增的州（市）数量较少，旅游规模报酬达到最佳状态的边境州（市）数量有限。

旅游规模报酬递减是指投入比率大于产出比率，此阶段该边境州（市）旅游投入要素存在冗余；旅游规模报酬递增是指投入增加的比率小于产出增加的比率，处于此阶段的边境州（市）若适当增加旅游要素投入可取得更高的收益，实现旅游效率最大化；旅游规模报酬最佳是指投入增加的比率等于产出增加的比率，处于此阶段的边境州（市）旅游要素投入已达到最优规模（梁流涛和杨建涛，2012）。从云南省边境地区三大边境段来看，2000年滇西边境段旅游规模报酬达到最佳，一定的产业要素投入能够产出最大化的旅游收益，滇南和滇东南边境段均处于旅游规模报酬递减阶段，表明以上两个边境段旅游要素投入存在冗余，应适当缩减投入规模；2007年滇西边境段旅游规模报酬仍达到最佳，滇南和滇东南边境段等仍处于旅游规模报酬递减阶段；2015年旅游规模报酬阶段有所变化，滇南边境段旅游规模报酬达到最佳，滇西边境段旅游规模报酬递增，表明该边境段旅游要素投入不足以实现旅游收益的最大化，应当适当扩大旅游产业要素投入规模，在扩大旅游产业规模的同时注重量与质的兼顾，滇东南边境段仍处于旅游规模报酬递减阶段。

从 2000~2015 年边境各州（市）的旅游规模报酬阶段演化来看，2000 年旅游规模报酬达到最佳的边境州（市）有怒江州和西双版纳州，旅游产业要素投入达到最佳状态，旅游规模报酬递减的州（市）有保山市、临沧市、普洱市、红河州和文山州五州（市），应当适当缩减旅游投资规模，以便使旅游效率达到最佳状态，旅游规模报酬递增的州（市）仅德宏州，应当适当扩大旅游从业人数、旅游资金流、旅游基础设施等产业要素的投入规模。2007 年旅游规模报酬处于最佳、旅游规模报酬递减、旅游规模报酬递增等阶段的边境州（市）与上一时间阶段保持一致。2015 年旅游规模报酬处于最佳状态的边境州（市）有普洱市和西双版纳州，怒江州演变为旅游规模报酬递增，表明怒江州存在一定的旅游业发展市场潜力，当前的旅游要素投入不足是其旅游效率提升不明显的主要原因，保山市、德宏州、临沧市、红河州和文山州五州（市）处于旅游规模报酬递减阶段，应适当合理优化整合以上边境州（市）各旅游产业要素投入的比例关系，使其具有合理的投入规模结构，从而使旅游投入与产出达到理想的最优化层级。总体来看，无论是从边境段的维度还是从各州（市）的维度分析，旅游规模报酬递减的州（市）数量始终占主体地位，旅游规模报酬递增的州（市）数量较少，旅游规模报酬达到最佳状态的边境州（市）数量有限。

2. 旅游综合效率与分解效率的关系演变特征

云南省边境各州（市）旅游综合效率等于旅游技术效率与旅游规模效率的乘积。为了进一步探讨旅游综合效率与旅游技术效率、旅游规模效率二者相关性的演变程度，依据 2000 年、2007 年和 2015 年三个时间节点的旅游综合效率与其分解效率的对应数值，运用 Excel 软件制作出三个时间节点旅游综合效率与其分解效率的关系演变散点图（图 3-9）。通过每个图块中散点位置与 45°对角线之间的关系可以判定旅游综合效率与旅游技术效率、旅游规模效率二者相关性的强弱。每个图块中散点距离 45°对角线越近，表明该旅游分解效率对旅游综合效率的作用程度愈强，反之，每个图块中散点距离 45°对角线越远，表明该旅游分解效率对旅游综合效率的作用程度愈弱。

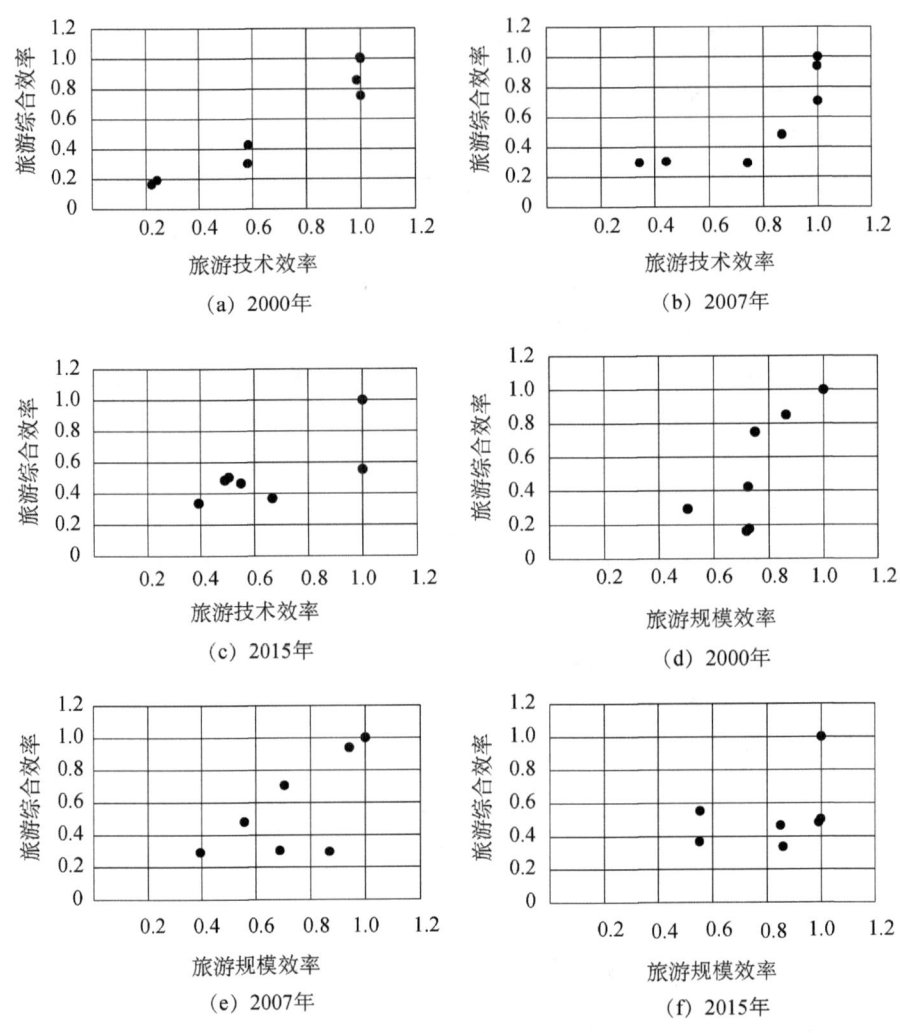

图 3-9　云南省边境各州（市）旅游综合效率与其分解效率关系演变散点图

研究结果表明：①云南省边境各州（市）的旅游规模效率与旅游技术效率共同对旅游综合效率产生作用，致使 2000 年、2007 年和 2015 年三个时间节点每个图块的散点并没有与 45°对角线完全重合，由于受到各种产业要素集聚分配不均、经济产业背景差异、产业政策倾斜等影响，这种散点分布方式也与现实状况发展相符合。②在旅游技术效率对旅游综合效率贡献程度散点图关系演变方面，随着时间的演化与推移，图块中的散点与 45°对角线的关系历经了先疏远再靠近的演变过程，表明现阶段随着旅游 APP 多样化、旅游电商、旅游产品创新与标准化、智慧旅游的发展趋势愈加明显，旅游发展的技术含金量也越来越高，云南省边境各州（市）旅游发展可以通过区域旅游合作、人才流动等方式获得这些技术，促使自身旅游发展能力与营销能力得到极大程度的提升，这也验证了旅游技术效率对旅游综合效率提升越来越明显现象的研究结果。③在旅游规模效率对旅游综合效率贡献程度散点图关系演变方面，随着时间的演化与推移，图块中的散点与45°对角线的关系历经了先靠近再疏远的演变过程，恰恰与旅游技术效率对旅游综合效率的作用演化程度相反，表明云南省边境各州（市）在旅游发展早期，往往依靠旅游产业要素投入规模的扩大等粗放型的发展方式来获得旅游经济效益，旅游发展的集约型程度较低，随着旅游产业融合及新技术的更新与应用，旅游发展的集约型程度渐趋提升。这也印证了随着时间的推移，旅游技术效率对旅游综合效率贡献程度散点图与45°对角线的位置越来越近，而旅游规模效率对旅游综合效率贡献程度散点图与45°对角线的位置越来越远的研究结果，表明现阶段云南省边境地区内部旅游技术效率对旅游综合效率的牵制力逐渐增强，而旅游规模效率对旅游综合效率的贡献程度较前期有所较弱，这种发展方式和演化过程与现阶段文化和旅游部倡导的"优质旅游"发展方式相互呼应，符合当代旅游产业发展的大趋势和特征。④为了进一步验证云南省边境各州（市）旅游综合效率与其分解效率关联散点图的关系演化特征，运用SPSS软件中的双变量相关分析方法进行验证，验证结果见表3-16。

表3-16　云南省边境各州（市）各时间节点旅游综合效率与其分解效率的相关系数

年份	综合效率-技术效率	综合效率-规模效率
2000	0.953	0.814
2007	0.790	0.742
2015	0.831	0.478

由3-16可知，云南省边境各州（市）旅游综合效率与旅游技术效率、旅游规模效率均呈现显著的相关性特征，三个时间节点的旅游技术效率、旅游规模效率均对旅游综合效率发挥了重要作用；在旅游技术效率、旅游规模效率对旅游综合效率作用程度相关系数的时间演化方面，2000年、2007年和2015年综合效率-技术效率的相关系数分别为0.953、0.790和0.831，呈现先下降后上升的时间演化特征，表明云南省边境各州（市）旅游技术效率对旅游综合效率的作用贡献程度先降低后升高；而2000年、2007年和2015年综合效率-规模效率的相关系数分别为0.814、0.742和0.478，呈现逐年降低的时间演化特征，表明云南省边境各州（市）旅游规模效率对旅游综合效率的牵制程度越来

越弱。综上可知，2000~2015年云南省边境各州（市）旅游综合效率与其分解效率相关性时间演化特征的验证结果，与2000年、2007年和2015年云南省边境各州（市）旅游综合效率与旅游技术效率、旅游规模效率等分解效率的45°对角线位置关系散点演化图的特征基本一致。

3. 旅游效率空间演变特征

为深入了解云南省边境各州（市）旅游效率是否存在区域集聚性，以2000年、2007年和2015年三个时间为节点，采用ArcGIS软件中的Jenks自然最佳断点法对已测算出的各节点旅游综合效率、旅游技术效率、旅游规模效率等数据进行层级划分，由高到低依次划分为高效区、次高效区、次低效区和低效区四种类型。依此来探讨云南省边境各州（市）旅游发展效率的空间演变特征（图3-10~图3-12）。

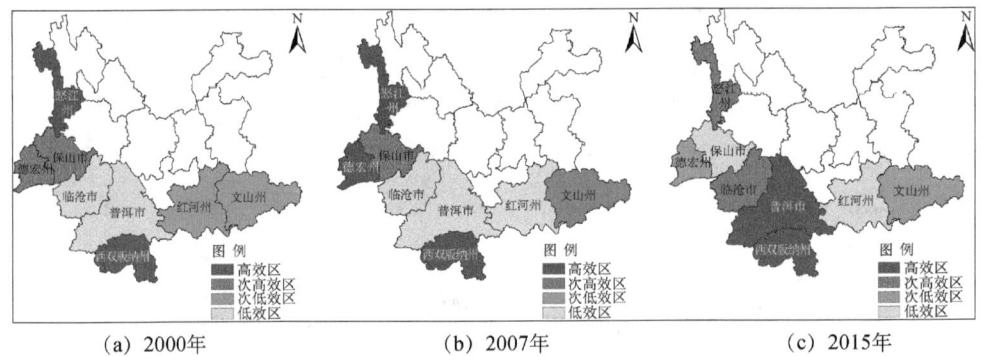

图3-10　2000年、2007年、2015年云南省边境各州（市）旅游综合效率空间演变格局

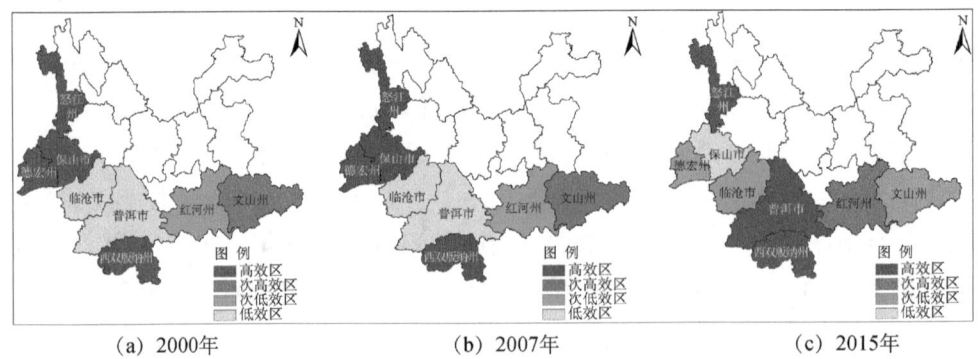

图3-11　2000年、2007年、2015年云南省边境各州（市）旅游技术效率空间演变格局

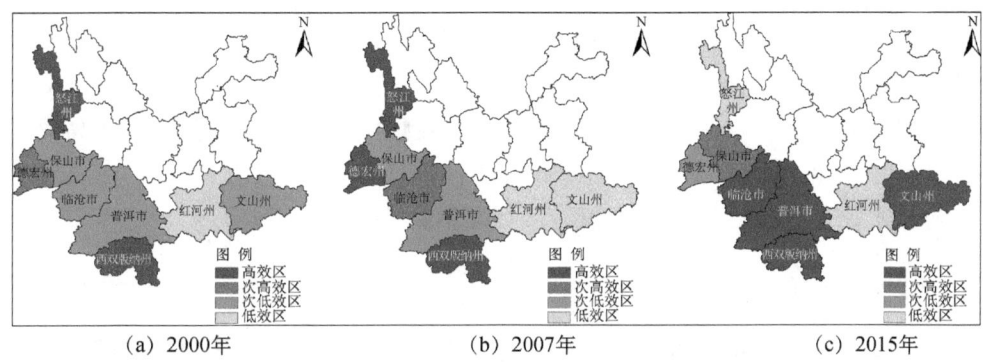

(a) 2000年　　　　　　　(b) 2007年　　　　　　　(c) 2015年

图 3-12　2000 年、2007 年、2015 年云南省边境各州（市）旅游规模效率空间演变格局

（1）旅游综合效率空间演变

总体来看，2000~2015 年云南省边境各州（市）旅游综合效率空间变化呈现出显著特征，高效区集中在滇南边境段州（市），滇西边境段旅游综合效率次之，滇东南边境段旅游综合效率最差。具体来说，2000 年旅游综合效率高效区包括怒江州和西双版纳州，次高效区包括保山市和德宏州，次低效区包括红河州和文山州，临沧市和普洱市属于低效区，高效区分布较为分散，次高效区集中在滇西边境段，次低效区在滇东南边境段且呈现趋同俱乐部现象空间布局，低效区区位指向滇南边境段。2007 年怒江州和西双版纳州仍为高效区，在此基础上又增加了德宏州，保山市仍为次高效区，文山州为次低效区，低效区在原来的基础上又增加了红河州，变化不大。2015 年高效区包括普洱市和西双版纳州，次高效区包括怒江州和临沧市，德宏州和文山州属于次低效区，保山市和红河州为低效区。高效区分布呈现集聚态势，主要区位指向滇南边境段，次高效区集中在滇西边境段，次低效区和低效区的边境州（市）分布为随机状态，呈现分散布局态势。

（2）旅游技术效率空间演变

总体来看，2000~2015 年云南省边境各州（市）旅游技术效率空间变化在前期（2000~2007 年）较为稳定，在后期（2008~2015 年）变化较为明显，前期高效区集聚在滇西边境段，低效区集中在滇南边境段，后期高效区区位指向滇南边境段，低效区大多位于滇西边境段，滇东南边境段变化相对较为稳定。具体来说，2000 年旅游技术效率高效区包括怒江州、保山市、德宏州和西双版纳州，主要集中在滇西边境段，文山州为仅有的次高效区，红河州属于次低效区，临沧市和普洱市属于低效区。2007年云南省边境各州（市）的旅游技术效率发展层级与2000年保持一致。2015年旅游技术效率高效区包括怒江州、普洱市和西双版纳州三州（市），主要区位指向滇南边境段，次高效区仅包括红河州，次低效区包括文山州、临沧市和德宏州三州（市），主要区位指向分布较为分散，保山市为仅有的低效区。

（3）旅游规模效率空间演变

总体来看，2000~2015年云南省边境各州（市）旅游规模效率空间演变情况较为明显，旅游规模效率高效区由分散状布局态势向趋同俱乐部转变，其他层级旅游规模效率的空间变化也较为显著。具体来说，2000年旅游规模效率高效区包括怒江州和西双版纳州，呈现分散状布局态势，次高效区仅有德宏州，次低效区分布相对较为集中，主要包括保山市、临沧市、普洱市和文山州四州（市），低效区仅包括红河州。2007年旅游规模效率高效区包括怒江州、西双版纳州和德宏州三州，空间分布依然呈现分散态势，次高效区仅有临沧市，次低效区数量有所减少，仅包括保山市和普洱市，低效区数量有所增加，集中分布在滇东南边境段，包括文山州和红河州。2015年旅游规模效率高效区州（市）的数量有所增加，集中分布在滇南边境段和滇东南边境段的部分州（市），包括临沧市、普洱市、西双版纳州和文山州四州（市），保山市取代德宏州成为次高效区，德宏州为仅有的次低效区，怒江州替代文山州与红河州共属于低效区，空间分布呈随机分布态势。总体上，边境各州（市）旅游规模效率尚未形成"规模效应"，边境各州（市）之间的联系和区域合作还有待加强。

4. 旅游综合效率空间关联性类型及演变

依据全局空间自相关和局部空间自相关分析方法，结合ArcGIS软件中的空间分析工具和GeoDA软件分别对2000年、2007年和2015年云南省边境各州（市）旅游综合效率全局和局部关联相似程度进行测算，可得到三个时间节点衡量云南省边境各州（市）旅游综合效率总体关联程度的全局Moran's I 演变列表以及衡量局域空间异质性的局部Moran's I 演变列表和散点象限演变图，测算结果见表3-17、表3-18和图3-13。

表 3-17　2000~2015 年云南省边境各州（市）旅游综合效率全局 Moran's I 演变

年份	Moran's I	Z 值	P 值
2000	−0.0301	0.3308	0.7407
2007	−0.0553	0.2556	0.7982
2015	0.5876	2.3166	0.0005

表 3-18　2000~2015 年云南省边境各州（市）旅游综合效率局部空间关联类型演变

年份	空间关联类型			
	H-H 型	H-L 型	L-H 型	L-L 型
2000	德宏州、保山市、怒江州	西双版纳州	—	普洱市、临沧市、红河州、文山州
2007	德宏州、保山市、怒江州	西双版纳州	—	普洱市、临沧市、红河州、文山州
2015	西双版纳州、普洱市	—	红河州、临沧市	保山市、文山州、德宏州、怒江州

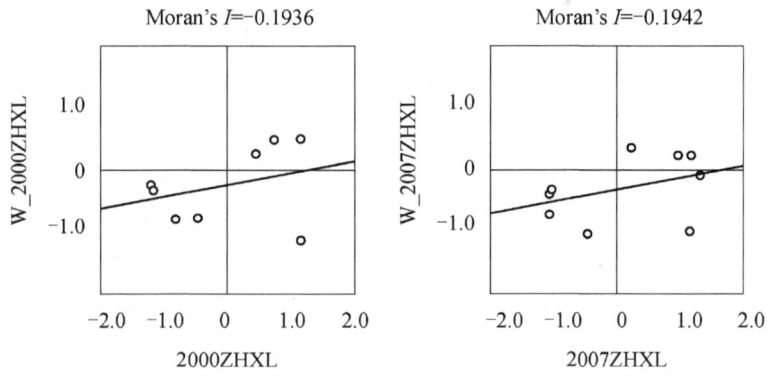

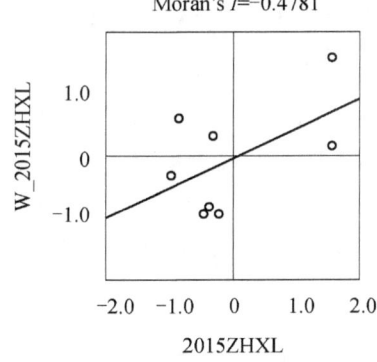

图 3-13　2000~2015 年云南省边境各州（市）旅游综合效率 Moran's I 散点象限图

（1）全局空间自相关结果及分析

将云南省边境各州（市）2000 年、2007 年和 2015 年的旅游综合效率数据分别导入 GeoDA 软件，运用全局 Moran's I 公式测算出云南省边境地区旅游综合效率的全局 Moran's I，并对各时间节点全局 Moran's I 进行显著性检验（表 3-17）。

由云南省边境各州（市）旅游综合效率全局 Moran's I 演变（表 3-17）可知，2000 年、2007 年和 2015 年云南省边境地区的全局 Moran's I 分别为 -0.0301、-0.0553 和 0.5876。前两个时间节点旅游综合效率的全局 Moran's I 为负值，最后一个时间节点的全局 Moran's I 为正值，且全局 Moran's I 的正态统计值在 1% 的水平下通过显著性检验。这表明，在前两个时间节点云南省边境地区旅游综合效率空间集聚尚未形成地理上的空间相邻性，旅游综合效率较高的州（市），其周边州（市）旅游综合效率较低，旅游综合效率较低的州（市），其周边州（市）旅游综合效率却较高。最后一个时间节点的全局 Moran's I 为正值，说明此阶段云南省边境地区旅游综合效率存在正向的空间关联性特征，即旅游综合效率层级高的州（市）相互邻近，旅游综合效率层级低的州（市）趋向集聚。

依据旅游综合效率全局 Moran's I 演变情况，可将云南省边境地区旅游综合效率空间结构演变大致划分为两个阶段：第一阶段（2000～2007 年），此阶段全局 Moran's I 由 2000 年的 -0.0301 下降到 2007 年的 -0.0533，呈现出降低的演化态势，这可能是由于旅游综合效率处于低层级的州（市）效率上升，也可能是由于旅游综合效率处于高层级的州（市）效率下降，导致同层级旅游综合效率的集聚程度下降，旅游综合效率层级发展逐渐趋向均衡，边境各州（市）旅游综合效率的层级差异逐渐减小。第二阶段（2008～2015 年），此阶段全局 Moran's I 由 2007 年的 -0.0533 上升为 2015 年的 0.5876，说明此阶段旅游综合效率发展层级相近的边境州（市）在空间上的关联性逐渐增强，边境州（市）间旅游综合效率发展的涓滴效应较为明显，逐渐呈现出旅游综合效率"强-弱"集群发展的两大集聚区，边境州（市）间旅游综合效率的发展层级趋向非均质性，边境地区内部旅游综合效率空间结构开始形成"中心-外围"二元结构形态雏形。

（2）局部空间自相关结果及分析

为深入分析云南省边境各州（市）旅游综合效率与其周边州（市）的空间关联程度，采用 GeoDA 软件绘制出了 2000 年、2007 年和 2015 年的局部 Moran 散点图作为数据样本。依据局部 Moran's I 的属性将边境地区内部各州

（市）划分为四种空间关联类型：高高型（H-H型），亦称扩散效应区，表明该边境州（市）旅游综合效率与周边边境州（市）旅游综合效率发展水平都高，各州（市）间旅游综合效率的差距较小；低高型（L-H型），亦称过渡区，表明该边境州（市）旅游综合效率发展水平低，而其周边边境州（市）旅游综合效率发展水平高，旅游综合效率发展差距大；高低型（H-L型），亦称极化效应区，表明该边境州（市）旅游综合效率发展水平高，而其周边边境州（市）旅游综合效率发展水平低，旅游综合效率发展差距大；低低型（L-L型），亦称阴影区，表明该边境州（市）旅游综合效率与周边边境州（市）旅游综合效率发展水平都低，各州（市）间旅游综合效率的差距较小。此四种类型的聚类划分只是相对于云南省边境地区的平均水平而言。散点图中各边境州（市）对应的各关联类型见表3-18和图3-13，其中图3-13中各时间节点图像的纵坐标表示旅游综合效率的空间滞后，横坐标表示旅游综合效率值标准化。

在边境各州（市）旅游综合效率局部Moran散点图数量演变方面：云南省边境各州（市）旅游综合效率局部关联程度始终以L-L型边境州（市）数量最多，一直保持在4个边境州（市），H-H型边境州（市）数量逐渐减少，由2000年的3个降低到2015年的2个，H-L型边境州（市）数量从有到无，L-H型边境州（市）数量从无到有。总体上，云南省边境各州（市）旅游综合效率局部关联类型的空间异质结构特征呈现以L-L型边境州（市）为主，H-L型、L-H型边境州（市）为辅的空间格局，云南省边境各州（市）旅游综合效率发展水平极不均衡，同层级趋同现象较为明显，整体发展水平差异程度在缩小。

在边境各州（市）旅游综合效率局部关联类型时空演变方面（表3-18和图3-13）：①扩散效应区（H-H型）。2000～2007年，H-H型边境州（市）包括德宏州、保山市和怒江州三个州（市），集中分布在滇西边境段，此三州（市）旅游综合发展水平相对较高，其周边边境州（市）的旅游综合水平也较高；2008～2015年，H-H型边境州（市）包括西双版纳州和普洱市，此二州（市）旅游综合效率发展层级较高，其邻近的边境州（市）旅游综合效率发展水平也较高。总体上，H-H型边境州（市）发展的重心由滇西边境段转移到滇南边境段。②过渡区（L-H型）。2000～2007年，云南省边境地区内部没有出现L-H型空间关联类型的边境州（市），到2015年，仅有红河州和临沧市两州（市）为L-H型，此两州（市）旅游综合效率发展水平较低，其周边州（市）旅游综合效率发展层级较高，空间上呈现"低高"集聚的态势格局。③极化效应区（H-L 型）。2000~2007 年，西双版纳州始终为 H-L 型空间关联类型，旅游综合效率发展优势明显，均高于其周边州（市）旅游综合效率，在滇南边境段空间上呈现"一枝独秀"的格局，主要是因为此阶段西双版纳州旅游发展的基础条件较好，加之有效的旅游管理体制机制和优质服务，其旅游综合效率发展水平相对较高。截至 2015 年，H-L 型空间关联类型的边境州（市）消失，说明随着时间的演化与推移，云南省边境地区内部各州（市）间旅游综合效率差异有进一步缩小的趋势。④阴影区（L-L 型）。2000~2007 年，L-L 型边境州（市）包括普洱市、临沧市、红河州和文山州四州（市），集中在滇东南边境段和滇南边境段，滇西边境段尚未出现该空间关联类型的边境州（市）；2008~2015 年，L-L 型边境州（市）发生了较大变化，包括保山市、文山市、德宏州和怒江州四州（市），除文山州保持该空间关联类型不变外，上一阶段的其他边境州（市）均脱离该类型，可以看出，L-L 型边境州（市）的演化中重心由滇东南边境段和滇南边境段逐渐过渡到滇西边境段，在空间上历经了"由东至西"的重心转移过程，主要原因在于滇东南边境段和滇南边境段受到昆明等旅游极核的辐射效应较明显，加之昆玉红旅游经济带和昆曼国际大通道形成的"旅游廊道效应"产生了巨大作用，而滇西边境段州（市）的区位优势不明显，加之相对落后的旅游基础设施条件，游客在旅游目的地与客源地之间的进出问题尚未真正得到解决。

综上表明：①云南省边境地区旅游综合效率空间结构总体上经历了先空间负相关后空间正相关的演化过程，边境地区内部各州（市）间旅游综合效率的差距趋向缩小。②2000~2007 年，云南省边境地区旅游综合效率空间结构变化稳定，但州（市）间相互影响和作用程度较弱，旅游综合效率空间集聚尚未形成地理上的空间相邻性，旅游综合效率较高的州（市），其周边州（市）旅游综合效率却低，旅游综合效率较低的州（市），其周边州（市）旅游综合效率却较高。2008~2015 年，云南省边境各州（市）旅游综合效率差异趋向缩小，局部空间关联数值为正值，边境各州（市）间的空间关联程度逐渐增强，"高高"与"低低"集聚的空间布局态势愈加明显。③云南省边境地区形成了以滇南边境段为核心的旅游综合效率高效核心区，以滇东南边境段和滇南边境段为辅助发展的相对低效外围区的"核心-外围"二元空间结构形态雏形。

第四节 边境地区旅游发展驱动机制

一、旅游发展的动力因子阐释

区域旅游经济空间差异及发展演化是由多个产业系统或要素因子共同相互作用的结果。为了全面把握旅游发展的驱动因子有哪些,需要对近几年学者关于旅游发展驱动因素的相关研究文献进行梳理和整合。罗翔宇等(2013)采用主成分分析方法,通过构建指标体系,研究了湖北省旅游经济区域空间结构的差异,并讨论了旅游资源禀赋差异、区域交通条件差异、旅游基础设施差异、产业政策差异等是促成湖北省旅游区域差异的成因;彭倩等(2014)使用分位数回归与普通最小二乘回归方法对长三角地区旅游经济发展因素进行了研究,认为旅游经济动力因子呈现多元化趋势,区域经济、资源禀赋、基础设施、环境状况、人力资本和对外联系是长三角地区 10 年来旅游经济的影响因素;杨友宝等(2015)运用区域经济差异分析方法分析了 2003~2012 年吉林省旅游经济时空演变特征,并认为旅游资源禀赋、经济区位条件、经济发展水平与政策体制环境是影响吉林省旅游经济差异时空演变的重要因素;方法林(2016)以长江经济带 9 省 2 市为研究单元,以 2002~2013 年入境旅游收入和国内旅游收入为测度指标,从时空角度分析了区域旅游经济差异及演变特征,最后指出产生时空变化特征的主要影响因素是旅游资源、区位条件、经济发展水平、政治与环境等;谢磊和李景保(2017)以人均旅游总收入为测度指标,分析了江苏省 2001~2014 年旅游经济空间差异和影响因素,研究发现旅游资源禀赋、区位和交通条件、产业发展政策是江苏省旅游经济差异形成的主要因素;冯迎和张军民(2017)根据空间经济学理论,应用 GIS 技术和多元回归方法,研究了 2003~2013 年新疆旅游经济空间分异格局,发现新疆旅游经济发展水平与旅游基础设施呈正相关演变,同时受地域自然环境及社会经济环境的综合制约。

综合以往学者对区域旅游经济空间差异的影响因素研究和概括,并结合云南省边境地区旅游发展的实际情况,本节着重基于资源禀赋因子、交通优势度因子、经济支撑因子、旅游基础服务设施因子、科技智力支撑因子、人口密度因子、旅游投资因子、城市化水平因子、对外开放程度因子和产业结构因子等指标体系，对云南省边境地区旅游发展的核心动力因子及其演化状况进行探讨，以期为提出云南省边境地区旅游提质增效发展的策略提供借鉴。

1. 资源禀赋

旅游资源禀赋的优劣程度是影响旅游目的地对游客吸引力大小的核心和首要要素。首先，旅游资源禀赋状况和品位能够吸引旅游客流集聚，尤其是那些资源特色性较强的资源类型，对区域旅游的发展具有显著带动作用。例如，云南省红河州的世界遗产资源哈尼梯田、大理州的大理古城等景点均为旅游目的地旅游经济效益的提升做出了较大贡献，吸引了国内外大量旅游客流，并附带一定的旅游经济效益流，从而提升了区域旅游业运营的效率。其次，核心旅游资源开发与建设能够改变与优化区域经济的发展方式，从而优化和完善区域旅游产业要素的合理分配，促使旅游产业要素体系趋向核心景区周边布局，在一定程度上相对提高了各旅游要素的利用效率。例如，云南省迪庆州香格里拉旅游区的兴起，成为滇西北生态旅游区的典型资源代表，同时也吸引了源源不断的旅游产业经济要素流在其周围布局。鉴于 A 级旅游景区是区域旅游资源的杰出代表，故本节选用 A 级景区数量表征旅游目的地旅游资源禀赋状况。

2. 交通优势度

"要想富，先修路"。旅游交通是连接旅游目的地和旅游客源地之间的通道和桥梁，是旅游活动开展不可或缺的发展要素之一，能够影响到游客的出游决策行为和"行游比"。首先，良好的交通便捷性能提高游客的旅游动机，增加游客旅途中的舒适感。例如，云南省著名旅游地西双版纳州，拥有较为充足的旅游资源禀赋优势，加之较好的航空运输网络体系带动，其内部著名的热带雨林、勐远仙境、傣族园、野象谷、原始森林等旅游资源得到了充分开发。其次，良好的交通通达性可以扩大旅游目的地的客源市场范围，促使旅游目的地客流量提升。最后，交通网络发展的"点状—轴状—网络化"的演化过程能够在一定程度上改变区域旅游目的地的旅游空间结构特征，促使旅游产业要素趋向交通沿线集聚发展，形成旅游产业经济发展带。与此同时，交通网络结构的优化升级也有助于全域旅游发展理念的进一步践行。鉴于云南省处于西南边境山区，是典型的以公路交通为主要运输方式的省份，虽然有个别州（市）航空网络较发达，但只能到达部分边境州（市）的核心城市，最后也要通过公路运输到达旅游目的地（边境各个旅游景区），故本节选用公路交通密度表征旅游目的地交通便利程度。

3. 政策保障

旅游经济的发展离不开国家和省级旅游政策红利的支撑和保障。尤其是边（跨）境旅游的发展对国家各部门政策具有强烈的敏感性。首先，受地缘政治局势及其他因素变化影响，国家有时可能会采取边境管控政策，这样会在一定程度上限制边境地区人员和物质的流动。例如，2005年公安部为了禁止边境地区的赌博问题，发布了"关于严格措施禁止我国边民出境参赌"的通知，同时禁止有赌场的地区边境旅游异地办证，这些举措严重限制了云南省边境旅游的发展。其次，国家会为了某种战略或区域合作的需要，先后出台一系列有利于边（跨）境旅游发展的策略与举措，这样会加速边境旅游的发展或对边境旅游起到催化作用。例如，2011年6月，国务院印发的《兴边富民行动规划（2011—2015年）》明确提出，大力培育开发具有边境特色的重点旅游景区和线路，鼓励发展边境旅游等；2014年发布的《国务院关于促进旅游业改革发展的若干意见》也提出了一系列促进边境旅游出入境的政策。此外，近年来老挝政府致力于改善基础设施，提高旅游服务质量，并发起"游览老挝年"等活动。老挝在1999~2000年举办了首次旅游年，此后老挝旅游业不断发展，外国旅游人数年均增长25%，2011年吸引旅游者达到295万人次，其中亚太地区旅游者占90%，其余为欧美和非洲地区旅游者[①]。这些国内外的旅游政策红利均为云南省边（跨）境旅游发展的全面恢复和振兴起到了重要推动作用。

4. 经济支撑

区域旅游产业发展与提升是多种因素共同作用的结果。首先，政府能够为旅游产业经济的提升提供资金支持，促进与旅游业密切相关的"食、住、行、游、娱、购"等产业旅游基础服务设施建设，保障旅游活动的顺利开展。其次，无论是旅游客源地居民还是旅游目的地居民的人均可支配收入的增加，均能够刺激其旅游动机的产生，拉动本地旅游消费，使旅游的本地市场效应得到最大发挥。最后，旅游景区旅游经济效益的提升能够为景区道路建设、景区厕所修缮、景区环保理念践行、景区服务设施完善、智慧景区发展等提供充足的

---

① 2012年老挝旅游年拟吸引260万外国游客[EB/OL]. http://www.xinlaowo.com/news/2012-02-20/74.html [2021-02-10].

经济支持，从而在一定程度上提高了景区的吸引力和关注度，与此同时也提高了游客在旅游过程中的舒适性和安全性等，进而提升其旅游满意度和幸福感。

5. 旅游基础服务设施

旅游基础服务设施是为方便游客旅游活动顺利开展的需要，所建设的有关各种旅游服务载体总和的总称。旅游基础服务设施是旅游活动顺利开展的保障，能够起到对旅游运营效率提升的支撑作用。旅游基础服务设施主要包括旅游活动开展过程中所涉及的旅游酒店、旅游交通、旅游厕所、旅游观景台以及文化娱乐和各种体育、疗养设施和其他接待服务设施等。良好完善的旅游基础服务设施是旅游地的一张无形名片，能够增强其对游客的引力，提高游客对旅游目的地感知的满意度和旅游经济效应；相反，欠完善的旅游基础服务设施会降低游客对旅游目的地感知的满意度，降低游客的"重游率"，在一定程度上意味着对旅游目的地旅游经济效益是一种损失。例如，旅游基础服务设施相对完善的景洪市、瑞丽市旅游经济的发展要好于旅游基础服务设施落后的文山州和怒江州。借鉴以往学者的研究经验和成果，本节选用星级酒店数量指标表征旅游目的地旅游基础设施水平。

6. 科技智力支撑

科技是第一生产力。在大数据发展背景下，智慧旅游方兴未艾，尤其是2018年在福建省厦门市召开的全国旅游工作会议更是确定了2018年及今后一段时期旅游业的中心任务是"从高速旅游增长阶段转向优质旅游发展阶段"，这其中的转变与优化离不开科技与旅游人才的支撑。科技水平提高能提升旅游交通、景区管理运营的智慧化水平，并不断提升区域旅游效率和强度。例如，随着手机APP、电子商务等新科技的发展及应用，旅游发展方式逐渐由粗放型向集约型转变。高层次旅游人才属当今社会发展的紧缺型人才，高层次人才培养能够为旅游业发展带来全新的发展理念，提升旅游业运营效率，这是云南省"旅游强省"战略的必然要求，更是我国解决社会现存主要矛盾、实现旅游强国"三步走"战略的关键路径。

7. 人口密度

一般来说，人是旅游活动顺利开展的主要行动者，也是旅游业发展进行顶层设计、统筹谋划的主体。适当充裕的人口密度及其空间分布能够为旅游产业的发展提供劳动力支撑。旅游产业是一个联动性很强的行业，与其有关联性的行业发展同样需要人的参与，如与旅游业较为关联的交通业、餐饮业、住宿业、零售业、景区管理者与从业者等。当今，随着旅游业发展的智能化、集约化趋势明显，可能相对对高层次旅游人才的需求量会出现增加现象，高层次人才是旅游目的地的无形竞争资产，其服务质量会影响到游客参与旅游的满意度，进而影响到游客对旅游目的地的形象感知和重游率。尤其是2018年召开的全国旅游工作会议更是确定了2018年及今后一段时期旅游业的中心任务是"从高速旅游增长阶段转向优质旅游发展阶段"，同样对旅游从业人员的质量提出了更高层次的要求。此外，适当充裕的人口密度和空间分布能够形成本地旅游业消费的市场基础，由马斯洛（Maslow）的需求层次论可知，随着经济社会发展水平的提升，城镇及农村人均可支配收入的增加，人们将会产生更多的旅游动机来满足精神生活的消费需求，这样就可以更好地拉动并发挥旅游市场的本地效应。

8. 旅游投资

旅游供给侧结构性改革是现阶段我国旅游业发展的重点研究领域，这就需要有充裕的旅游固定资产投资来为旅游业等基础服务设施建设提供重要的经济支撑，以便更好地满足旅游业发展与游客旅游满意度提升的需要。适当的旅游投资可以更好地满足旅游产业及其关联性产业基础设施建设，同时也能够提升旅游业发展的强度和效率，避免旅游产业要素的重复性投入建设，造成资源浪费严重问题。过度或者不足的旅游投资会酿成旅游产业要素的重复性浪费、投入冗余或产出效率不高、投入不足等问题，从而对旅游效率和旅游强度的提升起不到应有的作用。旅游投资应依据国家或者省级层面的大政方针政策做好顶层设计，针对重点领域加大投资规模，对于辅助性产业应适当进行旅游投资，分阶段、有层次、有重点，坚持科学性和客观性的原则，将有限的旅游产业要素资源应用到旅游经济效益的集约型增长中，使其经济功效、生态利益和社会潜能得到最大发挥。

9. 城市化水平

城市化过程是一系列产业要素不断优化集聚的复杂过程，伴随着文化、生态文明、科技、人口、知识、经济要素、社会要素、空间等的转移和集聚。城市化和旅游业发展存在相辅相成的关系，二者相互促进、相互牵制。旅游业发展是城市化的重要驱动力，促进并加快城市化进程，旅游业作为现代服务业的重要组成部分，在促进区域城市化过程中扮演着重要角色，主要体现在人口城市化、经济城市化、社会城市化和空间城市化等方面。城市化反哺旅游业，为旅游业发展创造条件支撑。第一，人口城市化致使非农人口与城市人口比重上升，将会进一步扩大旅游市场内部需求，而消费群体激增会对旅游收入带来积极效应；第二，经济城市化将会对旅游产业的旅行社、旅游饭店、旅游购物场所和旅游通信行业等关联性产业起到一定的经济支撑作用，不断充实旅游供给侧基础，进而提高旅游供给侧能力；第三，社会城市化将会促进旅游产业效应规模化，城市公共旅游交通设施、旅游后备人才和卫生技术人员等指标值增长，有助于完善良好城市旅游软硬件条件，加之城市居民人均可支配收入增加，会吸引一定规模且高质量的旅游客流；第四，空间城市化过程也是旅游相关基础设施不断完善与旅游能力提升的过程，城市绿化空间的扩充、道路网络的完善及城市土地覆盖率的增加，也相对提升了城市旅游空间载体，最终带动城市旅游业外延式发展。

10. 对外开放程度

区域旅游业的发展离不开与周边地区或国家的区域旅游合作与人才交流，封闭的区域搞旅游是不会取得很大成就的，这就要求旅游区在提升自身发展能力的基础上，要寻求机会加强与旅游发达区域的合作与对话，提高对外的开放程度和联系度，这意味着先进旅游发展理念、管理水平、科学技术和观念的交流与融合。尤其是处于西南边疆省域的云南省边境地区，强化其对外的合作与联系对其旅游发展至关重要，在此过程中通过对外交流与合作可以借鉴其他区域旅游发展成功的经验为其自身所用。此外，还可以与周边国家或地区建设国际旅游大通道，形成跨地区或跨国的区域性旅游发展合作区，从而实现本地区与周边区域旅游发展的"双赢"局面。本节运用进出口贸易总额表征旅游目的地的对外开放程度，对外开放程度高意味着大量外部旅游经济要素流的进入，能够弥补目的地内部在旅游供给侧的不足，优化与调整产业结构，从而提高区域旅游业竞争优势和运营效率。

11. 产业结构

产业结构的合理调整与优化升级能够在一程度上反映出区域经济发达程度。产业结构优化能够提升其对区域旅游业效率和强度的贡献率，是旅游业顺利健康发展的关键。一般来说，发达国家或区域的第三产业比重要高于第一和第二产业比重，其旅游业发展程度也相对较高。例如，北美洲和西欧的一些发达国家等，其旅游业发展与产业结构调整基本处在相对匹配合理的发展状态。也就是说，第三产业具有生产要素多样性和综合性的特征，其发达程度意味着能否为旅游业发展提供强大的后盾支撑体系，包括与旅游业紧密相关的"食、住、行、游、娱、购"等各环节。反过来，旅游产业发展质量的提升，又相对提升了区域产业结构的优化程度，促使区域产业结构趋向合理。云南省边境地区同样是一个经济运行开放系统体系，其旅游产业发展与产业结构关系密切，第三产业的强弱对其区域旅游竞争力的提升及向优质旅游阶段转型发展至关重要。

二、研究方法

1. 相关性分析法

本节运用 SPSS 软件中双变量相关性分析方法的目的主要有两个：一是对与云南省边境各州（市）旅游总收入、旅游强度、旅游综合效率相关的自变量进行筛选，剔除与因变量不相关的解释变量因子，进而引入与因变量相关性较强的因子进行回归运算；二是主要用来测算旅游综合效率的主要驱动与影响因子的时间变化情况。

2. 多元线性回归分析法

通过查阅与借鉴以往关于研究单个因变量与多个自变量关系的文献可知，多元线性回归分析方法能够通过测算各个自变量的标准化系数，从而很好地解释各自变量对因变量的贡献或影响程度。本书遴选的影响旅游发展概念模型的因子有多个，这些因素相互影响、相互作用，能够产生旅游经济共振效应，共同影响边境地区旅游发展的时空演变。因此，本节构建了关于旅游发展的多元线性回归模型，具体表达式如下：

$$Y = \alpha + \beta_1 X_1 + \beta_2 X_2 + \beta_3 X_3 + \beta_4 X_4 + \cdots + \beta_n X_n + \varepsilon \quad (3-14)$$

式中，Y 为因变量（旅游总收入、旅游强度、旅游综合效率）；$X_1 \sim X_n$ 分别为各个解释变量驱动因子；$\beta_1 \sim \beta_n$ 分别为各解释变量的回归系数；α 为回归常数；ε 为随机误差。

三、云南省边境地区旅游发展的驱动因子与驱动机制

1. 旅游发展主要驱动因子的初步判定

（1）旅游资源禀赋

旅游资源赋存是区域旅游经济发展的核心依托要素，是旅游经济活动得以开展的根本立足点。云南省边境地区作为加快建设面向南亚东南亚开放的辐射中心，旅游资源禀赋优势明显，但州（市）间存在不均衡现象。借鉴以往研究文献（孙根年和韩亚芬，2008），选取2015年云南省边境各州（市）A级以上景区数量测评各州（市）A级以上景区丰度指数，并将其与各自旅游总收入规模进行对比，进而可反映出各州（市）旅游景区丰度对旅游总收入规模的影响程度。景区丰度指数 R 计算公式为

$$R=0.5X_1+1.2X_2+1X_3+0.6X_4+0.3X_5 \quad (3-15)$$

式中，R 为A级景区丰度指数；$X_1 \sim X_5$ 分别为云南省边境各州（市）5A～1A级景区数量。测算结果如图3-14所示，云南省边境各州（市）A级以上景区丰度指数折线图与旅游总收入柱状图的变化趋势总体呈现明显的一致性，即A级以上景区丰度指数越高，其旅游总收入也越高。例如，红河州、德宏州和西双版纳州等，A级以上景区丰度指数较高，其旅游总收入也较高；临沧市和怒江州等，A级以上景区丰度指数较低，其旅游总收入也较低。这都充分说明了云南省边境各州（市）旅游总收入规模与其旅游资源的丰度关系密切。

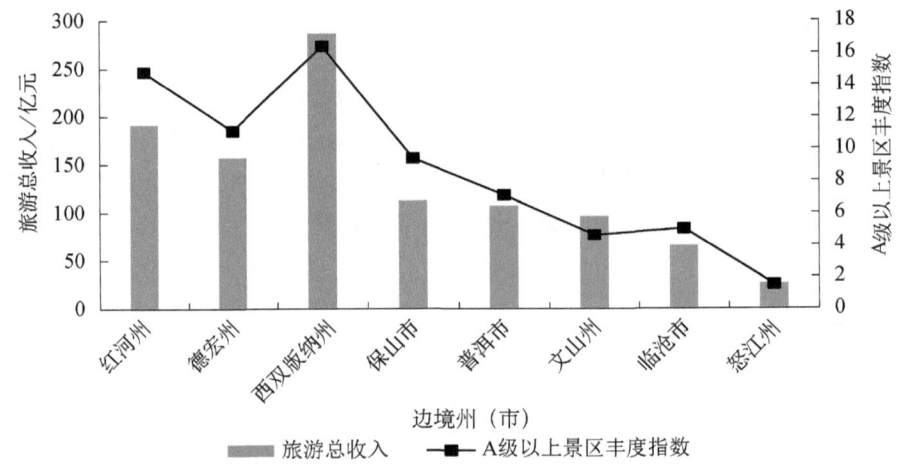

图3-14 A级以上景区丰度指数与旅游总收入关系

资料来源：《云南省旅游产业"十三五"发展规划》

(2)旅游基础服务设施条件

旅游基础服务设施是旅游经济活动开展的物质保障,主要涉及星级饭店、旅行社、旅游交通以及各种与旅游活动相关的服务设施。本节以旅游基础服务设施中最具代表性的星级饭店为例,测算出2015年云南省边境各州(市)二星级以上星级饭店密度指数[计算方法见式(3-15),各星级饭店权重赋值采用德尔菲法],并将其与旅游总收入规模进行对比(图3-15)。从图3-15可以看出,表征二星级以上星级饭店密度指数的折线图与表征旅游总收入的柱状图走势有一定相关性,说明旅游总收入与以二星级以上星级饭店密度指数为代表的旅游基础服务设施呈一定的正相关关系。但仔细观察发现,个别州(市)旅游经济与二星级以上星级饭店密度指数并不完全吻合,如西双版纳州、保山市等州(市)出现了错位现象,这也说明旅游基础设施并不是影响旅游经济的唯一因素。

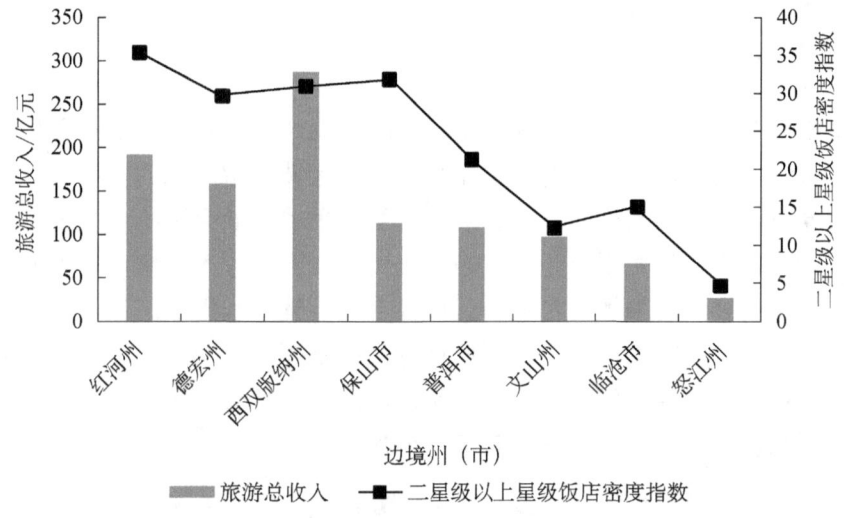

图3-15 二星级以上星级饭店密度指数与旅游总收入
资料来源:《云南省旅游产业"十三五"发展规划》

(3)交通通达性

良好的交通和区位条件能够提高旅游目的地的知名度和可进入性。云南省边境各州(市)因交通区位的异质性,旅游经济规模呈现出鲜明的差异性。红河州旅游经济总量排名第一,主要得益于其位于昆玉红旅游文化产业经济带和昆河经济走廊的中心地带,同时滇中国际旅游城市圈对其产生的旅游经济"扩散效应"显著，旅游区位优势明显，根据测算红河州公路交通密度为0.6899公里/公里^2，排名第二，便捷的交通为红河州旅游经济提升提供了强有力支撑。德宏州旅游经济规模在边境州（市）中排名第二，主要得益于其区位优势，境内有横贯东西的滇缅公路、320国道、德宏芒市机场等。此外，根据测算德宏州公路交通密度为0.6883公里/公里^2，排名第三。西双版纳州旅游经济总量在边境州（市）中排名第三，主要得益于昆曼旅游走廊中心节点的区位条件，尤其是其境内的西双版纳嘎洒国际机场具有强大的航空运输能力，加之2008年全线通车的昆曼国际高速公路、213国道、214国道和打洛、磨憨等国家级边境口岸等都为其旅游经济提升提供了硬性基础条件。相反，根据测算怒江州公路交通密度仅为0.3707公里/公里^2，排名倒数第二，显然受制于交通区位劣势影响，其旅游经济总量排名倒数第一。这说明，区域交通区位条件好，旅游经济效应提升明显，交通区位条件差，则在一定程度上会牵制区域旅游经济效益增长。

（4）社会经济发展水平

区域社会经济发展水平不仅决定了旅游目的地旅游开发的规模和强度，还决定了旅游发展软硬件设施建设的完善程度。区域旅游产业的发展建立在社会经济较高发展水平的基础上，社会经济发展水平的高低会影响到旅游者的出游决策行为，社会经济发展水平高，当地居民可支配性收入就高，理论上居民出游的动机和机会就会增加。可见，区域社会经济发展水平的高低对旅游目的地旅游经济发展意义重大。本节运用地理联系率来探讨云南省边境各州（市）旅游经济规模与社会经济发展水平的关系，以此反映社会经济发展水平对旅游经济影响的强弱。其公式为（陈智博等，2008）

$$D = 1 - \frac{1}{2}\sum_{i=1}^{8}|L_i - R_i| \qquad (3-16)$$

式中，D为旅游经济-社会经济水平地理联系率；L_i、R_i分别为云南省边境各州（市）旅游总收入和人均GDP占GDP的比重。以2015年数据为研究样本，测算出二者地理联系率D为0.8315，表明云南省边境各州（市）旅游总收入和人均GDP关系密切。例如，西双版纳州和红河州，人均GDP分别为28 945元和26 345元，处于所有边境州（市）的前两位，二者的旅游总收入也处于所有边境州（市）的前两位；而怒江州人均GDP为20 895元，处于所有边境州（市）的末位，相应地其旅游总收入也处于边境所有州（市）的末位。这些都鲜明地体现出区域社会经济发展水平对旅游经济差异产生的重要影响。

（5）产业政策

政府的旅游产业政策能够对区域旅游经济起到加速或延滞作用。2005年9月，公安部通知要求坚决遏制我国公民出境参赌活动，各地公安机关要严格边境游证件办理工作，对境外有赌场的边境地区坚决停止边境游异地办证[①]。云南省停止了边境旅游异地办证工作，边境旅游几乎处于停滞阶段，边境各州（市）口岸入境游客数量骤减、口岸入境一日游外汇收入也大幅下跌。例如，德宏州和普洱市的口岸入境一日游外汇收入由2004年的0.44亿美元和0.06亿美元分别降至2005年的0.35亿美元和0.056亿美元，降幅分别达到20.45%和6.67%[②]。自2011年1月始，借助国务院出台的《国务院关于支持云南加快建设面向西南开放重要桥头堡的意见》的契机，云南省在积极争取国家有关部门支持的基础上，先后恢复了红河州、文山州、保山市、德宏州和西双版纳州等州（市）的边境旅游异地办证政策，加之2011年6月，国务院办公厅在印发的《兴边富民行动规划（2011—2015年）》中明确提出，大力培育开发具有边境特色的重点旅游景区和线路，鼓励发展边境旅游。之后，云南省边境各州（市）旅游经济全面复苏，旅游经济增长开始明显加速。2013年9月云南省委、省政府出台的《中共云南省委 云南省人民政府关于建设旅游强省的意见》提出，推进旅游业的转型升级，着力打造边境跨境旅游产品。这些均为云南省边境旅游实现跨越式发展提供了良好的政策环境。与此同时，随着河口、磨憨、瑞丽等边（跨）境旅游试验区的设立，边境地区内部旅游极核的"溢出效应"将会愈加明显，各州（市）间旅游经济规模差异有所缩小，旅游经济规模结构趋向较为均衡合理的态势。

综上，由对旅游发展驱动因子的初步判定可知，大多数自变量因子都能够与云南省边境地区旅游发展呈现出一定程度的关联性。但是究竟哪些自变量因子是驱动云南省边境地区旅游发展演变的核心变量？各个年份的紧密驱动因子有哪些变化？哪些因子对边境地区旅游发展演变的驱动力还存在不足？这些问题的解决对云南省边境地区旅游经济的提质增效与可持续发展具有重要意义。

---

① 云南省将于12月16日启动边境旅游异地办证[EB/OL]. http：//www.gov.cn/gzdt/2013-12/12/content_2546488.htm[2021-02-10]；云南边境旅游异地办证即将重启"一日两国游"将重现[EB/OL]. http：//travel.china.com.cn/txt/2013-07/06/content_29343429.htm[2021-02-10].

② 《云南统计年鉴》（2005年、2006年）。

首先，需要在以上驱动因子初步判定的基础上，遵循客观性和科学性的原则，运用 SPSS 软件中的相关分析法对旅游发展自变量因子进行筛选，进而采用多元线性回归模型，对筛选出的最相关的自变量进行标准化系数确定，从而测算出影响云南省边境地区旅游总收入、旅游强度和旅游综合效率的核心驱动变量因子，采用 SPSS 软件中的双变量相关性分析法测算出旅游综合效率的相关性驱动变量因子。

2. 旅游总收入驱动因子分析

（1）变量筛选

在借鉴以往相关研究文献的基础上，坚持全面性、客观性、科学性的原则，本节重点测算资源禀赋因子（X_1）、交通优势度因子（X_2）、经济支撑因子（X_3）、旅游基础服务设施因子（X_4）、科技智力支撑因子（X_5）、人口密度因子（X_6）、旅游投资因子（X_7）、城市化水平因子（X_8）、对外开放程度因子（X_9）和产业结构因子（X_{10}）10 个因子对旅游总收入驱动的影响力强弱程度。其中，资源禀赋因子用 A 级景区数量（家）表征、交通优势度因子用公路交通密度（公里/公里^2）表征、经济支撑因子用人均 GDP（元）表示、旅游基础服务设施因子用星级酒店数量（家）表征、科技智力支撑因子用自然科学机构科技人员数（人）表征、人口密度因子用人口密度（人/公里^2）表征、旅游投资因子用旅游投资金额（亿元）表征、城市化水平因子用非农人口比重（%）表征、对外开放程度因子用进出口贸易总额（亿美元）表征、产业结构因子用第三产业产值比重（%）表征。鉴于政策保障因子属于虚拟变量的范畴，在以往研究中很难对其进行量化分析，故本节暂未对其进行量化测算，但政策保障因子对旅游发展的重要性依然不可忽略，尤其是对政策具有很强敏感性的边境旅游发展具有很强的引导性。

在对各时间节点旅游总收入做线性回归分析之前，需要用 SPSS 软件中的双变量自相关分析法剔除与旅游总收入不相关的自变量，进而将与因变量相关性较强的自变量引入变量进行回归分析，从而测算出相关性变量对旅游总收入作用程度的强弱。各时间节点相关性分析结果见表 3-19。结果显示，2000 年，在旅游总收入与相关驱动因子的相关系数方面，经济支撑因子、旅游基础服务设施因子与旅游总收入在 0.01 水平（双侧）上显著相关，资源禀赋因子、科技智力支撑因子和产业结构因子与旅游总收入在 0.05 水平（双侧）上显著相关，且以上驱动因子均与旅游总收入呈显著的正相关关系，其他驱动因子与旅游总收入的相关性不显著。2015年，在旅游总收入与相关驱动因子的相关系数方面，资源禀赋因子、经济支撑因子、科技智力支撑因子与旅游总收入在0.01水平（双侧）上显著相关，旅游基础服务设施因子与旅游总收入在0.05水平（双侧）上显著相关，且以上驱动因子均与旅游总收入呈显著的正相关关系，表明以上驱动因子对云南省边境地区旅游总收入的增长起着重要作用，其他驱动因子与旅游总收入不存在显著的相关性。

表3-19 旅游总收入驱动因子相关性分析

驱动因子	旅游总收入（2000年）		旅游总收入（2015年）	
	相关系数	显著性	相关系数	显著性
X_1 资源禀赋因子	0.728*	0.040	0.871**	0.005
X_2 交通优势度因子	0.303	0.466	-0.112	0.792
X_3 经济支撑因子	0.941**	0.000	0.889**	0.003
X_4 旅游基础服务设施因子	0.910**	0.002	0.716*	0.046
X_5 科技智力支撑因子	0.828*	0.011	0.847**	0.008
X_6 人口密度因子	-0.121	0.775	0.068	0.873
X_7 旅游投资因子	0.045	0.917	0.095	0.822
X_8 城市化水平因子	0.575	0.136	0.564	0.146
X_9 对外开放程度因子	0.616	0.104	0.314	0.448
X_{10} 产业结构因子	0.718*	0.045	-0.011	0.980

*在0.05水平（双侧）上显著相关，**在0.01水平（双侧）上显著相关

（2）回归分析

鉴于运用多元线性回归分析法测算出的标准化系数能够表征该自变量对因变量作用程度或贡献的大小，为了进一步识别云南省边境地区旅游总收入的不同驱动因子对其贡献程度的大小，同时避免多元共线性现象，采用多元线性回归分析法对2000年和2015年两个时间节点与旅游总收入密切相关的自变量进行分析，分析结果见表3-20和表3-21。

表3-20 2000年旅游总收入回归分析结果

项目	非标准化系数		标准化系数			共线性统计	
	非标准化系数	标准误差	标准化系数	t	Sig.	容差	VIF
常量	-8.679	6.006		-1.445	0.001		
X_1 资源禀赋因子	0.146	0.315	0.107	0.464	0.003	0.544	2.250
X_3 经济支撑因子	0.002	0.002	0.457	0.791	0.000	0.670	4.249

项目	非标准化系数		标准化系数	t	Sig.	共线性统计	
	非标准化系数	标准误差	标准化系数			容差	VIF
X_4 旅游基础服务设施因子	0.122	0.106	0.392	1.149	0.002	0.801	4.971
X_5 科技智力支撑因子	−0.001	0.008	−0.078	−0.190	0.001	0.741	3.112
X_{10} 产业结构因子	0.157	0.151	0.212	1.041	0.002	0.566	1.767

注：R=0.976，Adjusted R^2=0.836

表 3-21　2015 年旅游总收入回归分析结果

项目	非标准化系数		标准化系数	t	Sig.	共线性统计	
	非标准化系数	标准误差	标准化系数			容差	VIF
常量	−78.842	70.518		−1.118	0.000		
X_1 资源禀赋因子	0.392	8.625	0.026	0.045	0.001	0.523	3.383
X_3 经济支撑因子	0.004	0.004	0.197	1.130	0.001	0.757	3.884
X_4 旅游基础服务设施因子	1.820	2.430	0.401	0.749	0.000	0.827	6.650
X_5 科技智力支撑因子	0.160	0.068	0.580	2.360	0.000	0.830	2.713

注：R=0.988，Adjusted R^2=0.945

由表 3-20 可知，2000 年，回归方程 R=0.976，Adjusted R^2=0.836，表明回归方程对旅游总收入的解释率为 83.6%；通过方差分析得到的 F=23.104，且 Sig.=0.001，表明回归方程在 0.01 水平上通过了显著性检验；五个驱动因子标准化系数均通过了显著性检验，且五个标准化系数的容差均大于 0.5，表明多重共线性不明显。综上可知，该回归方程拟合度良好，适合做因变量的回归分析，具有较高的可信度。依据回归分析结果，资源禀赋因子、经济支撑因子、旅游基础服务设施因子、科技智力支撑因子和产业结构因子等自变量均进入方程，可求出 2000 年云南省边境地区旅游总收入回归方程为

$$S_{2000} = 0.107X_1 + 0.457X_3 + 0.392X_4 - 0.078X_5 + 0.212X_{10} \quad (3-17)$$

由表 3-21 可知，2015 年，回归方程 R=0.988，Adjusted R^2=0.945，说明回归方程对旅游总收入的解释率为 94.5%；通过方差分析得到的 F=27.835，且 Sig.=0.000，表明回归方程在 0.01 水平上通过了显著性检验；四个标准化系数均在 0.01 和 0.05 水平上通过了显著性检验，并且测算出的四个标准化系数的

容差均大于 0.5，说明回归方程多重共线性不明显。综上，该回归方程同样适合做回归分析。依据回归分析结果，资源禀赋因子、经济支撑因子、旅游基础服务设施因子、科技智力支撑因子等自变量进入回归方程，进而可以得出 2015 年云南省边境地区旅游总收入的回归方程为

$$S_{2015} = 0.026X_1 + 0.197X_3 + 0.401X_4 + 0.580X_5 \qquad (3-18)$$

从测算出的 2000 年和 2015 年云南省边境地区旅游总收入的两个回归方程可知，2000 年，资源禀赋因子、经济支撑因子、旅游基础服务设施因子和产业结构因子均对云南省边境地区旅游总收入的增长起到了重要推动作用，经济支撑因子的贡献最大，标准化系数达到 0.457，旅游基础服务设施因子次之，标准化系数为 0.392，产业结构因子和资源禀赋因子的贡献分别处在第三和第四的位置，标准化系数分别为 0.212 和 0.107，而科技智力支撑因子的标准化系数为 -0.078，表明此阶段旅游产业中的生产技术和管理技术对旅游总收入影响程度微弱。2015 年，资源禀赋因子、经济支撑因子、旅游基础服务设施因子、科技智力支撑因子均为云南省边境地区旅游总收入的增长做出了重要贡献，科技智力支撑因子的贡献最大，标准化系数为 0.580，旅游基础服务设施因子的贡献次之，标准化系数为 0.401，经济支撑因子和资源禀赋因子对旅游总收入的贡献分别处在第三和第四的位置，标准化系数分别为 0.197 和 0.026。

综合对比 2000 年和 2015 年关于旅游总收入的两个回归方程可知，首先，科技智力支撑因子和旅游基础服务设施因子对旅游总收入的贡献呈逐渐增强的趋势，二者的标准化系数分别由 2000 年的 -0.078 和 0.392 上升到 2015 年的 0.580 和 0.401，表明旅游基础服务设施的完善以及科学技术水平与旅游的深度融合均对边境地区旅游总收入起到了正效应。例如，云南省边境地区内部表征旅游基础服务设施的星级酒店数量由 2000 年的 182 家增加到 2015 年的 272 家，表征科技智力支撑因子的自然科学机构科技人员数由 2000 年的 1409 人增加到 2015 年的 2145 人，二者均为云南省边境地区的旅游发展提供了良好的物质和智力支持。其次，资源禀赋因子和经济支撑因子对旅游总收入的贡献呈相对减弱的趋势，二者的标准化系数较前期有所下降。

3. 旅游强度驱动因子分析

（1）旅游强度非负标准化处理

通过主成分分析方法对云南省边境各州（市）测算出的旅游强度得分，有

些州（市）难免存在负值情况，这就需要采用 Logistic 模式对各时间节点边境州（市）的旅游强度进行非负标准化转换，采用的公式为（张宇，2015）

$$Q_i = \frac{100}{1+e^{-F}} \qquad (3-19)$$

式中，Q_i 为云南省边境各州（市）测算出的旅游强度得分处理后的标准化数据；F 为云南省边境各州（市）测算出的旅游强度得分原数据；依据数学运算法则中的定义，e 值取 2.718 281 828。

（2）变量筛选

本节在分析旅游强度的驱动因子时同样采用与旅游总收入一致的自变量，即测算资源禀赋因子（X_1）、交通优势度因子（X_2）、经济支撑因子（X_3）、旅游基础服务设施因子（X_4）、科技智力支撑因子（X_5）、人口密度因子（X_6）、旅游投资因子（X_7）、城市化水平因子（X_8）、对外开放程度因子（X_9）和产业结构因子（X_{10}）10 个因子对旅游强度驱动的影响力强弱程度。以 2000 年和 2015 年的旅游强度作为因变量。

在对各时间节点旅游强度做线性回归分析之前，需要用 SPSS 软件中的双变量自相关分析法剔除与旅游强度相关性不强的自变量，进而将与因变量相关性较强的自变量引入变量进行回归分析，从而测算出表征各相关性变量对旅游强度作用程度强弱的标准化系数。各时间节点相关性分析结果见表 3-22。由表 3-22 可知，2000 年，在旅游强度与相关驱动因子的相关系数方面，经济支撑因子和对外开放程度因子与旅游强度在 0.05 水平（双侧）上显著相关，旅游基础服务设施因子与旅游强度在 0.01 水平（双侧）上显著相关，且以上因子与旅游强度均呈正相关关系，其余驱动因子与旅游强度的相关性不显著。2015 年，在旅游强度与相关驱动因子的相关系数方面，资源禀赋因子、旅游基础服务设施因子与旅游强度在 0.01 水平（双侧）上显著相关，经济支撑因子和城市化水平因子与旅游强度在 0.05 水平（双侧）上显著相关，且以上驱动因子与旅游强度均呈正相关关系，其他驱动因子与旅游强度的相关性不显著。

表 3-22　旅游强度驱动因子相关性分析

驱动因子	旅游强度（2000 年）		旅游强度（2015 年）	
	相关系数	显著性	相关系数	显著性
X_1 资源禀赋因子	0.529	0.178	0.907**	0.002
X_2 交通优势度因子	0.637	0.089	0.360	0.381

续表

驱动因子	旅游强度（2000年）		旅游强度（2015年）	
	相关系数	显著性	相关系数	显著性
X_3 经济支撑因子	0.764*	0.027	0.740*	0.036
X_4 旅游基础服务设施因子	0.955**	0.000	0.917**	0.001
X_5 科技智力支撑因子	0.534	0.173	0.440	0.275
X_6 人口密度因子	0.175	0.678	0.257	0.539
X_7 旅游投资因子	0.317	0.444	0.327	0.430
X_8 城市化水平因子	0.658	0.076	0.777*	0.023
X_9 对外开放程度因子	0.822*	0.012	0.634	0.091
X_{10} 产业结构因子	0.514	0.193	−0.100	0.813

*在0.05水平（双侧）上显著相关，**在0.01水平（双侧）上显著相关

（3）回归分析

运用多元回归分析方法测算出的标准化系数能够表征各自变量对因变量作用程度的强弱，为进一步识别云南省边境地区旅游强度的不同驱动因子对其作用程度的大小，同时避免多元共线性现象，采用多元线性回归分析法对2000年和2015年两个时间节点与旅游强度密切相关的自变量进行分析，分析结果见表3-23和表3-24。

表3-23 2000年旅游强度回归分析结果

项目	非标准化系数		标准化系数			共线性统计	
	非标准化系数	标准误差	标准化系数	t	Sig.	容差	VIF
常量	32.907	3.634		9.055	0.001		
X_3 经济支撑因子	−0.002	0.002	−0.175	−1.075	0.001	0.721	4.531
X_4 旅游基础服务设施因子	0.898	0.189	0.907	4.745	0.000	0.660	6.262
X_9 对外开放程度因子	0.001	0.000	0.298	2.785	0.001	0.510	1.961

注：$R=0.988$，Adjusted $R^2=0.959$

表3-24 2015年旅游强度回归分析结果

项目	非标准化系数		标准化系数			共线性统计	
	非标准化系数	标准误差	标准化系数	t	Sig.	容差	VIF
常量	−13.106	8.656		−1.514	0.001		
X_1 资源禀赋因子	0.101	0.648	0.035	0.155	0.001	0.578	2.794
X_3 经济支撑因子	0.001	0.000	0.197	2.001	0.001	0.602	2.490

续表

项目	非标准化系数		标准化系数			共线性统计	
	非标准化系数	标准误差	标准化系数	t	Sig.	容差	VIF
X_4 旅游基础服务设施因子	0.491	0.173	0.553	2.837	0.000	0.603	4.714
X_8 城市化水平因子	0.684	0.129	0.391	5.306	0.000	0.719	1.391

注：$R=0.994$，Adjusted $R^2=0.973$。

由表 3-23 可知，2000 年，回归方程 $R=0.988$，Adjusted $R^2=0.959$，表明回归方程对旅游强度的解释率为 95.9%；通过方差分析得到的 $F=25.402$，且 Sig.=0.000，表明回归方程在 0.01 水平上通过了显著性显著；三个标准化系数均通过了显著性检验，且三个标准化系数的容差分别为 0.721、0.660 和 0.510，均大于 0.5，表明多重共线性问题不明显。综上，该回归方程适合做因变量的回归分析，具有较高的可信度。依据回归分析结果，经济支撑因子、旅游基础服务设施因子、对外开放程度因子三个自变量进入回归方程，从而可求出 2000 年云南省边境地区旅游强度的回归方程为

$$Q_{2000} = -0.175X_3 + 0.907X_4 + 0.298X_9 \tag{3-20}$$

由表 3-24 可知，2015 年，回归方程 $R=0.994$，Adjusted $R^2=0.973$，说明回归方程对旅游强度的解释率为 97.3%；通过方差分析得到的 $F=30.285$，且 Sig.=0.000，表明回归方程在 0.01 水平上通过了显著性检验；四个标准化系数在 0.01 和 0.05 水平上通过了显著性检验，并且测算出的四个标准化系数的容差分别为 0.578、0.602、0.603 和 0.719，均大于 0.5，说明回归方程多重共线性不明显。综上，该回归方程同样适合做因变量的回归分析。依据回归分析结果，资源禀赋因子、经济支撑因子、旅游基础服务设施因子、城市化水平因子四个自变量进入回归方程，进而可以得出 2015 年云南省边境地区旅游强度的回归方程为

$$Q_{2015} = 0.035X_1 + 0.197X_3 + 0.553X_4 + 0.391X_8 \tag{3-21}$$

依据测算出的 2000 年和 2015 年云南省边境地区旅游强度的两个回归方程可知，2000 年，经济支撑因子、旅游基础服务设施因子和对外开放程度因子均对云南省边境地区旅游强度指数的增长或降低具有重要影响，旅游基础服务设施因子的贡献最大，标准化系数达到 0.907，对外开放程度因子次之，标准化系数为 0.298，表明地区内部旅游基础服务设施的完善和边（跨）境旅游合作政策推动在一定程度上对旅游强度提升起到了重要作用，而经济支撑因子的标

准化系数为-0.175，其对旅游强度的作用呈负向效应，表明此阶段地区内部薄弱的经济发展基础和底蕴未对旅游强度的提升起到促进作用，反而是对旅游强度的提升起到牵制或者阻碍作用。2015年，资源禀赋因子、经济支撑因子、旅游基础服务设施因子和城市化水平因子均对云南省边境地区旅游强度指数的增长起到了重要的助推作用，其中，旅游基础服务设施因子的贡献最大，标准化系数达到0.553，城市化水平因子的贡献次之，标准化系数为0.391，经济支撑因子和资源禀赋因子的贡献分别处在第三和第四的位置，标准化系数分别为0.197和0.035。

综合对比2000年和2015年旅游强度的两个回归方程可以全面了解驱动因子的演化情况。第一，经济支撑因子对旅游强度的贡献呈逐渐增强的趋势，标准化系数由2000年的-0.175增长到2015年的0.197，云南省边境地区表征经济支撑因子的人均GDP由2000年的3118.75元上升到2015年的22 385.125元，经济支撑因子的发达膨胀为旅游产业要素建设提供了大量经济支持，且本地居民的人均可支配收入提升在一定程度上拉动了本地旅游需求的市场效应。第二，旅游基础服务设施因子对旅游强度的贡献呈逐渐减弱的趋势，标准化系数由2000年的0.907下降到2015年的0.553，主要是因为近年来国家和省级政府层面出台了一系列有关边境旅游的政策红利，加之区域内部旅游合作的增强，边境州（市）间的旅游基础设施建设差距逐渐缩小，致使旅游基础服务设施因子对旅游强度的贡献逐渐减弱。第三，到2015年，对外开放程度因子对旅游强度的影响消失，主要原因在于云南省边境地区内部的边境旅游发展历经了曲折的过程，地区与周边国家的贸易往来对国家间的政策特别敏感，随着云南省边境地区各边境段与越南、老挝、缅甸等国家的贸易频繁，相对缩小了边境州（市）间的贸易发展水平差距，致使对外开放程度因子对旅游强度的影响在一定程度上减弱甚至消失不显著。第四，资源禀赋因子对旅游强度指数的影响开始出现，主要原因是近年来云南省旅游景区的发展十分迅速，尤其是旅游景区"以评促建"的效果较显著，云南省边境地区内部的A级景区数量由2000年的35家左右增加到2015年的85家，致使旅游资源禀赋因子对旅游强度的拉动效应较明显。第五，城市化水平因子对旅游强度指数的影响也开始出现。城市化过程是一系列产业要素不断优化集聚的复杂过程，伴随着文化、生态文明、科技、人口、知识、经济要素、社会要素、空间等的转移和集聚。城市化和旅游业发展存在相辅相成的促进关系，二者相互促进。人口城市化会进一步扩大旅游市场的内部需求，经济城市化会充实旅游供给侧基础，进而提高旅游供给侧能力，社会城市化会促进旅游产业效应规模化，以及城市公共旅游交通设施、旅游后备人才和卫生技术人员等指标值的增长。云南省边境地区非农人口比重由2000年的19.96%上升到2015年的39.72%，非农人口比重逐渐上升，城镇化带来的人口、经济和社会规模扩大，加之产业要素集聚性的增强，这些均为旅游强度指数的增长奠定了一定基础，致使城市化水平因子对旅游强度的影响程度趋向增强。

4. 旅游综合效率驱动因子分析

（1）旅游综合效率相关的维度分析

本节在借鉴涂玮等（2013）对入境旅游效率与经济发展水平、创新性相关性分析研究成果的基础上，又增加分析了旅游综合效率与旅游基础要素、旅游需求等维度之间的相关性关联程度。综上可知，本节主要分析各时间节点旅游综合效率与旅游基础要素、旅游创新、旅游需求和旅游经济支撑等维度之间的关联程度。其中，旅游基础要素包括资源禀赋因子（Y_1）和交通优势度因子（Y_2），分别用A级景区数量（家）和公路交通密度（公里/公里^2）表征；旅游创新维度即科技智力支撑因子（Y_3），鉴于专利授权量（个）代表着一个区域创新性水平的高低程度，故用区域专利授权量来表示科技智力支撑因子；适量的人口密度可以为区域旅游产业及其关联产业提供充足的劳动力支撑，且也在一定程度上为旅游企业挖掘旅游需求潜力提供了一定的旅游市场基础，故用人口密度因子（Y_4）表征旅游需求维度；旅游经济支撑维度即经济支撑因子，适量的经济基础支撑可为旅游业基础设施建设提供资金支持，而人均GDP（元）代表着本地居民可自由支配收入的多寡程度，是最理想衡量区域经济基础的指标，故经济支撑因子（Y_5）用人均GDP表征。本节建立了较为全面的驱动旅游综合效率提升发展的旅游维度体系，并采用SPSS软件中的双变量相关性分析方法对各维度与旅游综合效率的相关系数进行测算，以期全面了解旅游综合效率与各旅游维度的相关性关联程度，从而科学把握旅游综合效率的主要驱动因子有哪些，哪些驱动因子对旅游综合效率提升起到了核心推动作用。以此为云南省边境地区旅游综合效率增长提供参考。

（2）相关性分析

本节运用SPSS软件中的相关性分析法剔除了与各时间节点旅游综合效率

相关性不强的一些变量因子，进而筛选出与旅游综合效率关联性较强且相关性显著的驱动因子，相关性分析结果见表 3-25。

表 3-25 旅游综合效率与各驱动因子的相关性分析结果

项目		Y_1	Y_2	Y_3	Y_4	Y_5
2000 年综合效率	相关系数	0.158	−0.033	0.653**	−0.552*	0.737**
	显著性	0.709	0.938	0.001	0.032	0.003
2015 年综合效率	相关系数	0.663*	−0.550*	0.771**	−0.360	0.693**
	显著性	0.003	0.032	0.003	0.382	0.002
旅游维度		旅游基础要素		旅游创新	旅游需求	旅游经济支撑

*在 0.05 水平（双侧）上显著相关，**在 0.01 水平（双侧）上显著相关

由表 3-25 可知，2000 年，科技智力支撑因子、经济支撑因子和人口密度因子均与旅游综合效率呈现出较强的相关性，且前两者在 0.01 水平（双侧）上显著相关，人口密度因子在 0.05 水平（双侧）上显著相关，均通过了显著性检验，其余驱动因子与旅游综合效率的相关性不强。科技智力支撑因子、经济支撑因子均与旅游综合效率呈正相关关系，且经济支撑因子的相关系数大于科技智力支撑因子，表明此阶段科技智力支撑因子、经济支撑因子均对旅游综合效率的提升起到了十分重要的作用，且经济支撑因子的贡献度强于科技智力支撑因子，主要原因在于此阶段旅游与科技的融合度还不够深入，科技转化为旅游产品的能力较弱；人口密度因子与旅游综合效率呈负相关关系，表明此阶段人口密度因子对旅游综合效率的提升起到负向效应作用，本地居民的人均可支配收入或政府财政支出不足以为其参与旅游活动和建设旅游基础设施等提供强有力的经济支撑，边境地区旅游发展的本地市场效应尚未得到真正挖掘。

2015 年，资源禀赋因子、交通优势度因子、科技智力支撑因子和经济支撑因子均与旅游综合效率呈现出较强的相关性，且前两者在 0.05 水平（双侧）上显著相关，后两者在 0.01 水平（双侧）上显著相关，四个因子均通过了显著性检验，人口密度因子与旅游综合效率的相关性不强，未通过显著性检验。科技智力支撑因子、经济支撑因子均与旅游综合效率呈正相关关系，且科技智力支撑因子的相关系数大于经济支撑因子，表明此阶段科技智力支撑因子、经济支撑因子均对旅游综合效率的提质增效发展起到了十分重要的作用，且科技智力支撑因子对旅游综合效率的推动作用大于经济支撑因子，主要原因是在国家大力倡导智慧旅游发展的形势下，2013 年 11 月国家旅游局颁布的《关于印发 2014 中国旅游主题年宣传主题及宣传口号的通知》指出，各地要结合旅游业发

展方向，以智慧旅游为主题，引导智慧旅游城市、景区等旅游目的地建设。这些均使手机、iPad 等智能工具在旅游电子商务中的应用得到了很大提升。此阶段旅游与科技的融合度加深，科技转化为旅游产品的能力增强，旅游产品创新的更新速度日益加快。例如，旅游电子商务、虚拟现实（virtual reality，VR）技术、智慧旅游等的发展方兴未艾，旅游管理、旅游服务和旅游营销等重要旅游环节均可通过智能工具完成，同时区域之间可以通过区域合作、人才流动等方式相互获得这些旅游技术，致使科技智力支撑因子对旅游综合效率的贡献较前期有所加大；资源禀赋因子对旅游综合效率的驱动作用开始凸显，其与旅游综合效率的相关系数为 0.663，且呈正相关关系，表明此阶段旅游资源对旅游综合效率的提升发挥着重要作用，主要原因在于云南省边境地区高等级景区的开发数量增加明显，并不断发挥其旅游经济效应。截至 2015 年 5 月，边境地区已开发投入运营的 3A 级及以上景区达到 38 家，其中包括腾冲火山热海、中国科学院西双版纳热带植物园、世界文化遗产红河哈尼梯田、文山州丘北普者黑景区、西双版纳原始森林公园等一批知名景区，高等级景区的集聚和组团开发发展，带动了周边景区的相继开发，这些景区共用旅游基础设施、相互联合形成常规性的旅游线路，从而在地域空间上逐渐形成旅游经济发展的规模效应，进而相应提升了边境地区旅游发展的强度和效率。交通优势度因子与旅游综合效率呈负相关关系，表明目前云南省内部的旅游通道建设尚不能满足旅游综合效率提升的需求，主要原因在于云南省边境地区地处省域边缘山区，地形相对较为复杂，交通建设相对落后。主要表现在：首先，公路建设等级较低，高速公路数量少，各边境县之间仅靠县道、省道与外部相通。其次，仅有昆玉河铁路能够直达河口口岸，其他边境口岸几乎没有铁路直达，更是没有形成规模性和周期性的旅游专列。再次，在云南省边境各州（市），仅有西双版纳嘎洒国际机场、德宏芒市机场和腾冲驼峰机场距离边境地区相对较近，其余边境州（市）的机场均距离边境地区相对较远，这就相对增加了游客旅游过程中的"行游比"，进一步影响到游客到边境地区旅游的动机，导致边境旅游客流量的相应减少，从而致使交通优势度因子与旅游综合效率呈负相关关系，未来亟须加强边境地区内部旅游通道建设，将智慧化的手段融入交通建设中，进而提高智慧交通网络体系建设对边境地区旅游综合效率的贡献。最后，人口密度因子对旅游综合效率的推动作用不显著，未来仍需强化对边境地区旅游资源的智慧化营销，积极运用电子商务、手机 APP、微信、微博等自媒体工具做好云南省边境地区的旅游宣传工作，同时将边（跨）境等少数民族文化、民俗风情等融合到边境旅游产品的开发建设中，营造好边境旅游节庆和节事活动，提高边境旅游特色旅游产品的吸引力和影响力。

5. 旅游发展驱动机制阐释

本节着重对云南省边境各州（市）口岸入境一日游外汇收入、国内旅游收入、旅游外汇收入及旅游总收入的时间演化特征、旅游强度及旅游效率的时空演化特征进行了探讨和分析，将相关性分析与多元回归分析相结合对影响旅游总收入、旅游强度的演变驱动因子进行了筛选和标准化系数的测算，又运用相关性分析法对影响旅游综合效率的驱动因子变动情况进行了相关性分析，探讨了各旅游维度与旅游综合效率的相关性，并对各驱动因子对旅游综合效率作用程度的强弱进行深入分析，揭示出当前影响云南省边境地区旅游综合效率的驱动因子及其变动情况。

本节把云南省边境地区的旅游发展具体分为三个大的方面来阐述，即旅游总收入、旅游强度和旅游综合效率，此三个方面是相互联系和相互促进的有机统一整体，三者之间相互影响、互动反馈。首先，在旅游总收入与旅游强度的相互影响方面，旅游总收入是旅游强度测算的一个重要指标，旅游总收入越高越有利于旅游强度指数的增长，充裕的旅游经济收入可以为旅游基础设施建设发展提供资金支持，相应地提升了区域旅游强度。旅游强度主要涉及旅游经济规模、旅游经济贡献、旅游经济基础和旅游经济支撑四个主要方面，是衡量区域旅游综合发展水平的重要指标，旅游强度指数越大，越能为区域旅游总收入的增加提供各方面强有力的保障，旅游强度指数越小，在一定程度上会牵制或制约旅游总收入的增加。其次，在旅游总收入与旅游综合效率的相互影响方面，旅游总收入增加会相应地为旅游产业要素总量增加或旅游基础服务设施建设提供经济支撑。例如，旅游交通完善、星级酒店建设、旅游人才储备建设、旅游与科技的融合能力等都会得到极大的提升，相应地这些产业要素能够反作用于旅游综合效率，促使旅游产品创新与更新换代能力得到增强，大大减少旅游投入不足或投入冗余问题，从而进一步提升区域旅游发展过程中运营的综合效率。反过来，旅游综合效率的提升能够提高旅游经济效益的总量，受益于旅游效率的增加；同样地，旅游产业要素投入量能够比以往生产出更多的旅游效益总量，同时随着旅游与科技融合力度逐渐强化，旅游综合效率对旅游经济总量增加发挥的贡献将会被逐渐放大。最后，在旅游综合效率和旅游强度的相互影响方面，旅游综合效率的提升会促使旅游经济总量的相应增加，旅游经济总量的增加恰恰会提升旅游经济规模、旅游经济贡献和旅游经济基础，而这恰好正是衡量旅游强度发达程度的三个重要维度，说明旅游综合效率提升会促使旅游强度指数的相应攀升；旅游强度指数的变化反过来又会作用于旅游综合效率，旅游强度指数越大，说明区域旅游综合发展水平越高，越容易形成旅游发展的集聚或规模效应，越有利于旅游综合效率的提升，反之，旅游强度指数越小，说明区域旅游的综合发展水平越低，旅游产业要素的空间布局越分散，越不利于旅游发展过程中企业间高层次人才的交流互换和技术的传播扩散，限制旅游综合效率提升，甚至有时会出现旅游综合效率下降的情况，造成旅游产业要素投入的冗余浪费现象。

总之，旅游总收入、旅游强度和旅游综合效率三个维度是不断互动反馈的有机整体，这三个旅游发展维度相互反馈的累计总量达到一定程度时，就会从量变到质变，从而影响到整个云南省边境地区旅游发展时空结构的变动，而每个维度又有各自具体的驱动因子迫使它们随时间不断发生变化。结合本章第四节中对旅游总收入、旅游强度和旅游综合效率三个维度各自驱动因子的筛选和测算，就形成了云南省边境地区旅游发展时空演变的驱动机制图（图3-16）。具体来说，旅游总收入维度的驱动因子主要包括资源禀赋因子、经济支撑因子、旅游基础服务设施因子、科技智力支撑因子、其他相关因子和产业结构因子等。旅游强度维度的驱动因子主要包括经济支撑因子、旅游基础服务设施因子、对外开放程度因子、城市化水平因子、其他相关因子等。旅游综合效率维度的驱动因子主要包括经济支撑因子、科技智力支撑因子、人口密度因子、其他相关因子和交通优势度因子等。各个具体的驱动因子间在旅游发展过程中又是相互关联、相互作用和相互影响的。深入观察发现，经济支撑因子贯穿着旅游总收入、旅游强度和旅游综合效率三个旅游发展维度的始终，说明云南省边境地区区域经济发展的过程是其区域旅游空间结构持续高级化的创新或演变过程。

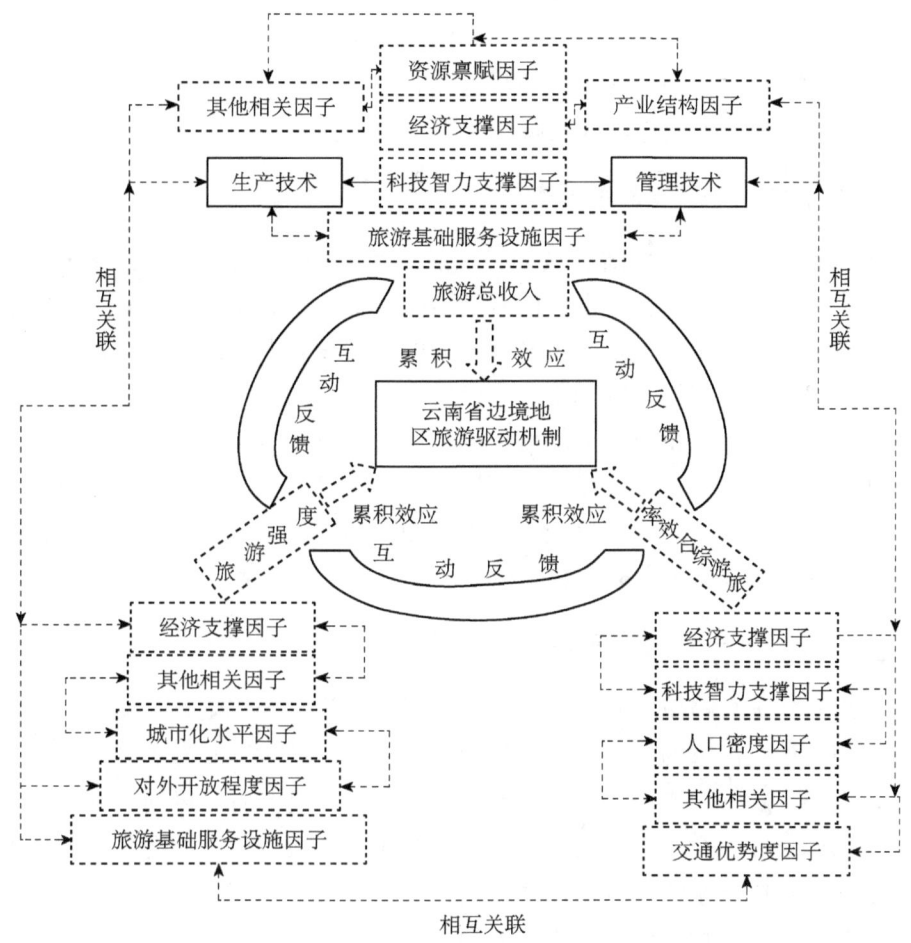

图 3-16　云南省边境地区旅游发展时空演变驱动机制

第五节　基于时空演变视角的边境地区旅游发展策略

一、重视旅游发展空间战略部署

围绕《云南省旅游产业"十三五"发展规划》的总体布局和发展思路,借助加快大湄公河次区域和孟中印缅经济走廊建设等重大战略机遇,遵循"因地制宜,突出特色;整体推进,重点突破;改革创新,开放共赢;优势互补,互利合作"的发展战略,强化发展理念和方式,构建边境旅游走廊,重点建设三大跨境旅游合作圈，着力打造四大国际旅游经济带，培育六大边境旅游产业发展轴，从而形成"一廊、三圈、四带、六轴"的边（跨）境旅游发展空间格局，全面推进云南省边境地区旅游产业的发展建设。

1. "一廊"——边境旅游走廊

边境旅游走廊主要覆盖区域为云南省边境8个州（市），即怒江州、保山市、德宏州、临沧市、普洱市、西双版纳州、红河州和文山州。其主要对云南省边境地区及周边旅游欠发达区县（市）的旅游发展发挥带动、辐射作用。主要运作方式是以瑞丽市、腾冲市、景洪市、芒市、河口口岸、磨憨口岸、瑞丽口岸、打洛口岸、猴桥口岸、勐康口岸、片马口岸等重点边境城市和重点口岸为依托，着力打造云南省边境地区旅游走廊，推进一批边（跨）境旅游合作区和旅游重点重大项目建设，提升边境地区旅游的国际化水平，促使边境旅游走廊真正成为"兴边富民"的扶贫工程。

2. "三圈"——三大跨境旅游合作圈

设想构建三大跨境旅游合作圈。①滇越跨境旅游合作圈。主要覆盖区域为云南省边境地区内部的红河、文山等边境州（市）和越南北部的老街、莱州、河江、山萝、永安、安沛、宣光、奠边府、岳池边境9省。以河口为旅游发展极核，以麻栗坡、金平为辅助区，重点面向越南开放合作，联动红河综合保税区，依托泛亚铁路东线，重点加快建设昆河经济走廊重要的口岸物流中心、保税物流基地、保税加工园区、生产性服务贸易基地等旅游发展的相关产业（穆希，2016）。②滇老跨境旅游合作圈。主要以普洱、西双版纳两个边境州（市）以及老挝北部的琅南塔、丰沙里、乌多姆赛、波乔、琅勃拉邦、桑怒边境6省为空间范围，将其打造为中老边境产业要素集聚区及机制体制合作先行试验区。主要工作应以磨憨为旅游发展核心前沿区，以景洪、江城、孟连为辅助区，重点面向老挝、泰国、柬埔寨等国家开发开放合作，依托泛亚铁路中线、昆曼大通道、澜沧江-湄公河黄金水道，重点建设中老旅游合作友好先行区、昆曼大通道重要枢纽以及面向东南亚区域性的旅游商贸服务基地、物流配送基地、文化旅游胜地，将滇老国际经济合作圈打造成为澜沧江-湄公河对外开放经济带的旅游产业重要战略支点（穆希，2016）。③滇缅跨境旅游合作圈。主要以云南省边境地区怒江、保山、德宏、临沧、普洱、西双版纳6州

（市）以及缅甸北部边陲克钦邦下辖的密支那、八莫、葡萄和孟拱 4 县和缅甸东部掸邦下辖的东枝、腊戌、木姐、皎脉、滚弄、老街、景栋、孟萨、孟别、大其力 10 县为空间范围。将其建设为中缅边境产业要素集聚区及机制体制合作先行试验区。主要工作应以瑞丽、腾冲等边境重点城市为发展核心，以耿马、孟连、泸水为发展带动区（穆希，2016），加快昆明-保山-芒市-瑞丽旅游产业经济带建设，在瑞丽开展旅游装备制造与旅游购物贸易合作，重点面向缅甸北部边陲克钦邦和东部掸邦开放合作，有序推进旅游相关产业开发、旅游人才培养、出入境便利化制度建设等方面的合作交流，尝试性地建设中缅边境旅游经济贸易中心和边境旅游自由贸易区等。

3. "四带"——四大国际旅游经济带

借助昆明在云南省交通枢纽的重要位置，依托云南省综合交通基础设施网络体系和泛亚铁路、昆曼国际大通道、出境航空线路等国际交通网线，整合沿线旅游资源和各旅游产业要素，主要面向越南、老挝、缅甸、泰国等周边国家和中国国内的成渝城市群、京津冀城市群、长三角城市群和珠三角城市群等主要客源市场，培育打造四大国际旅游经济带。①昆曼国际旅游经济带。即以 G8511 昆磨高速公路和昆曼国际大通道干线为依托，以云南省边境地区为客流集散中心，向南连接缅甸、老挝和泰国曼谷，建设昆明-景洪-万象-曼谷的国际旅游经济发展辐射带。②滇缅国际旅游经济带。即以 G56 杭瑞高速公路和泛亚铁路西线为主要依托，以云南省边境地区为客流集散和服务中心，向南沟通缅甸和南亚等，建设昆明-腾冲-瑞丽-密支那-曼德勒-仰光的国际旅游经济发展辐射带。③昆河国际旅游经济带。即依托 G8011 昆河高速公路和泛亚铁路东线以及 G80 广昆高速公路、桂昆高铁至麻栗坡等旅游通道干线，以云南省边境地区东南部边境州（市）为主要旅游集散服务中心载体，向南沟通越南河内，建设昆明-玉溪-河口-胡志明市-曼谷和昆明-石林-弥勒-蒙自-河口-胡志明市-曼谷的两条国际旅游经济发展辐射带组成昆河国际旅游经济带。④昆楚临国际旅游经济带。即主要依托昆楚高速公路、楚临高速公路等旅游通道干线，整合并吸引周边旅游产业要素资源的集聚，以云南省边境地区西部为主要旅游集散服务中心载体，出境连接缅甸，建设昆明-楚雄-临沧-曼德勒-皎漂的国际旅游经济发展辐射带。

4. "六轴"——六大边境旅游产业发展轴

为充分发挥云南省内旅游发展极核昆明市、大理州、丽江市等州（市）对边境地区旅游发展的带动辐射作用，吸引资金流、客源流、政策流、信息流、产业要素流等向云南省边境地区集聚，促使云南省边境地区形成旅游发展的规模效应，提高云南省边境地区旅游发展的整体竞争力，进而在整体上形成边境地区与省内旅游极核发展州（市）相互辅助的良性互动发展局面，故构建连接省内主要旅游极核发展州（市）与云南省边境地区的六条边境旅游产业发展轴：①昆明-大理-隆阳-泸水-腾冲边境旅游产业发展轴。主要以昆明市、泸水市、腾冲市及沿线县（市）为轴线空间范围。依托怒江大峡谷和高黎贡山良好的生态旅游资源，以风景游憩、产业集聚、文化展现和旅游活动四大功能为支撑点，力争将其建设成为生态观光、自驾车体验旅游集散辐射轴。②昆明-大理-隆阳-芒市-瑞丽边境旅游产业发展轴。主要以昆明市、保山市隆阳区、芒市、瑞丽市及周边沿线县（市）为轴线空间范围。依托德宏州良好的生态旅游资源、丰富的民族文化资源和独特的边境文化、良好的商贸及玉石交易为基础，以瑞丽江-大盈江流域为重点，做好边境风情、民族文化、绿色生态、养生休闲、特色购物五张名片，力争将其打造成为边境贸易旅游产业集聚辐射轴。③昆明-楚雄-祥云-临翔-耿马（沧源）边境旅游产业发展轴。主要以昆明市、楚雄市、祥云县、临沧市临翔区、耿马县、沧源县及其周边沿线县（市）为轴线空间范围。依托临沧市的生态旅游资源和优越的区位优势，以临沧市"一城两带"为空间主体，联动双江、沧源、耿马、镇康四县，以澜沧江普洱茶文化、黄金海拔等为核心，联动临翔区、凤庆县、云县等，力争将其打造成为文化体验及边境探秘旅游产业集聚辐射轴。④昆明-玉溪-普洱-景洪边境旅游产业发展轴。主要依托昆明市、玉溪市、普洱市、景洪市及其周边沿线县（市）为轴线空间范围。依托普洱市、西双版纳州天然的自然生态资源、特有的民族文化、南传佛教等宗教文化优势，加之澜沧江-湄公河黄金水运航道、茶马古道遗迹、温泉等资源，力争将其打造成为滇西南边境生态观光体验及边境休闲度假旅游产业集聚辐射轴。⑤昆明-弥勒-蒙自-河口边境旅游产业发展轴。主要依托昆明市、弥勒市、蒙自市、河口县及其周边沿线县（市）为轴线空间范围。借助昆玉红旅游文化产业经济带建设的历史机遇，依托雄厚的经济基础、优越的区位优势，积极培育滇越铁路旅游发展带、昆河公路旅游经济带、红河哈尼梯田文化旅游带、红河谷人文生态景观旅游带，力争将其打造成为滇东南旅游生态文化及边贸旅游产业集聚辐射轴。⑥昆明-石林-丘北-文山-麻栗坡边境旅游产业发展轴。主要依托昆明市、丘北县、文山市、麻栗坡县、富宁县、马关县及其周边沿线县（市）为轴线空间范围。依托滇东南独特的喀斯特地貌景观、民族文化、历史文化积淀，着力构建生态旅游、探险旅游、文化旅游、研学旅游、自驾车旅游等产品体系，力争将其打造成为边境文化研学旅游及生态观光旅游产业集聚辐射轴。

二、开展旅游跨国合作与交流

1. 边境旅游政策协调与突破

目前，云南省边境地区与周边越南、老挝和缅甸等国家相互开展入境旅游最棘手的问题就是入境旅游政策的便利化实施。随着云南省及周边国家各边境城市口岸关于签证便利化或跨国旅游免签等政策的呼声越来越高，首先，云南省边境地区应抓住"一带一路"倡议的实施，争取在国家层面与周边国家强化交流与合作，积极出台出入境72小时免签、过境免签等旅游出入境便利化政策措施，实行"个人或散客边境旅游"替代"团队多数人边境旅游"的优惠政策，积极从国家层面推进边境国家间的旅游专列出入便利化。其次，在跨国自驾车出入境等方面简化审批手续、降低手续费用等。最后，双边或多边还需强化在边民互市点或交易平台等方面强化合作建设，充实边境自贸区商品种类，为边（跨）境旅游购物创造良好的环境和平台。

2. 旅游公共服务领域的合作与交流

旅游公共服务设施对旅游活动开展具有重要的支撑作用，尤其是对于边境旅游活动的开展而言，统一两国或多国之间的旅游公共服务设施建设标准，强化旅游公共服务领域的合作与交流，对于解决各边境国家间出现旅游矛盾和分歧问题，促进相互推介客流，共同开发旅游资源，形成良性互动、共赢的边境旅游运营格局具有重要意义。鉴于当前阶段参与边境旅游活动的游客大多以自助或半自助的散客游客为主，下一步边境旅游的开发重点可以尝试以自驾车旅游市场为主，增强与越南、老挝、缅甸等国家在旅游公共服务方面的交流与合作，主要涉及自驾车营地系统跨国合作、交通及景区标识系统跨国合作、电子通信系统跨国合作、旅游市场秩序规范跨国合作、GPS跨国导航系统建设合作、跨国旅游突发事件应急系统平台或方案方面的合作与交流等。

3. 旅游人才领域的互助与交流

"人才兴旅"一直是旅游业发展理念倡导的主旋律。鉴于云南省边境地区的边境旅游活动开展还处于全面建设和恢复时期，旅游基础服务设施百废待兴，旅游目的地的功能性较弱，尤其是边境旅游人才的培养意识还较为淡薄。未来，可尝试在国家层面推动与制定同越南、老挝和缅甸等边境国家互送旅游人才培养计划，互相学习邻国的文化民俗、旅游法律法规、旅游发展政策、旅游发展经验、语言等。此外，还可尝试与边境各旅游合作国家在边境旅游试验区或跨境旅游合作区内部建立旅游人才培训基地，制定双边或多边旅游人才共享发展计划，为边境旅游的顺利开展储备充足的人才。另外，可尝试在边境各州（市）的高等院校成立专门培训越南语、老挝语和缅甸语的机构，邀请边境邻国的高层次旅游人才参加培训指导，也可尝试在高等院校课程学习中设置边境旅游专门性的研究专业，尽量避免在边（跨）境旅游开展过程中遇到语言和文化交流障碍。

三、大力发展边疆民族地方经济，巩固旅游发展基础

坚实的地方民族经济发展基础是边境旅游可持续发展的基本保障。雄厚的地方民族经济发展基础可为区域旅游基础设施完善、旅游人才培养、旅游交通建设、旅游环境改善、旅游景区开发建设等提供充裕的资金支持。首先，应大力发展边境贸易，以边境口岸为载体，将边境地区内部特有的商品与邻国的商品进行贸易互换，将本地的特色商品转化为具有经济价值的旅游商品，以此提高边民的旅游经济收入。例如，通过云南省的瑞丽口岸或畹町口岸可以将我国的机电产品、电器等日用品出口到缅甸，进口缅甸的木材、工艺品、宝石等，边境双方相互通过旅游贸易活动均赢得了好处。其次，强化政府在经济发展中的主导作用。国家或云南省政府每年定期拨付专项扶贫基金支持边境地区基础设施建设，加强对边境居民定期的生产教育培训，提升其自身发展能力和技能。最后，加大云南省边境地区"造血式"扶贫力度，转变经济发展方式。边境地区旅游资源丰富，旅游业与其他关联性的产业发展均较为落后，可考虑旅游业与其他关联性产业的深度融合发展，扩大旅游业联动效应。例如，采取旅游+观光农业、旅游+边境特色文化、旅游+边境商贸业等发展模式，促进边

境地区经济发展模式转变，促使边境地区经济生产方式由粗放型向集约型转型，进一步提升经济增长的质量和效率。

四、整合边境地区旅游线路产品

旅游资源是边境旅游活动开展的重要物质依托和载体，核心旅游资源的开发与空间优化在一定程度上可为区域旅游空间结构的优化起到重要作用，促使旅游生产要素流趋向集聚，进而创造出充裕的旅游经济效益。鉴于旅游资源的重要性，本节试图通过旅游产品线路整合等对边境地区旅游产品进行空间优化，从而缓解边境旅游产品的分布分散、同质性竞争等问题，为边境地区旅游经济效益的提质增效发展提供借鉴。

1. 省内旅游线路体系

在边境沿线方面，依托东洱河水库、松山自然保护区、小黑江、茶马古道、西双版纳热带雨林自然保护区、翁丁佤族原始群居村落等旅游资源，打造普洱-景洪-勐海-澜沧-孟连-西盟-沧源的民族风情体验旅游线路；依托蒙自南湖、碧色寨景区、缘狮洞、老山作战纪念馆、麻栗坡大王岩岩画等旅游资源，打造蒙自-河口-马关-麻栗坡-富宁的民族文化体验旅游线路；依托腾冲火山地热国家地质公园、热海温泉、热水塘温泉、大盈江、一寨两国、勐巴娜西珍奇园、邦腊掌热矿泉旅游度假区等景区，打造腾冲-盈江-陇川-瑞丽-芒市-龙陵等边境沿线康体休闲、休闲度假线路。

在陆路线路方面，依托滇池、普者黑、坝美、清华洞和普阳瀑布等旅游区，打造昆明-文山-富宁的自驾游旅游线路；依托滇池、禄丰世界恐龙谷、彝人古镇-翁丁佤族原始群居村落、沧源崖画谷旅游风景区等，打造昆明-楚雄-临翔-沧源-耿马-镇康的边境民族文化旅游线路；依托热海温泉、高黎贡山国家公园、勐巴娜西珍奇园等旅游区，打造昆明-保山-芒市-瑞丽的康体养生旅游线路。

在航空线路方面，打造昆明-景洪的热带雨林体验旅游线路；昆明-芒市的中缅文化体验旅游线路；昆明-沧源的民族文化和自然风光体验线路；昆明-澜沧的民族村寨文化和普洱茶文化体验线路；昆明-六库等傈僳族民族文化和自然风光体验线路。

在水上线路方面，依托澜沧江流域水资源、红河流域水资源和伊洛瓦底江流域水资源等，分别打造澜沧江-湄公河跨国水上旅游线路、中越红河水上旅游线路和中缅伊洛瓦底江旅游线路等。

2. 国内旅游线路体系

依托石林、滇池、西双版纳热带雨林自然保护区、西双版纳原始森林公园、中国科学院西双版纳热带植物园、西双版纳傣族园、翁丁佤族原始群居村落、佤山天池等旅游区，打造成都（重庆）-昆明-景洪-勐海-澜沧-孟连-西盟-沧源的边境民族文化和自然风光体验旅游线路；依托翁丁佤族原始群居村落、沧源崖画谷旅游风景区、沧源佤山、勐巴娜西珍奇园、邦腊掌热矿泉旅游度假区、扎朵瀑布、一寨两国等，打造贵阳-昆明-临翔-沧源-耿马-镇康-龙陵-芒市-瑞丽的边境民族文化体验旅游线路；依托滇池、石林、腾冲火山地热国家地质公园、热海温泉、怒江大峡谷、福贡傈僳族村寨、怒江第一湾、石门摩崖石刻等景区，打造桂林-昆明-腾冲-泸水-福贡-贡山的边境自然风光体验旅游线路。

3. 跨境旅游线路体系

在中缅边（跨）境线路方面，陆路旅游线路：依托腾冲火山地热国家地质公园、热海温泉、高黎贡山自然保护区、和顺古镇、密支那市缅甸许愿寺院、千尊佛、史迪威公路等，打造腾冲-甘拜地-昔董-密支那的跨境自然风光和宗教文化体验旅游线路；依托边寨喊沙、一寨两国、大睡佛、史迪威公路等，打造跨境自驾游旅游线路；依托沧源司岗里崖画谷、翁丁佤族原始群居村落、曼德勒皇宫、马哈木尼佛塔、瑞山都塔、阿南达寺等，打造临沧-滚弄-腊戌-东枝-曼德勒-蒲甘的跨境人文景观体验旅游线路。航空旅游线路：依托仰光大金塔、世界和平塔等，打造昆明-仰光的跨境佛教文化航空旅游线路；依托内比都和平塔等，打造昆明-内比都的航空旅游线路，依托热带风光和曼德勒皇宫、乌本桥、马哈木尼佛塔等，打造昆明-曼德勒的航空旅游线路。水上旅游线路：依托伊洛瓦底江流域水资源等，打造中缅伊洛瓦底江跨境旅游线路。

在中老边（跨）境线路方面，陆路旅游线路：依托西双版纳热带雨林自然保护区、西双版纳原始森林公园、中国科学院西双版纳热带植物园、南腊河野趣漂流度假区、光西瀑布、浦西山、王宫博物馆、万象凯旋门、佛像公园等，打造景洪-勐腊-磨憨-琅勃拉邦-万象的自然风光和佛教文化跨境旅游线路；依托西双版纳热带雨林自然保护区、西双版纳原始森林公园、中国科学院西双版纳热带植物园、西双版纳傣族园、西双版纳勐景来景区、野象谷、勐腊补蚌望天树、南腊河野趣漂流度假区、蓬普佛塔、琅南塔博物馆、南哈河国家公园、金三角、君考马尼拉寺、卡诺堡垒、会晒小镇等，打造景洪-勐腊-磨憨-琅南塔-会晒的跨境自然风光体验旅游线路。航空旅游线路：依托万象凯旋门、西蒙寺、佛像公园、玉佛寺、索巴琅寺、湄公河边公园等，打造昆明-万象的跨境佛教文化体验旅游线路；依托浦西山、王宫博物馆、迈佛寺等，打造昆明-琅勃拉邦的航空旅游线路；依托西双版纳热带雨林自然保护区、西双版纳原始森林公园、中国科学院西双版纳热带植物园、西双版纳傣族园、西双版纳勐景来景区、万象凯旋门、西蒙寺、佛像公园、玉佛寺、索巴琅寺、湄公河边公园等，打造景洪-万象的跨境民族风情和热带风光航空旅游线路。水路跨境旅游线路：依托西双版纳热带雨林自然保护区、西双版纳原始森林公园、中国科学院西双版纳热带植物园、曼谷泰国大王宫、老挝万象的寺庙和古塔等，打造澜沧江-湄公河跨国水上跨境旅游线路。

在中越边（跨）境线路方面，陆路旅游线路：依托大围山国家公园、滇越铁路五家寨人字桥、中越铁路大桥、南溪河冈景区、花鱼洞国家森林公园、沙坝、滇越铁路、还剑湖、河内大教堂、三十六行街、巴亭广场、胡志明墓等，打造屏边-河口-老街-河内的跨境自驾游旅游线路。航空线路：依托河内大教堂、三十六行街、巴亭广场、胡志明墓等，打造昆明-河内的跨境民族文化航空旅游线路。水路旅游线路：依托红河哈尼梯田、建水古城、团山村、米轨小火车、建水文庙、南湖冈景区、碧色寨景区、缘狮洞、花鱼洞国家森林公园、中越铁路大桥、河口南溪河风景区、南溪河漂流、越南街等，打造中越红河水上跨境旅游线路。

4. 专项旅游线路体系

第一，温泉旅游专项线路。以温泉旅游资源为主，包括荷花温泉、腾冲热海温泉、和顺柏联SPA温泉、"玛御谷"悦椿温泉村、樱花谷森林温泉、龙陵邦腊掌温泉、法帕温泉、景成地海温泉等，打造昆明-隆阳-腾冲-龙陵-芒市-瑞丽温泉旅游专线；以象鼻温泉、小街温泉、大龙潭温泉、普洱思茅度假村、天龙温泉等温泉为主，打造昆明-华宁-峨山-普洱-景洪温泉旅游专线。

第二，滇西抗战红色经典旅游专项线路。依托片马抗英纪念馆、龙陵松山抗战遗址、畹町南洋华侨机工抗日纪念碑、沧源班洪抗英纪念碑、昌淦桥遗址、惠通桥遗址、松山抗战战场遗址、腾冲保卫战战场遗址、腾冲国殇墓园、三台山战役遗址、黑山门战役遗址等，打造泸水-腾冲-瑞丽-芒市-龙陵-沧源红色经典旅游专项线路。

第三，少数民族风情旅游专项线路。以民族生活、村寨文化为主，包括西双版纳曼迈桑康风景区、绿春东仰风情园、澜沧拉祜风情旅游区、南糯山万亩古茶园、西双版纳春城勐海，以及傣族、拉祜族、布朗族、佤族等多个少数民族生活的村寨等，打造昆明-景洪-勐海-澜沧-孟连-西盟-沧源少数民族风情旅游专项线路；以瑞丽文化广场、西双版纳傣族园、澜沧拉祜风情旅游区、瑞丽边寨喊沙景区、一寨两国、耿马孟定芒团景区、沧源翁丁原始部落景区，以及景颇族、阿昌族、傈僳族、德昂族、佤族等多个少数民族生活的村寨等为主，打造昆明-腾冲-盈江-陇川-瑞丽-芒市-龙陵-定康-耿马-沧源-澜沧少数民族风情旅游专项线路。

第四，"茶马古道"文化旅游专项线路。以"茶马古道"文化为主，包括茶马古道风景区、国内第一条全实景茶马古道特色植物4A级景区、南糯山古茶园、营盘山茶园、景迈山古茶园、哈尼族村寨、傣族村寨、孟连娜允神鱼节、孟连勐马温泉等，打造景洪-勐海-澜沧-孟连专项线路；依托营盘山茶园、茶文化博览园、茶马古道遗址公园、茶马古道旅游小镇、茶马古道风景区、国内第一条全实景茶马古道特色植物4A级景区、南糯山古茶园、景栋佛寺、基督教堂等，打造普洱（思茅）-景洪-勐海-打洛-景栋"茶马古道"文化旅游专项线路。

第五，自驾游线路。依托固东银杏村、北海湿地公园、樱花谷、六库镇蛮蚌村及本土特色饮食、片马旅游小镇、登埂温泉、石月亮、怒江大峡谷，以及丙中洛雪山、独龙江特色奇异的自然风光、民族风情及原始的生态环境等，打造腾冲-泸水-福贡-贡山的自驾游线路；依托玛兰林沙滩温泉、固东银杏村、北海湿地公园、樱花谷、松山抗战遗址、梨园谷景区、邦腊掌温泉、龙江特大桥、象达乡勐蚌村的万亩草山等旅游资源，打造保山隆阳-腾冲-龙陵的自驾游线路；依托热带雨林植被、具有傣族建筑特色的干栏式村寨、小黑林场丰富的热带雨林植被、热带雨林野象谷、曼瓦瀑布的热带雨林自然风光、傣族村寨、南传佛教文化、贺开古茶园、勐海布朗山班章三垛山茶庄园、景迈山内原生态布朗族村落、南滚河国家级自然保护区、班洪抗英纪念碑、佛殿山景区、勐梭龙潭景区、沧源崖画谷旅游风景区、南传上座部佛教经典建筑广允缅寺、保存完好的佤族原始村落、南滚河国家公园、孟定清水河口岸者卖古城遗址及周边的傣族村寨、忙内乡马鞍山茶、省级非物质文化"阿数瑟"、万亩连片茶园、少数民族风情、天然大氧吧、蚌孔跨国草山等旅游资源，打造体验边境腹地氧吧，品味多元文化的景洪-勐海-澜沧-沧源-耿马-镇康的自驾旅游线路；依托哈尼族山寨阿倮坡头村、哈尼服饰传习馆、金水河热带雨林景观、苗族瑶族少数民族风情，以及金水河口岸和河口口岸独特的边境异域风情、农垦文化、滇越米轨文化、瑶族文化及亚热带自然风光，瑶山乡水槽村丰富独特的瑶族文化、马关核桃、老山自卫反击战遗址、老君山林海、溶洞群、猫猫跳峡谷、云海、珍稀植物、天保口岸、架街天湖壮景风景区等旅游资源，打造展现边境异域风情、品味苗瑶两族文化的红河-绿春-金平-河口-马关-麻栗坡-富宁的自驾旅游线路。

五、重视边境旅游市场营销与市场拓展

1. 实体性展销平台

可通过中国国际旅游交易会、世博会等大型旅游展览形式的实体性平台，对云南省边境地区区域性旅游资源、特色民俗风情、独特旅游商品、宗教文化、红色文化、古迹遗址、生态旅游资源等进行现场展示讲解，通过视觉冲击和现场体验吸引游客的眼球。此外，还可通过制定便携的旅游手册、旅游挂历、旅游广告雨伞、旅游广告折伞等，宣传边境地区的旅游资源和旅游线路。

2. 虚拟网络平台

随着现代科技与旅游活动融合的逐渐深入，智慧旅游发展方兴未艾，可借用现代高水平传播快的旅游信息化工具，通过专门性旅游资讯官方网站、手机旅游报、微信或微博旅游公众号、手机 APP 软件、VR 等自媒体移动客户端工具，为游客提供旅游体验、信息查询、预定、投诉等服务，运用虚拟的网络化平台强化对云南省边境旅游的营销与宣传。

3. 旅游节庆营销

云南省边境地区少数民族众多，由于相对独立封闭的自然环境，各民族形成了独具民族地方特色和原真性的风俗人情。例如，耿马傣族水文化旅游节、景颇族目瑙纵歌节、德昂族浇花节、腾冲火山热海文化旅游节、德宏葫芦丝文化旅游节、茶马古道乡村文化旅游节、中缅胞波狂欢节以及中国磨憨-老挝磨

丁边境文化旅游节等，这些节日均为边境旅游节庆活动的举办奠定了基础，旅游节庆活动的举办可吸引大量媒体关注，无形中对边境旅游活动进行了宣传。

六、加强边境地区旅游运行保障措施体系建设

1. 政策集成保障

边境旅游发展重要的一点就是要集成各方面政策综合施策发力，摒弃以往单一施策的发展观念，制定出具有系统、整体性的边境旅游政策体系，通过请求省级乃至国家层面颁布或出台有关人员往来、边境管制、车辆出入境、财税政策、金融政策、投融资政策、旅游用地政策等相应政策形成政策合力，共同为边境旅游发展提供政策保障。

（1）管理政策

1) 请求公安部出台相关政策，中方人员持边境通行证，各方居民持身份证、居民证、边民证等边境地区管理机构认可的有效证件，车辆凭行驶证、驾乘人员凭驾驶员身份证等边境地区管理机构认可的有效证件，可以在特定的边境地区内自由通行；对第三国人员进入跨境旅游合作区实行单一签证，国际游客持护照及有效签证可选择异地口岸出入境；对区域内固定从事生产、经营和管理的人员，到对方区域的停留时间不予限制。

2) 请求财政部通过专项财政补贴和放宽政策限制等方式，支持云南省边境口岸通关设施、检验检疫基础设施和通关软环境建设。

3) 请求公安部放宽对边境旅游异地口岸出入境政策限制，允许双方人员、车辆、货物选择口岸出入境。

4) 请求交通运输部支持加快推进中国-东盟自由贸易区、澜沧江-湄公河旅游城市合作联盟、大湄公河次区域跨境客货便利化运输进程。支持瑞丽-木姐、河口-老街、磨憨-磨丁三对口岸探索完善通关查验新模式，对信用评价较高的诚信企业进出口货物实行"绿色快速通关"政策。

5) 请求商务部允许合作双方外资企业与之合资或以其他方式在边境地区内经营旅游业务。

(2)财税政策

请求国家加大中央财政对边境地区的转移支付力度,建立边境旅游地区转移支付的稳定增长机制,完善转移支付资金管理办法。请求财政部加大税收优惠力度,国家在边境地区鼓励发展的内外资投资项目,进口国内不能生产的自用设备及配套件、备件,继续在规定范围内免征关税。

(3)金融政策

请求财政部支持各类金融机构到国家级的边境地区和跨境旅游合作区设立分支机构,将在区内各类银行已设立的支行升格为一级分行。请求财政部鼓励各银行业金融机构建立贷款审批快速通道,将边境旅游的基础设施和项目建设列为业务发展和信贷支持重点区域;争取政策性银行援外优惠贷款、优惠出口买方信贷、出口基地建设贷款、国际物流基础设施建设贷款等信贷资源向边境地区倾斜。

(4)投融资政策

加大中央财政性投资投入力度,向边境民生工程、基础设施、生态环境等领域倾斜。请求国家设立边境旅游发展引导专项基金,引导和扶持发展潜力大、实力较强的旅游企业积极参与建设边境旅游的过程中。

(5)旅游用地政策

请求住房和城乡建设部在新增建设用地指标适当向旅游项目倾斜,对边境旅游相关项目向国家主管部门申请办理先行用地手续。创新土地管理方式,进一步完善边境旅游建设用地审批制度,简化程序,保障边境旅游试验区、跨境旅游合作区重点工程建设用地。创新土地资源利用方式,在严格保护耕地和生态环境的前提下,开展土地综合利用开发试点,拓展边境旅游建设用地新空间。

2. 旅游基础服务设施保障

(1)旅游交通设施保障

在公路建设方面。首先,加强沿边高速公路修建以便对边境各州(市),以及边境各州(市)与国内、省内、周边邻国之间的互联互通,拓展旅游热点区域的辐射和延伸范围，尤其是要实现高速公路对国家级重点边境口岸之间的联通。修建腾冲-泸水-福贡-贡山高速公路段，实现猴桥口岸和片马口岸之间的联通；修建瑞丽-陇川-芒市-龙陵-盈江-腾冲高速公路段，实现猴桥口岸与瑞丽口岸之间的联通；修建芒市-镇康-耿马-沧源-西盟-孟连-澜沧等高速公路段，实现清水河口岸、永和口岸、孟连口岸之间的联通；修建澜沧-景洪-勐腊等高速公路段，实现打洛口岸与磨憨口岸之间的联通；修建江城-绿春-金平-河口等高速公路段，实现勐康口岸、金水河口岸和河口口岸之间的联通；修建马关-麻栗坡-富宁等高速公路段，实现天保口岸与田蓬口岸之间的联通。其次，在国道及省道等干线公路的改造与提升服务水平方面，重点实施泸水-福贡-贡山、河口-马关-麻栗坡、绿春-金平、景洪-勐仑、通海-绿春、腾冲-泸水、江城-勐腊、勐海-澜沧等路段的危路、危桥、危洞等"三危"路段的改造与升级，以便实现边境地区旅游景区间联通的便捷性与安全性。最后，在跨境或出境旅游公路方面，改建芒市-腊戌-曼德勒、瑞丽-八莫、天保-河江-海防、清水河-腊戌-曼德勒-马圭-皎漂港等路段，新建瑞丽-木姐-曼德勒-皎漂港等跨境旅游公路，进一步强化云南省边境地区公路与边境邻国间公路交通体系的连接度。

在铁路建设方面。首先，在边境地区与省内铁路连接建设方面，应积极建设玉溪-蒙自-文山等路段，以便增强滇东南与滇中城市群经济物流贸易的联系；建设玉溪-普洱-磨憨、玉溪-临沧-清水河等路段，以便增强滇西南与滇中城市群铁路网的联系；建设大理-保山-龙陵-芒市-陇川-瑞丽等路段以便增大省域内部铁路网络联系密度。其次，在边境地区，应建设保山-腾冲-猴桥、普洱-孟连、保山-片马、普洱-景洪-磨憨、普洱-景洪-打洛等铁路线路，以便更好地连接边境城市与口岸，促进地区内部生产要素流的自由流通。最后，在跨境铁路建设方面，应积极主动结合泛亚铁路建设网络项目，建设瑞丽-木姐-腊戌-曼德勒、保山-腾冲-密支那等铁路段，进一步为跨境旅游试验区建设提供基础设施支撑。

在航空建设方面，首先，应借助国家级门户机场昆明长水国际机场枢纽的区位优势，积极开设昆明长水国际机场与西双版纳、德宏、河口等主要边境州（市）或口岸的旅游航线，进一步提升到边境地区参与旅游活动的可进入性。其次，加快芒市、富宁、腾冲、孟定、贡山、陇川、勐腊等民用及通用机场建设进程，尽早实现边境地区立体式的航空网络体系。最后，力争国家民航政策的支持，积极申请南亚航权开放、航油保税等政策在云南省边境地区落地实施，增加昆明长水国际机场到边境地区航线的密度，开设云南省边境地区到南亚、东南亚的直航航班，进一步增强立体式的航空网络建设对边境旅游的支撑。

水路建设方面，首先，做好对云南省边境地区内部龙川江-瑞丽江流域、怒江流域、澜沧江流域、红河流域、李仙江流域等河流的航道拓宽、清淤、治污、绿化等方面工作，提高水域旅游产品的观光、游览价值。其次，在保护水域环境的基础上，可考虑与越南、老挝、缅甸等周边国家展开旅游合作，对澜沧江-湄公河航道、中越红河国家航道、中缅陆水联运等进行跨境游轮观光旅游产品开发，进一步丰富云南省边境地区水域旅游产品业态体系。

（2）旅游公共服务设施保障

本书着重针对游客服务中心、旅游解说系统、旅游引导标识系统、自驾车和房车旅游服务系统、旅游厕所规划方面，为边境旅游公共服务设施保障体系提出建议。

游客服务中心建设。遵循"按级别、有标准、功能齐全、服务规范"的原则，在瑞丽市、芒市、泸水市、景洪市、腾冲市、沧源县、河口县、磨憨、清水河、天保等重要的边境旅游县（市）及口岸建设游客服务中心，主要涉及游客咨询大厅、旅游景区展示厅、餐饮服务、应急医疗、住宿、票务、购物场所、景区环保巴士、游客休息大厅、绿色停车场、星级环保旅游厕所等多功能于一体的旅游综合性服务集散服务中心。此外，在个别重要的边境城市或口岸设置国际游客服务中心，主要针对邻国入境的游客或第三国游客提供货币兑换、票务咨询、外语导游、外事对接等服务事项。

旅游解说系统建设。进一步推动旅游与科技的融合发展，将计算机、云计算和物联网等现代科学技术运用到边境旅游解说系统中，具体做法包括在重要边境旅游城市、口岸、景区等设置旅游景点的LED解说字幕，不间断播放景区宣传片，进一步完善重要景区的电子导游解说系统。此外，针对邻国入境的游客提供越南语、缅甸语和老挝语等旅游解说服务。

旅游引导标识系统建设。按照《旅游景区公共信息导向系统设置规范》（GB/T 31384—2015），在重要的交通道路（高速公路、机场、汽车站、国道、省道）旁、旅游景区内部等积极完善交通标识牌、服务区指示牌、景区全景图、景区导览图、危险区域警示牌等，规划好游客旅游的线路，节省游客的非旅游时间，降低游客旅游过程中的"行游比"。

自驾车和房车旅游服务系统建设。参照《休闲露营地建设与服务规范》（GB/T 31710—2015）、《汽车露营营地开放条件和要求》、《云南省露营地与自驾游专项规划（2016—2030年）》等相关标准和内容，结合云南省边境各州（市）旅游发展的实际，强化顶层设计，在边境地区重要的交通要道附近为游客提供区域内或跨国的自驾车和房车线路设计、线路导航、车辆维修、营地基础设施等服务，进一步强化边境自驾车和房车旅游服务系统体系。

旅游厕所规划建设。依照《旅游厕所质量等级的划分与评定》（GB/T 18973—2016）等国家标准，加强对云南省边境地区内各主要边境城市、口岸、旅游景区、游客服务中心、游客集散地、主要交通沿线服务区、自驾车和房车营地等进行旅游厕所的修建与改造，绝不让旅游厕所建设拖边境旅游发展的后腿。

3. 资金保障

（1）设立边（跨）境旅游专项发展基金

云南省边境地区旅游基础服务设施建设水平和旅游景区开发程度较低、旅游从业人员素养有待提升、旅游商品有待开发、旅游营销体系不完善，这些旅游产业要素的升级与优化需要一定的资金保障作为支撑。国家或者云南省政府可为边境旅游设立专门性的发展基金，根据地区旅游发展的不同情况，每年有重点、分层次地拨付旅游发展专项基金支援边境旅游的发展，并做好专项资金运行的监督和预算工作。

（2）拓宽边境旅游融资渠道

政府对边境旅游资金支持只是资金保障的一个方面，边境旅游若想实现长远可持续发展，需采取多元化、多渠道的融资方式。在边境旅游重大项目、重点项目开发建设发展中，可尝试PPP融资模式（公共部门-私人企业-合作）、BOT融资模式（建造-运营-移交）、TOT融资模式（转让-经营-转让）、TBT融资模式（TOT与BOT融资模式的结合），通过以上融资模式充分集中利用社会上的资金要素流，为边境旅游发展提供资金保障。

4. 旅游环境保障

良好旅游形象的树立是旅游目的地的一种无形资产。基于旅游心理学研究中的"首因效应",优越的旅游环境能够初次给游客留下良好的印象,相对提高了游客旅游的满足度、幸福感和重游率。本书主要考虑从生态环境、社会环境和旅游市场环境三个维度,提出云南省边境地区旅游环境优化的建议。

在生态环境方面。良好的生态环境是云南省边境地区旅游业可持续发展的重要保障。首先,应积极改变现有旅游产品的结构类型,改变以往陈旧的旅游产品形式,积极发展旅游与科技融合、旅游与农业融合、旅游与边境民族文化融合,积极发展边境旅游产品新业态,通过建设边境地区国家公园、边境旅游循环经济试点、绿色旅游试验区等,建立健全旅游开发与生态保护的互动运行体制机制,进一步提高边境旅游产品的低碳性和环保性。其次,云南省边境各州(市)环保部门应制定本地区生态环境立法,实行边境旅游环境保护一票否决制,对旅游环境造成严重污染的企业要进行严惩。最后,强化对边境地区社区居民和游客进行环保意识的教育和引导,倡导低碳出行和绿色旅游。

在社会环境方面。和谐有序、井井有条的社会环境能够提升边境旅游活动运行的效率和强度。首先,边境地区各旅游主管部门应积极出台更多的惠民旅游福利政策,提高边境社区居民参与旅游活动的积极性,进而在旅游供给侧提供更优质的旅游服务,提高边境地区旅游目的地的功能性和美誉度。其次,通过"政府支持引导、企业主体"的运营方式,积极建设边境智慧旅游工程,运用云计算、人工智能和物联网等技术,尝试在机场、汽车站、火车站、高铁站或休闲广场等人口比较密集的地方间断性地播放边境旅游线路或产品的宣传片,也可利用边境各州(市)旅游部门的官方网站开展对边境旅游的产品介绍、线路设计、旅游咨询、安全提示等活动,提升边境旅游产品的营销度和知名度,进而营造出边境旅游良好的社会环境。

在旅游市场环境方面。良好的旅游市场环境可提升旅游目的地的知名度和美誉度,进而提高游客的满意度和重游率。首先,边境地区政府部门应注重边境旅游市场的诚信建设,成立边境旅游市场秩序监管小组,针对地方的旅游市场乱象,制订有针对性的解决措施,严厉打击"黑导""强买强卖""低价强制购物团"等扰乱边境旅游市场秩序的现象和非法旅游组织。其次,建立完善的网站评价、投诉与监督体系,游客针对旅游企业提供的服务质量在网上可做出实质性和客观的评价,也可针对旅游企业的不满服务提出投诉等,严格淘汰不遵循旅游市场秩序的旅游企业,实行严格的黄牌和红牌制度,通过完善的制度与法规体系进一步规范云南省边境旅游市场环境。

5. 旅游安全保障

边境旅游是涉及两国或多国参与的旅游活动，这就决定了需强化对边境旅游安全以及法律法规、政策、制度的建设及完善，本书试图从政府、旅游企业及社区的角度提出边境旅游安全保障措施，以便为边（跨）境旅游活动顺利开展提供良好的保障。

（1）政府角度

政府应在边境旅游活动开展安全性保障方面起到主导性作用。首先，边境各州（市）旅游行政主管部门应会同当地交通、林业、交警、安监、卫生、质监、公安等部门，加大旅游安全的执法力度和执法效率，全方位排除旅游安全隐患问题。其次，应因地制宜地制定行之有效的法律法规制度来杜绝边境违法活动，云南省边境地区靠近金三角区域，毒品生产、贩毒、赌博、偷渡等活动较频繁，云南省边境各州（市）应进一步完善《边境旅游暂行管理办法》，成立专业性的边境执法警察部队来维护边境旅游参与者的利益。再次，加强边境民族文化宣传，防止文化碰撞和冲突，云南省边境地区少数民族众多，各民族有着自己独特的民俗风情和禁忌，为防止游客与当地少数民族因文化禁忌发生矛盾，政府部门应对到边境地区旅游的游客进行文化教育和告知，避免发生不必要的冲突。此外，政府部门也应该强化对边境地区社区居民的素质教育，提高少数民族对游客的包容性和宽容度。最后，抓好责任落实工作，边境地区各政府主管部门应积极督促旅游企业制定边境旅游应急方案和应急预案的操作手册，并强化做好对直接为游客服务的工作人员进行应急处理的培训工作，将边境旅游安全隐患降到最低。

（2）旅游企业角度

旅游企业在边境旅游安全保障方面发挥着重要作用。首先，旅游企业的管理者要以身作则，积极学习保障边境旅游活动安全的相关法律、法规制度，并周期性地做好对旅游企业员工进行安全意识教育和防范技能的培训。其次，积极配合政府部门的工作要求，杜绝与没有合法运营执照的旅游车辆公司合作，杜绝雇佣没有合法导游证的人员以公司的名义带团，严禁非法组织游客采取偷渡的方式跨国旅游，进一步整顿边境旅游市场的"黑导、黑车、黑团"等三黑现象，本着正规性经营和良性竞争的原则，为边境地区旅游市场安全维护尽好应有的责任。

（3）社区角度

社区是边境旅游活动开展重要的参与者和旅游安全的维护者。首先，成立边境旅游社区安全管理机构，社区安全管理机构积极组织社区居民参与边境旅游安全的管理工作，通过社区居民周期性地对游客边境旅游安全意识的宣传引导，进一步发挥社区组织对边境旅游安全性的保障。其次，社区居民安全意识的高低也在一定程度上反映出地区安全性的高低状况，因此通过制定安全手册、定期宣讲教育等方式强化边境地区社区居民的旅游安全意识是同样不可忽略的重要环节。

第四章

基于旅游者空间行为的边境旅游空间效应

在人文地理学行为转向的背景下，旅游者空间行为研究是行为地理学与旅游研究相结合的重要研究内容。随着经济全球化的不断深入及区域经济一体化程度的不断提高，全球旅游业进入快速发展阶段，各国边境地区也逐渐成为旅游业发展的重要区域，而边境旅游空间关系是边境区域旅游发展的根本所在。

在旅游者空间行为与旅游空间关系的研究中，基于旅游者空间行为，以某一区域为研究范围，系统考察其空间关系的研究尚不多见；在边境旅游空间研究中，不同程度地存在区域整体发展视角、空间内在联系机理视角、经验视角的缺失或不到位。

20 世纪 60 年代，传统空间科学方法受到质疑，理论与现实的差距变得明显。例如，地形的地理可变性通常被假设不存在（一个均质的平原）；交通被假设在不同方向上有着相近的成本和相等的可达性；人们被假设关于商品、服务、产品有着相同的效用和偏好；人口被假设是不变的，没有爆炸性增长，并由统一的种族或文化成分构成；决策和选择行为则是基于利益最大化的假设。但这与经验的现实世界相去甚远（Reginald，2008）。行为地理学者开始主张地球表面上人类活动独特性的复杂性是个人与其环境相互作用的产物（Gerard，1979）。

对空间科学方法的修正（约翰斯顿，2010），对计量地理学过分简化空间问题、忽视人的作用的不满（柴彦威等，2014），导致一类学术活动的发展，这就是渐为人知的行为地理学（约翰斯顿，2010）。行为地理学强调行为与环境之间有着强烈的联系（陈传康，1982；赫维人，1987；沈玉芳，1989；周尚意等，2002）。

研究人类行为活动的空间规律的行为地理学，对正确认识与分析人地关系意义重大，它为地理学打开了一条研究内容重要而广阔、实践应用价值巨大的领域。这是行为地理学兴起的原因之一。传统地理学是以人类活动的空间位置、分布、移动变化等规律以及因果关系的分析为研究对象，但它又将此研究领域局限在自然环境和经济活动两个方面。实际人类的行为活动内涵比经济活动广泛得多，那些活动与地理环境的关系也十分密切，行为地理学的兴起可以较好地弥补这一缺陷。同时，传统地理学在解释分析人类活动的空间规律时，一般只注意自然环境和经济活动本身的原因，实际上，有很多活动的空间规律，并不完全受这两方面因素的制约，人的行为与行为决策，往往还是一大重要因素。例如，一个工厂之所以选建在某处，并不完全取决于自然环境如何和经济效益怎样，决策者的行为，往往是更重要的决定因素。因此，要正确认识与分析人地关系，离开了行为地理学是不行的，至少也是不全面的。这是行为地理学兴起的原因之二。现代人类社会与自然界之间的关系比历史上任何时候都更密切、更强烈，由于人类社会活动的节奏普遍加快，人地关系的变动也日趋增加且速度加快。传统地理学一般偏重于长期性、稳定的关系研究，对这种不稳定的、多变的关系涉及很少，而行为地理学则以人的行为为基础，可以较好地适应这种研究需要。换句话说，可以使以静态研究为主的地理学，逐渐增加与丰富动态研究的内容。这是行为地理学兴起的原因之三（赫维人，1987）。

旅游者空间行为研究是行为地理学与旅游研究相结合的重要研究内容。目前，旅游管理领域的文献强调了解旅游者空间行为对旅游目的地管理的重要性（Huang and Wu，2012；Leask，2010；Xia et al.，2011；Bauder，2015）。预测、掌控或至少理解旅游者空间行为和旅游寻路（Kiazig and Popp，2011）被认为是旅游目的地有效管理并由此成功的关键因素（Leask，2010）。就如黄潇婷和吴必虎所认为的，对时空行为模式的更好理解，带来了对旅游活动的更好理解（Huang and Wu，2012），最终带来了更富于经验的管理决策（Pettebone et al.，2010），并由此提升旅游者的体验质量（Bauder，2015）。

随着经济全球化的不断深入及区域经济一体化程度的不断提高，全球旅游业进入快速发展阶段，各国边境地区也逐渐成为旅游业发展的重要区域。边境地区作为地缘政治关注的热点区域，环境条件复杂多变，涉及各国之间的政治碰撞、经贸合作、文化交融等多个方面，发展边境旅游已经成为促进国际合作和繁荣边疆经济的有效途径。

边境旅游空间是《国务院关于促进旅游业改革发展的若干意见》中国绕丝绸之路经济带和21世纪海上丝绸之路建设，在东盟-湄公河流域开发合作、大湄公河次区域经济合作、中亚区域经济合作、图们江地区开发合作以及孟中印缅经济走廊、中巴经济走廊等区域次区域合作机制框架下，采取有利于边境旅游的出入境政策，推动中国同东南亚、南亚、中亚、东北亚、中东欧的区域旅游合作的重要空间。其对我国边疆经济的发展、边疆的巩固与稳定、乡村建设、缓解贫困、发展与邻国友好关系、对外开放、国际经贸合作等都有重要意义。

边境旅游空间关系是边境区域旅游发展的根本所在。旅游资源的质量、特色、空间分布、组合状况，是旅游地发展的基础；立足当地，合理分区，处理好统一主题与各有特色之间的关系，是树立鲜明旅游地形象的基本要求；项目安置、线路设计、产品组合，是旅游地的整体空间布局；审时度势，是要合纵连横，还是要远交近攻，是旅游地发展所必须具备的战略智慧。因此，对边境区域旅游发展来说，旅游空间关系是"死生之地，存亡之道，不可不察也"。

第一节 国内外相关研究

虽然存在相当数量的单纯的关于旅游者空间行为特征的研究（李惠云，2005；East et al.，2017；Edwards and Griffin，2013；郑芬丽，2008；杨怡，2012；吴冰，2005；陈未，2008；王萍兰，2006；Deng and Athanasopoulos，2011；陆邦慧，2012），但关于旅游者空间行为与旅游空间之间联系的研究确实已成为旅游者空间行为研究中的重要内容。

一、基于旅游空间的旅游者空间行为研究

旅游空间影响着旅游者的空间行为。目的地空间结构对旅游者行为的影响大于旅游产品结构对旅游者行为的影响（Zoltan and McKercher，2015）。在现实情况中，旅游者行为空间模式受到区域内旅游资源分布和旅游者在区域内旅行兴趣类型偏好的双重作用（杨新军等，2000）。

旅游者空间行为可划分为三个尺度：大尺度空间，涉及省际旅游、国际旅游等；中尺度空间，涉及省内和地市内旅游；小尺度空间，涉及县市内或景区内旅游。旅游者在大尺度空间旅游时，倾向于选择级别较高的旅游点，并且尽可能游玩更多的高级别景点，同时力图采用环状线路；旅游者在中小尺度空间旅游时，倾向于采用结点状线路，有时宁可走一些回头路也要尽可能避免在外住宿（保继刚和楚义芳，1999）。

从一个中心城市出发的旅游者有多个目的地时，形成的旅游线路总趋向于一个闭合回路（Campbell，1967）。

基于口岸因素制约下的中国入境旅游者共有四种典型的多目的地空间行为模式，即同口岸环式、同口岸基营式、异口岸链式、异口岸复合链式，四种模式所占比例各不相同，选择不同口岸城市进行出入境的入境旅游者所占比例高（王永明，2011）。

美国黄石公园旅游者有四种空间行为模式，即直游式（direct route）、直游-周游式（partial orbit）、周游式（full orbit）和飞行/驾驶式（fly drive），其中飞行/驾驶式是直游-周游式的特例，只是其旅行模式的直游式部分路径是通过飞机完成的（Mings and McHagh，1992）。

基本的区域旅游空间模式如下：

Crompton 和 Mckay（1997）提出了 5 种区域旅游空间模式：单一旅游地模式（旅游者的大部分旅游活动集中在一个目的地）；线型旅游模式（旅游者选择使用一条线路上的多个旅游目的地，但存在主次之分，主要选择使用的目的地只有一个）；基营式旅游模式（旅游者在访问主要目的地的同时也选择访问其他几个目的地，但往往以主体目的地作为大本营）；环型旅游模式（旅游者在既定的目标区域内环旅游多个目的地，相当于游览线路空间）；链式旅游模式（旅游者以客源地为中心进行的链式游览）。

杨新军等（2000）依据实地跟踪调查总结出几种旅游行为的空间模式（图 4-1）。

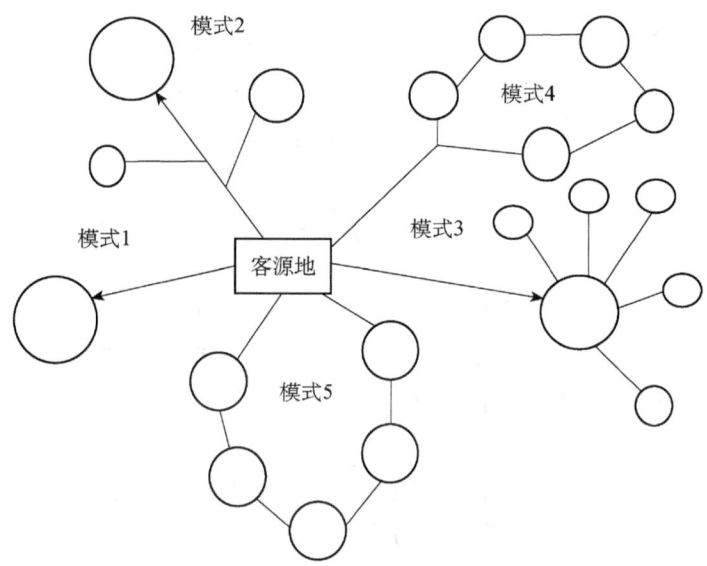

图 4-1　区域旅游行为选择的几种常见空间模式

模式 1：单一目的地旅游——旅游者的大部分旅游活动集中在一个目的地；模式 2：线型旅游——旅游者使用一条线路上的多个旅游目的地，但存在主次之分，主要选择使用的目的地只有一个；模式 3：基营式旅游——旅游者在访问主要目的地的同时也选择访问其他几个目的地，但往往以主体目的地作为大本营；模式 4：环型旅游——旅游者在既定的目标区域内环旅游好几个目的地，相当于游览线路空间；模式 5：链式旅游——旅游者以客源地为中心进行的链式游览（杨新军等，2000）。

二、基于旅游者空间行为的旅游地空间研究

1. 旅游流研究

旅游流包括旅游者流、资金流、技术流、信息流、物质流等，目前的旅游流研究主要指旅游者流，或称为游客流。在基于旅游者空间行为的旅游地空间研究中，旅游流的研究是非常重要的内容。Pearce（1995）认为，旅游流是旅游客源地和目的地相互作用的一种形式，通过旅游流的研究，可以从空间角度考察旅游客源地和旅游目的地的相互作用，即客源地-目的地矩阵（origin-destination matrix，O-D 矩阵）研究（吴必虎和俞曦，2010）。Lundgren（1982）认为地区之间的旅游流动可以看作客源地-目的地之间的相互作用过程，大城市在地区旅游空间相互作用中具有中枢地位，其他影响地区间旅游流动的因素还包括旅游吸引物、当地的经济社会状况及对旅游需求服务的供给程度。他以大城市作为地区间相互作用的核心，提出了旅游流的四种模式：对流模式、辐射社区模式、辐射周边农村模式、辐射边远旅游区模式。

旅游者空间行为指示了与其相联系的吸引物的吸引力（Leask，2010；Xia et al.，2011），由此可辨识出当地旅游结构中的强弱空间（如拥挤区、盲区）（Pettersson and Zillinger，2011）。从旅游流的角度来看，这是基于强度或流量维度的考量。旅游流的特征可以从时间、流向、流量三个维度进行概括（谢彦君，2004）。利用旅游流移动时空跟踪数据，可以从五个维度对目的地进行测量：空间、时间、组成、社会、动态（Raun et al.，2016）。丁正山（2004b）将旅游流进出空间分析与旅游城市对旅游流的集聚、扩散能力联系起来，并从分布中心、分布轴线、离散度三个方面对旅游流空间进行了分析。

在实际研究中，基于旅游流的流量（强度）、流向（方向）、分布、网络结构等方面的考察，呈现出了多种形式、多种层次的旅游空间。

从流量（强度）、流向（方向）、分布出发，可以看到这样的旅游空间：中国已形成四大旅游流产生地[江浙沪旅游扩散场（江苏、浙江、上海）、京津冀旅游扩散场（北京、天津、河北）、辽吉黑旅游扩散场（辽宁、吉林、黑龙江）、粤渝鄂旅游扩散场（广东、重庆、湖北）]和五大旅游流集聚地[长三角旅游集聚场（上海、浙江、江苏）、环渤海旅游集聚场（北京、天津、河北、山东）、珠三角旅游集聚场（广东、海南、广西）、西南旅游集聚场（云南、四川、重庆）、西北旅游集聚场（陕西）]（章锦河等，2005）。

北京、上海、香港和广州四城市为西安美加游客最为主要的出入境口岸；美加旅游者在西安与东部的旅游热点城市，特别是北京、上海、桂林、广州四城市之间的往来十分频繁；与西部的成都、昆明及其他旅游城市间的联系较为松散（马耀峰等，1999）。

区域旅游流空间结构的高铁效应表现为马太效应、过滤效应、扩散效应和叠加效应等特征；区位条件、旅游资源禀赋、旅游接待能力、交通网络密度、时空压缩程度等影响因素共同作用均非常明显，产生高铁马太效应；旅游资源禀赋、旅游接待能力、交通网络密度均不强，时空压缩程度不显著的旅游节点产生高铁过滤效应；区位条件、旅游资源禀赋、旅游接待能力和交通网络密度均具有很强优势，且时空压缩程度明显的旅游节点可称为扩散源，高铁强化了扩散源旅游流集聚作用，然后向边缘旅游地扩散，呈现为集聚-扩散模式；高铁使大尺度空间的不同客源地居民出游空间范围出现叠加现象，但只有区位条件、旅游资源禀赋、旅游接待能力、交通网络密度优势较强且时空压缩程度明显的旅游节点产生叠加效应（汪德根等，2015）。

旅游流在四川省内的空间扩散方向包括西北、西南和东北三个方向，可大致归为14条扩散路径，其中主要路径有8条，分别为成都-乐山大佛-峨眉山、成都-都江堰-九寨、成都-九寨-都江堰-乐山大佛-峨眉山、成都-乐山大佛-峨眉山-都江堰-九寨、成都-乐山大佛-峨眉山-青城山、成都-都江堰-青城山-乐山大佛-峨眉山、成都-海螺沟-峨眉山-成都、成都-三星堆-阆中-剑门关（杨国良，2008）。

中国入境外国旅游者旅游流东强西弱，集中于我国东部地区并向陕西、四川、云南等辐射。外国旅游者旅游流主要集中在我国的环渤海、长三角、泛珠三角（包括桂林）三个旅游发达区，以及以西安为中心的关中、以成都为中心的四川和以昆明为中心的云南地区。外国旅游者根据旅游地形象导向模式进行旅游线路选择，受旅游宣传促销影响很大。传统的京-沪-穗、京-沪-深（圳）、京-西（安）-沪、京-桂（林）-沪、京（沪）-昆（明）-穗等旅游金三角，至今还是构成我国入境旅游流的主体框架。入境外国旅游者旅游流既越来越向传统的旅游热点地区集中，也越来越向新兴的旅游热点地区分散。例如，除向北京、上海、广州、杭州、南京、深圳、桂林、西安、厦门等旅游热点城市集中外，也向新兴的昆明、成都、天津等城市分流（马耀峰等，2008）。

引入时间维度后，可以看到这样的旅游空间：西安经典旅游线路中东线、北线的人-公里数百分比在逐渐增强，而传统的西线的人-公里数百分比在逐渐减少；西安旅游目的地区域经典旅游线路的空间利用强度的变化趋势为集中—均衡—集中。西安旅游目的地区域空间布局模式由早期的点轴式向板块和点轴相结合的模式转变（李瑛，2007）。

从旅游流网络结构出发，又是不同的空间：广州的到达中心性、接近性、中间度数值均较高，也是国内（省外）旅游者到珠三角的集散地，在网络中处于中心地位；深圳、珠海由于毗邻香港和澳门，是珠三角城市群区域重要的目的地，同时也是港澳旅游者进入中国内地特别是珠三角的重要集散地。其他城市如佛山、东莞两城市以商务旅游为主，惠州、肇庆以生态旅游为特色，而中山、江门则两者兼具。构建了珠三角城市群旅游地空间网络结构模式，形成了三级旅游基地、三类旅游区域、三条主要旅游轴线的空间模式（陈浩等，2011）。

由以上研究可以看出，旅游流的研究更适合对大尺度旅游空间的研究。

2. 具体的旅游者空间行为研究

除旅游流研究之外，考察更具体的旅游者空间行为，也是洞悉旅游空间的有效途径。流量（强度）、流向（方向）、分布仍然适用于对具体的旅游者空间行为的汇总考察。

在德国弗赖堡（Freiburg），准备充分与不充分的旅游者有着截然不同的移动模式。前者易于完成更大范围的活动，后者则在城内闲逛（Bauder and Freytag，2015）；在韩国华川山鳟鱼冰雪庆典上，大多数旅游者只游览了入口和中心空间，走了同样的路径，只有一小部分旅游者游览了地区商业区，包括传统市场、城镇区的主要街道，尽管门票允许他们游览更多的地方（Yun and Park，2015）；在波兰波兹南（Poznań），根据旅游者行为，可区分出引导点、城市之门、锚点、桥、未被发现之地等不同性质空间（Kotus et al.，2015）。在南京门东箍桶巷示范片区夜间旅游活动中，休闲街区人群密度与静态活动分布具有一致性，有多样吸引物的复合空间吸引力较大，女性对滨水空间、观影空间和手工艺展示区情有独钟，青少年偏爱滨水空间，而老年旅游者多集聚在亭廊空间，中年人是户外咖啡座的主要使用人群（顾至欣等，2016）。在丽江古城，根据旅游者摄于丽江古城的1380张照片，可以估计出旅游者出游的时间差异、停留时间、日常旅游者量、个人活动路线、旅游热点（Li et al.，2011）。在河南南阳，旅游流有两大流入路径：第一为东路旅游流，主要路径为桐柏-南阳-西峡-内乡；第二为东北路旅游流，主要路径为方城-南阳-西峡-

内乡和方城-南阳-桐柏（王帅，2012）。

将旅游者踪迹与旅游区旅游线路联系起来，能够发现当地常规旅游线路的利用状况。

在芬兰赫尔辛基中央公园，跑步者与骑行者的活动踪迹主要贴近或接近于常规线路；山地自行车集中地脱离常规线路，但只限于一些非常规路径；徒步者与遛狗者则分散地脱离常规线路。综观不同的利用群体，脱离常规线路的动机主要是由环境的积极吸引倾向导致的，如风景优美的视野、探索、动植物观赏（Korpilo et al.，2018）。

在美国缅因州阿卡迪亚国家公园萨金特山脉，旅游者最小影响教育计划鼓励旅游者按标志线路进行游览，最低程度地离开标志线路。研究表明，除了能够全部标出线路和指示牌的区域之外，标志线路和指示牌在限制旅游者离开标志线路方面是无效的。限定统一游览区域或配备一定的志愿者可能是最有效的办法（Kidd et al.，2015）。

在法国卢浮宫，短时间逗留和长时间逗留的参观者之间并没有显著的不同，两种类型参观者的驻足点有一定数量的相似，只是长时间逗留的参观者用的时间更长；两种类型参观者的线路也相似（Yuji et al.，2014）。

Plog（1974）提出一个对旅游者有意思的分类法，详细阐述了旅游区开发阶段与不同类型的旅游者之间的关系。他按照人口的心理学群体分类，对五种旅游者类型进行了识别。①探奇型旅游者：这类人类似于"漂流者"或"探险者"，寻找与日常生活环境完全不同的旅游环境。这些旅游者是"发现者"，他们很少重游故地。Reime 和 Hawkins（1979）认为这类人占旅游者总数的6%。②近似探奇型旅游者：这类人同前者相似，都希望看到旅游环境并与之互动，但不同之处在于他们对住宿设施的需求，如服务于旅游者的旅店和餐馆。这类人经常出游并积极发现新的地方，以参与沙滩登陆和非旅游活动为此类旅游者的标示特征。他们构成总旅游者的15%。③中庸型旅游者：这类人属于寻找"安全"和"他人认可"的主导群体，因此倾向于去有多种商业设施的旅游目的地。④近似保守型旅游者：这类人喜好高度商业化的环境，寻找有大量旅店、各种餐馆和纪念品商店等的旅游地。典型的是，这类人寻求本国而非国外汽车或飞机易于到达的旅游地。⑤保守型旅游者：这类人寻找非常熟悉的地方，倾向于旅游胜地、娱乐公园、家庭餐馆、购物中心、纪念品商店等。这类人需要迎合其兴趣而营造的吸引物环境，因此人工旅游设施，如主题公园等就很受欢迎。这类旅游者有重游的倾向（雷金纳德·戈列奇和罗伯特·斯廷森，2013）。

3. 基于旅游者空间行为的旅游规划空间思想

从旅游者空间行为出发，带来的还有关于旅游规划空间的思想。

保继刚（1991）依据旅游者大尺度空间（省际、全国、国际）行为规律提出宾馆选址应该考虑以下原则：①在同一旅游区中，不宜在旅游资源级别较低景区，或不是旅游中心城市（或大居民点）选址；②在一日游范围内的旅游中心城市（或大居民点）与风景区旅游点之间的小居民点不宜选址；③在节点状旅游区，只宜在旅游中心城市选址；④在一日游范围内的旅游中心城市与风景区之间若出现新的可留住旅游者的中间机会，可以在此选址（保继刚，1991）。

一次中远距离的旅游活动，在空间会经历几类不同性质的空间点：出发地、口岸、核心目的地、附属目的地、机会要素和孤点（王欣等，2015）。根据旅游者行为和意愿的特性，旅游线路大致可分为周游型和逗留型两类。周游型线路的特点在于旅游目的是观赏，线路中包括多个旅游目的地，同一旅游者重复利用同一线路的可能性小。逗留型线路的特点是线路中包含的旅游目的地数量相对较少，旅游目的多是度假性质的，同一旅游者重复利用同一线路的可能性大。无论是周游型旅游者还是逗留型旅游者，其具体的行为属性都属于成本费用、时间、距离最小化行为或非成本最小化行为，即单纯的满足最大化行为（楚义芳，1992）。Oppermann（1993）认为，一些非常规旅游者（流浪者和冒险者）的行为，可对新的有吸引力但缺乏基础设施和服务的旅游点的发现和开发起到巨大的推动作用。常规旅游者则首先在首都城市及其附近旅游，然后逐渐向其他有吸引力的旅游地带扩散，最后形成了整个国家旅游开发的整体格局。

黄潇婷等（2016）提出"产品跟随行为"的旅游规划理念。以"产品跟随行为"规划理念先构建理想的旅游者行为，然后跟随理想行为的需求再对旅游时空环境提出改造和建设的规划思路及具体项目设计方法；是在对旅游资源和旅游者时空行为进行分析的基础上，以旅游者行为规律为旅游产品规划设计的起点和主线，以时间为导向对旅游产品各要素做出的统筹安排。

综上所述，在已有的研究中，基于旅游者空间行为，以某一区域为研究范围，系统考察其空间关系的研究并不多见，本研究即是在这一学术方向上的一次努力与尝试。

4. 边境旅游空间研究

目前,关于边境旅游空间的大部分研究零星分散于一些研究者的研究成果中,对边境地区跨境旅游空间的研究还缺乏足够的重视。

国外边境旅游空间研究更侧重于对边境跨境空间的考察,特别是对边界这一空间的作用与含义的理解。边界造成了能够推动跨界移动的国际差异(Spierings and van der Velde,2013),以其所有矛盾的理论特征和实践意义,塑造着当地居民的生活习惯与心理机制,也定义着跨越边界的人们的自我认同。人们为了旅游、工作、逃离故国、传教或为了探索新的土地而旅行,由此他们跨越使得他们给自己不同于以前的自我认同的边界,成为移民、流放者、旅游者、拯救者或征服者(Marsico,2016)。在一些案例中,边境跨境地区的旅游项目会加剧相邻边境地区不均衡的社会-经济发展方向(Stoffelen and Vanneste,2017)。

依托旅游区与边界线的区位关系,Matznetter(1979)对两者之间三种类型的空间关系进行了研究:①边界线离旅游区很远;②旅游区紧靠边界线的一侧;③几个旅游区跨越边界或在边界线聚集。他指出,在第一种情形下,边界是一种屏障,或者单纯的中转界线,边界的影响力主要取决于它向外围的渗透程度。在第二种情形下,Matznetter(1979)认为除了旅游者会被吸引到旅游地一侧,也会有一些人被吸引到边界的非旅游地一侧,为当地提供迅速发展旅游业的机会。在第三种情形下,边界两侧可能会产生交流与合作,其自然与文化吸引物系统将作为一个整体来运作,或者正相反,边界完全成为两侧交流与合作的重大障碍。Timothy(2001)根据旅游者穿越边境难度的大小和边境两边社会文化的相似度,将边境划分为四种类型:①跨越难、文化差异大的边境区,如以色列和阿拉伯国家的边境区;②跨越难、文化差异小的边境区,如中国和蒙古国边境区;③跨越易、文化差异大的边境区,如希腊和土耳其边境区;④跨越易、文化差异小的边境区,如美国和加拿大边境区。Martinez(1994)根据跨界旅游联系的强弱,将边境分为疏远型边境、共存型边境、互依型边境和整合型边境四种类型。

在国内,陈桂秋(2004a)从空间尺度与环境氛围尺度两个方面提出了边境旅游独特的空间范式。其中,边境旅游的环境氛围尺度由核心区、辐射区、腹地区三部分构成。崔莹(2010)则在陈桂秋研究的基础上提出了与边境旅游的环境氛围核心区、辐射区、腹地区相对应的核心旅游区、辐射旅游区、潜力区域。在对于新疆与俄罗斯西西伯利亚跨境旅游规划的空间布局上，吴淼和黄洁（2009）提出在核心区以片状合作开发为主、外围以线和点状开发为主，形成旅游资源开发的点线面相结合的空间结构。而在口岸跨国旅游合作成熟阶段，或者甚至在合作伊始，旅游开发与合作的重心势必将沿着口岸两端便捷的铁路、公路等交通轴线渐次延伸，对邻近口岸的两国各自旅游核心城镇或景区进行扩散和旅游合作，逐步形成以口岸为节点的点线面相结合的区域性旅游合作格局（王辉和杨兆萍，2011）。王桀等（2018）将边境线视为对旅游流形成阻滞或扩散的域面，国门视为入口通道，区内路径视为旅游流连接通道，边境口岸视为节点，将边境旅游系统空间结构模式分为单边聚集模式、单边扩散模式、双边聚集模式和多边跨境扩散模式四种类型（图4-2）。

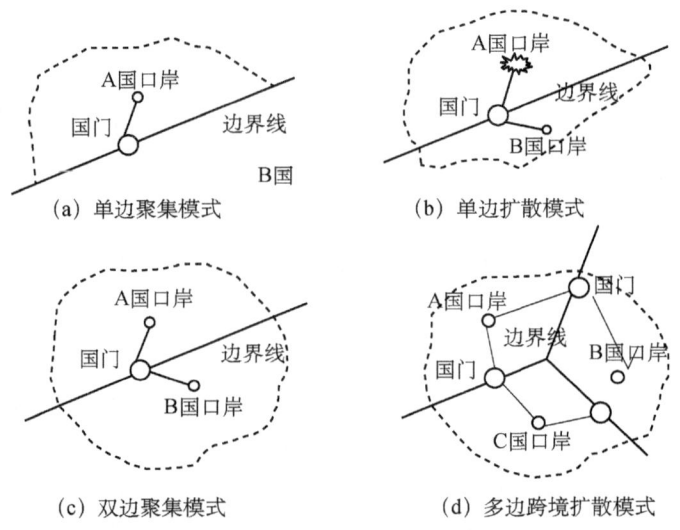

图4-2　边境旅游系统空间结构模式（王桀等，2018）

可以看出，学界在深入理解边界作用的基础上，已形成一些基本的关于边境旅游空间的认识。在此基础上，边境跨境旅游空间、边境旅游区域空间、边境微旅游目的地（Hernandez-Martin et al.，2016）空间等不同视角的空间都可以作为学界进一步研究的对象；边境旅游空间的形成机制、空间结构、开发模式、空间关系等内容的研究也逐渐丰富起来。

在边境旅游区域的研究上，国外更侧重影响因素（Mansfeld，2015）、战略（Yilmaz et al.，2013）、合作（Ilbery and Saxena，2011；Golumbeanu et al.，2014）等方面的研究，国内不仅在以上方面有较多的研究，同时在边境旅游区域空间方面也取得了丰富的研究成果。

国家区域层面上的研究，主要有中国科学院地理科学与资源研究所对中国陆地边境县域旅游竞争力进行的评价。得出的结论如下：与朝鲜接壤的边境县域旅游竞争力评价得分最高；其次为与老挝、缅甸、越南、俄罗斯、蒙古国接壤的边境县域；再次为与阿富汗、中亚三国和巴基斯坦接壤的边境县域；最后为与尼泊尔、印度、不丹接壤的边境县域（葛全胜等，2014）。中朝、中老、中俄边境县域在旅游发展基础条件竞争力方面具有优势，中越、中朝、中缅边境县域在旅游发展现状竞争力方面具有优势，中亚、中阿、中巴边境县域在旅游发展潜力竞争力方面具有优势（时雨晴等，2014）。极具旅游竞争力的边境县域是目前边境旅游的主要开展地区，旅游竞争力较强的边境县域是未来边境旅游的重点发展区域，旅游竞争力一般的边境县域是边境旅游发展须尽力提升的地区，旅游竞争力较弱的边境县域暂不具备发展边境旅游的条件（葛全胜等，2014）。该研究中最主要的空间思想是空间强度与空间分布，空间强度表现为各边境县域的旅游竞争力，空间分布表现为对中国边境县域旅游竞争力的分段分析。

省、自治区以及省际、区际层面的边境旅游空间研究中：

首先，空间强度与空间分布是基本的研究思想。郭向阳等（2017b）运用因子分析法对云南省8个边境州（市）旅游竞争力水平层级进行了量化测评，空间强度表现为云南省8个边境州（市）的旅游发展竞争力水平，空间分布则表现为边境州（市）竞争力水平基础上的分区、空间布局形态、空间布局特征。

其次，是空间组织思想的运用。"点-轴"发展理论、"点-线-面"空间组织形式得到了充分体现：以云南省25个边境县为节点、边境地区公路交通线为旅游轴线，将边境地带划分为四大片区的空间结构体系（蔡瀚赓等，2017），中越旅游边境"一带、三核、四极"["一带"即一条中越边境旅游发展带，"三核"即三个旅游核心城镇，其中一个一级旅游核心城镇（河口）、两个二级旅游核心城镇（麻栗坡、金平），"四极"即四大增长极，即麻栗坡县老山旅游区、红河蝴蝶谷旅游区、河口县花鱼洞旅游区、十层大山三国旅游区四大重点旅游项目]的空间建议（娄阳等，2017）；中国-哈萨克斯坦国际合作区示范区自由旅游区一个旅游核心（中哈国际合作区）、四大旅游片区（塔城盆地边境绿洲旅游片区、和布克赛尔江格尔文化旅游片区、天北休闲自驾旅游片区、阿拉湖异域风情康体养生旅游片区）、十五个精品景区（巴克图口岸、阿拉湖、塔城市俄罗斯风情街、巴尔鲁克山、乌苏佛山国家森林公园、鹿角湾风景区、沙湾大盘美食城、和布克赛尔江格尔文化旅游景区、乌苏啤酒欢乐谷、乌苏泥火山景区、亚欧大陆地理中心景区、和布克赛尔蒙古自治县龙脊谷景区、和布克赛尔蒙古自治县蒙王府热气泉、额敏河滨河旅游区、莫合台国际狩猎场）的空间安排（罗奎等，2016）；考虑了县域之间联系的中哈旅游节点、旅游廊道、旅游地发展系统（李东等，2017）。

最后，是强调了空间联系的研究。甘静（2016）利用经济强度、经济熵、总强度分析了2000~2013年东北地区边境城市间的经济作用强度、旅游经济作用强度；同时，通过经济联系、旅游联系、城市化水平、旅游溢出分析了东北地区城市与边境旅游地域系统间的对外联系。

在州（市、盟）域以及县域空间层面上，"点-轴"发展理论、"点-线-面"空间组织形式也得到了较好运用：周灿和赵一默（2016）提出德宏州"一核心、一环线"（将芒市-瑞丽建设成为国际休闲旅游集散中心、东南亚区域旅游集散中心和德宏州旅游集散中心；形成芒市-瑞丽-陇川-盈江-梁河有档次、有影响力的旅游区域环）的旅游空间布局建议；文颖（2015）倡议满洲里培育海拉尔-满洲里-阿尔山、满洲里-赤塔-伊尔库茨克、满洲里-乔巴山-肯特山、满洲里-乌兰巴托等精品线路；在对西双版纳州勐腊县旅游的研究中，左文君（2017）提出重点打造勐仑热带雨林休闲度假旅游小镇和磨憨边境休闲旅游小镇两个旅游综合体，形成区域旅游增长极。通过南北联动，以点带面，以增长极的极化和扩散效应，强化边境休闲旅游品牌。

总体来看，我国边境旅游空间研究中，基本的空间强度、空间分布，以及较复杂的空间联系、空间组织等思想均得到了不同程度的运用和体现。然而已有的研究中，也不同程度地存在区域整体发展视角、空间内在联系机理视角、经验视角的缺失或不到位。

首先，区域整体发展的思想导向还不够突出。对边境区域旅游空间的研究，其中一个很重要的落脚点是边境区域的整体发展，这方面的研究从数量上来看还较少。

其次，空间内在联系机理没有得到应有的重视。虽然基本的空间强度、空间分布，以及较复杂的空间联系、空间组织等思想均得到了不同程度的运用和体现，但不同强度的不同分布的空间之间有着怎样的联系、现有的空间联系究竟是怎样形成的、在一定的空间组织形式下各空间要素究竟有着怎样的相互作用等问题还没有得到清晰的回答。

最后，存在一定程度的经验视角不足的情况。例如，在旅游发展中，区域中心城市并不一定是该区域中旅游经济或旅游活动发展最好的空间。由此，已有研究中以区域中心城市代表区域进行研究的做法，在一定程度上忽视了区域旅游空间发展的实际。

区域整体发展视角、空间内在联系机理视角、经验视角，将贯穿于本研究始终。

第二节　边境旅游空间关系与空间效应的基本解读

一、旅游者空间行为

李瑛（2007）认为，旅游空间行为是指旅游者在一定空间范围内的出游行为，包括旅游目的地的选择行为、旅游线路的选择行为及旅游景点的选择行为。旅游者旅游空间行为的研究，可以揭示旅游目的地区域对客源市场吸引力的空间范围大小、空间分布状态及区域内旅游流的流动规律，为区域旅游的空间组织和优化提供依据。

黄潇婷（2011）提出，旅游时空行为是指旅游者在出发地至目的地、旅游目的地内部及返回出发地旅游过程中的空间移动行为和时间分配行为。

虽然在大多数的旅游行程中，出发地即返回地，但实际上存在出发地与返回地不一致的情况；本书认为空间行为的基本形态有两种，一为移动，二为停驻。因此本书认为：旅游者空间行为是从出发地到目的地再到返回地整个过程中旅游者的食、住、行、游、娱、购等活动的空间选择、分配、相处、组合等行为。其中，空间选择指旅游者的空间决策行为；空间分配指旅游者在不同旅游空间安排不同活动的行为；空间相处指旅游者与旅游空间的相处行为：移动、停驻、静态、动态，食、住、行、游、娱、购等；空间组合指旅游者选择或分配的不同旅游空间的组合。

二、旅游空间

陆林（1996）指出，旅游者活动空间是指旅游者旅游过程中所涉及空间的分布范围和结构。

洪烨等（2016）认为，旅游空间是指涉及旅游活动依托的表现为点、线、面等地理形态的空间信息，包括旅游地、旅游线路、景区、游览线和景点等，是旅游资源的载体。如果以实体对象的形状来划分，旅游地和景区为面要素，旅游线路和游览线为线要素，景点为点要素。

本书既不同意旅游者活动空间的理解维度局限于分布范围和结构的做法，也不赞同旅游空间是空间信息的观点。旅游空间与点、线、面要素的对应关系，应该是相对于不同的空间研究尺度来讲的。以旅游区为例，如果以旅游区为研究尺度，那么旅游区应该作为面要素来考虑，但如果以旅游区所在的背景区域为研究尺度，那么旅游区就可以抽象地看作点要素。

本书所论旅游空间指的是旅游行为发生的地理空间。它具备作为地理空间所具备的所有特征，既具有自然、社会、经济、文化等方面的性质，也拥有地理空间的点-线-面结构，并且适用一般地理空间的所有规律。

此外，从旅游活动"食、住、行、游、娱、购"六要素的角度来看，本书认为，旅游空间可以对应细分为餐饮空间、住宿空间、交通空间、游赏空间、娱乐空间、购物空间。每一类空间除了提供其主要的餐饮、住宿、交通、游赏、娱乐、购物功能之外，还可以不同程度地兼备其他旅游活动功能。例如，餐饮空间除了主要供给餐饮之外，还可以兼具游赏、娱乐功能；住宿空间除了提供住宿功能之外，还可以兼备餐饮、游赏、娱乐等功能。

三、旅游空间关系

旅游空间关系指旅游空间要素之间的联系与作用。

本书中，旅游空间要素指旅游点空间、旅游线空间、旅游面空间。

空间结构的点要素是指某些经济活动在地理空间上集聚而形成的点状分布形态。当要素本身的大小与其存在的空间相比可不予考虑时，即可抽象为点。点要素是区位要素中的最基本形式，也是地理学家空间结构和区域规划工作中的研究重点（刘卫东等，2013）。本书将旅游空间中的点要素简称为旅游点空间。旅游点空间主要指旅游区（点）以及之外的游赏点、住宿点、餐饮点、购物点、娱乐点、交通节点等旅游活动场所，以及城市、乡镇、村寨、口岸等可以抽象为点要素的旅游空间。

空间结构的线要素是指经济社会活动在地理空间中所呈现的线状分布形态（陆玉麒，1998）。本书将旅游空间的线要素简称为旅游线空间。旅游线空间主要有交通线、旅游行程线、行政区界线等线形空间。

空间结构的面要素是指经济社会活动在地理空间中所呈现的面状分布形态，通常是指区域空间结构内除去节点和网线之外的所有地域空间。面是点和线要素赖以存在的空间基础，具有确定的空间范围（刘卫东等，2013）。本书将旅游空间结构的面要素称为旅游面空间。旅游面空间指不同区域层级的旅游空间，国际区域旅游空间，国家旅游空间，省（自治区、直辖市）级旅游空间，州（市、盟）级旅游空间，县、乡镇级旅游空间，以及各层级的跨界旅游空间。

四、空间效应

《现代汉语词典》（第 7 版）把"效应"一词解释为：物理的或化学的作用所产生的效果。

极化效应。也称集聚效应。是指一个国家中经济迅速增长的某个区域，通过吸引其他区域的生产要素，并在贸易中将其他区域置于不利地位，进而对其他区域的发展所产生的不利影响（艾伯特·赫希曼，1991；李小建，2015）。

涓滴效应。又称扩散效应、淋下效应。是与极化效应相对应的另一种效应，指经济活动及各要素从发达区域向欠发达区域扩散的过程，其主要作用是使生产要素逐步由发达区域向欠发达区域扩散渗透，形成一种离心运动（艾伯特·赫希曼，1991；李小建，2015）。

边界效应。是指边界对跨边界经济行为的影响，根据对边界本质的分析，可以将其概括为屏蔽效应和中介效应。一方面，从边界的封闭属性、情感属性和抽象属性角度来说，在显性方面表现在国家为保护其经济主权和发展民族工业，往往以关税和非关税贸易壁垒在一定程度上限制贸易和生产要素的流动，这就是边界的屏蔽效应。另一方面，从边界的开放属性角度来说，国家间总是存在一定的物质、信息的交流，而边界则是两者间的中介面。在现实世界中，完全开放和完全封闭的边界均不存在，因此边界作为国家间交往的中介，表现出一定的"过滤功能"，即边界对有利于本国经济社会发展的物质、信息的流动是开放的，而对损害其社会经济发展的物质、信息的流动则是封闭的，这就是边界的中介效应（李铁立，2004）。

近邻效应。独特性和共性导致相邻的资源个体对远处居民的吸引力之间的相互影响，这种影响称为近邻效应。近邻效应可分为正效应和负效应。属于不同类型的资源个体在同一地区出现有助于延长旅游者在该地区的游玩时间，使该地区资源对远处居民的吸引力增强，也就是说，资源个体的吸引力因其他个体在其附近出现更加强，这就是正的近邻效应。反之，属于同一类型的观光型资源个体在同一地区出现时，不仅影响旅游者的兴趣，而且个体之间的分流作用使其吸引力相互抑制，这就是负的近邻效应，并表现为吸引力大的资源个体抑制吸引力小的资源个体（陈健昌和保继刚，1988）。

综合分析以上几种空间效应概念，本书认为，空间效应是指由地理空间之间的集聚、辐射等作用关系而引起的，地理空间作用（吸引、掠夺、扩散、阻隔等）于生产要素而形成的，易于识别的生产要素在地理空间上的集聚或扩散形态。地理空间的相互关系是空间效应形成的根本原因，地理空间对生产要素的作用是空间效应形成的直接原因。

旅游屏蔽效应。许春晓（1993）系统探讨了旅游资源非优区的一般特征、本质、确定方法，以及适度开发的可能性、必要性、衡量标准、开发战略等。同一年，在对孟子故里邹城的旅游开发研究中，王衍用（1993）发现邹城位于曲阜这个热点旅游区的阴影之内（王衍用最早将邻近热点旅游区的旅游区称为"热影区"），这是邹城旅游业难以有较大发展的原因。后将"热影区"改称"阴影区"（王衍用，1999）。

旅游地的屏蔽类型主要有要素屏蔽、资源屏蔽、区位屏蔽、条件屏蔽、事故屏蔽五类（许春晓，2001a）。

旅游地的屏蔽现象是指某特定区域的旅游资源，因某些限制性因素的存在，开发利用价值都大为逊色，甚至不能顺利开发的现象（许春晓，2001b）。本书将明显的旅游发展中强者对弱者的屏蔽而造成被屏蔽旅游空间发展受到限制的现象，称为旅游屏蔽效应。

五、边境旅游

在国际研究中，边界的英文单词通常有 border、boundary、frontier，三者含义有所区别，border 既指国界（或称边境、国境），也可指国内行政边界（省界、市界、县界等），boundary 泛指一般的边界，international boundary 相当于边境，而 frontier 专指边疆或边境（杨效忠和彭敏，2012）。常用的用于表示边境旅游的英语有 border tourism、cross-border tourism、frontier tourism 等。

在我国边境旅游的研究中,主要出现了以下边境旅游概念:

1)边境旅游是指经批准的旅行社组织和接待我国及毗邻国家的公民,集体从指定的边境口岸出入境,在双方政府商定的区域和期限内进行的旅游活动[①]。

2)人们通过边境口岸所进行的跨越国境的旅游活动(张广瑞,1997a)。

3)边境旅游是指相邻两国或地区的居民,在双方接壤的对外开放的边境城市或地区相互进行短程旅行游览的行为(姚素英,1998)。

4)边境旅游是指相邻国家之间相互开放水陆边境口岸,按照一定的协议和约定,允许相邻国家的居民相互出入边境所进行的旅游活动(罗明义,2002)。

5)在我国边境地区的市、县,经中央政府批准,与相邻国家的边境地区之间开展的本方居民有组织地前往对方旅游的业务(田欣,2003)。

6)旅游者采取某种旅游方式在边境地区开展旅游活动或是从指定的边境口岸出入境,在双方政府商定的区域和期限内进行的旅游活动,即为边境旅游(刘小蓓,2004a)。

7)边境旅游是指人们通过边境口岸在指定区域和时限内所进行的跨境旅游活动(姜晓娜,2010)。

8)边境旅游是指旅游者在双方国家边境地区进行的旅游活动。主要包括两种形式:一是旅游者在本国边境地区进行的境内旅游活动;二是旅游者经过边境口岸的跨境旅游活动,即本国旅游者经过边境口岸的出境游和邻国旅游者经过边境口岸的入境游等跨境旅游活动(祝招玲和谢维光,2010)。

9)广义的边境旅游是指人们跨越国境在边境地区所进行的旅游活动。狭义的边境旅游是指人们通过边境口岸在指定区域和时限内所进行的跨境旅游活动(陈永涛,2013)。

本书从出游方式、出游主体、出游通道、出游区域和时间限定、是否跨境等方面对上述概念进行分析(表4-1)。

表 4-1 边境旅游概念分析

考察方面	限定内容	限定的概念	不限定的概念
出游方式	统一组织	1)、5)	2)、3)、4)、6)、7)、8)、9)狭、9)广
出游主体	双方的公民/居民	1)、3)、4)、5)	2)、6)、7)、8)、9)狭、9)广
出游通道	指定口岸	1)、2)、4)、6)、7)、8)、9)狭	3)、5)、9)广

[①] 《边境旅游暂行管理办法》(1997年)。

续表

考察方面	限定内容	限定的概念	不限定的概念
出游区域和时间限定	双方政府协商的区域和期限	1)、3)、4)、5)、7)、9) 狭	2)、8)、9) 广
是否跨境	跨越国境线	1)~8)、9) 广、9) 狭	

注：表中 1)~8) 分别指上面所列举的 1)~8) 的边境旅游概念；9) 广、9) 狭分别指上面所列举的 9) 中的广义概念和狭义概念

分析表明：

在出游方式是否限定要统一组织、出游主体是否限定须是双方的公民/居民、出游通道是否须从指定口岸出境等方面的认识上，随着对我国及世界边境旅游实践的观察和反思，研究者有了边境旅游出游方式可以多样化、出游主体应该包括来自第三国或地区的旅游者、边境口岸在一定条件下并不成为边境旅游的充分必要条件等新的观点，这些新的观点也反映在边境旅游概念的发展过程中，推动了边境旅游的研究。

在边境旅游是否须在双方政府协商的区域和时间限定内进行，虽然有不做限定的概念出现，但目前对这一方面的研究和观点还很少。

虽然已有的概念中均认为边境旅游需跨越边境线，但观点的内容却仍存在分歧。其中6)和8)的观点是一致的，明确边境旅游包括边境地区的境内旅游和跨境旅游，而陈永涛（2013）则认为本国人员在本国边境地区的旅游活动是国内旅游，不属于边境旅游，边境旅游不包括边境地区的境内旅游。

本书认为，边境旅游是指在边境地区进行的旅游活动，从空间视角来看，它包含相邻国家边境地区的境内旅游和跨境旅游。本书中专门以边境跨境旅游来指边境地区的跨境旅游，仍属于边境旅游的范畴。

六、经济地域运动

董锁成（1994）在《经济地域运动论——区域经济发展的时空规律研究》一书中，首次提出经济地域运动的概念：经济地域运动是指经济地域系统的成分（物质成分与非物质成分）、结构（部门结构与空间结构）、功能规模（经济实力与地域范围）、等级（经济发展水平和空间结构演变的层次）、性质等在不可逆时间序列中有机的空间演变过程。

经济地域运动既包括要素的流动组合，也包括经济地域整体运动及其分化与组合，但其最基础的，还是从要素的流动开始，它贯穿于经济地域运动

的始终；经济地域运动自始至终都受地理环境（包括自然、经济、社会人文环境）和运动载体（交通、通信与信息条件）的直接制约；经济地域运动过程，始终处于螺旋式上升态势，正因如此，才使运动的内容、载体、形式与地域组合形态，不断由低级走向高级，从简单走向复杂，乃至形成目前错综复杂的经济地域系统的局面。非均衡运动是经济地域运动的总规律（陈才，2009）。

集中与分散规律是经济地域运动的一个基本规律。集中与分散主要是地域空间向心力与离心力相互作用的结果。当某地域具备经济发展上的优势时，向心力就会起主要作用，经济运动与经济要素的运动就会以向内集聚作为其主导方向并产生集聚效应（也称极化效应）。相反，在一定地域内，当离心力大于向心力时，经济运动与经济要素的运动就会以向外扩散作为其主导方向并产生扩散效应。集聚效应增强地域经济实力，当集聚达到一定程度时，扩散效应起主导作用，扩散作用扩展经济地域范围，缩小地区差距，带动后进地域发展。如此循环往复，推动经济地域运动不断向前发展。

从经济地域运动理论出发，旅游地域可以被看作旅游空间作用下旅游产业要素运动的结果。一定的旅游空间关系，对应着一定的旅游空间相互作用，表现为旅游产业要素的不同运动形式。因此，通过识别旅游产业要素的不同运动形式，包括旅游者的流动形式，有可能判断出旅游空间关系。

经济地域运动理论为基于旅游者空间行为的区域旅游空间关系研究提供了理论上的可能性。

七、增长极

佩鲁在《经济空间：理论与运用》一文中，首次提出增长极的概念（Perrou，1950）。其后，布德维尔（Boudeville）等学者在地理空间中引入增长极的概念，从而将增长极最初所描述的经济数量结构关系扩展为包含空间关联的经济地理结构。布德维尔认为，厂商或行业的空间邻近性将产生外部经济效果，诱导厂商或行业在地理位置上的集聚发展，这种正向效应的积累会促使增长中心的形成，并在厂商或行业之间形成网络关系，继而扩大外部经济效果，继而形成区域"增长极"的空间结构（陆大道，1995）。

增长极的形成源于区域经济社会发展中的集聚与扩散效应，这里的集聚效应也常被称为极化效应，为发展经济学家缪尔达尔（1957年）和赫希曼（1958

年）分别提出的回波效应和极化效应；而扩散效应则分别对应这两位学者提出的渗漏效应和涓流效应。缪尔达尔认为，无论什么原因导致一个中心的开始增长，该中心就通过一个积累过程持续扩大其中心性。这就是解释增长极极化作用的著名的"循环累积因果"原理。这种积累过程主要源于中心对其周边地区间生产要素（人力、资金、产业等）的掠夺。扩散效应源于中心地的外部不经济（如拥挤）、对周边地区农副产品的需求、信息与技术传播等。整体而言，以增长极为基础的空间结构模式集聚与扩散是一种局域范围的集聚与扩散，以邻近扩散、随机扩散为主导（刘卫东等，2013）。

八、点-轴系统

20世纪80年代初，中国地理学家陆大道提出了空间结构的合理集聚与最佳规模——点-轴系统（陆大道，1995）。

点-轴系统理论的基本要点是：社会经济客体在区域或空间的范畴总是处于相互作用之中。这也类似于物体空间相互作用的基本原理，存在空间集聚和空间扩散两种倾向；在国家和区域发展的过程中，大部分社会经济要素在"点"上集聚，并由线状基础设施联系在一起而形成"轴"。这里的"点"指各级居民点和中心城市；"轴"指由交通、通信干线和能源、水源通道连接起来的"基础设施束"，"轴"对附近区域有很强的经济吸引力和凝聚力。轴线上集中的社会经济设施通过产品、信息、技术、人员、金融等，对附近区域产生扩散作用。扩散的物质要素和非物质要素作用于附近区域，与区域生产力要素相结合，形成新的生产力，推动社会经济的发展。在国家和区域发展的过程中，在"基础设施束"上一定会形成产业集聚带；由于不同国家和地区地理基础及社会经济发展特点的差异，点-轴空间结构形成过程具有不同的内在动力、形式及不同的等级和规模；在不同社会经济发展阶段（水平）情况下，社会经济形成的空间结构也具有不同的特征。这种特征体现为集聚与分散程度及社会经济客体间的相互作用等（陆大道，2002）。

点-轴系统通过区域经济社会的集聚与扩散来组织其结构，其关键在于渐进式扩散。即扩散发自扩散源，沿着若干扩散通道渐次扩散经济社会中的各种"流"（含客货流、资金流、信息流等），在离中心不同距离的位置形成强度不同的新集聚。受距离衰减规律的作用，扩散力具有随距离增加而逐渐衰减的特征，新集聚的规模也随距离的增加而变小，相邻地区扩散源扩散的结果是扩散通道相互连接成为发展轴线。随着经济社会的进一步发展，发展轴线进一步延伸，新的规模相对较小的集聚点和发展轴又不断形成。随着不断扩散，最终形成这样的空间格局：在最早出现并获得快速增长的中心城市之间的轴线规模（包括线状基础设施的种类、等级、能力、组成完善程度）较大，在其后出现的经济社会总量不大的城镇之间的轴线规模相应较小，这样就形成了点-轴等级体系。因此在一个国家内，最高等级（或一级）的发展轴线只有少数几条，随着级别的降低，轴线数量不断增长，每一条轴线的规模不断下降（刘卫东等，2013）。

九、主要概念的内在联系

"旅游者空间行为"是本书思路的起点。

本书中的"旅游空间"范围是区域，且是边境区域、边境州（市、盟）域。对"旅游空间"要素的理解，奠定了本书空间分析从点、线、面三个层次展开的基本框架。

"边境旅游"是对"旅游空间"的规定，"边境旅游"空间的复杂性增加了研究的难度和趣味。

"旅游空间关系"是旅游"空间效应"的因，旅游"空间效应"是"旅游空间关系"的果。旅游空间关系表现为不同形式的旅游产业要素的流动，旅游产业要素在旅游空间上流动的易于识别的结果，即旅游"空间效应"。本书通过"旅游者空间行为"，透视出"旅游空间关系"；再根据"旅游空间关系"，识别出旅游"空间效应"。

所以，"旅游者空间行为"是研究的起点，"旅游空间关系"是研究的枢纽，"边境旅游"的"空间效应"是研究最终的落脚点。

第三节 旅游者空间行为与边境旅游地域空间

探索旅游地域理论，需从旅游要素流动的角度，理解旅游地域运动。旅游空间关系（竞争与互利）产生了旅游空间作用（集聚与辐射），旅游空间作用表现为旅游要素运动（集聚与扩散），易于识别的旅游要素运动结果即旅游空间效应。旅游者是旅游要素之一，其空间行为必然反映着旅游地域空间的空间关系与作用。分析旅游要素最基本的运动形式（集聚与扩散）、旅游空间最基本的关系（竞争与互利）和最基本的作用方式（集聚与辐射）、旅游者空间行为最基本的形式（移动与停驻），细究其内在联系，结合空间效应的概念，建立旅游者空间行为、旅游地域空间作用、旅游地域空间效应之间基本的对应关系，进一步结合我国边境区域旅游空间特征，从点、线、面三个层次，搭建基于旅游者空间行为的边境区域旅游空间效应研究框架。

一、经济地域与旅游地域

经济地域是指人类经济活动与具体时空条件紧密结合而形成的相对完整的地理空间。它是区域经济地理学科的一个基本概念，也是认识区域和研究区域的根本出发点。在区域经济地理学科中所提到的经济地域或经济区域的含义基本是一致的，只是前者是泛义的经济地域，后者是具体的经济区域（陈才，2009）。

旅游地域单元是旅游业发展过程中由于旅游要素的不断积聚而形成的具有鲜明旅游特征和旅游功能的一个地理空间实体。因此，区域旅游业的良性发展体现在相对独立的旅游地域单元逐步形成过程中，在保证区域旅游发展规模、速度、方向的基础上，实现旅游与旅游资源、旅游环境和人类社会发展相协调的持续发展的模式（庞规荃，2001）。这一定义与本书观点一致，也认为旅游地域是旅游要素运动的结果，但没有指出旅游空间关系引发的空间作用是旅游要素运动的根本原因。

二、旅游地域运动理论探索

运用经济地域运动理论提供的思想工具，理解旅游地域运动。

1. 旅游地域运动的概念

根据董锁成（1994）在《经济地域运动论——区域经济发展的时空规律研究》一书中提出的经济地域运动是指经济地域系统的成分（物质成分与非物质成分）、结构（部门结构与空间结构）、功能规模（经济实力与地域范围）、等级（经济发展水平和空间结构演变的层次）、性质等在不可逆时间序列中有机的空间演变过程的概念，本书认为，旅游地域运动是指旅游地域系统的成分

（物质成分与非物质成分）、结构（部门结构与空间结构）、功能规模（经济实力与地域范围）、等级（经济发展水平和空间结构演变的层次）、性质等在不可逆时间序列中有机的空间演变过程。

2. 旅游地域运动的特征

旅游地域运动首先遵循一般经济地域运动的规律。

1）经济地域运动既包括要素的流动组合，也包括经济地域整体运动及其分化与组合，但最基础的还是从要素的流动开始，贯穿于经济地域运动的始终（陈才，2009）。

2）经济地域运动自始至终都受地理环境（包括自然、经济、社会人文环境）和运动载体（交通、通信与信息条件）的直接制约（陈才，2009）。

3）经济地域运动过程始终处于螺旋式上升态势。正因如此，才使运动的内容、载体、形式与地域组合形态，不断由低级走向高级，从简单走向复杂，乃至形成目前错综复杂的经济地域系统的局面（陈才，2009）。

此外，旅游地域运动还具有以下特征：

1）城市等级与其旅游发展程度不存在一致性。在一般意义上的经济地域运动中，对于空间点的关注，常以城市等级论高低，城市级别与其在地域系统中的重要程度大致成正比，省会城市、州（市、盟）府所在城市，往往是区域经济发展的核心，城市空间格局相对较稳定，空间点等级体系较容易识别；而对旅游地域系统而言，因旅游资源的不可移动性，城市等级空间与旅游资源等级空间并不一定存在一致性。因此，旅游地域运动中最易引人关注的是高等级旅游资源密集、旅游经济活动活跃的点空间，与城市等级没有必然的联系。例如，在作者进行的前期研究中可以发现，虽然和顺古镇隶属腾冲市，但腾冲市相较于和顺古镇并没有表现出明显的旅游住宿优势，和顺古镇以特色客栈足以与住宿设施档次齐全的腾冲市平分秋色；而就整个保山市区域旅游而言，作为区域政治经济文化中心的市府所在城市隆阳区却处在腾冲与和顺的屏蔽之下。

2）旅游者的空间流动处于突出的重要地位。一般的经济地域运动，原材料所在地与产品销售地并不一致，生产地需综合考虑距离、原材料价格、重量、运输成本、产品价格等诸多因素进行选址，因此在一般的经济地域运动中，生产资料、生活资料的流动处于突出的重要地位。而对于旅游地域运动来说，旅游资源具有不可移动性，旅游资源所在地即旅游产品生产地，也是旅游产品交易的销售地，消费者使用旅游产品的消费地，生产资料与生活资料的流动并不显著，相反，旅游产品的消费者即旅游者的流动却很显著。旅游者的流动完成了对旅游产品的选择、交换、使用，同时也完成了旅游地空间的选择、分配、相处、组合。因此，交通条件在旅游地域中处于十分重要的地位，交通与旅游发展的研究进展十分迅速。

3）旅游者对旅游地域空间的重塑。旅游地域得以发展的根本原因在于其整体吸引力。然而旅游地域的吸引力并不局限于专门设计开发的旅游区（点）。城市街景、交通沿线风光、本就存在的集市、未经任何旅游开发的随经济发展而发展起来的菜市场、受本地人欢迎的餐饮店等，不拘一格，都可以是吸引旅游者的因素。因此，旅游者的流动并不局限于专门设计开发的旅游空间，旅游者的流动往往生发出新的旅游空间，改变着旅游地的空间力量和空间关系。

3. 旅游地域运动的基本要素

根据经济地域运动理论，要素流动是经济地域运动的基础。本书将旅游地域空间看作旅游空间作用下，旅游要素运行所塑造的空间。

目前，旅游地域运动的基本要素包括空间基础要素、人口与劳动力要素、生产资料与生活资料要素、旅游者要素、资金要素、科技要素、信息与管理。

空间基础要素。空间基础要素既指生产、交换、消费旅游产品所必需的空间场所，也指作为空间场所组成部分的旅游资源空间，同时也包含旅游地域的地脉、文脉内涵。空间基础要素既提供旅游生产、交换、消费的空间场所，也提供旅游生产的原材料——旅游资源。空间基础要素的运行，既指用于旅游生产、交换、消费的空间场所的规模扩大、质量提升、数量增加、旅游经济实力增长，也指旅游地域经济、政治、社会、文化的发展。

人口与劳动力要素。人口为旅游地域发展提供了基本的客源市场，特别是对于主题公园的发展来说，人口数量和经济收入水平在一定程度上决定着主题公园的发展前景。同时，人口也为旅游地域运动提供劳动力。人口数量、年龄结构、受教育程度、工作能力、专业技术能力，又决定着可为旅游地域系统提供的劳动力数量与质量。人口与劳动力要素运动主要指其空间流动。

生产资料与生活资料要素。生产资料指生产工具、设备、能源、原材料等。旅游地域运动中的生活资料，主要是为了满足旅游者在旅游地的生活需求，其流动与组合从属于生产资料的流动与组合，先确定生产资料空间，再安排生活资料空间。生产资料与生活资料的地域流动和组合共同形成供给意义上的旅游地域系统。

旅游者要素。旅游产品需要通过市场交换实现产品价值，旅游地域空间需要通过旅游者的到访实现其空间发展。旅游者通过空间流动选择、成全、淘汰着旅游地域的空间发展努力，同时带有自主意志的旅游者空间流动也引导和重塑着旅游空间，使旅游地域空间表现为旅游者行为与旅游地域空间相互作用的结果。

资金要素。资金是旅游经济活动得以开展的必要且重要条件，旅游地域运动离不开资金。雄厚的资金可以将三流资源打造为一级旅游产品，资金匮乏则可能将一流资源开发成三流产品。

科技要素。科技首先是与人的素质、文化水平联系在一起，体现在人才上，旅游产品的创新发展、旅游服务的质量提升，都有赖于旅游人才对旅游经济的深刻理解、精准判断，对新趋势的把握和利用，对新知识和新技术的接受程度。其次，体现在科技含量高的设备上，先进交通工具的引进、新型游乐设备的配置、更人性化服务设施的安置，都体现着旅游地域整体的发展水平。最后，体现在科技信息上。

信息与管理。信息的传播渠道很多元，传统的传播渠道如报纸杂志、电视、电话、户外广告，新兴的网络传播渠道又有各类网站、微博、微信、各种APP。信息是旅游者与旅游地建立联系的第一要素，足够的信息形成吸引力，促使旅游者实现旅游行程，旅游者与旅游地发生信息交换，实现旅游目的，又形成新的信息并成为新的信息传播源。网络时代的信息传播速度快、信息量丰富、详细、直观，对旅游地域来说是新的挑战，不仅要对舆情做出迅速且正确的反应，还要有质量足够硬的产品与服务经得住深入体验与观察。

管理与信息和人才联系在一起，人才的流动与信息的流动反映管理经验的流动，管理水平的高低与旅游经济活动质量的好坏呈正相关。

4. 要素流的基本运动形式

旅游地域运动中显著的要素流包括旅游（者）流、资金流、技术流、信息流、物质流。移动与停驻是单个要素流动的基本形式。汇总的要素流动形成要素流，汇总移动行为形成要素流的流量、路径、方向，汇总的停驻行为揭示了要素流集聚或扩散的强度、空间分布与格局。旅游地域要素的流动形式，即要素流的基本运动形式有集聚与扩散两种。

5. 要素流动力来源——旅游地域空间的非均衡发展

非均衡运动是经济地域运动的总规律（陈才，2009）。旅游地域空间的非均衡发展，源自旅游资源、经济条件、技术条件、社会条件的不均衡。要素总会优先流向综合实力较强的旅游空间，从而进一步加强其综合实力，同时又有更多的要素流入，旅游空间吸引旅游要素流入的空间作用，即集聚作用。地理空间上明显的集聚现象，称为集聚效应或极化效应，综合实力不断增强的旅游空间成为旅游经济增长点或增长极。

在社会、经济、技术、资源条件相对稳定的情况下，先发展起来的旅游经济增长点或增长极能够提供的旅游产品数量、种类、质量是有限的，而旅游者总是希望在一定时间内游赏到更多的旅游产品，因此期望有更多的种类和数量、更高质量的旅游产品可供选择和购买。

这为旅游经济增长点附近及周边的旅游空间提供了发展可能，这些地方发展旅游存在一定的获利空间，同时又因为先发展起来的旅游空间容纳资金、技术、人才等要素的能力有限，要素流有"外溢"诉求，因此这些地方就能够吸引包括来自增长点或增长极的旅游要素流，实现旅游空间的发展，形成次一级的旅游空间。在这样的空间关系下，综合实力强的空间向综合实力弱的空间的要素流动作用，称为辐射作用，地理空间上明显的辐射作用现象，即辐射效应。辐射效应，从施动者综合实力强的空间来说，是辐射了其他空间；从受动者综合实力弱的空间来说，是被其他空间辐射，被辐射表现为旅游要素的集聚，所以也可以看作一次集聚作用。

随着社会、经济、技术、旅游产业的不断发展，已有旅游空间对旅游要素流的集聚与辐射能力不断增强，在自身发展的同时，带动更多空间的旅游发展，形成不断发展的旅游地域空间梯度发展体系。

6. 旅游地域运动的演化阶段

李雪和李善同（2012）认为，旅游地域系统的演化经历了下面四个阶段：系统形成阶段、系统发展阶段、系统成熟阶段、系统衰退（更新）阶段。

涂人猛（1994）认为，不同发展阶段的旅游地域系统常常对应不同的区域旅游形态和结构，区域旅游发展的重心及模式的选择也必然存在差别。一般来说，旅游地域系统的发展要经过起步、成长、发达三个阶段。处于起步阶段的旅游地域系统，经济发展水平一般较低，劳动力素质及服务基础设施建设较差，旅游业的经济效应也较低，只能以国内旅游为重心，不断增强自身资金的积累能力，通过集中有限的资金，培育少数几个区域旅游发展中心，带动整个旅游地域系统的发展。处于成长阶段的旅游地域系统，区域内的旅游条件已开始形成，并正在不断得到开发，旅游资源的潜力较大，市场拥有程度也在不断扩大，区域旅游增长速度较快，这类旅游地域应采取国际旅游和国内旅游二者并举的战略，带动和促进国内旅游业及旅游地域系统的发展。处于发达阶段的旅游地域系统，经济基础较好，发展旅游业的条件极其优越，一般为国家旅游业的重心区，其发展的重心应为国际旅游业，通过不断开发新的适应旅游需求的产品，实现产品结构多样化、高度化，以增强旅游地域系统的竞争能力，扩大其市场范围，促进旅游地域系统的整体发展。

影响最广的是巴特勒（Butler）的旅游地生命周期理论。Butler（1980）认为，一个旅游地的发展循环过程经过六个阶段：探察阶段、参与阶段、发展阶段、巩固阶段、成熟阶段、衰落或复苏阶段。

1）探察阶段。是旅游地发展的初始阶段，其特点为零星的旅游者做无规律的游行游览，旅游地也没有特别的设施为旅游者服务，旅游地的自然和社会环境未因旅游而发生变化。

2）参与阶段。随着旅游者的增多，旅游变得有规律，本地居民开始向旅游者提供一些设施和服务，许多投资开始进入，一些设施准备或开始兴建。

3）发展阶段。固定的旅游市场地区已经出现，旅游者人次增长很快，外来投资骤增，本地居民简陋的设施逐渐被大规模的、现代化的设施所取代，大量的广告和宣传吸引人们来此旅游，旅游地的自然面貌改变较显著。这时的发展较混乱，各项法规制度还很不完善。

4）巩固阶段。旅游业的经营和系列设施已确定下来，当地经济严重依赖旅游业，旅游者的增长率相对下降，旅游地有了界线分明的功能分区，旅游设施可能不敷需要，各项法规制度逐渐建立起来。

5）成熟阶段。旅游者增长相当缓慢，旅游者数量达到最大，旅游地形象基本建立起来，其社会、经济和环境问题已经突出，而此时竞争者已经出现。

6）衰落或复苏阶段。由于旅游者的兴趣发生转移或者竞争者的更强吸引力，旅游者人次逐渐减少，旅游地难以同新的旅游地竞争，旅游地处于衰落阶段；如果旅游地增加了新的具有吸引力的旅游资源和旅游项目，也可能再次使旅游者数量增加，旅游地进入复苏阶段。进入复苏阶段的旅游地又开始新的循环，重复上述几个阶段（黄羊山，2004）。

从旅游要素运动的角度来理解巴特勒的旅游地生命周期理论，能够观察到更细致的旅游地发展过程。

1）探察阶段。有少量旅游者要素进入，其他旅游要素还未被吸引过来。

2）参与阶段。有更多旅游者要素进入，资金要素、较低水平的物质要素、技术要素、劳动力要素开始进入。

3）发展阶段。旅游者要素已形成规模，稳定的旅游者流已形成并不断有新的旅游者要素被吸引并形成新的稳定的旅游者流。更高水平的资金流、技术流、物质流、劳动力流向旅游地集聚。旅游地表现出强力的集聚效应，并产生对周边地域的辐射效应。

4）巩固阶段。旅游者流、资金流、技术流、物质流、劳动力流稳定增长，集聚效应、辐射效应不断增强。

5）成熟阶段。旅游者流、资金流、技术流、物质流、劳动力流规模已达稳定，增长相当缓慢，集聚作用趋弱，辐射作用趋强。旅游者流开始被旅游地的竞争空间吸引。

6）衰落或复苏阶段。旅游者流规模减弱，旅游者要素逐渐减少，不再有新的资金流、技术流、物质流、劳动力流进入，旅游地处于衰落阶段；有新的或更高水平的资金流、技术流、物质流、劳动力流进入，旅游地有可能再次使旅游者要素增加，进入复苏阶段。进入复苏阶段的旅游地又开始新的循环，重复上述几个阶段。

三、旅游者空间行为与旅游地域空间关系的联系机理

1. 集聚与扩散是旅游要素在旅游地域空间最基本的运动形式

旅游地域系统的构成单元在区域空间范围内时刻处于动态变化过程中，重要的特点就是旅游要素在空间上的集聚与扩散（杨新军，1999）。旅游要素的空间集聚与扩散，必然导致旅游流的空间集聚与扩散，同时旅游流的空间集聚与扩散规律也会促进旅游要素的空间集聚与扩散。旅游系统的空间结构是旅游流的空间组织形式和组织单元，对旅游流的向心集聚和辐射扩散是旅游系统的

基本功能,旅游流的空间运动模式是旅游流空间的"辐散"和"辐聚"(图 4-3)(吴晋峰,2001)。这种"辐散"和"辐聚"就是旅游流的集聚与扩散,旅游流集聚与扩散是旅游流空间流动的最基本形式(丁正山,2004b)。

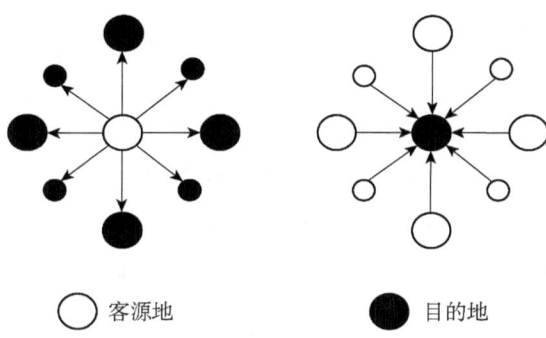

○ 客源地　　● 目的地

图 4-3　旅游流的辐聚与辐散图(吴晋峰,2001)
图中圆圈的大小表示不同等级、不同规模的客源地和目的地

2. 竞争与互利是最基本的旅游地域空间关系

集聚与扩散是旅游要素在旅游地域空间最基本的运动形式,也是旅游地域空间相互之间最基本的作用形式,也可称为集聚与辐射。旅游要素的集聚与扩散是旅游地域空间之间集聚与辐射作用的外在表现,旅游地域空间之间的集聚与辐射作用是旅游要素集聚与扩散的本质原因。

集聚与辐射作用产生的根本原因,是由旅游地域不均衡发展而导致的空间竞争或互利关系。

集聚作用发生的本质,是发生集聚的旅游空间相较于其他空间的竞争优势以及由此达成的对其他空间旅游要素的掠夺,旅游空间关系以竞争为主导;辐射作用发生的本质,是在先发展起来的旅游空间已不能满足旅游者需求的情况下,由先前一家独大比较有利的态势转向带动周边空间更加有利的态势,旅游空间的竞争态势转向互利态势,竞争与互利共存,由竞争关系为主导变成互利关系为主导,在此情况下的旅游要素的分流。

基本的竞争与互利的旅游空间关系,产生集聚、扩散、互补、屏蔽等形式各样的旅游空间作用。

3. 旅游空间上的移动与停驻行为是旅游者空间行为最基本的表现形式

旅游者空间行为是从出发地到目的地再到返回地整个过程中旅游者的食、

住、行、游、娱、购等活动的空间选择、分配、相处、组合等行为。其中，空间选择是指旅游者的空间决策行为；空间分配是指旅游者在不同旅游空间安排不同活动的行为；空间相处是指旅游者与旅游空间的相处行为：移动、停驻、静态、动态，食、住、行、游、娱、购等；空间组合是指旅游者选择或分配的不同的旅游空间的组合。

从观察研究的角度来看，在旅游空间上的移动与停驻行为，是旅游者选择、分配、相处、组合空间行为最基本的表现形式。

旅游者是旅游地域运动的旅游要素之一，其在旅游空间上的移动与停驻，是旅游地域空间相互作用的外在表现，必然反映着旅游地域空间的相互关系与作用。

旅游空间上的移动与停驻，展示了旅游者为食、住、行、游、娱、购各类活动选择的空间，选择了哪些空间，同时又缺席了哪些空间，传达的是空间之间的竞争、屏蔽、互补、强弱关系。

旅游空间上的移动与停驻，展示了各类空间与旅游活动、旅游时间的对应分配，旅游活动对应着不同的旅游要素组合，旅游活动与旅游空间的对应分配呈现了旅游要素在旅游空间上的集聚分布，旅游时间与旅游空间的对应分配反映了旅游空间的主次关系。

旅游空间上的移动与停驻，展示了旅游者与各类空间的相处方式：移动而过的交通空间，停驻下来的住宿空间、餐饮空间、娱乐空间，小幅移动的与间歇性停驻并存的游赏空间；交通空间上的移动传达的是旅游空间之间的作用方向和各类空间上旅游要素的集聚情况。

旅游空间上的移动与停驻，展示了各类空间的组合情况：是游赏空间依托了住宿空间，还是餐饮空间依附了交通空间，或是购物空间带动了娱乐空间？不同的空间组合传达着不同空间关系的信息。

4. 旅游地域空间作用、旅游要素运动、地域空间效应的关系

总的来说，旅游空间关系（竞争与互利）产生了旅游空间作用（集聚与辐射），旅游空间作用表现为旅游要素运动（集聚与扩散），易于识别的旅游要素运动结果即旅游空间效应（图4-4）。

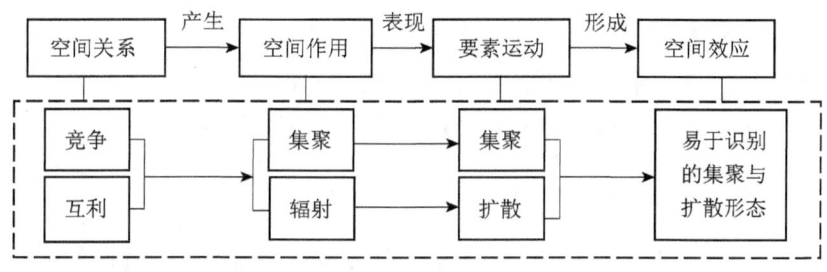

图 4-4 旅游地域空间关系、空间作用、要素运动、空间效应关系图

5. 旅游者空间行为与旅游地域空间作用、空间效应的基本对应关系

空间效应指的是，由地理空间之间的集聚、辐射等作用关系而引起的，地理空间作用（吸引、掠夺、扩散、阻隔等）于生产要素而形成的，易于识别的生产要素在地理空间上的集聚或扩散形态。地理空间的相互关系是空间效应形成的根本原因，地理空间对生产要素的作用是空间效应形成的直接原因。

旅游者空间行为、旅游地域空间作用、旅游地域空间效应之间存在如图 4-5 所示的基本对应关系。

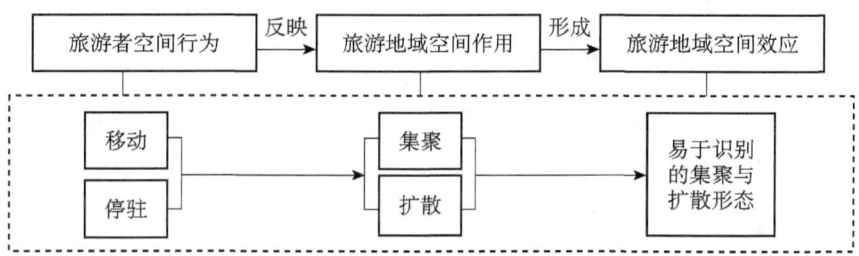

图 4-5 旅游者空间行为、旅游地域空间作用、旅游地域空间效应的基本对应关系

四、我国边境旅游区域空间的特征

1. 处于我国经济发展空间的边缘区

边境旅游区域空间处于我国经济发展的边缘区，整体经济发展相对落后，与此相伴随的是一系列边境地域空间特征。

（1）拥有一系列边境地理标志意义的旅游空间

地处边境，拥有距各级经济地域中心最远的旅游点空间、线空间、面空间，形成鲜明的边境旅游特色：极边第一城——腾冲市、瑞丽市弄岛镇西南第一哨、姐告口岸 320 国道终点、天涯地角、口岸国门等。

由于边境区域常居住着不同的少数民族，特色的少数民族文化与鲜明的边境特色地域相结合，形成了具有强烈吸引力的边境旅游空间。

（2）社会经济发展水平的制约

相对落后的社会经济发展水平制约着边境区域旅游的基础设施、服务水平、投资水平，同时也使得边境区域旅游难以从当地获得高消费水平的客源。

（3）处于放射状经济联系空间的末端

各级经济地域空间大致都以区域经济中心为核心由放射状的交通线联系起整个地域空间，边境旅游区域处于放射状交通线的末端，与同一交通线上的区域空间联系相对容易，而边境旅游区域之间的横向联系则受到较多的制约，缺乏形成边境旅游带的交通空间基础。同时，因为交通线是经济要素流动的通道，旅游要素集聚与扩散的空间范围、路径、方向也受此制约。综合来说，边境区域旅游整体发展的难度更大。

（4）处于国界线的强力屏蔽作用之下

国界线的强力屏蔽作用，一来加剧了国界线两侧边境区域的经济发展差距，使国界线两侧区域更加具备经济要素流动的需求；二来更增添了边境区域的神秘感和吸引力；三来确实阻碍了边境区域旅游要素的流动。

2. 位于接壤邻国的衔接区

与邻国接壤的边境区域，其旅游空间的发展既需立足自身条件，又需考虑邻国边境区域状况，还要关切国界线的开放程度。

（1）受邻国接壤区域经济发展水平的制约

与我国接壤的邻国整体经济发展水平较落后，其边境区域落后程度更甚。这制约着边境跨境旅游的基础设施、服务水平、投资水平等。

（2）国界线具有一定程度的渗漏作用

具有一定程度渗漏作用的国界线使得旅游要素可以在我国和邻国边境区域之间流动，形成边境跨境旅游空间；又因为所有物质要素的流动均需通过口岸，且口岸附近两国经济、文化交流比较集中和活跃，因此在口岸附近容易形成旅游要素集聚空间。

（3）形成独特的跨境景观

相邻两国的边境地区山水相连，常拥有更为相近的自然地理基础。在此基础上，跨境地区人民长久的社会、经济、文化交流形成独特的跨境人文景观，成为跨境地区旅游吸引力的重要来源。

五、基于旅游者空间行为的边境区域旅游空间分析框架

1. 研究基础工作

搜集并按点、线、面三个层次梳理单个边境旅游者的实际空间行程，记录旅游者从出发地到目的地再到返回地整个空间过程中移动与停驻的时间与空间。再将各个旅游者的空间行程进行汇总，为系统、深入的研究做好准备。

2. 基于旅游者点空间行为的边境区域旅游点空间分析框架

从旅游者点空间行为出发研究边境区域旅游点空间作用与空间效应，可以遵从以下五个研究步骤。

（1）旅游者点空间行为特征分析

从时间、强度、组合、分布四个维度对旅游者在边境区域点空间上的移动与停驻行为进行分析，得到基本的时间特征、强度特征、组合特征与分布特征。

（2）判断边境区域旅游点空间作用关系

根据第一步得到的时间特征、强度特征、组合特征、分布特征，研究点空间的内在联系，观察与分析边境旅游点空间之间的集聚、辐射、屏蔽等作用关系。

（3）边境区域旅游点空间效应研究

根据第二步的分析，识别出边境区域旅游点空间效应，并分析边境区域旅游点空间效应的特征、形成点空间效应的空间机理。

（4）思考初步的边境区域旅游发展建议

综合考虑前三步的研究结果，以边境区域整体发展为导向，思考初步的边境旅游发展建议。

（5）提出边境区域旅游点空间效应的利用策略

提出边境区域旅游点空间效应的利用策略，以期为其他同类区域的边境旅游空间发展提供借鉴。

3. 基于旅游者线空间行为的边境区域旅游线空间分析框架

从旅游者线空间行为出发研究边境区域旅游线空间作用与空间效应，可以遵从以下五个研究步骤。

（1）旅游者线空间行为特征分析

从强度、方向、分布三个维度对旅游者在边境区域线空间上的移动与停驻行为进行分析，得到基本的旅游者线空间行为特征。

（2）判断边境区域旅游线空间作用关系

将第一步得到的旅游者线空间行为与边境区域旅游空间内主要的线空间（交通线、国界线等）进行结合观察与分析，研究点空间、线空间的内在联系，得到边境旅游线空间的作用关系。

（3）边境区域旅游线空间效应研究

根据第二步的分析，识别出边境区域旅游线空间效应，并分析边境区域旅游线空间效应的特征、形成线空间效应的空间基础与空间机理。

（4）思考边境区域旅游空间发展布局

综合考虑前三步的研究结果，以边境区域整体发展为导向，思考边境旅游发展合理的空间布局。

（5）提出边境区域旅游线空间效应的利用策略

提出边境区域旅游线空间效应的利用策略，以期为其他同类区域的边境旅游空间发展提供借鉴。

4. 基于旅游者面空间行为的边境区域旅游面空间分析框架

从旅游者面空间行为出发研究边境区域旅游面空间作用与空间效应，主要侧重于边境区域旅游空间与其他面空间之间的内在联系，可以遵从以下五个研究步骤。

（1）旅游者面空间行为特征分析

从强度、联系、分布三个维度对旅游者在边境区域面空间上的移动与停驻行为进行分析，得到基本的旅游者面空间行为特征。

（2）判断边境区域旅游面空间作用关系

根据第一步的分析，研究旅游面空间之间的内在联系，得到边境旅游面空间的作用关系。

（3）边境区域旅游面空间效应研究

根据第二步的分析，识别出边境区域旅游面空间效应，并分析边境区域旅游面空间效应特征、形成面空间效应的空间基础与空间机理。

（4）思考边境区域旅游发展的空间战略

综合考虑前三步的研究结果，以边境区域整体发展为导向，思考边境旅游的空间发展战略。

（5）思考边境区域旅游面空间效应的利用策略

思考边境区域旅游面空间效应的利用策略，以期为其他同类区域的边境旅游空间发展提供借鉴。

以上点、线、面三个层面的五个步骤中，可以根据实际研究需要进行适度调整或合并。在本书点、线、面三个层次的分析中，将每个层次的前两个步骤进行合并；每个层次的最后两个步骤，则综合考虑了点、线、面的空间作用和空间效应，集中完成。

第四节　基于网络旅游日志的实证研究基础

随着电子产品的广泛普及和网络技术的快速发展，旅游行为足迹通过各种形式上传至网络已成为一种时尚，旅游者上传分享的网络游记为研究旅游者时空行为提供了大量开放数据资源，而这些数据资源为区域旅游的时空行为研究提供了参考（严江平等，2016）。网络旅游日志通常是由旅游者在全部行程结束后发表在网络上，也就是结束一天的行程即更新一天的网络日志，不仅是记录旅游者自己的经历，更是分享出游经验。因此，存在许多能够反映完整、详细行程的网络旅游日志。

本书实证分析部分研究的资料基础，是基于对 182 份网络旅游日志中旅游者空间行为信息的提取。本部分介绍了网络旅游日志搜集的基本情况，所采用的 182 份网络旅游日志的基本特征，以及对网络旅游日志进行信息提取的操作要点。同时，网络旅游日志的价值不仅在于提供了旅游者的空间行为资料，还在于提供了别样的旅游空间观、旅游过程观、旅游空间集聚-辐射作用观。

一、案例区概况及其选择

德宏州位于云南省西南边境，与缅甸接壤（图 4-6）。德宏州中缅边境线长 503.8 公里，现有畹町、瑞丽两个国家级一类口岸，章凤、那邦两个国家级二类口岸。目前，有瑞丽国家重点开发开放试验区、瑞丽边境经济合作区、畹町边境经济合作区，另有瑞丽-木姐跨境经济合作区在筹建中。

中缅边境旅游自 20 世纪 90 年代初开通，随着中缅边境经济贸易的风生水起，以走出国门体验异国风情为主的商务游、边境游快速发展，成为德宏州旅游的一大热点和亮点，瑞丽市中缅友谊街可谓红极一时，高峰时每天达到上万人次，成为当时云南省边境旅游的一面旗帜，1991~2004 年，通过德宏州畹町、瑞丽、弄岛、章凤等口岸入境的互市、游览人数超过千万人次。两国旅游活动的深入发展对促进双边友好交流、经济社会发展、增进人民幸福起到了积极作用。

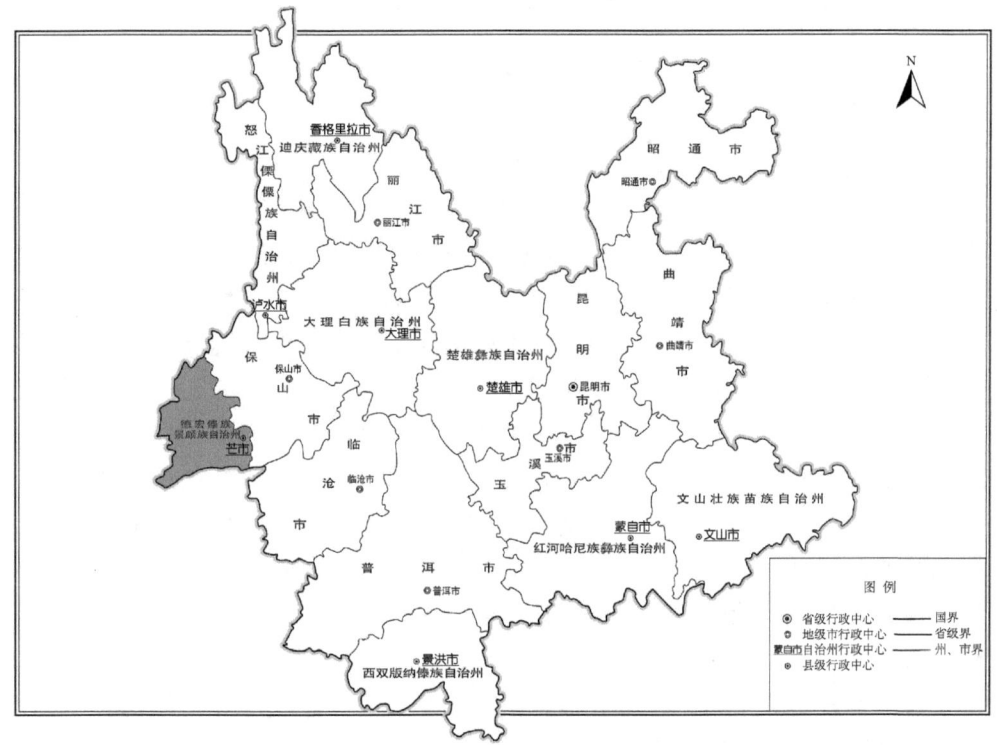

图 4-6　德宏州在云南省的位置图

多年来，德宏州利用每年一度的中缅胞波狂欢节、中缅边交会等活动，邀请缅甸旅游行政管理部门、旅游协会和旅游企业参加中缅旅游交流与研讨会，就旅游资源规划、基础设施建设、线路开发与整合、旅游项目建设、联合促销、签证手续、旅游管理等方面进行深入合作。

中缅边境旅游线路如下：中国瑞丽（畹町）-缅甸腊戍三日游、中国瑞丽-缅甸八莫三日游、中国瑞丽（畹町）-缅甸曼德勒六日游。中国旅游者办理边境旅游出入境证件后，可进入缅甸腹地开展纵深旅游（即可到达仰光、曼德勒、蒲甘等）。

1. 州（市、盟）域空间是空间关系交织最复杂的边境旅游空间层次

在边境旅游发展中，省（区）层面、州（市、盟）层面、县级层面，均需做出空间发展的安排。其中，州（市、盟）域边境旅游发展的空间安排，既体现了省级层面的发展方向，又需考虑各县级层面旅游空间发展的实际，还需综合考虑本区域空间上的整体发展。因此，州（市、盟）域空间是空间关系交织最复杂的边境旅游空间层次。

2. 德宏州是中缅边境旅游发展相对较好、地理联系相对复杂的区域

德宏州边境旅游特别是边境跨境旅游的发展历程，与我国边境跨境旅游的发展历程大体一致。我国边境旅游起步于 20 世纪 80 年代末 90 年代初，德宏州边境旅游于 20 世纪 90 年代初开始，与我国边境旅游开始的时间基本一致；2005 年，为遏制我国公民出境进行赌博等违法活动，公安部出台暂停全国边境异地办证业务的相关政策，使得边境旅游快速发展的势头有了一定的回落，德宏州边境旅游也受到影响；2009 年初，公安部、监察部、国家旅游局等部委重新启动边境异地办证业务，为边境旅游的快速发展提供了有利条件，德宏州的边境旅游即乘势而上；2016 年 1 月，国务院出台《国务院关于支持沿边重点地区开发开放若干政策措施的意见》，指出要提升旅游开放水平，促进边境旅游繁荣发展，同时强调要改革边境旅游管理制度、研究发展跨境旅游合作区、探索建设边境旅游试验区、加强旅游支撑能力建设。德宏州即积极配合云南省展开相关工作。

云南省有怒江州、保山市、德宏州、临沧市、普洱市、西双版纳州六个州（市）与缅甸接壤。德宏州是其中边境旅游发展情况相对较好的区域，有比较丰厚的边境旅游发展基础。与缅甸接壤的六个州（市）边境旅游发展程度参差不齐，选择发展程度较好的德宏州进行研究，可以看到更多区域之间的联系情况。

二、网络旅游日志的搜集

将 2014~2017 年这一时间段看作旅游空间关系相对稳定的一个时间段，以 2014~2017 年的材料，分析德宏州边境旅游空间作用、空间效应的现状。

首先，从马蜂窝、去哪儿网、同程网、携程网、天涯社区、新浪博客、艺龙网等各大网络旅游日志研究者青睐的网站中进行搜集，凡是以德宏州为目的地或目的地之一的网络旅游日志，都是搜集对象。搜集到 2014 年以来的网络旅游日志 338 篇。

然后，从中剔除掉纯照片的、未完成的，以及案例客源地、住宿点等信息不齐全的网络旅游日志，共得到完整的网络旅游日志 182 份，分别是马蜂窝

141份，携程网28份，去哪儿网12份，同程网1份。

对最终确定的182份网络旅游日志进行阅读，梳理出每份日志中旅游者的行程，并分点空间、线空间、面空间三个层次进行记录。由于需要分析研究区域与其他区域的空间关系，在梳理过程中就需要整理出旅游者的整个旅游行程，因此这是一项耗时耗力且耗耐心的工作。工作量最大的一份网络旅游日志中，梳理出旅游者101天的旅游行程；在整理涉及网络页面最多的一份网络旅游日志时，详细浏览并记录45个网络页面的内容。总计共浏览入选182份网络旅游日志的396个网络页面，梳理出所有网络旅游日志共2176天的行程。

三、网络旅游日志的基本特征

182份网络旅游日志的客源地，共包含23个省（自治区、直辖市）：北京市38份，四川省20份，重庆市17份，云南省15份，广东省14份，上海市12份，陕西省、广西壮族自治区、浙江省各8份，辽宁省7份，江苏省、天津市各5份，福建省、湖南省各4份，河北省、贵州省各3份，黑龙江省、湖北省、山东省、安徽省各2份，河南省、宁夏回族自治区、吉林省各1份。

按出行年份，2014年35份、2015年36份、2016年64份、2017年47份。因搜集网络旅游日志是在2017年的10~11月，2017年还未过完，且网络旅游日志一般都会在旅游行程结束之后一段时间完成，有一定的滞后性，所以2017年的47份是一个正常的数字。

按出行方式，自助游78份、自驾游82份、跟旅行团20份、骑行1份、参加民间自组织团1份。

四、网络旅游日志信息的基础处理

分点、线、面三个层次，提取网络旅游日志中的旅游者行程信息（表4-2）。因在此之前，作者曾以保山市和德宏州两地为例，利用网络旅游日志研究了自驾旅游线路的功能空间，因此对德宏州的旅游空间比较熟悉，对基本的旅游空间点、线、面的情况已有大致了解，这使得信息梳理方便了很多。

表 4-2　网络旅游日志信息的基础分析例表

基本情况	编号	001	网址 1	http://www.mafengwo.cn/i/7715588.html		
	标题 1	【云南】高原明珠-彩云之南～南京人的滇西之旅！（上）				
	网址 2	http://www.mafengwo.cn/i/7863964.html				
	标题 2	【云南】腾冲瑞丽-美丽德宏～南京人的滇西之旅！（下）				
	客源地	江苏南京		第几次来		初次
	出发时间	2017.9.18		出行天数		7 天
	出行方式	自助游、友人提供专车与司机		与谁同行		家庭出游
点信息	D6 9.23 腾冲-畹町（口岸、桥、畹町边关文化园）-瑞丽（瑞丽口岸、国门、国门珠宝城、中缅友谊街）住瑞丽 D7 9.24 缅甸一日游（木姐、南坎）、瑞丽旅游步行街（瑞丽边贸步行街）-昆明					
线信息	总体旅游线路：昆明-大理-腾冲-瑞丽-木姐-瑞丽-昆明 州内旅游线路：瑞丽-木姐-瑞丽					
	出游日期	2017.9.18～9.29		出游天数		12 天
	州内日期	9.22～9.24		州内天数		1.5 天 1 晚
面信息	与其他边境州（市）的联系及方向： D1 9.18 南京（高铁）-昆明　住昆明 D2 9.19 云南民族村、参观云南贝泰妮生物科技集团股份有限公司　住昆明 D3 9.20 昆明（朋友派车派司机）-大理（逛古城）住大理古城 D4 9.21 洱海、才村、龙龛码头坐船游览洱海、罗荃半岛-龙江特大桥-腾冲　住腾冲 D5 9.22 滇西抗战纪念馆（国殇墓园）、热海、北海湿地（奶瓶喂天鹅）住腾冲 D6 9.23 腾冲-畹町（口岸、桥、畹町边关文化园）-瑞丽（瑞丽口岸、国门、国门珠宝城、中缅友谊街）住瑞丽 D7 9.24 缅甸一日游（木姐、南坎）、瑞丽旅游步行街（瑞丽边贸步行街）-昆明　返程					

1. 旅游者行为点空间信息的提取

旅游者行为点空间信息的提取，除了专门设计建设的旅游区（点）之外，仍有一些在旅游者中人气很高，却并非传统意义上的旅游区（点），应该统计在内。例如，瑞丽市的步步冷饮店、觉觉味道、综合农贸市场，芒市的甘英泡鸡脚店等，已经不仅是一般意义上的餐饮空间，而且兼具游赏功能，其建筑风格、就餐环境、服务员装束、菜量、口味甚至风土人情，都对旅游者具有强烈的吸引力。再如，瑞丽市傣王宫，虽仍在建造当中，但仍有旅游者拜访游览，所以也应该如实记录。又如，一寨两国与银井寨。人们通常的印象，一寨两国就是银井寨，银井寨就是一寨两国。但在案例中，人们除了在一寨两国开展游赏活动之外，还在一寨两国范围之外的银井寨内进行游览，因此一寨两国与银井寨也并列于本书的游赏点空间之内。

2. 旅游者行为线空间信息的提取

旅游者行为线空间信息的提取分两个层面，突出游赏情节的点空间。一是旅游者整体的行程线。旅游者行程中会经过多个点空间，在本书中，为了专注考虑各空间的旅游联系，所以记录的是旅游者整体行程中有游赏情节发生的点空间，用短横线连接起有游赏情节发生的点空间的形式记录旅游者整体的行程线。二是旅游者在德宏州的行程线。这一行程线仍然是记录有游赏情节发生的点空间，用短横线连接起来。

3. 旅游者行为面空间信息的提取

旅游者行为面空间信息的提取，着眼于面际信息。但为了方便研究时查阅，所以大部分网络旅游日志分析的这一栏填的都是整体行程，不仅包含面际旅游联系情况，还包括时间、旅游点、住宿点，甚至游赏活动。

留心旅游者的住宿空间信息，特别是德宏州内的住宿信息，观察住宿点与旅游点之间的联系，为德宏州旅游点空间的辐射关系分析打下基础。

面空间的联系分析，也是根据此栏信息，选择有游赏情节发生的面作为旅游联系空间。

五、基于网络旅游日志的旅游空间观

在本书中，德宏州政治经济文化中心为州府所在地芒市，瑞丽市是德宏州中缅边境上的县级城市，在等级上稍逊芒市一筹。但在研究中发现，瑞丽市对旅游要素的集聚与辐射能力、对全州旅游的带动能力，均强于芒市。

在旅游空间发展中，其实不仅仅是城市等级与其旅游发展程度不存在一致性，而且行政区域级别与其旅游发展程度也不存在一致性。

在作者进行的前期研究中，曾对保山市的旅游空间进行过分析。在保山市的旅游中，旅游者对旅游住宿地的选择，集中在腾冲市、和顺古镇两地。虽然和顺古镇在行政上隶属腾冲市，但其吸引住宿的能力足以与腾冲市相抗衡。在本书中，弄岛镇、畹町镇隶属瑞丽市，但在旅游者的行程中，并不将弄岛镇、畹町镇看作瑞丽市的一部分。在网络旅游日志中，弄岛镇、瑞丽市、畹町镇、芒市、陇川县、盈江县、梁河县，是可以相提并论的旅游空间单位，而不是按其行政区隶属进行认知。因此在本书中，也会单独考虑弄岛镇和畹町镇。

在本章第六节对德宏州边境旅游者进出游赏线空间行为强度、方向与分布分析中，保山市与德宏州的旅游联系，也并未局限于行政区域的隶属关系，而是列出了腾冲市、和顺古镇、银杏村、保山市区四个游赏点空间。

六、基于网络旅游日志的旅游过程观

通常对旅游过程的认识是：从出发地到目的地，再从目的地返回出发地。

然而在研究中发现，实际的旅游过程并不总是如此。经常会有出发地与返回地不一致的情况。例如，从家里出发，返回工作地；或者从学校出发，返回家里。因此在本章第三节"旅游者空间行为"定义中，用了"从出发地到目的地再到返回地"这样的表述来描述旅游过程。

网络旅游日志对旅游过程的改观还在于，我们通常认为的旅游过程是一个连续的过程，出发、游赏、返程。在本书中，遇到了两例旅游行程不连续的情况。

第一例，是从工作地苏州出发开始行程，最终回到了家里——浙江瑞安。其整体行程是"苏州-无锡-常州-丹阳-扬州-徐州-北京-华阴-西安-兰州-西宁-黑马河乡-祁连县-张掖-酒泉-嘉峪关-敦煌-哈密-巴里坤-乌鲁木齐-伊宁-霍尔果斯口岸-那拉提-库车-拜城-阿克苏-喀什-叶城-西藏阿里-狮泉河镇-巴嘎乡-塔尔钦-霍尔乡-日喀则-拉萨-林芝-昌都-香格里拉-丽江-大理-瑞丽-昆明-广州-深圳-泉州-安溪-福州-瑞安"，在旅游途中，还经过了北京，北京也有家有房子，处理了一些家里的杂事，也产生了一些游赏行为，然后继续旅游。

第二例，是从杭州出发，最终返回杭州。其整体行程是"杭州-九江-巴东-重庆-成都-康定-子梅垭口-雅江-稻城-理塘-八宿-波密-墨脱-古乡-鲁朗-八一-拉萨-江孜-定日-樟木-日喀则-当雄-纳木错-日多-八一-波密-左贡-飞来寺-束河-双廊-和顺-龙陵-瑞丽-楚雄-贵阳-凤凰-岳阳-杭州"，但其行程在拉萨是有过暂停的。旅游途中，因公事从拉萨飞回杭州，之后又从杭州飞回拉萨继续行程。

七、基于网络旅游日志的旅游空间集聚-辐射作用观

旅游空间的集聚、辐射作用，表现为旅游要素的流动。集聚作用表现为旅游要素的到达，辐射作用表现为旅游要素的离开。

作为旅游要素之一的旅游者，其在旅游目的地空间的流向往往与旅游资金、旅游技术、旅游劳动力等主要旅游要素的流向一致，因此可以通过对旅游者空间行为的分析，判断旅游区域的空间关系。

因此，在旅游目的地空间中，旅游空间的集聚，表现为旅游者的到来。旅游要素集聚程度高的旅游空间对旅游要素集聚程度低的旅游空间的辐射作用，表现为旅游者以前者为依托进行的包括两者的游赏活动，在旅游行程中，常表现为以旅游要素集聚程度高的旅游空间为住宿空间，依托此住宿空间，开展对住宿空间和受其辐射空间的游赏。

在对网络旅游日志的研读中，也确实发现了住宿地指示旅游集聚空间的特性。旅游者的住宿行为，常常伴随着必要的餐饮活动和购物活动。因此，旅游者在旅游目的地的住宿地选择，常常是旅游要素集聚程度相对周边空间比较高的旅游空间，如德宏州的芒市、瑞丽市、盈江县。而这些旅游要素集聚程度相对高的旅游空间，也具备一定的对周边空间的辐射能力，在旅游者行程上，确实表现为旅游者以旅游要素集聚程度相对高的旅游空间为住宿地，开展包括住宿地和周边空间的游赏。

第五节 旅游者点空间行为与德宏州边境旅游点空间效应分析

一、基本概念

1. 旅游者点空间行为

旅游者点空间行为是从出发地到目的地再到返回地整个过程中旅游者的食、住、行、游、娱、购等活动的点空间选择、分配、相处、组合等行为。其中，空间选择是指旅游者的点空间决策行为；空间分配是指旅游者在不同旅游点空间安排不同活动的行为；空间相处是指旅游者与旅游点空间的相处行为：静态、动态，食、住、行、游、娱、购等；空间组合是指旅游者选择或分配的不同的旅游点空间的组合。

移动与停驻是旅游者在点空间上最基本的行为形式。旅游者的点空间移动是从一个空间点到另一个空间点的位移。旅游者的点空间停驻是相对意义上的停驻，更多是指在旅游点空间上的逗留，而不是绝对的不发生空间移动。

2. 点空间与旅游点空间

空间结构的点要素是指某些经济活动在地理空间上集聚而形成的点状分布形态（刘卫东等，2013）。本书将空间结构的点要素称为点空间，如城市、乡镇、村寨、旅游区（点）等。

旅游点空间主要指游赏点、住宿点、餐饮点、购物点、娱乐点、交通节点等旅游活动场所，以及城市、乡镇、村寨、口岸等可以抽象为点要素的旅游空间。其中，住宿点、餐饮点、购物点、娱乐点等空间也可能成为旅游者的游赏点空间，而游赏点也常常兼具餐饮、住宿、购物、娱乐等功能。

3. 旅游点空间效应

旅游点空间效应指的是，由旅游点空间之间的相互吸引、竞争、互补等作用关系而引起的，旅游空间作用于旅游要素而形成的，易于识别的，旅游要素在旅游空间上的集聚或扩散形态。旅游空间的相互关系与作用，是空间效应形成的根本原因；旅游空间对旅游要素的作用，是空间效应形成的直接原因。

二、德宏州边境旅游者点空间行为特征与旅游空间作用关系分析

1. 边境旅游者点空间行为特征分析指标

对旅游者点空间行为的理解，可以从时间和空间两个维度入手（表4-3）。

表 4-3　基于旅游者点空间行为的旅游点空间关系考察指标

	单体指标	汇总指标
时间指标	发生时间、持续时间	淡旺季、平均持续时间、持续时间的数学分布
空间指标	位置、性质、关系模式	到访次数（频率）、空间组合、点空间分布特征

从时间层面看，行为的发生时间、持续时间等可作为考察指标。

从空间层面看，停驻点的位置、性质（餐饮、住宿、游赏、购物、娱乐等）、点与点之间的关系模式（包含方向的意义）等，亦可作为理解旅游点空间关系的观察工具。

对许多个旅游者的点空间行为进行汇总分析，提供的则是强度视角、均值视角和整体时空分布视角。

汇总的时空间指标显示出旅游者在时间、空间上的总体运动特征。

淡旺季是旅游者在出游时间上的集聚与离散特征；平均持续时间反映的是目的地、停驻地平均的留客能力；持续时间的数学分布是目的地、停驻点整体的留客能力。

到访次数（频率）显示的是旅游者在各点空间的集聚强度及强度分布；空间组合呈现的是各旅游点空间的集聚或辐射的作用关系；点空间分布特征反映的是旅游点空间在边境地区的整体分布格局。

2. 时间特征分析

（1）淡旺季

在 182 份网络旅游日志中，有 177 份有明确的出行月份，另有未明确出行月份的夏季出行 2 份、冬季出行 2 份、春节出行 1 份。

德宏州边境旅游者出行的季节选择具有明显的避寒特性，1 月、2 月、3 月、10 月、11 月、12 月，旅游者数量占明显优势。8 月，也是旅游者数量的一个小高峰月。其中，2 月、10 月旅游者数量又有春节、国庆假日的助力。在国庆过后的 10 月、11 月，是保山市腾冲银杏村观赏银杏的时段，在分析中发现，以观赏银杏为出游主要动机之一的案例有 13 例，即银杏村所在的保山市的旅游发展对德宏州的旅游也存在一定的带动作用。如果将春节以及前 15 天、后 15 天共约 1 个月的时间算作一个统计时间段，这期间出行的旅游者占旅游者总数的 1/5 多，这是一个不容忽视的时间段，如图 4-7 中所示春节月。

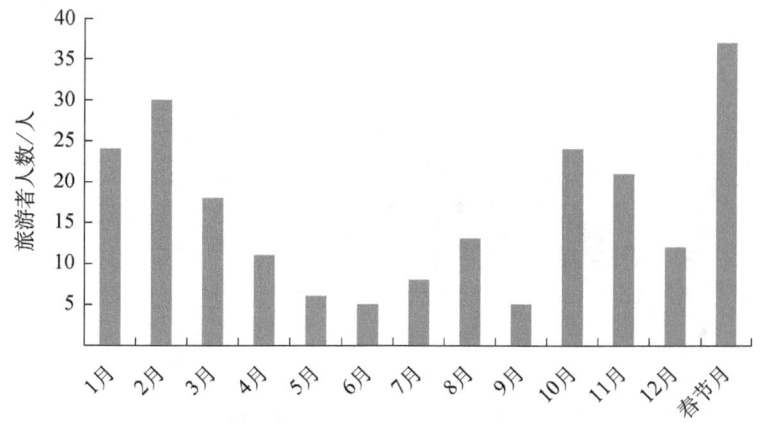

图 4-7　旅游者出行季节分布图

选择在泼水节来到德宏州的网络旅游日志只有 2 份，远低于春节、国庆节、腾冲银杏观赏期对旅游者出游时间的影响，也出乎人们通常的认识。这一点，需要在后续研究中继续搜集德宏州泼水节旅游者信息之后进行对比分析。

（2）平均持续时间

统计每一份网络旅游日志在德宏州的停留时间，白天与晚上分别统计。最终得到 182 份网络旅游日志在德宏州的停留时间共为 321.5 天、347 晚，即平均每位旅游者在德宏州的停留时间为约 1.77 天、1.91 晚。

（3）持续时间的数学分布

以"*天*晚"的天晚组合形式统计旅游者在德宏州的停留时间，再统计每一种天晚组合发生的次数，将该数字标准化后，利用散点图进行分类，得到四个层级的天晚组合。在图 4-8 中，颜色越深的天晚组合层级越高，代表这一组合的停留时间发生频率越高。1 天 1 晚的停留时间是发生频率最高的组合，由 1 天 1 晚组合向上下左右方向沿着大约 45°的斜率，天晚组合发生频率呈逐渐降低的趋势。

德宏州边境旅游的留客能力，通常水平为 1 天 1 晚、1.5 天 1 晚、1.5 天 2 晚、1 天 2 晚、2 天 2 晚。

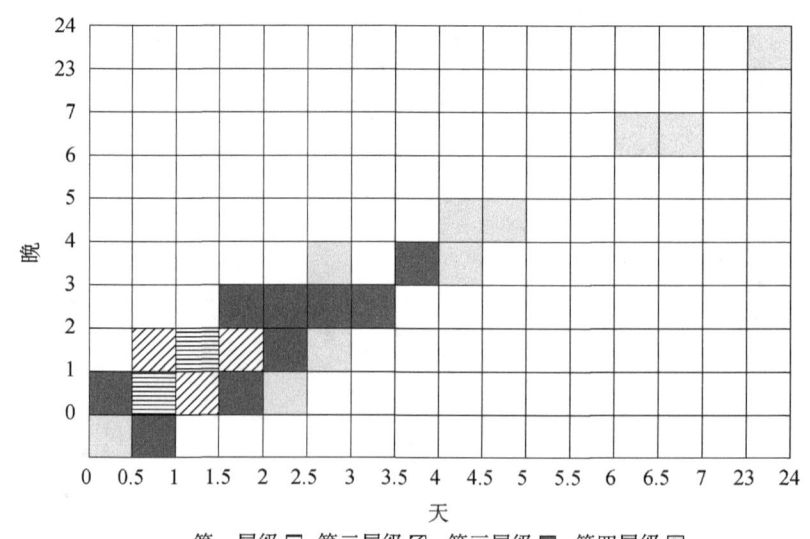

图 4-8 德宏州边境旅游者停留时间分布图

图中 2.5 天 1 晚的情况是，旅游者在德宏州停留了 2 天 1 晚后到腾冲市旅游，之后又到芒市停留 0.5 天，乘飞机返程

3. 强度特征与边境旅游点空间作用关系

对 182 份网络旅游日志中德宏州边境旅游的内容进行分析，统计每份网络旅游日志中旅游者实际到达并游赏的游赏点，得到各游赏点的到访次数如表 4-4 所示。表中仅保留到访次数超过 5 次的游赏点。另外，分析发现，一些闻名于网络的店铺、非盈利性质的广场、当地农贸市场等已经成为旅游者青睐的游赏点，所以也统计在内。共得到 29 个游赏点的到访次数。

表 4-4　德宏州边境游赏点到访次数统计　　　　　　（单位：次）

排名	游赏点	到访次数	排名	游赏点	到访次数	排名	游赏点	到访次数
1	瑞丽口岸	161	11	姐勒金塔	18	21	瑞丽农贸市场	7
2	一寨两国	136	12	菩提寺	18	22	畹町边关文化园	7
3	独树成林	76	13	步步冷饮店	15	23	芒市农贸市场	6
4	莫里热带雨林	70	14	华丰美食广场	15	24	中缅友谊长青树	6
5	畹町口岸	65	15	木姐	14	25	银井寨	5
6	勐焕大金塔	64	16	南坎	13	26	南茹河淘宝场	5
7	树包塔	42	17	觉觉味道	13	27	勐卯宴	5
8	勐巴娜西珍奇园	32	18	五云寺	10	28	瑞丽珠宝夜市（德龙国际珠宝城）	5
9	边寨喊沙	29	19	芒市广场	8	29	芒市甘英泡鸡脚店	5
10	瑞丽江广场	19	20	瑞丽珠宝早市	8			

注：①木姐、南坎虽在缅甸境内，但亦属于德宏州边境旅游的研究对象，因此统计在内；②瑞丽农贸市场、芒市农贸市场并不指某一特定市场，而是瑞丽市内、芒市市内农贸市场的统称；③瑞丽口岸包括瑞丽国门、国门小广场、天涯地角碑、中缅友谊街、国门珠宝城、320 国道终点等同一区域多个游赏点；④畹町口岸包括畹町桥、口岸等同一区域多个游赏点；⑤银井寨指未包含在一寨两国旅游区内的银井寨范围

利用散点图对以上各游赏点的到访次数进行分析（图 4-9）。

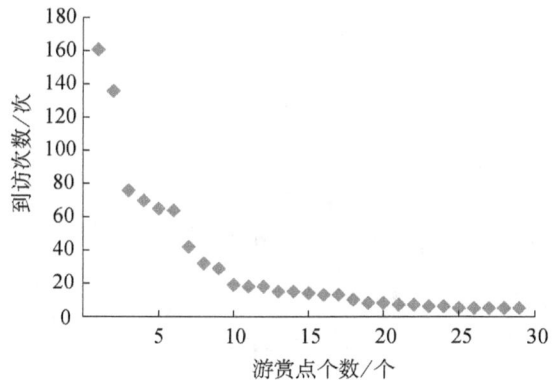

图 4-9　德宏州边境游赏点到访次数散点图
图中散点从左至右代表表 4-4 中排名的 29 个游赏点

将到访次数按从多到少的顺序排列,可将各游赏点分为以下几个层次:

第一层次,瑞丽口岸、一寨两国;

第二层次,独树成林、莫里热带雨林、畹町口岸、勐焕大金塔;

第三层次,树包塔、勐巴娜西珍奇园、边寨喊沙;

第四层次,瑞丽江广场、姐勒金塔、菩提寺;

第五层次,步步冷饮店、华丰美食广场、木姐、南坎、觉觉味道;

第六层次,五云寺、芒市广场、瑞丽珠宝早市、瑞丽农贸市场、畹町边关文化园、芒市农贸市场、中缅友谊长青树;

第七层次,银井寨(未包含在一寨两国内的部分)、南茹河淘宝场、勐卯宴、瑞丽珠宝夜市(德龙国际珠宝城)、芒市甘英泡鸡脚店。

在此七个层次之外,尚有到访次数不足5次的50余处游赏点散布于德宏州。

首先,从七个层次的游赏点在芒市的分布来看(图4-10),同属一层次的游赏点分布比较集中;而从游赏点层次在瑞丽市与畹町镇的分布来看,第一、第二层次的游赏点空间搭建起了瑞丽市与畹町镇旅游空间的主体骨架,第三、第四层次的游赏点空间分布在第一、第二层次游赏点空间的附近,第五、第六、第七层次的游赏点空间分布整体上距第一、第二层次游赏点空间较远。德宏州主要游赏点空间的发展已呈现梯度效应。

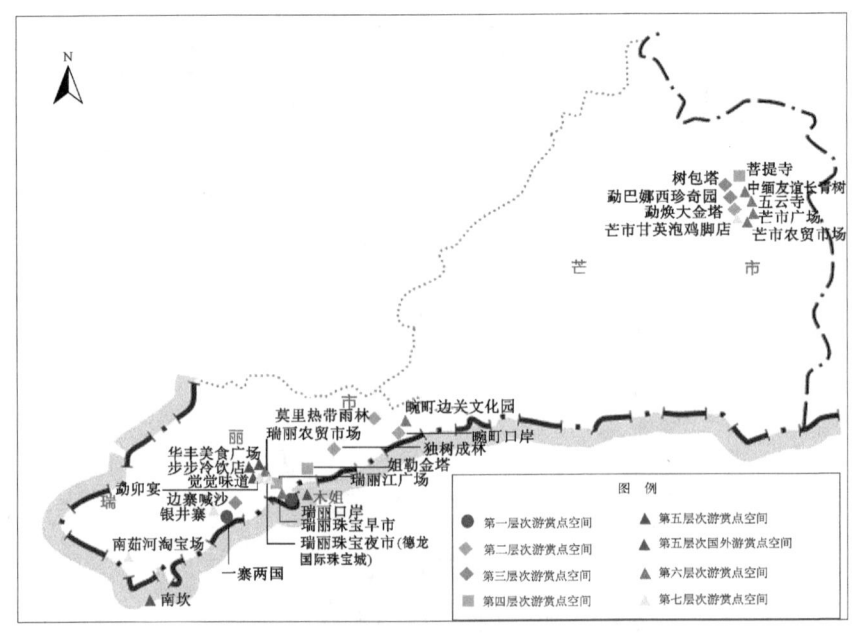

图4-10 德宏州边境旅游主要游赏点空间层次与分布图(详见书末彩图)

其次，旅游者到访的德宏州主要边境旅游游赏点主要分布在瑞丽市（含畹町）、芒市两个区域，以及缅甸的木姐、南坎两地。这些主要游赏点未出现在陇川、盈江、梁河三县（图 4-11）。

图 4-11　德宏州主要游赏点分布区域图（详见书末彩图）

4. 空间组合特征与边境旅游点空间作用关系

旅游点空间的辐射关系，常表现为旅游要素从辐射点空间到被辐射点空间的流动。在旅游者空间行为上，常表现为旅游者以辐射点空间作为依托进行的对被辐射点空间的游赏活动。辐射点空间被选择作为住宿点，被辐射点空间则是以辐射点为依托所游赏的点空间。

通常情况下，住宿点所在城市、县城、乡镇，一般有着比较集中的服务业，旅游者在住宿地所进行的活动还包括游赏、餐饮、交通、购物、娱乐等旅游活动，因此旅游者所选择的住宿地通常是旅游产业要素的聚集地，也具备辐射周边旅游业的能力。例如，在保山市旅游中，旅游者常选择以腾冲市或和顺古镇为依托，开展包括腾冲市与和顺古镇在内的涵盖周边火山地质公园、热海、柱状节理、黑鱼河、银杏村等游赏空间的活动，本书将这样的关系认作腾冲市对这些游赏点空间的辐射，或者是和顺古镇对这些游赏点空间的辐射。

分析 182 份网络旅游日志中住宿点与游赏点之间的组合关系，得到德宏州主要住宿地所辐射的游赏点一览表（表 4-5）。

表 4-5　德宏州边境旅游主要住宿地所辐射的游赏点一览

住宿地	所辐射的游赏点
瑞丽市区	瑞丽口岸（大小国门、国门珠宝城、中缅友谊街、免税店）、一寨两国、莫里热带雨林、独树成林、边寨喊沙、瑞丽江广场、银井寨、瑞丽边防小学、姐勒村赶街、佛国禅院、畔崩村寺庙、南卯湖、弄莫湖、傣王宫、西门奘房、南门奘房、彩云城、华丰美食广场、弄岛（五天一集、西南第一哨、南菇河淘宝场）、玉石早市、玉石中市、玉石夜市、恒顺（中缅）商贸城、瑞丽旅游步行街（瑞丽边贸步行街）、瑞丽农贸市场、翡翠玉料公盘（翡翠加工厂）、姐东峡民族村、步步冷饮店、觉觉味道、勐卯宴、瑞丽江、大等喊傣寨、弄安金鸭塔、回环村、畹町口岸、畹町桥、畹町中缅界碑、畹町边关文化园、畹町南阳华侨机工回国抗日纪念馆、畹町国家森林公园、畹町惠通桥、名镇广场、后谷咖啡庄园、勐焕大金塔、勐巴娜西珍奇园、树包塔、风平佛塔、芒丙佛塔、陇川景罕玉兔塔、拉影口岸、盈江允燕塔、盈江观景台、梁河金塔、木姐（市容、市中心、金鹿寺）、南坎（高山寺、中心寺院、缅甸独立碑、云峰大白塔、芒坎奘寺、布岛山庄）
芒市市区	勐焕大金塔、大金塔山下远征军纪念碑、勐巴娜西珍奇园、树包塔、芒市广场、五云寺、佛光寺、菩提寺、观音寺、大银塔（在建）、中缅友谊树、法帕温泉、白水井、勐垙沙公园、孔雀湖、芒市农贸市场、芒市水果批发市场、芒市甘爽泡鸡脚店、老奶冷饮店、后谷咖啡庄园、西山乡文邦圣亚num、丙闷浪村傣家园、莫里热带雨林、畹町口岸、畹町桥、畹町中缅界碑、瑞丽口岸、一寨两国、独树成林、瑞丽江日落、瑞丽江漂流、瑞丽江广场、姐勒金塔、样样好翡翠文化产业园、盈江观景台、大盈江水电站（虎跳石）、梁河南甸宣抚署、项老赛刀具厂
盈江县城	盈江观鸟、洪崩河观鸟、大盈江水电站（虎跳石）、铜壁关华夏榕树王
梁河县城	梁河南甸宣抚署、盈江铜壁关华夏榕树王
和顺古镇	莫里热带雨林、瑞丽口岸、一寨两国、独树成林
腾冲市区	勐巴娜西珍奇园、芒市广场、珠宝小镇

注：和顺古镇、腾冲市区产生的辐射，是在德宏州内未产生住宿行为的旅行中，以和顺古镇、腾冲市区为住宿点所在地进行的德宏州边境旅游

德宏州主要的边境旅游住宿地为瑞丽市区、芒市市区，虽然二者都具有辐射全州游赏点的能力，但从辐射范围上看，瑞丽市区明显大于芒市市区，且从瑞丽口岸出入境的缅甸一日游，也都是以瑞丽市区为住宿点所在地，在研究中尚未发现有以芒市市区或其他点空间为住宿点的缅甸一日游行程。旅游者在瑞丽市区、芒市市区、盈江县城、和顺古镇、其他地方（回环村、梁河县城、弄岛镇、那邦镇、腾冲市）的住宿时间百分比分别为 73%、22%、2%、1%、2%（图 4-12）。这也可以看作瑞丽市区、芒市市区、盈江县城、其他地方在德宏州边境旅游中的辐射能力排序。

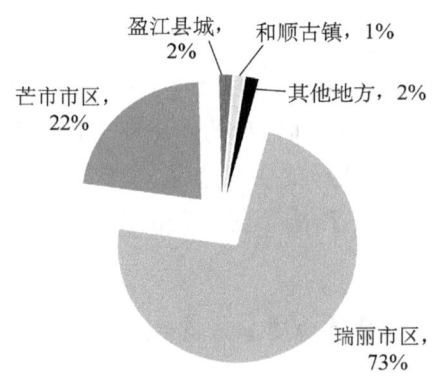

图 4-12　德宏州边境旅游住宿点所在地住宿时间比例图

可以看出，瑞丽市区和芒市市区对其他市、县城、乡镇在旅游者住宿选择上的屏蔽效应。

值得注意的是，瑞丽市区的辐射效应不仅在于德宏州内，也在于对缅甸方游赏点、旅游地的辐射；德宏州的游赏点，也可以被和顺古镇、腾冲市辐射，这是杭瑞高速贯通之后出现的新情况。

5. 空间分布特征与边境旅游点空间作用关系

到访次数多的游赏点集中分布在瑞丽市、芒市、畹町镇。

依据德宏州边境游赏点对旅游要素的集聚能力，可判断德宏州边境旅游已形成瑞丽市、芒市双核带动的三级格局体系。其中，瑞丽市、芒市为第一级别，畹町镇为第二级别，木姐、南坎与德宏州其他县为第三级别。

同时，也可以理解为集聚程度高的旅游点空间对集聚程度低的旅游点空间存在屏蔽作用，瑞丽市、芒市对畹町镇存在明显的屏蔽效应。

三、德宏州边境旅游点空间效应分析

1. 边境旅游点空间效应特征

（1）集聚效应与辐射效应是最基本的旅游点空间效应形式

集聚与辐射是旅游点空间对旅游产业要素最基本的两种作用形式。从汇总的角度来看，集聚效应与辐射效应也是最基本的两种点空间效应形式。集聚效应是集聚作用与辐射作用共同作用的结果，可以看出旅游区域空间内各空间点的总集聚能力和总体的发展特征；通过考察住宿点与游赏点的组合关系，可以将辐射作用的效果分离出来，辐射能力反映了旅游点空间带动区域旅游发展的能力大小。集聚能力是旅游点空间自身的发展能力，辐射能力是带动能力。

德宏州内有着明显集聚效应的游赏点空间有 29 处，产生明显辐射效应的游赏兼住宿点空间只有 4 处：瑞丽市区、芒市市区、盈江县城、梁河县城带动能力有待提升。

（2）梯度效应是旅游地域点空间运动的总特征

德宏州游赏点空间的集聚能力和辐射能力均呈现出梯度发展效应，再次验证了经济地域运动的梯度推移规律和非均衡运动的总规律。

（3）屏蔽效应是既未发生集聚，也未发生辐射或被辐射的情况

考察集聚、辐射未发生在哪里，与考察集聚、辐射发生在哪里同样重要。屏蔽效应是既未发生集聚，也未发生辐射或被辐射的情况。高等级的旅游点空间对低等级的旅游点空间存在不同程度的屏蔽作用。

集聚、辐射、被辐射，都使旅游点空间扩大，被屏蔽却使旅游点空间减小。

（4）多种空间效应可以同时发生在同一游赏点空间

旅游地域在不同旅游者眼中呈现出不同的空间关系，反映在旅游者各不相同的旅游行程或线路中。一个旅游者行为中的集聚点空间，有可能是另一个旅游者行为中的被屏蔽点空间；一个旅游者行为中的辐射点空间，也有可能是另一个旅游者行为中的被辐射点空间。

多种空间关系和空间效应可以同时发生在同一游赏点空间。例如，德宏州的畹町镇，对一些旅游者来说，它是与瑞丽、芒市并列发展的集聚点空间，形成"→瑞丽→畹町→芒市→"的旅游线路；对另一些旅游者来说，它是处于瑞丽市或芒市辐射作用之下的点空间，形成"瑞丽→畹町（→芒市）→瑞丽"或"芒市→畹町（→瑞丽）→芒市"的旅游线路；对还有一些旅游者来说，它是一个被屏蔽的游赏点空间，产生"瑞丽→芒市"、"芒市→瑞丽"的旅游线路。

2. 边境旅游点空间效应的作用机理

（1）*德宏州边境旅游点空间效应的空间基础*

思考德宏州边境旅游点空间效应的状况，本书认为边境旅游点空间效应发生作用的空间基础包括：产业要素高度集聚的旅游发展增长极、各类梯度发展的游赏点、集合国家多种政策的长期发展的边境口岸、足以辐射邻国边境游赏点或目的地的旅游产业集聚地、国界线附近的邻国区域有足够集聚程度的游赏地（点）。

（2）*德宏州边境旅游点空间效应的作用机理*

1）以产业要素高度集聚的旅游产业发展增长极拉动区域旅游业发展。

产业要素高度集聚的旅游产业发展增长极，如是一个荟萃了当地游赏精华的风景托盘，其中有高知名度、高质量的游赏点，也有能够满足旅游者不同需求的各类基础设施、接待设施，可为旅游者到附近游赏提供落脚点。因此，它通常是能够促成旅游者行程的主要原因。例如，保山市的腾冲市与和顺古镇，西双版纳州的景洪市，以及德宏州的瑞丽市、芒市。

德宏州到访次数最多的两个游赏点——瑞丽口岸和一寨两国，是德宏州游赏点梯度发展体系中第一层级仅有的两个游赏点。除了包含独树成林、姐勒金塔、边寨喊沙、瑞丽江广场等游赏点，辐射畹町镇、芒市、盈江县等游赏地之外，华丰美食广场、步步冷饮店、觉觉味道等餐饮点也闻名于网络，已成为不可忽视的游赏点，增添了瑞丽市旅游的吸引力。

虽然芒市包含的游赏点到访次数整体上略少于瑞丽市，但其市容、街景却得到大部分旅游者的认可，而且市内几处游赏点之间距离不远，勐焕大金塔的夜景具有独特的魅力，芒市也具备较强的对州内其他游赏点的辐射能力，且拥有旅游者乘飞机进入德宏州的唯一机场，因此也成为德宏州旅游的一个增长极。

2）各类梯度发展的游赏点。

发展这样的游赏点是对增长极辐射效应的合理利用。区域整体的旅游发展很难通过将所有城市、乡镇、村寨都培育成旅游增长极来实现，而培育有限的实力强劲的增长极，通过有限的增长极来辐射整个区域内的游赏点，无疑是一条值得考虑的途径。因此，厘清游赏点与增长极的空间效应关系是很有必要的。是游赏点增加了增长极的旅游产业要素集聚度？还是游赏点需仰赖增长极的辐射？

畹町镇的游赏点无疑是需要仰赖瑞丽市与芒市这两个增长极辐射的游赏点。因地利之便，瑞丽市与芒市对畹町镇游赏点的辐射显得轻而易举。旅游者住在瑞丽市或芒市，或是在两市之间的路途中，拼车包车或跟团，独树成林、边寨喊沙、一寨两国，连着畹町桥、畹町口岸、畹町中缅界碑、畹町边关文化园、南洋华侨机工回国抗日纪念馆、莫里热带雨林，或顺序相反，一路就完成了游赏。

而瑞丽市和芒市对盈江、梁河、陇川三县游赏点的辐射就显得力不从心。这三县游赏点一般是被旅游者安排在瑞丽市、芒市与腾冲市、和顺古镇之间的路上，而不是游赏后又回到瑞丽市或芒市。而且案例中也出现了旅游者宿于盈江县和梁河县的情况，盈江县隐隐有成为新的增长极的苗头。

3）长期发展的边境口岸集合国家多种政策。

德宏州目前有瑞丽、畹町两个国家一类口岸，盈江、章凤两个国家二类口岸。瑞丽口岸在目前的边境旅游中承担了更多的跨境旅游通道功能。

1978 年，瑞丽口岸批准为国家一类口岸；1990 年 7 月 9 日，国务院批准瑞丽口岸对第三国开放；1992 年，经国务院批准成立瑞丽边境经济合作区；2012 年，国务院正式批准瑞丽国家重点开发开放试验区建设方案，其定位是：瑞丽试验区建设成为中缅边境经济贸易中心、西南开放重要国际陆港、国际文化交流窗口、沿边统筹城乡发展示范区和睦邻安邻富邻示范区。瑞丽试验区布局边境经济合作区、国际物流仓储区、国际商贸旅游服务区、进出口加工产业区、特色农业示范区、生态屏障区。

国家旅游局批复同意开展的边境旅游线路中，德宏州有畹町-腊戍三日游、瑞丽-八莫三日游、瑞丽-曼德勒六日游。

研究中涉及的案例多是木姐、南坎一日游。旅游者只需带身份证，委托旅行社到瑞丽市公安局办理边境通行证即可，一般第一天委托旅行社办理，第二天一早就可随团通过瑞丽口岸，前往缅甸木姐、南坎游览，下午又由瑞丽口岸返回。

4）实力强大的旅游产业集聚地辐射邻国边境游赏点或目的地。

这一点更适合于在边境区域开展跨境一日游的情况。与我国接壤的邻国经济发展整体上较落后，边境地区很难有高级别的游赏点，单凭借边境区域的跨境旅游产品很难吸引旅游者。而是需要依靠足以辐射邻国边境游赏点或目的地的旅游产业集聚地将旅游者吸引过来。

在所研究的案例中，能够辐射缅甸木姐、南坎的只有瑞丽市。瑞丽市整体的旅游发展实力，使得它能够获得相关的政策开展相应的边境跨境旅游活动。

5) 国界线附近的邻国区域有足够集聚程度的旅游点空间作为边境跨境旅游发展的基础。

对边境地区的跨境旅游来说，国界线附近邻国区域的旅游资源及其开发状况亦十分重要。如果像德宏州一样，出瑞丽口岸不远即是缅甸的木姐市和南坎镇这样有一定产业集聚程度的空间点，市镇及其周边又分布着一定开发程度的游赏点，那就很方便开展跨境旅游。

相反，若从中方口岸出去后，并没有什么旅游资源点，也没有市镇之类的旅游产业集聚点，那么要开展边境跨境旅游，难度就很大。

第六节　旅游者线空间行为与德宏州边境旅游线空间效应分析

依据本章第三节基于旅游者空间行为的边境旅游空间效应研究框架，从旅游者线空间行为特征分析入手，进而分析德宏州边境旅游空间作用、线空间效应。

一、基本概念

1. 旅游者线空间行为

旅游者线空间行为是从出发地到目的地再到返回地整个过程中旅游者的食、住、行、游、娱、购等活动的线空间选择、分配、相处、组合等行为。其中，空间选择是指旅游者的线空间决策行为；空间分配是指旅游者在不同旅游线空间安排不同活动的行为；空间相处是指旅游者与旅游线空间的相处行为：静态、动态、食、住、行、游、娱、购等；空间组合是指旅游者选择或分配的不同的旅游线空间的组合。

可以把旅游者的线空间行为抽象地看作一条或多条串联了数量不等的旅游点空间的线。值得注意的是，旅游者线空间行为中，不仅涉及旅游线空间，更涉及旅游点空间。旅游者线空间行为的基本形式仍然是移动与停驻行为。

2. 线空间与旅游线空间

空间结构的线要素是指经济社会活动在地理空间中所呈现的线状分布形态（李小建，2015）。本书将空间结构的线要素称为线空间。

旅游线空间是可以被抽象地看作线状地物的地理空间。从边境州（市、盟）域旅游的角度来看，旅游线空间一般包括道路、河流、州（市、盟）界线、国界线等。

3. 旅游线空间效应

旅游线空间效应指的是，由旅游线空间之间的相互吸引、竞争、互补等作用关系而引起的，旅游线空间作用于旅游要素而形成的，易于识别的，旅游要素在旅游空间上的集聚或扩散形态。旅游空间的相互关系与作用，是旅游线空间效应形成的根本原因；旅游线空间对旅游要素的作用，是旅游线空间效应形成的直接原因。

二、德宏州边境旅游者线空间行为特征与旅游空间作用关系分析

1. 边境旅游者游赏线空间行为强度、方向、分布分析

统计每份网络旅游日志在德宏州边境及跨境旅游的行程，注意其起止点及移动方向。这里的起止点均是有游赏情节发生的点空间。若仅是路过某点空间而没有发生游赏行为，则该点不作为行程的起止点。如果旅游者在游赏瑞丽市之后，从瑞丽市出发，经过陇川县，到达盈江县进行了观鸟旅游，其中经过陇川县时没有发生明显的游赏行为，则将这一行程作为一次从瑞丽市到盈江县的行程进行统计，陇川县不统计在内。对182份网络旅游日志进行逐一统计之后，得到德宏州边境旅游者游赏线空间流量流向统计（表4-6）。

表4-6 德宏州边境旅游者游赏线空间流量流向统计　　（单位：次）

流向	流量	流向	流量	流向	流量	流向	流量
瑞丽→芒市	46	芒市→瑞丽	43	瑞丽→畹町	40	畹町→瑞丽	43
芒市→畹町	15	畹町→芒市	14	瑞丽→木姐	14	木姐→瑞丽	14
木姐→南坎	13	南坎→木姐	13	盈江→瑞丽	5	瑞丽→梁河	3
梁河→盈江	3	瑞丽→弄岛	2	弄岛→瑞丽	2	瑞丽→陇川	1
瑞丽→盈江	1	盈江→梁河	1	陇川→盈江	1		

据表 4-6，得到德宏州边境旅游者游赏线空间流量流向分布图（图 4-13）。

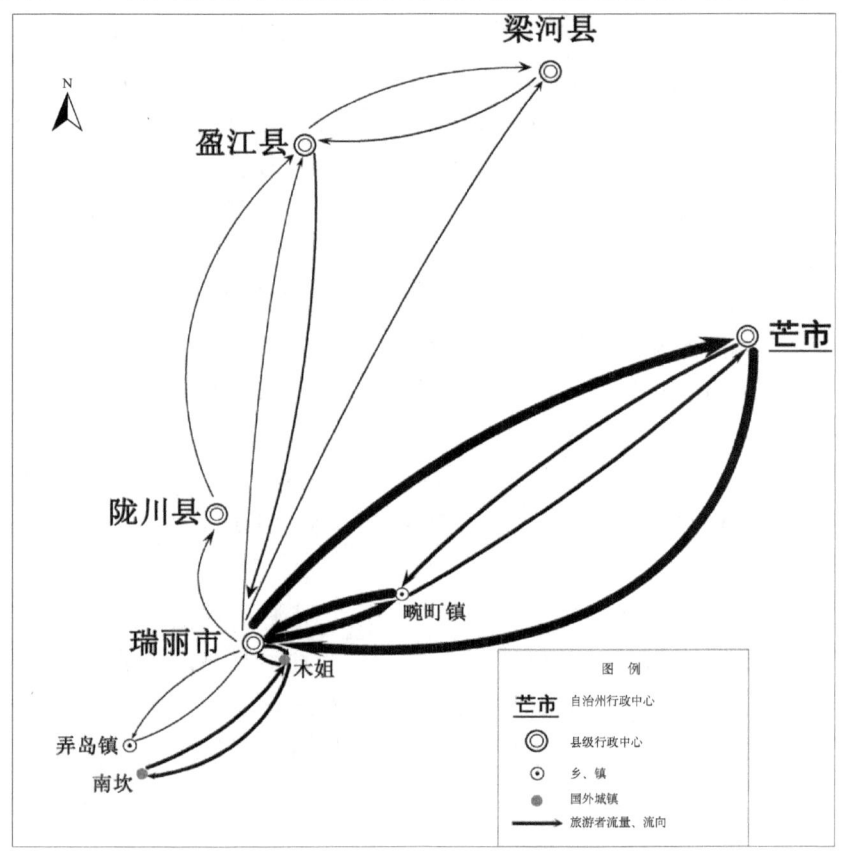

图 4-13　德宏州边境旅游者游赏线空间流量流向分布图

图中带箭头的线段表示两旅游点空间之间旅游者的流量与流向。用线条粗细表示流量，线条越粗，流量越大，反之则流量越小；箭头指向，即旅游者流向。线段的起止点均为有游赏行为发生的点空间，而非实际上交通道路中的点。因此，该图亦可看作游赏点空间的联系图。

首先，流量反映的是旅游点空间对旅游要素的集聚与辐射能力的高低。德宏州边境旅游者的主要游赏点空间在瑞丽市、芒市、畹町镇以及缅甸的木姐、南坎。木姐、南坎的旅游者流量明显弱于瑞丽市、芒市、畹町镇。在弄岛镇、陇川县、盈江县、梁河县这几个次要的游赏点空间中，盈江县与梁河县的旅游者流量大于弄岛镇和陇川县。流量分布呈现出明显的梯度效应。也可以认为，流量大的旅游线对流量小的旅游线存在不同程度的屏蔽效应。

其次，从流向进行分析。虽然在本章第五节的分析中可以看出德宏州有瑞丽市和芒市两个强集聚力的旅游产业增长极，而且二者也拥有与其地位相匹配的旅游者流量。但从旅游者流向来看，瑞丽市与德宏州内每一处统计在内的游赏点空间都有游赏行为上的联系，而且是唯一可以辐射缅甸木姐与南坎的游赏点空间。芒市虽然也有大量旅游者，但与其有游赏行为联系的只有瑞丽市与畹町镇，且以瑞丽市为主。由此来看，虽然同为强力增长极，但在带动德宏州旅游空间发展上，瑞丽市远胜于芒市。游赏点空间的联系能力，也呈现出梯度效应。

从案例中的行程来看，瑞丽市与畹町镇之间的流量与流向联系，绝大部分是"瑞丽→畹町→瑞丽"形式的以瑞丽市区为住宿依托的行程；瑞丽市与缅甸木姐、南坎之间的流量与流向联系，则全部都是以瑞丽市区为住宿依托的行程。因此，瑞丽市与畹町镇、瑞丽市与木姐、南坎的关系，更多地可以看作瑞丽市对畹町镇、木姐与南坎的辐射效应。大部分情况是，旅游者从瑞丽市区出发到畹町镇、木姐、南坎游赏之后又返回到瑞丽市区，是一种体现瑞丽市辐射能力的行程。

在弄岛镇、陇川县、盈江县、梁河县这四处游赏点空间中，弄岛镇由于地理位置和交通原因，不易与其他游赏点空间发生联系，对瑞丽市依赖性很大；梁河县与盈江县与其他游赏点的联系相对比较活跃，而盈江县与瑞丽市的游赏联系更多一点，似有略强于梁河县之势；陇川县虽与瑞丽市相邻，占据地利，但并没有表现出明显优势；而梁河县与芒市虽然相邻，也并没有发生游赏联系。

最后，从整体的旅游者流量流向的空间分布来看，可以看到德宏州边境旅游发展的大体状况，并且可以将德宏州边境旅游划分为核心区和拓展区两个层次（图4-14）。

2. 边境旅游者出入游赏线空间行为强度、方向与分布分析

统计旅游者进入德宏州之前的最后一个游赏点空间、离开德宏州之后的第一个游赏点空间。此处只统计发生了游赏行为的点空间（表4-7）。得到德宏州边境旅游者进出游赏线空间流量、流向分布图（图4-15）。仍以带箭头的线段表示旅游者流量与流向。线条粗细表示流量，线条越粗，流量越大，反之则流量越小；箭头方向即流向。此图亦可看作德宏州与外围区域的游赏联系图。

第四章 基于旅游者空间行为的边境旅游空间效应 | 223

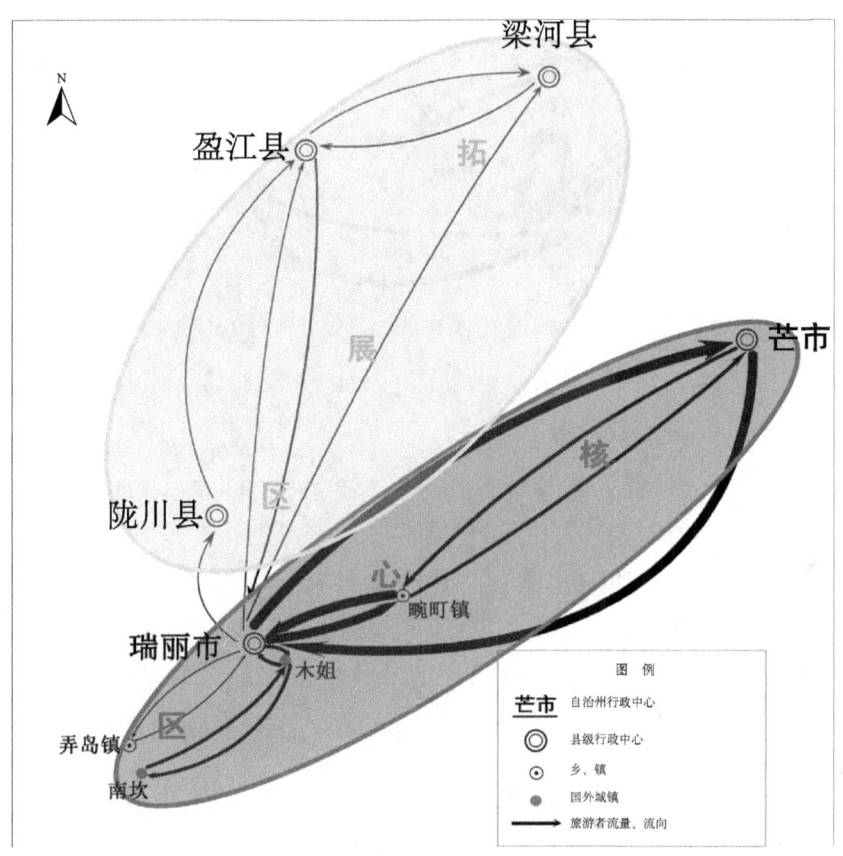

图 4-14 德宏州边境旅游分区图

表 4-7 德宏州边境旅游者进出游赏线空间流量、流向统计

(单位:次)

进出德宏州的点空间	德宏→	→德宏	进出德宏州的点空间	德宏→	→德宏
昆明市	18	27	大理市	32	26
腾冲市	49	59	和顺镇	31	24
保山市	8	4	龙陵县	3	6
丽江市	3	5	临沧市	2	2
景洪市	2	2	六库镇	1	3
楚雄市	2	0	攀枝花市	2	0
曲靖市	1	0	弥勒市	1	

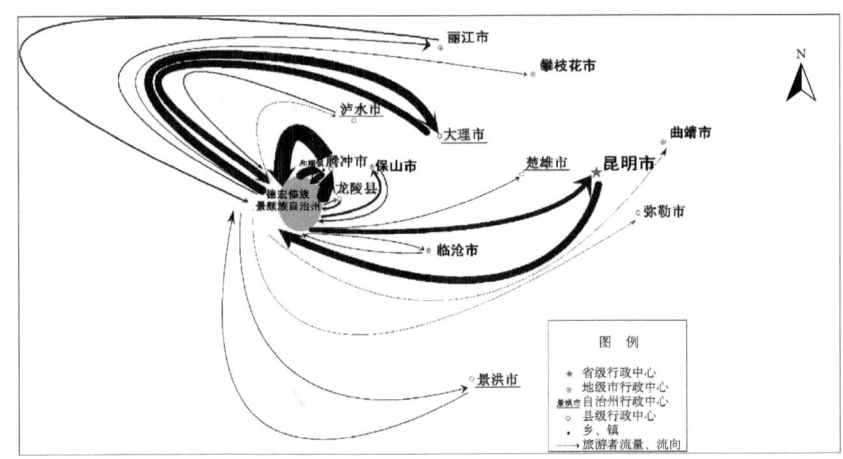

图 4-15　德宏州边境旅游者进出游赏线空间流量、流向分布图
银杏村与德宏州亦有少量旅游者进出，因图面限制，未画出

从流量来看，与德宏州旅游有旅游者游赏行为联系的有保山市、大理市、楚雄市、昆明市、丽江市、怒江州、临沧市、西双版纳州、曲靖市、红河州、攀枝花市，其中流量交换最多的是腾冲市，其次是和顺镇、大理市，再次是昆明市。从州（市）域层面来看，与德宏州旅游联系最紧密的是保山市。

同为云南省边境州（市）的怒江州、保山市、临沧市、西双版纳州、红河州中，联系最为紧密的是保山市。与其他边境州（市）的联系，要弱于同大理州、昆明市的联系。

从流向来看，保山市、大理州有多个不同的游赏点空间与德宏州直接联系。保山市有腾冲市区、和顺古镇、云南银杏村、保山市区四个游赏点空间，而大理州（市）则有下关、大理古城、喜洲、才村、双廊、鸡足山等多个游赏点空间。其他州（市）与德宏州直接联系的游赏点空间则均在图 4-15 中所示城市所在地。

从整体分布来看，德宏州的旅游联系空间主要是在昆明-大理-保山-德宏这一滇西旅游线上。依托的主要是 G56 杭瑞高速和 320 国道。由此，亦可见交通在边境旅游发展中的重要性。

3. 边境旅游者线空间行为与道路交通线空间作用

主要考察旅游者线空间行为与德宏州道路交通线的相互作用。

将德宏州边境旅游者游赏线空间流量、流向分布图与德宏州主要交通图叠加，得到德宏州边境旅游者线空间行为与道路交通线空间关系图（图 4-16）。

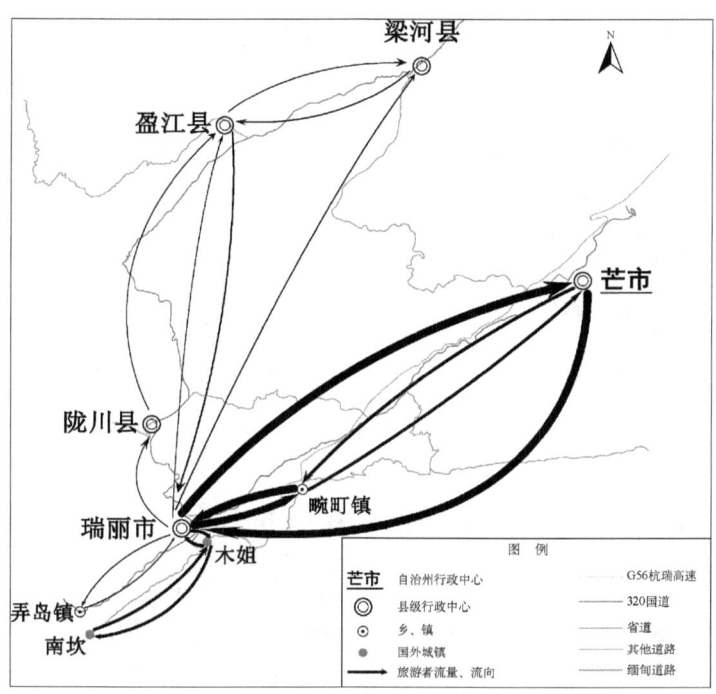

图 4-16　德宏州边境旅游者线空间行为与道路交通线空间关系图（详见书末彩图）

（1）旅游者线空间行为与德宏州内道路交通空间

从德宏州的情况来看，不仅仅是游赏点的空间分布依赖于道路交通的空间格局，更有意思的是，游赏点空间的集聚与辐射能力，整体上与所依托道路等级一致，高等级道路沿线的游赏点空间的集聚辐射能力整体上高于低等级道路沿线的游赏点空间。德宏州集聚与辐射能力强的游赏点空间分布于 G56 杭瑞高速、320 国道，集聚与辐射能力较弱的游赏点空间则多分布于省道沿线。

（2）旅游者线空间行为与旅游联系最紧密的同级区域道路交通空间

作者在前期的研究中曾经发现，德宏州旅游与保山市旅游已经形成一个大的环线。也就是说，在瑞丽市与腾冲市之间，已形成两条主要的旅游通道，一是沿省道经陇川县、盈江县、梁河县到腾冲市，或顺序相反；二是 G56 杭瑞高速经芒市、保山市、龙江特大桥到腾冲市，或顺序相反。这也是在图

4-14中，从瑞丽出发往腹地方向，游赏点空间之间旅游流的流向整体上呈现出两条通道（瑞丽-陇川-盈江-梁河、瑞丽-畹町-芒市）的原因，也解释了为什么虽然梁河县、盈江县与芒市之间有省道相通，却没有旅游者流量发生。

（3）旅游者线空间行为与本域内旅游线空间的发展

人们通常会希望，旅游业可以沿着一条交通线，发展出一条旅游产业带。然而，旅游者的线空间行为告诉我们，沿着一条交通线发展起来的，并不是一条不间断的带状空间，而是交通线沿线的若干个集聚与辐射能力高低不一的游赏点空间。本书将这一明显的空间现象称为"因线带点效应"。

4. 边境旅游者线空间行为与国界线空间作用

将德宏州边境旅游者游赏线空间流量、流向分布图与德宏州国界线图叠加，得到德宏州边境旅游者线空间行为与国界线空间关系图（图4-17）。

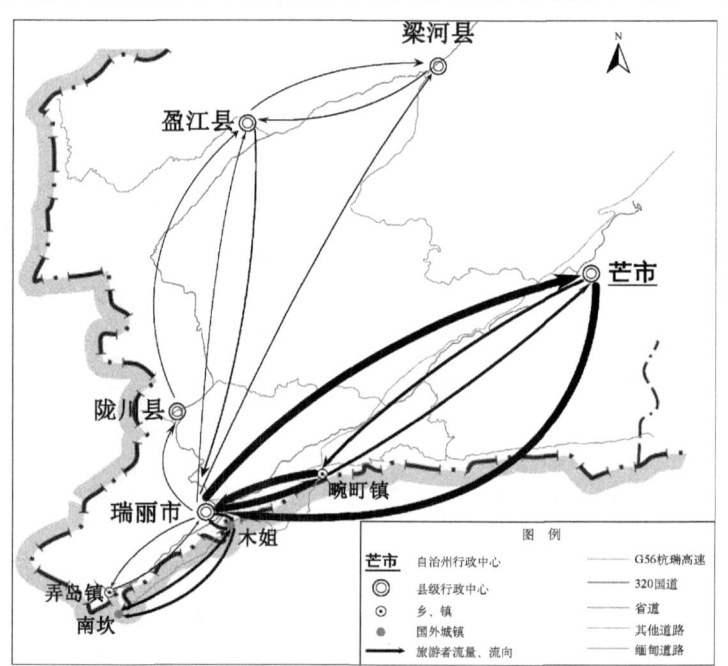

图4-17　德宏州边境旅游者线空间行为与国界线空间关系图（详见书末彩图）

德宏州边境跨境旅游经过20多年的发展，国界线对旅游产业要素流通的屏蔽效应依然十分稳固。在边境跨境区域活跃着的，实际上只有通过瑞丽口岸出入木姐-南坎一日游。虽然德宏州边境跨境旅游的跨越性发展仍需时日，但也已经积累了不容忽视的经验。

在本章第五节曾经提到，边境跨境旅游的发展，首先需要有一个能够辐射国界线附近邻国区域游赏点或旅游目的地的旅游产业集聚地，在德宏州，这一旅游产业集聚地即瑞丽市区。其次还需要具备一个长期发展的有足够通关能力的口岸，邻国有相应的交通条件和一定集聚程度的游赏点空间。本书将这一边境跨境旅游空间发展的明显特征，称为"倚门串珠效应"。门，指口岸；珠，指国界线外邻国的游赏点空间。

三、德宏州边境旅游线空间效应分析

1. 边境旅游线空间效应特征

（1）集聚效应与辐射效应是最基本的旅游线空间效应形式

集聚作用与辐射作用形成了旅游者线空间行为的流量、流向与分布。细究旅游者线空间行为中住宿空间与游赏空间的关系，可以发现空间联系中的辐射效应。

流量反映了游赏点空间的发展程度和综合实力；辐射效应和空间联系反映了游赏点空间的带动能力；流量与流向的空间分布则展示出区域游赏空间的整体特征。

德宏州旅游者空间行为的流量强度分布与本章第五节德宏州游赏点等级的空间分布基本一致；辐射效应分析结果也与本章第五节的辐射能力分析结果保持一致，空间联系的分析使得各游赏点空间的关系更加清晰和深入；流量与流向的空间特征则显示出德宏州边境旅游可以大致划分为核心区和拓展区两个发展程度不同的区域。

（2）梯度效应是旅游线空间运动的总特征

各行程线的流量强度呈现出梯度效应，各游赏点空间的联系能力也呈现出梯度效应。这又一次验证了经济地域运动的梯度推移规律和非均衡运动的总规律。

流量强度大的行程线集中在瑞丽市、芒市、畹町镇、木姐、南坎等游赏点空间之间，弄岛镇、陇川县、盈江县、梁河县之间行程线流量强度较小。各游赏点流量和空间联系能力也呈梯度效应。

（3）道路交通线空间的集聚效应实质上是道路交通沿线旅游点空间的集聚效应与辐射效应

道路交通沿线游赏点空间的集聚效应与辐射效应形成了道路空间的旅游者流量、流向与分布。促成旅游空间发展，需要的是旅游者的停驻行为，而非移动行为。旅游者的停驻只可能发生在道路交通线上的旅游点空间，而不可能持续发生在道路交通线的整个线段上。因此，不间断的、连续的旅游线空间不可得。

发展旅游线空间，最终带来的只能是旅游点空间的发展。

（4）国界线屏蔽效应显著

德宏州内的旅游线路，已经呈现出网状结构，而边境跨境旅游线路，只形成了以瑞丽市为住宿依托的瑞丽-木姐-南坎-瑞丽一日游线路。国界线两侧的旅游空间发展差异很显著。

（5）"因线带点效应"可作为区域旅游空间发展的基本效应模式

如前所述，不间断的、连续的旅游线空间不可得；同理，不间断的、连续的旅游面空间亦不可得。发展旅游线空间，最终得到的只能是沿旅游线空间的若干旅游点空间的发展。对区域来说亦如此，区域旅游的发展，说到底是区域内旅游点空间的梯度发展。因此，可将"因线带点效应"作为区域旅游空间发展的基本效应模式，明确以什么样的线带动什么样的点，做好区域旅游空间布局。

（6）"倚门串珠效应"可作为边境跨境旅游发展参考的基本效应模式

"倚门串珠效应"是边境跨境旅游空间效应的组合，是将能够辐射国界线附近邻国游赏点或旅游目的地的旅游产业集聚地的集聚与辐射效应、国界线的屏蔽与过滤效应、国界线附近邻国游赏点空间的集聚效应与辐射效应组合起来形成的基本效应模式。

这一效应模式可以作为边境跨境旅游发展的参考模式，先达到这一效应模式，再谋求以更多的"门"串更多的"珠"。

2. 边境旅游线空间效应的作用机理

（1）德宏州边境旅游线空间效应的空间基础

经过对德宏州边境旅游线空间效应的分析，本书认为边境旅游线空间效应的空间基础包括：能串联起区域内主要旅游产业集聚点的状况优良的道路交通线；邻国边境区域拥有一定质量的能够串联起一定游赏点的道路交通线；中方与邻国边境道路交通线衔接状况能够满足旅游发展需求；联系起主要的旅游联系区域的质量优良的道路交通线；具备足够通行功能的国界线。

（2）德宏州边境旅游线空间效应的作用机理

1）状况优良的道路交通线串联起区域内主要的旅游产业集聚点。

道路交通线是旅游点空间集聚效应和辐射效应得以发挥的旅游产业要素流动通道。区域内主要的旅游产业集聚点是带动区域旅游产业发展的主力旅游空间，因此需要优良的道路交通线保障其集聚效应和辐射效应的顺畅发挥。

在德宏州，G56 杭瑞高速与 320 国道串联起了核心区的主要旅游产业集聚地，拓展区的主要旅游点空间则由备受旅游者好评的 S233 省道连接。G56 杭瑞高速与 S233 省道均路况良好，且风景独特迷人，确实起到了良好的旅游要素流动通道的作用。

2）邻国边境区域拥有一定质量的道路交通线串联起一定集聚程度的游赏点。

与我国接壤的邻国整体上经济相对比较落后，其边境地区交通状况大多不佳。边境跨境旅游的发展，需要邻国边境地区具备一定质量的道路交通线条件。一来满足边境跨境旅游交通工具基本的通行需求；二来可以串联起一定集聚程度的游赏点空间及其他性质的旅游点空间，以满足旅游者的游赏需求及其基本的餐饮、购物等需求。

3）中方与邻国边境道路交通线衔接良好以满足边境跨境旅游发展需求。

两国边境道路交通线衔接良好是旅游产业要素在两国边境地区流通的基本保障，是边境跨境旅游点空间集聚效应与辐射效应发挥的空间基础。常常以两国边境口岸为道路衔接处。

4）质量优良的道路交通线联系起主要的旅游联系区域。

需要质量优良的道路交通线联系起主要的旅游联系区域。既能接受从其他同级区域流动过来的旅游产业要素，也允许本区域旅游产业要素流动到其他区域。与主要的旅游联系区域形成良性的旅游产业要素流动关系。从区域间的集聚效应与辐射效应中受益。

5）国界线发挥足够的通行功能。

国界线的通行功能由口岸承担，快速便捷的通关能力是边境跨境旅游发展的基本要求。

瑞丽口岸为国家一类口岸，参加边境一日游的旅游者只需将身份证交给旅行社统一办理边境通行证，第二天即可成行。有的旅游者第一天下午委托旅行社，第二天成行。也有的旅游者是在出行当天早晨办理边境通行证，办完即出境。整体通关状况迅速、便捷。

第七节　旅游者面空间行为与德宏州边境旅游面空间效应分析

一、基本概念

1. 旅游者面空间行为

旅游者面空间行为是从出发地到目的地再到返回地整个过程中旅游者的食、住、行、游、娱、购等活动的面空间选择、分配、相处、组合等行为。其中，空间选择是指旅游者的面空间决策行为；空间分配是指旅游者在不同旅游面空间安排不同活动的行为；空间相处是指旅游者与旅游面空间的相处行为：静态、动态、食、住、行、游、娱、购等；空间组合是指旅游者选择或分配的不同的旅游面空间的组合。

2. 面空间与旅游面空间

空间结构的面要素是指经济社会活动在地理空间中所呈现的面状分布形态，通常是指区域空间结构内除去节点和网线之外的所有地域空间。面是点和线要素赖以存在的空间基础，具有确定的空间范围（陆玉麒，1998）。本书将空间结构的面要素称为面空间。

旅游面空间是可以被抽象地看作面状地物的地理空间。它是旅游点空间与旅游线空间的背景空间，对应着不同意义上的地理区域。它可以是政治意义上的区域，也可以是文化意义上的区域、自然意义上的区域、经济意义上的区域、社会意义上的区域，还可以是政治、文化、自然、经济、社会意义上的跨界区域。

3. 旅游面空间效应

旅游面空间效应指的是，由旅游面空间之间的相互吸引、竞争、互补等作用关系而引起的，旅游面空间作用于旅游要素而形成的，易于识别的，旅游要素在旅游空间上的集聚或扩散形态。旅游空间的相互关系与作用，是旅游面空间效应形成的根本原因；旅游空间对旅游要素的作用，是旅游面空间效应形成的直接原因。

二、德宏州边境旅游者面空间行为特征与旅游空间作用关系分析

1. 德宏州边境旅游者在云南省内面空间行为强度、联系与分布分析

统计 182 份网络旅游日志中发生明显旅游者游赏行为的云南省州（市）。一份日志中发生了多次游赏行为的州（市），只记作游赏 1 次；只作为交通空间通过，未发生明显游赏行为的州（市），记作 0 次。德宏州边境旅游者在云南省各州（市）的游赏次数从多到少排列情况是：德宏州（182）>保山市（164）>大理州（99）>昆明市（75）>丽江市（34）>西双版纳州（23）>迪庆州（17）>楚雄州（15）>红河州（12）>玉溪市（11）>曲靖市（10）>怒江州（9）>文山州（7）>普洱市（4）=临沧市（4）>昭通市（0）。该排列顺序对应图 4-18 中从左到右的点。

将德宏州边境旅游者在云南省各州（市）的游赏次数作散点图（图 4-18），可以将云南省各州（市）与德宏州的旅游联系按从强到弱的次序分为五个级别：①超高强度联系级别：德宏州、保山市；②高强度联系级别：大理州、昆明市；③中强度联系级别：丽江市、西双版纳州、迪庆州、楚雄州；④弱强度联系级别：红河州、玉溪市、曲靖市、怒江州；⑤最弱强度联系级别：文山州、普洱市、临沧市、昭通市。

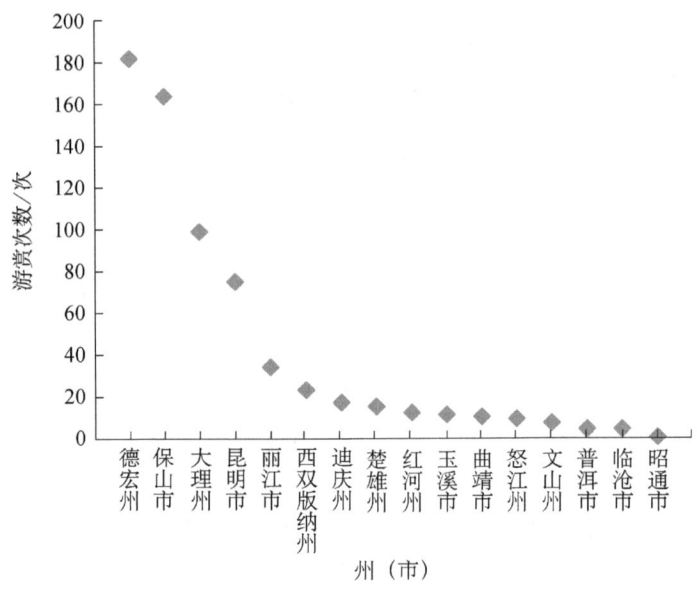

图 4-18　德宏州边境旅游者在云南省各州（市）游赏次数散点图

在云南省地理信息测绘局网站提供的标准地图服务中，下载 1∶600 万云南省地图作为制图底图，在各州（市）旅游者总的游赏次数标准化后，将标准化后的数值作为图中各州（市）区域的灰色浓度显示出来。得到德宏州边境旅游者在云南省各州（市）的游赏强度分布图（图 4-19）。灰色越深的区域，次数越多，游赏强度越强；反之，游赏次数越少，游赏强度越弱。

然而，德宏州与云南省其他州（市）的旅游联系并不是一对一的联系，而是通过不同的云南省内旅游线路联系起来的面空间的组合关系。结合德宏州边境旅游者在云南省各州（市）游赏次数散点图（图 4-18）与德宏州边境旅游者在云南省各州（市）的游赏强度分布图（图 4-19），并考虑网络旅游日志中的旅游行程，可以得到几条大致按联系程度由强到弱排列的旅游线路（图 4-20）：①昆明（强）-楚雄（中）-大理（强）-保山（超强）-德宏（超强）；②迪庆（中）-丽江（中）-大理（强）-保山（超强）-德宏（超强）；③昭通（最弱）-曲靖（弱）-昆明（强）-玉溪（弱）-普洱（最弱）-西双版纳（中）-临沧（最弱）-保山（超强）-德宏（超强）；④文山（最弱）-红河（弱）-普洱（最弱）-西双版纳（中）-临沧（最弱）-保山（超强）-德宏（超强）；⑤怒江（弱）-保山（超强）-德宏（超强）。

第四章　基于旅游者空间行为的边境旅游空间效应 | 233

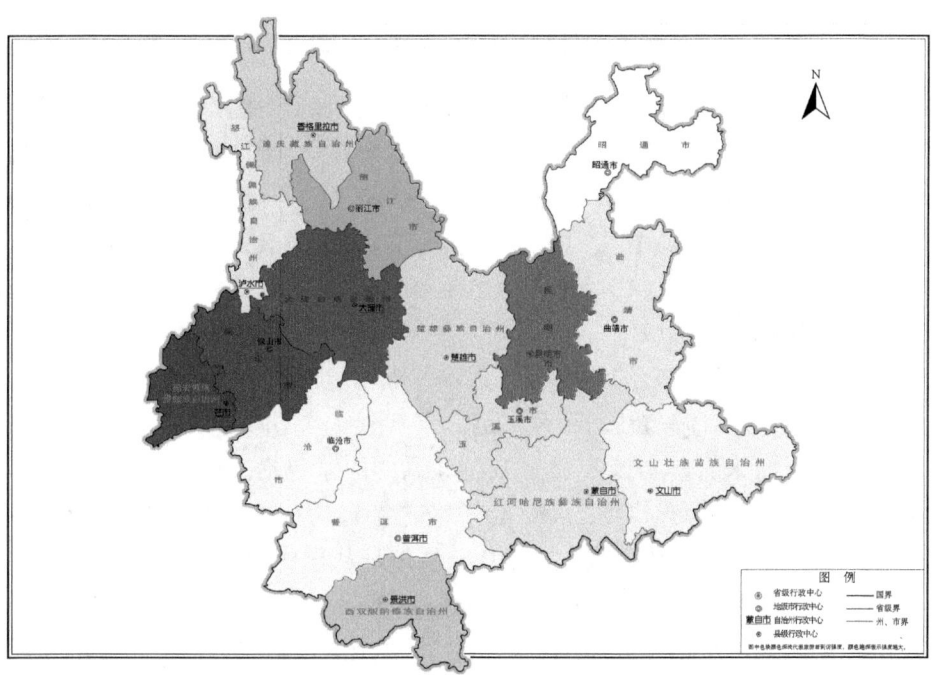

图 4-19　德宏州边境旅游者在云南省各州（市）的游赏强度分布图（详见书末彩图）

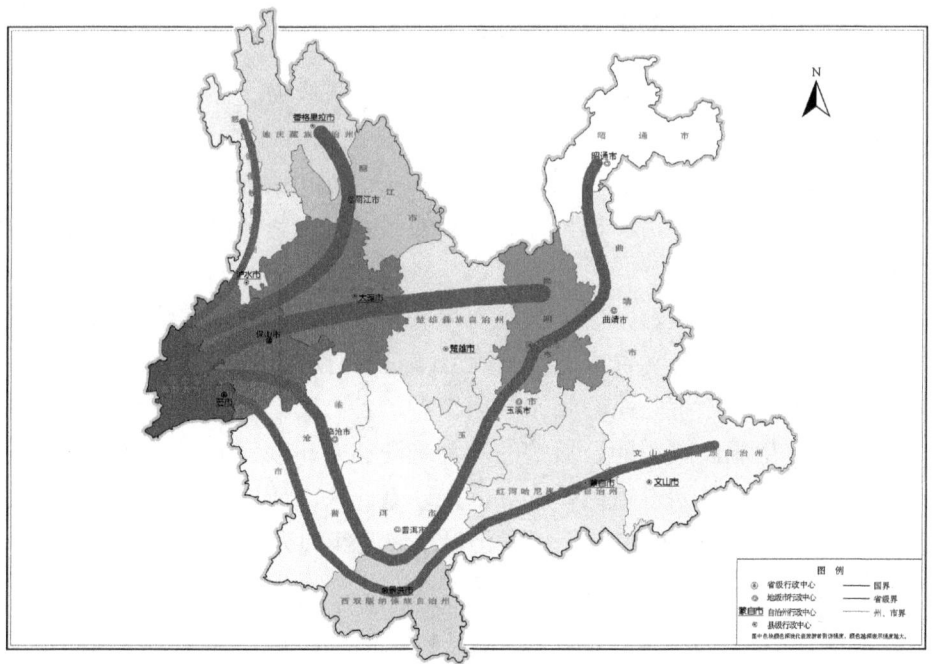

图 4-20　云南省各州（市）与德宏州旅游空间联系图（详见书末彩图）

2. 德宏州边境旅游者国内外面空间行为强度、联系、分布分析

统计 182 份网络旅游日志中发生明显游赏行为的我国其他省份，未发生明显游赏行为的省份不进行统计，发现与德宏州有旅游联系的省份有四川（19）、贵州（15）、湖南（8）、陕西（5）、西藏（5）、湖北（4）、青海（3）、广西（3）、山西（3）、甘肃（2）、宁夏（2）、重庆（2）、江苏（1）、新疆（1）、广东（1）、福建（1）、河南（1）、北京（1）、河北（1）、内蒙古（1）（括号内数字为游赏次数）。

主要的面空间层次上的线路有三条：①湖南-贵州-云南；②陕西-四川-云南；③陕西-宁夏-青海-新疆-西藏-云南。

从国家层面来看，与德宏州有旅游联系的国家包括：缅甸（14）、尼泊尔（2）、泰国（2）、越南（1）、柬埔寨（1）、老挝（1）、印度（1）、斯里兰卡（1）（括号内数字为游赏次数）。其中，缅甸是从瑞丽口岸出入的一日游，泰国、老挝、柬埔寨是通过西双版纳州与德宏州联系起来，越南是通过红河州与德宏州联系起来，尼泊尔、印度、斯里兰卡则是通过西藏自治区与德宏州联系起来。

3. 德宏州边境旅游面空间作用关系

与德宏州有较多旅游联系的省份主要来自三条线路：①湖南-贵州-云南；②陕西-四川-云南；③陕西-宁夏-青海-新疆-西藏-云南。可看作两个方向，一是云南-贵州-湖南/广西；二是陕西方向过来经四川到云南或经宁夏、青海、新疆、西藏到云南。四川、贵州与德宏州的联系最为紧密，可以看作省级层面的旅游集聚作用。

陕西可以看作中国范围内，与德宏州联系最为紧密的旅游节点。如同云南省内昆明市的地位，云南省边境旅游线上西双版纳州的地位。

从与德宏州有旅游联系的国家层面来看，各个国家都是通过我国的边境旅游与德宏州发生旅游联系的。接壤的缅甸是与德宏州联系最为紧密的国家，其他国家则通过西藏、西双版纳州、红河州联系起来。所以，于德宏州边境旅游发展而言，国家层面上的集聚作用，仍以毗邻的缅甸为主。

三、德宏州边境旅游面空间效应分析

1. 德宏州边境旅游面空间效应特征

滇西旅游线是德宏州边境旅游发展最重要的生命线。与德宏州旅游联系最紧密的省内旅游线是昆明-楚雄-大理-保山-德宏,德宏州旅游依赖于这条旅游线上的大量旅游者。其中,又以保山市与德宏州联系最为紧密,虽同为边境州(市),但两地资源与产品各有特色,两地旅游更多体现的是面空间层面上的正邻近效应。

从边境旅游的角度来看,除了保山市,云南省内与德宏州旅游联系较多的是西双版纳州、红河州、怒江州。在案例中,普洱市、临沧市更多的是作为过境地的角色存在的,这也可以理解为云南省边境旅游线上德宏州、保山市、西双版纳州的强集聚效应下对普洱市、临沧市的屏蔽效应。

从与德宏州有旅游联系的云南省内州(市)整体来看,除了德宏州、保山市、大理州、丽江市的成片集聚之外,昆明市、西双版纳州也是德宏州边境旅游发展重要的关系地。昆明市、西双版纳州是与德宏州流通旅游者的重要旅游节点。

(1)面空间效应中,最重要的是集聚效应与屏蔽效应,辐射效应在面空间上表现并不明显

同级别的区域旅游面空间之间更多的情况是表现为并列的集聚关系,或因未发生集聚而形成的屏蔽关系。旅游者常常是完成了一个面空间的游赏之后,接着开始下一个面空间的游赏;很少会出现依托一个面空间开展对另外一个同级别面空间的游赏活动。因此,在同级别的区域面空间层次上,辐射关系并不明显。而集聚效应与屏蔽效应却成为旅游面空间发展重点考虑的战略参考。

(2)能够使州(市、盟)域旅游发展受益的,往往是面空间层次上的集聚效应

面空间层次上的集聚效应常表现为高质量的旅游线路的形成。一条线路串联起几个距离较近、综合实力较强的州(市、盟)域旅游目的地。几个目的地形成强大的旅游线路吸引力,旅游线路又把吸引来的大量旅游者送到各个目

的地。

这样的集聚效应是州（市、盟）域旅游发展必然要谋求的一种空间态势。例如，德宏州与保山市、大理州、昆明市所形成的滇西旅游线。

（3）梯度效应是州（市、盟）域面空间运动的总特征

首先，与德宏州产生旅游联系的面空间，其游赏次数呈现出梯度分布，反映出各旅游面空间的发展程度也呈现梯度效应。其次，与德宏州旅游联系较多的面空间所形成的线路，无论是省内线路、国内省外线路还是国际线路，其发展都呈现出非均衡发展的梯度效应。最后，验证了经济地域运动的梯度推移规律和非均衡运动的总规律。

（4）集聚效应与屏蔽效应可同时发生在同一旅游面空间

不同的旅游者有不同的旅游面空间选择，在不同旅游者的面空间行为中，潜藏着不同的旅游面空间关系。一些旅游者必然要去的集聚性质的旅游面空间，有可能是另一些旅游者必然不去的被屏蔽性质的旅游面空间。例如，各条面空间线路上相对较弱的旅游面空间，如楚雄州、临沧市等，集聚效应与屏蔽效应同在。

（5）同减异增效应是面空间旅游发展的法则

旅游产品同质的同级区域旅游面空间，会相互削弱旅游吸引力；相反，旅游产品各异的同级区域旅游面空间，则会相互增强旅游吸引力。相邻的旅游面空间、同一条旅游线路上的面空间，这一效应更为明显。

2. 德宏州边境旅游面空间效应的作用机理

（1）德宏州边境旅游面空间效应作用机理的空间基础

德宏州边境旅游面空间效应的空间基础包括：具备较强集聚能力的本区域空间；一定数量的较强集聚能力的旅游联系紧密的同级空间。

（2）德宏州边境旅游面空间效应的作用机理

1）具备较强集聚能力的本区域空间是进行空间战略谋划的资本。

较强的集聚能力，是本区域空间参与空间竞争合作的资本，加入高质量旅

游线路的敲门砖，也是使本区域空间免于被屏蔽境地的基本要求。

正因为德宏州有着较强的集聚能力，才能够跻身昆明-楚雄-大理-保山-德宏黄金旅游线，才能够在 5 条强弱不同的面空间旅游线路中占有一席之地且未遭受屏蔽，也才能够在国内、国际旅游线路中占有一席之地。

2）一定数量的较强集聚能力的旅游联系紧密的同级空间是形成面空间集聚效应的基础。

只有与其他能够联系起来的集聚能力较强的面空间联合起来，才能形成强大的集聚效应，产生强大的稳定的旅游吸引力，持续不断地带来大量旅游者。这绝非单一的州（市、盟）域旅游空间所能做到。

第八节　德宏州边境旅游发展及空间效应利用建议

一、德宏州边境旅游发展建议

1. 打造与提升游赏点空间，延长旅游者停留时间

目前，德宏州边境旅游者的平均停留时间为约 1.77 天、1.91 晚。常见的天晚组合为 1 天 1 晚、1.5 天 1 晚、1.5 天 2 晚、2 天 2 晚。其中 1 天 1 晚的停留时间是发生频率最高的组合。

游赏点空间的打造与提升，应该注意容时量的提升。多考虑大部分旅游者都会参与且停留时间长的旅游活动。这是德宏州旅游提升的关键所在。

2. 培育新的旅游产业增长极

从空间上看，成为旅游产业增长极的空间点需要满足以下三个条件：①其本身就拥有高品质的游赏点或有可能被开发为高品质游赏点的旅游资源；②应该有相对周边区域更高的旅游产业要素集聚度，即有一定程度高品质游赏点的集聚，同时还要有相对集聚的基础设施，如比较便利的交通、通信设施等；③选址在时空间距离和交通上应该便于辐射相近的游赏点或旅游资源点。

目前，德宏州的旅游增长极瑞丽市和芒市已具备很强的辐射能力，除了具有互相辐射的能力以外，还可以辐射至畹町镇、弄岛镇、回环村、梁河县、盈江县、缅甸的木姐和南坎等。但总体来说，对于梁河、盈江、陇川三县的辐射

仍是力不从心。因此，有必要考虑培育新的增长极以辐射梁河、盈江、陇川三县，与瑞丽市和芒市共同担起拉动德宏州旅游发展的重任。

3. 被辐射空间点应将发展的重心放在高品质游赏点的打造上

处于被辐射地位的空间点，应该清楚地看到所处的形势。被辐射的地位不可能在短时间内发生变化，所以应该将发展的重心放在高品质游赏点的打造上，既可在目前的处境下从增长极吸引到尽可能多的旅游者，又可为长远的全面发展打下良好的基础。不应该急于全面发展，游赏点、住宿点、餐饮点等没有重点的一哄而上，抓住高品质游赏点的打造才是出路。

本书认为这一发展思路也适用于德宏州的畹町镇。被两大强势增长极瑞丽市和芒市辐射，同时也被其屏蔽，应将发展的重心放在高品质游赏点的打造上，这才是畹町镇在德宏州旅游长远发展中立足的根本。

其他处于被辐射境地的空间点亦可参考这一发展思路。

4. 重视其他点辐射，继续提升游赏点的品质与吸引力

出现了 5 例德宏州内无住宿的案例，即旅游者以和顺古镇或腾冲市为住宿地，到德宏州游赏一天后又返回和顺古镇或腾冲市住宿，或去大理市区住宿。这是在 G56 杭瑞高速全线贯通之后出现的情况。本书认为这一现象虽然应该重视，但并不能据此说明腾冲市或和顺古镇已具备辐射德宏州全州游赏点的能力。只是需要继续提升德宏州游赏点的品质与吸引力。

5. 维护与提升主要道路交通线，逐渐发展次要道路交通线

做好 G56 杭瑞高速与省道 S233 的维护工作，提升 320 国道质量。逐渐发展各县、乡镇道路，为区域旅游空间的整体发展做好道路交通准备。

6. 明确各主要旅游空间功能定位与发展方向

（1）瑞丽市：龙头担当、引领全州

瑞丽市应继续改造、提升现有游赏点、旅游区（点），打造推出新的游赏点、旅游区（点）；继续保持农贸市场、餐饮行业、购物行业、住宿行业公平合理的良性竞争环境；继续寻求瑞丽口岸政策上的突破性发展；不断提升旅游实力。

（2）芒市：保持特色，承上扶下，发挥瑞丽-畹町-芒市线路上的中坚作用

芒市是一个很有休闲气息的城市，干净、街道宽阔、街景漂亮，街边可供行人自行摘来吃的菠萝蜜很受欢迎，游赏点较为集中，寺庙较多，已有勐焕大金塔、树包塔、观音寺、五云寺、菩提寺等，现有大银塔正在修建，整体上是一个让旅游者精神很放松的城市。在旅游发展中，应注重保护这种轻松、自然、自由的氛围。

芒市有很强的集聚与辐射能力，但被已成形的旅游线路所限，能力未能得到充分发挥。因此，可以转变思考方向，将眼光从梁河县、盈江县方向收回，改投向距离更近的芒市周边乡镇、游赏点，使芒市既可与瑞丽市守望相助，又可拉动新的游赏点空间。

（3）盈江县、梁河县：择一培育新的州级旅游增长极，协调发展

目前，德宏州两条主要的旅游线路（瑞丽-畹町-芒市、瑞丽-陇川-盈江-梁河）中，沿G56杭瑞高速的瑞丽-畹町-芒市整体实力很强，而瑞丽-陇川-盈江-梁河则较弱。瑞丽市和芒市虽然同为德宏州旅游产业的强力增长极，但能够辐射陇川-盈江-梁河的只有瑞丽市，显得力不从心；从与保山市的旅游联系的角度来看，芒市与陇川县、盈江县、梁河县不在同一条旅游线路上，所以芒市难以辐射陇川县、盈江县、梁河县。因此，为了使德宏州旅游产业有较大的进展与突破，需要从盈江县和梁河县两座县城中择一作为新的旅游产业增长极，以拉动省道沿线游赏点空间的发展。两座县城中，其一作为旅游产业增长极，全面发展食、住、行、游、娱、购各方面旅游要素，形成游赏空间强劲的旅游集散中心；另一则集中力量打造游赏空间。

（4）陇川县、弄岛镇、畹町镇：集中力量发展游赏空间

依托瑞丽市强大的食、住、行、游、娱、购的综合能力，陇川县、弄岛镇、畹町镇需要集中力量发展让旅游者觉得好玩的游赏、娱乐、特色购物等空间，其他如餐饮、住宿、交通适当发展即可。

7. 跨境旅游：强一进二

继续寻求瑞丽口岸政策上的突破性的进展，同时加强畹町口岸发展。在目前"倚门串珠效应"倚着一个门、串着两颗珠的基础上，争取能够倚着两个

门、多串几颗珠。

8. 确定有的放矢的空间战略

（1）针对滇西旅游线：提升实力，努力争先

滇西旅游线是德宏州边境旅游发展主要的生命线。有滇西旅游线的整体强大，才能有德宏州边境旅游的继续发展壮大。德宏州在旅游发展中需继续保持开拓进取、敢为人先的工作作风，推动全州旅游向更高质量、更长容时量方向努力，在发展自身的同时，壮大滇西旅游线的整体实力，放大滇西旅游线的集聚效应，并从中长久受益。

（2）针对保山市：谋求合作，抱团发展

保山市与德宏州之间存在明显的正的近邻效应，应尽最大可能地激发这一效应。德宏州可在旅游环线打造、旅游市场营销、旅游产品推陈出新等方面谋求与保山市的合作，抱团发展、顺畅沟通，形成旅游风格各有千秋的双赢的旅游合作区域。

（3）针对西双版纳州：避其锋芒，标新立异

西双版纳州是云南省边境旅游线上的重要空间面，也是与德宏州发生旅游者互相流动的重要空间面。德宏州的旅游特色与西双版纳州的旅游特色均有浓重的傣族文化色彩，两地旅游存在显而易见的竞争关系。又因同在云南省边境旅游线上，因此德宏州在确立主导旅游主题的前提下，应考虑发掘与西双版纳州在文化上的不同之处，打造既体现本底特色，又不同于西双版纳州的形象。避免"同减"，谋求"异增"。

（4）针对缅甸接壤地区：睦邻安邻富邻

德宏州边境旅游的发展，依赖于我国与周边国家整体的稳定友好的外交环境，而我国与周边国家的友好关系，也需要各边境地区的共同努力。高层次的边境政策的突破性进展，常常是建立在两国边境区域的长期沟通、友好往来、多次谈判协商基础上的。因此，德宏州边境旅游的发展还需要德宏州与缅甸方继续共同努力，不断推进双方边境地区各方面的交流与合作，为边境旅游发展的制度创新、机制创新、政策创新等创造良好的条件并做好充分准备。

二、德宏州边境旅游空间效应利用建议

1. 合理布局强集聚效应的旅游点空间

单个强集聚效应的点空间的辐射或拉动作用是有限的,要实现区域的整体发展,需要在全域范围内布局几个强集聚效应的点空间,共同承担起带动全域旅游发展的使命。区域内每个主要片区可考虑培育一个强集聚效应的点空间。其选择需要综合考虑资源状况、交通连接状况、旅游产业发展条件、与相邻区域的旅游联系情况等。

2. 以强集聚效应的旅游点空间辐射全域

通过几个强集聚效应的旅游点空间分区辐射的形式,达到辐射全域的效果。接收各强集聚点辐射作用力最多的,是其次一级的旅游点空间。其所处分区内发展程度越低的旅游点空间,接收到的辐射作用越弱。通过分区内旅游点空间整体的持续梯度发展,实现分区和全域的逐步发展。

3. 屏蔽效应笼罩下的点空间应专注于游赏空间的打造与提升

突破屏蔽效应的关键在于能够提供极具竞争力的旅游吸引物,因而被屏蔽效应笼罩的点空间应集中力量发展游赏空间,以独特的体验、优质的产品,提升其在区域旅游级别体系中的排序。

4. 顺应梯度发展效应规律

非均衡发展是经济地域运动的铁律,梯度发展效应是旅游地域运动的必然规律。可以通过营造公平、自由竞争的良好市场环境,达到各层次空间发展水平都较高的梯度发展效应。

5. 打造联结全域主要集聚点的优良交通线,发挥因线带点效应

旅游点空间需要交通线来带动,交通线上旅游客流的增加,受益的是交通沿线的旅游点空间。区域旅游空间的整体发展,有赖于几个强集聚效应的点空间的辐射效应,而这几个点空间的发展,则要有便利的路况优良的交通线。

6. 发展边(跨)境旅游空间,促成并最大限度激发倚门串珠效应

"倚门串珠效应"需要有集合国家多种政策的长期发展的边境口岸,足以

辐射邻国边境游赏点或目的地的旅游产业集聚地，国界线附近的邻国区域需要有足够集聚程度的游赏地（点），邻国边境区域应拥有一定质量的能够串联起一定游赏点的交通线，中方与邻国边境交通线衔接状况应能满足边境跨境旅游发展需求。除了努力使中方达到空间条件之外，还应与邻国边境区域保持沟通合作，敦促对方在旅游发展方面的努力。

（1）做强本域，联合附近或周边强域，放大面空间层次上的集聚效应并从中受益

壮大本域旅游经济实力是边境区域旅游发展的根本所在。在此基础上，优先选择实力强大且旅游产品特色互补的邻域，联合发展，以获得正的近邻效应；同时，考虑实力强大且能够送来客流的附近区域，寻求合作，以形成集聚效应，互惠互利，共同发展。

（2）避免"同减"，谋求"异增"

细察与本域旅游产品类似的旅游空间，避免推出雷同的旅游产品，打造风格独特的旅游产品。标新立异，独树一帜。

第五章

边境旅游发展的驱动机制：以瑞丽市为例

第一节 国内外相关研究

一、边境旅游研究

边境地区的旅游活动可以追溯到很久以前，然而直到 20 世纪 70 年代末才开始对边境旅游展开研究。1978 年国际地理联合会游憩工作组会议的召开，对边境旅游的研究起到了很大的促进作用；20 世纪 90 年代初期，边境旅游在欧洲、北美地区得到长足的发展，边境旅游研究也随之进入高潮；进入 21 世纪后，针对亚洲尤其是东南亚地区的边境旅游研究逐渐增多（王新歌等，2014）。边境旅游在我国兴起于 20 世纪 80 年代末期。我国边境旅游兴起比国外晚，在理论研究和实践发展方面与国外存在一定差距，本章将系统比较国内外边境旅游研究，总结出国内外对边境旅游研究的共性方面。

1. 边境与旅游的关系研究

20 世纪 70 年代，国际地理联合会休闲与旅游研究组主办了"边境与旅游"会议，这是探讨边境与旅游关系的早期活动之一（陈永涛，2013）。Timothy（2001）在 *Tourism and Political Boundaries* 一书中提出了旅游与边境的关系：边境是旅游障碍、旅游目的地和旅游调节器。之后，他丰富了边境旅游的内涵，认为边境地区作为旅游吸引物（边境线、界碑）和旅游目的地（旅游活动）存在旅游障碍力，包括真实障碍和感知障碍；真实障碍是指边境防御工事和海关移民政策，而感知障碍是指边境地区不同的文化、语言、政治体制带来的游客心理感应（杨效忠和彭敏，2012）。Martinez 根据旅游区与边境线的区位关系，将边境分为疏远型边境、共存型边境、互依型边境和整合型边境，即：①两个旅游区位于边境线两边，且距离较远；②单个旅游区毗邻并位于边境线的某一侧；③两个旅游区交会于边境线或边境线穿过一个旅游区，认为两边旅游区联系紧密度取决于边境开放度（陈永涛，2013）。

张广瑞（1996b）在《边境旅游：国际的实践与经验》中定义边境旅游为人们通过边境口岸所进行的跨国境的旅游活动，认为边境地区是旅游的藩篱与连接点，也是旅游吸引物，指出边境旅游是重要的旅游形式，在经济全球化背景下有无限的发展空间。陈永涛（2013）认为边境特殊区位影响着旅游活动的开展,且边境的渗透度对旅游行为的形成及发展都产生了重大影响。

2. 边境旅游规划与开发研究

关于边境旅游规划与开发的研究也是边境旅游研究的重要内容之一,并且国内外都比较重视。Ilbery等(2007)在研究英格兰威尔士边境地区乡村旅游时提出旅游经营者需加强对边境品牌的挖掘和利用,并且在后来的研究中指出英格兰威尔士边境地区乡村旅游资源的开发要加强创新性实践。Jakosuo(2011)根据芬兰边境地区俄罗斯游客对芬兰旅游政策的反应,提出了开发俄罗斯市场与游客购买力的发展策略,也有不少学者通过边境地区案例研究提出开展旅游业是发展边境地区的重要手段。

目前,我国学者对边境旅游规划的关注度不够高,多集中在案例研究,并且因地制宜地提出了一些旅游开发模式。刘滨谊和刘琴(2006)通过新疆四个地区的研究,提出中国西部边境旅游的相关规划应遵循因地制宜的原则,并应注重资源开发与生态保护之间的平衡,以规划的引导性为核心概括出西部边境旅游规划的程序,并以新疆为例进行具体应用。谢莉(2005)通过对西部边境旅游开发条件的分析,提出西部边境旅游开发的具体措施,并强调其对促进西部边境地区社会经济发展、优化资源配置、实现"内联外拓"具有重大的战略意义。汪德根等(2004)结合内蒙古边境旅游的市场结构和实际情况,从旅游定位、旅游产品、旅游形象和旅游营销等方面提出了内蒙古入境客源市场开发战略。李庆友和刘杰豪(2005)通过对西双版纳边境旅游发展的条件和机遇分析,提出了边境旅游开发的战略框架。

3. 边境旅游区域合作研究

随着国家之间的联系日益紧密,特殊的地理位置和政治敏感性使得区域合作对于边境地区尤为重要。Greer(2002)认为跨境合作的实现取决于综合的旅游发展策略、平衡的伙伴关系及参与式的合作方法,并提出了"跨司法区合作"。Hachwiak(2006)提出了跨境旅游合作的五大原则,认为将目的地管理作为边境地区旅游发展战略可以更有效地促进跨境旅游合作。Lovelock等建立了基于宏观、中观和微观三个层面("M-M-M")的跨界合作影响因素的分析框架:微观因子指个体因素,中观因子包括组织因素、制度因素和区位因素,宏观因子指国家或区域性政策(李芳,2016)。

张广瑞(1996a)指出我国边境旅游发展要加强区域合作,以实现边境旅游的"外拓"与"内联"功能；姜太芹（2012）在此基础上做了具体论述。孙晓谦（2006）提出黑龙江与俄罗斯边境旅游合作应以资源互补和客源互动为重点，强调旅游供需市场的联动发展。潘航等（2014）认为对边境旅游区域合作的研究包括内部和外部两个层面，包含以下三个方面的内容：①边境口岸与区域中心城市，增强口岸与区域中心城市的互联互通，利用口岸的辐射功能带动区域中心城市的发展；②边境口岸之间的相互联动，建立双方合作机制，有利于促进区域的联动发展；③边境口岸跨境旅游合作，有利于打造旅游开放合作平台，增强国家之间的沟通交流。纪光萌（2014）在文献分析的基础上提出跨国旅游合作包含三个层次：①浅层次合作，一般指涉及经济利益的市场行为，因其单一的利益合作关系，所以较为容易展开；②较高层次合作，主要是在资源产品开发、景区管理等方面展开合作，这一层次的合作开始涉及国家政策，因此合作障碍也随着合作的深化而加大；③深层次合作，指在浅层次合作和较高层次合作的基础上，通过项目开发建设、沿边对外开放、共建合作体系等方式实现区域旅游共享、市场共享和利益共享，建立战略合作伙伴关系，进行广泛深入的跨境旅游合作。

综观国内外研究进展，在研究内容上，除了上面提到的3个共同研究方向外，国外主要集中在边境旅游影响和边界旅游效应、边境旅游目的地管理和调控等方面，而国内则重点关注边境旅游产品开发、边境旅游区域合作等方面。在研究方法上，国内研究多为一般性定性描述和实证分析，而国外研究多采用定量和定性研究相结合的方法，并以定量研究方法为主，如统计分析方法和数理模型分析方法。目前，边境旅游研究已取得一些成果。在今后的边境旅游研究中，可采取多学科理论相结合的方法对边境旅游产品、市场、效应、管理、合作、安全等方面进行广泛研究，完善边境旅游的理论观点，构建科学合理的边境旅游框架体系。另外，在研究方法上要借鉴国外经验，注重数理统计、模型构建等定量研究方法及地理学研究方法的应用，同时要将地理信息系统、遥感等科学技术手段应用于边境旅游的研究中。

二、旅游发展驱动机制研究

国外关于旅游发展驱动机制的研究，经常将其融入旅游开发与规划、旅游资源及其评价等问题的研究中。20世纪90年代以后，随着系统论思想和方法的不断成熟，开始从系统论角度研究旅游发展动力及机制。其中，Leiper在

1990年修正的旅游系统模型中，认为旅游吸引系统包括人的需求、吸引物和信息三个关键要素，这样才能把旅游地与旅游者紧密联系起来，使潜在的旅游行为变成现实，即三者共存，才存在"吸引"这一系统（陈德广，2007）。1995年，Leiper提出的旅游系统结构模型包含旅游业、旅游客源地、旅游目的地、旅游通道、旅游者五个要素，认为旅游系统是由旅游通道连接的客源地与目的地的组合（赵磊，2011）。Gunn和Var（2002）在此基础上进行了修改，构造了包含供给子系统和需求子系统的旅游功能系统模型，反映了旅游发展中供给和需求两个系统之间的关系。Anne-Mette Hjalager宏观研究了旅游企业、旅游目的地、旅游业发展的创新，从产业系统、技术系统、调节系统和基础设施系统四个方面提出了旅游业创新及创新知识的传递机制系统模型（陈德广，2007）。Tae Gyou Ko提出了旅游业可持续发展的评价系统模型，认为旅游业的可持续发展是由人类系统和生态系统组成的复杂系统（宋丽娟，2010）。

综合国内现有研究文献，学者对旅游驱动机制的研究主要涉及以下方面的内容：①旅游发展驱动机制与系统模型研究。保继刚是较早探讨城市旅游驱动机制的国内学者之一，1998年他在做珠海市旅游总体规划时提出了珠海市旅游发展驱动机制模型，认为城市主题（城市景观、经济、文化氛围、信息、生态环境、主体活动、科技等）是主体城市旅游发展的必要条件；景点建设、旅游资源开发是主体城市旅游的有效补充；城市周边大环境是主体城市旅游发展的影响因素（保继刚等，2005）。在后续的研究中，保继刚和龙江智（2005）提出城市旅游的发展与需求结构和相对优势两个因素密切相关，认为主导驱动机制的转化与演变决定了城市旅游的发展模式。鲍艳杰和龙江智（2006）在此基础上提出了旅游发展动力之源概念模型，认为体验价值创造是旅游发展的动力之源也是旅游地发展的一般驱动机制。该模型认为，旅游地的竞争力来自非旅游活动的替代性竞争和其他旅游目的地的竞争，前者取决于创造的旅游体验价值与其他非旅游活动价值的对比情况，后者取决于本旅游目的地与其他旅游目的地相对体验价值的大小（陈德广，2007）。张立生（2004）根据我国旅游业发展中政府主导行为比较普遍、行政区域分割严重、旅游合作障碍突出等问题，提出了行政区域旅游发展动力机制模型，该模型认为旅游业发展的根本动力在于经济利益的驱动，在利益驱动下激发行政区域动力，使行政区域的旅游发展进入良性的动力循环。②旅游发展驱动力分析与案例研究。唐承财等（2007）以深圳、上海、大连为例，认为城市旅游发展驱动力由城市旅游吸引、城市区位与基础设施、城市环境与城市形象、城市经济、城市政府推力五大驱动力因子组成，应结合旅游需求结构的变化和城市具体情况来确定其旅游发展的主导驱动机制。张会会（2014）提出边境旅游驱动力是指导致边境旅游的条件和作用发生变化的主要自然因素和国家社会因素，并以内蒙古为例，建立了内蒙古边境旅游驱动力框架模型，指出内蒙古边境旅游驱动力包括区位优势驱动、国家驱动及边境关系驱动。陈小春（2016）以传统村落旅游发展为案例，提出传统村落旅游发展的驱动力结构由资源、经济、市场、社会和行政五个要素组成。③涉及旅游动力机制视角的旅游可持续发展、区域旅游产业发展、旅游产业要素、旅游市场、旅游产品等的研究。余冬林和周霄（2008）在分析湖北省县域旅游发展忽视城市特色塑造、丧失个性化产品等突出问题的基础上，提出影响县域旅游发展的动力包括旅游经济利益的驱动力、政府及旅游企业的推动力和旅游市场的竞争动力，而旅游经济利益则是县域旅游发展的原动力，对其他类型动力有着明显的制约和影响作用，他认为合理开发旅游资源、加强旅游管理、构建旅游支持系统才能使县域旅游进入良性循环。张朝枝（2003）通过对典型旅游景区案例的分析与比较研究，认为引起不同类型的旅游地（如自然景观型旅游地与文化景观型旅游地）生命周期变化的真正驱动力是市场需求。④区域旅游发展驱动力转化及演变研究。任瀚（2009）考察了改革开放以来25年间我国省域入境旅游发展的时空变异轨迹，指出导致其变异的根本原因是旅游发展驱动力演变的过程和机理及其发展演化规律，认为我国区域旅游主导驱动力的发展经历了口岸区位要素驱动—资源要素驱动—投资驱动—创新驱动的演变过程。张郴等（2013）认为传统旅游动力机制已不能满足经济发达地区旅游业的发展，并在大旅游理论框架下提出调整江苏省旅游发展的驱动机制，具体包括创新动力、优质动力、融合动力和国际化动力。

综观国内外研究进展，学术界对旅游者个体进行旅游活动决策以及区域旅游业发展提出了各种模型，探讨影响旅游者出游的各种因素以及区域旅游业发展所涉及的各种因素，在一定程度上解释了旅游者个体参与旅游活动与区域旅游业发展的动力机制，以及如何协调各系统之间及系统内部各要素之间的关系（陈德广，2007）。但是，这些研究大多建立在宏观层次上，即对城市、区域及国家旅游业发展动力机制的探讨，对微观层次的旅游者需求研究相对较少。因此，往后的研究应建立在对旅游者动机、旅游需求等微观研究的基础上，在宏观研究与微观研究之间架起桥梁，探讨旅游业发展的微观驱动机制。

三、瑞丽市旅游发展研究

近年来,有学者对瑞丽市旅游发展进行了研究。谈树成等(2002)分析了瑞丽市旅游资源特征、旅游资源结构层次及旅游业发展存在的问题,在此基础上提出了瑞丽市旅游业可持续发展的建议与对策。张正清等(2010)以云南省瑞丽市为例,论述了瑞丽市农家乐休闲旅游业的发展现状与存在问题,提出了边境民族山区农家乐休闲旅游业的发展措施。陈艳松(2014)在瑞丽国家重点开发开放实验区建设推进的背景下,提出以旅游产品的 R-M-P① 分析为核心的体育旅游发展规划框架。周灿(2012)认为瑞丽市在社会经济、旅游资源、旅游市场等方面具备发展非大众旅游的条件,根据瑞丽市边境旅游的特点,提出了发展非大众旅游的相关策略。

第二节 瑞丽市边境旅游发展现状分析

一、瑞丽市边境旅游发展条件

瑞丽市地处我国云南省西部、德宏州西南部,其东南、西北、西南三面与缅甸山水相连,国境线总长 169.8 公里。瑞丽市处在中华经济圈、东盟经济圈和南亚经济圈的结合部,是对缅贸易的通商口岸,也是通向东南亚、南亚的重要门户,区位优势明显,被誉为中国连接东南亚、南亚的"金大门"。在过去对外开放的过程中,许多口岸也享有相同的优惠政策,但独特的区位优势,使得瑞丽市对外开放具备良好的基础条件,促使其边境旅游发展迸发出巨大的活力。

从我国战略安全与地缘政治的角度看,瑞丽市是中国通往南亚东南亚国家的战略要塞。中缅相互依赖的战略伙伴关系和中缅国际性战略通道的建立,为瑞丽市加大开发开放力度、强化区域旅游合作做出了贡献。随着边境城市对外交通网络的进一步完善,外向型加工制造业的发展和陆路能源通道的建设,重要陆路口岸城市和其所依托的中心城市对边疆地区的开发和维护国家稳定的战略意义突显。瑞丽市依托先天的区位优势,在我国未来加强与东盟、南亚国家

---

① 资源(resource, R)、市场(market, M)、产品(product, P)。

合作的过程中，国际性战略通道（如中缅水陆联运通道和泛亚铁路西线等）也必然为瑞丽市边境旅游发展带来更大的机遇，并可能推动瑞丽市成为南亚及东盟国家进入中国最重要的旅游目的地之一。

1. 自然环境

瑞丽市属于南亚热带季风性气候区，温暖湿润，雨量充沛，光照充足，热量条件好，光热水基本同期。全年分旱雨两季，年平均气温 20℃，年降水量 1395 毫米，年平均日照 2330 小时。冬无严寒，夏无酷暑，花开四季，果结终年，适宜种植水稻、甘蔗等农作物。温暖湿润的气候条件，不仅有利于绿色植被的生长，也有利于人们前来旅游出行。

瑞丽市全境地形平面似袋状，地貌具宽谷盆地的特征，主要由一山、一坝、一江、一河（一山：勐秀-户育山；一坝：勐卯坝；一江：瑞丽江；一河：南宛河）构成。瑞丽市地势东北高、西南低，东北山系指高黎贡山的南延支脉，山间河谷盆地依山而延伸，地形互相并列，呈东北—西南走向，最高海拔 2019.2 米，最低海拔 743.2 米，相对高差 1276 米。将瑞丽市山区、坝区土地面积进行划分测定，山坝土地面积比例为 3:1，瑞丽市山区面积 768 平方公里，占全市总面积的 75.29%，坝区面积 252 平方公里，占全市总面积的 24.71%。

瑞丽市水资源极其丰富，总量为 103.13 亿立方米，水能开发潜能大。山体水道和地表径流最终进入瑞丽江和南宛河。通过对水资源进行点线结合，连线成网，牵动整个城市，激发城市活力。其中，瑞丽江位于云南省西部横断山脉南延地带，发源于高黎贡山西侧，流经腾冲、龙陵、梁河、芒市、陇川等地，全长 371.9 公里，下游纵贯瑞丽坝后出境流入缅甸，属伊洛瓦底江水系，在云南省境内长达 53 公里；流域面积 11 933 平方公里，径流量 130 亿立方米，年均降雨量 1875.5 毫米，是云南省西部的重要河流之一。

2. 人文环境

瑞丽市与缅甸胞波情谊纯厚，形成了"一寨两国""一院两国""一井两国"的独特人文地理景观，边境文化为瑞丽市带来了神秘的色彩；瑞丽市原生态民族风情浓郁，有傣族、景颇族、德昂族、傈僳族、阿昌族等世居少数民族，民族歌舞、乐器闻名遐迩，既是傣文化的发祥地，也是古代滇越乘象国、勐卯古国、麓川王国三国古都所在地，且非物质民族文化遗产较为集中，是中国首批非物质文化遗产傣族孔雀舞的故乡；瑞丽市与缅甸相邻，与缅甸的木姐和南坎等地山水相连、民族同源，具有共同的南传佛教信仰基础，天然的黄金纽带联系使得双方的佛教文化交流源远流长（萧霁虹，2013）；瑞丽市珠宝贸易氛围浓厚、优势突出，处于世界南北向和北西向两大宝玉石成矿构造带的北延交会部位，被世人称为"翡翠通道"，是业内人士公认的"翡翠之乡"和"宝石之乡"。2017年3月，瑞丽市成为全国唯一一个获准筹建"翡翠文化产业知名品牌示范区"的县（市）。

3. 资源条件

（1）生态资源

热带生物景观极具特色，被称为动植物活宝库。由于气候湿润宜人、雨量充沛、光照充足，瑞丽市森林覆盖率接近60%，以珍稀、濒危动植物和热带作物为特色的生物资源优势突出，是发展特色农业的"天然大温室"和最适宜人类居住的"天然大氧吧"，也是国家级风景名胜区和中国首批优秀旅游城市。其中，榕树群是瑞丽市一道独特的风景线，无论山坝间、村寨里、道路旁都有种植，或独树成林，或相连成片，人们也视榕树为神树，只种不砍。

（2）文化资源

瑞丽市是古代滇越乘象国、勐卯古国、麓川王国三国古都，是傣族先民的发祥地，被誉为"傣族的摇篮"，同时也是宗教文化、抗战文化、异国文化、民俗文化、知青文化等多元文化的汇集之地。其中，傣族、景颇族、德昂族三个主体民族的服饰、建筑、剪纸、节庆和傣族的非物质文化遗产"孔雀舞"构成了该地区的特色民族风情。

（3）边贸资源

"中国边贸看云南、云南边贸看瑞丽"。瑞丽市西北、西南、东南三面与缅甸相连，是中缅边境的黄金口岸，拥有我国唯一按照"境内关外"模式、实行特殊管理的姐告边境贸易区。特殊的地缘优势，使其成为中缅两国贸易的中转站和集散地，以及我国大西南通向东南亚、南亚的"金大门"（沈乾芳和杨世武，2013）。作为通向印度洋的最近通道，边贸已经成为这里的品牌，也成为瑞丽市未来城市发展的绝佳切入点。

依托毗邻缅甸玉石原产地的独特区位优势，瑞丽市珠宝玉石贸易在中缅边境贸易史上占据重要位置，量大面广、驰名中外。当然，在中缅珠宝玉石交易中，占据首位的则是翡翠。世界上绝大多数 A 货翡翠都产自缅甸，而缅甸翡翠大部分销往中国，所以邻近缅甸的瑞丽市就成为中国最大、最早的缅甸翡翠交易市场。1998 年缅甸政府批准木姐市为唯一的翡翠陆路出口通道，允许翡翠毛料以边境贸易的方式进入瑞丽市，2000 年国务院决定对瑞丽姐告边境贸易区实施"境内关外"的特殊监管方式，使得瑞丽市翡翠玉石集散地的功能迅速扩大，玉石交易活动日趋活跃起来，逐渐成为全国四大珠宝集散地之一，并获得"玉出云南、玉从瑞丽"的美誉。

4. 交通条件

从交通条件上来看，瑞丽市具有通往缅甸，辐射东南亚、南亚最便捷的通道。起自上海的 320 国道由瑞丽姐告出境与缅甸的史迪威公路相连，是中国连接南亚、东南亚的战略要塞，同时，泛亚立体化大交通格局将改变瑞丽市边境旅游的可进入性和便捷度，瑞丽市快速交通体系日趋完备。此外，瑞丽市的姐告紧邻缅甸商业重镇木姐，木姐至腊戍 164 公里，瑞丽市弄岛通道距离八莫仅 98 公里，同时经密支那到印度阿萨姆邦的雷多仅有 700 多公里，交通十分便捷。1991 年，姐告大桥通车，与缅北公路干线相连，构成了中缅双方的交通网络，瑞丽口岸姐告主通道成为云南省和中国大西南面向缅甸，以及东南亚、南亚的重要门户。2017 年，中方提议建设"人字型"中缅经济走廊，而瑞丽市恰好处在经济走廊的关键节点，交通优势更加凸显，为未来打造三足鼎立的合作格局，以及瑞丽市边境旅游发展带来更多机遇。目前，外部交通和内部交通共同构成了瑞丽市交通体系。

外部交通：瑞丽市对外跨境交通连接主要靠水陆空三种交通方式，包括已建、在建及待建交通，主要依附六个机场、一条铁路、五条公路，具有立体交通潜力优势。其中，机场包括德宏芒市机场、陇川机场（在建）、昆明长水国际机场以及缅甸国际机场（腊戍、八莫、曼德勒）；铁路即泛亚铁路西线；公路包括杭瑞（龙瑞）高速、G320（含滇缅公路）、瑞陇高速、史迪威公路和缅甸 105 码公路。

内部交通：瑞丽市内部交通主要有二高速（杭瑞高速、瑞陇高速）、一铁路（泛亚铁路西线）、一国道（G320）、二省道（233、321）、二县道（212、213），多生态乡镇道路，交通对外连接通畅，内部交通层级清晰，交通优势潜力大。

5. 政策环境

（1）中国-东盟自由贸易区、大湄公河次区域和孟中印缅经济走廊建设机遇

中国-东盟自由贸易区、大湄公河次区域和孟中印缅经济走廊建设的成员国相互间在简化手续、标准一致化、海关合作等方面进行了许多协商与调整，方便了瑞丽市边境贸易发展，无形中为瑞丽市带来了大量商务和休闲度假旅游客源。同时，随着瑞丽市聚集、辐射功能的增强，瑞丽市边境旅游发展过程中的诸多技术性障碍减少，投资的自由化将会引进更多的国际资金来源，有助于无障碍国际区域旅游圈的建立。

（2）面向西南开放的辐射中心建设

2011年发布的《国务院关于支持云南省加快建设面向西南开放重要桥头堡的意见》（国发〔2011〕11号）意味着，把云南省建设成为面向西南开放的重要桥头堡已正式上升到国家战略层面，意见提出要努力开创云南跨越式发展和我国对外开放新局面。2015年，习近平对云南省今后的发展给予新的定位：努力成为民族团结进步示范区、生态文明建设排头兵、面向南亚东南亚辐射中心。此定位丰富了云南省边境旅游发展的政策基础，为"两区"建设提供了重要依据，增加了边境旅游发展的动力。瑞丽市应利用辐射中心战略实施的历史机遇，凭借优势区位，强化国际国内区域旅游合作，实现边境旅游的跨越式发展。

（3）西部大开发、"一带一路"等国家政策

旅游业是国家西部大开发中鼓励外商投资发展的特色经济产业，云南省旅游业除享受国家统一规定的优惠政策外，还可以享受西部大开发和少数民族地区扶贫开发等一系列优惠政策和待遇。《推动共建丝绸之路经济带和21世纪海上丝绸之路的愿景与行动》明确提出要发挥云南区位优势，推进与周边国家的国际运输通道建设。国家多个重大战略的实施加大了瑞丽市开放力度，使得边境旅游和通道建设相互带动，基础设施共建共享，进一步发挥了瑞丽市边境旅游在对外经贸合作、对外文化交流方面的积极作用。

（4）中国和东南亚、南亚国家政府对旅游业及相关发展与合作的重视

《国务院关于加快发展旅游业的意见》（国发〔2009〕41号）、《国务院关于

支持沿边重点地区开发开放若干政策措施的意见》（国发〔2015〕72号）、《国务院办公厅关于进一步促进旅游投资和消费的若干意见》（国办发〔2015〕62号）、《国务院关于促进外贸回稳向好的若干意见》（国发〔2016〕27号）、《国务院关于改进口岸工作支持外贸发展的若干意见》（国发〔2015〕16号）、《中共云南省委 云南省人民政府关于建设旅游强省的意见》（云发〔2013〕14号）、《云南省人民政府关于加快沿边地区开发开放的实施意见》（云政发〔2014〕25号）等近年来颁布的文件为瑞丽市边境旅游发展奠定了良好的政策基础，也体现了我国政府对边境地区及其旅游发展的重视。另外，旅游业发展历来倍受东南亚、南亚国家政府的重视。例如，旅游业作为印度的第二大服务产业，是人们外汇收入的重要来源；泰国将旅游业作为支柱产业，并积极鼓励和对外宣传，塑造了国际知名的旅游目的地等。目前，瑞丽市与缅甸在旅游产品开发与营销、旅游信息推广、口岸通关便利化、人力资源培训等方面展开了广泛合作。各国政府对旅游业的重视，将为跨境旅游合作与边境旅游发展提供良好的机遇。

二、瑞丽市边境旅游发展历程及特征

1. 边境旅游发展历程

瑞丽市边境旅游起步于20世纪90年代初，历经约30年的发展。巴特勒在《旅游地生命周期概述》中提出，旅游地的发展一般要经历介入期、探索期、发展期、稳定期、滞长期和衰弱期（复兴期）6个阶段。以此为基础，并结合瑞丽市边境旅游实际情况，将瑞丽市边境旅游发展历程划分为起步阶段、探索阶段、停滞阶段和恢复阶段4个阶段。瑞丽市边境旅游从起步开始至2004年，经历了漫长的探索发展过程，但由于投资力度小、宣传推广少，其发展成效不够显著；2005年之后，因国家开展整治工作受到停止边境旅游异地办证业务的影响，瑞丽市边境旅游发展受到重创，停滞不前；自2011年国家实施加快沿边对外开放战略以来，边境旅游异地办证工作得到重启，瑞丽市边境旅游发展步入快车道，并取得了显著成效，目前发展势头良好、发展潜力巨大（图5-1）。表5-1统计了2005~2017年瑞丽市边境旅游发展相关数据。

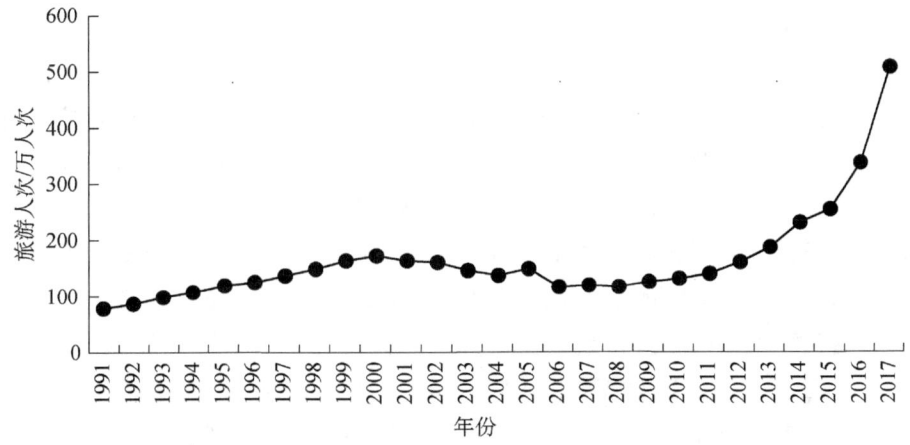

图 5-1　瑞丽市边境旅游发展历程演化图

表 5-1　瑞丽市边境旅游发展相关数据

年份	旅游总接待人数/万人	旅游总收入/亿元	口岸入境旅游人次/万人次	口岸旅游收入/万元
2005	148.27	3.14	68.74	19 548.74
2006	115.96	7.99	75.34	22 845.61
2007	117.95	8.59	79.03	26 703.85
2008	115.67	10.00	85.76	31 447.85
2009	124.26	10.94	77.17	28 746.11
2010	132.36	12.42	83.16	32 798.50
2011	140.60	19.69	98.24	36 072.71
2012	159.67	23.85	120.04	43 905.82
2013	188.07	28.79	127.26	47 807.63
2014	232.08	38.52	142.85	59 626.77
2015	254.75	45.93	156.76	68 449.24
2016	336.91	68.14	178.11	78 024.25
2017	506.55	98.78	222.65	95 629.18

资料来源：《云南统计年鉴》（2006~2018 年）

（1）起步阶段（1991~1995 年）

20 世纪 90 年代初，随着云南省边境贸易往来的增加，伴随贸易的游、娱等行为开始出现，以商贸为基础和动力的边境游开始形成。1991 年 12 月经国务院有关部门正式批准，中缅边境地区的瑞丽市和畹町开始组织出境一日游，拉开了云南省边境旅游的序幕，后来又陆续开展了四日、七日、十日等多日游活动，出游范围不断扩大，逐渐向缅甸内部延伸（孙雪菲等，2010）。1993年5月国家旅游局在《关于同意开展中越、中缅边境旅游活动的复函》（旅国际发〔1993〕125号）中正式批准了云南省4条边境旅游线路，这是云南省获得批准的首批边境旅游线路（幸岭和徐燕，2014），包括河口-广宁八日游、畹町（瑞丽）-腊戍三日游、瑞丽-八莫三日游和瑞丽-曼德勒六日游。1993年2月，云南省旅游局、公安厅发布《关于云南省中越、中老、中缅边境旅游管理有关问题的通知》，要求对中缅边境旅游证件使用问题、承办单位问题及出入境问题等进行管理，使中缅边境旅游进入了快速发展轨道（幸岭和徐燕，2014）。1995年，云南省第六次党代会提出将旅游业列为云南省四大支柱产业之一，进一步确立了旅游业在云南省国民经济和社会发展中的战略地位，与此同时，逐渐受到云南省政府重视的瑞丽市边境旅游也进入一个新的发展阶段。

（2）探索阶段（1996～2004年）

这一阶段的探索过程使瑞丽市边境旅游取得了一定程度的发展。一方面，我国与东南亚各国经贸合作逐渐加深，为瑞丽市边境旅游发展奠定了良好的基础；另一方面，改革开放的深化促进了沿边开发开放的步伐，提升了我国边境地区旅游目的地的影响力，如德宏、西双版纳等地的边境游开展得较为火热。

2000年12月，中缅双方旅游局签署《关于中国公民自费赴缅甸旅游实施方案备忘录》及附件内容，标志着缅甸正式成为中国公民自费出入境旅游的国家（幸岭和徐燕，2014），进一步提升了瑞丽市的沿边开放水平和对外贸易，使得瑞丽市边境旅游发展更进一步加快。

（3）停滞阶段（2005～2010年）

2004年12月，公安部下发《关于进一步严格实施坚决遏制我国公民出境参赌活动的通知》，要求进行专项整治工作而全面停止边境旅游异地办证业务。随后各口岸相继暂停边境旅游业务，所有旅行社停止边境旅游线路的对外推广，对瑞丽市边境旅游开展带来了极为严重的影响，致使其边境旅游形象与旅游知名度下滑，逐渐被远程出国游所替代。主要表现如下：口岸出境游人数不断减少，边境旅游经济收入大幅下跌；相关旅行社及旅游从业人员生存艰难，旅游行业大幅萎缩；经济发展受阻，影响了中缅的经贸合作以及两国之间的友好往来关系。

（4）恢复阶段（2011 年之后）

2011 年，国务院出台《国务院关于支持云南加快建设面向西南开放重要桥头堡的意见》，云南省借此积极争取国家有关部门的支持，于 2013 年 12 月 16 日正式恢复了保山、德宏、西双版纳 3 个州（市）的边境旅游异地办证工作。至此，在国家加快实施沿边对外开放战略的大背景下，旅游异地办证工作得到重启并经国家旅游部门批准新增了多条边境旅游线路，瑞丽市边境旅游才能够得以继续发展。近年来，瑞丽市边境旅游发展对提升沿边开放水平、增进与缅甸合作交流关系、打造经济增长点、促进地区民族团结做出了很大贡献。

2. 边境旅游发展特征

（1）发展现状

1）旅游接待能力和旅游产品建设继续提升。

瑞丽市边境旅游产业规模不断壮大，产业要素日益齐备，产业体系趋于完善。但与市场增速相比，瑞丽市建设成为完善的旅游目的地任务仍迫在眉睫。2018 年，瑞丽市共有各类旅游企业 90 余家，包括景点景区 13 个（4A 级 1 个、3A 级 5 个、2A 级 2 个、云南省级旅游特色村 5 个）；旅游星级饭店 35 家（五星 1 家、四星 2 家、三星 24 家、二星 8 家，房间 3974 间，床位数 6816 个）；旅行社 17 家，导游服务公司 1 家，国导资格证导游 84 人，地方小语种导游 128 人；旅游餐馆 16 家（餐位数合计 4995 个）；旅游购物单位 11 家，旅游车队 2 家（德宏州旅游发展委员会，2016）。探索推出了边境环线游、边境过夜游、边境自驾游和缅甸纵深游等旅游新产品，推进了边境自驾游、边境过夜游、边境环线游等项目的线路建设和产品创新，开展了瑞丽-腊戍三日游、瑞丽-八莫三日游、瑞丽-曼德勒六日游的市场开拓工作，并以生态资源、民族文化资源、口岸建设为依托，促进瑞丽市中缅边境旅游区建设成为国内一流、国际著名的旅游目的地和中国面向南亚、东南亚区域性国际旅游集散地。

2）旅游宣传工作积极开展，边境旅游的形象和知名度有所提高。

瑞丽市旅游宣传促销重点突出整体形象宣传，集中宣传和打造边境、民俗、宗教、生态、文化、休闲旅游品牌，旅游宣传促销的思路、方式日趋成熟完善，旅游宣传效果日益明显。主要宣传和促销工作包括：组织本地旅游企业参加缅甸内比都举办的"首届中缅旅游合作论坛"以及中国国际旅游交易会，积极开展泼水节、中缅胞波节等重大节庆活动，拍摄了《水韵瑞丽》和《静好时光在瑞丽》等旅游宣传片等。旅游宣传促销工作的积极开展，在一定程度上提升了瑞丽市边境旅游的美誉度，树立了瑞丽市边境旅游的品牌价值。

3）"两区"建设积极推进，区域旅游合作逐渐增强。

《云南省德宏瑞丽中缅跨境旅游合作区建设实施方案》和《云南省德宏瑞丽中缅边境旅游试验区建设实施方案》的编制，明确了"两区"建设的指导思想、总体思路、目标任务、保障措施和政策诉求，且瑞丽市政府先后与缅方地方政府、旅游部门等进行互访交流，就"两区"建设等旅游合作达成共识，将"两区"建设作为全面深化改革和强边固防的重要任务来推进。利用瑞丽跨境旅游合作区和边境旅游试验区"两区"的政策机遇，加强对缅旅游区域合作，发挥腊戌、曼德勒、密支那三个办事处的沟通交流作用，建立双边高层会晤机制，互通信息、资源共享，且与缅方联合举办"中缅旅游月"活动，组织首批40名游客开启"中缅友谊之旅"；瑞丽市积极与腾冲市、芒市、梁河县、盈江县、陇川县、龙陵县、保山市隆阳区政府签订了区域合作协议，与缅甸达成开通边境旅游协议，加快跨区域和跨国旅游合作、行业融合发展和市场开拓工作，组团参加了郑州、上海、大连、昆明等地的国际国内旅游交易会。在此之外，以口岸为载体，瑞丽市依托公路基础设施联建、文化交流、经贸合作等机遇积极推进边境旅游合作程式，不断拓宽了边境旅游行业的合作领域。

4）边境旅游管理加强，旅游发展环境不断优化。

瑞丽市公安局设立旅游警察大队，并配合有关部门开展旅游市场监管工作，加大旅游综合执法力度，在维护旅游市场秩序方面作用明显（杨立，2017）。启动"不合理低价游"专项整治行动，建立旅行社"黑名单"，抑制"高定价、高回扣"等旅游市场经营行为，进一步提升瑞丽市旅游公共服务水平，保障游客的合法权益，创造和谐的旅游发展环境。坚持将旅游业队伍建设作为边境旅游工作的重点，旅游行政管理干部和从业人员素质不断提高，进而促进了瑞丽市边境旅游管理和服务水平的提升。另外，旅游市场综合整治和旅游市场专项检查行动的开展，使得全市重大旅游投诉和安全事故次数大大降低，且旅游投诉和旅游咨询受理工作完成较好，投诉回复率和游客满意率达100%。

5）中缅边境贸易活跃，边境旅游发展势头良好。

目前，中缅两国边境贸易日趋活跃，边境旅游日益火爆。瑞丽市口岸出入境人员和车辆增长迅猛，2007~2017年，瑞丽口岸实现了出入境流量10年连续增长。2017 年，瑞丽试验区口岸贸易进出口总额 282 亿元，同比增长 18.2%，货运量达 600 万吨，人流量达 1768 万人次，车流量达 386 万辆次；瑞丽市完成进出口贸易总额 280 亿元，同比增长 29.1%，其中进口总额 126 亿元，同比增长 67.3%，出口总额 154 亿元，同比增长 8.9%，完成进出口货运量 570 万吨、出入境人流量 1500 万人次、出入境车流量 360 万辆次①。

自 2017 年 7 月 10 日重新恢复中缅边境一日游以来，参游人数持续增长，中缅边境旅游一度成为中缅两国旅游发展的亮点，双方将共同推进中缅边境旅游试验区建设，尽快开展中缅长线游和纵深游，同时两国在推动跨境旅游合作方面不断探索前进，并取得了较好成绩。2018 年春节黄金周期间，瑞丽市共接待国内旅游者 25.61 万人次，实现旅游总收入 25 186.94 万元；口岸入境一日游人数为 3.7 万人次，实现口岸入境旅游收入 1551.98 万元；中缅边境出境游人数达到 5827 人次（942 个团）①。

6）口岸对外开放程度逐步加深，口岸体系建设全面推进。

口岸对外开放程度进一步提升。2013 年畹町口岸芒满通道获国家口岸管理办公室批准临时对外开放，2015 年瑞丽口岸姐告滨江边民出入境通道被云南省政府原则同意开放。

口岸查验基础设施建设完成良好。到 2016 年底，瑞丽口岸共完成 8 个项目，包括瑞丽口岸联检中心查验货场建设项目、瑞丽口岸姐告"一国门、两通道"功能完善工程等；畹町口岸共完成 5 个项目，包括畹町口岸旅检通道改造项目、畹町口岸芒满通道仓储物流查验场及配套设施建设项目等。

通关便利化明显推进。根据云南省电子口岸总体部署，瑞丽口岸于 2014 年 5 月 1 日实施通关单无纸化联网核查，畹町口岸于 2014 年 9 月 1 日起与全省同步实施通关单无纸化联网核查。

（2）发展特征

1）总体发展缓中有进，旅游市场结构层序丰富。

瑞丽市以其旖旎的风光、丰富的宗教文化、浓郁的民族风情等旅游资源，在国内旅游业中建立了一定的知名度，但因周边国家社会政治环境的影响，瑞丽市边境旅游发展缓慢，且市场认知度低。虽然边境经济贸易基础较好，但旅游资源整合提升却略显被动，边境口岸旅游、边境民族文化旅游及边境自然生

---

① 数据由瑞丽市旅游官网发布资料整理所得。

态旅游形象定位不够清晰，缺乏优质产品体系，且边境旅游宣传不足，造势效果不明显，很多旅游者并不了解瑞丽市的边境旅游资源和产品，潜在的国内市场尚未得到实质性的开发。

近年来，瑞丽市边境地区以旅游产业为发展后劲，对边境旅游发展做出了诸多调整并取得了一定成效，边境旅游已成为瑞丽市发展的重要组成部分和主要特色。总的来说，瑞丽市边境旅游发展缓中有进，且旅游市场结构层序丰富，既有梯度又有宽度。从游客分类结构来看，瑞丽市所接待的游客以境内游客为主，包括省内游客和省外游客，其中省内游客主要集中在云南省中部和其他经济条件较好的地区，省外游客多是临近的四川省、重庆市的游客及东部沿海浙江省、福建省等经济密度较高地区的游客，且自驾游游客的比例逐年增高；境外游客主要集中在临近云南省边境的南亚、东南亚国家，其中缅甸凭借边境口岸的通道优势而将瑞丽市视为旅游目的地或过境地的入境游客占有很大比例，多以缅甸腊戍和曼德勒的游客为主。

2）边境旅游发展与边境贸易往来相互依存。

早期瑞丽市边境旅游的开展主要是为满足边境双方当地居民互通有无，开展贸易活动而开始的，一日游形式和边民互市是瑞丽市边境旅游和边境贸易发展的最初阶段。随着边境旅游与边境贸易活动的开展，在保持出入境手续简单的前提下，人们出境活动需要的时间更久、范围更大，以满足更高层次的旅游需求或寻求更多的贸易机会，在一定程度上，以边境旅游形式为主的边境贸易和以边境贸易为目的的边境旅游是难解难分的，为了贸易而旅游，在旅游中进行贸易活动，两者是相互促进、相辅相成的关系（杨丽，2001）。一方面，通过瑞丽市边境旅游活动的开展，促进了边境双方人员的流动及信息的交流，从而为边境贸易及其他经济合作的实现提供了可能性；另一方面，瑞丽市边境贸易的展开，调剂了双方产品的余缺，提升了区域社会经济发展水平，同时为瑞丽市边境旅游发展提供了愈加完善的设施设备和服务体系。

目前，瑞丽市边境旅游与边境贸易的发展已从最初的互市贸易和边境地区一日游活动，探索形成了跨境投资、对外经济技术合作与边境旅游相结合的边贸格局。到2016年，瑞丽市已成为我国最大的对缅贸易陆路口岸，口岸进出口贸易总额约占云南省对缅贸易的60%，约占全国对缅贸易的30%，进口商品80%销往云南省外，出口商品的50%经缅甸转销至印度、孟加拉国等国家，是我国进出口商品种类最多的边贸区，尤其是珠宝玉石贸易，已成为瑞丽市的特色产业。改革开放以来，瑞丽市边境贸易发挥着"边贸兴、百业兴"的巨大作用，提升了沿边开放水平，推动了瑞丽市外向型经济的可持续发展，促进了边境旅游的欣欣向荣。

3）边境旅游发展具有很强的政策性。

20世纪90年代以来，国务院陆续发布沿边开放政策，促进了边境地区与境外和内陆地区的联系，边境旅游的发展就是沿边开放政策的直接产物。实践证明，国家实施沿边开放政策以来，瑞丽口岸和畹町口岸相继对外开放，瑞丽市边境旅游呈现出较快的发展趋势。近年来，随着国家"一带一路"、长江经济带等国家发展政策和云南省建设面向南亚东南亚辐射中心战略的深入实施，为完善我国对外开放格局，我国在瑞丽市设立了重点开发开放试验区，跨境经济合作区建设也在加快推进，直接促进了瑞丽市边境旅游的发展。另外，边境地区是国家的防卫前沿，口岸是国家的门户，边境旅游活动的开展必须有利于边防的巩固和边疆的稳定，且边境地区又是少数民族聚居区，因此制定边境旅游政策必须从国家的整体利益和边境地区的安全需要出发（杨丽，2001）。由此来看，瑞丽市边境旅游的发展离不开相关政策的支撑，边境旅游活动的开展具有较强的政策性。

三、瑞丽市边境旅游发展存在的问题

1. 国际旅游合作层次较低，边境旅游形式单一

瑞丽市具有开展跨国旅游的良好区位优势，但瑞丽市与周边国家边境旅游合作机制未成体系，使得目前瑞丽市国际旅游合作层次偏低，主要表现在：一是与国外旅行社合作较少，并且部分旅行社出境游业务组织不理想；二是境内外国际旅游资源的开发与共享仍处于起步阶段，缺乏跨国旅游环线与精品旅游景区；三是边境口岸通关便利化程度依旧不高，通道基础设施建设滞后，导致跨国旅游进程受阻。边境旅游形式较单一，目前瑞丽市边境旅游形式为通过陆地边境口岸的互市活动或通过陆地口岸到对方城市所进行的国际观光旅游活动，单一的边境旅游形式造成游客在瑞丽市旅游停留时间较短，旅游活动区域范围较小，严重制约了瑞丽市边境旅游发展。

2. 旅游资源开发力度不够，旅游产品魅力不足

瑞丽市边境旅游资源较丰富，蕴藏着巨大的开发潜力。但是，由于受到社会经济发展条件等的综合影响，旅游资源开发缺乏总体规划和布局，对其开发利用还处于较低层次。虽然瑞丽市已建成一批景区、景点和旅游线路，但仍缺乏体验性、趣味性、刺激性的边境旅游景区和景点，更是缺乏高新科技对边境旅游发展的支撑，致使瑞丽市边境旅游活动仍主要停留在观光层面，不能带给游客强烈的旅游活动体验，也不能满足新时期旅游支柱产业建设的需要。同时，由于缺乏对旅游资源文化内涵的深度挖掘和旅游产品游客体验性的塑造，精品旅游产品较少、特色不明显，旅游商品处于无序竞争、工艺陈旧、多以民间力量自我发展的状态，并且瑞丽市对于缅甸旅游产品信息的推介较为缺乏，边境资源产品信息共享环节处于缺位，导致旅游产品市场竞争力较弱，直接降低了瑞丽市边境旅游吸引力。

3. 旅游接待条件滞后，旅游形象不佳

近年来，瑞丽市边境旅游接待条件有所提升，但整体而言供给侧结构仍相对滞后，要实现瑞丽市边境旅游的跨越式发展，基础设施仍是一大瓶颈。具体表现在：一是一些具有开发潜力的景区、景点由于地理位置与经济条件的限制，不同程度存在可进入性差、基础设施不完善等情况，部分景区缺乏明确的文化内涵和主题形象，内部结构混乱，促使边境旅游景区通达性亟待提高，景区形象仍需整合提升；二是住宿环境存在"脏、乱、差"问题，且住宿形式单一，特色民宿严重缺乏，仅存不多的特色村镇民宿价位偏高；三是缺少与缅方对于双边旅游信息的沟通，缺乏旅游宣传推介，旅游资讯互动渠道较少，直接影响游客对边境旅游活动的决策；四是边境旅游从业人员的学历和专业水平对于当下瑞丽市边境旅游发展需求而言也是亟待调整和提升的。另外，瑞丽市边境地区人员流动复杂，外籍人口较多，由本地居民和外籍人口组成的"国际社区"成为矛盾纠纷、社会治安问题的多发地带，并且环境卫生、市容、绿化等现状不容乐观，这些因素严重阻碍了瑞丽市边境旅游的形象建设。同时，瑞丽市边境地区的购物活动十分活跃，但因其缺乏必要的管理与监督手段，商品质量下降、假货充市问题日益突出，影响了瑞丽市边境旅游的声誉，减弱了其旅游商品的优势，致使瑞丽市边境旅游市场存在潜在危机。

4. 内部机制创新不足，旅游品牌建设缺乏动力

瑞丽市边境旅游发展的内部机制有待创新完善。主要表现在：合理的边境旅游促销机制尚未形成，旅游企业促销的自觉性和积极性没有完全调动起来；以市场为导向的边境旅游开发机制还不完善，旅游开发和营销宏观调控能力弱，边境旅游商品的设计、开发和销售较为薄弱，边境旅游综合经济效益不高；符合市场经济要求的投融资机制须进一步完善（邵琪伟，2001）。近年来，瑞丽市成功举办了如中缅胞波节、中缅边交会等一系列大型节庆活动和重要会议，并通过《云南日报》、瑞丽市人民政府门户网站、瑞丽视点等媒体和网络，进行多样化的旅游宣传促销，在一定程度上提高了瑞丽市边境旅游的知名度。但因缺乏独特的创意、完整的规划、高水平的包装和现代技术的支撑，瑞丽市边境旅游的对外宣传并没有形成鲜明主题，瑞丽中缅边境游、珠宝文化游等拳头产品没有进行精心包装和重点宣传，且旅游产品项目低档简单、未成特色，使得瑞丽市边境旅游品牌仍未叫响。

5. 旅游监管体制未成体系，旅游市场不够规范

瑞丽市边境旅游发展涉及跨境旅游内容，因而边境旅游管理涉及边检机关、公安部门、旅游部门、外事部门等多头权力部门，多方面涉入的管理体制使得瑞丽市边境旅游行程的流畅感和满意度降低。中缅双边合作共管的边境旅游管理机构尚未组建，中缅两地边境旅游管理各自为营、标准不一，为双边旅游合作带来了局限性。近年来，瑞丽市采取了一系列措施来加强对其边境旅游市场的监管整治，虽然成效明显，但是相关旅游政策法规的制定仍滞后于瑞丽市边境旅游发展的需要。其中，边境旅游服务标准体系不够健全，边境旅游经营与服务存在"十五不准"、"不合理低价游"和"高定价、高回扣"等问题；边境旅游企业还处于小、散、弱状态，部分企业内部管理差、市场开拓能力低，导游人员语种结构单一、整体素质有待提高；边境旅游市场检查和联合执法力度不足，市场秩序有待整顿和完善，各相关部门之间的协调配合还需进一步加强。

第三节 瑞丽市边境旅游发展的动力系统

一、瑞丽市边境旅游发展动力系统结构

旅游业高速发展的大环境、经济实力的增强、政府的引导扶持、优越的地理区位条件、独特神秘的旅游资源等,这些都在一定程度上促进了瑞丽市边境旅游的发展。因此,瑞丽市边境旅游发展的动力系统就是由促进其边境旅游发展的相关因素共同构成的一个复杂系统。

瑞丽市边境旅游发展的动力系统包含众多影响因素,从这些影响因素的作用力来分析,可以将其归类为以下作用力类型,即推力、引力、支持力和中介力。其中,推力指对边境旅游发展起推动的作用力,主要包括经济发展推动、市场需求推动、政府推动;引力指对游客构成吸引的作用力,包括区位条件优势和旅游资源本身的吸引力;支持力指在边境旅游发展中起支撑作用的因素,即边境旅游发展的大环境,包括硬环境支持和软环境支持;中介力指连接边境旅游供需市场的作用力,主要包括旅行社、新闻媒体、广告和口碑。综上,可以构建出由推力系统、引力系统、支持系统和中介系统四个子系统构成的瑞丽市边境旅游发展动力系统(图 5-2)。

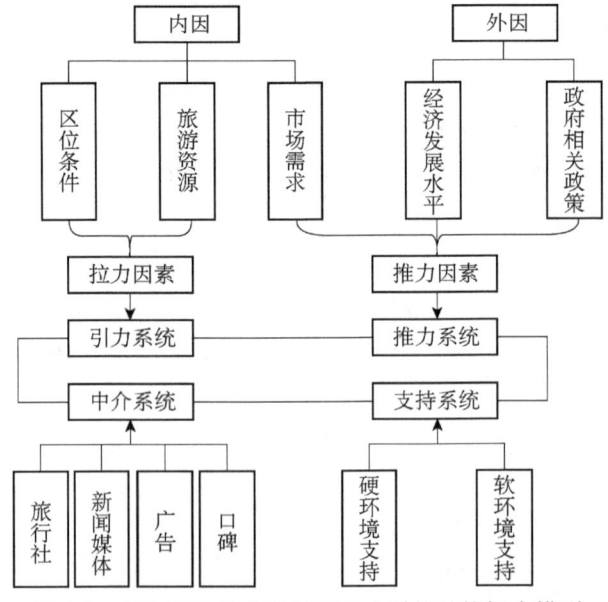

图 5-2 瑞丽市边境旅游发展动力系统结构概念模型

由此可以看出，瑞丽市边境旅游的发展是多种力量共同作用的结果，这些促进其发展的力量可以称为瑞丽市边境旅游发展的驱动力。同时说明，瑞丽市边境旅游发展动力系统是一个复杂的大系统。首先，该动力系统以推力和引力为基本动力，并通过旅行社、新闻媒体等，将需求和供给结合起来，从而达到促进边境旅游发展的目的。其次，除了引力系统、推力系统、中介系统之外，还需要有交通、住宿、餐饮等旅游基础设施和服务设施，才能保证瑞丽市边境旅游的顺利发展。最后，由于边境旅游的特殊性，还必须有旅游市场环境及旅游管理系统的引导和监督。

在瑞丽市边境旅游发展的动力系统中，推力系统是边境旅游形成与发展的基本动力，推动了边境旅游产品的生产及整个系统的运转；引力系统是边境旅游发展的必要条件，为游客旅游需求的实现提供物质基础，是边境旅游吸引力的核心；支持系统是边境旅游发展的重要载体，从硬环境支持和软环境支持两个方面为边境旅游发展提供有效的保证；中介系统是连接边境旅游供需市场的纽带，一方面引导消费，为游客介绍旅游产品并组织旅游活动，使边境旅游行为得以实现；另一方面指导生产，促进边境旅游产品的优化完善，实现旅游产品的有效供给。因此，在这个复杂的系统中，其中任何一个子系统出现问题，都会对瑞丽市边境旅游的发展产生不利影响。

二、瑞丽市边境旅游发展动力系统分析

1. 动力系统的表现形式

（1）主动力作用形式

在瑞丽市边境旅游发展动力系统的四个子系统中，推力系统和引力系统是整个系统的基础子系统，两者的作用力是整个旅游系统运动的主导动力。在瑞丽市旅游业发展初期，随着人们生活水平的提高，伴随边境贸易的游、娱等行为逐渐出现，瑞丽市政府开始意识到瑞丽市边境旅游发展的巨大潜力，进而加快沿边开放步伐，增强国际旅游合作，开拓边境旅游市场，凭借其得天独厚的区位优势和国家政策东风，参与"两区"建设，提升旅游合作发展格局，以更好地迎合人们日益增长的边境旅游需求。在瑞丽市边境旅游系统运动过程中，其引力系统对推力系统产生反作用力，表现为主动创新边境旅游产品供给，如开发休闲娱乐、会展商务、专项旅游等多种类型的旅游产品，引导新的边境旅

游市场需求产生，同时立足于瑞丽市旅游资源优势，突出珠宝购物和中缅风情体验特色项目亮点，拓展并深化其他旅游项目（如跨境观光、玉石展示和采购、民族文化体验及休闲娱乐等），丰富瑞丽市边境旅游产品形态，为其边境旅游发展注入新的活力。

推力系统和引力系统共同作用对支持系统与中介系统产生影响，支持系统和中介系统反过来作用于推力系统和引力系统。一方面，随着中缅边境一日游的重新开展，其自身蕴含的巨大商机使旅游中介进入瑞丽市边境旅游领域。例如，旅行社组织形成不同价格、时间及旅游目的地的包价旅游产品，并采取主题营销的方式，激发或诱导旅游者的出行动机，而新闻媒体和广告针对瑞丽市边境旅游的主体形象及文化理念，选定宣传口号、设计宣传 LOGO、制作平面广告与多媒体广告、设计旅游纪念品、制作直接邮寄广告单及宣传册等。另一方面，开展边境旅游可以增强区域产业竞争力，促进其旅游业的转型升级，增加国民收入，带动瑞丽市边境地区经济的发展，进而提升瑞丽市边境旅游发展环境建设，良好的整体环境和旅游氛围为瑞丽市边境旅游形象的维护提供了较好的实际保障。

（2）助动力作用形式

支持系统和中介系统发挥自身作用，对推力系统与引力系统的运行施加助动力。旅游中介利用自身成熟的商业运作模式实现边境旅游的快速发展，其作用形式是通过自身服务实现边境旅游市场需求信息与产品供给信息的相互传递，将边境旅游市场的需求与供给紧密联系起来（李建峰，2009）；环境支持通过辅助边境旅游吸引力建设、制约边境旅游产品生产和供给、影响边境旅游活动质量和决策行为，以实现边境旅游系统的正常运转。另外，支持系统和中介系统之间相互影响、相互作用，旅游中介在边境旅游系统中的功能发挥离不开支持系统的作用与支撑，而支持系统所要达到的一些发展意图须通过旅游中介来实现。虽然支持系统和中介系统在整个边境旅游发展动力系统中处于辅助地位，但对瑞丽市边境旅游发展动力系统运行的重要性将日益增强。

随着瑞丽市边境旅游发展水平日益成熟，旅游中介及环境支持已成为其边境旅游发展的重要组成部分。旅行社服务功能的提升，广播电视（德宏电视台、昆明电视台、云南电视台）、杂志社（《大观周刊》、《加油周刊》、《滇池晨报》和《假日旅游》）、报社（《春城晚报》、《都市时报》和《生活新报》）、知名专业网站（云南旅游网、德宏旅游网）等新闻媒体的宣传以及广告促销的普及（公交广告、户外广告、多媒体广告、灯箱广告、平面广告等），树立了瑞丽市旅游的良好形象，提升了瑞丽市边境旅游的知名度与影响力；基础设施与服务设施的完善、边境社会治安的改善和市场管理系统及政府相关政策的支持，为瑞丽市边境旅游发展提供了良好的环境支撑，增强了瑞丽市边境旅游的吸引力。边境旅游支持系统和中介系统使瑞丽市边境旅游发展具备支持条件与商业环境，促使其发展日趋成熟。

2. 推力系统分析

从本质上来说，推力系统不仅可促进需求和供给的产生，也在完善辅助系统的发展，是整个动力系统的启动力量，主要包括经济发展推动、市场需求推动、政府推动。

（1）经济发展推动

就旅游业本身来讲，它是一种经济现象，其发展与地区的经济发展水平密切相关，因而边境旅游的发展也与区域经济发展条件密切相关。经济因素是影响边境旅游发展的关键因素，主要体现在三个方面：其一，经济发展水平的提高使得个人可支配收入增加，消费能力的提升及消费观念的转变，促使边境旅游现实需求的产生；其二，随着经济发展水平的提高，政府财政收入增加，从而促进旅游配套设施的完善及卫生、生态环境的建设，使得边境旅游发展的支持因素增强；其三，经济发展促进生产设备、技术的不断革新，增强了边境企业的旅游资源吸引力，使得边境旅游供给能力进一步加强（安俊梅，2008）。

自 2010 年国务院批准瑞丽市为国家重点开发开放试验区以来，瑞丽市经济社会发展步入快车道，国民经济保持持续较快增长，综合实力不断增强（图5-3）。2016 年，瑞丽市实现 GDP 86.1 亿元，比上年增长 11.7%，增速跃升云南省第三、全州第一，主要经济指标保持两位数较快增长；完成固定资产投资额 98.7 亿元，同比增长 33%；城镇与农村居民人均可支配收入分别为 28 911元、9681 元，同比增长 10%、11.2%，增幅位居全省前列；完成口岸贸易进出口总额 304.3 亿元、地方公共财政预算收入 7.41 亿元、社会消费品零售总额35.1 亿元[①]。

---

① 《瑞丽市 2016 年国民经济和社会发展统计公报》。

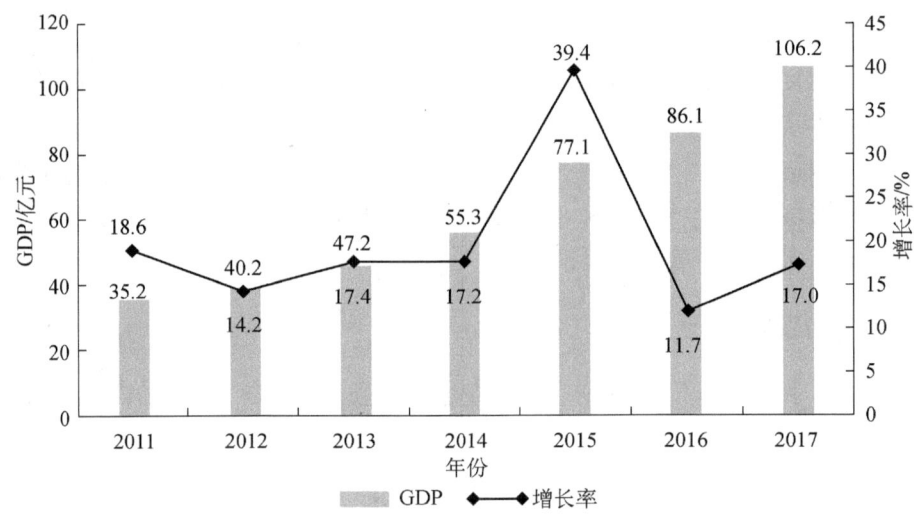

图 5-3　2011～2017 年瑞丽市 GDP 和增长率

2017 年，瑞丽市经济社会保持良好的发展态势，主要经济指标增速名列全国 7 个试验区前列。实现 GDP 106.2 亿元，首次突破百亿元大关，同比增长 17%；全社会固定资产投资 123.4 亿元，同比增长 25%；城镇和农村常住居民人均可支配收入分别为 32 180 元、10 940 元，分别增长 11%、13%；实现口岸贸易进出口总额 407.7 亿元、地方公共财政预算收入 7.72 亿元、社会消费品零售总额 39.4 亿元，分别增长 33.98%、4.18%、12%[①]。这些相关数据都说明，瑞丽市发展边境旅游拥有强大的经济后盾。

（2）市场需求推动

旅游发展的原始推动来源于人对旅游的需求（彭华，1999a）。当前旅游市场的趋势由"卖方市场"向"买方市场"转变，旅游者的主导地位也在随之逐渐增强。因此，旅游者参与边境旅游的欲望构成了边境旅游需求，它的存在决定了边境旅游市场的形成和发展。

A. 瑞丽市边境旅游动机产生的条件

a. 精神文化消费和休闲度假需求的扩大

随着旅游消费日益大众化和日常生活化，人们对旅游精神文化的需求也越来越多，瑞丽市作为傣族文化的发源地，具有深厚的民族文化底蕴，对旅游

---

① 数据根据 2017 年德宏网（dehong.gov.cn）公布的内容整理而成。

者、祖先崇拜和祭祀者有较强的吸引力。同时，伴随着国民经济的发展和旅游需求的转向，休闲度假旅游也正日益成为人们日常生活中的重要组成部分。随着国民休闲时代的来临，以及云南省旅游试点改革的启动，也进一步加快了云南省休闲度假旅游目的地建设，加大了旅游新业态的创新力度。瑞丽市基于这一良好的发展机遇，应充分结合自身的资源优势和旅游发展基础，把握旅游市场脉搏，推出兼具地方特色和市场吸引力的休闲度假旅游产品，塑造瑞丽市边境旅游品牌，从而实现瑞丽市边境旅游发展的多元化。

b. 边境旅游自身的特质迎合人们的内心需求

瑞丽市边境旅游最具潜力，具有"一寨两国""两国共饮一江水"的独特奇观，其神秘性和差异性能够满足旅游者对边境风光、民族风情的好奇心理。通过旅游来了解很多从未涉及的边境相关信息，对不同区域、不同行业及不同年龄阶段的旅游者都会产生吸引力。同时，为方便边民贸易往来或中国内陆城市居民旅游购物，跨境一日游成为瑞丽市边境旅游的主要形式之一，目前也有"三日游""四日游"等形式，但一般比国际旅游的时间短，且大多数边境跨国游的旅游者仅需持边境出入境通行证就能进出口岸，因此相比国际旅游更容易被当前旅游消费者所接受。

c. 旅游支付能力的增强和闲暇时间的增多

旅游支付能力是形成现实旅游需求的基本条件，在很大程度上决定着旅游需求的实现程度，它会影响旅游的需求量和内容，也会影响旅游距离、旅游方式和旅游类型，并且旅游支付能力越强，旅游空间范围所受的限制就越小，旅游需要实现的程度就越高（安俊梅，2008）。改革开放以来，我国国民经济发展速度较快，且保持稳定的增长态势，人民生活水平日益提高，居民可支配收入逐渐增加，旅游支付能力逐渐增强，边境旅游将面临日益旺盛的需求，且实现程度也在逐步上升。

闲暇时间的长短直接影响旅游活动的范围、方式以及旅游需求的集中度。我国在1999年正式实施黄金周制度，2007年又对休假制度进行了调整，同时国务院法制办公室授权新华社发布了《职工带薪年休假规定（草案）》，规定了具体的年休假天数。我国公共节假日及带薪假期制度的改革，使得人们闲暇时间增多，影响了边境旅游活动的开展。

B. 瑞丽市边境旅游需求市场分析

在边境旅游政策不稳定的情况下，瑞丽市旅游经济仍持续增长，旅游业得到了较好发展。根据2007年和2016年《瑞丽市国民经济和社会发展统计公报》,瑞丽市游客接待量由 2007 年的 117.95 万人次增长为 2016 年的 336.91 万人次,年平均增长率为 12.37%;旅游总收入由 2007 年的 8.59 亿元增长为 2016 年的 68.14 亿元,年平均增长率为 25.87%。2016 年,瑞丽市旅游总接待人数和旅游总收入达到 2006～2016 年增速顶峰,实现入境旅游人次 33.94 万人次、国内旅游人次 302.98 万人次,实现入境旅游收入 12 385.85 万美元、国内旅游收入 52.67 亿元(表 5-2)。整体而言,近年来瑞丽市旅游接待规模呈现出稳定加速发展的态势。

表 5-2　瑞丽市国内旅游和入境旅游发展情况一览

年份	国内旅游人次/万人次	国内旅游收入/亿元	入境旅游人次/万人次	入境旅游收入/万美元
2011	130.34	14.09	10.26	2 925.63
2012	147.58	17.08	12.09	3 662.98
2013	174.76	21.49	13.31	3 984.36
2014	216.93	29.52	15.15	4 924.81
2015	238.33	35.39	16.42	5 991.48
2016	302.98	52.67	33.94	12 385.85

资料来源:《瑞丽市国民经济和社会发展统计公报》(2011～2016 年)

由数据分析得出,瑞丽市国内旅游市场发展空间较大,但关注度相对较低,关注客群主要集中在四川、重庆、广东等相邻和相近省份,省内游客以昆明、大理等城市为主。从客源年龄和职业结构来说,瑞丽市目前的游客群体主要集中在以商务贸易为主要旅游动机的中青年游客群,而银发市场和修学旅游市场有待进一步开发;从游客活动规律来看,游客在瑞丽市停留时间短,一日游游客居多,其中停留时间三天及三天以上游客的旅游动机多为傣族泼水节等节庆活动的吸引;从游客购物消费结构来看,游客消费处于中等偏下水平,其中少部分消费能力较高的游客群消费动机主要为瑞丽市的珠宝玉石市场。总体而言,瑞丽市边境旅游需求市场呈现出以下特征:市场规模较小、基数较低,但客源市场已初具规模,并呈稳定上升趋势;客源结构单一,近程游客居主体,对远程游客吸引力不强;游客以散客自助旅游为主要方式,自驾车游客所占比例大,旅行社组团比例较小;商贸游客是重要的客源群体,且增长潜力持久巨大;中方旅游者需求较为旺盛,游客呈单向流动,中缅边境旅游也是以中方游客为"主力军",以边贸、购物和观光为主要目的。

(3)政府推动

政府是旅游地发展的决策者,对旅游地开发的区位选择、旅游规划、投资规模等有决定作用,在旅游项目的决策立项、政策扶持、招商引资、基础设施建设等方面决定着目的地旅游的发展方向和速度(孙建竹,2008)。下面从政府对瑞丽市边境旅游发展的需求推动、供给推动和供求推动三个方面,说明政府在瑞丽市边境旅游发展中所起的重要作用。

A. 政府对瑞丽市边境旅游发展的需求推动

a. 政府完善休假制度

政府对旅游需求的驱动首先表现为政府通过对休假制度的变革影响居民休假时间,进而改变居民闲暇时间及其分布(龚伟,2007)。我国居民休假制度自改革开放以来经历了两次大的转变,一是实施双休日工作制,双休日制度的实行,使得人们闲暇时间增多,随之出游次数也明显增多,旅游形式越来越多样化,其中边境旅游便是一项新兴的旅游项目,为瑞丽市边境旅游活动的开展提供了契机;二是实行黄金周制度,空前规模的假日旅游现象在全国盛行且日趋火爆,手持护照出境游的人也逐渐多起来,促进了瑞丽市边境旅游的发展。其中,2017 年国庆、中秋假日期间,瑞丽市成功举办第十七届中缅胞波节,以节庆活动为纽带,促进了中缅边境旅游发展与经贸、文化活动交流;瑞丽市旅游官网数据显示,2018 年春节黄金周期间,瑞丽口岸入境一日游人数达到 3.7 万人次,实现口岸入境旅游收入 1551.98 万元,中缅边境一日游持续受到追捧,边境出境游客人数达到 5827 人次(942 个团),假日旅游市场已成为瑞丽市边境旅游市场的强劲增长点。

b. 政府开展营销活动

政府在边境旅游信息推广及形象宣传方面发挥着重要作用,通过开展营销活动,使得更多的人认识边境旅游,提高边境旅游的知名度。例如,瑞丽市政府组织本地企业参加 2017 年在缅甸内比都举办的"首届中缅旅游合作论坛"以及在昆明举办的中国国际旅游交易会,拓展国际、国内旅游客源市场;随同德宏州旅游发展委员会到重庆参加"美丽德宏悠哉游哉"旅游招商推介会,提升瑞丽市边境旅游形象与知名度;组织开展目瑙纵歌节、泼水节、中缅胞波狂欢节等活动,吸引来自四面八方的游客;与人民日报社共同策划《瑞丽醉雨林》专题报道,对瑞丽市边境旅游进行宣传与推广等。实践证明,这些营销活动有效推动了瑞丽市边境旅游市场需求的增长。

B. 政府对瑞丽市边境旅游发展的供给推动

a. 完善边境旅游基础设施建设

边境旅游基础设施是边境旅游供给的组成部分,应由政府公共财政进行投资建设。同时，由于各类建设项目投资巨大并牵涉多方利益，需要政府提供有力的支持，为边境旅游发展提供良好的基础条件。在瑞丽市边境旅游发展过程中，沿边交通、口岸设施、通信设施、环境治理、卫生设施等基础设施是否配套完善，直接关系到边境旅游活动的开展，并且影响环境美化与城市建设。尤其是交通状况，一直是制约瑞丽市边境旅游发展的关键因素。2016 年，云南省委省政府大力促进五大基础路网建设，并要求各级各部门严格遵照《中共云南省委 云南省人民政府关于实施综合交通建设 5 年大会战（2016—2020 年）的意见》（云办发〔2015〕25 号）执行，明确提出到 2020 年全省各州（市）均通高速，铁路网实现州（市）全覆盖（陈述云等，2017）。另外，瑞丽市政府响应云南省号召掀起"旅游厕所革命"，对旅游厕所进行建设与改造，并加强其他旅游基础设施建设力度，提升瑞丽市边境旅游公共服务能力，改善旅游发展环境。

b. 促进边境旅游与边境商贸的融合

瑞丽市具有得天独厚的地缘优势、口岸优势和区位优势，地处中缅贸易往来中国境内的前端，是云南省扩大对外贸易的前沿窗口、发展对缅贸易的桥头堡。瑞丽市边境商贸带来的充足人流量和财政收入为其大力发展边境旅游提供了重要条件，旅游与商贸相互促进、相互补充的效应已经十分明显，并且在以后瑞丽市的城市发展中将扮演越来越重要的角色。政府在瑞丽市边境旅游与边境商贸融合发展中发挥着重要作用。政府通过与相关部门建立协调关系，争取各部门对瑞丽市边境旅游发展的合力支持，并挖掘潜在的旅游资源，开发出购物旅游、会展旅游等具有鲜明特色的旅游产品，以增加瑞丽市边境旅游供给。

在政府相关政策支持下，以瑞丽中缅边境旅游试验区、瑞丽-木姐边境经济合作区和瑞丽口岸、畹町口岸为依托，加快边民互市贸易市场和边境旅游商品购物中心建设，积极开展跨境物流、进出口商贸和边境贸易活动，提升瑞丽市边境旅游的影响力。尤其是推动姐告边境贸易区的发展，充分彰显边关文化、民族文化和购物文化底蕴，以边境观光为基础、购物文化为核心、休闲度假为载体，建设具有购物、旅游、文化、商业、娱乐等复合功能的新型边境贸易旅游综合体。

C. 政府对瑞丽市边境旅游发展的供求推动

a. 政府组织旅游规划编制、监督规划落实工作

旅游发展、规划先行，规划制定是发展旅游最基础和最重要的工作，规划

的好坏不仅决定着近期旅游地的发展水平，也关系到旅游目的地未来和长远目标的实现（李建峰，2009）。围绕云南省委省政府工作重点，抓好省级旅游专项规划、州级旅游产业发展规划和瑞丽市旅游产业发展规划，并担负规划编制的开展与评审以及监督规划落实工作。通过编制相关规划，探索瑞丽市边境旅游发展布局、重点和时序，确定发展的新方向与新目标，在传统边境旅游发展的基础上，统筹利用好国际国内旅游资源与市场，促进旅游产业要素在区域内自由流动，形成稳定、有规模、有秩序的边境旅游发展格局。

另外，从瑞丽市边境旅游供给侧结构来看，经济发展水平、旅游基础设施与服务设施建设、旅游政策保障体系稍微滞后于现实旅游需求，旅游供给端与需求端整体呈现疲软状态，供给侧结构失衡。通过编制规划，推动瑞丽市边境旅游产业结构调整，在招商引资层面优化投资结构和产业结构，完善边境旅游资源要素的合理配置，稳步促进边境旅游市场改革，并根据边境旅游发展的需要，适当简政放权，增强口岸通关便利程度与相关政策支持力度，实现瑞丽市边境旅游接待的有效供给。

b. 政府制定相关政策法规引导边境旅游发展

政府通过制定和实施边境旅游相关的政策法规，对行业及其市场进行管理与监督，保障瑞丽市边境旅游发展的供求环境，从而引导其边境旅游健康发展。

出入境管理政策：《国务院关于支持云南省加快建设面向西南开放重要桥头堡的意见》（国发〔2011〕11号）提出，简化游客出入境手续，推进通关便利化，这对瑞丽市拓宽合作领域、开拓旅游市场、协调区域发展有着十分重要的意义和积极推动作用；《关于规范边境旅游异地办证工作的意见》（公通字〔2013〕4号）要求，获批边境旅游线路的云南、黑龙江、吉林等6个省份按照相关达标条件逐级申报验收，最终通过国务院验收后可恢复边境旅游异地办证，其中云南省涉及文山州、红河州、保山市、德宏州等州（市）及河口县、景洪市、瑞丽市、腾冲市等县（市）；《国务院关于促进旅游业改革发展的若干意见》（国发〔2014〕31号）提出，推动符合规定条件的对外开放口岸开展外国人签证业务，逐步优化完善外国人72小时过境免签政策，不断提高签证签发、边防检查等出入境服务水平；《国务院关于改进口岸工作支持外贸发展的若干意见》（国发〔2015〕16号）要求，研究制定边民通道管理办法，规范云南、广西等省区边民通道管理，实施口岸动态管理、分级管理，制定口岸准入退出管理办法。这进一步推动了口岸开放布局的优化整合。

旅游市场监管政策：《国务院关于促进旅游业改革发展的若干意见》（国发〔2014〕31号）要求，加快完善旅游相关企业和从业人员诚信记录，加强旅游市场综合执法，充分发挥旅游者、社会公众及新闻媒体的监督和引导作用，推进旅游服务质量提升；《国务院办公厅关于加强旅游市场综合监管的通知》（国办发〔2016〕5号）提出，创新旅游市场综合监管机制，提高旅游市场综合监管保障能力，解决扰乱旅游市场秩序、侵害旅游者权益等突出问题；《瑞丽市人民政府办公室关于全面开展旅游市场整治工作的通知》提出，初步形成"1+3+N+1"旅游市场综合监管模式，联合执法常态化，做好重要旅游接点和重大节假日旅游市场检查整治工作，同时，瑞丽市会同中缅双方相关旅行社重新修订《中缅一日游合同》，签订禁毒承诺书，就双边共同加强中缅一日游管理、改善旅游接待服务质量等达成共识，确保瑞丽市边境旅游平稳健康发展。

（4）推力系统的作用机制

综合以上分析，将瑞丽市边境旅游发展推力系统的作用机制概括为图5-4。

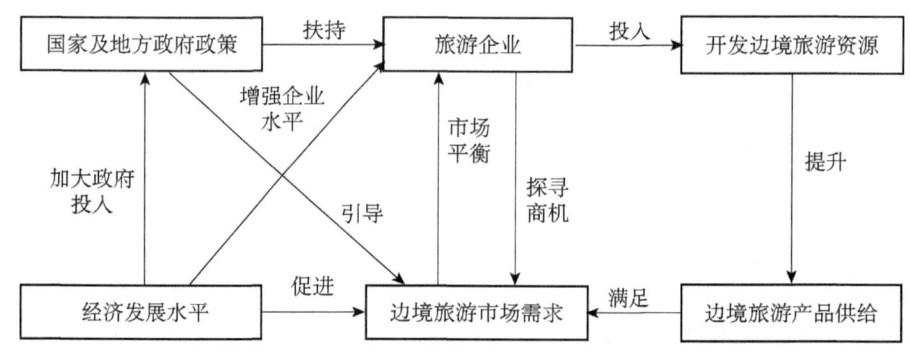

图5-4　瑞丽市边境旅游发展推力系统的作用机制

3. 引力系统分析

瑞丽市边境旅游发展动力系统中的引力系统是一个由旅游吸引要素构成的子系统，旅游吸引要素即吸引人们产生旅游动机并进行旅游活动的各种因素，也可称为旅游资源，是旅游业发展的基础。自然旅游资源和历史文化旅游资源的位置都是固定的，不用考虑区位选择的问题，但是旅游资源的种类有很多，在开发选择的考量因素中，旅游资源自身的条件和性质十分重要，如其审美价值、独特性、知名度、影响力等，同时旅游区位条件也很重要，其对旅游资源的开发选择起着关键作用。因此，本章关于瑞丽市边境旅游发展引力系统的论述从旅游资源和边境旅游区位条件两方面展开。

（1）瑞丽市旅游资源分析

A. 旅游资源分类

根据《旅游资源分类、调查与评价》（GB/T 18972—2003），瑞丽市拥有 7 个主类、15 个亚类和 35 个基本类型的旅游资源，占全部旅游资源基本类型的 23%。其中，人文旅游资源 27 个，占比为 77%；自然旅游资源 8 个，占比为 23%。现将瑞丽市的主要旅游资源进行系统分类（表 5-3）。

表 5-3 瑞丽市旅游资源分类系统

主类	亚类	基本类型	旅游景点
A 地文景观	AA 综合自然旅游地	AAA 山丘型旅游地	勐秀山、户育山、雷宫山
	AC 地质地貌过程形迹	ACG 峡谷段落	南兰河峡谷、莫里峡谷
	AE 岛礁	AEA 岛区	月亮岛
B 水域风光	BA 河段	BAA 观光游憩河段	瑞丽江、大盈江、南宛河
	BB 天然湖泊与池沼	BBA 观光游憩湖区	孔雀湖、弄莫湖
	BD 泉	BDB 地热与温泉	景成地海温泉、扎朵温泉
C 生物景观	CA 树木	CAA 林地	莫里热带雨林景区、回环村竹林、洞三允榕树群
		CAC 独树	高山榕、小叶榕、垂叶榕、假槟榔、油棕、大王棕、芒果树、菠萝蜜等
E 遗址遗迹	EA 史前人类活动场所	EAA 人类活动遗址	勐卯古城、昭武定遗址、岩相召尚弄墓、芒约雷奘相奘寺
	EB 社会经济文化活动遗址遗迹	EBB 军事遗址与古战场	雷允飞机制造厂遗址、黑山门战斗遗址、户瓦山寨抗战遗址
F 建筑与设施	FA 综合人文旅游地	FAB 康体游乐休闲度假地	瑞丽市东南亚南亚风情园、瑞丽景成地海温泉度假中心、江边度假别墅、度假酒店
		FAC 宗教与祭祀活动场所	喊沙奘寺、雷奘相佛寺、佛光寺、傣王宫
		FAD 园林游憩区域	畹町国家森林公园、畹町生态园、弄莫湖公园、来凤山森林公园
		FAE 文化活动场所	瑞丽市文化馆、畹町边关文化园、莫里森林公园
		FAF 建设工程与生产地	翡翠毛料加工厂
		FAG 社会与商贸活动场所	翡翠文化产业园、珠宝玉石街、东方珠宝城、南茹河旅游淘宝场、中缅友谊街、免税店
		FAJ 边境口岸	畹町口岸、瑞丽口岸、姐告口岸

续表

主类	亚类	基本类型	旅游景点
F 建筑与设施	FC 景观建筑与附属型建筑	FCA 佛塔	姐勒金塔
		FCH 碑碣林	65座界碑、"天涯地角"石碑、320国道终点石碑
		FCI 广场	瑞丽江广场、姐告国门广场、姐告民族文化广场
	FD 居住地与社区	FDA 传统与乡土建筑	少数民族民居、干栏式四合院、草顶竹楼、干栏式竹楼等
		FDB 特色街巷	中缅友谊街、中缅胞波街
		FDC 特色社区	弄岛镇弄木崃村、大等喊傣寨、小等喊傣寨、等嘎村景颇村寨、回环村、勐卯镇喊沙村、姐勒傣族特色村、南坝河景颇风情村、银井特色村寨、勐秀乡景颇族村寨
		FDD 名人故居与历史纪念建筑	南洋华侨机工抗日纪念公园
		FDG 特色店铺	缅甸特色用品店、傣族等少数民族用品店
	FF 交通建筑	FFA 桥	畹町桥、姐告大桥
		FFC 港口渡口与码头	江边广场码头、贺闷渡口、屯洪码头、允井渡口
G 旅游商品	GA 地方旅游商品	GAA 菜品饮食	傣味蜂蛹火烧乳猪、竹筒饭、椰子砂锅鸡、油炸麻酥、牛撒撇、酸肉、火烧鱼
		GAB 农林畜产品与制品	芒果、西番莲、酸木瓜、菠萝蜜、番荔枝、羊奶果、无眼菠萝、陇川橘子等热带水果以及菠萝脯、随川姐乌茶、王子树清茶、土堆鸡枞、竹笋、蕨菜等土特产品
		GAE 传统手工产品与工艺品	剪纸、农民画、筒裙、傣锦、户撒刀、银器、弓、弩、筒帕、竹器、木雕、傣族织锦、少数民族竹编等
H 人文活动	HC 民间习俗	HCA 地方风俗与民间礼仪	傣族和景颇族等少数民族和缅甸人诞生、成年、婚恋、丧葬等礼仪习俗
		HCB 民间节庆	中缅胞波狂欢节、中缅边交会、泼水节
		HCC 民间演艺	傣族民歌、景颇族民歌、德昂族民歌、傈僳族民歌、阿昌族民歌、傣族孔雀舞、傣族武术、景颇族刀术、德昂族武术、打篾弹弓、铜炮枪射击、打陀螺、丢包等
		HCG 饮食习俗	傣族、景颇族、德昂族、缅甸人等的饮食风俗
		HCH 特色服饰	傣族特色服饰、景颇族服饰、德昂族服饰、缅甸特色服饰

B. 旅游资源总体特征

可以看出，瑞丽市旅游资源以人文旅游资源为主、自然旅游资源为辅，边寨、边关、边情特色突出，是一个集热带亚热带风光、珠宝玉石、民族风情、边疆风情、跨境旅游等特色为一体的多功能旅游区，具有较大的发展潜力，其蕴含的旅游资源具有以下特征。

a. 亚热带风光秀美，青山碧水交相辉映

瑞丽市属南亚热带季风型气候，夏无酷暑、冬无严寒，气候湿润宜人、雨量充沛、光照充足，具有浓郁的亚热带风光，随处可见四季常青、枝叶繁茂的热带植物景观。绵延的瑞丽江孕育着这片土地，江畔竹茂林幽，傣家村寨树竹环绕，风光如诗如画。瑞丽市是著名歌曲《有一个美丽的地方》和《月光下的凤尾竹》的创作地，并且在此拍摄了《孔雀公主》和《勐陀沙》等多部影视电影，有"歌舞之乡"的美誉。

b. 民族风情浓郁，民族文化丰富多彩

瑞丽市少数民族以傣族、景颇族和德昂族为主，拥有自己独特的传统文化和少数民族风俗习惯，以丰富多彩的民族风情和繁荣荟萃的民间文化艺术，吸引了国内外众多游客，于 1988 年被文化部命名为"中国现代民间绘画画乡"。同时，中缅边境线上多彩的民族风情和异国情调，吸引着游客出境旅游或自驾车出境旅游。文化与旅游息息相关，应充分利用中缅边贸背景、两国传统友谊和民族情结以及瑞丽市当地少数民族浓郁的民族文化，提升瑞丽市边境旅游文化内涵。

c. 历史古迹众多，佛教文化凸显特色

瑞丽市作为古人类分布地之一，拥有众多历史文物古迹，其中有贝叶经、古城遗址等。隋唐时期，南传佛教由缅甸传入云南，后来发展成为傣族全民信仰的宗教，佛寺和佛塔建筑遍布各村寨，其中最具盛名的是位于瑞丽市姐勒寨的姐勒金塔，它在缅甸北部的佛教信徒中享有佛教圣地的赞誉。另外，南传佛教的奘房教育作为傣族启蒙教育的全部，也颇具影响力。瑞丽市与缅甸具有共同的南传佛教信仰基础，相毗邻的天然纽带使得两国佛教文化联系源远流长。

d. 胞波情谊纯厚，异国风情神秘独特

瑞丽市与缅甸木姐双边的边民历史上同宗同族，地域上山水相连，习俗上共通共融、阡陌相通，同一民族跨境而居，长期边贸互市，两国边民的往来具有历史性、长久性、常态性、国际性和共融性，并且形成了"一寨两国"的独特景观。瑞丽江是中缅两国共同的胞波河，沿江而下，两国沿岸的热带、亚热带风光尽收眼底，若深入缅甸腹地，还可以领略更多独特的名胜古迹。近年来，中缅两国合办的中缅胞波狂欢节及中缅边交会，便是纯厚胞波情谊和神秘异国风情的集中体现。

e. 边境贸易兴旺，珠宝玉石购物驰名中外

瑞丽市西北、西南、东南三面与缅甸相连，拥有我国唯一按照境内关外模式、实行特殊管理的姐告边境贸易区，边境贸易兴旺发达，特别是珠宝玉石交易，量大面广，驰名中外。特殊的地缘优势，使其成为中缅两国贸易的中转站和集散地，以及我国大西南通向东南亚、南亚的"金大门"。瑞丽、畹町两个国家级口岸，是东南亚重要的珠宝集散中心，是国内各大珠宝市场的主要商品提供地。

（2）边境旅游区位条件分析

A. 区位条件

a. 地理区位

瑞丽市地处我国云南省西部，德宏州西南部，地理坐标为东经97.31°～98.01°、北纬23.51°～24.11°，其东南、西北、西南三面与缅甸山水相连、村寨相依，地理位置优越，现已成为我国对缅甸开放的窗口，通往东南亚、南亚的门户。瑞丽市因其优越的地理位置和良好的对外开放性，自发展边贸以来就成为中缅两国贸易的中转站和集散地，具有重要的经济和战略地位，在我国加强与东盟、南亚合作和实施南向印度洋战略的过程中，国际性的战略通道（如中缅水陆联运通道和泛亚铁路西线等）也必然为瑞丽市边境旅游的发展带来更大的机遇。

b. 交通区位

瑞丽市境内外交通便捷，是中国西南通往东南亚、南亚国际市场的陆路咽喉，具有得天独厚的区位优势。中国起于上海的320国道延伸至瑞丽姐告国门，同时也是杭州至瑞丽国家高速公路的终点和昆瑞公路与史迪威公路的交会处。通过姐告前沿的史迪威公路，可进入缅甸的公路交通体系：经史迪威公路向东连入滇缅公路后，可直达缅甸腊戍、曼德勒、仰光等重要城市；经史迪威公路向西可通往缅北重镇八莫、密支那，最终到达印度。瑞丽市作为中国通往南亚、东南亚的陆上要冲，其交通区位优势进一步凸显，应充分利用云南省"桥头堡"建设和国家"一带一路"机遇，发挥边境口岸城市的优势，助推西南国际大通道建设，促进沿线大通关合作。

c. 经济区位

瑞丽市地处中国西南经济圈、南亚经济圈和东盟经济圈的交会点，是我国向东南亚、南亚等印度洋沿岸国家开放的重要门户。瑞丽市特殊的区位优势使

之成为中缅两国的陆地物流和信息中心,以及中印、中孟、中缅乃至南亚、东南亚各国贸易往来的重要枢纽,为瑞丽市企业招商、边境旅游市场开拓和发展国际会展经济创造了潜在优势。

d. 文化区位

瑞丽市是西南少数民族文化、边疆边贸文化、宗教文化、珠宝文化和东南亚南亚文化的交会处,多元文化在这片土地上汇集、融合、交织,为瑞丽市边境旅游发展提供了文化沃土。文化交流为瑞丽市与周边国家经贸往来、政治联系提供了重要平台,成为边境地区睦邻友好和展示美好形象的载体。

e. 旅游区位

瑞丽市位于云南省六大旅游片区格局中的"滇西火山热海边境旅游区"。按照云南省委、省政府提出的"把滇西建设成为重要的康体度假和边境旅游区,我省面向东南亚和南亚的重要旅游门户,云南旅游新亮点"发展目标,瑞丽市旅游区位日益显著。在云南省主动融入国家"一带一路"倡议的指引下,瑞丽市边境旅游发展立足于国家对外开放的优势,凭借其边境贸易的发展和国家试验区的政策引领,已成为云南省面向东南亚和南亚的重要旅游门户。

B. 区位特性

楚义芳在1989年建立了旅游地综合评价模型,该模型分为旅游资源评价、旅游地区域条件评价、旅游地区位特征评价三个部分,其中旅游地区位特征评价包括旅游地可及性和与其他旅游地的关系两个评价因子(楚义芳,1991)。本章参考此模型,将可及性与旅游地关系作为瑞丽市边境旅游发展区位条件的评价因子,而对于旅游地关系着重从与周边地的旅游资源关系方面来考量。

a. 可及性

自然地理位置、交通区位和与客源地的距离决定了旅游地的可进入性,也就是可及性(安俊梅,2008)。可及性使人们潜在的旅游需求得以实现,也可以使旅游资源得到充分开发与利用。瑞丽市地理位置优越,交通较为便利。从瑞丽市边境旅游客源市场的总体定位得出瑞丽市以国内市场为主,国际市场为辅;国内市场以沿边、发达地区为主,滇中发达地区为辅;国际市场以缅甸、泰国、孟加拉国等为主,越南、老挝、柬埔寨等为辅。总体来看,瑞丽市与其客源市场的距离较为偏远,在一定程度上限制了外出旅游的便利性,因此削弱了人们对瑞丽市边境旅游的热情。

b. 与周边地的旅游资源关系

与周边地的旅游资源关系决定了旅游地竞争力的大小,如果互映互衬,可以产生集聚效应，吸引更多的游客；如果类型相似，则会相互竞争，引起游客群分流（安俊梅，2008）。现将瑞丽市旅游资源与邻近地区进行对比，并进行旅游资源空间竞合分析，得到表 5-4。

表 5-4　瑞丽市与周边地的旅游资源竞合分析

地区	主要旅游资源	旅游发展定位	旅游形象定位	旅游特色	竞合关系
芒市	树包塔、菩提寺、中缅友谊馆、抗战纪念碑、孔雀湖生态旅游区等	生态花果园林城市	黎明之城	少数民族、边境风情、热带景观、抗战文化	竞争性较强、互补性较弱
陇川县	云南景颇园、广姆佛塔	生态陇川、绿色家园	目瑙纵歌之乡	佛教文化、边境文化、民族风情	竞争性弱、互补性较强
盈江县	允燕塔、凯邦亚湖景区、铜壁关等	生态盈江、翡翠盈江、坚果之乡	浪漫田园、大美盈江	大盈江风光、亚洲榕树王	竞争性弱、互补性较强
梁河县	南甸宣抚司署、太平寺风景区、李根源故居、青松寺风景区	民族风情第一站	葫芦丝之乡	民族风情、腾越文化	竞争性较弱、互补性较弱
腾冲市	火山群国家公园、热海景区、北海湿地、和顺侨乡、国殇墓园	滇西精品旅游区	世界腾冲、天下和顺	抗战文化、火山热海、侨乡	竞争性较强、互补性较强

区域旅游空间联系：瑞丽市处于东南亚、南亚经济圈的结合部，滇西火山热海边境旅游区，距离芒市、陇川县、盈江县、梁河县、腾冲市距离较近，周边旅游资源丰富，尤其是自然资源和文化宗教旅游资源众多。芒市对瑞丽市的屏蔽效应明显。腾冲市素有"翡翠之乡""玉石城"之称，经营玉石加工工艺已有 600 多年的历史，是西南地区最大的玉石翡翠集散地，2005 年被亚洲珠宝联合会授予"中国翡翠第一城"称号（潘航，2014）。腾冲市和瑞丽市在玉石购物方面存在空间竞争，腾冲市对瑞丽市的玉石购物旅游产品存在一定程度的形象遮蔽。

竞合格局现状：旅游地与附近旅游地之间的空间相互作用存在互补和替代两种关系。瑞丽市的资源品位和类别与周边城市相比优势不够明显，尚未建立具有很大优势的旅游产品体系，旅游活动和线路组合不够完善，客源较少。芒市和腾冲市作为新兴旅游城市，资源类别和品质都与瑞丽市存在较大竞争，但相对其他县（市）来说，瑞丽市具有明显的旅游资源特色和区位优势。瑞丽市与周边盈江县、陇川县等县（市）具有一定的互补性，尤其是瑞丽市的边疆、民族和珠宝购物等旅游资源可以与盈江县、陇川县的自然和宗教文化景观错位发展、优势互补。

竞合建议：首先，滇西火山热海边境旅游区知名度的不断提升，加上瑞丽市"天然森林公园""动植物王国"和中国优秀旅游城市的城市名片，应积极开展区域合作，通过加快连接与周边地区的公路网建设，推进与周边县（市）的区域旅游合作。其次，充分利用瑞丽市旅游资源分布的特征，在线路设计、资源开发和市场培育上注重横向联合，实现优势互补、资源共享。最后，开发设计瑞丽市内旅游线路、德宏州内旅游线路、滇西旅游线路、云南省内环线和中缅跨境旅游线路。

（3）引力系统的作用机制

综合以上分析，将瑞丽市边境旅游发展引力系统的作用机制概括为图5-5。

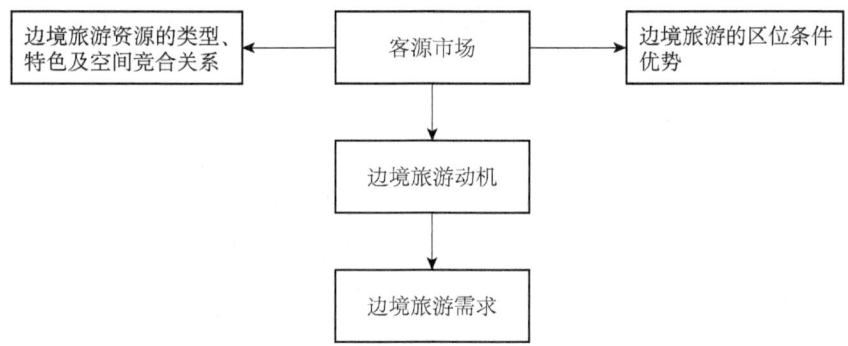

图 5-5　瑞丽市边境旅游发展引力系统的作用机制

4. 支持系统分析

支持系统指边境旅游发展的大环境，对边境旅游吸引的营造具有很强的辅助作用，并对边境旅游产品的生产与供给具有制约作用，同时对边境旅游决策行为和活动质量产生深刻影响（彭华，2000）。支持系统可分为硬环境支持和软环境支持，硬环境是指支持边境旅游发展的硬件建设，主要包括基础设施建设、服务设施建设、生态及安全环境建设；软环境主要包括经济环境、社会环境、文化环境的支持，旅游市场环境的规范，旅游管理系统的完善，政府相关政策的扶持。

（1）瑞丽市边境旅游发展的硬环境

A. 基础设施建设

基础设施主要包括道路交通设施、口岸设施及通信设施等。道路交通设施是瑞丽市边境旅游发展的基本条件,如果交通条件差,则会导致游客的"行"出现问题,虽说"酒香不怕巷子深",但便捷的交通为人们出门"寻酒"带来了极大便利;口岸设施是瑞丽市边境旅游发展的重要条件,影响沿边开放水平的提升及通关便利化程度;通信设施也是瑞丽市边境旅游发展不可缺少的部分,便捷的通信可以保证旅游信息的查询与共享,也可以使游客在旅行过程中与外界保持良好的联系。

瑞丽市基础设施投资额逐年增加,2015~2017年甚至达到了近30%的增幅。2014~2017年的基础设施投资额累计达336.9亿元,共实施500万元以上重点项目487个,可见瑞丽市在基础设施建设方面的投入力度很大。2017年,瑞丽市新建、改扩建通信基站262座,建制村光纤通达率达100%;完成招商项目57个。瑞丽国际陆港交通枢纽项目、瑞丽口岸姐告滨江边民出入境通道项目实质性启动。枢纽型、功能性、网络化重大基础设施加快建设。

在基础设施建设中,交通属于非常重要的因素,没有交通的支持,所有活动都会受到限制。瑞丽市着力突破瓶颈,交通设施不断完善,交通重点项目建设强力推进。目前,瑞丽市航空投入运营;瑞陇高速实现通车,标志着瑞丽国家重点开发开放试验区"一核两翼"率先实现全程高速,融为一体发展;大瑞铁路和瑞丽市铁路口岸纳入国家"十三五"发展规划,突出了瑞丽市在建设面向南亚东南亚辐射中心的重要通道枢纽功能。根据《瑞丽统计年鉴2017》,至2016年末,瑞丽市内有客运企业12户、客运线路31条、客运车辆483辆;公交企业5户、公交线路9条、公交车辆54辆,公交线网络密度大于3公里/公里^2,载客量2068人次/天,日发373班,在推进城乡客运服务网络全覆盖的基础上,道路等级、旅游汽车专线及旅游风景道建设有所提升。

B. 服务设施建设

服务设施主要指餐饮设施、住宿设施、购物设施等。对于游客来说,吃饭、住宿是最基本的旅游需求,同时也有娱乐、休闲、购物的需求,所以服务设施建设是旅游发展的基本服务保障。至2016年,瑞丽市共有星级饭店31家,旅游餐馆7家,购物单位9家,服务设施相对完善,具有繁华的商业街及休闲娱乐设施和场所。其中,瑞丽市边贸街货物琳琅满目,特色餐馆数不胜数,是云南省最大、最热闹、最有特色的边境集市,夜晚灯火通明,成为瑞丽市的不夜城;姐告边境贸易区因其"境内关外"的特殊监管模式,使得免税购物产品成为中外游客的最爱,在姐告边境贸易区内有很多玉石交易场所,这里虽没有精致的装修和华丽的排场,但却可以淘到"货真价优"的翡翠玉石;南菇河旅游淘宝场具有很多民族风格的建筑设施，其中有集餐饮、宝石鉴定所、购物于一体的综合服务楼及休闲娱乐中心等设施，在这里游客参与淘宝，淘到的宝石原矿可交由宝石加工师现场加工成项链、手链等宝石制品，整个过程充满惊喜，其乐无穷。

C. 生态及安全环境建设

旅游目的地的安全环境直接影响游客心理，影响旅游地的口碑和声誉，治安环境、旅游项目实施的安全性等都是安全环境的构成部分；生态环境包括目的地的绿化环境、卫生环境等，关乎着旅游地在游客心中的印象和形象。近年来，瑞丽市秉着"可持续发展、保护优先、容量控制、因地制宜"的原则，通过实施城乡"植绿增绿"工程、推进"森林瑞丽"建设、打造"四美"幸福家园，环境保护工作取得了积极成效。生产生活方式绿色、低碳水平上升，主要生态系统步入良性循环，森林覆盖率稳步提高。能源资源开发利用率大幅提升，能源和水资源消耗、碳排放总量、主要污染物排放总量有效控制。城乡人居环境不断优化，西南生态安全屏障完善巩固，继续做好云南省生态文明建设排头兵。2017年，瑞丽市森林覆盖率达69%，同比提高0.12%；森林蓄积量900万立方米，同比提高1.5%；城镇污水集中处理率达85%，同比提高5%；城镇生活垃圾无害化处理率为90%，同比提高1.5%；拆除"两违"建筑17.28万平方米，新增绿化面积15万平方米；空气优良率达到98.9%。

在瑞丽市，由当地原居民和外籍人员组成的"国际社区"成为矛盾纠纷、治安问题的频发地带，成为治安环境的"隐疾"。自2008年"边境边民联合调解机制"正式出台后，中缅边境拉影边民调解委员会的建立为瑞丽市边防秩序做出了很大贡献。2016年2月，瑞丽市公安局旅游警察大队正式成立，以维护瑞丽市旅游行业治安秩序为主要任务，保障游客和旅游参与者的合法权益，为瑞丽市旅游发展营造了有序稳定的治安环境。

（2）瑞丽市边境旅游发展的软环境

A. 经济环境、社会环境、文化环境的支持

持续增强的经济实力、经济容量及经济活力，生产力的快速发展，这些都为瑞丽市边境旅游发展提供了大力支持和保证；稳定团结的政治局面、安定的社会秩序、和谐的居民关系等是瑞丽市边境旅游发展的社会支持；独特的文化氛围、内在的精神理念、文明的边民往来、优质的服务文化等构成了瑞丽市边境旅游的文化大环境。

B. 旅游市场环境的规范

旅游市场的规范直接关系到瑞丽市边境旅游服务质量和水平的提升、边境旅游良好形象的建设以及边境旅游持续健康的发展。因此，需按照各级政府对边境旅游市场监管的要求，通过政策法规约束边境旅游市场中不合理的行为，针对边境旅游市场突出问题进行专项整治，以维护公平竞争的市场环境，促进边境旅游市场秩序的根本好转，达到通过市场树立瑞丽市边境旅游良好口碑的目标。目前，瑞丽市启动了以"规范管理、诚信服务、健康发展"为主题的边境旅游规范管理与对外协商工作，并且瑞丽市旅游执法部门通过开展边境旅游市场"高定价、高回扣"及"不合理低价游"专项治理行动，进一步规范了边境旅游市场的经营行为和服务行为，有效净化了瑞丽市边境旅游的发展环境，初步实现瑞丽市边境旅游市场"零投诉"和"零事故"的目标。

C. 旅游管理系统的完善

旅游管理系统是促进边境旅游高效、有序、健康发展的重要载体。瑞丽市以强化"旅游监管"机制建设为重点，深化旅游管理体系的综合改革，不断完善旅游管理系统，目前建立了"一中心三分局"的旅游综合管理体制，其中一个中心指瑞丽市旅游发展委员会，三个分局包括旅游警察局、旅游巡回法庭和工商局旅游分局。通过构建以政府为主导、各部门联动的综合管理格局，逐步解决瑞丽市边境旅游市场秩序失范、旅游服务体系不健全及旅游行业人才素质低下等突出问题，以期实现瑞丽市边境旅游的持续健康发展。

D. 政府相关政策的扶持

《中共德宏州委关于制定国民经济和社会发展第十三个五年规划的建议》提出，以大湄公河次区域合作和孟中印缅地区合作的不断推进为契机，推动瑞丽-木姐跨境经济合作区建设，依托国际大通道，将瑞丽市建设成为面向西南开放的重要国际陆港；《德宏州旅游产业发展"十三五"规划》提到，提升瑞丽市对外开放水平，推进边境旅游试验区和跨境旅游合作区的研究发展和探索建设，拓展中缅跨境旅游市场，推动孟中印缅国际旅游合作；《德宏州旅游产业发展"十三五"规划》提出，探索建设瑞丽跨境旅游合作区，与缅方就跨境旅游合作区内旅游资源整体开发、旅游产品建设、旅游服务标准推广、旅游市场监管、旅游安全保障等方面深化合作。

《云南省德宏瑞丽中缅跨境旅游合作区建设实施方案》提出，重点推进中国姐告-缅甸木姐跨境旅游合作示范先行区建设、畹町旅游小镇建设、"一寨两国"、喊沙特色村等景区景点的提升改造等（陈述云等，2017）；《瑞丽市旅游业"十三五"发展规划纲要（2016—2020年）》提出，推进瑞丽市旅游产业开发开放力度，构建旅游强市的旅游产业发展新格局，助推国家西部大开发、桥头堡黄金口岸建设、国家重点开发开放试验区建设和中印缅孟经济走廊的建设进程；《瑞丽市人民政府关于印发瑞丽市国民经济和社会发展第十三个五年规划纲要的通知》和《瑞丽市国民经济和社会发展第十三个五年规划纲要》提到，启动中国瑞丽-缅甸木姐跨境经济合作区前期工作，着力建设国家重点开发开放试验区，将瑞丽市建设成为面向南亚东南亚辐射中心先行区和民族团结进步边疆繁荣稳定示范区。

（3）支持系统的作用机制

综合以上分析，将瑞丽市边境旅游发展支持系统的作用机制概括为图5-6。

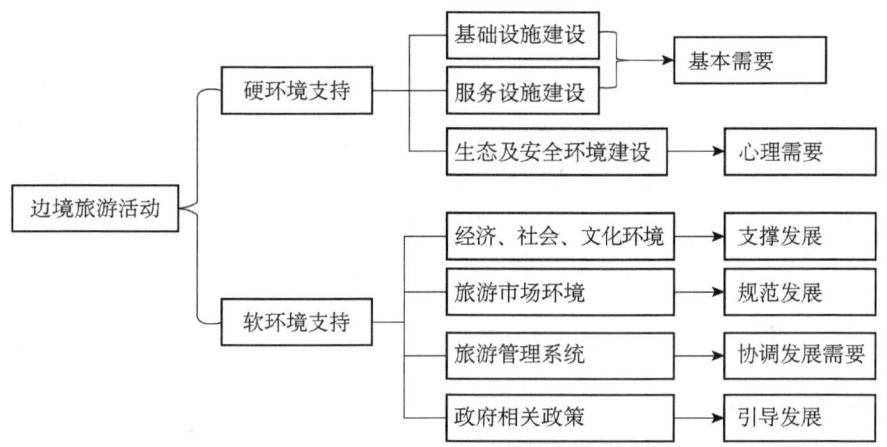

图 5-6 瑞丽市边境旅游发展支持系统的作用机制

5. 中介系统分析

中介系统也可称为媒介系统，是联系生产和消费环节的桥梁，一方面它将边境旅游产品推向市场，引导游客消费，将旅游需求转化为现实的旅游行为；另一方面它将旅游需求信息反馈给产品提供方，使其根据反馈信息来调整旅游产品的"生产"（吴英阔，2012）。中介系统通过连接供给市场和需求市场，不仅使边境旅游行为得以实现，而且可以指导边境旅游产品生产，进而达到促进边境旅游发展的目的。中介系统主要包括旅行社、新闻媒体、广告及口碑。

（1）中介系统

A. 旅行社

旅行社是用来接待旅游者、为旅游者提供食宿等有偿服务的企业。因此，旅行社作为供给者与消费者之间进行沟通的中介企业，在旅游供给和旅游需求之间扮演着纽带的角色。作为旅游产品的加工者，旅行社在旅游活动中发挥着信息协调与传递的功能，其除了掌握大量的客源信息，在产品设计、线路推广方面也有着不凡的专业能力，旅游产品通过旅行社融入旅游产业循环中，不仅能提升旅游产品的知名度，也可以迅速在旅游产品结构中找准定位（王宝恒，2004）。2017年，瑞丽市拥有17家旅行社，旅行社规模呈略增趋势，市场竞争更趋激烈，且旅行社在合作模式、产品开发设计等方面不断加强与周边地区的资源整合与协调合作，旅行社发展越来越国际化。同时，部分旅行社存在出境游业务组织不理想、旅游咨询服务较差的问题，对于瑞丽市边境旅游的形象推广起到一定的阻碍作用，而"低价游""零负团费"恶性竞争所导致的瑞丽市旅行社市场秩序混乱及旅游产品同质化严重，也影响了瑞丽市边境旅游的形象和口碑。因此，必须快速适应当前形势，增强瑞丽市旅行社的规范性和品质，在竞争中不仅通过产品开发有针对性地占据细分旅游市场，也要通过加强管理、提升产品品质来保住市场（陈述云等，2017）。

B. 新闻媒体

边境旅游作为新兴的旅游形式，通过以广播、电视、杂志为主的传统媒体和以网络为首的自媒体来展现，使得边境旅游为更多人所了解。媒体将边境旅游的最新发展动态和信息及时传递给公众，扩大边境旅游的影响，促使公众形成边境旅游消费观念。其中，自媒体因其传播主体的多样化、平民化和普泛化，即"人人是媒体"自我声音的表达，已成为瑞丽市边境旅游相关信息传播的中坚力量，使得瑞丽市边境旅游的知名度和影响力大增，为其边境旅游的发展带来了中介效应和综合效益。

瑞丽市集中宣传和打造边境、民俗、宗教、生态、文化、休闲旅游品牌，旅游宣传促销的思路、方式日趋成熟完善，包括旅游卫视节目的放映、云南门户网站的在线直播，《中国旅游报》《云南日报》《中国国家地理》等的宣传，制作光碟和旅游宣传手册等方式，提升瑞丽市边境旅游的知名度和形象。同时，利用自媒体平台的信息发布、传播功能，使游客从网上轻松收集详尽的动态信息，不仅能满足人们"看货订物"的消费心理，而且其成本比传统媒体低得多，如"掌上瑞丽""瑞丽视点"等微信公众号的推广，博客中关于瑞丽市边境旅游的介绍和心得体会，旅游论坛、BBS 等旅游社区相关信息的发布，以及"抖音"短视频中用户对瑞丽市地方信息的分享等。

C. 广告

广告是介绍旅游产品、旅游服务内容及旅游节目的一种宣传形式，是游客获取旅游地相关信息的重要途径。边境旅游产品通过广告形式向游客进行宣传介绍，使潜在的游客获得相关产品信息，以扩大瑞丽市在游客心目中的影响，吸引游客前来消费。目前，瑞丽市边境旅游宣传主要包括户外广告、印刷品广告、互联网广告等形式。户外广告选择在人流较多的地方，且与周围环境协调，在瑞丽市旅游区交通主干道以及瑞丽市重要客源市场人流密集处或交通要道悬挂广告、墙面广告和灯箱广告；印刷品广告如瑞丽市的海报、明信片、挂片、粘贴画等，并且充分利用包装纸、信笺等，渗透到潜在游客的日常生活中；互联网广告比较便捷且影响力巨大，在重要客源市场及全国性的门户和旅游网站如新浪、搜狐等旅游频道以及一些流量较大的旅游行业电子商务平台发布瑞丽市旅游信息，刊登广告和软文，对瑞丽市边境旅游进行全方位宣传促销。

D. 口碑

口碑是游客参与旅游活动后对目的地印象的一种反馈，并且通过亲朋好友进行传播，对瑞丽市边境旅游来说，口碑对其信息的传播和宣传具有重要影响。游客在旅游过程中的满意度直接影响口碑的好坏，而旅游基础设施建设、旅游公共服务水平、旅游环境及旅游市场的规范程度影响游客对瑞丽市边境旅游的满意度。近年来，瑞丽市边境旅游基础设施的完善与旅游公共服务水平的提升，尤其是瑞丽市政府对瑞丽市边境旅游"不合理低价游"及边境购物活动中"灰色利益链"等行为的严格整治，使得瑞丽市边境旅游市场秩序与旅游环境不断优化，从而增强了游客对瑞丽市边境旅游的好感度。同时，瑞丽市政府组织最具潜力的旅游节庆活动评选，组团参加郑州、上海、大连、昆明等地举办的国际旅游交易会，并且与腾冲市、芒市、梁河县、盈江县、陇川县等地方政府签订了区域合作协议，与缅甸达成开通边境旅游协议。随着瑞丽市旅游宣传促销工作的加强与区域性旅游合作的开展，进一步提升了瑞丽市边境旅游的美誉度和口碑形象。

（2）中介系统的作用机制

综合以上分析，将瑞丽市边境旅游发展中介系统的作用机制概括为图5-7。

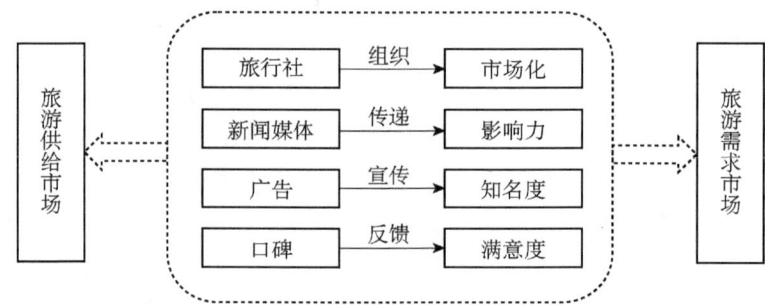

图 5-7　瑞丽市边境旅游发展中介系统的作用机制

三、瑞丽市边境旅游发展动力系统综合评价

对瑞丽市边境旅游发展的动力系统进行评价，具有重要的实践意义。边境旅游发展动力系统的评价越高，说明对瑞丽市边境旅游发展的促进越有力，反之，则会影响瑞丽市边境旅游的持续发展。通过对瑞丽市边境旅游发展动力系统的分析可以发现，边境旅游发展受多种因素的综合影响，因此需定量判断各影响因素的作用大小，并对其进行评价。运用层次分析法（analytic hierarchy process，AHP）的逐层分析技术，可以提高评价的系统性，所以本章采用层次分析法与德尔菲法相结合的方法，构建瑞丽市边境旅游发展动力系统的评价模型和确定各评价因子的权重，并根据结果做出综合评价。

1. 评价方法与步骤

（1）构建递阶层次结构模型

首先，将问题分解为各组成部分，也就是构成复杂问题的元素，并依据各个元素的自身属性对它们进行分组，以形成不同类型的结构层次，同一层次的元素作为准则对下一层次的元素起支配作用，同时它们又受到上一层次元素的支配，这些支配关系形成了一个递阶层次。它具有以下特征：

1) 这些层次从上到下大致可分为三类：目标层、准则层和方案层。

2) 对于元素较多的问题，其目标层和准则层包含的元素不止一个，这时可以将目标扩展成目标层和分目标层，将准则层划分成准则层和子准则层。

3）层次之间各元素的支配关系不一定是完全相对的，有可能存在这种情况，即上一层次的元素并不支配下一层次的所有元素。

4）层次数与需要解决问题的复杂程度以及所要分析的详尽程度具有密切关联，考虑到后面流程的操作难度，一般每一层次所包含的元素不超过9个。

然后，根据层次分析结果完成系统结构框架图，用以说明层次之间以及各因素之间的支配关系，进而构建出递阶层次结构模型。

（2）构建判断矩阵

上下层次之间元素的隶属关系确定之后，对同一层次的各元素相对上一层次中某一准则的重要性进行两两比较，即以上一层次的要素 C_k 为准则，两个要素 B_i、B_j 哪一个更重要，根据比例标度对要素进行适当测度，得出相对重要程度 a_{ij}（元素 B_i 和 B_j 对于准则 C 的相对重要性之比），最终得到判断矩阵，如下所示：

$$A = (a_{ij})_{n \times n} \quad (5\text{-}1)$$

判断矩阵满足以下条件：

$$a_{ij} = \frac{1}{a_{ji}}$$

$$a_{ij} > 0, \quad a_{ii} = 1 \quad i, j = 1, 2, \cdots, n \quad (5\text{-}2)$$

在元素间进行两两比较时，采用1~9的相对重要性判断矩阵标度（表5-5）。在具体应用过程中，可根据实际情况来调整相对重要性标度。

表5-5 判断矩阵标度内容

标度	定义	含义
1	同样重要	两元素对某属性，具有同样的重要性
3	稍微重要	两元素对某属性，一个元素比另一个元素稍微重要
5	明显重要	两元素对某属性，一个元素比另一个元素明显重要
7	强烈重要	两元素对某属性，一个元素比另一个元素强烈重要
9	极端重要	两元素对某属性，一个元素比另一个元素极端重要
2、4、6、8	相邻标度中间值	表示上述相邻判断的中间值
倒数	反比较	若元素 i 与 j 的重要性比较为 a_{ij}，则元素 j 与元素 i 的重要性比较为 $a_{ji} = 1/a_{ij}$

资料来源：程丽静（2010）

（3）单一准则下元素相对权重的计算

A. 相对权重（A）的计算

在这一步，要根据 n 个元素 a_1，a_2，…，a_n 对于准则 C 的判断矩阵来求出它们对于准则 C 的相对排序权重 ω_1，ω_2，…，ω_n。运用特征根法（eigenvalue method，EM）来解决排序权重的计算问题，具体公式为

$$A\omega = \lambda_{\max}\omega \tag{5-3}$$

其中，最大特征根 $\lambda_{\max}$ 和特征向量 ω 可用式（5-3）直接计算，得出的 ω 归一化后作为元素 a_1，a_2，…，a_n 的排序权重。

B. 判断矩阵的一致性检验

判断矩阵作为计算排序权向量的依据，要求具有大体上的一致性，若偏离一致性过大，排序权向量计算结果作为决策依据将会出现某些问题。因此，为尽可能保证准确度，必须对判断矩阵进行一致性检验。

首先，计算出一致性指标 CI：

$$CI = \frac{\lambda_{\max} - n}{n-1} \tag{5-4}$$

其次，引入平均随机一致性指标 RI，其随着判断矩阵阶数 n 的变化而变化（表 5-6）。

表 5-6　矩阵的随机指标

n	1	2	3	4	5	6	7	8	9	10	11	12	13	14
RI	0	0	0.52	0.89	1.12	1.26	1.36	1.41	1.46	1.49	1.52	1.54	1.56	1.58

资料来源：毕晋锋（2012）

最后，得出一致性比率 CR：

$$CR = \frac{CI}{RI} \tag{5-5}$$

通常用一致性比率 CR 来判断矩阵的一致性。当 CR 小于 0.1 时，则认为判断矩阵的一致性是可以接受的，否则应对该判断矩阵做适当修正。

（4）计算总权重，进行评分

最终得到各因素对于总目标的相对权重值，需要将单一准则下的权重自上而下合成计算，并对逐层进行整体一致性检验。在实际应用中，难以对不满足整体一致性的情况进行调整，因此并不特别强调整体一致性检验（安俊梅，

2008)。具体利用公式如下：

$$E = \sum_{i=1}^{n} W_i P_i \qquad (5-6)$$

式中，E 为综合评价结果值；W_i 为第 i 个评价因子的权重；P_i 为第 i 个评价因子的评价值；n 为评价因子的数目。

2. 评价模型构建

根据层次分析法理论，首先要确定合适的评价因子。依据瑞丽市边境旅游发展的动力系统结构和动力子系统分析，确定相应评价因子如下：

第一，动力系统包括推力系统、引力系统、支持系统和中介系统。

第二，推力系统包括经济发展推动、市场需求推动和政府推动，其中市场需求又受主观条件和客观条件的影响，主观条件即边境旅游动机，客观条件指旅游支付能力和闲暇时间。

第三，引力系统包括边境旅游资源和边境旅游区位条件。

第四，支持系统包括硬环境支持和软环境支持，硬环境支持包括基础设施建设、服务设施建设、生态及安全环境建设，软环境支持包括经济环境、社会环境、文化环境、旅游市场环境、旅游管理系统的建设和完善以及政府相关政策的支撑。

第五，中介系统包括旅行社、新闻媒体、广告和口碑。

根据所选的评价因子，构建瑞丽市边境旅游发展动力系统的评价模型（图 5-8）。

3. 评价权重确定

在层次分析法计算步骤中，首先根据各因素的相对重要性构建判断矩阵；然后计算判断矩阵的最大特征值，并检验其一致性，特征值归一化后即可作为排序向量。在构建各子系统的判断矩阵时，需要比较两两指标的重要性。因此，邀请相关专家填写评判问卷，得出各因素之间的重要性比较标度值。实际操作中，共发放问卷 20 份，收回有效问卷 15 份。根据上述计算方法，借助 Excel 进行计算，最终得到瑞丽市边境旅游发展动力系统的评价因子的权重（表 5-7）。

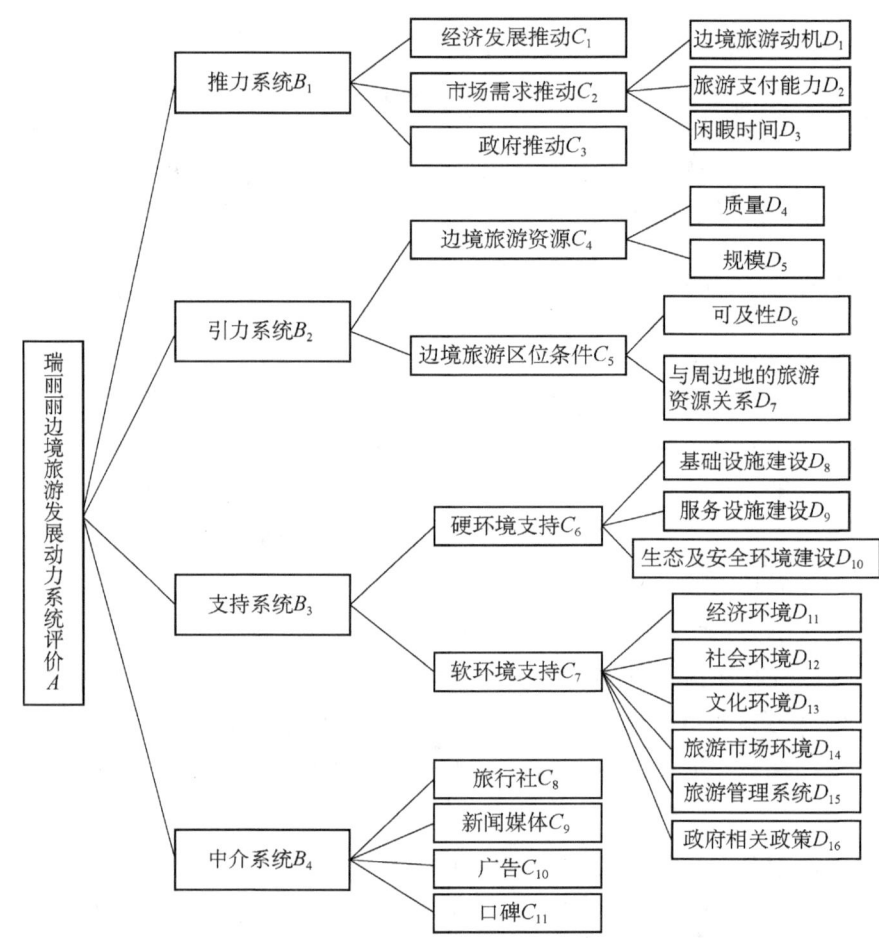

图 5-8　瑞丽市边境旅游发展动力系统的评价模型

表 5-7　瑞丽市边境旅游发展动力系统的评价因子的权重

目标层	准则层	次准则层	方案层
A	B_1 0.3291（1.000）	C_1　0.0942（0.2862）	
		C_2　0.1521（0.4622）	D_1　0.0720（0.4734） D_2　0.0375（0.2465） D_3　0.0426（0.2801）
		C_3　0.0828（0.2516）	
	B_2 0.3925（1.000）	C_4　0.2406（0.6130）	D_4　0.1389（0.5773） D_5　0.1017（0.4227）
		C_5　0.1519（0.3870）	D_6　0.0978（0.6438） D_7　0.0541（0.3562）

续表

目标层	准则层	次准则层		方案层	
A		C_6	0.0893 (0.6116)	D_8	0.0412 (0.4614)
				D_9	0.0367 (0.4109)
				D_{10}	0.0114 (0.1277)
	B_3 0.1460 (1.000)	C_7	0.0567 (0.3884)	D_{11}	0.0041 (0.0723)
				D_{12}	0.0074 (0.1305)
				D_{13}	0.0087 (0.1534)
				D_{14}	0.0105 (0.1852)
				D_{15}	0.0092 (0.1623)
				D_{16}	0.0168 (0.2963)
	B_4 0.1324 (1.000)	C_8	0.0617 (0.4660)		
		C_9	0.0238 (0.1798)		
		C_{10}	0.0312 (0.2356)		
		C_{11}	0.0157 (0.1186)		

4. 评价结果分析

在瑞丽市边境旅游发展动力系统基层因子的综合评价过程中,构建评价因子模型、确定各个评价因子的权重是基础,在此基础上利用式(5-6),将多个因子对评价对象不同方面的评价值综合到一起,以得到一个整体的评价值。综合评价包括两方面内容:一是根据统一的评价标准对瑞丽市边境旅游发展动力系统评价体系中的基层评价因子进行赋分,得出各基层因子具体评分值;二是将各基层因子的评分值和权重值代入式(5-6),最终计算出瑞丽市边境旅游发展动力系统的总评价值。

(1)评价因子赋分标准

本章在参考《旅游资源分类、调查与评价》(GB/T 18972—2003)的基础上,结合瑞丽市边境旅游的自身特性,将瑞丽市边境旅游发展动力系统评价体系中基层评价因子的赋分标准用作评分参考。评分取满分为 100 分,根据不同的评分依据对评价因子赋予 0~100 的评估值,具体如表 5-8~表 5-11 所示。

A. 推力系统（B_1）评价因子

推力系统评价因子的赋分标准如表 5-8 所示。

表 5-8　推力系统评价因子的赋分标准　　　　　　（单位：分）

评价项目		评价依据	评分值
C_1 经济发展推动 （100）		经济发展水平很高，GDP 和人均 GDP 水平居全国前列	80～100
		经济发展水平较高，GDP 和人均 GDP 水平居全省前列	60～79
		经济发展水平居中，GDP 和人均 GDP 水平居中	40～59
		经济发展水平较低，GDP 和人均 GDP 水平较低	20～39
		经济发展水平很低，GDP 和人均 GDP 水平很低	1～19
C_2 市场需求推动 （100）	D_1 边境旅游动机（47）	边境旅游动机很强，潜在需求市场很大	40～47
		边境旅游动机较强，潜在需求市场较大	30～39
		边境旅游动机一般，潜在需求市场一般	20～29
		边境旅游动机较弱，潜在需求市场较小	10～19
		边境旅游动机很弱，潜在需求市场很小	1～9
	D_2 旅游支付能力（25）	客源地居民可支配收入占其人均 GDP 的 30%以上	21～25
		客源地居民可支配收入占其人均 GDP 的 25%以上	16～20
		客源地居民可支配收入占其人均 GDP 的 20%以上	11～15
		客源地居民可支配收入占其人均 GDP 的 15%以上	6～10
		客源地居民可支配收入低于人均 GDP 的 15%	1～5
	D_3 闲暇时间（28）	客源市场居民的闲暇时间很充裕	23～28
		客源市场居民的闲暇时间较充裕	17～22
		客源市场居民的闲暇时间一般多	11～16
		客源市场居民的闲暇时间较少	6～10
		客源市场居民的闲暇时间很少	1～5
C_3 政府推动 （100）		很重视，推动力度很大	80～100
		比较重视，推动力度较大	60～79
		一般重视，推动力度一般	40～59
		较少重视，推动力度较小	20～39
		很少重视，推动力度很小	1～19

资料来源：安俊梅（2008）

B. 引力系统（B_2）评价因子

引力系统评价因子的赋分标准如表 5-9 所示。

表 5-9　引力系统评价因子的赋分标准　　　　　　　（单位：分）

评价项目			评价依据	评分值
C_4 边境旅游资源	D_4 质量（100）	珍稀奇特程度（30）	旅游资源具有极强特色	25~30
			旅游资源具有非常强特色	19~24
			旅游资源具有很强特色	13~18
			旅游资源具有较强特色	7~12
			旅游资源具有一般特色	1~6
		旅游活动的参与性（25）	旅游活动的参与性很强	21~25
			旅游活动的参与性较强	16~20
			旅游活动的参与性一般	11~15
			旅游活动的参与性较弱	6~10
			旅游活动的参与性很弱	1~5
		观赏游憩使用价值（25）	全部或其中几项具有极高的观赏、游憩、使用价值	21~25
			全部或其中几项具有非常高的观赏、游憩、使用价值	16~20
			全部或其中几项具有很高的观赏、游憩、使用价值	11~15
			全部或其中几项具有较高的观赏、游憩、使用价值	6~10
			全部或其中几项具有一般的观赏、游憩、使用价值	1~5
		知名度和影响力（20）	在世界范围内知名或构成世界承认名牌	17~20
			在全国范围内知名或构成全国性名牌	13~16
			在全国某区域范围内知名或构成区域承认名牌	9~12
			在本省范围内知名或构成省内名牌	5~8
			在本地区范围内知名或构成本地区名牌	1~4
	D_5 规模（100）		独立型单体规模很大或集合型旅游资源疏密度极优	80~100
			独立型单体规模较大或集合型旅游资源疏密度优良	60~79
			独立型单体规模中等或集合型旅游资源疏密度良好	40~59
			独立型单体规模较小或集合型旅游资源疏密度一般	20~39
			独立型单体规模很小或集合型旅游资源疏密度较差	1~19

续表

评价项目		评价依据	评分值
C_5 边境旅游区位条件	D_6 可及性（100）	交通枢纽齐全、快速、近便；或距离客源地<50公里	80～100
		交通便利，直快干线经过；或距离客源地 50～100 公里	60～79
		交通中转区，经过支线单一；或距离客源地 100～200 公里	40～59
		交通速度慢，难以接近支线；或距离客源地 200～500 公里	20～39
		交通线无法进入；或距离客源地>500 公里	1～19
	D_7 与周边地的旅游资源关系（100）	与周边区域旅游资源类型很不相似	80～100
		与周边区域旅游资源类型不相似	60～79
		与周边区域旅游资源类型较相似	40～59
		与周边区域旅游资源类型相似	20～39
		与周边区域旅游资源类型极相似	1～19

C. 支持系统（B_3）评价因子

支持系统评价因子的赋分标准如表 5-10 所示。

表 5-10　支持系统评价因子的赋分标准　　　　（单位：分）

评价项目		评价依据	评分值
C_6 硬环境支持	D_8 基础设施建设（100）	基础设施优良	80～100
		基础设施良好	60～79
		基础设施中等	40～59
		基础设施较差	20～39
		基础设施很差	1～19
	D_9 服务设施建设（100）	服务设施优良	80～100
		服务设施良好	60～79
		服务设施中等	40～59
		服务设施较差	20～39
		服务设施很差	1～19
	D_{10} 生态及安全环境建设（100）	卫生、安全条件极优	80～100
		卫生、安全条件较好	60～79
		卫生、安全条件中等	40～59
		卫生、安全条件较差	20～39
		卫生、安全条件很差	1～19

续表

评价项目		评价依据	评分值
C_7 软环境支持	D_{11} 经济环境（100）	经济环境极佳	80～100
		经济环境优良	60～79
		经济环境较好	40～59
		经济环境较差	20～39
		经济环境很差	1～19
	D_{12} 社会环境（100）	社会环境极佳	80～100
		社会环境优良	60～79
		社会环境较好	40～59
		社会环境较差	20～39
		社会环境很差	1～19
	D_{13} 文化环境（100）	文化环境极佳	80～100
		文化环境优良	60～79
		文化环境较好	40～59
		文化环境较差	20～39
		文化环境很差	1～19
	D_{14} 旅游市场环境（100）	市场环境极佳	80～100
		市场环境优良	60～79
		市场环境较好	40～59
		市场环境较差	20～39
		市场环境很差	1～19
	D_{15} 旅游管理系统（100）	旅游管理系统完善	80～100
		旅游管理系统较完善	60～79
		旅游管理系统一般完善	40～59
		旅游管理系统较不完善	20～39
		旅游管理系统很不完善	1～19
	D_{16} 政府相关政策（100）	政府相关政策完善	80～100
		政府相关政策较完善	60～79
		政府相关政策一般完善	40～59
		政府相关政策较不完善	20～39
		政府相关政策很不完善	1～19

D. 中介系统（B_4）评价因子

中介系统评价因子的赋分标准如表 5-11 所示。

表 5-11　中介系统评价因子的赋分标准　　　　（单位：分）

评价项目	评价依据	评分值
C_8 旅行社 （100）	组织旅游活动的积极性很高	80~100
	组织旅游活动的积极性较高	60~79
	组织旅游活动的积极性一般	40~59
	组织旅游活动的积极性较低	20~39
	组织旅游活动的积极性很低	1~19
C_9 新闻媒体 （100）	新闻媒体的关注度很高	80~100
	新闻媒体的关注度较高	60~79
	新闻媒体的关注度一般	40~59
	新闻媒体的关注度较低	20~39
	新闻媒体的关注度很低	1~19
C_{10} 广告 （100）	旅游企业的广告力度极大	80~100
	旅游企业的广告力度很大	60~79
	旅游企业的广告力度较大	40~59
	旅游企业的广告力度较小	20~39
	旅游企业的广告力度很小	1~19
C_{11} 口碑 （100）	旅游地区的口碑极佳	80~100
	旅游地区的口碑很好	60~79
	旅游地区的口碑较好	40~59
	旅游地区的口碑较差	20~39
	旅游地区的口碑很差	1~19

（2）综合评价

首先，根据对瑞丽市边境旅游发展动力系统的分析，依据上述评分标准，给出促进瑞丽市边境旅游发展各基层因子的评分。然后，利用已得出的权重值，计算出瑞丽市边境旅游发展动力系统的总得分，具体如表 5-12~表 5-14 所示。

表 5-12　瑞丽市边境旅游市场需求评价　　　　（单位：分）

评价项目	评价因子	评分值
C_2 市场需求推动（100）	边境旅游动机（47）	45
	旅游支付能力（25）	15
	闲暇时间（28）	20
总评分		80

表 5-13　瑞丽市边境旅游资源质量评价　　　　（单位：分）

评价项目	评价因子	评分值
D_4 质量（100）	珍稀奇特程度（30）	25
	旅游活动的参与性（25）	20
	观赏游憩使用价值（25）	20
	知名度和影响力（20）	15
总评分		80

表 5-14　瑞丽市边境旅游发展动力系统综合评价

	评价因子	权重值（总和取1）	评分值（满分取100）
推力系统	经济发展推动	0.0942	70
	市场需求推动	0.1521	80
	政府推动	0.0828	85
引力系统	质量	0.1389	80
	规模	0.1017	75
	可及性	0.0978	65
	与周边地的旅游资源关系	0.0541	80
支持系统	基础设施建设	0.0412	70
	服务设施建设	0.0367	70
	生态及安全环境建设	0.0114	65
	经济环境	0.0041	75
	社会环境	0.0074	65
	文化环境	0.0087	85
	旅游市场环境	0.0105	65
	旅游管理系统	0.0092	70
	政府相关政策	0.0168	85

续表

评价因子		权重值（总和取1）	评分值（满分取100）
中介系统	旅行社	0.0617	75
	新闻媒体	0.0238	70
	广告	0.0312	65
	口碑	0.0157	65
总评价值			75.04

（3）综合评价结果分析

按照驱动力度等级指标，将其分为五个等级，从高到低依次如下：得分值域在90分以上，为五级驱动系统；得分值域在75～89分，为四级驱动系统；得分值域在60～74分，为三级驱动系统；得分值域在45～59分，为二级驱动系统；得分值域在30～44分，为一级驱动系统；得分值域在30分以下，为无等级驱动系统，其中五级驱动系统划为"特级驱动系统"，四级、三级驱动系统划为"优良驱动系统"，二级、一级驱动系统划为"普通驱动系统"（安俊梅，2008）。

瑞丽市边境旅游发展动力系统总得分为75.04分，具有四级驱动系统水平，但与五级驱动系统还存在一定差距。从上述评价结果可以看出，支持系统和中介系统各影响因素分值普遍较低，同时边境旅游发展也受到经济发展水平、旅游地可及性等方面的影响。概括起来，瑞丽市边境旅游发展过程中存在的不足主要体现在以下方面：

1）企业对于开展边境旅游活动认识不足、积极性不高，在旅游产品开发、基础设施及服务设施等方面投入不足，使得边境旅游产品开发的广度和深度不够、配套设施不完善、服务质量不高，直接影响游客对边境旅游活动的体验和边境旅游的口碑。

2）近年来，由于中缅边境安全问题依旧突出影响了中国边境的稳定以及双方经济合作项目的开展，且安全问题也对双方旅游发展产生了不利影响。同时，随着瑞丽市边境旅游的快速发展，很多部门介入组织经营导致边境旅游市场管理混乱，且相关政府部门的审批要求较低，造成边境旅游市场经营单位质量不高，损害了消费者的利益。

3）新闻媒体的关注度不够，虽然近年来通过各种媒体形式提升了瑞丽市边境旅游的知名度和形象，但要继续扩大边境旅游的影响，还需一定的努力。

4)开展边境旅游项目的企业缺乏营销意识,广告力度不足。

第四节 瑞丽市边境旅游发展的驱动机制

一、瑞丽市边境旅游发展驱动机制及结构模型

系统论认为,整体与部分之间存在相互依存、相互结合及相互制约的关系,系统具有整体有机性,与各子系统以一定的结构形式组织在一起(安俊梅,2008)。瑞丽市边境旅游发展动力系统由不同类型的驱动因素组成,这些因素对系统内部产生影响,并和其他因素相互作用,因此瑞丽市边境旅游发展的驱动机制就是促进其边境旅游发展的各驱动因素之间相互作用的动态程序。瑞丽市边境旅游要想获得持续健康发展,不仅要有经济发展、市场需求、政府等的有效推动和旅游资源的持续供给,也要有良好的环境支撑和积极的中介引导。

从以上分析可以看出,瑞丽市边境旅游发展驱动机制是指促进瑞丽市边境旅游互动发展和演化的力量结构体系及其运行规则,具有相对的规律性和稳定性。各驱动因子在运行规则的动态交互作用下,形成了瑞丽市边境旅游统筹发展的综合性动力机制。根据瑞丽市边境旅游发展动力系统的分析,结合系统动力学,利用反馈回路说明瑞丽市边境旅游发展的驱动机制,并总结出其驱动机制的结构模型(图5-9)。

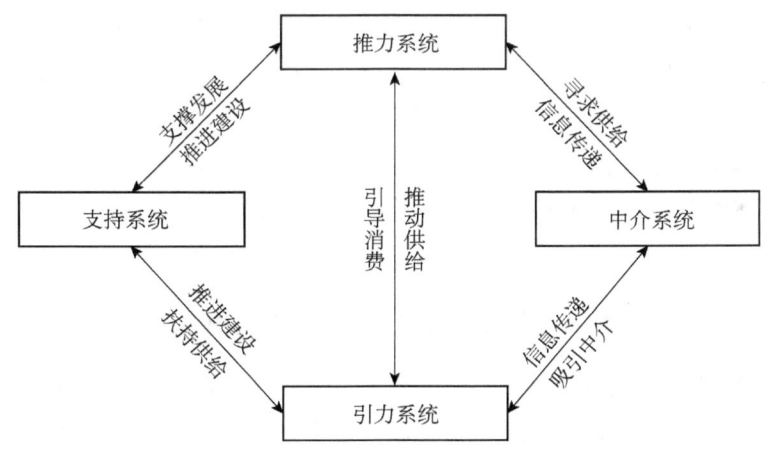

图 5-9 瑞丽市边境旅游发展驱动机制结构模型

二、瑞丽市边境旅游发展驱动模式

瑞丽市边境旅游发展是多种因素共同作用的结果，但这些因素对于瑞丽市边境旅游发展的重要性是不一样的，按其重要性程度可以将驱动因素划分为主导因素和辅助因素。主导因素是促进边境旅游发展的关键力量，在促进边境旅游发展过程中起主导推动作用，而边境旅游能否持续发展也主要是看其主导因素是否具有持续的动力；辅助因素在促进边境旅游发展过程中起辅助推动作用，虽然不是促进边境旅游发展的主要方面，但对旅游者的决策行为和活动质量具有很大的影响（彭华，1999b）。同时，瑞丽市边境旅游发展的主导因素并不是一成不变的，在边境旅游发展的不同阶段，其主导因素和辅助因素可以相互转化。因此，不同时期起主导作用的动力机制是互不相同的，这就形成了在不同阶段背景下瑞丽市边境旅游发展的驱动模式。

1. 瑞丽市边境旅游发展的启动模式——政府驱动模式

20世纪90年代开始，我国政府将旅游业确定为云南省重要支柱产业，并且批准瑞丽市和畹町组织一日游出境活动，为瑞丽市边境旅游的发展奠定了基础。而后陆续开展了四日、七日、十日等多日游活动，设立了相关边境旅游线路，且出台了关于中缅边境旅游管理相关问题的政策。处于这一发展时期的旅游者大多属于近程观光旅游者。这一时期，政府推动成为瑞丽市边境旅游发展的主要因素，构成了启动瑞丽市边境旅游快速发展的动力源泉。

在瑞丽市边境旅游发展初期，政府通过政策驱动、需求驱动和供给驱动来促进瑞丽市边境旅游的快速发展。其中，在政策驱动下，瑞丽市边境旅游获得了巨大的发展空间和发展动力，表现出极强的竞争力；在供给驱动下，政府加大投资力度，随着基础设施的不断完善，政府对旅游资源进行开发，推出了一系列边境旅游产品，且逐渐形成了较为完善的旅游产业体系；在需求驱动下，政府通过休假制度的变革和旅游信息的推广，增强了游客边境旅游活动的实现程度。政府驱动形成了瑞丽市边境旅游发展的启动机制（图5-10）。

2. 瑞丽市边境旅游发展的主导模式——区位驱动模式

进入21世纪，政府相关政策的支持使得瑞丽市边境旅游持续发展，基础设施不断完善，旅游资源得到开发。这一时期，人们对瑞丽市边境旅游的关注度上升到一个新的阶段，其发展得到政府部门、旅游企业等的重视。探究其发

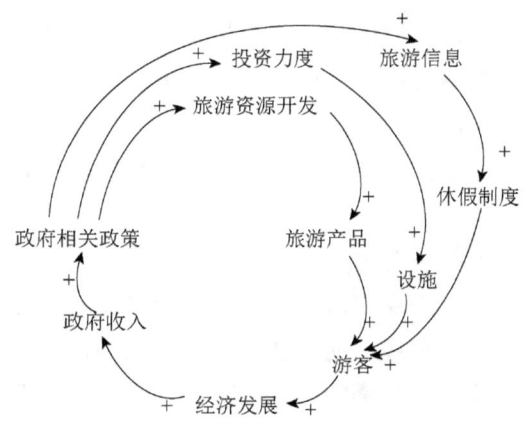

图 5-10　瑞丽市边境旅游发展的启动——政府驱动模式

图中"+"含义为增强、加大、逐步递进，下同

展的根本原因，还在于瑞丽市优越的地理位置，使其具备了"国际商港"的美誉和"金大门"的魅力。区位条件变成了瑞丽市边境旅游发展的主要推动因素，加上我国现行的优惠便利政策，吸引东盟成员国在瑞丽市投资兴办企业，将瑞丽市建设成为面向东南亚的制造加工中心，以及东盟市场的贸易中心和物流中心（邢静和杨子生，2012）。同时，通过边境旅游的发展，带动旅游商品的生产，提高"东方珠宝城"品牌的知名度，为建设中国边境商贸旅游城市创造了条件。区位驱动形成了瑞丽市边境旅游发展的主导驱动机制（图 5-11）。

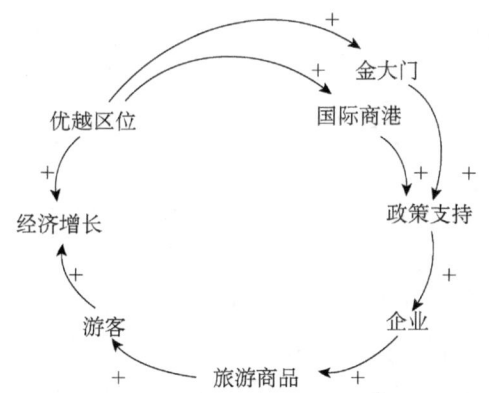

图 5-11　瑞丽市边境旅游发展的主导——区位驱动模式

3. 瑞丽市边境旅游发展的未来模式——综合驱动模式

随着边境旅游在我国的火热开展，瑞丽市边境旅游发展的区位驱动作用日

趋减弱，这就意味着上述驱动机制的作用将下降。瑞丽市边境旅游要实现可持续发展，就必须转变其驱动机制。由此可知，瑞丽市边境旅游发展的动力机制与其发展轨迹密切相关，瑞丽市边境旅游发展经历了政府驱动模式向区位驱动模式的转变，今后，综合驱动模式将成为瑞丽市边境旅游持续快速发展的主导推动力量。

边境旅游发展是一项系统工程，与边境旅游资源、经济实力、市场条件、政策开放、基础设施建设等要素密切相关。综合驱动模式下的边境旅游发展必须具备浓厚的文化底蕴以及和谐的社会环境、高品质的旅游资源和旅游产品，同时需要良好的经济基础、旺盛的边境旅游市场需求以及强大的客源市场做支撑。就目前瑞丽市边境旅游发展情况来看，其发展具有强大的政策导向，这就要求必须主动服务于国家发展战略，增强区域旅游合作，坚持国际化的发展道路，不断拓展边境旅游客源市场，吸引来自世界各国的游客。此外，还要走品牌化、标志性的持续发展道路，精心策划边境旅游活动项目，提升旅游接待能力，才能实现瑞丽市边境旅游发展的综合驱动。综合驱动形成了瑞丽市边境旅游快速发展的未来驱动机制（图 5-12）。

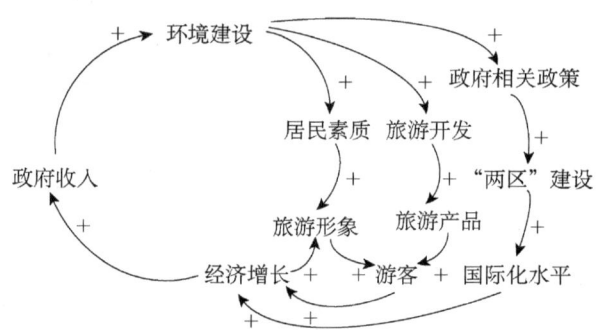

图 5-12　瑞丽市边境旅游发展的未来——综合驱动模式

三、瑞丽市边境旅游发展驱动机制的优化

本章关于瑞丽市边境旅游发展驱动机制的分析是从系统论的角度进行把握的，由于其复杂性，在研究过程中还存在一些不足，因此需要进行优化和完善。除了丰富和完善驱动机制的构成因素外，还需优化其发展结构，以便进一步了解其发展变化。

1. 丰富和完善构成因素

瑞丽市边境旅游发展的驱动机制是多个驱动因素共同作用的结果，其优化是从驱动系统中的每个驱动子系统及驱动因素出发，同时兼顾与其他驱动子系统及驱动因素关系的整体优化，主动分析和构建边境旅游驱动系统因素组成，可以使系统结构组合发挥最佳功能（连建功，2008）。从影响瑞丽市边境旅游发展的因素可以看出，其地理区位、自然资源等宏观因素是无法改变的，但是可以从改善交通条件、提升区域环境出发，对宏观因素进行优化；对于边境旅游的管理、服务、宣传、资金保障等因素，也可以采取相关措施加以提升和完善，从而推动瑞丽市边境旅游的持续快速发展。瑞丽市边境旅游发展驱动系统由推力系统、引力系统、支持系统和中介系统构成，因此整体系统的优化从这四个方面着力进行。

（1）边境旅游发展推力系统的优化

推力系统中最关键的就是边境旅游市场需求的优化。基本经济因素、旅游业发展水平、对外开放程度等是影响其需求产生的决定条件（蒋依依等，2017）。旅游活动需求可分为现实需求和潜在需求，现实需求是指在一定价格、时间内能够实现的需求；潜在需求是指具有一定的购买意愿，但由于经济或时间等原因未能实现的需求（连建功，2008）。因此，需要在掌握旅游者相关信息的基础上，采取措施激发旅游者及旅游团体的旅游欲望，完成边境旅游市场需求的创造。

创造瑞丽市边境旅游市场需求包括激发旅游者的潜在需求、创造旅游者的新需求、拉动旅游者相关群体的旅游需求。一是通过引导旅游者的潜在需求和间接需求，使原来隐藏的、没有实现的需求尽快实现，如在瑞丽市大型旅游节日期间赠票、放假等行为，其目的就是把潜在需求转变成现实需求；二是用当下盛行的旅游活动使旅游者产生跟随消费行为，创造旅游者的新需求，如2017年第十六届中缅边境经济贸易交易会的开展以及"2017中缅瑞丽-木姐国际马拉松赛"的举办，吸引了很多旅游者的参与；三是通过旅游者的消费行为影响相关群体（亲朋好友）的需求，从而拉动旅游者背后的市场，如为边境旅游活动参与者免费送出旅游宣传册、贵宾卡等，持卡旅游者参与相关活动给予不同程度的优惠等，从而刺激与旅游者相关的人员参与边境旅游活动，满足更多人的旅游需求。

（2）边境旅游发展引力系统的优化

瑞丽市边境旅游市场需求在近几年内较为旺盛，但多数旅游需求不能得到良好的实现和满足，除了旅游者自身的原因外，主要问题在于边境旅游资源的供给环节。旅游产品类型单一、产品缺乏文化内涵、旅游基础设施不健全、旅游服务不到位等都影响了旅游者现实需求的满足。对瑞丽市边境旅游发展引力系统进行考察，满足旅游者需求须从边境旅游产品、旅游形象、旅游服务等方面进行提升，尤其是基于边境旅游资源的系列旅游产品的优化与创新。

旅游产品是由旅游资源开发而来的，同一种旅游资源可以开发、包装为不同类型的旅游产品，一种旅游产品可以建立在一种或者多种旅游资源之上（吴必虎，2001）。瑞丽市边境旅游产品开发，首先，要以旅游者多维度的旅游需求为宗旨，完善旅游产品体系，在购物、观光功能旅游产品基础上补充度假、康体休闲、娱乐休闲、商务、文化等功能旅游产品，丰富瑞丽市旅游产品体系结构。其次，瑞丽市边境旅游以边境景观观光和中缅边境一日游旅游产品为主，旅游活动的空间范围有限，可加强与木姐、九谷、南坎等缅甸边境城镇的旅游合作，以瑞丽市为中缅旅游集散地，开发中缅边境旅游环线产品，扩展中方旅游者在缅边境旅游空间。再次，应充分挖掘瑞丽市中缅玉石商贸历史文化，增强玉石购物过程中的文化宣传和体验功能，提升瑞丽市玉石购物旅游产品层次，同时利用瑞丽国家重点开发开放试验区的历史机遇和姐告"境内关外"特殊的监管模式，扩展姐告区内免税购物种类和规模，增强瑞丽市免税购物旅游产品的市场竞争力。最后，瑞丽市旅游产品开发应注重旅游业和其他产业之间的联动发展，旅游产品设计重在对旅游资源的开发利用以及城市公共服务功能的完善，以实现城市与旅游共同发展。

（3）边境旅游发展支持系统的优化

瑞丽市边境旅游发展推力系统、引力系统、中介系统形成了一个具有紧密结构的内部系统，在其外围还形成了一个由政策、经济、社会、文化、设施等因素构成的支持系统。支持系统各组成要素的完善，能够促进其结构功能的良好发挥，提高边境旅游需求的满足质量，使旅游者获得更高层次的旅游供给与服务。在这一系统中，政府处在较为关键的位置，在制定旅游公共政策、投资基础设施建设、民族文化传承与保护、协调边境关系、投资引导、市场推广、环境营造等方面发挥重要作用。

为保证瑞丽市边境旅游活动的有效开展，第一，通过政策引导，鼓励和支持旅游服务基础设施的建设，提供必要的现代化旅游服务功能的公共服务系统，这是提升瑞丽市边境旅游形象的重要内容和主要途径；第二，应完善由瑞丽市政府牵头的边境旅游管理机制，发挥政府的宏观管理与指导作用，及时发布瑞丽市边境旅游信息，加强对瑞丽市边境旅游市场运作的监督；第三，参照州级建立行之有效的旅游统筹协调发展机制和专门管理机构，针对瑞丽市边境旅游发展过程中可能出现的问题提出解决方案，形成科学、全面且有利于方案实施的政策保障体系；第四，政府不仅要做到政策上的扶持，还要根据《瑞丽市旅游市场秩序整治工作实施细化方案》，做好市场环境的优化工作，同时坚持综合监管治理，规范瑞丽市边境旅游市场秩序；第五，政府应对瑞丽市边境旅游形象进行宣传推广，创建一个不断扩大货源、客源的沃土环境，吸引旅游企业的参与以及社会资金的支持，对瑞丽市边境旅游的开发与发展进行专业化的经营管理，为当地居民创造旅游就业机会，并注重对瑞丽市少数民族文化的保护与传承。

（4）边境旅游发展中介系统的优化

推力系统促进了瑞丽市边境旅游市场需求的增强，引力系统为旅游者提供了丰富的旅游产品和新颖的旅游项目，最终依靠中介系统来完成二者有效的对接，即旅行社、新闻媒体、广告及口碑在边境旅游需求市场和供给市场之间起着桥梁作用。对于旅游产品来讲，旅行社相关工作直接影响需求和供给的融合，充分发挥旅行社的服务职能或开辟专门的旅游线路产品对瑞丽市边境旅游中介系统的优化起到重要作用；利用国家级媒体提高瑞丽市边境旅游的知名度，以省级媒体扩大旅游产品的市场占有率，以瑞丽市本地媒体提升其边境旅游的影响力，营造良好氛围；创新旅游广告方式，完善旅游宣传促销思路，推动瑞丽市边境旅游整体形象建设，确立品牌与知名度，以增强旅游者对瑞丽市边境旅游的满意度，树立良好的边境旅游目的地口碑。

2. 优化驱动机制发展结构

对于瑞丽市边境旅游发展驱动机制的优化，还需研究其驱动机制的发展结构，才能了解其发展变化，把握主体的发展趋势，从而更好地促进瑞丽市边境旅游的发展。主要从两方面着手研究：一是对其结构进行分层；二是研究其循环发展。

（1）边境旅游发展驱动机制的层次结构

瑞丽市边境旅游发展的影响因子以及因子之间的相互作用构成了边境旅游发展的动力机制。在整个驱动机制结构中，每个驱动因子扮演着不同性质的角色，都是必不可少的存在，但是这些驱动因子对瑞丽市边境旅游的发展具有不同的重要性，由此形成了各驱动力在驱动机制中的层次性。瑞丽市边境旅游的发展是由市场需求、政府引导、经济发展推动起来的，其中边境旅游市场需求带动了供给，促进了边境旅游资源的有效开发利用，同时，供给与需求的相互促进受到环境条件（支持系统和中介系统）的影响。从层次关系来看，瑞丽市边境旅游发展的驱动作用力可分为三个层次，从内到外依次是深层原动力、表层次生动力和环境条件（图 5-13）。深层原动力指市场需求，它是瑞丽市边境旅游发展的动力源泉；表层次生动力包括政府推动和旅游资源吸引；环境条件指保障瑞丽市边境旅游持续发展的背景和支撑，即支持系统和中介系统。

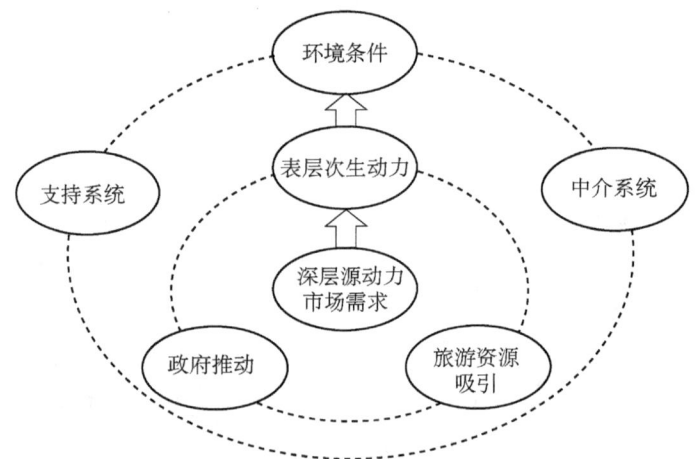

图 5-13　瑞丽市边境旅游发展驱动机制的层次结构

（2）边境旅游发展驱动机制的循环结构

由瑞丽市边境旅游发展的驱动机制可以看出，边境旅游在多种驱动力的共同作用下不断向前发展。最初在市场需求的推动和环境条件的支撑下，边境旅游发展持续不断地创造供给，增强旅游吸引力。当其发展到一定阶段，旅游人数逐渐增多，边境旅游产生的综合效益增强，便会凭借在发展过程中形成的优势与特色产生更强的原动力，同时在政府驱动和企业驱动下获得更大的旅游吸引力，进而促进瑞丽市边境旅游向前更进一步发展。由此得出，瑞丽市边境旅游发展的驱动过程是一个循环上升的发展过程（图 5-14），其中每个循环都会促使边境旅游向更高水平方向发展。

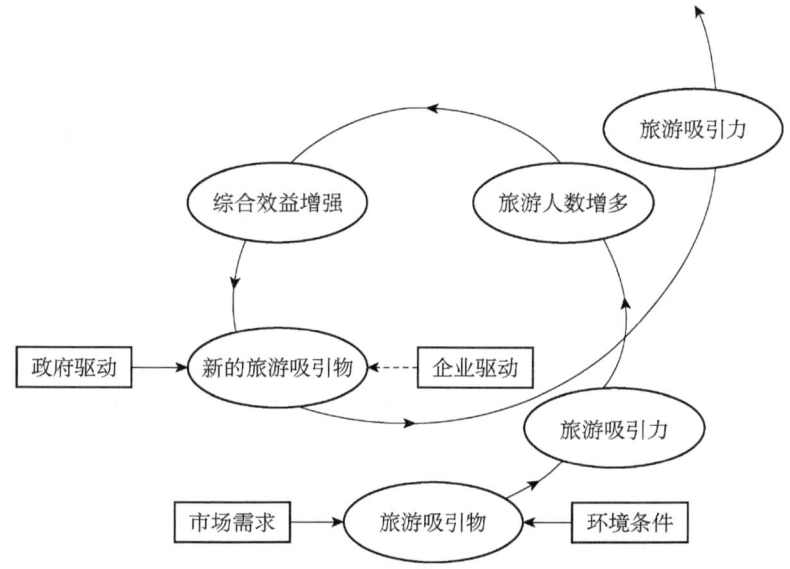

图 5-14　瑞丽市边境旅游发展驱动机制的循环结构

第五节　优化边境旅游发展驱动机制的路径与对策

一、优化边境旅游发展驱动机制的实践路径

依据对瑞丽市边境旅游发展驱动系统的分析结果，结合其边境旅游发展驱动机制的优化方案，并参考瑞丽市边境旅游发展中存在的主要问题，提出瑞丽市边境旅游发展驱动机制的实践路径。

1. 拓展边境旅游市场

（1）开拓国内旅游市场

利用瑞丽市边境旅游、商贸以及珠宝、红木等特色产业在云南省的知名度，将瑞丽市边境旅游与云南省主要旅游线路相结合，不断扩大国内市场，进而提升瑞丽市在国内的形象，依托庞大的国内市场作为后方。同时，健全合作机制，拓展合作领域，加强与东部沿海地区的合作，积极引进中央企业、民营企业、外商投资企业到瑞丽市投资兴业，促进瑞丽市边境旅游快速发展。积极拓展与泛珠三角、长三角、环渤海、京津冀和港澳台等合作。

（2）开拓跨国旅游市场

借助瑞丽市得天独厚的边境区位特色、独享"境内关外"的政策优势，发挥瑞丽市作为云南省建设国际大通道的重要节点与门户作用，将市场扩大定位到缅甸这个拥有5500多万人口的大市场，从缅甸打开国际市场，推进瑞丽市发展加速国际化。以稳固中缅旅游为基础，将战略眼光扩散至整个南亚乃至全球，推动旅游资源开发利用的国际化、市场定位的国际化、旅游产品开发设计的国际化，以经济贸易活动助推旅游、以文化交流搞活旅游，扩大中国与整个东盟和南亚的多方领域合作。拓展泰国、孟加拉国、印度跨国旅游市场，增强与东南亚、南亚国家的旅游合作交流，探索多层次、多形式的国际旅游合作模式，构建跨国旅游发展格局。

2. 开发边境旅游产品

（1）加快边境旅游产品开发

旅游产品开发和旅游购物是增加旅游收入的关键，是延长游客逗留时间、促进游客消费的重要手段。在原有传统旅游资源的基础上，充分挖掘非传统的创新性旅游资源，并对旅游资源进行整合利用，实现边境旅游产品的有效开发，促进边境旅游产品层次由基本层次向提高层次和专门层次提升（左文君，2017）。因此，瑞丽市边境旅游产品开发应遵循突出地方特色和文化内涵的原则，利用生态、边贸、文化遗产、民族医药、特色美食等资源优势，研发边（跨）境观光游、民族文化体验游、运动休闲游、热带特色美食旅游、养生养老度假游、自驾露营游、民俗风情表演游等旅游产品，以满足不同层次的市场需求，从而实现瑞丽市边境旅游竞争力的提升。

（2）推动边境旅游品牌形象建设

旅游品牌建设是提升边境旅游服务质量与核心竞争力的关键，其经济价值、社会价值、生态价值和文化价值已得到充分体现（巴淳，2017），瑞丽市应做到全市一盘棋，共同推进边境旅游品牌形象的树立。要想创建瑞丽市品牌旅游目的地、品牌旅游产品和品牌旅游企业，打造具有区域影响力的知名旅游品牌，提升瑞丽市边境旅游品牌形象，就必须完善旅游目的地体系建设，开展旅游特色小镇、旅游特色村的创建工作，形成一批高质量的旅游目的地品牌；根据市场需求变化和产品结构升级，通过资源整合、特色营造、创新开发和宣传促销等方式，建设商务会展旅游、特色乡村旅游、边关文化旅游、生态旅游、珠宝旅游等系列品牌旅游产品，同时兼顾与周边区域的旅游合作和产品整合，创建具有强大吸引力和影响力的区域品牌旅游产品；注重品牌旅游企业建设，增强企业的经营能力与服务水平，以更好地推动瑞丽市边境旅游的发展。

3. 完善边境旅游基础、服务设施

从2017年政府工作报告和全国旅游工作会议，到《"十三五"旅游业发展规划》与《"十三五"全国旅游公共服务规划》，说明国家政策对旅游设施建设具有明确的指向性，同时，旅游发展要借力基础设施与服务设施建设，以及旅游商业化服务要素的创新模式，才能促进目的地旅游的突破发展（林峰，2017）。

（1）完善边境旅游基础设施建设

基础设施是支撑瑞丽市边境旅游发展的重要条件，从根本上打破基础设施不通畅、不完善的瓶颈状态，才能实现瑞丽市边境旅游大发展。进一步完善瑞丽市"铁、公、空"各种交通方式紧密衔接交通网络，形成孟中印缅经济走廊重要的区域性综合交通枢纽骨架网络，凸显瑞丽市面向南亚东南亚、走向印度洋的通道枢纽作用。在公路建设方面，加快构建内接昆明、面向西南的枢纽，推进中缅跨境交通的便利化；在铁路建设方面，在促成大瑞铁路的同时，还应援建中缅合作从瑞丽市出境通往缅甸境内的铁路；在机场建设方面，需升级芒市机场，并新增瑞丽、陇川机场。另外，完善口岸基础设施建设，优化通关环境和提高通关效率，提升口岸服务功能；加强水、电、通信设施等基础设施的升级改造与互联互通，完善给排水、防灾减灾等基础设施，加快瑞丽江国际界河治理，为瑞丽市边境旅游发展提供基础保障。

（2）完善边境旅游服务设施建设

在旅游餐饮方面，调整瑞丽市餐饮业结构，保证高、中、低档餐饮设施兼具，同时突出餐饮设施的地方特色；根据市场发展情况，建设民族风味餐厅和主题餐厅，向旅游者提供瑞丽市传统美食、特色菜肴以及符合不同地域旅游者口味需求的主要风味美食；旅游餐饮设施的建设要以瑞丽市边境旅游发展的客源预测为基础，可以适当超前，但不宜投资过多，避免导致经营不善和恶性竞争。

在旅游住宿方面，根据市场需求和饱和程度采取相应的控制或鼓励政策，防止总量和结构失衡，同时提高三星级以上酒店在旅游接待设施中的比例；指导企业按照不同的区位、建筑类型以及旅游者需求，开发建设功能类型与主题文化多样化的酒店，并且引进国际国内知名酒店管理集团，促进酒店的连锁化经营；在行业内持续倡导循环经济理念，促进清洁生产、绿色消费，拓展酒店接待服务的宽度和深度，使酒店的管理水平得到提升。

在旅游购物方面，完善旅游购物场所基础设施建设，提升旅游购物在边境旅游活动支出中的比重；建立边境旅游商品专业市场，形成旅游商品流通网络，在主要旅游景区点、商业区，设立民族工艺品、珠宝玉石、土特产品等专门街市；旅游购物是瑞丽市边境旅游核心活动之一，应针对国内及缅甸不同的市场群体，建立集特色产品购物、珠宝购物、免税购物和日用小商品购物于一体的旅游购物项目体系，以满足不同层次旅游市场群体的旅游购物需求，构建知名旅游购物品牌。

4. 优化边境旅游发展环境

旅游环境是构成环境的一部分，旅游业的开展总是在一定的旅游环境中进行的，良好的旅游环境对发展旅游业具有不可估量的促进作用，而旅游环境也具有长远性和前瞻性。

（1）加强生态建设与环境保护

保护和建设好瑞丽市的生态环境，是实现地区经济可持续发展战略的重要措施，也是瑞丽市现代化建设中必须始终坚持的一项基本方针。以建设"绿色瑞丽"、营造良好的旅游生态环境为目的，秉承"生态文化"的理念，瑞丽市相关工管委应同旅游有关部门，对其境内的旅游生态环境实施保护、治理和监管。在对瑞丽市边境旅游资源进行开发的过程中，务必要将营造良好的生态环境与资源的永续利用作为实现瑞丽市旅游可持续发展的主要任务和途径，兼顾当前利益和长远利益、局部利益和全局利益。

（2）加强社会治安环境

良好的治安环境是瑞丽市边境旅游发展的基本保障条件，因此需要长期贯彻执行依法维护社会治安、打击违法犯罪活动。首先，着力促进"平安瑞丽"建设。改进社会治理方式，确保人民安居乐业、社会安定有序，同时加强对外籍人口、流动人口的管理服务，加强边境管控，增强各类突发公共事件的预警及处置能力。其次，深入推进"法治瑞丽"建设。促进各个领域的法治建设，加强法治宣传教育，使法治成为全社会的共同意识和行为准则。最后，以"团结、化解"为核心，尊重边境地区少数民族的风俗习惯，对于少数民族聚居区民众的特殊需求，及时进行沟通与处理，完善民族团结、边疆稳定的长效机制，促进瑞丽市边境地区的和谐发展。

（3）加强市场环境监管

促进行政执法、刑事执法和社会监督的有机衔接，运用行政、经济、市场、法律等手段，建立打防结合、源头治理的市场环境优化新格局。建立上下联动、齐抓共管的旅游市场综合监管机制，加强旅游质监执法和联合检查力度，维护旅游市场秩序，提升旅游服务质量；落实企业安全主体责任，完善旅游安全服务规范，提高旅游安全保障水平；加强旅游人才队伍培训，提升旅游从业人员的专业化水平。

5. 推动边境旅游形象宣传

在政府主导下开展瑞丽市边境旅游整体形象宣传活动，可定期主办傣族文化周等文化旅游大型活动，也可定期在主要客源市场的重要宣传媒体播出瑞丽市边境旅游形象宣传广告，组织当地居民通过各种渠道宣传推介；积极组织拍摄制作以瑞丽市民族风情和边关风貌为题材的微电影、宣传片、歌曲和文化艺术作品等；积极参加国内外旅游展销会、博览会等，并邀请国内外记者来瑞丽市进行采访；开通专门的网站、微博、微信公众号，配上图文，对瑞丽市边境旅游进行详细介绍；借助在瑞丽市拍过外景的影视作品进行宣传，提高瑞丽市边境旅游的知名度与影响力。

二、优化边境旅游发展驱动机制的对策措施

瑞丽市边境旅游发展驱动机制的实践路径需要一定的对策保障。从强化区域旅游合作、争取国家政策支持、整合资金投入力度、充实人才队伍、创新体制机制五个方面提出了瑞丽市边境旅游发展驱动机制实践路径的对策措施。

1. 强化区域旅游合作

（1）加强开发开放力度

《国务院关于支持沿边重点地区开发开放若干政策措施的意见》（国发〔2015〕72号）做出改革边境旅游管理制度、研究发展跨境旅游合作区、探索建设边境旅游试验区、加强旅游支撑能力建设等重大部署。2017年，中方提议建设"人字型"中缅经济走廊，打造三端支撑、三足鼎立的大合作格局，而瑞丽市处在"人字型"中缅经济走廊的起点，对外开放的比较优势进一步凸显，为其边境旅游发展注入了新动力。通过开发开放，可以强化中缅两国的沟通与合作，使"末端"变为前沿，同时依托中缅边境地区的地缘、人缘和亲缘优势，开拓国内国外两个市场，在边境地区吸引国人"走出去"、境外的人"走进来"，有效利用边境旅游的双重性。

（2）加强区域旅游合作

与缅甸方面，利用瑞丽跨境旅游合作区和边境旅游试验区"两区"的政策机遇，加强对缅旅游区域合作，提升边境旅游格局，为实现沿边地区互联互通、互利合作奠定坚实基础；发挥曼德勒、密支那、腊戌、内比都、八莫五个办事处的沟通交流作用，建立双边高层会晤机制，并通过中缅旅游合作论坛、中缅边境经济贸易交易会、中缅旅游月、中缅胞波狂欢节等活动，加强双方的合作交流，实现信息互通、资源共享；加强两国旅游企业之间的合作，构建中缅跨国旅游集团，拓展中缅旅游业务，中缅边境旅游的发展，能够有效带动双方边境城镇的经济发展，促使中缅边境睦邻友好关系得到巩固和增强。与其他国家方面，促进瑞丽-东盟跨国自驾车游、跨国自行车赛、马拉松赛、瑞丽江跨国漂流等项目的合作与发展；积极参与大湄公河次区域合作区、孟中印缅经济走廊建设，逐步展开"人字型"中缅经济走廊建设，形成瑞丽市参与国际竞争新优势；争取与印度、孟加拉国等南亚国家的交流与合作取得新进展，构建全方位对外开放格局，使瑞丽市边境旅游合作迸发新的活力。

2. 争取国家政策支持

目前，在国家"一带一路"倡议背景下，瑞丽市边（跨）境旅游和国际旅游合作日益受到各级政府的重视，利用大好的发展机遇，凭借其区位优势，积极参与并推进"两区"建设，促进新时期旅游业发展的转型升级。可以说，瑞丽市边境旅游的发展离不开国家政策的引导和各级政府的支持。因此，除了切实用活用好国家、云南省对旅游产业的引导政策，还要根据瑞丽市旅游发展的实际情况，积极争取各项有利于其边境旅游发展的优惠政策，如招商引资政策、出入境政策、旅游公共服务政策、对外开放政策等，以实现瑞丽市边境旅游的快速发展。

（1）招商引资政策

首先，政府要紧密结合瑞丽市边境、贸易、旅游以及其玉石、红木等产业优势特点，对外来投资商的投资项目给予用地优惠政策、收费优惠政策等。其次，政府须对技术流入型的投资给予相对较大的优惠政策，以促进高端技术流入，实现瑞丽市边境旅游发展的高端技术应用，为瑞丽市边境旅游发展提供条件，并助推智慧旅游的发展。

（2）出入境政策

研究中缅双方人员及第三国人员持有效证件和签证从瑞丽、畹町口岸出入境。简化人员、车辆出入境手续，推进旅游出入境便利化，把握好国家赋予的外国人进入姐告72小时免签证政策，促使瑞丽市成为跨国界旅游示范区和国际特色旅游目的地。争取瑞丽市与缅甸之间的旅游团队实施互免签证政策，旅游散客和商务人员实施落地签证的政策支持。

（3）旅游公共服务政策

瑞丽市政府应将提高边境旅游公共服务作为政府工作的主要内容之一。促进边境旅游公共信息服务体系建设，扩大旅游公共信息服务覆盖面。推进边境旅游安全保障体系建设，促使瑞丽市成为安全旅游目的地。加快边境旅游交通便捷服务体系建设，提升瑞丽市旅游交通通达性及服务水平。强化与缅甸重大基础设施合作，提升双方重大交通基础设施功能，尤其是泛亚铁路西线保山—瑞丽段、缅甸木姐—腊戌段等关系到瑞丽市交通通达性的关键线路。

（4）对外开放政策

利用国家恢复边境旅游异地办证政策，恢复开通中国瑞丽、畹町至缅甸腊戌、曼德勒、八莫等纵深城市旅游线路，构建"瑞丽-曼德勒-密支那"大三角跨境旅游环线。对国外参展商经瑞丽、畹町口岸入境的参展商品，采取开辟专用绿色通道、延长通关时间、统一担保、会展地海关集中查验等方式，给予相应的通关便利。

（5）财税政策

加强财税政策支持，用足、用好、用活现有的税收优惠政策，对符合国家、省制定的税收优惠政策和瑞丽市优惠政策的旅游企业，可按照相关规定享受税收优惠，适当减免边境旅游公共服务产品税费。全面落实边境旅游企业使用水、电、气与工业企业同价的政策。通过实行较为优惠的税收政策，实现税收减免，为边境旅游开发与发展提供宽松的旅游环境，促进瑞丽市边境旅游的可持续发展。

（6）旅游惠民便民政策

完善老龄人口服务保障机制，着力解决老龄人口"养"和"医"的问题，推动老龄事业发展；建立"居民经济状况核对信息处理平台"，强化各项救助政策和医疗救助政策；加强社会治理工作，提升民政综合能力，以更好地服务人民；开展脱贫工作，以"民政为民、民政爱民"为核心，主动服务瑞丽国家重点开发开放试验区大局，构建"全民惠普"的社会福利制度（王磊，2017）。

3. 整合资金投入力度

（1）增强边境旅游发展财政支持

加大市财政对瑞丽市边境旅游发展的资金投入，根据财力情况逐年增加边境旅游发展专项资金。主要用于边境旅游项目招商引进、购物旅游提档升级、旅游市场开发营销宣传、旅行社和重点人才奖励、支持重点景区建设和创优升级、农业旅游示范点建设、大型节庆活动、旅游培训、旅游商品开发、旅游宣传材料设计和制作、行业社团组织、智慧旅游信息系统建设和维护、旅游服务基础设施建设等。

（2）优化边境旅游投资环境

旅游投资环境是影响区域旅游发展的重要因素，主要包括政治环境、经济环境、法律环境、社会文化环境等。瑞丽市政府要通过政策的倾斜，为旅游投资营造宽松的旅游投资环境，并不断创新投融资机制，促进边境旅游市场和边境旅游发展过程中有足够的资金支持。

（3）完善边境旅游投融资保障体系

在瑞丽市边境旅游发展过程中，应建立起"以市场为主、财政为辅，多渠道、全方位"的投融资体系，保持对边境旅游业高水平建设的有效投入。主要包括制定优惠的投融资政策，允许以资源开发为中心的多元化投资，鼓励非公有制经济在旅游发展中发挥较大的作用等。

（4）拓宽边境旅游投融资渠道

充分发挥政府投资公司的优势，构建旅游投融资平台，探索灵活多样的投融资方式，开拓旅游投融资渠道。鼓励采取 BOT、TOT 等融资方式，加快瑞丽市边境旅游基础设施和配套设施的建设步伐。推进重点旅游企业引进战略伙伴等方式，吸纳更多的社会资金投入。推进景区经营企业化，探索旅游景点开发权、经营权转让的管理办法，吸引更多的企业参与瑞丽市边境旅游资源及其产品的开发建设。

4. 充实人才队伍

旅游业是劳动密集型产业，人才是旅游业竞争力的核心构成（刘祥艳，2018）。因此，旅游行业的发展必须依靠高素质的人才队伍。瑞丽市边境旅游发展要加大人才培养与引进的力度，优化旅游人才结构，加强旅游人才管理，保障旅游行业人才个人素质和整体素质的提高。

（1）优化边境旅游人才结构

坚持"人才兴旅"战略，结合瑞丽市旅游发展的实际状况，加快边境旅游人才培养，优化瑞丽市边境旅游人才结构，着力建设一支素质高、专业强的旅游人才队伍，这不仅是瑞丽市边境旅游发展的重要保障，也是新时期旅游业转型升级的必然要求。积极培养和引进瑞丽市边境旅游行业中高层管理人员，大力培养和引进专业技术人员，重点发展服务技能人员，积极培训乡村旅游经营和服务人员，为促进瑞丽市边境旅游发展提供坚强的人才保证和广泛的智力支持。

（2）加强边境旅游人才培训

完善瑞丽市边境旅游行政管理人才培训体系，提高行政管理人员的综合管理素质和水平。以国家旅游局出台的《旅游职业经理人职业标准》为依据，促进瑞丽市边境旅游企业经营管理人才培训，推行旅游业职业经理人资格认证，不断提高旅游企业经营管理人才的管理能力和水平。推进瑞丽市边境旅游专业技术人才队伍建设，以旅游新知识和新技术更新为主要内容，提高旅游专业技术人才的素质和能力。深化校企合作，建立旅游高技能人才培训基地，完善旅游服务技能人才职业资格体系，提高旅游专业职业院校毕业生的职业素质。

（3）强化边境旅游人才管理

健全瑞丽市边境旅游人才市场，完善旅游人才市场调节机制；建立瑞丽市边境旅游人才市场管理制度，维护人才市场秩序；发挥政策优势，营造良好的环境氛围，吸引外来人才，扶持本地人才；加强对瑞丽市边境旅游行政管理及企业人员的监督与引导，提升旅游从业人员的整体素质和专业化水平；强化瑞丽市人力资源和社会保障部门的职能建设，积极承担旅游人才的合理配置与监管责任。

5. 创新体制机制

按照政府引导、企业为主、市场推动、行业促进的原则，转变发展观念，坚持改革创新，消除制约瑞丽市边境旅游发展的体制机制障碍，建立符合瑞丽市边境旅游发展规律的管理体制、合作机制、监督机制和协调机制。

（1）创新边境旅游管理体制

推动行政管理体制机制创新，提高瑞丽市行政管理权限，在行政审批方面实行"一颗印章审批"，建立集中统一、指挥顺畅、高效有序、运转协调的"瑞丽体制"。促进边境管理创新，深化通关改革，建立电子口岸大通关信息综合平台以及国际贸易"单一窗口"，启动规范、高效、便利、安全的"自助通关"系统，努力建设成为面向西南开放的重要国际陆港城市。开展边境管理体制改革试点工作，完善出入境办证信息系统功能，规范瑞丽市边境旅游市场，建立打击境外赌博长效机制。

（2）创新跨境旅游合作机制

加强对外区域旅游合作，形成跨区域旅游合作体系，逐步实现区域旅游共享、市场共享和利益共享。采取灵活的管理方式和施行特殊的政策，与缅方就跨境旅游合作区内旅游服务标准推广、旅游市场监管、旅游资源整体开发、旅游安全保障等方面深化合作，共同建设游客往来便利、服务优良、管理协调、吸引力强的重要国际旅游目的地。推进中缅旅游合作与保障措施体系建设，消除瑞丽市边境旅游商贸壁垒，加强双边诸多领域的互利合作。加强与东南亚、南亚地区的国际区域旅游交流与合作，建立战略合作伙伴关系，促进瑞丽市边境旅游的国际化发展。

（3）创新边境旅游监督机制

瑞丽市边境旅游发展涉及面广，容易出现制度落实的死角和薄弱环节，监督机制在其边境旅游发展过程中扮演着"眼睛"的角色，保障边境旅游正常发展。第一，改革边境旅游综合执法体制，创新旅游质监执法机构建设，促使旅游执法重心下移，同时健全边境旅游行政执法监督管理制度、完善边境旅游重大案件审查制度、游客投诉高效处理机制和旅游商品信誉担保理赔等机制。第二，创新边境旅游市场监管手段，推动边境旅游标准化建设，增强边境旅游市场监管力度，完善边境旅游市场联动执法机制、旅游市场行政执法与行政监察联动工作机制。第三，促进边境旅游行业诚信体系建设，健全旅游诚信经营服务、企业资质等级评定和失信惩戒淘汰等制度，同时加强对边境旅游企业和从业人员的培训，引导游客文明旅游。

（4）创新旅游发展协调机制

从国际性角度来说，瑞丽市边境旅游发展涉及不同国家的政府、旅游组织、旅游企业以及各国旅游产业结构和相关政策法规，如此差异性必然会引发矛盾。因此，需要建立边（跨）境旅游协调委员会，协调瑞丽市与南亚东南亚国家之间合作的利益关系、协调边境旅游发展中涉及的通关条件、协调跨国旅游突发事件应急措施等事宜。从域内角度来说，瑞丽市边境旅游发展还涉及与周边州（市）、省份的联通，也需在瑞丽市旅游行政部门成立边境旅游协商小组，并与省旅游发展委员会下设的协商机构互联互通，做到及时应对边境旅游发展中出现的问题。

第六章
边境口岸旅游发展空间结构整合与拓展

20世纪90年代以来，国家关于边境旅游相关重大战略决策陆续颁布实施，云南省边境旅游发展迎来良好契机。边境口岸是中国对外开放的形式之一，是边境旅游重要的发展节点与平台，口岸旅游的发展在边境旅游中占据重要地位。经济的发展使人们消费需求和精神需求日益增长，旅游成为人们生活的重要组成部分，旅游的多样化与个性化成为大众需求，口岸虽是边境空间结构中的重要节点，但地域空间范围较小，制约着旅游产品体系的完善，无法满足旅游者需求的个性化与差异化。基于此，口岸旅游空间结构整合与拓展成为口岸旅游进一步发展的有效途径。通过对旅游节点、旅游轴线等旅游空间要素进行整合，有助于壮大口岸旅游实力，对周边区域形成强大的辐射作用并向外拓展，促进边境口岸旅游的进一步壮大，推动区域经济一体化的实现。

云南省不仅拥有丰富多彩且开发潜力巨大的旅游资源和优越的区位条件，而且近年来强有力的政策支撑为边境旅游发展提供了良好的发展机遇。改革开放以来，我国坚持对外开放的基本原则，从特区突破、沿海扩展到沿江、沿边的地域推进战略使陆地边疆地区成为开放的前沿。20世纪90年代以来，中国与周边国家关系缓和，睦邻友好的外交关系为云南省边境旅游发展营造了和谐的大环境。1992年以来，国务院陆续发布关于开放边境城市的通知，为边境旅游发展提供了政策支持。1992年，大湄公河次区域经济合作项目提出。2009年7月胡锦涛在云南考察工作时提出把云南建设成为我国面向西南开放重要桥头堡的重要指示（王健君和王仁贵，2010）。2010年启动了中国-东盟自由贸易区。2011年5月，发布了《国务院关于支持云南省加快建设面向西南开放重要桥头堡的意见》。2013年国家主席习近平提出"一带一路"构想、十八届三中全会做出了沿边开放口岸旅游可以实行特殊方式和政策的决议。2015年习近平总书记考察云南省提出云南要努力成为我国民族团结进步示范区、生态文明建设排头兵、面向南亚东南亚辐射中心的战略定位以及建设"昆明-河内-海防"经济走廊、孟中印缅经济走廊等为云南开展边境旅游带来了重大发展机遇。同时，边境口岸因地处两国交界处，地理位置特殊，存在口岸旅游发展机制体制不全、旅游交通发展滞后等问题，边境口岸旅游发展面临严峻挑战。由此可见，探讨云南省中越边境口岸旅游空间结构特征、旅游发展空间整合与拓展的关系以及如何整合与拓展，有助于更好地应对政策背景下带来的机遇与挑战。

第一节　国内外相关研究

一、边境旅游研究

国外对边境旅游的研究起步较早，研究区域集中在区域社会经济合作比较密切的地区，如欧洲、北美、亚洲、非洲和大洋洲等区域（葛全胜等，2014）。对边境旅游的研究集中在概念界定、边境旅游者研究、边境旅游效应（卢卫，2012）、边境旅游发展影响因素、边境旅游发展管理与调控等方面。在边境旅游概念界定方面，2006 年 Sofield 在 *Border tourism and border communities: an overview* 一文中最先提出"border tourism"一词，并用它来表示边境旅游（王新歌等，2014）。边境旅游者研究以旅游感知、旅游行为和市场研究为主，这些研究可分为边境旅游需求与供给研究。在边境旅游需求研究方面，Lord 等（2008）认为经济、质量、服务和愉悦程度会影响边境旅游者的感知、行为及满意度。Canally 和 Timothy（2007）研究了影响美国墨西哥边境附近的美国大学生跨境旅游决策行为的主要因素。Jakosuo（2011）关注了芬兰边境卡累利阿共和国地区的俄罗斯旅游者对芬兰旅游政策的感知态度，并提出了针对开发俄罗斯市场和提升俄罗斯旅游者购买力的措施。在边境旅游供给研究方面，主要集中在边境旅游资源和边境旅游开发两方面。Barera 和 Trejo（2000）对墨西哥边境城镇的历史文化资源是否可开发为旅游资源做了评价。Saxena 和 Ilbery（2010）关注英格兰威尔士边界地区传统乡村旅游资源的开发，提出个体要加强创新性实践。边境旅游效应研究主要集中在经济效应、社会效应、环境效应和国际关系效应等方面。在经济效应研究方面，Hampton（2010）发现边境旅游的发展有助于促进边境地区经济的增长、提供更多的就业机会以及通过合作与其他地区构建紧密的经济联系。在社会效应研究方面，Prokkola（2010）发现边境旅游的发展有助于加强边境区域之间的联系，从而促进区域认同以及形成"无边界"的区域形象特征。在环境效应研究方面，有积极效应和消极效应，在积极效应方面，Ferreira（2004）认为，发展边境旅游能够有效保护当地生态环境；在消极效应方面，Michael（2005）认为边境旅游者对当地葡萄酒厂的生物安全造成威胁。在国际关系效应研究方面，主要集中在国际合作与冲突研究，Gelbman（2008）剖析了以色列和埃及、约旦、叙利亚、巴勒斯坦边境旅游的冲突机制和解决途径。边境旅游发展影响因素主要有通关手续便利性、社区参与、服务质量等。Timothy 和 Tosun（2003）认为通关手续便利性程度直接影响到旅游者是否选择出游。Spierenburg（2011）在对非洲南部跨越三国的大林波波跨国公园进行研究分析时，认为生态保护有利于当地居民收获利益。Igu 等（2010）认为旅游服务质量在旅游发展中占据着举足轻重的地位，因此提出相关提升旅游服务质量的培训计划。边境旅游发展管理与调控研究主要集中在机制体制建立、旅游资源开发与保护、管控工具采用等方面。Timothy（1999）构建了跨境旅游合作管理模式，强调跨界合作以及部门之间的协调作用。Arrington（2009）认为殖民与后殖民时代政府采取的一些政策对津巴布韦和赞比亚两国边境的维多利亚大瀑布旅游区域具有很大影响。

国内对边境旅游的研究起步较晚，张广瑞（1997b）的《中国边境旅游发展的战略与政策选择》一文是关于边境旅游最早的研究，此后逐渐受到国内部分学者的广泛关注。通过中国知网、中国期刊全文数据库、中国博士学位论文全文数据库和中国优秀硕士学位论文全文数据库进行检索，对几乎所有涉足边境旅游研究的文章进行分析，发现国内研究主要集中在边境旅游概念界定，边境旅游供需，边境旅游发展现状、问题、对策与模式，边境旅游影响因素和驱动机制，边境旅游发展战略等方面。张广瑞（1997a）将边境旅游定义为：边境旅游是人们通过边境口岸所进行的跨越国境的旅游活动。在边境旅游供需方面，毕燕等（2011）对边境旅游者进行调查统计，运用对比分析方法对边境旅游需求特征进行相关分析，旨在对旅游产品开发提供借鉴。卢迪（2016）通过数据收集，对广西中越边境旅游客源需求特征进行了分析。在边境旅游发展模式方面，李凡（2015）在借鉴国内外多个区域边境旅游发展的基础上，构建了云南省边境口岸旅游发展模式。在边境旅游驱动机制方面，韩璐和明庆忠（2016）根据边境、边境民族、边境民族文化与边境旅游等要素构建边境民族文化旅游发展的内部驱动机制，从系统发展论视角，提炼了由引导、推动、实践、保障四重推进体系构成外部驱动机制，并系统构建了边境民族文化旅游的驱动机制。在边境旅游发展战略方面，熊远光（2015）通过实地调研，结合边境地区实际情况，分析边境旅游现状以及适合发展边境旅游的不同业态，提出以旅游业为主导产业的社会经济发展战略。贺传阅（2014）在对黑龙江省边境旅游发展现状以及优劣势分析的基础上，提出黑龙江省边境旅游发展应采取的战略。

综合以上关于边境旅游的研究，无论是在研究视角还是在研究方法上，国内外都存在很大差异（表6-1）。在研究方法上，国外以定量研究为主，包括回归分析、因子分析、方差分析、聚类分析等统计分析方法（王新歌等，2014）。而国内绝大多数研究以描述性的定性研究方法为主，尤其"现状-问题-对策"类文章居多，定量研究占少数。

表 6-1　国内外边境旅游研究视角对比

国外		国内	
边境旅游概念界定			
边境旅游	旅游感知 旅游行为 市场研究	边境旅游供需	边境旅游供给 边境旅游需求
边境旅游发展影响因素	通关手续便利性 社区参与 服务质量	边境旅游发展现状、问题、对策与模式	现状、问题与对策模式
边境旅游发展管理与调控	机制体制建立 旅游资源开发与保护 管控工具采用	边境旅游影响因素和驱动机制	影响因素 驱动机制
边境旅游效应	经济效应 社会效应 环境效应 国际关系效应	边境旅游发展战略	

二、边境口岸旅游研究

由于发展历程和背景不同，国外学者对口岸的研究较多，但以沿边口岸旅游为研究对象的较少，主要侧重于口岸旅游发展模式研究。Dredge（1999）提出目的地区域模式，突出区域口岸目的地的地位，并将目的地区域模式分为三种：单节点模式、多节点模式和链状节点模式。Dredge 认为，在区域旅游目的地空间结构研究中应重视口岸，指出口岸是目的地与旅游交通的连接体，很有借鉴价值，但 Dredge 仅将口岸作为交通连接点考虑有失偏颇，边境口岸区域同样可以作为特殊的旅游目的地加以合作开发（王辉和杨兆萍，2011）。我国关于边境口岸旅游的研究起步于 20 世纪 90 年代。虽然只有 20 余年的研究历程，但研究视角广泛，包括口岸入境旅游流的空间结构分析、与口岸相关的边境旅游研究、口岸跨国旅游合作研究等。李创新等（2011）基于空间场理论，应用多种定量方法从动态的角度分析了口岸入境旅游流空间场效应，根据数据结果划分了三大典型入境旅游区，最终选取丝路东段典型区进行实证研究。王辉和杨兆萍（2011）以分析口岸跨国旅游合作的时空格局为导引，采取案例研究的方式，进一步分析新疆吉木乃口岸在跨国旅游合作发展方面应采取的总体机制和实践途径（王辉和杨兆萍，2011）。

三、旅游空间研究

旅游地理空间研究在20世纪60年代成为国外研究热点，主要缘于地理理论的基础支撑。国外学者关于旅游空间研究主要集中在理论与模型研究，且理论研究涉足较早。30年代，德国城市地理学家克里斯塔勒（Christaller）最先提出了人文地理学重要理论——中心地理论（吴必虎，2001）。50年代，增长极理论首次出现在法国经济学家裴鲁（Perroux）的著作《经济空间：理论与应用》中（郑道文，2001）。60年代，克里斯塔勒、隆格伦（Lundgren）、米奥塞克（Miossec）等学者将旅游区位论用于游憩活动和地理空间的结构关系研究中，对区域旅游业的布局模式、旅游地的空间相互作用等进行了相应研究（吴必虎，2001）。70年代，Hills和Lundgren（1977）首次创立了核心-边缘理论模型，提出了核心区域对边缘区域具有极强的带动作用，这一理论在后期旅游区域空间研究中得到了广泛应用。这些理论都为后期旅游空间相关研究提供了强有力的支撑与指导。Smith运用多种地理与数学相结合的方法对旅游空间结构进行相关研究，主要有平均中心、标准距离、标准偏差椭圆、紧密度系数、连接度系数和最邻近点指数效应等定量方法（卞显红，2005）。Kazimierczak以里昂和曼彻斯特为例，分析这两个城市的典型特点包括不同的"旅游传记"，以及不同的空间和功能结构，并在此基础上，提出了实施中部地区工业用地振兴的不同途径，对形成这两个城市的新型旅游空间具有重要意义（Jarosław，2012）。

国内关于旅游空间的研究90%以上都是旅游空间结构的研究。陆大道认为，区域空间结构是指在一定范围内社会经济客体在空间中的相互作用和相互关系，以及反映这种关系的客体和现象所形成的空间集聚程度和集聚状态（刘乃全，2012）。学术界对旅游空间结构的研究，起源于经典的区划研究，并在此基础上，延伸到了旅游地域系统研究，可以说旅游空间结构研究是在这两种研究的基础上新的跨越（吴必虎，2001）。国内关于这一领域的研究是在20世纪90年代以后，通过文献检索可以发现，国内大部分学者的研究视角集中在旅游空间结构演化、旅游空间结构优化等方面，少量学者研究旅游空间功能以单旅游元素和旅游业态为主，如旅游资源、旅游流、休闲旅游、乡村旅游等空间结构的研究。研究方法虽以理论研究和实证研究为主，但相对来说，实证研究居多。在理论研究方面，唐仲霞（2011）从核心-边缘理论的角度出发，研究了陕西省入境旅游区域空间结构的时空演化及关键影响制约因素。李杰（2013）尝试从产业融合的视角，构建了文化旅游空间理论体系。章锦河（2005）从旅游场理论角度，探讨了旅游区域空间竞争理论。在实证研究方面，周成（2014a）运用多种定量方法，动态分析了山西省入境旅游时空演化特征与规律，并据此提出相应的发展策略。南宇（2013）从区域合作的角度探讨了西北五省区旅游空间结构，从点轴到网，尝试构建西北区域旅游空间网络和圈层。黄华（2012）以云南省为例，对其旅游空间结构的形成与演化进行研究，以促进云南省旅游一体化的发展。程晓丽和黄国萍（2012）分析了安徽省旅游空间结构发展经历的阶段模式，提出打造"点-轴-区"的空间发展优化策略。周爱梅（2012）以中原经济区为发展的大背景，从"点-轴"的角度提出构建河南省旅游空间格局的策略以及优化发展的建议。

四、旅游空间结构整合与拓展研究

1. 旅游空间结构整合研究

国外关于旅游空间结构整合研究主要侧重于区域旅游整合，强调的是地理学视角下旅游空间区域之间的合作、协作。旅游资源整合是区域旅游整合研究重要的细分内容，而且已将其作为单独内容加以深入研究，强调的是将原来无序、散乱的旅游资源通过一定的标准进行整合，使之产生更大的效益，竞争力更强。Inskeep等曾提出"协作、合作"，研究分析了区域之间旅游的合作（Inskeep，1991）。虽然"大旅游、大市场、大产业"热潮到来，国内关于旅游空间结构整合的研究越来越多，但关于拓展的研究相对较少，与国外研究相近，大部分旅游空间结构整合研究集中在旅游资源整合、旅游区域整合等。每个区域的旅游发展，在极大程度上与周边有着不可分割的空间互动关系，因此国内关于整合的研究很大一部分是基于合作的研究视角。在整合研究方面，司捷（2016）从资源整合的角度出发，对秦岭北麓五台山文化旅游名镇空间进行优化分析。刘云（2011）对云南省的温泉旅游空间结构进行分析，并采用整合的思想对其进行重构研究。喻萧萧（2009）以山东省为例，探讨了旅游空间结构演化的趋势，并利用整合的思路来优化旅游空间结构。谭卯英（2014）应用地理信息系统方法系统探讨了湖北武陵山区的旅游空间结构,分析其存在的问题并提出整合策略。

2. 旅游空间拓展研究

关于旅游空间拓展研究,国外更多探讨的是跨界研究,认为跨界就是拓展研究的内容。Timothy 认为跨界区域旅游产业发展主要包括跨界旅游竞争、互补和协作等(刘德云和吕斌,2009)。而国内大部分学者都聚焦于城市旅游空间拓展研究、旅游市场空间拓展研究、旅游产业空间拓展研究等方面。在城市旅游空间拓展研究方面,樊芳卉(2010)以核心-边缘理论为支撑,从动态发展的角度出发,对平凉这个省际边界城市的旅游发展空间进行拓展。在旅游市场空间拓展研究方面,周成(2014b)从多种定量研究方法着手,对泰国旅华游客市场的时空结构特征与演变趋势进行分析,并提出相关拓展策略。刘宁宁(2011)在理论分析的基础上,分析内蒙古入境旅游市场的空间结构特征以及存在的问题,并提出相应的拓展策略。在旅游产业空间拓展研究方面,马丽卿(2006)通过对海洋旅游产业区域空间结构基本要素和产业布局模式进行分析,总结了海洋旅游产业空间结构拓展的意义,提出了区域合作、产品创新、产业整合等海洋旅游产业空间拓展的方法。

综上所述,有关边境旅游、边境口岸旅游、旅游空间、旅游空间结构整合与旅游空间拓展的研究成果较丰硕,对于本书有很高的参考价值,但是依然有一些问题值得深入探讨。现有研究鲜见:边境口岸与旅游空间结构相结合的相关研究;旅游空间结构整合与拓展相结合的研究;边缘向内陆拓展的研究。本书正是基于这样的研究背景,对云南省中越边境口岸旅游发展空间进行整合与拓展的相关分析和探究,其研究不仅有利于促进云南省中越边境旅游发展,还可为其他地区边境口岸旅游研究和发展提供有益的参考和借鉴。

第二节 云南省中越边境口岸旅游空间结构现状分析

一、云南省中越边境口岸区域环境

云南省中越边境口岸众多,包括金水河口岸、河口口岸、天保口岸、都龙口岸和田蓬口岸。其中金水河口岸原称那发口岸,位于红河州金平县境内,是国家一类公路口岸，与越南莱州省马鹿塘口岸相邻。河口口岸位于红河州河口县境内，是云南省中越边境段最大的口岸，既是国家一类铁路口岸，也是国家一类公路口岸，与越南老街省老街口岸相邻。天保口岸位于文山州麻栗坡县境内，为国家一类公路口岸，与越南河江省清水河口岸相邻。田蓬口岸位于文山州富宁县境内，为国家二类公路口岸，与越南河江省上蓬口岸相邻。都龙口岸位于文山州马关县境内，为云南省省级公路口岸，与越南河江省箐门口岸相邻（图6-1）。

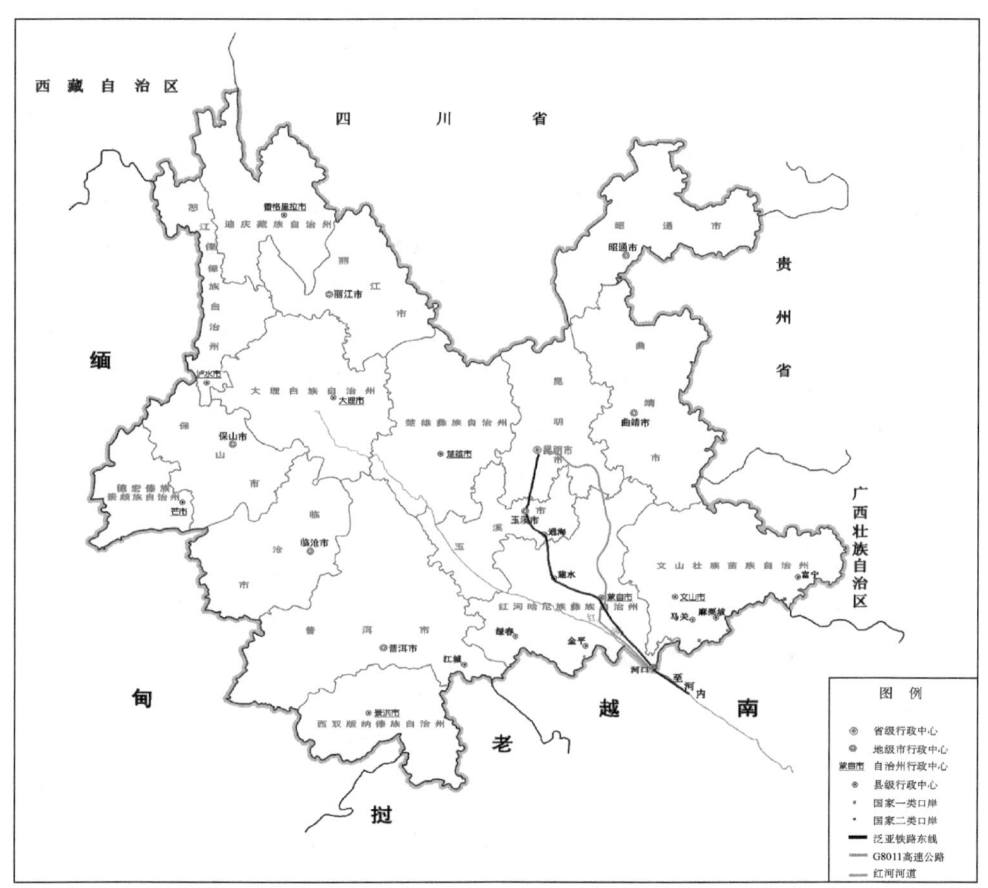

图6-1　云南省中越边境区域概况图（详见书末彩图）

1. 自然地理环境

云南省地处西南陆疆，属典型的高原山区省份，险峰峡谷纵横交错，江河溪流源远流长，湖泊温泉星罗棋布集中显现了云南省地理特征。云南省中越边境口岸区域地处云南省东南部,地处东经 103°97′～105°62′、北纬 22°52′～23°63′,区内地势西高东低,与越南交界的河口县境内南溪河与元江汇合处是云南省海拔最低点,海拔约 76.4 米(苏贵山,2009)。该区域是典型的亚热带季风气候区,气候温暖宜人,常年空气湿润,降水丰沛,河流众多,拥有丰富的溶洞、地热等自然资源,具有较高的观赏与科考价值。

2. 经济发展环境

(1)经济发展不平衡

尽管近年来云南省中越边境口岸区域经济发展取得了较大进步,但与云南省和全国经济发展平均水平相比仍然存在很大差距,因区域经济结构的差异,这种差距将会不断扩大(安平平和张择,2014)。主要缘于云南省中越边境口岸区域发展仍以传统农业为主,工业、建筑业和服务业发展缓慢。在五个边境口岸中,因口岸级别大小不同,每年口岸贸易额大相径庭。通过查阅中越边境县国民经济和社会发展统计公报,2016 年河口口岸进出口贸易总额为 106.34 亿元,金水河口岸进出口贸易总额为 14.06 亿元,天保口岸进出口贸易总额为 40.7 亿元,田蓬口岸进出口贸易总额为 8.35 亿元,都龙口岸进出口贸易总额为 4.20 亿元。可见,云南省中越边境口岸经济发展不平衡。

(2)经济发展取得长足进步

"一带一路"、西部大开发等的深入实施以及兴边富民、扶贫开发等一系列重大举措的深入推进,有效促进了云南省中越沿边地区经济社会的发展。口岸经济是助推沿边经济发展的重要"抓手"。得益于独特的地理区位,云南省中越边境口岸很早就以贸易为主,据考究,最迟不晚于公元 8～10 世纪的"南诏"时期。河口口岸、天保口岸、金水河口岸、田蓬口岸和都龙口岸是该区重要的出入境通道,推进了云南省中越沿边经济和通道经济的快速发展。直至目前,边境贸易互市一直是边境口岸主要的经济活动。边境区域依托口岸优越的地理条件发展边境贸易,促进三大产业的发展。近年来,依托特殊的区位条件,云南省中越边境政府部门转变发展观念,以旅游融合为导向,发展以边境口岸旅游为典型代表的新业态,边境口岸旅游成为云南省中越边境重要的经济发展组成部分。通过查阅《云南统计年鉴 2017》和《云南统计年鉴

2018》，2016 年云南省中越边境旅游共接待旅游人次 927.35 万人次，旅游收入 80.6 亿元。

3. 社会文化环境

云南省中越边境口岸线长，横跨两个边境州和五个边境县，边境口岸线上居住着壮族、瑶族、哈尼族、彝族和苗族等世居少数民族，各少数民族文化颇有特色，衣、食、住、行以及待人接物、节庆、婚丧习俗都保留着优良的民族传统，少数民族节庆众多且特色突出，如彝族的百诗佳节、哈尼族的嘎汤帕节、瑶族的盘王节等，形成了缤纷绚烂的少数民族文化。同时，云南省中越沿边地区是中华文化圈与南亚、东南亚文化圈的边缘和交会地带之一，各种文化节日成为跨境民族广交朋友、睦邻友好和展示美好形象的载体。

二、云南省中越边境口岸旅游业发展现状

口岸旅游是边境旅游重要的组成部分，口岸旅游的发展要从边境旅游发展历程说起。云南省边境旅游业起步早，发端于 20 世纪 80 年代末至 90 年代初，以边境易货贸易为主要动力，并陆续开通了十余条边（跨）境旅游线路。但发展步履受阻，2005 年因专项整治工作而全面停止边境旅游异地办证业务。直至 2013 年在国家加快实施沿边对外开放战略的大背景下，旅游异地办证工作得到重启并经国家旅游局批准新增了多条边（跨）境旅游线路，云南省边境旅游正式踏入了发展的第二轮春天，这一轮重启却因以前的影响等而举步维艰，可以说一直在荆棘之路不断探索发展的新路径和新出口。口岸是国际出入大通道，边境旅游的发展在极大程度上助推了口岸旅游的发展。通过查阅 2015～2017 年《云南统计年鉴》以及从各州（市）旅游发展委员会、边境县（市）旅游部门获取数据资料，经整理统计发现 2014～2016 年云南省中越边境口岸县域旅游收入与旅游人次呈现持续上升的发展态势（图 6-2 和图 6-3）。其中，2016 年云南省中越边境口岸在口岸入境一日游外汇收入与口岸入境一日游人数上再创新佳绩（表 6-2）。

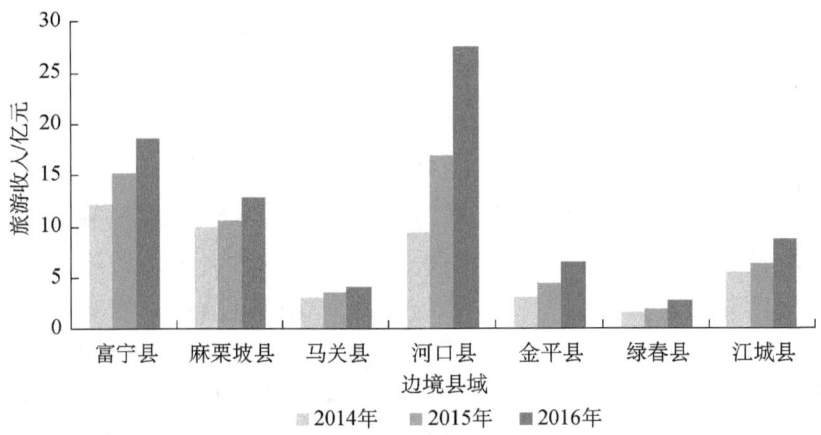

图 6-2　2014~2016 年云南省中越边境县域旅游收入概况

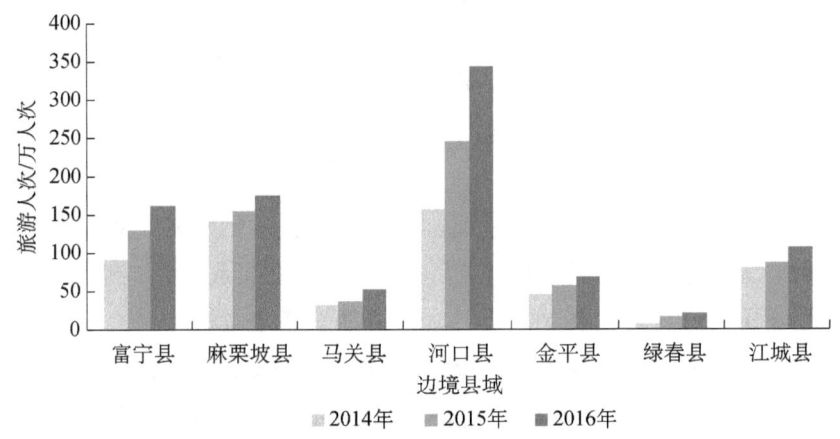

图 6-3　2014~2016 年云南省中越边境县域旅游人次概况

表 6-2　2016 年云南省中越边境口岸旅游发展数据统计

州	口岸	口岸入境一日游人数/万人次	占全州旅游人数比重/%	口岸入境一日游外汇收入/亿美元	占全州旅游外汇收入比重/%
红河州	金水河口岸 河口口岸	134.73	3.80	0.95	35.06
文山州	都龙口岸 天保口岸 田蓬口岸	61.28	4.11	0.43	69.35

云南省中越边境口岸区域属于滇东南"喀斯特山水文化旅游区"的重要区域，受地理、气候等因素影响，孕育了丰富奇特的旅游资源，包括高山河谷、

地热温泉、口岸风光、岩溶洞穴、商贸购物、民俗风情等多种旅游体验内容。通过与越南合作，开辟了以河口口岸、麻栗坡口岸为基点的三条滇越边境口岸旅游线路（河口-广宁八日游、河口-沙巴两日游、麻栗坡-河江两日游），形成了基本的旅游线路产品体系。总体来看，云南省中越边境口岸旅游业发展趋势良好。

三、云南省中越边境口岸区域旅游空间结构分析与评价

区域空间结构是指各种经济活动在区域内的空间分布状态和空间组合形式。一般地，区域空间结构由点、线、网络和域面四个基本要素组成（孙杰，2011）。旅游的综合性决定了旅游空间结构要素的复杂性。依据口岸旅游的狭义定义：在口岸进行的旅游活动称为口岸旅游，区域范围的狭窄性无法科学衡量旅游节点。因此，依据口岸旅游的广义定义：在口岸和口岸辐射范围区域内进行的旅游活动皆可称为口岸旅游。而口岸所属县域是口岸辐射范围最强的区域，因此本书考虑到口岸旅游的特殊性，以口岸所属县域的旅游资源代表口岸旅游节点，口岸所属县域联通口岸的旅游交通代表口岸旅游轴线，口岸所属的五个边境县域代表口岸旅游域面，以此分析评价云南省中越边境口岸区域旅游空间结构现状。

1. 口岸区域旅游资源空间结构分析

（1）云南省中越边境口岸区域旅游资源概况

云南省中越边境口岸地处云南省东南部，山丘连绵起伏，喀斯特地貌特征典型，常年亚热带季风气候孕育了种类丰富、珍稀奇特的动植物。另外，云南省中越边境口岸区域是边关文化、民族文化、红色文化等多元文化聚集的区域。因此，云南省中越边境口岸旅游资源丰富，通过实地调研、查阅云南省中越边境区域相关旅游政务网等方式，获取了主要旅游资源81项，依据《旅游资源分类、调查与评价》（GB/T 18972—2003）对云南省中越边境口岸主要旅游资源进行了科学分类，并简单归纳如表6-3所示。

表6-3　云南省中越边境口岸区域主要旅游资源分类情况

主类	亚类	代表性资源
A 地文景观	AA 综合自然旅游地	老山、十层大山、大围山、分水岭、蝴蝶谷、红河谷、西隆山
	AC 地质地貌过程形迹	麻栗坡将军洞、花鱼洞、清华洞、天生桥溶洞

续表

主类	亚类	代表性资源
B 水域风光	BA 河段	红河、南溪河、驮娘江
	BC 瀑布	花鱼洞瀑布、马鞍底瀑布群、五台山瀑布群、普阳瀑布、拉灯旅游景观瀑布群、堡堡寨瀑布
	BD 泉	勐拉温泉、普洱温泉
C 生物景观	CA 树木	石灰山季雨林、古林箐原始森林、花鱼洞国家森林公园、勐桥万亩蕉林
	CB 草原与草地	坪河大草地
	CC 花卉地	干坝子杜鹃花海
D 天象与气候景观	DB 天象与气候现象	大围山云雾、大吉厂云海、戈浩避暑山庄、以古林箐为代表的避暑气候、以河口为代表的避寒气候
E 遗址遗迹	EB 社会经济文化活动遗址遗迹	孤山洞遗址、滇越铁路、河口古炮台、老山自卫反击战遗址
F 建筑与设施	FA 综合人文旅游地	河口口岸、金水河口岸、麻栗坡口岸、都龙口岸、田蓬口岸、河口海关旧址、河口邮政局旧址、河口对汛督办公署旧址、马关中山公园
	FB 单体活动场馆	云南低海拔体育训练基地富宁基地旅游带
	FC 景观建筑与附属型建筑	中越界碑、麻栗坡大王岩岩画、安平广场、迁城所摩崖
	FD 居住地与社区	剥隘坡芽歌书文化生态村、归朝老街三寨稻作文化生态旅游村、老山作战纪念馆、都龙古镇、河口越南城、都龙边境集市、标水岩村、"老山第一村"小坪寨瑶族村、普洱民居、八布乡、麻栗镇、牙牌村、布瑞村
	FE 归葬地	麻栗坡烈士陵园、金平县烈士陵园
	FF 交通建筑	中越铁路大桥、公路大桥、乐善桥
	FG 水工建筑	马鞍山水库
G 旅游商品	GA 地方旅游商品	边境少数民族特色菜、手工艺品、特色服饰、配饰等
H 人文活动	HA 人事记录	河口起义、营盘山抗日工事
	HC 民间习俗	花山节、泼水节、盘王节等
	HD 现代节庆	中老越三国丢包狂欢节、中越边交会等

在《旅游资源分类、调查与评价》（GB/T 18972—2003）中旅游资源共拥有主类 8 个，亚类 31 个，基本类型 155 个。通过统计，云南省中越边境口岸沿线一带共拥有 8 个主类、21 个亚类和 36 个基本类型的旅游资源类目，其中主类拥有率达 100%；亚类占总类型的 68%；基本类型占总类型的 23%。在 81 个单体旅游资源中，人文旅游资源占比为 59%，高于自然旅游资源。总体来说，云南省中越边境口岸旅游资源较丰富（表 6-3 和表 6-4）。

表 6-4　云南省中越边境口岸区域旅游资源丰度评价

分类	主类/个	亚类/个	基本类型/个	单体资源/个	占总类型的比重/%			
					主类	亚类	基本类型	单体资源
自然旅游资源	地文景观	2	4	11	50	29	8	41
	水域风光	3	3	11				
	生物景观	3	3	6				
	天象与气候景观	1	3	5				
人文旅游资源	遗址遗迹	1	3	4	50	39	15	59
	建筑与设施	7	14	33				
	旅游商品	1	2	4				
	人文活动	3	4	7				
总计	8	21	36	81	100	68	23	100

(2) 云南省中越边境口岸区域旅游资源空间结构分析

1) 云南省中越边境口岸区域旅游资源空间分布。旅游产品是旅游者选择旅游目的地考虑的重要因素，甚至是决定性因素，在极大程度上关乎区域旅游业发展水平。旅游资源是旅游产品开发的先决条件，区域自然地理特征、历史文化等的差异，造成区域旅游资源禀赋存在差异，在空间分布上差异显著。高等级旅游资源的空间分布特征更能衡量区域旅游发展先决条件的优劣，因此以五个边境口岸所属县域列级旅游资源作为高等级旅游资源的代表，整理如表 6-5 和图 6-4 表示。

表 6-5　云南省中越边境口岸区域列级旅游资源空间分布

等级分类	旅游资源	所属区域
国家公园	大围山国家公园	河口县
国家森林公园	花鱼洞国家森林公园	河口县
国家级自然保护区	大围山国家级自然保护区河口部分	河口县
	金平分水岭国家级自然保护区	金平县
国家级边境口岸	田蓬口岸	富宁县
	天保口岸	麻栗坡县
	河口口岸	河口县
	金水河口岸	金平县
省级风景名胜区	驮娘江省级风景名胜区	富宁县
	老山省级风景名胜区	麻栗坡县

续表

等级分类	旅游资源	所属区域
省级风景名胜区	大围山省级风景名胜区、南溪河省级风景名胜区	河口县
省级自然保护区	驮娘江省级自然保护区	富宁县
	西隆山省级自然保护区	金平县
	老山省级自然保护区	麻栗坡县
	古林箐省级自然保护区、老君山省级自然保护区	马关县
省级少数民族特色旅游村寨	仁和镇阿峨村委会新寨村	马关县
省级重点文物保护单位	河口海关旧址	河口县
省级森林公园	大围山省级森林公园	河口县
省级口岸	都龙口岸	马关县

资料来源：《云南省边（跨）境旅游专项规划（2018—2030年）》

云南省中越边境口岸区域拥有国家公园1处，国家森林公园1处，国家级自然保护区2处，国家级边境口岸4处，省级风景名胜区4处，省级自然保护区5处等，资源结构层次丰富，具有较高的观赏价值、科考价值与文化价值。

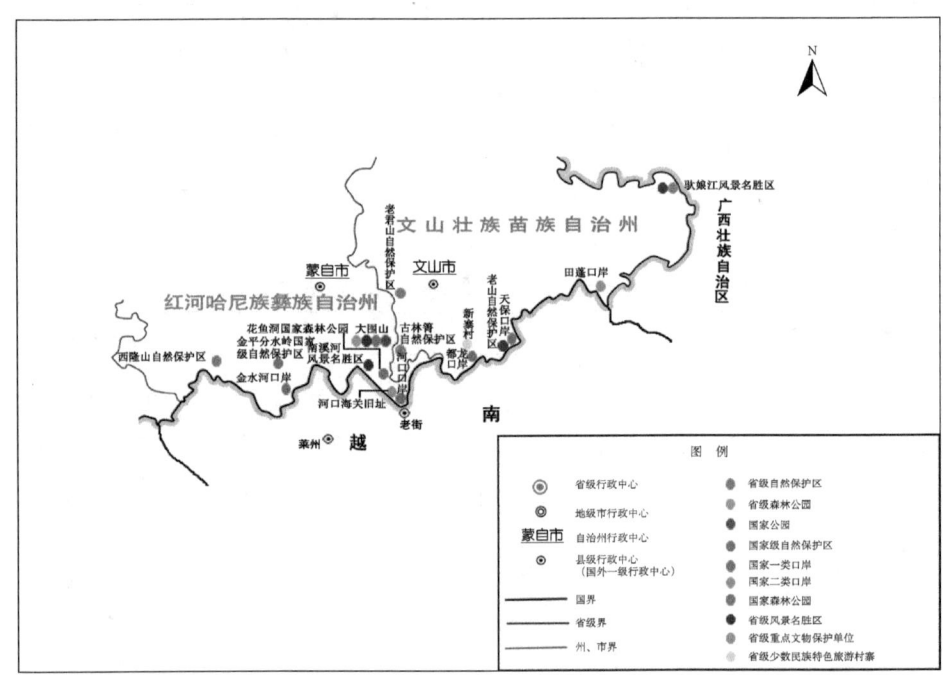

图6-4　云南省中越边境口岸区域列级旅游资源空间分布图（详见书末彩图）

2）云南省中越边境口岸区域高质量旅游资源空间分布特征。选取列级旅游景区代表云南省中越边境口岸区域高质量旅游资源，旅游景区在地理空间范围上呈点状分布，每一个景区都是一个点状要素（程瑞芳，2016）。本书引入最邻近点指数法，判断点状要素的空间分布状态。定义最邻近点指数 R 为

$$R = \frac{\overline{r_1}}{\overline{r_E}} = 2\sqrt{D} \cdot \sqrt{r_1} \quad （6-1）$$

式中，$\overline{r_1}$ 为最邻近点之间距离 r_1 的平均值，可运用精确比例尺在地图上测量出每个点与其最邻近点之间的直线距离 r_1，取其平均值 $\overline{r_1}$；$\overline{r_E}$ 为理论最邻近距离，计算公式如下：

$$\overline{r_E} = \frac{1}{2\sqrt{n/A}} = \frac{1}{2\sqrt{D}} \quad （6-2）$$

式中，A 为区域面积；n 为区域内点状的要素数量；D 为点密度。当 $R=1$ 时，$\overline{r_1} = \overline{r_E}$，点状要素随机分布；当 $R>1$ 时，$\overline{r_1} > \overline{r_E}$，点状要素趋于分散分布；当 $R<1$ 时，$\overline{r_1} < \overline{r_E}$，点状要素趋于聚集分布（程瑞芳，2016）。根据式（6-1）和式（6-2），计算云南省中越边境口岸区域列级旅游景区的最邻近点指数（表6-6）。

表 6-6　云南省中越边境口岸区域高质量旅游资源空间分布特征

空间区域	依托口岸	列级旅游资源/个	比重/%	最邻近点平均值 $\overline{r_1}$/公里	理论最邻近距离 $\overline{r_E}$/公里	最邻近指数 R	空间分布状态
富宁县	田蓬口岸	3	14.28	53.97	12.93	4.17	分散
麻栗坡县	天保口岸	3	14.28	26.30	12.08	2.17	分散
马关县	都龙口岸	4	19.05	15.80	18.60	0.85	聚集
河口县	河口口岸	8	38.01	3.12	6.45	0.48	聚集
金平县	金水河口岸	3	14.28	43.07	17.50	2.46	分散
总计		21	100.00	—	—	—	

由表6-6可知，云南省中越边境口岸区域高质量旅游资源空间分布不均现象显著。其中，马关县和河口县旅游资源空间分布呈现聚集状态，富宁县、麻栗坡县和金平县旅游资源空间分布呈现分散状态（图6-5）。

2. 区域旅游交通空间结构分析

（1）云南省中越边境口岸区域旅游交通网络现状

泛亚铁路、G8011高等级公路等国际大通道以及云桂高铁和红河黄金水道联通云南省中越边境口岸区域，因此云南省中越沿边地区拥有独特的交通区位

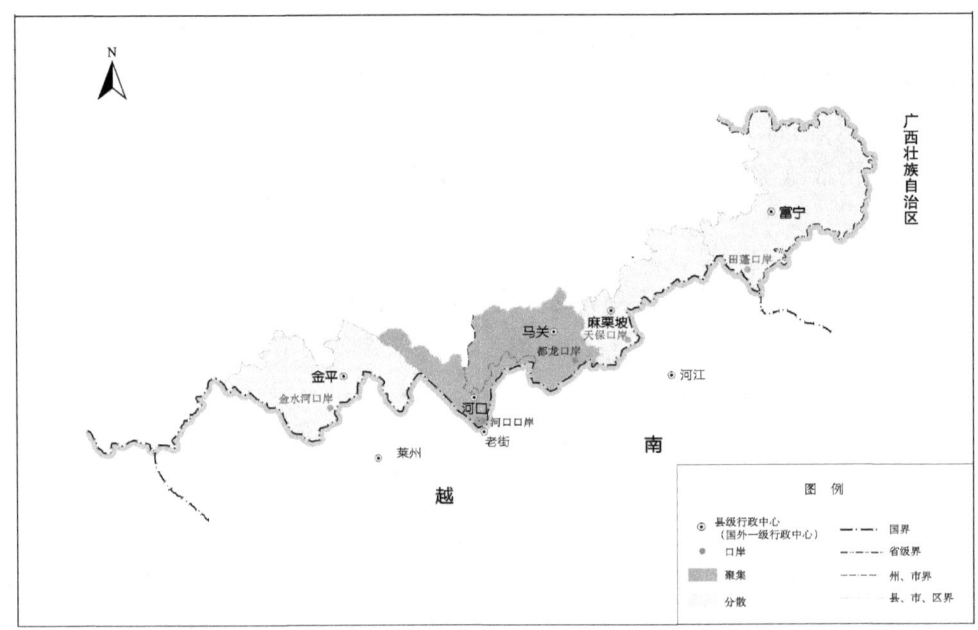

图 6-5　云南省中越边境口岸区域高质量旅游资源空间分布特征图（详见书末彩图）

优势。其中，泛亚铁路东线经云南省昆明市、蒙自市，在河口县出境连接越南、柬埔寨、泰国、新加坡；G8011 由河口县出境，连接越南老街、安沛等地；云桂高铁经昆明市、弥勒市、丘北县、广南县，在富宁县出云南省直达广西壮族自治区、广东省。另外，云南省中越沿边地区已开通天保口岸、河口口岸、金水河口岸、都龙口岸（国家一类口岸）、田蓬口岸（国家二类口岸）5 个边境口岸以及近十条边境通道，与越南乃至东南亚、南亚其他国家和地区交往便捷，是中国沟通东南亚、南亚地区的主要陆上通道之一，沿边开放条件极其优越。

（2）云南省中越边境口岸区域旅游交通空间结构特征分析

旅游交通是联通客源地与目的地的桥梁，是旅游发展的重要组成部分。旅游交通空间结构是指由公路、铁路、航空和水路等交通类别在地理空间上呈现的网络特征，是旅游空间结构体系之一。学术界关于旅游交通空间结构评价方法的研究很多，本章引用空间拓扑分析法分析云南省中越边境口岸区域旅游交通的空间结构特征。

空间拓扑分析法包括节点（顶点）数目、连线（边或弧）数目、网络中子图数目三个基础指标,在此将其分别记为 M、H、G,由这三个度量指标计算得出三个一般性的测度指标:分别记为 α 指数、β 指数、γ 指数(魏鸿雁和章锦河,2005)。本章以区域内列级旅游资源作为旅游网络节点,以连接这些列级旅游资源的交通干线作为边,形成云南省中越边境口岸区域旅游交通空间拓扑结构图(图6-6,表6-7)。

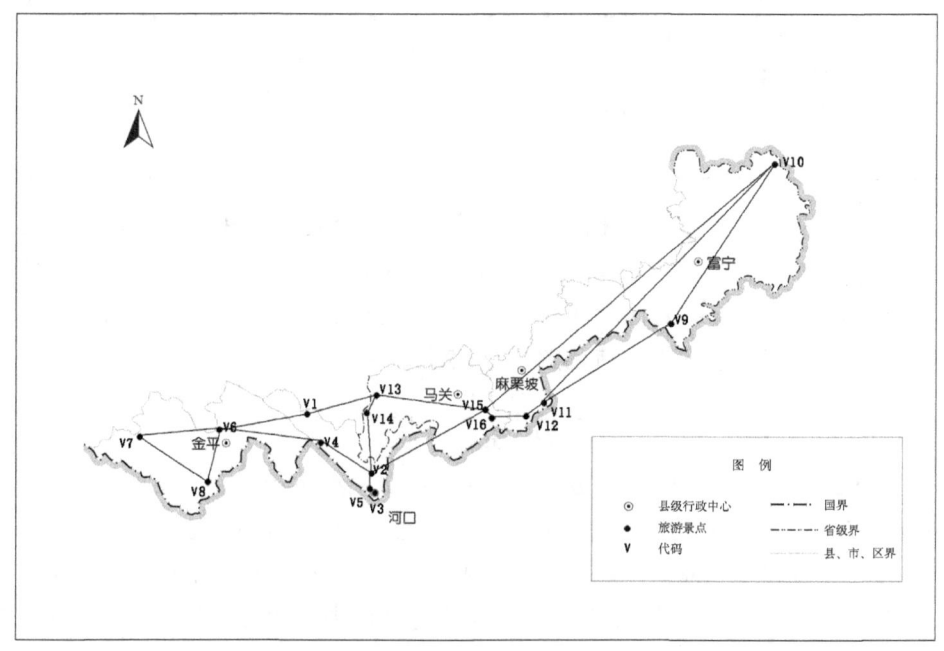

图 6-6　云南省中越边境口岸区域旅游交通空间拓扑关系图

表 6-7　云南省中越边境口岸区域列级旅游资源及其空间拓扑平面图代码

行政区划	列级旅游资源	代码
河口县	大围山国家公园、大围山国家级自然保护区河口部分、大围山省级风景名胜区、大围山省级森林公园	V_1
	花鱼洞国家森林公园	V_2
	河口口岸	V_3
	南溪河省级风景名胜区	V_4
	河口海关旧址	V_5
金平县	金平分水岭国家级自然保护区	V_6
	西隆山省级自然保护区	V_7
	金水河口岸	V_8

续表

行政区划	列级旅游资源	代码
富宁县	田蓬口岸	V_9
	驮娘江省级风景名胜区、驮娘江省级自然保护区	V_{10}
麻栗坡县	天保口岸	V_{11}
	老山省级风景名胜区、老山省级自然保护区	V_{12}
马关县	老君山省级自然保护区	V_{13}
	古林箐省级自然保护区	V_{14}
	仁和镇阿峨村委会新寨村	V_{15}
	都龙口岸	V_{16}

1) α 指数。α 指数是用来度量一个区域旅游交通网络回路性的指标，是交通网络回路数观察值与理论最大值的比率，通常 α 值的范围在[0, 1]，其值越大，则说明区域的网络回路性越好，当 $\alpha=1$ 时，表示区域的网络回路达到最大值；当 $\alpha=0$ 时，表示网络没有回路。其表达式为

$$\alpha = \frac{M-H+G}{2H-5G} \quad 0 \leqslant \alpha \leqslant 1 \quad (6\text{-}3)$$

根据图 6-6，云南省中越边境口岸区域旅游交通空间拓扑结构中 $M=20$、$H=16$、$G=1$，代入式（6-3），得出云南省中越边境口岸区域旅游交通空间拓扑结构图中 α 指数为 0.18，表明云南省中越边境口岸区域旅游交通网络回路性相对较差，必定导致旅游者在口岸区域旅游的过程中走"回头路"，那么旅游者的时间成本、经济成本、情感成本等必定增加，一方面会影响旅游者的旅游感知，另一方面会影响云南省中越边境口岸区域内部各景区的客源互补与共享。

2) β 指数。β 指数是用来度量网络连接性的指标，为网络中节点连线的平均数，一般来讲，β 值的范围为 0~3，其值越大，表示区域的网络连接性越好，当 $\beta=0$ 时，表示网络无连接或是孤立的节点；当 $0<\beta<1$ 时，表示网络呈树枝状；当 $1<\beta<3$ 时，表示网络呈环网型（魏鸿雁和章锦河，2005）。其表达式为

$$\beta = \frac{M}{H} \quad 0 < \beta < 3 \quad (6\text{-}4)$$

将 $M=20$、$H=16$ 代入式（6-4），得出云南省中越边境口岸区域旅游交通空间拓扑结构图中 β 指数为 1.25，说明云南省中越边境口岸区域旅游交通网络连接性处于一般水平，尚未形成稠密的旅游交通网络格局，这意味着来口岸旅游的旅游者会因为前往旅游景区的交通连接性不强而放弃某些旅游景区的体验，

这会造成旅游资源的浪费。

3）γ指数。γ指数是网络内连线实际数目与连线可能存在的最大数目之间的比率，用来度量网络的连通性，γ值在[0，1]，其值越大，表示网络连通性越好，当γ=1时，表示网络中每一节点与其他节点均有连线；当γ=0时，表示网络中无连线（王恒和李悦铮，2009）。其表达式为

$$\gamma = \frac{M}{3(H-2G)} \quad 0 \leqslant \gamma \leqslant 1 \quad (6-5)$$

将 M=20、H=16、G=1 代入式（6-5），计算得出云南省中越边境口岸区域旅游交通空间拓扑结构图中γ指数为0.48，说明云南省中越边境口岸区域内旅游节点连通性处于基本正常状态，随着旅游的发展和旅游市场的需求不断提升，旅游交通网络依然有待加强。

4）各指标测算结果

计算可得到云南省中越边境口岸区域旅游交通空间拓扑结构图中 α、β、γ 指数，如表6-8所示。

表6-8　云南省中越边境口岸区域旅游交通空间结构特征评价值

项目	α	β	γ
结果值	0.18	1.25	0.48
等级评价	较差	一般	一般

3. 区域县域旅游空间结构分析

（1）指标体系构建

1）构建依据。云南省中越边境口岸区域县域旅游综合实力是众多因素共同作用的结果，旅游资源、旅游交通和旅游服务设施等是满足旅游者在边境口岸区域"食、住、行、游、娱、购"最基本的需求，是衡量旅游综合实力的基础性指标。旅游经济是旅游运营的主要资金来源，能够保障旅游服务设施的完善，旅游的发展反过来会增加旅游经济，从而形成一个相互促进的良性循环，资金投入与旅游发展水平成正比。旅游政策与旅游人才助力旅游发展，能够推动旅游更好更快发展。旅游市场是旅游者流的主要体现，是旅游活动的主体，引导着整个旅游发展的态势。因此，选取以上7个指标以综合反映云南省中越边境口岸区域县域旅游综合实力。

在指标层的选取上按照重点性、科学性、可操作性的特征进行。重点性是

指选取的指标要最能反映云南省中越边境口岸区域县域旅游综合实力。科学性是指指标选取中涉及的数据选取和计算要以科学理论为依据。可操作性是指选取的指标最好能量化计算,其中涉及的数据具有可获性。

2)指标框架。依据上述构建思路,构建以云南省中越边境口岸区域县域旅游综合实力为目标,旅游资源、旅游交通、旅游服务设施、旅游经济、旅游政策、旅游人才、旅游市场为准则,25个细分指标为一体的旅游综合实力指标体系(表6-9)。

表6-9 云南省中越边境口岸区域县域旅游综合实力指标体系

目标层	准则层	指标层
旅游综合实力	旅游资源	旅游资源数量、聚集程度、丰度、A 等级数量等
	旅游交通	旅游交通通达度、舒适度、安全性、里程数、等级等
	旅游服务设施	旅行社数量、星级饭店数量、景区旅游厕所数量、旅游设施资金投入额等
	旅游经济	区域 GDP、旅游外汇收入、国内旅游收入、旅游业占 GDP 比重等
	旅游政策	政府对旅游投资额、政府对旅游投资额占总投资额比重、旅游政策涉及的旅游项目数量等
	旅游人才	旅游业从业人数、旅游业从业人数占总就业人数比重等
	旅游市场	国外旅游人次、国内旅游人次、旅游消费比重等

(2)主成分分析法

在选取研究方法时,考虑到指标项繁杂,且存在细分指标项重复的情况,采用主成分分析法解决指标繁杂的困扰,以避免重复,确保研究结果客观科学(吴建丽等,2017)。

关于主成分分析法,假设研究问题中共涉及 U 个指标,U 个指标即 U 个随机变量,可看作 X_1, X_2, $\cdots$, X_u,该方法的实质就是要研究 U 个指标之间线性组合的问题。然后把原先具有联系的繁杂指标通过线性组合实现重组,组合成新的没有关联的综合性指标替换原来的指标。这些新的组合指标 H_1, H_2, $\cdots$, H_v($v<u$),通过筛选保留主要信息反映原先指标信息,同时这些新的指标之间相互独立以实现降维,将复杂的问题简化。

其数学公式如下:

$$H_1 = a_{11}X_1 + a_{12}X_2 + \cdots + a_{1u}X_u = a'_1 X$$
$$H_2 = a_{21}X_1 + a_{22}X_2 + \cdots + a_{2u}X_u = a'_2 X$$
$$\vdots$$

$$H_v = a_{v1}X_1 + a_{v2}X_2 + \cdots + a_{vu}X_u = a'_v X \tag{6-6}$$

式中，a_{1i}，a_{2i}，$\cdots$，a_{ui} 是 X 的协方差矩阵的特征值对应的特征向量；X_1，X_2，$\cdots$，X_u 为原随机变量经过标准化处理过的值。

但式（6-6）必须符合三个条件，首先，新组合下的 v 个主成分的系数平方和为 1，即 $a_1 a'_i = 1$；其次，v 个主成分之间是一种相互独立的关系，表示没有重复信息，即 Cov（H_i，H_j）=0，i，$j=1$，2，$\cdots$，v；最后，各主成分的方差依次递减，表示重要程度依次下降，即 Var（H_1）$\geqslant$Var（H_2）$\geqslant\cdots\geqslant$Var（H_v）（吴建丽等，2017）。

（3）数据测算

通过 SPSS 22.0 软件中的 FACTOR 模板，计算出主成分特征值、提取前后方差贡献率、累计方差贡献率。特征值大小代表主成分影响程度大小，因此选取特征值大于 1 且累计方差贡献率超过 85%的指标项作为主成分（表 6-10～表 6-12）。

表 6-10 主成分提取

主成分	特征值	提取前方差贡献率/%	提取后方差贡献率/%	累计方差贡献率/%
1	7.632	39.312	39.312	39.312
2	5.976	29.732	29.732	69.044
3	4.002	16.293	16.293	85.337
4	1.875	7.032	7.032	92.369
5	0.960	3.578		99.054
6	0.466	1.262		100.000
7	6.515×10^{-16}	9.302×10^{-15}		100.000

表 6-11 因子载荷矩阵对比

指标（X）	M_1	M_2	M_3	M_4
旅游资源（X_1）	0.372	0.116	0.123	0.209
旅游交通（X_2）	0.857	0.003	0.341	0.137
旅游服务设施（X_3）	0.108	0.213	0.125	0.314
旅游经济（X_4）	0.213	−0.138	−0.036	0.102
旅游政策（X_5）	0.572	0.309	−0.103	−0.401
旅游人才（X_6）	−0.169	0.175	−0.408	0.852
旅游市场（X_7）	0.113	0.183	−0.219	−0.372

表 6-12　各指标关系权重

指标（X）	R_1	R_2	R_3	R_4
旅游资源（X_1）	0.135	0.047	0.062	0.153
旅游交通（X_2）	0.310	0.001	0.171	0.100
旅游服务设施（X_3）	0.039	0.087	0.063	0.229
旅游经济（X_4）	0.077	−0.056	−0.018	0.075
旅游政策（X_5）	0.207	0.126	−0.052	−0.293
旅游人才（X_6）	−0.222	0.072	−0.204	0.622
旅游市场（X_7）	0.041	0.075	−0.110	−0.272

由表 6-10 可以看出，有 4 项的特征值均大于 1，累计方差贡献率达到 92.369%，因此符合主成分标准的有 4 项，可选作主成分因子。

由表 6-11 可以看出，旅游交通（X_2）、旅游服务设施（X_3）、旅游政策（X_5）和旅游人才（X_6）四个变量在第一主成分因子中有较高的载荷，可知这四个指标能通过第一主成分反映出来，且这四个指标明显反映云南省中越边境口岸区域县域的旅游服务水平，可记为旅游服务水平因子（Y_1）；旅游资源（X_1）在第二主成分因子上载荷量较高，该指标可通过第二主成分因子表示，且指标反映的是云南省中越边境口岸区域县域的旅游资源禀赋，可记为旅游资源禀赋因子（Y_2）；旅游经济（X_4）在第三主成分因子上载荷量较高，该指标可通过第三主成分因子表示，且指标反映的是云南省中越边境口岸区域县域的经济发展程度，可记为经济能力因子（Y_3）；旅游市场（X_7）在第四主成分因子上载荷量较高，该指标所在的因子可记为旅游市场因子（Y_4）。

表 6-12 中各指标关系权重是由特征向量计算而来，特征向量可用以表示 7 个指标与 4 个主成分因子之间的关系权重，特征向量是由因子载荷量除以各主成分对应特征值的平方根得到。

通过表 6-12 可得到 4 个主成分因子的数学计算式：

$$Y_1 = 0.135X_1 + 0.310X_2 + \cdots + 0.041X_7$$
$$Y_2 = 0.047X_1 + 0.001X_2 + \cdots + 0.075X_7$$
$$Y_3 = 0.062X_1 + 0.171X_2 + \cdots - 0.110X_7$$
$$Y_4 = 0.153X_1 + 0.100X_2 + \cdots - 0.272X_7$$

将主成分特征值所占比例作为系数，将 4 个主成分因子进行加权求和，得到综合测评值 W：

$$W = \sum_{i=1}^{n} \frac{\lambda_i}{\sum_{i=1}^{n} \lambda_i} Y_i \quad n=1,2,\cdots,p, \ p \text{ 为提取主成分个数} \quad (6\text{-}7)$$

在本章中，$n=4$，可计算得到综合测评值 W 的数值：

$$W = \frac{7.632Y_1 + 5.976Y_2 + 4.002Y_3 + 1.875Y_4}{19.485}$$

由此可计算得出云南省中越边境口岸区域县域旅游综合实力值和排名，考虑到其中一些区域旅游综合实力值为负值，为便于计算，将每个区域的旅游综合实力值加 3，使所有值均为正值（表 6-13）。

表 6-13　云南省中越边境口岸区域县域旅游综合实力值和排名

县域	Y_1	名次	Y_2	名次	Y_3	名次	Y_4	名次	W	名次	等级
河口县	2.369	1	1.302	1	3.130	1	2.104	1	5.17	1	强
麻栗坡县	1.037	3	0.213	5	1.209	2	−0.763	2	3.64	2	中
富宁县	1.102	2	−0.309	4	1.102	3	0.538	4	3.61	3	中
马关县	−0.303	4	1.008	2	−0.979	4	−0.614	3	2.93	4	弱
金平县	−0.753	5	0.432	3	−0.541	5	−0.209	5	2.71	5	弱

根据县域旅游综合实力值将 5 个边境口岸县域分为三个等级：第一等级：4.1～6.0（强）；第二等级：3.1～4.0（中）；第三等级：0～3.0（弱）。由此得出河口县处在第一等级，麻栗坡县和富宁县处在第二等级，马关县和金平县处在第三等级（图 6-7）。

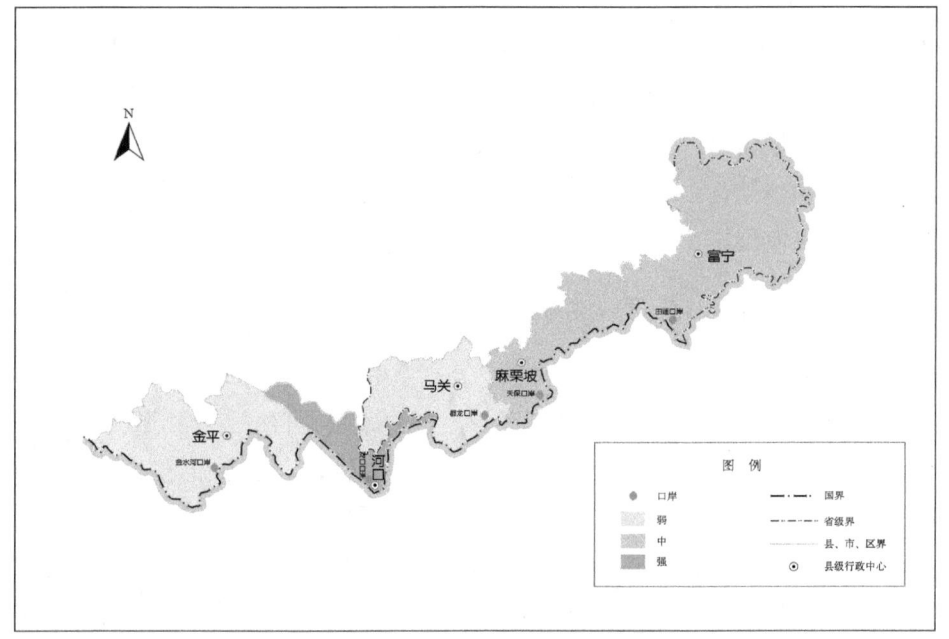

图 6-7　云南省中越边境口岸区域县域旅游综合实力空间格局（详见书末彩图）

4. 区域旅游空间结构现状评价

总体来说，云南省中越边境口岸区域旅游发展条件良好，发展势头迅猛，但依然存在诸多问题，主要表现在四个方面：高等级旅游资源空间分布不均；旅游交通路网体系构建不全，有待完善；区域内旅游发展空间梯度显著，区域旅游发展不平衡现象严重；旅游资源与旅游交通对口岸区域县域旅游综合实力效用显著。

（1）高等级旅游资源空间分布不均

最邻近点指数法计算显示，云南省中越边境口岸区域内以河口县和马关县旅游资源呈聚集状态，而富宁县、金平县和麻栗坡县旅游资源则呈分散状态，在整体空间上呈现中间密集、两翼分散的格局。河口县高等级旅游资源 8 处，是列级旅游资源最多的县域。虽说旅游资源匮乏的区域也可发展旅游，旅游产品可通过人工再造，但开发成本极高。云南省中越边境口岸区域地处落后边境，经济水平很难支撑大量旅游产品的人工再造。因此，旅游产品的开发要依托旅游资源禀赋，旅游资源的聚集性有助于减少旅游产品开发的成本。该区域旅游资源的聚集性决定了旅游吸引物的聚集程度。俗话说，"酒香不怕巷子深"，高品质旅游资源在市场上占有极大优势。另外，区域内旅游资源的聚集程度决定了旅游者在旅游活动过程中耗费成本的大小。一般情况下，旅游者在选择旅游目的地时多考虑拥有高品质旅游资源和旅游资源聚集程度高的区域。因此，除去其他条件，旅游者在河口县和马关县旅游的体验收获高于富宁县、金平县和麻栗坡县。

（2）旅游交通路网体系构建不全，有待完善

通过空间拓扑分析法，从 α 指数、β 指数和 γ 指数可以看出云南省中越边境口岸区域旅游交通路网体系构建不全，有待改善。首先，α 指数为 0.18，说明云南省中越边境口岸区域旅游交通回路性相对较差，来旅游的旅游者必须走"回头路"，导致旅游成本增加，不利于云南省中越边境口岸区域内部的客源互补和共享，影响区域旅游的整体竞争力。其次，β 指数为 1.25，说明云南省中越边境口岸区域旅游交通网络连接性处于一般水平，尚未形成稠密的旅游交通网络格局。最后，γ 指数为 0.48，说明云南省中越边境口岸区域内旅游节点连

通性处于基本正常状态，但随着旅游的发展和旅游市场需求的不断提升，旅游交通网络依然有待加强。

（3）区域内旅游发展空间梯度显著，区域旅游发展不平衡现象严重

云南省中越边境线长达 1353 公里，拥有 5 个口岸，其中口岸区域跨越红河州和文山州，其中红河州有绿春县、金平县与河口县三个边境县，而河口县拥有云南省边境唯一的一个铁路口岸，交通区位所带动的经济区位、文化区位条件凸显，但在双边旅游资源整合开发与业务合作层面却一直未有较大突破，旅游项目体系构建仍任重道远。此外，河口县对金平县和绿春县的旅游屏蔽效应成为两个边境县亟待突破的旅游发展困境之一。文山州包括马关县、麻栗坡县与富宁县三个边境县，其中麻栗坡县天保口岸是国际口岸，也是文山州开展边境旅游的主要集散中心，富宁县同广西壮族自治区、越南构成了"边三角"旅游区，也是极具边境特色的旅游目的地，马关县的都龙口岸是边境旅游发展的唯一通道，且仅属省级公路口岸，旅游服务设施条件和旅游交通条件都相对较弱，因此对马关县的旅游发展促进效益相对较弱。受地理空间跨度和口岸等级等诸多因素的影响，区域内旅游发展水平参差不齐，旅游发展空间梯度显著，区域旅游发展不平衡现象严重，表现为河口县旅游发展实力较强，富宁县和麻栗坡县其次，金平县和马关县较弱的旅游发展空间格局。区域发展的不平衡现象严重制约了云南省中越边境口岸区域整体的发展。

（4）旅游资源与旅游交通对口岸区域县域旅游综合实力效用显著

经分析发现，旅游资源聚集的区域与旅游交通条件良好的区域旅游综合实力都较强。表现为河口县旅游资源空间结构呈聚集状态，旅游交通条件优越，同时旅游综合实力最强，表明旅游资源与旅游交通对旅游综合实力具有显著作用。而金平县旅游资源空间结构呈分散状态，旅游交通条件薄弱，旅游综合实力最弱，表明旅游资源和旅游交通的薄弱严重制约了金平县旅游业的发展。从旅游综合实力的测算过程可以发现，旅游资源与旅游交通是影响旅游业发展的重要因子，在区域旅游发展中不容忽视。

第三节　云南省中越边境口岸区域旅游空间整合与拓展分析

一、旅游空间结构整合与旅游空间拓展关系

1. 空间结构整合、旅游空间拓展基本内涵

（1）空间结构整合

学术界对空间结构的相关研究可谓普遍，空间结构整合是主流之一。"四方上下曰宇"，"宇"代表"空间"，是一个抽象的词。18世纪30年代，屠能（Thunen）将"空间"一词引入经济学领域加以研究。空间结构是地理学中常见的词。"整合"亦指整理组合，"整合"一词最早出现于地质学领域，经过不断发展与完善，逐渐运用到地理、经济、管理、旅游等多学科领域中，在不同学科领域有不同的定义。寇晓兵（2016）认为空间结构整合是为了实现发展的目标，通过采取一些合适的策略和方法对空间内部各相关要素进行制约、规范、完善，同时创造性地调整各要素之间的关系，以达到优化现有空间环境、维持空间形态的整体性、实现区域可持续发展的目的。作者在该定义的基础上，加上了自己的理解：空间结构整合是指在一个特定的空间区域范围内，为了达到特定的发展目标，运用合适的方法与对策重新整理、排列和组合空间内部涉及的要素，使区域空间整体内部呈现有序性、系统性和规律性的特征，达到发展的最佳效果。

在本章中，空间结构整合指的是口岸旅游空间结构整合，是在云南省中越边境口岸区域旅游范围内，主要对区内旅游资源、旅游交通、旅游线路等旅游要素进行重新整理、排列与组合，通过区内提升、区内外合作等方式实现云南省中越边境口岸区域旅游有序化、系统化发展，提升其整体旅游竞争力，促进口岸旅游空间拓展。

（2）旅游空间拓展

从时间上，空间拓展是一个动态的演化过程，从地理学角度出发，拓展本身就具有空间意义，通俗来说就是区域范围比原来扩大。但此说法欠缺科学性,与整合相似,拓展受多种驱动力影响,具有目的性与功能性,因此空间结构拓展不仅仅是简单探讨范围扩大问题,更强调的是空间结构内部各要素的相互作用,作用力的大小对空间拓展度具有较大的影响。因此,作者认为口岸旅游空间拓展是指以构建大旅游发展格局、拓展生存空间为目标,以口岸区域内旅游资源、旅游交通、旅游线路等各原生要素为切入点,利用口岸区域的旅游辐射作用,与周边区域联通,将口岸旅游品牌通过旅游线路组织、宣传、促销等形式深入其他区域,拓宽口岸旅游发展空间。

2. 旅游空间结构整合与拓展之间存在相辅相成的内在关系

旅游空间结构是指旅游经济客体在空间相互作用所形成的空间集聚程度和聚集状态,它体现了旅游活动的空间属性和相互关系,是旅游活动在地理空间上的投影(陈蓉等,2011)。旅游空间结构强调相互性,而极化效应与扩散效应全面阐释了旅游空间结构相互性。整合与拓展是实现区域空间集聚与扩散的两种方式。边境口岸旅游空间结构整合与拓展从其本质出发,将口岸以及与口岸相关的要素进行系统整合,并以口岸为基点,辐射带动周边区域发展,拓展发展空间。旅游空间结构整合与拓展之间存在相辅相成的内在关系,具体来说,其内在关系包括三方面:旅游空间结构整合是旅游空间拓展的基础;旅游空间拓展是旅游空间结构整合的重要推力;旅游空间结构整合与旅游空间拓展相互影响、协同发展(图6-8)。

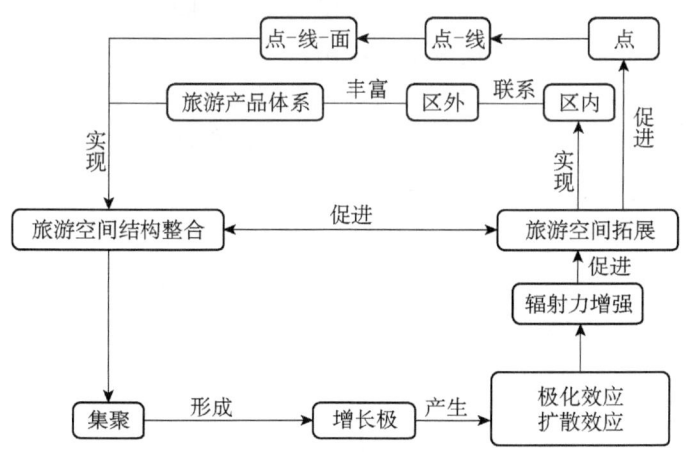

图6-8 云南省中越边境口岸旅游空间结构整合与旅游空间拓展关系框架图

（1）旅游空间结构整合是旅游空间拓展的基础

边境口岸旅游空间结构整合包含三方面的内容。首先，整合的内容，边境口岸旅游空间结构整合的是与口岸有关的旅游资源、旅游交通、旅游线路为代表的旅游产品等内容；其次，整合的方式，包括数量、结构的整合，口岸区域内与区域外的整合等；最后，整合的结果，整合的目的是使口岸旅游空间结构状态由无序化变为有序化，分散性变为整体性，最终呈现强有力的发展态势。依据增长极理论，区域性经济发展的空间集聚能够推动增长极的形成，整合的目的之一就是使云南省中越边境口岸区域呈现空间集聚的特点。换句话说，整合有利于增长极的形成，增长极能够产生很强的极化效应与扩散效应，通过这种相互辐射推动云南省中越边境口岸旅游发展空间向周边范围拓展，因此增长极是口岸旅游空间拓展的良好基石，旅游空间拓展是锻造良好基石的前提条件。

（2）旅游空间拓展是旅游空间结构整合的重要推力

1）旅游空间拓展为旅游空间内外整合创造条件。从整合内容来看，云南省中越边境口岸旅游空间结构整合包括口岸旅游节点、旅游轴线和旅游域面的整合。区域空间结构在空间中折射出点、线、网络和域面四个基本要素，旅游空间拓展描述的是一个区域动态的演化发展过程，在区域旅游发展初期，旅游空间结构呈现点状，一个独立的点无法满足旅游空间整合的基本条件，当通过旅游空间动态的拓展过程，使旅游空间结构呈现"点-线""点-线-面"等特征时，旅游空间整合才能发挥作用。从地理区域来看，云南省中越边境口岸旅游空间结构整合包括口岸区域内整合以及口岸区域内部与外部整合两方面。区域整合的基础是旅游资源的相似性、地域要素的互补性和省际联系的便利性（王凯，2004）。区内外的整合要求了解外部空间并取得内外联系度，旅游空间拓展是旅游内部区域辐射外部区域并向外拓展的过程，是沟通内外区域的重要桥梁，因此为旅游空间内外整合创造有利条件。

2）旅游空间拓展丰富旅游空间整合的内容。具体来说，旅游空间整合的具体内容是点、线、面等旅游要素在旅游中的投射，如旅游资源、旅游交通、旅游线路等内容。云南省中越边境口岸旅游空间拓展意味着口岸旅游活动地域空间范围的扩大，地域范围的广阔度决定了旅游资源、旅游交通、旅游线路等的丰富性与差异性。因此，旅游空间拓展丰富了旅游空间整合的内容。

（3）旅游空间结构整合与旅游空间拓展相互影响、协同发展

区域旅游空间的成长表现为明显的极化效应与扩散效应，极化效应是指增长极的推动性产业吸引核拉动周边地区的要素和经济活动不断趋向增长极，从而加快增长极自身的成长。扩散效应是指增长极向周围地区输出要素和经济活动，从而刺激和推动周边地区的经济发展（潘洪义，2007）。云南省中越边境口岸旅游空间结构整合能够实现口岸区域的中心集聚作用，也能实现口岸中心向外围扩散辐射作用，因此旅游空间整合有利于旅游空间的拓展。云南省中越边境口岸旅游空间拓展能够实现旅游空间整合所需的基本条件如下：地域要素互补性、旅游要素相似性、区域联系便利性等。旅游空间结构整合与旅游空间拓展不是相斥的，同是云南省中越边境口岸旅游空间结构发展的有效手段与过程，共同推动口岸区域旅游的发展。

二、旅游空间结构整合与拓展动力分析

旅游空间结构的发展经历了"点"到"点-轴"再到"点-轴-面"的动态过程，旅游空间结构整合与拓展在旅游空间结构发展中既是手段也是结果，其发生不是偶然的，而是受多方面因素影响，当旅游发展进入一个特定的阶段，各种要素耦合发展，驱动旅游发展空间进行整合与拓展。这些驱动力主要包括政府政策因素、经济发展因素、交通因素、旅游产品因素等。

1. 政府政策奠定了口岸旅游发展的良好方向基础

云南省作为中国西南边疆省份，毗邻老挝、越南、缅甸，是通往南亚东南亚国家的重要通道之一。近年来，伴随着"一带一路"倡议、西部大开发、兴边富民行动、旅游扶贫、孟中印缅经济走廊建设、中国-东盟自由贸易区建设以及边（跨）境经济合作区、跨境旅游合作区、边境旅游试验区等一系列重大战略部署相继出台，以及习近平2015年考察云南省时提出将云南省建设成为我国面向南亚东南亚辐射中心的定位等，将云南省今后发展的方向推向了新的高度，云南省边境旅游发展迎来良好机遇，为云南省中越边境口岸旅游空间结构整合与拓展奠定了良好的方向基础。

2. 经济发展是夯实旅游发展基础的保障

当前,我国经济发展进入新常态,旅游业作为我国战略性支柱产业,在经济发展中扮演着重要角色。经济发展对旅游发展的促进作用主要表现在以下两方面:首先,经济发展为旅游基础设施建设奠定经济条件,旅游基础设施包括酒店、餐饮、交通等,经济发展有利于满足旅游"食、住、行、游、娱、购"基本需求,提升旅游接待能力,是旅游业发展的先决条件。一般地,在政策支持下,经济发展与区域旅游基础设施成正比。其次,经济发展可以提升旅游从业人员的素质和数量。经济发展可以提升教育结构、布局、规模与层次,为旅游人才的培养奠定良好的基础。云南省中越边境口岸区域以进出口贸易和农业发展为主,产业结构有待调整,口岸旅游发展是转变该区域经济发展的有效方式。因此,口岸旅游空间结构整合与拓展有助于促进云南省中越边境口岸区域经济发展,反之,经济发展夯实口岸旅游发展基础。

3. 交通是贯通旅游客源地与旅游目的地的纽带

旅游目的地和旅游客源地通过交通来连接,是保证旅游者外出旅行、观光以及促进旅游业发展的一个基础条件,将直接对旅游目的地和旅游客源地旅游空间结构的形成和演变产生重大影响,根据"哑铃经济"模型,旅游活动都是借助交通来实现旅游客源地与旅游目的地的连接。首先,交通设施建设对区域旅游的旅游流空间组织产生重要影响。旅游流主要指旅游者流,包括旅游者流向、旅游者流量、旅游者流速、旅游者流程等。旅游成本是旅游者旅行考虑的重要因素之一,交通费用是旅游成本中的重要环节,直接影响着旅游者的决策行为。换言之,旅游目的地的交通条件好,构成旅行与游览的经济与时间成本就相对较低,将获得旅游者更多的青睐,影响着旅游者流向、流速、流量、流程等,旅游流空间集聚程度越高。其次,交通设施建设对区域旅游企业空间布局产生重要影响。交通条件主要从两个方面影响旅游产业布局,一方面,交通条件影响旅游者的旅行成本,制约了旅游者在旅游目的地购买旅游产品的成本,从而影响了旅游企业的经营状态,在一定程度上影响旅游企业的空间分布状况;另一方面,交通条件会影响旅游企业购买旅游企业必需品、旅游商品等的运输成本,从而影响旅游企业的空间分布状况。因此,出现了旅游企业布局在空间格局上沿主要交通要道和交通走廊动态变化的特征。未来,随着交通条件的改善,区域旅游交通系统在区域跨度、线路分布、运输效率等方面均发生了较大变化，同时人均可自由支配收入不断提高，人们的出游半径和出游效率会发生重大变化，原来区域旅游企业格局因交通不发达产生的"集聚效应"会随着交通系统的不断完善而出现自我离散的状态，区域旅游产业空间布局会因此产生重大变化。最后，交通建设驱动旅游景区空间分布改变。一些曾经无法通达的旅游资源分布区域，随着交通设施的不断完善，可达性提高，逐渐被开发为旅游景区（吴建丽和明庆忠，2017）。换言之，交通能够促进区域旅游景区在空间格局上由原来的集中分布在某些热门地区转变为分布在各个区域，由原来的某个点的集聚状态到网络集聚状态，促进了旅游景区空间平衡状态的实现。旅游交通是旅游空间结构的重要组成部分，云南省中越边境口岸区域旅游空间结构整合与拓展有助于构建完善的旅游交通体系。

4. 区域旅游合作带动口岸旅游发展

云南省中越边境口岸地处云南省东南边境，远离省会昆明市，旅游市场狭小，整体发展受限，但旅游资源丰富且独具特色，与周边元阳县、建水县、石屏县、弥勒市、丘北县等旅游发展较成熟的区域相比，旅游资源差异性显著。周边元阳县、建水县、石屏县、弥勒市、丘北县等区域旅游发展主要以哈尼梯田、燕子洞、建水古城、石屏异龙湖、湖泉温泉、普者黑等著名景点吸引旅游者，为适应旅游消费需求结构的转变，这些旅游热点区域可与云南省中越边境口岸区域合作，借助口岸旅游资源特色优势，开发特色性旅游线路。同时，云南省中越边境口岸区域共享旅游热点区域旅游客流，区域之间实现优势互补。云南省中越边境口岸旅游空间结构整合与拓展能够有效推动口岸区域与周边区域的合作，促进区域旅游协同发展。

5. 口岸旅游空间结构有待优化

旅游资源空间分布不均、旅游交通路网体系不全、区域旅游发展差异显著是云南省中越边境口岸旅游空间结构的主要特征。总体来说，云南省中越边境口岸旅游发展存在很多问题，口岸旅游空间结构有待优化。云南省中越边境口岸旅游空间结构整合与拓展有助于改善旅游交通设施，实现旅游资源在空间上的合理布局，缩小区域旅游发展差异。

6. 口岸旅游产品不足以满足旅游者需求

21 世纪以来，旅游发展进入新时期，个性化、多样化、创新性等成为旅游发展的主流，边境口岸旅游面对的是国内和国际两种游客需求，对旅游目的地的旅游产品、旅游体验等具有品质化、多样化、个性化等不同需求。口岸是边境区域的一个节点，空间范围较小，传统旅游产品已不能满足旅游者需求。旅游空间结构整合与拓展要以市场需求为依据，对旅游产品体系进行创新，拓展旅游发展空间，以满足旅游者多样化需求。

三、旅游空间结构整合与拓展的原则

1. 旅游空间结构整合原则

（1）突出特色原则

云南省中越边境口岸旅游的发展要走差异化道路，突出特色。每个口岸地域区位不一，造成自然、文化、经济等方面差异显著，口岸旅游的发展在区别其他旅游的同时，在地域上也要彰显特色。根据"边、文、生、闲"的特色，体现边贸口岸、边地文化、生态休闲的旅游特色。首先，云南省中越边境口岸区域聚集着多种少数民族，要整合多民族生活文化和习俗，各少数民族之间加强交流和沟通，以特色性的民族文化风情吸引来自四面八方的旅游者。其次，边民互市贸易区等民族风貌特色构成了边境口岸独特的景观，给人产生一种边境口岸的"场所感"，形成边境口岸旅游的特征景观，独具特色（南宇，2013），因此，要整合打造凸显边贸口岸特色的景观，吸引外来旅游者。再次，自古以来，在云南省中越边境区域留下了中越两国人民共同抵御外来列强侵略的遗址遗迹和名人故事，在整合口岸旅游时，要凸显此类历史文化的独特性。最后，口岸拥有特殊的意义，是两国甚至多国交界区与出入境通道，可通过打造特色街区，将口岸建设成为"国内旅游者眼中的异乡，国外旅游者眼中的家乡"，凸显口岸特色性。

（2）系统发展原则

在空间上，云南省中越边境口岸旅游涉及金水河口岸、河口口岸、都龙口岸、天保口岸和田蓬口岸五个口岸以及金平县、河口县、马关县、麻栗坡县和富宁县五个边境县域，口岸边境线长，区域发展差异显著，口岸旅游空间结构整合要从整体出发，将五个口岸、五个县域视作一个发展的整体，不仅要整合口岸旅游相关要素，还要整合口岸县域旅游相关要素。在内容上，整合区域空间结构内点、线、面等旅游要素，包括旅游资源、旅游交通、旅游产品、旅游线路、旅游基础配套服务设施等一系列要素，凸显"旅游+"，将口岸旅游与其他业态相融合，融"食、住、行、游、娱、购、商、养、学、闲、情、奇"十二要素于一体，整合传统旅游资源和新型旅游资源，满足国内外旅游者个性化需求，促进口岸全域旅游发展。

（3）结构优化原则

结构优化是整合要达到的目的之一，云南省中越边境口岸旅游发展要将无序、混乱的旅游要素依据区域旅游规划发展的整体思路以及要达到的目标整合成系统、科学、规律的状态，以达到结构优化的目的。以全域旅游理念、"旅游+"模式、"创新、协调、绿色、开放、共享"五大发展理念等新型发展思路作为引领，改善传统旅游发展模式，整合区域内旅游要素，优化云南省中越边境口岸旅游发展结构。

2. 旅游空间拓展原则

（1）可持续发展原则

可持续发展是旅游发展最基本的要求，旅游发展产生的效应既有正效应也有负效应。旅游发展可持续性的实质是要求旅游与自然、文化和人类生存环境成为一个整体；自然、文化和人类生存环境之间的平衡关系使许多旅游目的地各具特色（李滨和张志明，2001）。云南省中越边境口岸旅游空间拓展要遵循可持续发展原则，在旅游资源、旅游交通等旅游要素的开发与拓展中注重自然环境、文化等的保护，维护人与自然的和谐，实现经济、文化、生态的多重效益。

（2）因地制宜原则

口岸旅游空间拓展是以口岸为基点，根据口岸对周边区域的辐射强度向外拓展，区域口岸旅游空间拓展涉及县域广，县域之间发展差异性显著，表现在经济、文化、旅游资源、交通等方面的差异。具体来说，首先，口岸旅游与周边旅游业态存在差异性，口岸旅游的拓展会对周边旅游的发展造成一定的冲击，分散市场集聚力；其次，口岸旅游具有很强的区域限制性，其口岸特征显著，集聚了国内外旅游者、边民以及各少数民族，人员类型复杂，口岸旅游的拓展会对各区域文化造成一定程度的影响；最后，自然文化环境决定了各区域旅游资源的禀赋程度，口岸旅游向外拓展与周边区域旅游资源的赋存具有密切联系，意味着口岸旅游难以向没有旅游资源的区域拓展。这些因素决定了口岸旅游空间拓展必须考虑口岸对周边区域的辐射程度和周边区域的环境特征，遵循因地制宜原则。

（3）梯度发展原则

云南省中越边境口岸旅游的拓展要遵循梯度发展原则，其拓展包括很多圈层，而拓展圈层与口岸对周边区域的辐射强度有很大关联，受周边区域与口岸的距离以及发展条件等因素的影响，口岸对周边区域的辐射强度差异显著，形成拓展的结构圈层，此圈层的不同层级影响了口岸拓展的方向和采取的发展举措，云南省中越边境口岸拓展区域范围广，形成的圈层结构复杂，因此云南省中越边境口岸旅游的拓展要遵循梯度发展原则，对不同的圈层采取不同的发展策略。

四、云南省中越边境口岸区域旅游空间结构整合

1. 旅游空间结构整合内容

以全域旅游、"旅游+"等理念引领云南省中越边境口岸旅游的发展，对云南省中越边境口岸区域旅游空间结构进行整合。将旅游发展与云南省中越边境地区的各领域、各行业、各类资源充分整合调动起来，形成边境旅游经济发展与建设全域旅游空间的向心力与合力，整合经济层面的边境经贸往来如边民互市、商品物资进出口；文化层面的民族节庆活动、边关风情、红色革命；自然层面的生态廊道、红河等水域、地热温泉、国家公园等自然要素。整体上，云南省中越边境口岸区域旅游空间结构的整合包括旅游资源整合、旅游交通整合和旅游线路整合。

（1）旅游资源整合

旅游活动本身就是一个开放性的系统，对旅游者尤其是国外旅游者来说，他们在选择旅游产品时考虑最多的是旅游产品的组合状况。区域旅游资源空间结构的整合有助于打破行政壁垒，通过优势互补、强强联合的方式将相邻的旅

游景区联系起来进行系统运作，这样不仅有助于扩大旅游资源数量、丰富旅游资源种类，完善旅游产品体系，更重要的是弥补单个景区在资源、产品结构方面产生的各种不足；利用资源种类与数量的优势，以开展多种形式的旅游活动，丰富旅游活动内容，扩大旅游活动的时间容量，满足旅游者对旅游组合的多元化需求，获取更佳的旅游经济效益，提高旅游者满意度。因此，旅游资源整合可以产生优势叠加效应（邹辉，2008）。

云南省中越边境口岸旅游资源整合包括对已有资源的整合和未开发旅游资源的整合，以边境口岸体验、生态观光、民俗风情体验为核心，以新兴节事、宗教文化与养生休闲体验为辅助，未来的发展中还应紧密围绕边境口岸内含的寓意，在"旅游+"、"智慧旅游"与"全域旅游"等新理念的指导下对资源进行有效挖掘与整合提升，对云南省中越边境口岸旅游资源功能进行整合提升，不断优化功能组合结构，同时，与越南联合开发跨境旅游资源体系，通过线路组合将双边不同的资源类型整合入云南省中越边境口岸旅游资源体系中，联合推介双边边境口岸旅游品牌，开展不同主题功能的旅游体验。云南省中越边境口岸旅游资源整合应从民俗风情、红色文化遗迹、生态、商贸口岸等旅游资源着手。

1）民俗风情旅游资源整合。云南省中越边境区域分布着苗族、瑶族、傣族、哈尼族和壮族等少数民族与越南的少数民族，族属多元、文化体系丰盛。据实地调研，云南省中越边境口岸区域非物质文化遗产项目众多，拥有国家级1项，省级28项（表6-14），民俗风情旅游资源丰富多样。结合云南省中越边境口岸区域民俗风情旅游资源概况，需从饮食文化、服饰文化、建筑文化、民俗节庆文化等方面对民俗风情旅游资源进行整合。首先，举办多元化的民族美食活动，哈尼族长街宴就是典型的少数民族美食文化活动，如彝族坨坨肉、傣族香茅草烤鸡、哈尼族奶浆菌酸菜、瑶族糍粑、壮族五色饭、苗族"盐粘捞"等少数民族特色美食文化。其次，深挖苗族、傣族、瑶族、壮族、哈尼族、彝族等少数民族服饰文化，采取"特色化、手工商品化、体验化"开发方式。再次，凸显边境少数民族建筑特色化，如干栏式竹楼、蘑菇房等少数民族特色建筑。最后，开展多样化的民俗文化旅游节庆活动，如陇端节、跳宫节、瑶族盘王节、哈尼族"十月年"、"埃玛突"、"惹茈扎"、苗族端阳节、傣族对歌节等少数民族节庆活动，通过节庆活动的特色性吸引旅游者。

表 6-14　云南省中越边境口岸区域非物质文化遗产项目一览

级别	项目名称	类别	所在地区
国家级（1项）	壮剧	传统戏剧	文山州
省级（28项）	哈尼族梯田农耕礼俗	习俗	红河州
	哈尼族长街宴	习俗	红河州
	瑶山乡水槽寨瑶族（蓝靛）传统文化保护区	传统文化保护区	河口县
	壮剧之乡	民族民间传统文化之乡	富宁县
	金平傣文	濒危民族语言文字	金平县
	坡芽情歌	民间文学	富宁县
	跳鼓舞	传统舞蹈	绿春县
	吹枪	传统体育与游艺	麻栗坡县
	陇端节	传统礼仪与节庆	富宁县
	跳宫节	传统礼仪与节庆	富宁县
	壮族刺绣技艺	传统手工技艺	文山州
	城寨彝族传统文化保护区	民族传统文化保护区	麻栗坡县
	马洒壮族传统文化保护区	民族传统文化保护区	马关县
	桥头村布依族传统文化保护区	民族传统文化保护区	河口县
	叙事史诗《都玛简收》	民间文学	绿春县
	傣族民歌	传统音乐	金平县
	同尼尼舞	传统舞蹈	绿春县
	醋制作技艺（剥隘七醋）	传统技艺	富宁县
	瑶族医学针疗法	传统医药	金平县
	阿卑节	民俗	金平县
	芦差冲村壮族传统文化生态保护区	民族传统文化生态保护区	马关县
	哈尼族民歌（阿茨）	传统音乐	绿春县
	哈尼族"莫蹉蹉"	传统舞蹈	绿春县
	阿峨壮族版画	传统美术	马关县
	中草药酒曲制作技艺	传统医药	富宁县
	瑶族度戒	民俗	河口县
	瑶族盘王节	民俗	河口县
	苗族"闹兜阳"	民俗	马关县

2）红色文化遗迹旅游资源整合。云南省中越边境口岸区域曾是红色革命战争的发生地，形成了历史悠久、遗存丰富的红色旅游资源。采取开发与保护

相结合的方式对这些旅游资源进行挖掘，还原历史原貌，重点整合滇越铁路、古炮台遗址、中越铁路大桥、金平烈士陵园、老山作战纪念馆、麻栗坡烈士陵园、富宁红色旅游区等旅游资源，通过深挖内涵，建设红色教育基地，彰显旅游者爱国情怀，扩大红色革命文化影响力。

3）生态旅游资源整合。云南省中越边境口岸区域是森林、河流、温泉、瀑布、高山等的集中区域，是开展多样化旅游活动的最佳场所。整合哈尼梯田、宋壁石林溶洞群、李仙江热带雨林、黄连山国家级自然保护区、二甫边境美丽云海、阿罗欧滨景区、花鱼洞国家森林公园、南溪河漂流、拉灯旅游景观瀑布群、勐桥万亩蕉林、金平分水岭、马关古林箐原始森林、马鞍山水库、剥隘驮娘江旅游区以及腊姑、桐株德玛梯田景区等旅游资源，开展康体养生、森林探险、河谷漂流、科考研学等多样化、特色化旅游活动吸引旅游者。

4）商贸口岸旅游资源整合。商贸口岸旅游是云南省中越边境口岸区域最典型、最特色的旅游活动。要依托金水河口岸、河口口岸、都龙口岸、天保口岸和田蓬口岸的区位优势，打造特色商贸街区和特色集市，如河口"越南街"、都龙边境集市等，营造浓郁的边境口岸购物氛围。

（2）旅游交通整合

在国家推进云南省对外大通道建设和全省加快航空网、路网、互联网、能源网、水网"五网"建设的历史机遇下，云南省中越边境口岸旅游交通整合应结合全省综合交通体系建设规划，围绕"十三五"旅游发展目标和建设布局，积极推动云南省中越边境口岸集公路、铁路、航空、水运一体化的旅游交通路网体系建设。

1）公路整合。以主要口岸为枢纽点，增强口岸附近主要城镇公路通达性，最终实现云南省中越5个边境口岸县域之间的公路交通网络、边境口岸地区与省内其他地区公路交通网络、边境口岸区域与境外公路交通网络全覆盖的全方位交通体系。首先，整合"内陆-口岸"高速公路，对连接云南省中越边境口岸地区范围内各县（市）间、主要景区与城市、主要景区间道路交通实现高等级化。其次，整合"口岸-口岸"高速公路，沿边高速公路起于金水河口岸，经河口口岸、都龙口岸、天保口岸，止于田蓬口岸。最后，整合"境内口岸-境外"高速公路，加快云南省中越边境口岸旅游规划区与境外国家间公路交通建设，实现跨境公路网络建设（表6-15）。

表 6-15　云南省中越边境口岸区域公路整合

整合类型	整合路线	整合意义
联通"内陆-口岸"高速公路	曼耗-金平 莲花滩-马关-麻栗坡-富宁 蒙自-文山-马关	根据现有高速公路交通布局结构，通过三条公路路线的整合，实现金水河口岸、河口口岸、都龙口岸、马关口岸、田蓬口岸五大口岸与内陆蒙自市、文山市、昆明市等大城市贯通，联通国内旅游市场
联通"口岸-口岸"高速公路	金水河-河口-都龙-天保-田蓬	通过五个口岸的联通，加强五个口岸之间的往来互通、客流共享、信息互通，促进口岸旅游竞争力整体提升
联通"境内口岸-境外"高速公路	金水河-马鹿塘（莱州）-莱州 都龙-箐门（河江）-河江 天保-清水河（河江）-河江 田蓬-上蓬（河江）-河江	目前，仅河口口岸与越南有高速公路联通，天保口岸、金水河口岸与越南有省道贯通，因此为打造境内境外的立体高速公路体系，吸引国外旅游市场，需对此四条公路路线进行整合

2）铁路整合。特殊的地理环境造就了云南省以公路和航空为主、铁路为辅的路网格局，云南省中越边境区域偏远特殊，大部分区域尚且处于铁路里程为"零"的尴尬局面，从旅游者需求角度考虑，铁路相比公路与航空具有低成本、客运量大、安全系数高等特征，基于此，铁路整合对边境口岸旅游的发展显得尤为重要。因此，在对云南省中越边境口岸旅游交通整合过程中，要依据已运营的昆河铁路、云桂高铁，并结合泛亚铁路网东线项目规划，以云南省中越边境五个口岸为重要节点，迅速展开铁路交通网络建设，加快对铁路沿线边境城镇的旅游带动作用。对于出境铁路的建设，应在越南政府的沟通协调下努力实现境内外线路对接，形成区域性铁路网建设（表6-16）。

表 6-16　云南省中越边境口岸区域铁路整合

整合类型	整合路线	整合意义
联通"口岸-内陆"铁路	金平-蒙自 蒙自-文山-马关-麻栗坡-富宁	联通内陆蒙自市、文山市、昆明市等大城市，与昆河铁路、云桂高铁联通形成铁路圈，带动边境口岸旅游的发展
联通"口岸-境外"铁路	金水河-马鹿塘（莱州）-莱州-安沛 都龙-箐门（河江）-河江-安沛 天保-清水河（河江）-河江-安沛 田蓬-上蓬（河江）-河江-安沛	依托河口-安沛（越南）铁路，整合金水河、都龙、田蓬、天保至安沛的铁路，形成完善的跨境铁路系统

3）航空整合。一方面，结合云南省中越边境部分区域复杂地形和沿边陆地交通不便等特点，加快景区所在地区机场建设；另一方面，根据主要旅游客源市场位置，多渠道引进各层次航空公司继而新开邻国首都、主要城市与区域内各自城市的航线。依据红河州和文山州"十三五"规划，加快推进富宁、马关、广南、弥勒、泸西、哈尼等机场的新建或改扩建，提升通航与保障能力（表6-17）。借助昆明枢纽机场国际航线辐射能力的优势，待周边机场建成后，增开昆明长水国际机场至各机场的航班，可将普者黑、广南、弥勒、元阳哈尼、泸西机场作为口岸旅游的中转航班，形成"昆明-中转城市-口岸"的航空体系，推动口岸旅游的发展。积极争取国家民航政策支持，申请南亚航权开放、航油保税等政策在云南省落地，争取扩大72小时过境免签、国际通程航班等政策和业务范围，进一步增强云南省中越边境区域民航国际辐射能力。

表6-17 云南省中越边境口岸区域航空整合

机场类型	机场名称	整合内容	整合意义
已运营机场	昆明长水国际机场、普者黑机场、蒙自机场	加快推进在建和计划机场的建设，待建设完成，增开昆明至各机场的航班，尤其昆明-富宁、昆明-马关的航班，能有效与口岸对接。同时，将普者黑、广南、弥勒、元阳哈尼、泸西机场作为口岸旅游的中转航班	充分发挥昆明国家门户枢纽机场国际航线辐射能力，形成"昆明-中转城市-口岸"的航空体系，推动口岸旅游的发展
在建和计划机场	广南机场、弥勒机场、元阳哈尼机场、富宁机场、马关机场、泸西机场		

4）水运整合。云南省中越边境口岸区域水运以红河河道为主，要加快中越红河国际航道建设，重点整治河口-河内约400公里航道至五级航道标准，以及新建国际性港口——河口港，客货航运取道红河，经越南安沛、越池、河内最终到达海防港。加快边境口岸旅游区域内水运航道的拓宽、清淤、治理等工程建设，加强船舶通航合作与保障能力，促进旅游者及相关旅游所需产品的游览、观光、运输能力。

（3）旅游线路整合

边境旅游在云南省发展较早，滇越最早开通了河口-广宁八日游、河口-沙巴两日游、麻栗坡-河江两日游等边（跨）境旅游线路，区间口岸是出境的唯一通道，但是金水河口岸、都龙口岸和田蓬口岸基本未开通旅游专项线路，很多产品主打的边境旅游线路，很少涉及口岸旅游线路，因此云南省中越边境口岸旅游发展要在原有已开发边境旅游线路的基础上，将各个口岸整合在线路中，创新特色口岸旅游线路，形成完善的口岸旅游线路体系，满足国内外旅游者的多样化需求。云南省中越边境口岸旅游线路整合依托特色口岸旅游资源分为省内线路、国内线路、跨境线路、专项线路，具体如表 6-18 所示。

表 6-18 云南省中越边境口岸旅游线路产品整合

线路产品类型		线路组织	依托口岸区域旅游资源
省内线路		边境沿线： 普洱-景洪-勐腊-江城-绿春-金平（金水河）-河口（河口）； 蒙自-河口-马关（都龙）-麻栗坡（天保）-富宁（田蓬） 陆路线路： 昆明-玉溪-建水-蒙自-河口（河口）； 昆明-文山-富宁（田蓬） 水路线路：中越红河水上旅游线路	河口口岸、河口对汛督办公署旧址、孤山洞遗址、古炮台遗址、河口邮政局旧址、河口海关旧址、中越铁路大桥、金水河口岸、金平分水岭、金平烈士陵园、迁城所摩崖、乐善桥、都龙口岸、老君山自然保护区、都龙古镇、马关古林箐原始森林、都龙边境集市、老山作战纪念馆、麻栗坡烈士陵园、麻栗坡大王岩岩画、麻栗镇风景、天生桥溶洞、老山风景区、天保口岸、剥隘驮娘江旅游区、云南低海拔体育训练基地富宁基地旅游带、剥隘坡芽歌书文化生态村、归朝老街三寨稻作文化生态旅游村、清华洞旅游区、普阳瀑布、田蓬口岸等
国内线路		成都（重庆）-昆明-景洪-勐腊-江城-绿春-金平（金水河）-河口（河口）	河口口岸、河口对汛督办公署旧址、孤山洞遗址、古炮台遗址、河口邮政局旧址、河口海关旧址、中越铁路大桥、金水河口岸、金平分水岭、金平烈士陵园、迁城所摩崖、乐善桥等
跨境线路		陆路线路： 屏边-河口（河口）-老街-河内； 文山-麻栗坡（天保）-河江 航空线路：昆明-河内 水运线路：中越红河水上旅游线路	河口口岸、河口对汛督办公署旧址、孤山洞遗址、古炮台遗址、河口邮政局旧址、河口海关旧址、中越铁路大桥、老山作战纪念馆、麻栗坡烈士陵园、麻栗坡大王岩岩画、麻栗镇风景、天生桥溶洞、老山风景区、天保口岸等
专项线路	温泉健康旅游线路	昆明-弥勒-金平-江城	安宁温泉、汤池温泉、湖泉半山温泉、金平勐拉温泉、普洱温泉、勐康温泉景区等
	红色经典旅游线路	蒙自-屏边-河口 金平-河口-麻栗坡-富宁	滇越铁路、古炮台遗址、中越铁路大桥、金平烈士陵园、老山作战纪念馆、麻栗坡烈士陵园、富宁红色旅游区等
	少数民族风情旅游线路	元阳-绿春-金平-屏边-河口	哈尼族长街宴等
	口岸商贸购物旅游线路	金水河-河口-都龙-天保-田蓬	河口"越南街"、都龙边境集市等
	自驾游线路	红河-绿春-金平-河口-马关-麻栗坡-富宁	金水河口岸、河口口岸、都龙口岸、天保口岸、田蓬口岸等

续表

线路产品类型		线路组织	依托口岸区域旅游资源
专项线路	田园山水生态旅游线路	元阳-绿春-金平-屏边-河口 普者黑-广南-富宁； 河口-马关-麻栗坡-富宁	哈尼梯田、宋璧石林溶洞群、李仙江热带雨林、黄连山国家级自然保护区、二甫边境美丽云海、阿罗欧滨景区、花鱼洞国家森林公园、南溪河漂流、拉灯旅游景观瀑布群、勐桥万亩蕉林、金平分水岭、马关古林箐原始森林、马鞍山水库、剥隘驮娘江旅游区以及腊姑、桐株德玛梯田景区等
	异域文化旅游线路	金平-河口-马关-麻栗坡-富宁	边境和谐文化长廊、中国-东盟河口国际旅游文化景观长廊等

2. 旅游空间结构整合路径

云南省中越边境口岸旅游发展空间拓展是以口岸为基点，考虑口岸对周边区域的旅游辐射强度，根据区域间不同的辐射强度采取相应的拓展策略。整合目的是使口岸旅游区域变得更强大，以增强对外辐射的能力。因此，需打破原来的行政区域界线导致的旅游资源、旅游市场等旅游要素呈现条块分割的状态，根据五个边境口岸的等级规模，整合五个边境口岸，形成以河口口岸带动，金水河口岸和天保口岸为侧翼辅助，都龙口岸和田蓬口岸助推的"一核二翼二助"的口岸旅游空间交叉整合路径，通过这种交叉形式的整合，使分散的五个边境口岸一体化，同呼吸共命运，并构建三个等级旅游圈，促进中越"两廊一圈"建设，实现双赢局面。

（1）一核：河口口岸发展核

河口口岸在昆明-河内经济走廊中地处"咽喉"的重要地理位置，具有明显的区位优势。在交通条件上，伴随昆河铁路、G8011交通项目运营以及泛亚铁路东线和红河水道在建项目等交通优势，河口口岸将成为一个集高铁、铁路、公路和水路为一体，联结越南、老挝、柬埔寨等东南亚国家的理想口岸。在旅游资源方面，河口口岸区域拥有大围山、花鱼洞、河口海关旧址等多项高等级旅游资源，且旅游资源空间分布呈现集聚状态。依托这些优越的地理位置、交通、资源等条件，河口口岸发展成为云南省边境口岸旅游发展中的佼佼者，较早就被列为国家一级铁路口岸，也是云南省唯一的国际铁路联运口岸和云南省中越边境段最大的口岸，相对其他四个口岸拥有较强的集聚与辐射作用。因此，在云南省中越边境口岸旅游空间整合过程中要发挥其发展的优势特征，将河口口岸作为发展核，吸引周边区域的资金流、物流、旅游流等要素流向河口口岸集聚，运用河口口岸自身优势条件推动其形成高层次的旅游经济增长极，构建一级口岸旅游圈，提升口岸外拓水平。

(2) 二翼：金水河口岸、天保口岸侧翼

金水河口岸和天保口岸皆为国家一类陆路口岸。虽为国际通商口岸，规模及景观不及河口口岸，但境内有 S210 和 S208 分别经金水河口岸和天保口岸出境至越南的莱州和河江。

金水河口岸东、南、西三面临河，是中国与越南最西边的口岸通道，位于中越老三角地带，是中国通向东南亚的国际大通道，即滇越国际大通道。

天保口岸位于云南省文山州麻栗坡县南端老山脚下天保镇，与越南河江省河江市清水河口岸相邻。伴随着盘龙江水运航道以及天保至越南清水河公路的扩建与开通，天保成为中国云南通往越南首都河内取道最直、里程最短的重要陆路通道之一。

可以说，金水河口岸和天保口岸在边境口岸旅游发展中占据重要位置，但总体来说，交通是金水河口岸和天保口岸发展面临的最大"瓶颈"。因此，在云南省中越边境口岸旅游发展空间整合过程中，要加大对交通的投资，整合旅游交通，不仅使金水河和天保两口岸与河口口岸、都龙口岸和田蓬口岸在交通上相互联通，同时也要加强两口岸与外围区域的联通，将金水河口岸和天保口岸作为口岸旅游发展的侧翼，并构建二级口岸旅游圈，辅助云南省中越边境口岸旅游的发展。

(3) 二助：都龙口岸、田蓬口岸助力

都龙口岸为省级口岸，田蓬口岸为国家二类口岸，皆为公路口岸，由于都龙口岸和田蓬口岸等级相对较低，加之交通条件受限，发展存在许多不成熟之处。因此针对都龙口岸和田蓬口岸，首先要加大对旅游基础设施的投入，改善旅游基础设施条件，满足最基本的口岸旅游发展需求。其次，整合富宁高铁站到田蓬口岸的交通，发挥高铁在旅游市场上的优势，提升都龙口岸与文山市交通的连接性，借助州府吸引要素流。最后，加强都龙口岸和田蓬口岸与周边口岸的合作，共享旅游产品、旅游市场等。通过整合口岸旅游资源、旅游交通等打造三级口岸旅游圈，助推云南省中越边境口岸旅游的发展。

五、云南省中越边境口岸区域旅游空间拓展

1. 口岸区域旅游空间拓展机理

边境区域在历史上是两国或多国合作交流的屏障。随着全球化和区域一体化的发展，口岸成为国家之间相互贸易往来的重要通道，口岸不仅具有通关功能，也因其特殊的地理位置及其蕴意而被旅游者青睐，口岸旅游因此应运而生，成为旅游新业态。但口岸仅是边境区域空间中的节点，旅游产品体系有限，无法极大程度地满足旅游者的边境旅游需求，制约了边境口岸旅游的长远发展。因此，旅游空间拓展成为推动口岸旅游发展的有利途径之一。

口岸旅游空间拓展一般经历两个发展阶段：口岸旅游阶段和口岸旅游区域拓展阶段（图6-9），而拓展阶段又包括多个进程。因国外数据获取的难度和准确度等因素，本章仅涉及国内口岸旅游的空间拓展。这里的口岸旅游指的是旅游者涉足口岸并在口岸所进行的旅游活动。从心理学角度出发，一般旅游者对陌生区域会存在好奇与恐惧两种心理。因此，该阶段旅游者充满好奇但出于心理恐惧以及可自由支配收入等多因素限制，仅将活动区域限定于口岸。随着旅游者对口岸了解的加深以及旅游的深入发展等，短暂和小规模的口岸旅游已不能满足国内外旅游者需求，因此进入口岸旅游区域拓展阶段。拓展是一个复杂的阶段，遵循距离衰减理论和经济梯度推移学说等规律，理论上距离口岸较近和经济发展水平较高的区域是拓展的第一个阶段，以此类推。但空间结构强调相互性，口岸与周边区域之间的关系不容忽略，因此需引入引力模型与场强模型来测算口岸对周边单元区域的辐射强度。

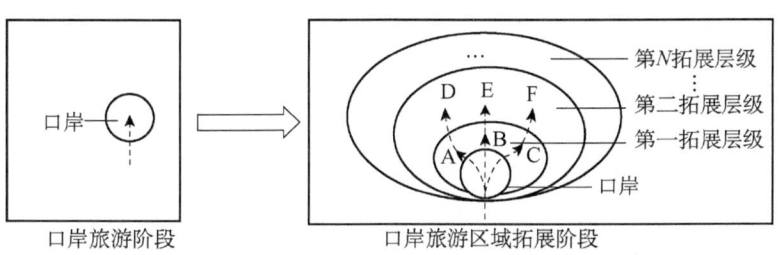

图6-9　口岸区域旅游拓展机理图

图中字母代表不同的行政区域

2. 口岸区域旅游空间拓展研究方法

（1）数据来源

本章的区域单元旅游综合实力数据来源于《云南统计年鉴2017》、相关县（市、市区）旅游政务网、国民经济和社会发展统计公报，部分数据参考县（市、市区）科技局网站。空间距离数据和铁路、公路车次信息来源于云南省汽车客运站便民服务网站和中国铁路客户服务中心网站等。

（2）研究区域

本章综合考虑云南省中越边境口岸旅游发展的情况、区域的距离位置远近、口岸旅游的外拓能力，选择江城县、绿春县、金平县、河口县、马关县、麻栗坡县、富宁县、广南县、丘北县、西畴县、砚山县、文山市、屏边县、蒙自市、个旧市、元阳县、红河县、石屏县、开远市、建水县、弥勒市、泸西县22个县（市）作为云南省中越边境口岸旅游空间拓展研究区域（图6-10）。

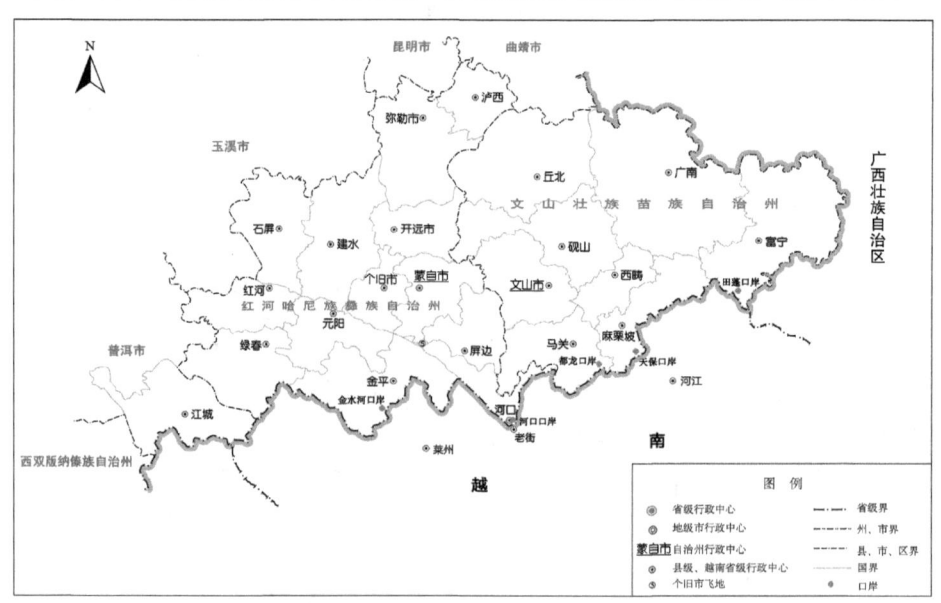

图6-10　云南省中越边境口岸旅游空间拓展示意图（详见书末彩图）

（3）研究方法

旅游区域空间相互作用是旅游空间结构探讨的主要问题。区域经济联系研究开始于20世纪50年代，之后赖利（Reily）的零售引力定律、康维斯

（Converse）的断裂点模型、齐普夫（Zips）的引力模型等（许均和周国华，2016）为本章区域间旅游空间联系的定量研究提供了方法。在一般的区域研究中应用较多的是以下表达方式：

$$I_{ij} = \frac{M_i^{\alpha_i} M_j^{\beta_j}}{D^{\gamma}} \qquad S_j = \frac{M_j}{D^{\gamma}} \tag{6-8}$$

式中，I_{ij} 为 i 区域和 j 区域之间的引力；S_j 为核心区域的场强；M_i 和 M_j 表示某种社会测度的量；α_i 和 β_j 两指数分别表示 i 和 j 两区域测度量的影响力，取值的大小和测度量影响力的大小呈正相关；D 表示 i 和 j 区域间的空间距离；γ 为距离摩擦系数，系数越大，区域间距离的影响越大，系数越小，区域间距离的影响越小。大量研究表明，γ 值取 2 较合适（龙青云，2005）。这样表示区域之间的相互作用与区域的质量呈正相关，与区域之间的距离呈负相关。

A. 模型修正

1）空间距离修正。简单地把两区域之间的距离作为研究的空间距离很难具有说服力，在实际的经济联系中还必须考虑社会、经济、交通等因素的存在。因此，本章采取的是经济距离这一概念。目前，应用较为广泛的是高汝熹教授提出的经济距离测度定量方法。其公式为

$$E = a \times b \times D \tag{6-9}$$

式中，E 为区域之间的经济距离；D 为区域之间实际的空间距离；a 与 b 为修正权数。a 为第一次修正权数（通勤距离修正权数），取值大小由两个区域之间交通便捷度决定；b 为第二次修正权数（旅游经济落差修正权数），取值大小由核心区域与外围区域的旅游收入之比决定（孙娟，2003）。具体取值如表 6-19 所示。

表 6-19 空间修正权数取值

交通工具组合	普通火车&普通火车	汽车&汽车	普通火车&汽车
通勤距离修正权数 a	1	1.2	0.7
核心区域与外围区域的旅游收入之比	比值<143%	143%≤比值≤222%	比值>222%
旅游经济落差修正权数 b	0.8	1	1.2

2）经济距离测算。本区域交通呈现以公路和铁路为主，基本无水路的格局，因此本章仅考虑公路和铁路，依据式（6-9）与表 6-19，测算区域内经济距离如表 6-20 所示。

表 6-20　云南省中越边境口岸与相关区域的旅游经济距离测算结果（单位：公里）

州（市）	单元区域	河口口岸	金水河口岸	天保口岸	都龙口岸	田蓬口岸
文山州	富宁县	205.67	262.17	101.88	139.97	37.15
	麻栗坡县	99.12	160.03	23.23	36.96	76.99
	马关县	64.62	129.98	47.14	31.39	109.73
	广南县	189.78	239.62	115.87	141.12	85.72
	西畴县	117.94	170.36	50.50	67.68	78.72
	文山市	88.13	131.71	70.85	67.2	118.94
	砚山县	122.27	155.49	84.00	89.47	114.14
	丘北县	165.98	176.90	131.42	134.21	141.31
红河州	河口县	2.24	76.99	101.28	64.8	168.00
	金平县	77.76	18.64	161.71	129.91	226.81
	绿春县	164.74	87.61	242.21	212.83	306.05
	屏边县	32.48	54.62	121.63	92.06	182.98
	蒙自市	62.22	80.64	152.06	128.00	204.29
	个旧市	118.08	79.20	173.48	148.12	226.24
	元阳县	131.62	72.58	201.02	174.72	254.30
	红河县	177.02	110.30	240.38	217.06	297.02
	建水县	94.47	111.96	207.94	184.42	259.68
	开远市	84.06	116.83	174.53	156.67	218.69
	弥勒市	212.35	190.27	209.18	200.26	232.42
	石屏县	110.76	132.67	242.46	221.95	293.57
	泸西县	211.10	213.02	198.72	191.33	209.66
普洱市	江城县	209.28	127.39	299.22	265.15	363.67

B. 旅游综合实力测算

区域旅游综合实力的强度对周边区域旅游的发展具有一定的辐射带动作用，本章采用旅游综合实力代表引力模型中的 M，运用主成分分析方法（与本章第二节区域旅游空间结构测算的主成分分析方法一致），通过构建衡量旅游综合实力的指标体系，对 5 个口岸和 22 个单元区域进行分析。通过以上方法，采用 SPSS 软件对数据进行计算，得出各区域旅游综合实力值。考虑到其中一些区域旅游综合实力值为负值，为便于计算，将每个区域的旅游综合实力值加 3，使所有值均为正值，另为避免引力值过小不便计算，在正值化的基础上乘 1000，结果如表 6-21 所示。

表 6-21　云南省中越边境区域旅游综合实力值

单元区域	旅游综合实力值	单元区域	旅游综合实力值	单元区域	旅游综合实力值
河口口岸	930	广南县	1130	个旧市	1780
金水河口岸	460	文山市	4170	元阳县	1090
天保口岸	380	丘北县	2040	红河县	860
都龙口岸	210	砚山县	1680	建水县	6210
田蓬口岸	340	河口县	5170	开远市	3140
富宁县	3610	金平县	2710	弥勒市	6330
麻栗坡县	3640	绿春县	930	石屏县	4090
马关县	2930	屏边县	3890	泸西县	4960
西畴县	650	蒙自市	7050	江城县	2980

C. 计算引力值与场强值

基于以上所述，分别计算河口口岸、金水河口岸、天保口岸、都龙口岸和田蓬口岸五个口岸对周边单元区域的引力值和场强值（表 6-22），并对所得结果进行分组（表 6-23 和表 6-24）。

表 6-22　云南省中越边境口岸对各区域旅游引力值和场强值

单元区域	河口口岸		金水河口岸		天保口岸		都龙口岸		田蓬口岸	
	引力值	场强值	引力值	场强值	引力值	场强值	引力值	场强值	引力值	场强值
富宁县	44.19	0.02	13.45	0.01	73.59	0.04	21.55	0.01	495.22	0.25
麻栗坡县	92.77	0.09	17.60	0.02	690.91	0.71	150.66	0.15	56.22	0.06
马关县	171.52	0.22	20.97	0.03	131.68	0.17	164.16	0.21	21.74	0.03
广南县	29.18	0.03	9.05	0.01	31.99	0.03	11.92	0.01	52.29	0.05
西畴县	43.46	0.07	10.30	0.02	96.86	0.15	29.80	0.05	35.67	0.05
文山市	499.37	0.12	112.27	0.03	315.72	0.08	193.95	0.05	100.23	0.02
砚山县	104.52	0.06	31.96	0.02	90.48	0.05	44.08	0.03	43.85	0.03
丘北县	68.87	0.03	29.99	0.01	44.88	0.02	23.78	0.01	34.74	0.02
河口县	101×10^4	185.35	426.08	0.08	203.39	0.04	274.57	0.05	66.14	0.01
金平县	193.81	0.15	1670.31	1.33	18.31	0.01	15.68	0.01	8.33	0.01
绿春县	31.87	0.03	55.74	0.06	6.02	0.01	4.31	0.00	3.38	0.00
屏边县	3432.35	0.88	599.87	0.15	99.92	0.03	96.39	0.02	39.50	0.01
蒙自市	1693.75	0.24	498.77	0.07	115.86	0.02	90.36	0.01	57.44	0.01

续表

单元区域	河口口岸		金水河口岸		天保口岸		都龙口岸		田蓬口岸	
	引力值	场强值	引力值	场强值	引力值	场强值	引力值	场强值	引力值	场强值
个旧市	118.73	0.07	130.55	0.07	22.48	0.01	17.04	0.01	11.82	0.01
元阳县	58.52	0.05	95.20	0.09	10.25	0.01	7.50	0.01	5.73	0.01
红河县	2.57	0.03	32.52	0.04	5.66	0.01	3.83	0.00	3.31	0.00
建水县	647.16	0.10	227.89	0.04	54.58	0.01	38.34	0.01	31.31	0.01
开远市	413.27	0.13	105.82	0.03	39.17	0.01	26.86	0.01	22.32	0.01
弥勒市	130.55	0.02	80.43	0.01	54.97	0.01	33.15	0.01	39.84	0.01
石屏县	310.08	0.08	106.89	0.03	26.44	0.01	17.44	0.00	16.14	0.00
泸西县	103.51	0.02	50.28	0.01	47.73	0.01	28.45	0.01	38.36	0.01
江城县	63.28	0.02	84.47	0.03	12.65	0.00	8.90	0.00	7.66	0.00

表 6-23 云南省中越边境口岸旅游引力分组

项目	河口口岸	金水河口岸	天保口岸	都龙口岸	田蓬口岸
$I \geq 500$	河口县、屏边县、蒙自市、建水县	金平县、屏边县	麻栗坡县		
$100 \leq I < 500$	马关县、文山市、砚山县、金平县、个旧市、开远市、弥勒市、石屏县、泸西县	文山市、河口县、蒙自市、个旧市、建水县、开远市、石屏县	马关县、文山市、河口县、蒙自市	麻栗坡县、马关县、文山市、河口县	富宁县、文山市
$50 \leq I < 100$	麻栗坡县、丘北县、元阳县、江城县	绿春县、元阳县、弥勒市、泸西县、江城县	富宁县、西畴县、砚山县、屏边县、建水县、弥勒市	屏边县、蒙自市	麻栗坡县、广南县、河口县、蒙自市
$I < 50$	富宁县、广南县、西畴县、绿春县、红河县	富宁县、麻栗坡县、马关县、广南县、西畴县、砚山县、丘北县、红河县	广南县、丘北县、金平县、绿春县、个旧市、元阳县、红河县、开远市、石屏县、泸西县、江城县	富宁县、广南县、西畴县、砚山县、丘北县、金平县、绿春县、个旧市、元阳县、红河县、建水县、开远市、弥勒市、石屏县、泸西县、江城县	马关县、西畴县、砚山县、丘北县、金平县、绿春县、屏边县、个旧市、元阳县、红河县、建水县、开远市、弥勒市、石屏县、泸西县、江城县

表 6-24　云南省中越边境口岸旅游场强分组

项目	河口口岸	金水河口岸	天保口岸	都龙口岸	田蓬口岸
$S \geqslant 0.2$	马关县、河口县、屏边县、蒙自市	金平县	麻栗坡县	马关县	富宁县
$0.1 \leqslant S < 0.2$	文山市、金平县、建水县、开远市	屏边县	马关县、西畴县	麻栗坡县	
$0.05 \leqslant S < 0.1$	麻栗坡县、西畴县、砚山县、个旧市、元阳县、石屏县	河口县、绿春县、蒙自市、个旧市、元阳县	文山市、砚山县	西畴县、文山市、河口县	麻栗坡县、广南县、西畴县
$S < 0.05$	富宁县、广南县、丘北县、绿春县、红河县、弥勒市、泸西县、江城县	富宁县、麻栗坡县、马关县、广南县、西畴县、文山市、砚山县、丘北县、红河县、建水县、开远市、弥勒市、石屏县、泸西县、江城县	富宁县、广南县、丘北县、河口县、金平县、绿春县、屏边县、蒙自市、个旧市、元阳县、红河县、建水县、开远市、弥勒市、石屏县、泸西县、江城县	富宁县、广南县、砚山县、丘北县、金平县、绿春县、屏边县、蒙自市、个旧市、元阳县、红河县、建水县、开远市、弥勒市、石屏县、泸西县、江城县	马关县、文山市、河口县、砚山县、丘北县、金平县、绿春县、屏边县、蒙自市、个旧市、元阳县、红河县、建水县、开远市、弥勒市、石屏县、泸西县、江城县

3. 圈层结构构建与分析

旅游引力与旅游场强代表了各口岸与周边区域的旅游作用力大小，可以衡量各口岸对周边区域的旅游辐射强度。从经济地理的角度出发，大部分的空间扩散是由近及远进行的，满足距离衰减规律（Morill，1969）。但这并非绝对，受多种因素影响，区域扩散遵循等级扩散规律，即扩散是沿着一定等级规模的地理区域进行的（彭荣胜，2012），本章是综合考虑距离衰减规律和等级扩散规律得出的结论。基于表 6-19～表 6-24 分析，综合考虑旅游引力、旅游场强值大小以及旅游综合实力，参照五个口岸分组的集合区域测度，将 22 个单元区域分为核心圈层、紧密圈层、机会圈层与外围圈层（图 6-11）。

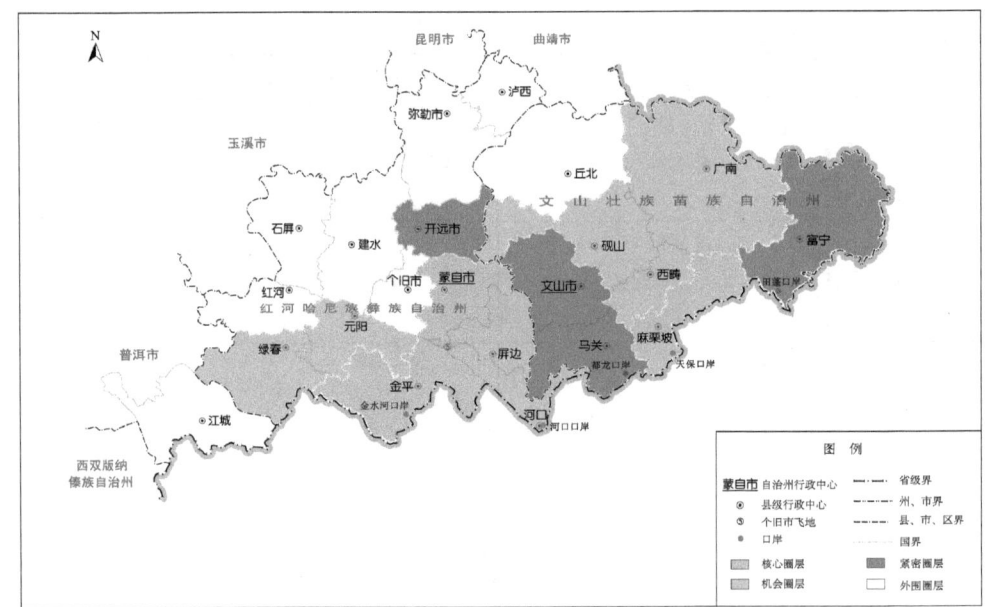

图 6-11 云南省中越边境口岸旅游辐射区域与辐射强度圈层结构（详见书末彩图）

（1）核心圈层

河口县、屏边县、蒙自市、金平县和麻栗坡县属于口岸旅游辐射的核心区域。首先，河口口岸、金水河口岸和天保口岸为国家一级口岸，并分别属于河口县、金平县和麻栗坡县三个县域，口岸辐射能力强。其次，屏边县、蒙自市和河口县是 G8011 和泛亚铁路东线的主要站点，交通条件优越，缩短了时间成本，加强了辐射能力。最后，从规模经济角度出发，蒙自市作为红河州的州府，是经济、资源、物流、信息等要素聚集的核心区域，总体经济实力强，而口岸是经济流通出入的主要通道，尤其是河口口岸是蒙自市经济流的主要通道之一，蒙自市集中了交通、经济等优势，满足等级扩散的规律。

（2）紧密圈层

文山市、开远市、马关县和富宁县是口岸旅游辐射的紧密圈层。从区域特征看，文山市是文山州的州府，是经济、物流等的集聚中心，开远市是红河州重要的工业城市，口岸是其货流的重要通道。另外，都龙口岸和田蓬口岸分别属省级口岸和国家二类口岸，尽管分属马关县与富宁县，但因口岸级别相对较低，因此马关县和富宁县口岸辐射能力相对河口县、金平县和麻栗坡县较低一级，未形成核心圈层。因此，文山市、开远市、马关县和富宁县是口岸旅游辐射力较强的区域。

（3）机会圈层

元阳县、绿春县、砚山县、广南县和西畴县是口岸旅游辐射的机会圈层。元阳县和广南县与口岸经济距离较远，旅游资源丰富，旅游市场吸引力强，河口口岸、金水河口岸等边境口岸旅游会对其产生一定的屏蔽效应，阻碍口岸向这些区域进一步辐射，但因旅游资源类型和游客偏好等差异，元阳县和广南县有机会被边境口岸旅游爱好者涉足，成为机会圈层。绿春县、砚山县和西畴县在地理空间上与口岸处于远距离与近距离的连接处，当边境旅游者选择将远距离区域作为旅游目的地时，势必经过绿春县、砚山县和西畴县，使这些区域成为机会圈层。

（4）外围圈层

丘北县、红河县、建水县、石屏县、个旧市、弥勒市、泸西县和江城县是口岸旅游辐射的外围圈层。从距离衰减理论考虑，丘北县、红河县、建水县、石屏县、个旧市、弥勒市、泸西县和江城县这些区域与口岸距离远，口岸辐射能力弱。首先，旅游是这些区域的主要支柱产业，旅游资源、旅游服务水平等条件是研究区域内最优越的，其旅游发展可能形成相对独立的旅游目的地，并不一定靠边境旅游拉动；其次，这些区域存在与边境旅游不同旅游业态的竞争，口岸旅游很难向其区域拓展；最后，这些区域紧靠云南省会昆明市，旅游客流大，口岸旅游的拓展意味着旅游市场的共享。

4. 旅游空间拓展谱系

根据拓展圈层结构和区域空间位置，形成四级拓展层级：核心是金水河口岸、河口口岸、天保口岸、都龙口岸和田蓬口岸所形成的口岸旅游区，第一层级是与蒙屏河（蒙自市、屏边县、河口县）旅游区、金平旅游区和麻栗坡旅游区的拓展；第二层级是加快与开远旅游区、文马（文山市、麻栗坡县）旅游区与富宁旅游区的拓展；第三层级是加快与绿元（绿春县、元阳县）旅游区、广砚西（广南县、砚山县、西畴县）旅游区的拓展；第四层级是加快与江城旅游区、红石建个（红河县、石屏县、建水县、个旧市）旅游区、弥泸丘（弥勒市、泸西县、丘北县）旅游区的拓展（图6-12）。四个层级的拓展要逐层推进、重点突出、协同发展，采取点线面逐层拓展的发展方式，在拓展过程中，借助第一、第二层级的区位优势，加快推进，努力实现口岸-第一、第二层级旅游圈的形成，增强对外辐射能力，借助第三、第四层级的资源优势，组合旅游线路，推动口岸至第一、第二、第三、第四层级旅游圈的形成，实现口岸旅游更远距离、更深层次的拓展。

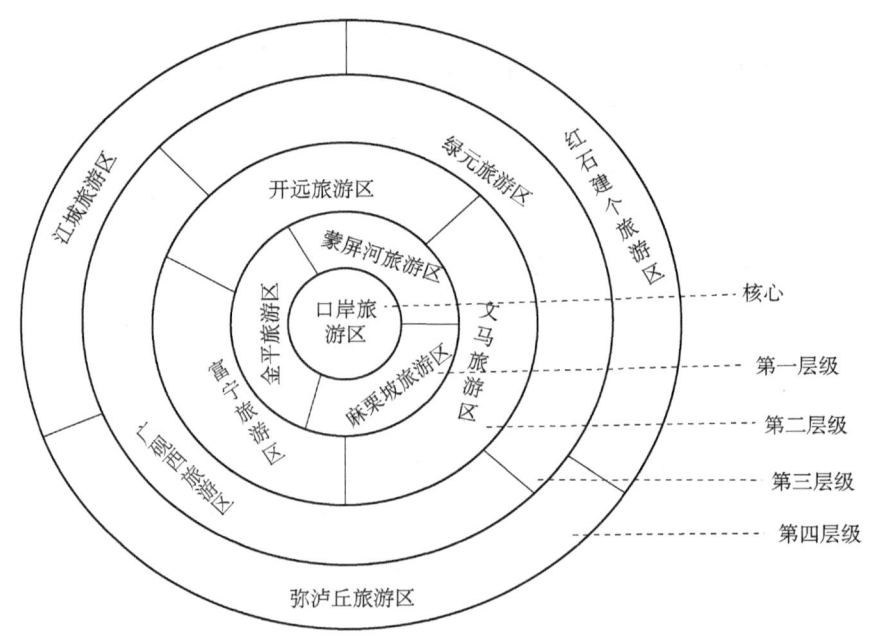

图 6-12　云南省中越边境口岸旅游空间拓展层级示意图

5. 旅游空间拓展路径

云南省中越边境口岸旅游空间的拓展要依据口岸旅游空间结构现状和构建的圈层结构，综合考虑旅游交通、旅游资源等空间布局状态，结合城市空间旅游发展规划，以口岸节点构成旅游拓展圈，以口岸拓展圈为起点向内陆辐射成旅游拓展带，遵循节点突出、圈层扩散、带状发展的原则，构建"五圈-六带"的口岸旅游拓展路径，"五圈"又根据口岸级别划分为三级口岸旅游拓展圈（表6-25）：一级口岸旅游拓展圈是指河口口岸旅游拓展圈，二级口岸旅游拓展圈是指金水河口岸旅游拓展圈和天保口岸旅游拓展圈，三级口岸旅游拓展圈是指都龙口岸旅游拓展圈和田蓬口岸旅游拓展圈。"六带"是指"金水河口岸-红河"旅游拓展带、"河口口岸-蒙自-石屏"旅游拓展带、"河口口岸-蒙自-弥勒"旅游拓展带、"都龙口岸-文山-丘北"旅游拓展带、"天保口岸-西畴-广南"旅游拓展带和"田蓬口岸-富宁-弥勒"旅游拓展带（图6-13）。

这种拓展模式是以点、轴、圈的方式将口岸与旅游县域及中心城镇串联在一起,达到区域的协同发展。

表 6-25　云南省边境中越口岸旅游拓展圈构建一览

轴	圈	等级
河口口岸-金平	河口口岸旅游拓展圈	一级
河口口岸-元阳		
河口口岸-河口-屏边-蒙自		
河口口岸-个旧		
河口口岸-文山		
河口口岸-马关		
金水河口岸-金平-元阳	金水河口岸旅游拓展圈	二级
金水河口岸-河口		
天保口岸-麻栗坡-西畴	天保口岸旅游拓展圈	
天保口岸-马关		
都龙口岸-马关	都龙口岸旅游拓展圈	三级
田蓬口岸-富宁	田蓬口岸旅游拓展圈	

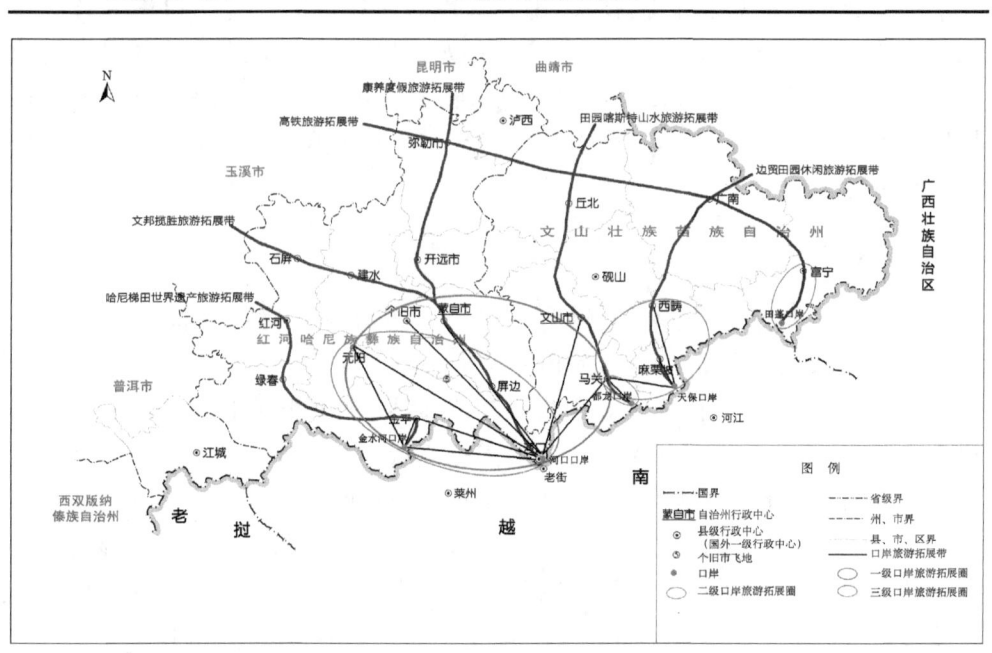

图 6-13　云南省中越边境口岸旅游空间拓展图（详见书末彩图）

(1) 五圈

1) 一级口岸旅游拓展圈：河口口岸旅游拓展圈。河口口岸为国家一类口岸。该拓展圈是以河口口岸为中心，通过河口口岸-金平、河口口岸-元阳、河口口岸-河口-屏边-蒙自、河口口岸-个旧、河口口岸-文山、河口口岸-马关六轴联动周边河口县、屏边县、蒙自市、金平县、文山市、马关县、元阳县和个旧市。河口县、屏边县和金平县以瑶族、苗族居多，少数民族文化多姿多彩；蒙自市、文山市和个旧市属两州经济繁荣都市；元阳县以梯田闻名；马关县、河口县和金平县属云南省边境县域，边贸文化丰富。这样的资源条件与河口口岸相融合，有利于构建河口口岸旅游拓展圈，辐射更远的区域。

2) 二级口岸旅游拓展圈。①金水河口岸旅游拓展圈，金水河口岸为国家一类口岸。该拓展圈以金水河口岸为核心，通过金水河口岸-金平-元阳、金水河口岸-河口两轴联动周边金平县、元阳县和河口县，构建金水河口岸旅游拓展圈。②天保口岸旅游拓展圈，天保口岸为国家一类口岸。该拓展圈以天保口岸为核心，通过天保口岸-麻栗坡-西畴、天保口岸-马关两轴联动周边麻栗坡县、西畴县和马关县，构建天保口岸旅游拓展圈。

3) 三级口岸旅游拓展圈。①都龙口岸旅游拓展圈，都龙口岸为省级口岸。该拓展圈以都龙口岸为中心，通过都龙口岸-马关一轴联动马关县，构建都龙口岸旅游拓展圈。②田蓬口岸旅游拓展圈，田蓬口岸为国家二类口岸。该拓展圈以田蓬口岸为中心，通过田蓬口岸-富宁一轴联动富宁县，构建田蓬口岸旅游拓展圈。

(2) 六带

1) "金水河口岸-红河"旅游拓展带。该旅游拓展带的构建主要依托S210、S221交通干线，由金水河口岸经金平县、元阳县至红河县，形成"金水河口岸-红河"旅游拓展带。周边联动绿春县、江城县合作发展。该旅游拓展带连接金水河口岸、勐拉温泉、元阳梯田等旅游景点，体验哈尼族长街宴等少数民族风情文化，构建哈尼梯田世界遗产旅游拓展带。

2) "河口口岸-蒙自-石屏"旅游拓展带。该旅游拓展带交通优势显著，主要依托G323、G8011以及玉蒙铁路和昆河铁路，由河口口岸，途经河口县、屏边县、蒙自市、建水县至石屏县，周边联动个旧市，形成"河口口岸-蒙自-石屏"旅游拓展带。连接河口口岸、南溪河、大围山、碧色寨、燕子洞、朱家花园、文庙、异龙湖、九台沟瀑布群等旅游景点，体验边贸风情、南溪漂流、滇越故事、喀斯特地貌、古城文化，品尝过桥米线、石屏豆腐、建水烧烤等美味，构建文邦揽胜旅游拓展带。

3)"河口口岸-蒙自-弥勒"旅游拓展带。该旅游拓展带的构建主要依托昆河高速公路和昆河铁路，交通区位优势显著，北依昆明市，市场条件优越。由河口口岸，途经河口县、屏边县、蒙自市、开远市至弥勒市，周边联动个旧市和泸西县，形成"河口口岸-蒙自-弥勒"旅游拓展带，连接河口口岸、南溪河、大围山、碧色寨、南洞、白龙洞、湖泉公园、锦屏山风景区、可邑小镇、阿庐古洞等旅游景点，体验边贸风情、南溪漂流、滇越故事、喀斯特溶洞、温泉养生、宗教朝拜、民族风情等项目，构建康养度假旅游拓展带。

4)"都龙口岸-文山-丘北"旅游拓展带。该旅游拓展带的构建主要依托S207，由都龙口岸，途经马关县、文山市、砚山县至丘北县，交通条件较弱，因此要加大对交通等基础设施的投入，完善旅游交通体系，构建"都龙口岸-文山-丘北"旅游拓展带。连接都龙口岸、罗汉山、白沙坡温泉、老君山、浴仙湖、普者黑风景区、仙人洞等旅游景点，体验边关风情文化、康养休闲、田园山水、喀斯特风光等旅游项目，构建田园喀斯特山水旅游拓展带。

5)"天保口岸-西畴-广南"旅游拓展带。该旅游拓展带的构建主要依托S208、S201，由天保口岸，途经麻栗坡县、西畴县至广南县，构建"天保口岸-西畴-广南"旅游拓展带。连接天保口岸、老山、鸡冠山、坝美等旅游景点，体验边贸文化、世外桃源等旅游项目，构建边贸田园休闲旅游拓展带。

6)"田蓬口岸-富宁-弥勒"旅游拓展带。该旅游拓展带的构建主要依托云桂铁路，交通条件优越，在高铁的驱动下，旅游时间成本缩减至2小时内，旅游市场庞大。由田蓬口岸，途经富宁县、广南县、丘北县至弥勒市，构建"田蓬口岸-富宁-弥勒"旅游拓展带。连接田蓬口岸、八宝、驮娘江景区、坝美、普者黑风景区、仙人洞、湖泉生态园、可邑小镇、锦屏山风景区等旅游景点，体验边贸口岸文化、喀斯特山水田园情调、温泉度假、宗教朝拜等旅游项目，构建高铁旅游拓展带。

第四节　旅游空间结构整合与拓展策略

一、云南省中越边境口岸旅游空间结构整合策略

1. 推进口岸建设，壮大旅游节点

抓住大湄公河次区域、中国-东盟自由贸易区以及中越"两廊一圈"等发展机遇，深入研究推动口岸开发开放各项工作，重视口岸节点建设，用足用活用好各类政策和资源优势，推进大通道、大平台建设，完善口岸功能，提升通关便利化水平，打好"口岸牌"，使口岸成为旅游流、物流、资金流、信息流的辐射源，成为实现经济社会跨越发展的"助推器"。做大边境窗口旅游节点的旅游实力，发挥旅游节点集聚与扩散功能，运用极化手段，依托口岸特殊的地理区位，丰富口岸旅游特色产品体系，发展多层次、多功能的旅游节点，强化口岸辐射周边区域能力，推进口岸旅游向腹地纵深发展。云南省中越边境口岸规模级别存在差异性，各口岸辐射半径大小不一，为避免差异性造成的区域旅游发展短板现象，需重视国家级口岸和省级口岸全面均衡发展，保持旅游业发展的整体竞争力。

2. 完善旅游交通路网，打造旅游轴线

如今，人们休闲时间稀缺且分散，闲暇时间是旅游必备条件之一。时间成本与经济成本是旅游者外出考虑的重要因素，交通条件的优劣直接关系到时间成本与经济成本的大小。交通条件影响经济距离，经济距离影响口岸辐射能力，云南省中越边境口岸除河口口岸与腹地连接性较强外，其他口岸交通条件较弱，减弱了口岸旅游外拓能力，因此政府需加强对旅游交通的投资，以昆河公路、昆河铁路、云桂铁路等主要干线为定轴，加快构建金水河口岸、都龙口岸、天保口岸与田蓬口岸联通这些定轴的交通路线，形成铁路、高等级公路等为一体的交通网络格局，提升交通通达性，缩短时空距离，旅游空间要素扩散效率随交通路网优化而提升，在培育与壮大旅游节点的基础上，联点成轴，形成不同等级的旅游经济轴带，有利于口岸旅游空间拓展。

3. 深挖旅游资源，合理布局

旅游资源是旅游者是否选择一个旅游目的地考虑的重要因素，甚至是决定因素。首先，云南省中越边境口岸旅游资源特色不足，旅游吸引力整体较弱，挖掘口岸旅游资源和打造口岸特色旅游产品，吸引旅游者，才能满足口岸向腹地拓展的基本条件；其次，区域旅游资源空间分布不均，表现为河口县、元阳县、建水县、弥勒市、丘北县等区域旅游资源丰富，而蒙自市、个旧市、开远市、砚山县、西畴县等区域旅游资源贫乏，在整体研究区域内呈现"丰富-贫乏-丰富-贫乏-丰富"的特征，阻碍空间深层次拓展，区域旅游屏蔽效应明显，因此深挖各区旅游资源和合理布局成为必要。

二、云南省中越边境口岸旅游空间拓展策略

1. 从口岸向纵深发展，塑造完善的旅游产品体系

旅游线路的延伸设计既能发挥区内、区际、区外旅游资源的互补效应，也可将若干分散的旅游地形成一个具有较高内聚力和辐射力的旅游地域结构体系，形成有序发展的态势，拓展旅游发展的空间。从空间的角度来说，旅游线路是旅游节点与旅游轴线的连接，旅游空间的拓展可依托旅游线路的延伸设计来实现。根据云南省中越边境口岸区域旅游产品开发情况（表6-26），建议稳抓市场热点，在围绕金水河口岸、河口口岸、都龙口岸、天保口岸和田蓬口岸特色优势旅游产品的基础上，结合拓展圈层区域的资源特色，由口岸逐步向22个单元区域充实和延展口岸旅游产品的层次与体系，开发哈尼梯田之旅、文邦揽胜之旅、康养度假之旅、喀斯特山水之旅、高铁之旅等多条旅游线路，最终实现云南省中越边境口岸旅游产品开发的转型升级与历史新跨越，打造口岸旅游新格局。

表 6-26　云南省中越边境口岸区域旅游产品开发情况

口岸与圈层结构	单元区域	特色旅游产品类别
口岸	金水河口岸	
	河口口岸	
	都龙口岸	民族节庆、异域风情、商贸购物旅游产品等
	天保口岸	
	田蓬口岸	

续表

口岸与圈层结构	单元区域	特色旅游产品类别
核心圈层	金平县	温泉康养、田园生态、民俗风情、科普教育、红色文化旅游产品等
	河口县	滇越文化、商贸文化、探险漂流旅游产品等
	屏边县	生态养生、滇越文化、喀斯特山水旅游产品等
	蒙自市	美食文化、滇越文化、异域风情体验、特色小镇、彝族风俗文化、休闲度假、宗教文化、旅游产品等
	麻栗坡县	红色文化、喀斯特山水旅游产品等
紧密圈层	文山市	喀斯特山水、红色教育、探险、科普旅游产品等
	开远市	喀斯特山水、工业旅游产品等
	马关县	商贸购物、生态养生旅游产品等
	富宁县	生态休闲度假旅游产品等
机会圈层	绿春县	民族节庆、梯田风光、喀斯特山水、热带雨林旅游产品等
	元阳县	民族节庆、梯田风光、民俗村落旅游产品等
	砚山县	红色爱国、湖光山色、宗教文化旅游产品等
	广南县	乡村旅游、喀斯特山水、宗教文化旅游产品等
	西畴县	红色教育、历史遗迹、民俗文化旅游产品等
外围圈层	江城县	温泉养生、异域风情、乡村体验旅游产品等
	红河县	梯田风光、民族风情、生态养生旅游产品等
	石屏县	美食文化、休憩体验、名人故里、生态休闲旅游产品等
	建水县	喀斯特山水、历史民俗文化、美食文化旅游产品等
	个旧市	温泉养生、文创园区、热带雨林、水上娱乐、民俗村落旅游产品等
	弥勒市	民族风情、温泉养生、休闲度假、水上娱乐、佛教文化、美食文化、婚庆摄影、工业、科普教育旅游产品等
	泸西县	喀斯特山水、民俗文化旅游产品等
	丘北县	喀斯特山水、民族风情、乡村旅游产品等

(1) 哈尼梯田之旅

功能定位：山外有山，天外有天。

产品设计：金水河口岸-金平（马鞍底蝴蝶谷、拉灯旅游景观瀑布群）-元阳（哈尼梯田、元阳梯田箐口、老虎嘴梯田、螺丝田、多依树梯田）-绿春（腊姑、桐株德玛梯田景区）-红河（撒玛坝梯田、桂东梯田）。

（2）文邦揽胜之旅

功能定位：感受古城风貌，品味多元文化。

产品设计：河口口岸-河口（戈浩避暑山庄）-屏边（苗族踩花山节、人字桥）-蒙自（碧色寨、尼苏小镇、老街）-建水（建水古城、朱家花园）-石屏（袁嘉谷故居、古州衙）。

（3）康养度假之旅

功能定位：让心灵休息的地方。

产品设计：河口口岸-河口（南溪河漂流、花鱼洞）-屏边（大围山）-蒙自（南湖、长桥海旅游度假区）-开远（南洞、大黑山、灵芝湖森林公园）-弥勒（湖泉生态园、东风韵、云南红酒庄）。

（4）喀斯特山水之旅

功能定位：回归自然，放飞心情。

产品设计：都龙口岸-马关（堡堡寨瀑布、古林箐原始森林、大吉厂云海）-文山（老君山）-砚山（浴仙湖、听湖风景区）-丘北（普者黑）。

（5）高铁之旅

功能定位：穿越世外桃源的美。

产品设计：田蓬口岸-富宁（驮娘江风景名胜区）-广南（坝美、三腊瀑布、八宝风景区）-丘北（普者黑）-弥勒（锦屏山、可邑小镇）。

2. 拓宽市场域面，壮大口岸旅游发展规模

旅游者是旅游活动的主体，旅游市场拓展也是口岸旅游拓展的重要环节。云南省中越边境口岸旅游市场拓展要从基础市场、中程市场和远程市场三方面着手（表6-27）。

表6-27 云南省中越边境口岸旅游市场拓展

市场距离	市场名称
基础市场（0~100公里）	金平县、河口县、马关县、麻栗坡县、富宁县、江城县、绿春县
中程市场（100~400公里）	蒙自市、个旧市、开远市、弥勒市、文山市、玉溪市、曲靖市、楚雄市等
远程市场（400~1000公里）	昆明市、贵阳市、成都市等

（1）巩固口岸基础市场

云南省中越边境口岸旅游发展尚处于不成熟阶段，其旅游吸引力在短期内还不足以扩展到很远的范围，因此云南省中越边境口岸区域依然是口岸旅游目前发展的主要市场。基础市场尤以边境口岸一日游居多，自驾是主要出行方式，因此要集中力量开拓以口岸为目的地的自驾游市场，将河口县、金平县、马关县、麻栗坡县和富宁县打造为自驾服务中转集散中心，努力将金水河口岸、河口口岸、都龙口岸、天保口岸和田蓬口岸打造为周边区域周末休闲度假的首选旅游目的地。

（2）强化中程市场

巩固云南省中越边境口岸区域基础市场是口岸旅游拓展的基础，口岸旅游的长远发展必须强化周边市场。首先，周边市场（如文山市、砚山县、西畴县、个旧市等区域）因自身旅游资源条件不足，为了克服这一缺陷，努力将云南省中越边境口岸旅游品牌通过各种宣传手段渗入这些区域，吸引周边旅游者。其次，通过与蒙自市、弥勒市、丘北县、广南县、建水县和元阳县等周边旅游发展水平较高区域合作，借助这些区域的旅游优势条件，共同打造旅游产品，实现客源共享。

（3）开拓远程市场

云南省中越边境口岸旅游发展不能局限于基础市场与中程市场，要放远目光。中国西南旅游是中国旅游发展中如火如荼的典范，考虑到广西壮族自治区与越南相连，口岸旅游也是广西壮族自治区旅游的组成部分，因此在开拓远程市场时，要着重开拓昆明市、贵阳市、成都市等大型旅游市场。昆明市、贵阳市和成都市作为西南各省省会城市，同时是旅游城市，其不仅旅游购买率和出游率较高，而且是国内外主要的客源地。通过政府出面支持，与多个机构合作，在各交通站点、旅游大巴、人群集中广场等公共场所以广告牌等形式宣传云南省中越边境口岸旅游形象、景区、线路等，吸引昆明市、贵阳市和成都市等地旅游者。

3. 深化区域旅游合作，促进区域联动发展

加强云南省中越边境口岸区域与境内外区域的跨区域性旅游合作，统筹国内、国际两种资源、两种市场。具体分为三种合作形式：口岸之间的合作；口岸与内陆区域的合作；口岸与越南的跨境合作。

（1）加强边境口岸之间的合作

边境口岸旅游整体竞争力提升是口岸旅游拓展的前提条件。依托河口口岸的区位优势，充分发挥河口口岸的旅游极核作用，与周边金水河口岸、都龙口岸、天保口岸和田蓬口岸对接，通过合作商讨，打造一个口岸一种特色，做到旅游资源互补，共同开辟精品边境口岸旅游线路、自驾游线路等旅游产品，实现旅游市场共轭。通过口岸之间的合作改变原有的分散式发展，形成"金水河-河口-都龙-天保-田蓬"条带式旅游发展格局，实现云南省中越边境口岸旅游发展整体化，全方位提升口岸旅游发展竞争力，强化口岸旅游在边境区域的作用。

（2）加强边境口岸与内陆之间的合作

加强边境口岸与内陆之间的跨区域旅游合作包括四个层级：首先，加强边境口岸与边境县域之间的合作。云南省中越边境县域由富宁县、麻栗坡县、马关县、河口县、金平县、绿春县和江城县构成，地处口岸与内陆之间，是口岸连接内陆发展的中转区域，是边境口岸旅游发展的强大支撑。各口岸与边境7个县域之间就口岸旅游线路推广、客源互流共享、目的地营销等方面以多样化的形式进一步展开交流与合作。其次，加强边境口岸与边境15个县域的合作，各区域之间信息共享、决策共商，凸显口岸旅游在边境旅游发展中的地位，开发系统性而又彰显地域特色的旅游产品。再次，依托大型旅游集散中心的辐射带动作用，加强口岸与昆明市、大理市、丽江市、景洪市等省内大型热门旅游集散中心的合作交流，提升边境口岸旅游竞争力。最后，加强口岸区域与周边广西壮族自治区、贵州省、四川省等周边省份的跨区域联动，广西壮族自治区与越南相邻，借助广西壮族自治区与云南省相似的区位条件，与广西壮族自治区联合开发口岸旅游，做大做强口岸旅游品牌。同时，采取政府搭台、企业参与等形式，与贵州省、四川省等周边省份在旅游线路组织、旅游目的地营销、旅游品牌塑造、旅游客流流通等方面进行合作，实现口岸旅游的延伸式发展。

（3）加强边境口岸与越南的跨境合作

以河口沿边跨境旅游合作区试点为带动，从国家层面，在借鉴大湄公河次区域等合作机制的基础上，依托河口口岸、金水河口岸、都龙口岸、天保口岸和田蓬口岸沿边城市、河流、山川、村寨、景区、交通等成立合作区域，如泛亚铁路东线纵跨中越等国家，以此为依托，成立泛亚铁路沿线旅游合作区；依托中越两国边境口岸沿边民族村寨，成立边境口岸民族村寨旅游合作区，将口岸与民族村寨做大做强，凸显边境特色。以多角度、全方位的合作区建设完善边境口岸旅游合作机制，通过争取在合作区范围内给予特殊政策支持，推动双方在口岸旅游线路推广、客源互流共享、目的地营销等方面以多样化的形式进一步展开交流与合作，实现云南省中越边境口岸旅游的跨越式发展。

第七章

边境旅游发展模式

随着国家"一带一路"发展、《兴边富民行动"十三五"规划》的提出,以及边境国际合作示范区和开发开放试验区的建立,发展边境旅游成为国家对外开发开放的重要战略。在"一带一路"倡议加速对外开放的背景下,国务院高度重视跨境旅游合作区与边境旅游试验区"两区"建设,国家旅游局自2016年先后组织边境旅游试验区、跨境旅游合作区的申报建设工作,边境旅游迎来了新的发展机遇和空间。与此同时,大湄公河次区域旅游合作和孟中印缅经济走廊旅游合作的有序开展,中国-东盟自由贸易区、"一带一路"的发展促进,与老挝、缅甸、泰国等国家加强边境旅游合作,使云南省边境旅游发展水准上升到一个更高的层次。研究探索边境旅游发展模式/构建云南省边境旅游发展新模式是推动云南省边境旅游业快速发展的客观要求。

第一节　国内外相关研究

在关于"边境+旅游"的关键词学术搜索结果的基础上(表7-1),对相关文献资料进行分析。可以看出,国外边境旅游研究起步较早,研究成果较为成熟,重点研究内容包括边境旅游作用与效应、影响因素、开发与发展策略、跨境旅游合作等方面,本章选取其中较为典型的文章进行研究综述;国内边境旅游研究相对滞后,由于有相当数量的研究者参与研究,产生了较多相关成果,研究成果主要包括理论、实践、专项和其他等内容。

表 7-1　关于"边境+旅游"的关键词学术搜索结果

数据库	时间段	篇幅数	查询范围
万方数据库	1994～2017年	62	全选
中国知网	1994～2017年	243	全选
维普期刊	1994～2017年	179	全选
国家哲学社会科学学术期刊数据库	1994～2017年	89	全选
云南高校图书馆联盟文献共享服务平台	1994～2017年	38	全选
百度学术搜索	—	322	全部网页

一、国外研究

国外相关边境旅游研究起步较早，研究成果较为成熟，重点研究内容包括边境旅游作用与效应、影响因素、开发与发展策略、跨境旅游合作等。

1. 边境旅游作用与效应研究

Timothy 和 Butler（1995）运用定量方法对相关数据资料及文献进行统计分析，重点对边境旅游在社会、文化及经济方面产生的负面效应做了深入研究。

Valdez 和 Sifaneck（1997）以美国和墨西哥边境旅游为研究对象，研究了在边境旅游中，旅游者的空间转移模式和在转移过程中各主体间的作用关系。

Arreola 和 Madsen（1999）分析和研究了美国和墨西哥边境地区旅游业的特点，指出早期殖民统治、发展历史长、可进入性好和政策扶持等因素对促进其发展具有重要意义。

Anaman 和 Ismail（2002）通过问卷调查的方式，对返回马来西亚的文莱旅游者进行调查和统计。经分析和研究，找出影响边境旅游者人数的一系列因素，对当地旅游业的发展具有重要的参考价值。

2. 边境旅游影响因素研究

O'Byrne（2001）从人文、地理、政策等方面研究了不同因素对边境旅游的影响，结果发现护照和签证会影响边境旅游的发展。

Timothy 和 Butler（2002/2003）通过对美国与加拿大边境旅游和美国与墨西哥边境旅游的市场调查研究，指出边境购物是边境旅游的发动机。

Timothy 和 Tosun（2003）在大量文献资料分析的基础上，对美国和加拿大边境地区旅游者的感知进行了研究，得出了边境对旅游业的不利影响因素。

Askew 和 Cohen（2004）重点介绍了泰国南部边境旅游所涉及的宗教和性文化旅游，并对该地区旅游业的多维度特征和影响因素进行了深入分析。

Horton 和 Cole（2011）对墨西哥医疗和美国医疗进行比较，指出墨西哥医疗的"服务至上"远胜于美国医疗的"忽略患者，依赖治疗"，这一因素是促成美国公民到墨西哥跨境旅游的主要因素之一。

3. 边境旅游开发与发展策略研究

Felsenstein 和 Freeman（2001）调查研究了以色列边境地区的赌博等活动，对当地边境旅游的发展提出了参考意见。

Saxena 和 Ilbery（2010）重点介绍了英格兰与威尔士边境地区传统农村旅游资源的开发情况，并就其发展创新实践提出了一些建议。

Jakosuo（2011）对芬兰的边境旅游进行了研究，提出了芬兰在发展边境旅游时应采取完善旅游基础设施建设、提升旅游服务品质和加强各部门之间的协作等发展措施。

4. 跨境旅游合作研究

Timothy（1999）对美国加拿大两国边界地区的和平拱门国际公园、罗斯福坎波贝洛国际公园及沃特顿冰川国际和平公园三个典型的跨境公园进行了研究，建立了以跨境公园合作模式为代表的美国和加拿大跨境旅游合作模式。

Ferreira（2004）以南非、津巴布韦、莫桑比克三国共建的大林波波跨国公园为研究案例，对其边境地区跨境旅游合作开发提出了要求。

Lovelock 和 Boyd（2006）建立了跨国合作影响因素的合作框架，并从宏观、微观和中观三个方面分析了各层次主要影响因素。

Hampton（2010）则认为边境地区旅游发展战略应该是目的地的管理，目的地管理的有效实施有助于促进跨境旅游合作更有效，并提出了跨境旅游有效合作的五大发展原则。

二、国内研究

国内对于边境旅游的研究随着边境旅游的发展逐步深化，目前研究内容主要包括边境旅游理论、实践、专项和其他相关研究等。

1. 边境旅游理论研究

理论研究主要涉及边境旅游的概念、分类、特点、作用等。

姚素英（1998）提出边境旅游的概念，认为边境旅游是指两个相邻国家或地区的居民，在接壤的双边边境城市或地区相互开展短途旅游活动。依据其目的的不同可以划分为多种方式，如探亲、购物、观光、疗养、度假等，也可以是其中两种甚至三种以上方式的组合。王丽琴（2006）指出边境旅游具有三要素：方式（经过边境口岸）、地点（双方政府商定的地方）、时间（由双方政府协商确定）。她认为，边境旅游是人们经过边境口岸到达指定区域在指定时间内进行的娱乐活动。李日欣（2011）指出，边境旅游是经过中国及周边国家核准旅行社在指定旅游活动时间内在该地区进行文化互通的旅游行为。

对于边境旅游的特点，姚素英（1998）认为边境旅游具有涉外性、活动空间有限、出游时间短暂、比国际旅游更为简便且费用低廉的特点。刘永明（2008）进行了概括总结，指出边境旅游具有较强的政策性和政治敏感性，形式涉猎广泛，多层次性、区域性明显。

边境旅游的作用研究内容甚广，张广瑞（1996b）从促进边境地区的开发开放、刺激当地经济发展、提升其知名度、促进区域合作、稳定边疆、巩固国防等方面进行了总结。姚素英（1998）从促进边境地区经济发展与转变、区域联系、就业、思想解放和精神文明建设、旅游扶贫、国际关系等方面进行了概括。周素勤和张昕华（2003）从经济拉动、国际影响、区域发展、工作结业、文化需求、和平发展等角度进行了研究论证。

2. 边境旅游实践研究

实践研究主要是针对目前国内边境旅游发展现状所做的研究，研究内容涵盖吸引力因素、开发条件、存在问题、发展策略、旅游规划等。

关于边境旅游的吸引力因素，张广瑞（1994）认为边境的吸引力源于其主权的象征和历史文化属性，边界的界标往往成为边境旅游的重要吸引力因素。陈桂秋（2004c）指出边境线是一种独特的观念性旅游吸引物，边境地区的村落建筑、购物商店、食宿住宿设施等都属于旅游吸引物。他还对资源层面进行了如下总结：口岸-历史文化-重大事件、民族意识-民风民俗-价值观念、民族特征、民族生态、民族传统-自然景观。于海志（2011）从口岸景观、商贸街、周边大型景区三个方面对边境旅游的吸引物组成和发展趋势进行了阐述。

关于边境旅游的开发条件研究，学者有着相近的看法。杨洪等（2001）认为开发边境旅游要充分考虑资源的独特性、对外开放战略的实施情况、邻国关系现状三个方面的因素。周素勤和张昕华（2003）认为边境旅游的开发条件涉及地理条件、资源条件、客源市场、政治环境、边境贸易、可进入性六个方面。谢莉（2005）对自然、风俗、区位、客源市场、边境旅游发展状况进行了总结。彭万臣（2007）从历史、睦邻关系、边贸、旅游感知形象、自然环境、特色资源、交通等方面进行了概括。

边境旅游实践中所遇到的问题随边境旅游的发展而改变。张广瑞（1994）根据1991年以来瑞丽与畹町边境旅游的发展情况指出，边境旅游主要问题集中在游客流出多进少、活动单调、消费水平低、出境证件管理与收费混乱、假货充市、从业人员素质不高等方面。杨丽（2001）根据云南省边境旅游发展的实际情况指出，边境旅游主要问题有市场秩序混乱、管理机制不健全、旅游商品质量与价格不一、旅游者出游时间短暂且消费水平低、参游人员滞留不归或逾期晚归等。杨洪等（2001）认为边境旅游的主要问题有观念滞后、开发不够、宣传不力、交通工具单一、可进入性差、产业基础薄弱、旅游接待设施水平与服务质量不高等。李芳（2016）基于云南省边境旅游发展现状指出其存在基础设施滞后、资源开发力不强、区域差异大、市场不稳定等问题。

中国东北部边境旅游实践中，郑辽吉（2002）指出其存在的问题包括旅游市场不完善、朝鲜办理签证时间长、通关速度慢、朝方接待条件差、旅游活动单一、中方部门不协调等。邓鹏和门冬（2002）指出中俄边境旅游的问题包括俄罗斯方面通关环境恶劣、服务水平落后、国内旅游护照改革等。赵爱华（2004）认为问题包括交通条件有限、签证时间长、市场不稳定、基本条件差、接待能力不足等。李英花和崔哲浩（2011）指出问题主要包括出入境手续烦琐、通关时间长、区域内各国的软硬件差异大、缺乏有效的协调机构、整体宣传不到位等。

中国西南部边境旅游实践中，王雪芳（2005）认为主要问题有经济基础差、资金缺乏、规划布局没有进行统筹、旅游资源吸引力不足、产品没有特色且功能结构单一、旅游品牌不响等。李世玲等（2007）认为主要问题有客源市场潜力发掘不够、管理机制不健全、竞争意识不强、市场经营机制混乱、商品质量不稳定、基础设施条件差、交通欠佳、旅游者"出多入少"、停留时间"外多内少"等。陈红玲和杨莲莲（2007）认为主要问题有资金链供应不足、基础配套服务设施滞后、旅游产品体系不健全、区域旅游合作力度不足等。蒋满元（2008a）对口岸逗留时间、消费支出、管理机制、市场秩序、从业人员素质进行了总结。李春燕和范淑萍（2010）认为主要问题有营销不足、基础设施和效益较差、管理机制不健全、旅游秩序不佳、企业竞争同质化、旅游市场混乱、商品质量较差、高素质人才匮乏、从业人员素质不高等。

中国西北部边境旅游实践中，胡敏等（2005）从生态环境和人文环境两个方面论述了边境旅游问题。肖扬和马艺芳（2009）认为主要问题有旅游流量出多进少，边境旅游产品单一。温艳玲和张倩玉（2010）认为主要问题有基础设施破损、朝鲜政策不稳定、旅游产品单一、从业人员素质低等。

关于边境旅游发展策略，徐松峦等（1997）指出要从政策导向出发，在做好宣传民众提高认识水平，加大对边境地区重点口岸的扶持力度，积极进行旅游基础设施及配套服务设施建设，加强国际、区域旅游合作，简化出入境通关手续等方面展开工作。张广瑞（1997b）认为支持边境地区发展，要加大边境旅游资源和产品开发力度，放宽边境旅游限制，便利出入境旅游手续，规范和完善边境旅游管理体系。邓鹏和门冬（2002）指出要重点加强区域合作，建立边境旅游高层次的会晤机制和全区域旅游的合作协调机制。周素勤和张昕华（2003）从区域视角对边境旅游展开了重点研究。陈桂秋（2004c）在边境旅游研究中指出区域旅游建设的重要性。孙晓谦（2005）从区域的视角进行了探索。蒋满元（2008a）提出边境安全防范工作这一问题。

在边境旅游规划方面，刘滨谊和刘琴（2006）对规划的特性和原则进行了研究，指出边境旅游具有协调性、前瞻性、引导性，发展边境旅游应遵循保护原有的自然与人文环境、突出时空特色、旅游内容的深度化三个原则。

3. 边境旅游专项研究

专项研究是对当代边境旅游发展热点问题所做的研究，是实践研究的延伸。目前，其方向主要有边境旅游安全、边境旅游产品开发、区域旅游合作、边境旅游发展与开发模式等。

边境旅游安全问题的研究出现较晚，数量较少。目前，只有杨芳和方旭红（2010）、王丹彤等（2012）对这类问题进行过专项研究。

在边境旅游产品开发方面，谢婷等（2006）以中越边境旅游为研究对象，针对旅游产品开发问题进行了研究。郑辽吉（2009）研究了丹东边境旅游，对边境旅游产品进行了创新。逯晓芸（2013）重点对边境购物、边境生态文化、边境民俗等旅游产品的开发进行了研究探讨。左文君（2017）主要从资源整合的视角对边境县域旅游产品开发进行了研究。

在区域旅游合作研究方面，徐东北等（2009）指出，边境旅游区域合作的条件有四个：区位条件、资源互补、交通状况、经济发展水平。同时，他们还从政府合作、旅游行业协会合作、企业合作三个方面就如何开展区域旅游合作进行了论述。王辉和杨兆萍（2011）以新疆边境口岸为例，对边境口岸的旅游合作机理进行了研究。王雪芳（2005）着重分析了防城港的旅游资源以及中越边境旅游发展现状进而提出构建跨国旅游圈的构想，并从开发旅游资源、扩大产品体系建设、打造旅游圈品牌等方面进行了论述。满海峰（2010）主要从促进边境旅游业发展、提升经济水平、增强双边和多边合作、信息互通等方面进行了论述。刘宏芳等（2017）立足于旅游合作区域建设，提出边境旅游试验区建设的战略思维。

在边境旅游发展与开发模式研究方面，杨兆萍和张小雷（2001）分析了边境旅游业发展的优势，对其发展模式进行了研究。杨洪等（2001）提出了西部边境地区旅游开发模式。赵明和郑喜珅（2004）认为边境地区发展旅游业拥有独一无二的区位优势，但通常边境地区常因主权问题而存在各种双边或多边问题从而使旅游资源无法得到完整开发，因此发展边境旅游的必然选择是国际合作模式。李明伟（2007）以畹町小镇为例，探讨了边境小城镇旅游发展模式。周灿（2009）进行了边疆民族地区旅游发展模式研究。李慧娟（2010）提出了中国边境口岸城市发展模式。祝招玲和谢维光（2010）基于佳木斯市边境旅游的发展，对其发展模式进行了研究和探讨。刘云和张梦瑶（2014）以中缅跨境旅游合作区为例，构建了其跨境旅游合作发展模式及路径选择。李飞（2013）和幸岭（2015）以跨境旅游合作区为研究对象，探索了边境旅游发展的新模式。李凡（2015）以云南省边境口岸为例，构建了云南省边境口岸旅游的两种发展模式，即跨境旅游经济合作区和边境旅游贸易小镇。赵铭敏（2016）基于文化结构视野，对翁丁佤族古村落旅游文化开发模式进行了研究。韩璐（2017）在分析边境民族文化旅游内涵和既有模式基础上提出了九种内生优化类型，并提出一种综合空间优化模式。王桀等（2018）基于边境旅游系统空间结构提出了边境旅游集散模式。

4. 其他相关研究

关于边境旅游的研究还有很多。谢婷和钟林生（2009）采用问卷调查法对广西崇左市边境旅游者的人口学特征和出游特征进行了调查研究。毕燕等（2011）采用问卷调查法对龙州县旅游者构成及偏好进行了研究，并对景点偏好、停留时间和消费结构分别做了统计分析。杨兆萍和张小雷（2001）从环境、生态、景观、原始村落与民族风情保护等方面论述了边境地区旅游环境与生态问题。孙永刚（2001）就边境旅游的宣传给出了建议并对边境旅游管理进行了思考。李缙（2005）就市场开拓和边境旅游发展特点做了分析。逯晓芸（2013）对边境旅游的发展战略和开发模式做了研究。李世玲等（2007）结合北海市边境旅游实际提出六条发展策略。蒋满元（2008b）结合广西实际情况给出了促进其边境旅游可持续发展的六大对策选择。刘小蓓（2004b）针对广西边境旅游特点和目前国内外市场结构，为广西边境旅游市场的开拓提供了四点建议。谢泽氡和李春燕（2008）就目前边境旅游的研究现状进行了分析，并做了批判性的总结。郭向阳等（2017c）、吴建丽等（2017）对云南省边境地市州旅游竞争力进行了研究。

近年来，国内外众多学者对边境旅游进行了大量研究，边境旅游业发展有所成效。通过对国内外边境旅游相关研究动态的分析和总结可以看出，随着边境旅游的发展，边境旅游研究不断丰富和深化，并积累了一些有价值的研究成果，对后续学者的研究具有重要的借鉴意义，但总的来说，对边境旅游的研究，在理论和实践两方面尚处于相对初级发展阶段，发展还不成熟，研究需要进一步深入和完善。国内学者以个案研究为主，多进行定性描述，在边境旅游基础理论构建上相对薄弱，研究深度和广度还有待提高。目前，关于边境旅游发展模式的研究成果较少，而针对云南省边境旅游发展模式的研究成果更少。基于此研究现状，本章对云南省边境旅游发展模式进行了一系列分析和探索。

第二节　国内外边境旅游发展的主要模式及经验借鉴

一、国外发展的主要模式

1. 边关贸易旅游区发展模式——墨西哥口岸边境旅游

在墨西哥与美国接壤的边境地区分布着众多的边境口岸城市，如蒂华纳（Tijuana）、诺加莱斯（Nogales）、墨西加利（Mexicali）、马塔莫罗斯（Matamoros）、华雷斯（Juárez）、新拉雷多（Nuevo Laredo）等。20世纪，墨西哥政府决定把这些边境口岸城市所在地区转化为自由贸易区，放宽政策限制，对其进行政策支持和资金扶持，依据城市自身地理区位和产业优势，开展与美国的商业和旅游业往来，吸引国外投资者和旅游者，以此来带动边境地区经济发展。经过几十年的发展，如今这些城市已经摆脱昔日落后的城市面貌而发展成为国内重要的现代化商业和旅游城市。这些边境口岸城市所在地区也发展成为北美最大的区域性自由贸易区，随之引发的跨境购物也促成了墨西哥边境旅游的发展。墨西哥边境口岸边境旅游发展的边关贸易旅游区发展模式为各国提供了成功经验，值得各国各边境地区借鉴学习，如图7-1所示。

2. 边境休闲旅游小镇发展模式——意大利边境小镇波托菲诺（Portofino）

波托菲诺位于意大利西北部，是一个小的边境口岸城镇，气候适宜，环境优越，逐渐发展成为典型的地中海风情旅游城市。20世纪20年代，欧洲贵族

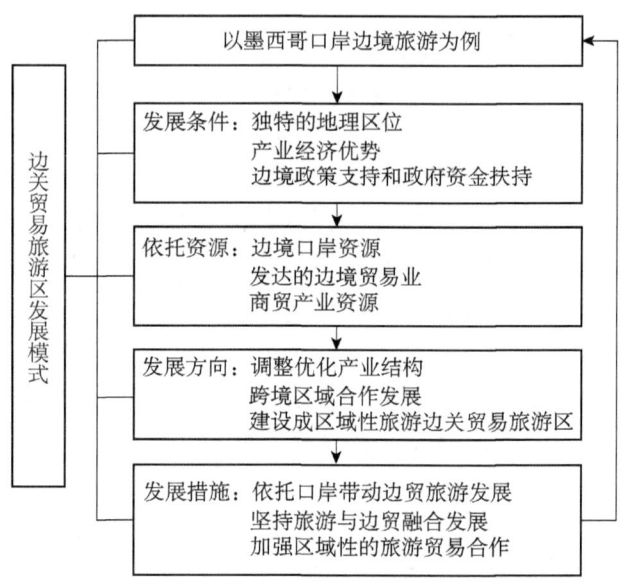

图 7-1 边关贸易旅游区发展模式图

纷纷来到这里定居,在此建造了一座座富丽堂皇的豪宅,由此带动了波托菲诺的迅猛发展,波托菲诺小镇边境旅游由此闻名于世。在波托菲诺小镇发展初期,政府也提供了大量的财力支持,在城市空间布局规划、基础设施建设、房屋构造设计方面进行了统一规划安排,给世人呈现了一个充满个性和特色的波托菲诺小镇,极大地促进了波托菲诺旅游业的发展。目前,波托菲诺小镇以其独特的地中海旅游城市风格和优越的城市休闲旅游环境依然能够吸引来自世界各地的众多旅游者,同时也成为边境城镇旅游业发展的成功范例,如图 7-2 所示。

3. 跨境国家公园发展模式——美国和加拿大边境旅游

美国和加拿大拥有全世界两邻国间最长边境线,总长度达 8893 公里,安大略湖、伊利湖、休伦湖和苏必利尔湖等分布在两国间的边境地区,成为全世界两个国家之间最长不设防的边界。两国公民出入境极为便捷,可自由出入边境地区,在无签证的情况下可以在对方国家停留 3 个月。在美国和加拿大两国边境地区有三个代表性的跨境国家公园:一个是以自然资源景观为主要看点的美国加拿大和平拱门国际公园,一个是以文化景观为主题发展的罗斯福坎波贝洛国际公园,还有一个是以生物景观为主题发展,凭借生物资源多样性吸引游客观光的沃特顿冰川国际和平公园。这三个跨境国家公园发展模式是美国和加拿大边境旅游合作发展的标准模式，其模式发展的共同之处是都建立了美国和加拿大的联合管理委员会，全面管理边（跨）境旅游相关工作，当涉及具体问题时，两国则分别负责其中不同部分的内容，如图 7-3 所示。

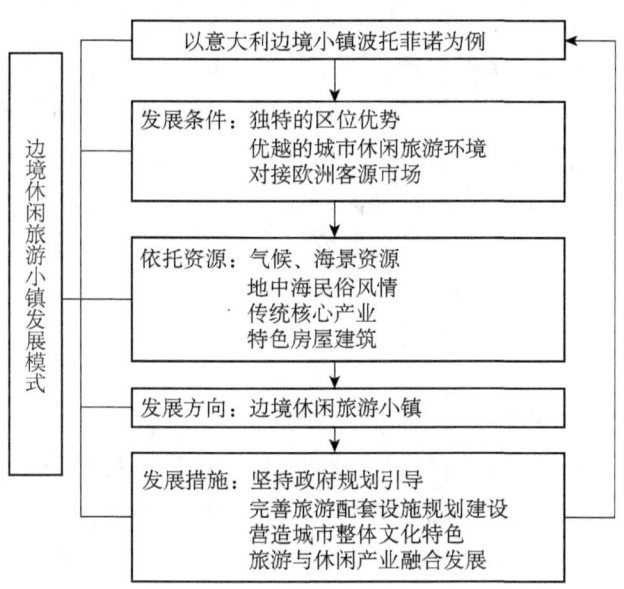

图 7-2　边境休闲旅游小镇发展模式图

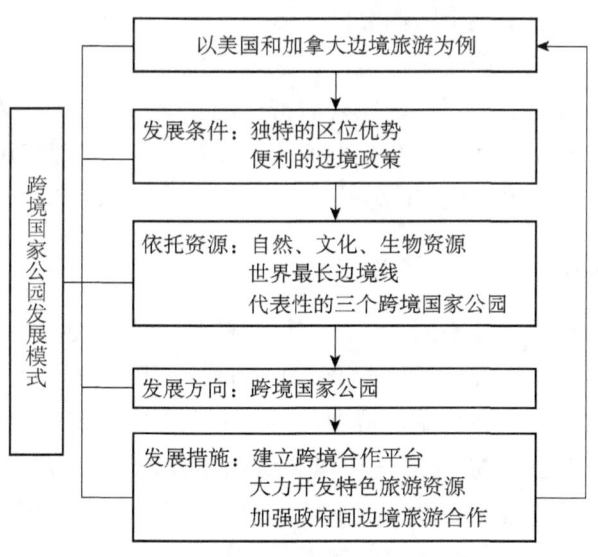

图 7-3　跨境国家公园发展模式图

4. 主要经验和借鉴

（1）以边境为基础，加强国际合作

边境地区的旅游发展经常会受到边界两侧经济体制、资源、文化、语言、习俗、宗教、货币、历史基础、国家间主权、外交等多种因素的影响，在边境旅游发展的过程中，坚持以边境为基础，建立健全国家间有效的协调机制，加强国际合作。墨西哥与美国之间，依托北美自由贸易区等国际组织政策优势，加强两国之间的旅游合作，给予边境地区旅游发展国际层面的政策支持。云南省地处我国与东南亚国家的边境地区，与东南亚国家在历史和地理上一直保持着密切联系，边境旅游的突破性发展除了依托边境基础之外，必须建立在国际合作的基础上，成立多种国际旅游合作组织、建立健全国际旅游合作协调机制是云南省边境旅游发展的基本保障。

（2）以差异为吸引，增进文化交流

边境形成的原因多种多样，有自然原因，还有历史文化渊源。一旦存在边境，就会产生差别，国家间的差异是影响边境旅游发展的重要因素，也是旅游者进行边境旅游的重要吸引物。意大利边境小镇波托菲诺利用自身独特的城市空间布局规划和地中海风格的房屋构造，展示有别于他国的不同文化风情的橱窗；美国和加拿大边境三个跨国公园以差异为吸引，保持着自己文化的相对独立性，这种文化差异也造就了边境，特别是跨境旅游的发展。云南省本身民族文化丰富多彩，历史上和周边国家有着密切的文化联系，但是依旧存在大量差异，边境旅游的发展要利用这些来自经济、文化、社会等方面的差异，塑造多样文化，增强国家间的文化交流。

（3）以营销为动力，扩大品牌宣传

边境旅游的旅游产品不同于一般性旅游产品，边境的定位造就了其特殊的属性。边境旅游依旧需要依托旅游产品的发展。美国和加拿大在边境旅游产品开发方面，以营销为发展引擎，特别是借助双方自由跨越的边境线开发了许多跨境旅游景点和景区，并且依托边境旅游的主体产品开展了大量文化节庆活动，极大地丰富了边境旅游产品。从国际角度来看，意大利边境小镇波托菲诺的边境旅游本身就是建立在一定的旅游品牌基础之上，经过多年发展，一直在不断扩大品牌宣传的影响力。云南省自身旅游品牌建设成效明显，而边境邻国也是东南亚国家旅游者的重要旅游目的地,这就要求双方依靠边境旅游产品营销,建立边境旅游品牌并增强其影响力。

二、国内发展的主要模式

国内边境旅游发展的主要模式有口岸节点增长极发展模式、边贸旅游合作发展模式和边关商贸旅游城镇发展模式。发展的成功经验有坚持政策导向、与邻国的互通互联、创建独特的旅游产品、依托口岸辐射带动区域旅游发展、提升边境地区战略定位、发挥边境资源优势和融合发展等方面。

1. 口岸节点增长极发展模式——辽宁丹东口岸边境旅游

位于鸭绿江和黄海交汇处的丹东口岸是中朝边境上的重要口岸,具有优越的地理位置。1987年,国家旅游局和对外贸易经济合作部批准了丹东市至朝鲜新义州一日游活动,揭开了丹东边境旅游的序幕,这不仅对丹东旅游业产生了重要影响,也迈出了全国边境旅游业的第一步。多年来,丹东口岸在国家政策机遇下,全面开展口岸旅游建设,积极推进异地签证、边境旅游通行证等业务的办理,完善口岸通道等交通基础设施建设。同时,当地政府和企业把握住辽宁沿海经济带上升为国家战略的机遇,积极发展丹东边境旅游,使边境旅游产业全面提升,丹东旅游业快速发展。凭借优越的地理区位、丰富的旅游资源和完备的交通体系,丹东已成为辽宁重要的旅游地、区域旅游业发展的新的增长极,且发展为中国最大的边境旅游城市。

近几年,丹东口岸积极开展区域旅游合作、全方位深化与邻国合作发展。首先,丹东和辽宁省文化和旅游厅就边境口岸旅游搭建合作框架,投入专项建设资金用于打造赴朝旅游聚集区等项目建设。在辽宁省文化和旅游厅的支持下,鸭绿江风景名胜区在创建国家 5A 级风景名胜区方面取得了重要进展。其次,当地政府联合旅游企业举办了一系列边境旅游、贸易活动,加强与周边东北亚五国旅行商之间的贸易往来,共同开发市场。最后,进一步增强与朝鲜方面的合作,共同研究开发赴朝旅游新形式,吸引双方旅游者往来,加强双边贸易合作。丹东口岸边境旅游的成功发展为我国其他边境地区发展边境旅游提供了典范,如图 7-4 所示。

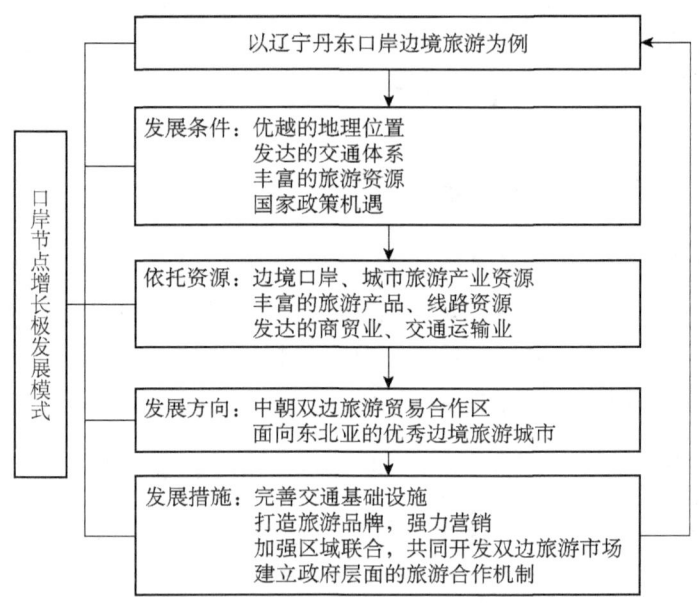

图 7-4 口岸节点增长极发展模式图

2. 边贸旅游合作发展模式——内蒙古满洲里边境旅游

中国和俄罗斯互为彼此最大的邻国，双方一直非常重视边境旅游方面的合作。中俄两国边境线总长度达 4300 多公里，位于中俄边境两侧的边境贸易城市有数十个，双边国民互相进出两国边境地区开展商贸活动，发展边境旅游。在中国与俄罗斯的边境旅游中以内蒙古满洲里表现最为突出。中俄铁路交通的发展使得满洲里地区和中国内陆、俄罗斯中部地区的交往变得更为密切，也大大促进了当地边境旅游的发展。中俄双边利用官方旅游合作机制和民间的商贸往来，建立了中俄边境贸易中心，并以此为依托大力发展边境贸易旅游，同时借助国界两边不同的风土人情，开展相应的边境旅游项目，使这一地区的旅游业得到了飞速发展，如图 7-5 所示。

3. 边关商贸旅游城镇发展模式——广西东兴边境旅游

广西与越南接壤，可通过边境口岸与越南进行商贸往来，随着广西旅游业的发展，边境旅游以新的旅游形式在以东兴为代表的边境地区得到了飞速发展。当地政府将边境旅游业作为支柱产业来培育，为其提供政策、资金、技术等一系列支持，促进东兴边境旅游发展。另外，广西一直在加强省内旅游资源的整合，利用已有旅游品牌，推广边境旅游产品，提升广西边境地区的形象；

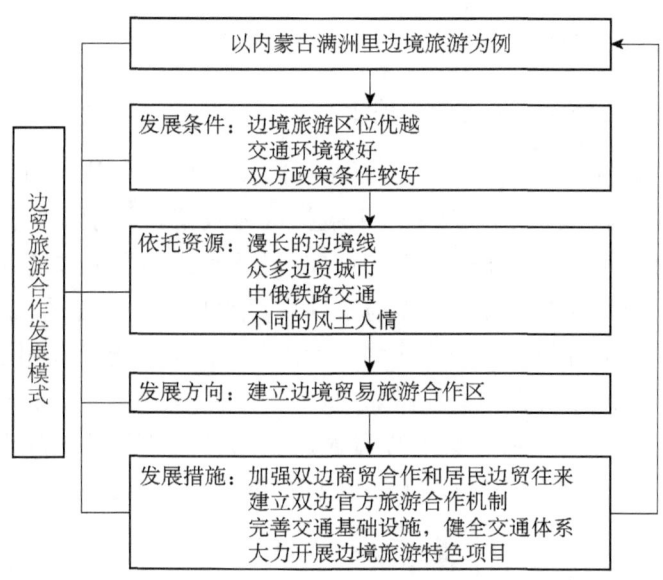

图 7-5 边贸旅游合作发展模式图

强化与省外区域旅游合作,积极开展中越跨境旅游合作。东兴依托自身的国际商贸资源,凭借独特的地缘优势,将旅游形象定位为"南国商贸旅游城",吸引了国内外大量旅游者。以东兴口岸为中心,辐射整个边境区域,利用自身的自然优势、民族特色、沿海区位、国际商贸等优势为吸引力,坚持融合发展,以发展边界地区经济为中心,开展边境旅游活动,如图 7-6 所示。

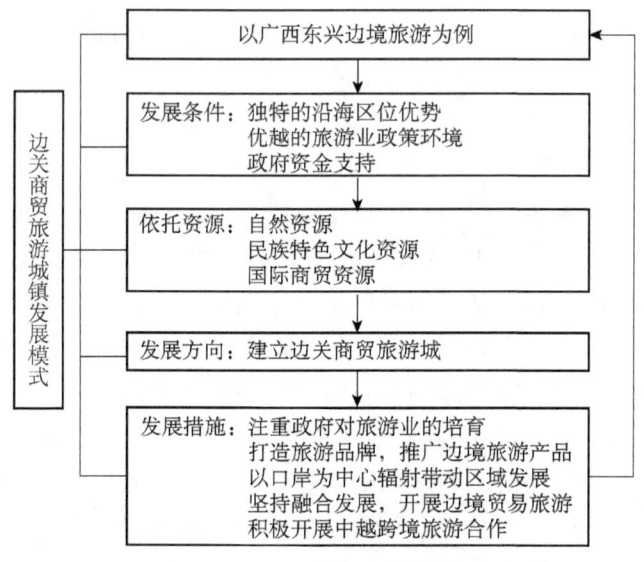

图 7-6 边关商贸旅游城镇发展模式图

4. 主要经验和借鉴

（1）以政策为导向，坚持开放搞活

在中国边境地区旅游发展中，要坚持政策引导，与其他国家开展旅游合作。这些政策不仅包括国际政策，也包括国内政策。特别是在国际合作层面上，坚持开放国家政策。中俄旅游管理部门分别隶属中国中央政府直辖的中国文化和旅游部和俄罗斯联邦中央政府直辖的俄罗斯联邦旅游署，两国中央政府以"总理定期会晤机制"作为合作的基础体系，满洲里充分利用这一政策，加强与俄罗斯的边境旅游合作。在国家"一带一路"大背景下，云南省作为面向南亚、东南亚的辐射中心，只有以国家政策为导向，利用国际合作与交流平台，坚持对内开发和对外开放，才能促进边境旅游的发展。

（2）以互通为前提，坚持基础先行

边境旅游发展的前提是与邻国的互通互联，从国内经验来看，无论是内蒙古满洲里还是丹东的边境旅游发展，均是以跨国铁路交通干线为依托，大多数边境地区交通不便，所以开拓交通基础设施在边境旅游的发展过程中就显得尤为重要。云南省边境旅游的发展也要以与东南亚国家的互通互联为前提，大力进行基础设施建设，尽快将连接中南半岛国家的泛亚铁路等构想转变为现实，并在有条件的边境地区开展民用机场建设，发展跨境航运，以交通基础设施建设带动其他基础建设。只有互通前提得以实现、基础设施得以完善，才能推进云南省沿边地区边境旅游的开发与发展。

（3）以产品为核心，完善产业体系

边境旅游作为旅游产业的一个特殊组成部分，积极发展边境旅游产业，应该创建独特的旅游产品。广西东兴依托当地旅游资源，整合各类旅游产业要素，主打中越跨境旅游产品，利用自身自然优势、民族特色、沿海区位、国际商贸等优势，打造出集生态、民族文化、边境商贸、跨境购物等特色为一体的旅游产品结构，构建了以产品为核心的边境旅游产业体系。云南省边境地区应借助自身资源打造一批特色边境旅游产品，注重产品层次多样化与特色差异化，融合边贸、乡村民俗、生态休闲、养生度假、边境文化等旅游元素，构建专属云南省的边境旅游产品体系，增强边境旅游市场竞争力，使边境旅游产业链更加趋于完整，以促进边境旅游更好、更快发展。

（4）以口岸为中心，辐射带动区域

由于边境地区的特殊性，只有口岸城市可与境外互通，因此发展边境旅游应以边关口岸为中心，在发展口岸旅游之后带动周边区域共同发展边境旅游。辽宁丹东以口岸为中心，整合区域内的各种旅游资源，大力发展边境旅游，最终带动了整个地区旅游业的发展。满洲里依托中俄商贸口岸，囊括大范围区域来发展边境旅游，其辐射带动区域在大尺度上已经跨越了整个呼伦贝尔大草原，辐射东北大兴安岭地区。云南省边境地区分布着多个国家级、省级口岸，与境外口岸存在一对一的对接关系，面向不同类型的人群和地域。因此，云南省在发展边境旅游时更应以口岸为中心，首先依托口岸优势，大力发展口岸旅游，然后在口岸的带动下发展周边旅游，最后辐射整个边境地区。

（5）以兴边为目标，坚持兴边稳边

大多数边境地区在经济发展中一直不被重视，老少边穷甚至变成了落后地区的代名词。广西东兴作为具有海域边境和陆地边境的地区，在经济发展中一直不能得到快速发展。辽宁丹东由于地缘政治的原因，经济发展一度缓慢，但是依托经济振兴，特别是旅游业的发展，不仅扩大了商贸范围，而且增添了地区发展活力，特别是在朝鲜半岛局势紧张的情况下，丹东的稳边重任越发凸显。云南省边境地区位置偏远、道路崎岖、交通不便，长期以来有效资源得不到合理利用，在政府开展旅游扶贫的背景下，云南省边境旅游发展对推动云南省边境地区经济发展具有重要意义。云南省边境地区在规划和发展过程中应将振兴边疆经济、维护边境地区稳定作为首要任务，为其边境旅游业发展提供良好的环境。

（6）以特色为吸引，坚持融合发展

现阶段，我国边境旅游的发展不仅得益于旅游业的整体发展，还得益于边境旅游自身的特色，辽宁丹东作为中国对接朝鲜的重要口岸，其跨国旅游特色也为其边境旅游业的发展注入了活力。旅游只有做到以特色吸引人，才能获得长足有效的发展。云南省是中国边疆少数民族大省，多民族跨境而居，具有鲜明的民族文化特征，在边境地区可发展边关风情旅游，提升边境旅游特色吸引力。同时，云南省毗邻缅甸、老挝及越南三个国家，开展旅游合作时更增添了这些国家所带的文化特色。由于云南省拥有独特的自然景观，边境线特色资源分布广泛、类型各异，在发展边境旅游时应坚持以自身特色为吸引力，走融合发展之路。

第三节 云南省边境旅游发展模式的构建

一、构建依据1：边境旅游发展现有模式分析

在云南省边境旅游业漫长的发展历程中，形成了自己独特的发展模式，现就云南省边境旅游发展的现有主要模式进行归纳总结（表7-2）。

表 7-2 云南省边境旅游发展现有主要模式分析

现有模式	发展特点	典型者
边贸带动与旅游融合发展模式	依托边境口岸边民互市贸易，经邻国转口到周边国家发展边境小额贸易、一般贸易，带动边境旅游发展。边境贸易和边境旅游是同时发展、相辅相成的	瑞丽市边境旅游
边境旅游小镇发展模式	以其独特的边境风光和口岸资源为依托，异域风情浓厚，旅游产品丰富多元且不失个性，吸引着世界各地的旅游者，使其边境旅游成为近年新兴的热点，由此也带动了边境旅游小城镇的发展	畹町边境旅游小镇
交通廊道型旅游发展模式	依托交通运输，走上交通驱动式旅游发展之路，通过通道建设，整合和串联沿边地区各类旅游资源，为边境旅游提供便捷的旅游通道和多样化的游憩体验空间	磨憨边境旅游
双边城镇融合型旅游发展模式	凭借与邻国口岸城镇形成的双边城镇良好区位条件，在双边政策机遇下，共同发展边境旅游	河口边境旅游
边境民族村寨旅游扶贫发展模式	依托民族村寨，在此基础上进行乡村旅游与扶贫开发，发展成为独具特色的边境旅游扶贫村寨，进一步带动了边境旅游发展	瑞丽市喊沙旅游特色村
跨境旅游合作模式	近几年边境旅游发展的一种新兴模式，它可以使边境旅游发展走向更加有序，在总结多领域合作经验的基础上，探索更为广阔的发展空间，以更好地为边境地区的社会发展服务	澜（沧江）湄（公河）跨境旅游合作模式

1. 边贸带动与旅游融合发展模式

20世纪90年代以来，国家开始逐步加强边境旅游业的发展，国务院连续发布了一系列有关边境城市对外开放开发的政策通知，我国在边境地区开放政策方面取得了巨大进步，这直接促进了边境地区与内陆和境外的交流，从而也促进了社会经济的发展。在这些政策的引导下，边境贸易和边境旅游应运而生。事实证明，在大部分边境地区，边境贸易与边境旅游是共同发展、相互促进、相互补充的。一方面，发展边境旅游可以促使人们走出国门，相互交流，

为发展边境贸易提供了可能性；另一方面，边境贸易的发展又促进了边境两地人员的流动、交流，为两地的经济发展做出了巨大贡献，使两地的经济更加繁荣昌盛，进而为旅游设施的完善、旅游服务质量的提高提供了可能性。云南省边境旅游在早期发展过程中，主要依托传统的边境口岸发展边贸，带动边境地区旅游发展，边贸与旅游互促发展，形成了边贸带动与旅游融合发展模式。这类模式起步较早，发展相对成熟，典型者如瑞丽市边境旅游。

瑞丽市地处云南省西部，与邻国缅甸分别在东南、西南、西北三个方位接壤，边境线长约 169.8 公里，具有优越的地理位置，是我国陆地边境城市中对外开放条件最佳城市之一，是我国与东南亚、南亚进行交流沟通的重要门户，也是云南省对外开放的"窗口"。在古代，瑞丽市就是南方丝绸之路上重要的节点城市，主要以商务、边贸为发展主线，作为自古以来就是中国进出东南亚、南亚的门户城市，具有开展边境旅游的良好区位优势。瑞丽市于 1992 年被国务院正式批准为边境开放城市，享受国家沿边开放优惠政策。近年来瑞丽市贸易发展迅速，在政府支持及引导下，边境居民互市贸易、一般贸易和小额贸易得到了充足发展，出口贸易商品达 2000 多种，进口贸易商品达 200 多类。国内源源不断的商品通过瑞丽口岸流向东南亚诸国，而国外的各种商品也由瑞丽口岸流入国内，这不仅促进了瑞丽市的贸易经济发展，也加快了瑞丽市旅游发展的步伐。总体来看，瑞丽市发展边境旅游主要通过经陆地边境口岸进行边贸互市活动和经陆地口岸到邻国城市进行国际观光旅游活动两种形式，边贸带动与旅游融合发展是旅游边贸模式的代表。

2. 边境旅游小镇发展模式

边境旅游小镇一般发展建设时间较长，具有悠久的历史，文化底蕴浓厚，民族风情浓郁，旅游产品呈现出多元趋势而又不失独有风格。这些边境小镇依托优越的地理位置、口岸资源、便利的交通条件和独特的边境风光景色吸引着来自全世界的旅游者。随着近年来边境旅游逐步发展成为旅游业新的热点，边境小镇得到进一步发展。在云南省边境旅游发展中，部分边境地区依托传统的边境开发开放城市，发展成为独具特色的边境旅游小镇，进一步带动了边境旅游发展，边境小镇与旅游融合发展，形成了边境旅游小镇发展模式。这类模式与边境小镇建设关联度很高，具有一定的发展基础，典型者如畹町边境旅游小镇。

畹町坐落于云南省西部，地处 320 国道尽头，是一座边境小镇，具有十分重要的地理位置，是我国通往东南亚地区的咽喉口岸，经畹町出境转水路可直接到达印度洋，比走海上通道可减少近 3000 公里的路程。畹町具有悠久的历史，自古便是我国的西南国门。畹町具有独特的旅游品牌——和平外交文化，它谱写了 1956 年 12 月中缅两国总理携手走过畹町桥的友好篇章，谱写了中缅胞波友谊长存的外交佳话，见证了人民对和平共处五项原则的真诚认同。畹町旅游资源丰富、自然环境优美，盛产热带水果，栖息着众多国家级野生动物，如绿孔雀、猕猴等。2006 年畹町成功评选为"云南十大名镇"，并被列入云南省重点开发的 60 个旅游小镇名单中，开始大力发展边境旅游业。如今畹町依靠自身优势资源，经过几年的发展已经成为国家级口岸、国家级特色小镇，成为我国西南部重要的边境旅游小镇。畹町作为中缅边界著名的边境休闲度假旅游小镇、全国著名边关历史文化名镇，展现在旅游者眼中的新形象是："中国著名边关名镇，滇西最美休闲小城"。

3. 交通廊道型旅游发展模式

边境旅游的发展离不开交通建设，在国家推进云南省对外大通道建设和全省加快航空网、路网、互联网、能源网、水网"五网"建设的历史机遇下，云南省边境旅游交通逐步实现了公路、铁路、航空、水运一体化。大湄公河次区域的澜沧江-湄公河流域纵穿云南南北，一江连六国，干流全长 4900 公里左右，作为"黄金旅游河道"，经老挝、缅甸至泰国北部清盛，顺水航程仅需七八个小时，在交通上极大地便利了云南省边境旅游的发展。在云南省边境旅游发展中，部分边境地区依托交通运输，走上交通驱动式旅游发展之路，通过通道建设，整合和串联边境沿线各类旅游资源，为边境旅游提供便捷的旅游通道和多样化的游憩体验空间，由此形成了交通廊道型旅游发展模式。这类模式主要在交通的驱动下，依托跨境通道和河流的旅游廊道式发展带动边境旅游，旅游发展与交通发展关联密切，典型者如磨憨边境旅游。

磨憨位于云南省西双版纳州勐腊县南端，是中国最南部的一个边疆小镇，地处中老边界，与老挝磨丁口岸接壤，是中老两国最大的陆路口岸，也是我国国道兰磨线的终点。自磨憨口岸出发去往老挝琅勃拉邦、泰国清孔、越南奠边府等城市，车程均不足 10 小时，作为昆曼国际大通道上重要的城市节点、澜湄次区域旅游合作的主通道、中国-东盟自由贸易区的最优结合点，磨憨无疑是我国经西南进入南亚的最便捷通道。由此可见，磨憨地理位置优越，交通极为便利。如今，磨憨口岸借助自身区位等优势大力发展边境旅游业，开发出了一批如澜沧江-湄公河等跨境精品旅游线路，已成功发展为东南亚商贸旅游的

"黄金通道"，步入国际重点跨境旅游区范畴。

4. 双边城镇融合型旅游发展模式

随着边境交界地区的城镇建设融合发展，地域边界日渐模糊，在双边城镇融合发展的同时，也极大地促进了边境旅游的发展。边境城镇和口岸城市在促进边境旅游发展中发挥了以点带面的辐射作用，而双边城镇融合发展更使边境旅游得到了更为广阔的发展空间，打破了以往地域上的局限，可以说边境地区的双边城镇融合型旅游发展条件十分优越。云南省边境口岸城镇在地理位置上与老挝、缅甸、越南等边境邻国口岸城镇接壤，边境地区有一大批口岸城镇与所接壤的邻国口岸融合建设、互为发展，极大地带动了双边城镇边境旅游的发展，形成了双边城镇融合型旅游发展模式。这类模式多是凭借与邻国口岸城镇的良好区位条件，在双边政策机遇下，共同发展边境旅游，河口边境旅游发展便是其中的典型代表。

河口地处云南省南部红河州东南端，地理位置优越，南接越南老街省，边境线长达193公里，其中有73公里的河界，120公里的陆界，是我国西南地区通往东南亚和南太平洋地区最方便的通道之一。自古以来，河口就是我国重要的交通要塞，处于昆河海（昆明-河口-海防）经济走廊的"咽喉"，作为"南方丝绸之路"的第二大通道，是我国与东南亚诸国进行交流、贸易等经济文化活动的重要窗口。近几年，河口依托地处中越边境的独特地理区位优势和丰富的文化资源优势，积极进行中越跨境经济贸易示范区、河口-越南老街口岸城镇建设，以建设口岸旅游城镇为核心，发展跨境旅游合作，着力打造边境旅游产品、树立品牌，初步形成了以边境旅游为主，商务会展游、中越商贸购物游、界河漂流游等地方特色旅游为辅的双边城镇融合型旅游发展格局。

5. 边境民族村寨旅游扶贫发展模式

边境民族村寨依靠自身独特的民族文化资源和秀美的乡村风光，吸引着大量旅游者。近几年，乡村旅游扶贫之势来袭，遍地开启旅游+扶贫模式，在边境民族村寨旅游发展中，旅游与边境民族村寨扶贫融合发展，走出一条边境民族村寨发展的新路子。在云南省边境旅游发展中，部分边境地区依托民族村寨进行乡村旅游与扶贫开发，发展成为独具特色的边境旅游小镇，进一步带动了边境旅游的发展。通过边境民族村寨与旅游扶贫的融合发展，边境民族村寨旅游扶贫发展模式得以形成。这类模式兴起于边境民族村寨扶贫建设，具有一定的文化发展魅力，典型者如瑞丽市喊沙旅游特色村。

喊沙边寨是瑞丽市勐卯镇一个古朴的傣族村落，具有悠久的历史，是瑞丽市乃至德宏州傣族历史文化最为深厚的村寨之一，自古以来喊沙边寨就享有"滇西边陲古佛都，勐卯文明活化石"的美称。近年来，喊沙边寨大力开展旅游扶贫建设，通过扶贫带动旅游发展。该寨在旅游扶贫开发过程中，坚持保护"原生态样本"原则，传承和发扬古老文化，继续保持着古寨原有的纯真古朴。在整个开发建设中，无论是道路修建还是民居改造都坚持保护优先。在开发孔雀舞、傣族织锦、农民画等具有民族特色的旅游资源时同样坚持保护原则，尊重当地原生态，保证旅游资源的健康可持续发展。在政府支持下，通过发展旅游业，喊沙边寨当地居民积极投入到云南省旅游二次创业浪潮中，参与农村社区旅游，建设旅游新农村。如今，喊沙边寨已成功打造成为"德宏傣族风情第一寨"，喊沙边寨经济文化发展也步入一个新的台阶。

6. 跨境旅游合作模式

跨境旅游合作模式是边境旅游发展的一种新模式，它可以使边境旅游发展走向更加有序，在总结多领域合作经验的基础上，探索更为广阔的发展空间，以更好地为边境地区的社会发展服务。近年来，大湄公河次区域合作成为云南省边境地区跨境旅游合作的代表。

澜（沧江）湄（公河）跨境旅游合作模式是基于澜沧江-湄公河次区域经济合作的总体合作机制所提出的旅游合作计划，以合力打造澜沧江-湄公河次区域旅游圈。在整个模式的构架过程中，提出了七个方面的建设内容：①定期举办工作会议，进行工作总结；②开展人员培训工作，提高澜沧江-湄公河次区域旅游工作人员素质；③加强澜沧江-湄公河次区域旅游目的地的宣传促销；④编制澜沧江-湄公河次区域旅游规划，不断进行规划研究；⑤进行旅游项目建设与开发；⑥实行通关手续便捷化和跨境旅游便利化；⑦创新合作机制，搭建新的旅游合作框架开展合作。该模式以湄公河委员会为主体，以企业、非政府组织和当地居民作为有力支撑，形成了一体两翼的跨境旅游合作模式，推动了边境旅游的发展。

总体上看，云南省边境旅游发展的现有模式类型众多，大多是依据各自区域发展状况，凭借自身资源优势，形成了各有侧重的发展模式。但就云南省边境旅游的整体发展而言，现有模式未成体系，所以需要探索出一条适合其旅游业发展的空间模式，同时优化构建几类区别于现有模式类型的新模式。

二、构建依据2：边境旅游发展的新趋势

云南省发展边境旅游有着得天独厚的优势，一方面，国家一系列对外开放政策的实施为云南省边境旅游发展提供了有力支持，边境地区开发开放战略的提出也为云南省边境旅游提供了重要的客源；同时，随着国民生活水平的提高，人们对旅游的需求增加，掀起了边境旅游热，使云南省成为毗邻国家边境旅游的重要市场。另一方面，云南省和毗邻的缅甸、老挝、越南等国家积极发展跨境旅游合作，吸引欧美客源，将构成面向欧美地区、具有超强吸引力的旅游目的地。通过发展边境旅游，云南省增强了与邻国的沟通交流，加快了与境外的贸易往来，这不仅是云南省旅游发展的新起点、云南省边境旅游新的增长点，也是稳固边疆、振兴边境产业经济的重要措施，是实施"走出去"战略的重要一环。因此，发展边境旅游不应仅仅立足于边境地区，依赖边境旅游部门，更应放眼全域、引起国家的重视，得到国家及各行各业的支持。在边境旅游发展过程中，应广泛吸取国内外边境旅游的成功经验，取其精华去其糟粕，将边境旅游办得有声有色。总体来看，云南省边境旅游发展面临的新趋势如下。

1. 边境旅游在时空范围上得到延伸

随着中国社会经济的发展，云南省边境旅游未来发展必定会突破目前的状况，边境旅游的开展地域和时限也会随之得到延伸。目前，边境旅游的形式有一日游、三日游、八日游等，国内有些地区甚至达到十五日游，旅游的范围也从开始仅限于边境开放城市和地区逐步向邻国的内陆城市和首都延伸。

2. 作为国内旅游与国际旅游的连接点，边境旅游具有潜力可挖

首先，边境旅游很像横跨河两岸的桥梁，一边连着国际旅游，另一边又与国内旅游相衔接。其次，从国家战略安全考虑，目前我国还处于社会主义初级阶段，尽管我国是世界第二大经济体，外汇储备连续多年位居世界第一，但与我国经济发展需要大量资金相比，还极为有限，而发展边境旅游可以在一定程度上既满足国人出国旅游的需求，又不动用大量外汇。从西方国家发展旅游业的经验来看，一般也是从国内旅游向国际旅游延伸，而边境旅游为国际旅游业务的开展做了前期准备工作。最后，对云南省来说，边境地区本身就具有发展国际及国内旅游的区位、资源优势，发展边境旅游具有巨大的潜力可挖。

3. 邻国之间旅游合作加强，边境旅游会得到大发展

从目前经济发展情况来看，与云南省接壤的三个国家，由于种种原因，经济发展滞后，都同属发展中国家，人均 GNP 都不足 800 美元。旅游业的发展与大众收入水平息息相关，随着人们生活水平的提高，人们产生旅游的欲望也随之提升。当人均 GNP 达到 300 美元时，人们就开始产生旅游的需求，进行邻市或省的短距离旅行，形成近距离的旅游消费；当达到 1000 美元以上时，人们就具有邻国旅游的消费能力，形成近距离跨国旅游消费；当达到 3000 美元以上时，这时人们已经具备了进行远距离跨国旅游的消费能力，并构成全世界范围内的跨国性旅游消费。因此，随着区域经济的发展和区域旅游合作的深化，边境旅游也将得到不断发展。

4. 边境旅游与边境贸易和谐发展

云南省边境旅游从兴起之初就与边境贸易结下了不解之缘，两者相互促进、相辅相成。一般地，边境贸易兴盛发达的时期，必是边境旅游大发展时期；反之亦然。改革开放以来，国家大力发展经济，加快对外开放步伐，出台了一系列有关沿边城市对外开放的政策措施，在国家发展的大趋势下，云南省边境各口岸抓住机遇，逐步对外开放，增加与境外各国进行贸易交流合作的机会，云南省与缅甸、越南和老挝的经贸关系得到了快速发展。从表 7-3 中可以看出，1996~2016 年，云南省边境贸易进出口总额从 1.36 亿美元攀升至 29.47 亿美元，年均增长率为 16.63%。除此之外，国家还在边境地区建立了众多边境经济合作区、试验区、跨境合作区，进一步推动了云南省边贸业的发展。在边境贸易的推动下，云南省沿边地区的旅游资源等得到了充分开发，经济水平得到了快速发展，基础设施进一步完善，服务质量得到提高，将直接促进云南省边境旅游的发展。这从表 7-3、图 7-7 和图 7-8 中也可以清晰看出。

表 7-3 1996~2016 年云南省边境贸易额情况及年均增长率情况

年份	进出口总额/亿美元	进出口总额增长率/%	年份	进出口总额/亿美元	进出口总额增长率/%
1996	1.36	—	2001	3.46	−2.8
1997	0.74	−46.0	2002	3.68	6.4
1998	1.31	77.0	2003	4.19	13.9
1999	2.78	112.2	2004	5.24	25.1
2000	3.56	28.1	2005	6.55	25.0

续表

年份	进出口总额/亿美元	进出口总额增长率/%	年份	进出口总额/亿美元	进出口总额增长率/%
2006	7.76	18.5	2012	21.49	7.2
2007	10.11	30.3	2013	33.34	55.1
2008	12.01	18.8	2014	35.79	7.3
2009	12.61	5.0	2015	24.91	−30.4
2010	17.36	37.7	2016	29.47	18.3
2011	20.05	15.5			

资料来源：根据《云南商务年鉴》、昆明海关相关数据整理，增长率按现价计算

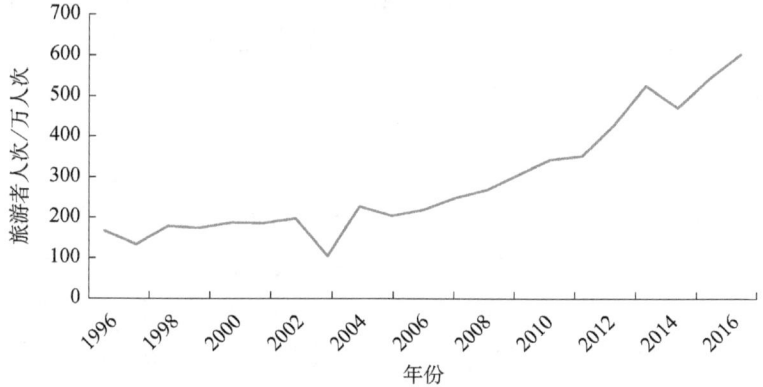

图 7-7　1996～2016 年云南省边境地区口岸入境一日游旅游者人次

资料来源：《云南商务年鉴》和《云南统计年鉴》（1996～2016 年）

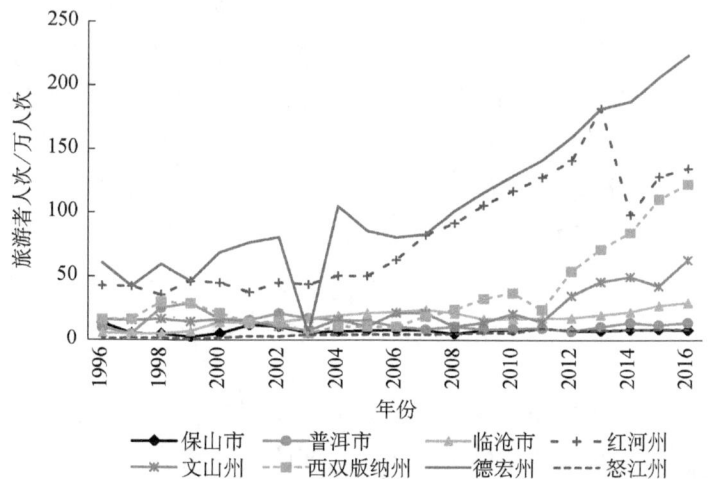

图 7-8　1996～2016 年云南省各边境州（市）口岸入境一日游旅游者人次

资料来源：《云南商务年鉴》和《云南统计年鉴》（1996～2016 年）

5. 边境旅游朝着生态化、科技化、个性化发展

回归大自然、追求人地和谐是 21 世纪旅游发展的潮流。在旅游中人们更注重生态保护理念的注入和自身对自然、社会、人生的完美体验，这就要求在旅游中更多使用科技手段，从食、住、行、游、娱、购等方面体现更多的人文关怀，使边境旅游朝着生态化、科技化和个性化方向发展。云南省是生态资源大省，有着鲜明的季节特点，在开辟边境旅游市场时，可重点开发特色项目产品，立足于边境地区的自然生态与文化环境交融的特色生态优势，大力发展生态旅游；使用现代科学技术，建立边境旅游智库，走科技化旅游发展之路；将边境地区作为陆路体验异域风情的主要集散地，大力开发云南省边境各州（市）区域特色资源，整合各类产品要素，发展边境旅游新业态，实现云南省边境口岸的特色化、精品化、目的地化发展，促进云南省边境旅游的个性化发展。

6. 边境旅游区域合作日趋深化

目前，世界各国对旅游业的认识普遍得到提升。与云南省接壤的缅甸、老挝、越南三个国家出于发展经济的目的必然会加大与邻国旅游方面的合作，这从近年来三国旅游发展态势和发布的一系列促进旅游业发展的政策措施可以看出。对于云南省边境各州（市）来说，在不同程度上加大了对边境旅游开发的投入，各级政府部门也在政策和基础设施建设上给予边境旅游大力支持，与境外旅游方面的合作也日趋紧密。同时，中国-东盟自由贸易区、大湄公河次区域等次区域旅游合作全面展开，逐步加深，各成员国相互间协商与调整出入境简化手续，制定标准一致化的相关程序，加强海关合作，加快旅游业的基础设施建设，争取建立无障碍国际区域旅游圈。目前，云南省与越南、老挝、缅甸等邻国积极开展区域旅游合作，大力进行旅游线路推广、产品营销，简化出入境手续，建立政府区域间的合作平台，培育越南语、老挝语、缅甸语人才等，极大地促进了边境旅游的发展。各国政府对旅游业的重视，将为边境旅游合作提供良好的机遇。

三、云南省边境旅游发展的空间模式构建

未来，云南省边境旅游发展不能局限于现有模式中，应结合其边境旅游发展的新趋势，从口岸、边境城镇与区域之间的多重相关关系中寻求符合云南省边境旅游发展实际情况的特色发展模式，在此构建的"点-轴-圈"发展模式，在一定意义上可以说是一种理想化的空间模式。

1. 构建思路

边境旅游发展是众多因素共同作用的结果，影响边境旅游发展的条件也应该是多方面的。根据云南省边境地区的区域经济发展水平、资源特征、文化特色、产业发展现状等，选择发展空间较大、旅游区位较好的边境口岸和边境城镇作为"点"的支撑，构建出核心区的点域"边境旅游特色小镇"发展模式；云南省边境线漫长，根据行政区划分为滇西北段、滇西段、滇西南段和滇东南段，围绕各段旅游资源打造旅游轴线和廊道，串联形成边境旅游带，构建出辐射区的轴域"交通旅游廊带型"发展模式。近年来，国家出台了一系列推动边境旅游发展的利好政策，云南省利用已有的边境旅游良好基础，积极参与到各项边境旅游发展工作中，边境旅游试验区、跨境旅游合作区建设的推进迅速有序，以旅游促合作、以合作促旅游成为一种新兴方式，根据国家政策导向与已有的区域合作基础，建立合作区域的旅游圈层，构建出腹地区的圈域"边（跨）境旅游合作区"发展模式。

2. 构建框架

边境旅游发展不同于中国内陆地区旅游发展，其开展依靠的是边境口岸，依托的是发生在边境口岸一定区域内的旅游活动。在边境口岸的两侧构成一定范围的边境效应影响空间，根据距离边境线的近远，可划分为核心区、辐射区、腹地区（图 7-9）。核心区由两国边境线两侧的毗邻地区构成，是两国经济、文化相交融的核心地区，也是边境影响力最强烈的地区，旅游者在此最能感受到边境风情的强烈吸引力。随着向辐射区和腹地区延伸，边境效应逐渐减弱。

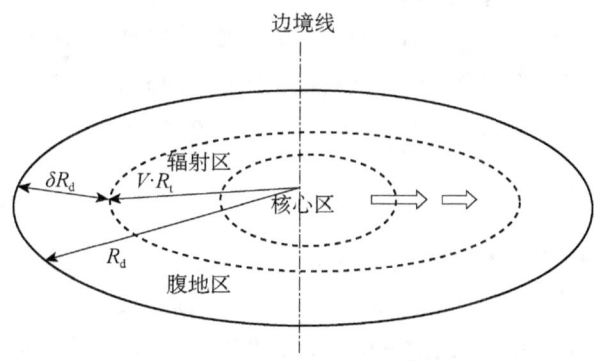

图 7-9　口岸边境效应：核心区-辐射区-腹地区示意图

边境旅游空间的尺度由旅游者实现旅游活动所需要的时间距离 R_t 和空间距离 R_d 构成。公式为 $R_d=V·R_t+\delta R_d$。其中，V 为可达性的速度指标；δR_d 为不向邻国开放的腹地空间距离

根据图7-9，采取"重点发展核心区模式、合理发展辐射区模式、适当发展腹地区模式"的战略基础，构建"点-轴-圈"发展模式，以实现云南省边境旅游快速发展。该模式的边境旅游发展总体上是"点"联结拓展为"轴"，"点-轴"辐射成"圈"的逐步推进过程，具体框架如下。

（1）点——边境口岸城镇增长极

边境口岸城镇是边境旅游发展的基本依托和支撑，也是实现跨境联系、沿边开放交流的重要支点。云南省边境旅游发展，应着力打造口岸城镇增长极，构建空间发展模式中的第一层次——边境口岸核心区，利用边境口岸城镇特殊的区位优势，在云南省边境旅游空间系统中发挥核心吸引力和辐射带动作用。

（2）轴——旅游轴线和廊道串联形成旅游廊带

核心区的构建紧邻边境线一带，合作的空间和范围有限，因此需要向外辐射。辐射区是核心区和腹地区区间的过渡区。基于核心区旅游发展，结合滇西北段、滇西段、滇西南段和滇东南段的口岸城市旅游中心节点建设，拓展空间，整合资源，强化区域联动效应，打造边境旅游轴线和廊带，串联形成边境全域旅游带，构建空间发展模式中的第二层次——边境口岸辐射区，辐射带动区域发展。

（3）圈——合作区域的旅游圈层

在构建云南省边境旅游发展核心区和辐射区的基础上，以边境旅游试验区、跨境旅游合作区的建设为契机，构建合作区域的旅游圈层，发挥空间发展模式的辐射效应，向内辐射带动边境口岸城市以及昆明、大理、丽江等腹地中心城市的旅游发展，向外辐射打造纵深西南地区内陆以及南亚、东南亚等腹地旅游圈，形成口岸边境效应的腹地区，如图7-10所示。

3. 空间模式构建

在云南省边境旅游空间发展模式体系中，需将边境城市作为基本点和核心吸引力，以边境口岸城市为主要增长点，以交通通道、界河以及沿边边境跨境经济旅游带为轴线，重点构建跨境旅游通道体系，通过内拉外联辐射带动内陆经济发展，在此基础上构建中老、中缅、中越三个跨境旅游合作圈，实现云南省边境旅游发展的"内外联动、全面发展"。

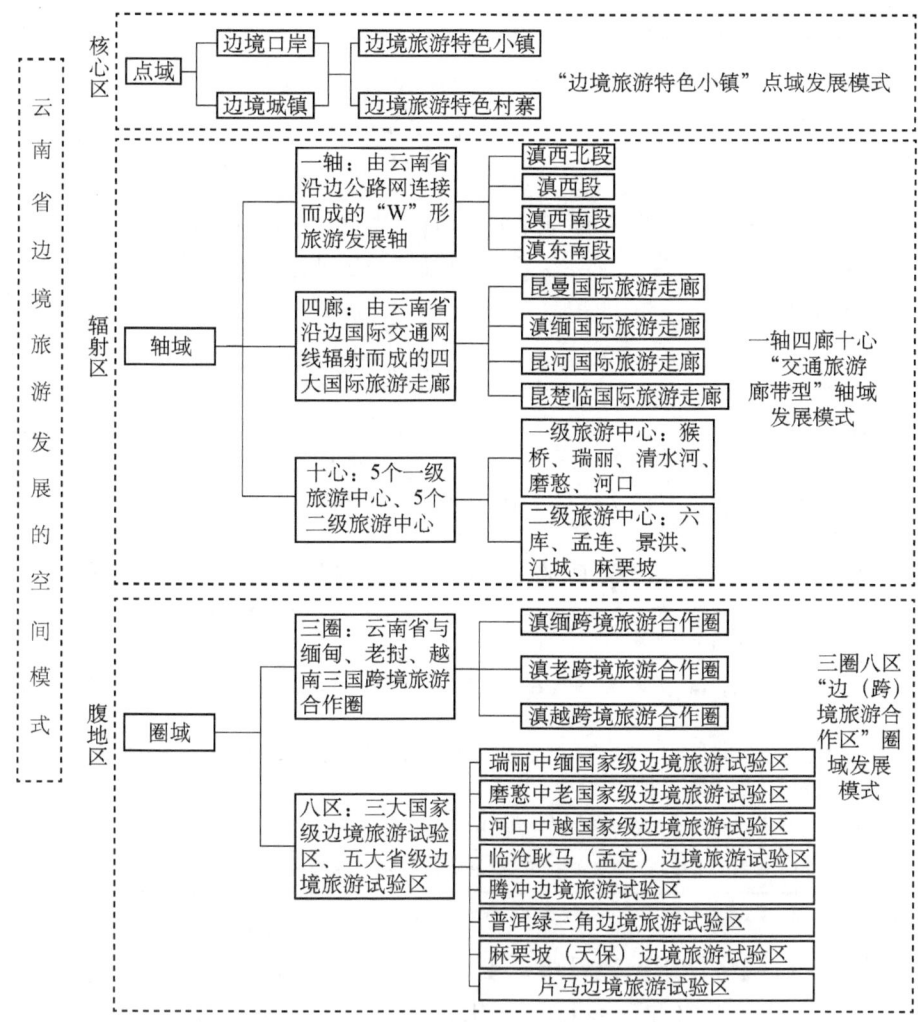

图 7-10　云南省边境旅游空间模式结构图

（1）构建核心区的"边境旅游特色小镇"点域发展模式

根据云南省边境地区的区域经济发展水平、资源特征、文化特色、产业发展现状等，选择发展空间较大、旅游区位较好的边境口岸和边境城镇作为"点"的支撑，发挥核心区吸引力的辐射带动作用，基于云南省25个边境旅游县（市）建设，打造一批边境旅游小镇和边境旅游村寨，构建"边境州（市）-边境县（区）-旅游小镇-旅游村寨"四级边境旅游节点空间格局，以此构建"边境旅游特色小镇"点域发展模式。

边境旅游特色小镇建设要与口岸建设紧密结合，突出小镇民族风情和特色服务功能，完善边境旅游小镇口岸服务功能，将边境旅游小镇建设成服务沿边地区开发开放的重要开放门户和跨境通道枢纽，提升其旅游功能综合性。边境旅游小镇按照"生态景观良好，文化特色浓郁，街区风貌特色突出，对外交流便利，具有较高品质的旅游资源和产品"的标准进行打造，并形成小镇建设的梯队层次体系。在此基础上提出的云南省边境旅游特色小镇，见表 7-4。

表 7-4　云南省边境旅游特色小镇

州（市）	特色小镇
怒江州	泸水市六库镇、片马镇、鲁掌镇；福贡县匹河乡；贡山县丙中洛镇、独龙江乡、茨开镇
德宏州	瑞丽市畹町镇、姐相乡（大等喊村）、勐卯镇；芒市勐戛镇、遮放镇；陇川县章凤镇、户撒乡；盈江县旧城镇、那邦镇
保山市	腾冲市和顺镇、猴桥镇、荷花镇、马站乡；龙陵县象达乡、镇安镇；保山市潞江坝
临沧市	耿马县孟定镇、四排山乡、贺派乡；沧源县勐来乡、班洪乡、勐角乡、勐董镇；镇康县忙丙乡、南伞镇、凤尾镇
普洱市	孟连县娜允镇、勐马镇；澜沧县惠民乡、上允镇；江城县整董镇、勐康镇、康平镇；西盟县勐卡镇
西双版纳州	景洪市大渡岗镇、勐龙镇、勐养镇；勐腊县勐仑镇、易武镇、磨憨镇、关累镇；勐海县打洛镇、布朗山乡、勐海镇
红河州	金平县马鞍底乡、勐拉乡；河口县河口镇、南溪镇、瑶山乡；绿春县大兴镇
文山州	麻栗坡县天宝镇；富宁县剥隘镇、田蓬镇；马关县仁和镇

资料来源：根据《云南省边（跨）境旅游专项规划（2018—2030 年）》整理

　　在边境旅游特色小镇建设中，可以将边境旅游特色村寨作为支撑点。边境旅游特色村寨以农业、乡村、文化、生态为依托进行开发，以"一村一品"为建设思路，以打造"美丽乡村、和谐边境、幸福农民"为目标。旅游特色村寨包括民族特色旅游村寨、旅游名村、传统古村落、历史文化名村、旅游扶贫村等类型，建设以环境改善为基础，以村容村貌美化提升为主攻方向，大力发展以山水、田园、森林、牧场等生态资源和村落、美食、乡村文化、民族文化等人文资源为依托的乡村旅游，按照"自然景观良好，文化特色鲜明，村落风貌和生态环境优美，村内及其周边至少有 1 个旅游小景区和 10 家以上农家乐，村容村貌整洁，通达条件良好，旅游功能和公共服务设施完备"为标准进行推进建设。在此基础上提出的云南省边境旅游特色村寨，见表 7-5。

表 7-5　云南省边境旅游特色村寨

州（市）	特色村寨
保山市	腾冲市中和镇桃树河自然村、固东镇江东银杏村、滇滩镇水城村、中和镇新岐村、五合乡小地方村、明光镇茶山河河外村、荷花镇坝派村、腾越镇董官村、界头镇石墙村、荷花镇荷花池村、和顺镇大庄社区、曲石镇江苴古村、马站乡云华村；龙陵县象达乡勐蚌村、龙山镇芒旦村、象达乡小米地野牛场村
红河州	河口县河口镇坝洒村、桥头乡白黑村、南溪镇安家河村；金平县猛拉乡顶岗村、金水河镇纳窝村、金河镇枯岔河村；绿春县大兴镇俄批村、戈奎乡托牛村
文山州	富宁县剥隘镇丰洞村；马关县金厂镇罗家坪村、马白镇马洒村、坡脚镇小马固新寨村、八寨镇街脚村、麻栗坡镇猛硐乡响水村
普洱市	孟连县勐马镇大寨村、娜允镇芒街村、娜允镇灯盏组、娜允镇芒街傣族村、芒信镇芒畔村、公信乡糯董老寨村；澜沧县竹塘乡拉祜老寨村、酒井乡老达保村、惠民镇翁基组；江城县康平乡石门坎组、曲水镇怒那村、整董镇城子三寨村；西盟县勐卡镇马散村、勐梭镇秋络村
西双版纳州	勐海县勐海镇曼板村、勐混镇曼迈村；景洪市勐罕镇曼远村、景洪市工业园区管委会曼柳村、大渡岗乡大荒坝村；勐腊县勐腊镇曼龙勒村、勐腊镇补蚌村、象明乡倚帮村、勐腊镇曼朗村、易武乡十字街村、勐海县章朗村、打洛镇勐景来村
德宏州	陇川县章凤镇赖瓦村、陇把镇龙安村、户撒乡芒东村、章凤镇拉勐村、章凤镇弄910村、城子镇撒定村；盈江县太平镇石梯村、姐相乡银井村、新城乡芒别村、支那乡硝塘村、太平镇芒允村、平原镇拉洪村、瑞丽市勐卯镇勐嘎村、勐卯镇芒令村、勐秀乡芒帽村、勐卯镇喊沙村、畹町镇回环村，芒市三台山德昂族乡出东瓜村
怒江州	贡山县丙中洛镇雾里村、丙中洛镇甲生村、丙中洛镇双拉村、丙中洛镇秋那桶村、丙中洛镇茶腊村、捧当乡迪麻洛村、独龙江乡孔当村、独龙江乡献九村、独龙江乡迪政当村、独龙江乡龙元村、独龙江乡巴坡村、泸水市上江镇龙塘村、鲁掌镇管事寨村、六库镇新寨村，福贡县匹何镇知子罗村、石月亮乡米俄洛村、上帕镇古泉村，泸水市鲁掌镇浪坝寨鲁绁河村、鲁掌镇鲁祖村、鲁掌镇鲁掌村、洛本卓乡金满村、片马镇片马村、福贡县上帕镇腊竹底村、马吉乡古当村、匹河怒族乡老姆登村、匹河怒族乡知子罗村、石月亮乡米俄洛村
临沧市	沧源县班洪乡班洪村、糯良乡班考村、勐角乡翁丁村、勐董镇葫芦村、糯良乡班考村、勐董镇芒摆村、勐角乡南坎村、耿马县勐永镇大地基村、孟定镇四方井村、孟定镇芒团村、孟定镇景颇新寨村、孟定镇景信村、镇康县南伞镇白岩村、凤尾镇小落水村、忙丙乡忙丙村、南伞镇回落山村、勐堆乡茶叶林村、沧源县勐来乡丁来村、云县幸福镇邦信村、大寨镇文丰村

资料来源：根据《云南省边（跨）境旅游专项规划（2018—2030 年）》整理

（2）构建辐射区的"交通旅游廊带型"轴域发展模式

根据旅游资源分布情况、发展潜力和交通状况，将云南省边境旅游辐射区的轴域空间布局确定为"一轴四廊十心"，以此构建"交通旅游廊带型"轴域发展模式，如图 7-11 所示。

图 7-11 云南省边境旅游轴域发展模式空间布局图（详见书末彩图）

A. 一轴：由云南省沿边公路网连接而成的"W"形旅游发展轴

以连接云南省边境 25 个县（市）的 3000 公里沿边公路为发展主轴，加上其他支线，共同构成边境旅游走廊的发展轴线。鉴于发展轴较长，故按照地域分为滇西北段、滇西段、滇西南段和滇东南段，见表 7-6。

表 7-6 云南省边境旅游发展轴

构成	地域范围	主要旅游资源	发展思路
滇西北段	泸水市、福贡县、贡山县	片马口岸、傈僳族村寨、怒江大峡谷、高黎贡山、独龙江、丙中洛、月亮山、亚坪、老窝山、碧罗雪山、片马抗英纪念碑（馆）、怒江驼峰航线纪念馆	按照"重点突破、以点串线、以线带面、以面成网"的思路，以交通线路为引导，以片马口岸为空间集散点，以民族文化为核心体验对象，以生态旅游为理念支撑，推进怒江边境一带旅游的梯度发展

续表

构成	地域范围	主要旅游资源	发展思路
滇西段	瑞丽市、龙陵县、腾冲市、芒市、陇川县、盈江县	瑞丽口岸、畹町口岸、猴桥口岸、滇缅公路、史迪威公路、瑞丽江、大盈江、"天涯地角"碑、一寨两国景区、银井寨、中缅街、高黎贡山、瑞丽边寨喊沙景区、畹町边关文化园、畹町九谷桥、瑞丽翡翠文化产业园、瑞丽旅游淘宝场、瑞丽边贸街、腾冲国殇墓园、松山抗战遗址	在"以点带面"的思路下,以龙陵县、腾冲市、芒市、瑞丽市、陇川县、盈江县作为旅游增长点带动保山市、德宏州边境旅游发展。依托区内旅游资源,开发观光+休闲度假、边境+探险、边境+商贸等系列旅游产品;强化滇缅区域旅游合作,重点发展远征军抗战文化旅游,辅以打造边境商贸会展旅游;通过与猴桥口岸、瑞丽口岸、畹町口岸等多个口岸对口岸的旅游环线设计,构建"滇西边境旅游带、对缅跨境旅游环线"与"多条边境旅游线路、跨境旅游线路"相组合的"滇西-缅北"边境旅游黄金带,进一步形成滇西跨境旅游圈
滇西南段	沧源县、耿马县、镇康县、江城县、澜沧县、西盟县、孟连县、景洪市、勐海县、勐腊县	清水河口岸、孟连口岸、打洛口岸、磨憨口岸、南伞跨国溶洞、南滚河、南汀河、南捧河、澜沧江-湄公河、中缅边境公园、十层大山、中缅寺、江城三国丢包广场、娜允古镇、孟连宣抚司署、勐景来村寨、中老越三国边交会、丢包狂欢节	依托清水河口岸、孟连口岸、打洛口岸、磨憨口岸等旅游增长极串联整合沿线旅游资源,依托沿线河流、热带雨林等边境自然风光,大力发展边境生态旅游;结合佤族、傣族等少数民族文化,深挖其特色文化内涵,打造集生态、文化、休闲为一体的边境旅游产品体系,建设精品边境旅游区,进一步开拓丛林探险、边境+文化体验游、观光+休闲度假游等
滇东南段	河口县、金平县、绿春县、富宁县、麻栗坡县、马关县	河口口岸、天保口岸、中越铁路大桥、滇越铁路、老山作战纪念馆、老山自卫反击战遗址、河口古炮台、河口烈士陵园、麻栗坡烈士陵园、河口对汛督办公署旧址、法国驻河口副领事署	以河口、天保等口岸城市为边境区域旅游带动热点,加强区域内外联动,构建滇西南连接南亚、东南亚以及境外通内的重要枢纽节点;并依托区内旅游资源,加强开发具有历史文化特色的系列资源,重点打造南疆边关怀旧旅游和边关红色旅游等

B. 四廊:由云南省沿边国际交通网线辐射而成的四大国际旅游走廊

以昆明为辐射中心,以云南省综合交通基础设施网、泛亚铁路、昆曼国际大通道、出境航空线路等国际交通网线建设为依托,整合沿线旅游资源,面向周边国家和省内客源市场,培育打造四大边(跨)境国际旅游走廊。

以 G8511 昆磨高速和昆曼国际大通道干线为依托,并连接缅甸、老挝、泰国,建设昆明-景洪-万象-曼谷的昆曼国际旅游走廊;以 G56 杭瑞高速和泛亚铁路西线为依托,并连接缅甸和南亚等国家,建设昆明-腾冲-密支那-曼德勒-仰光的滇缅国际旅游走廊;以 G8011 昆河高速和泛亚铁路东线以及 G80 广昆高速至麻栗坡等干线为依托,并连接越南河内,建设昆明-玉溪-河口-胡志明市-曼谷的昆河国际旅游走廊;以昆楚高速、楚临高速干线为依托,并连接缅甸,建设昆明-楚雄-临沧-曼德勒-皎漂的昆楚临国际旅游走廊。

C. 十心：5 个一级旅游中心、5 个二级旅游中心

在整个模式的发展轴线确定以后，需要重点选取中心点作为整个模式的串联、支撑，在此选取 10 个口岸城镇作为旅游中心，一级旅游中心作为重点支撑，二级旅游中心作为辅助支撑（表 7-7）。各中心以全域旅游为统筹，重点突出其旅游带动、辐射、集散及服务功能，成为旅游走廊建设点上的支撑。

表 7-7 云南省边境旅游中心

划分层级	口岸城镇	划分依据
一级旅游中心	猴桥、瑞丽、清水河、磨憨、河口	猴桥、瑞丽、清水河、磨憨、河口是云南省"五出境公路""四出境铁路"（公路和铁路都是由昆明经猴桥至印度雷多、昆明经瑞丽至缅甸皎漂、昆明经清水河至缅甸皎漂、昆明经磨憨至泰国曼谷、昆明经河口至越南河内）的交会点，5 个口岸将成为未来的交通枢纽，瑞丽、磨憨、河口分别是云南省面向缅甸、老挝和越南的最大边境口岸城镇，猴桥和清水河也是国家重点建设的边境口岸城镇，都是国家推进"一带一路"倡议的重要支点
二级旅游中心	六库、孟连、景洪、江城、麻栗坡	因为云南省边境区域范围较广，一级旅游中心辐射影响范围有限，故选取六库、孟连、景洪、江城和麻栗坡 5 个二级旅游中心城市作为补充。选择标准如下：六库地处怒江州州府所在地，从最便捷的陆路进入怒江州要经过六库，未来修建的怒江机场也在六库；孟连未来将建高速公路分别连接澜沧县、勐阿口岸和勐海县，离澜沧机场只有半个小时车程，前往云南边三县（西盟、孟连、澜沧）唯一的勐阿口岸要经过孟连；景洪是州府，又是边境城市，交通便利，其影响力可以辐射到整个西双版纳州及其周围地区；江城是通往勐康口岸、十层大山"一眼望三国"等重要边境景点的中转地，也是连接滇东南边境和滇西南边境的过境地；麻栗坡则是通往天保口岸、连接老山等边境景区的中转地

（3）构建腹地区的"边（跨）境旅游合作区"圈域发展模式

根据国家政策导向与已有的区域合作基础，结合云南省沿边开发开放试验区、跨境经济合作区等建设发展，以瑞丽、景洪、河口、腾冲、芒市、泸水等边境口岸城市为核心，依托周边旅游资源，构建滇缅、滇老、滇越三大跨境旅游合作圈，重点培育发展瑞丽中缅国家级边境旅游试验区、磨憨中老国家级边境旅游试验区、河口中越国家级边境旅游试验区、临沧耿马（孟定）边境旅游试验区、腾冲边境旅游试验区、普洱绿三角边境旅游试验区、麻栗坡（天保）边境旅游试验区、片马边境旅游试验区八个边境旅游试验区，建立"三圈八区"合作区域的旅游圈层，以此构建腹地区的"边（跨）境旅游合作区"圈域发展模式，如图 7-12 所示。

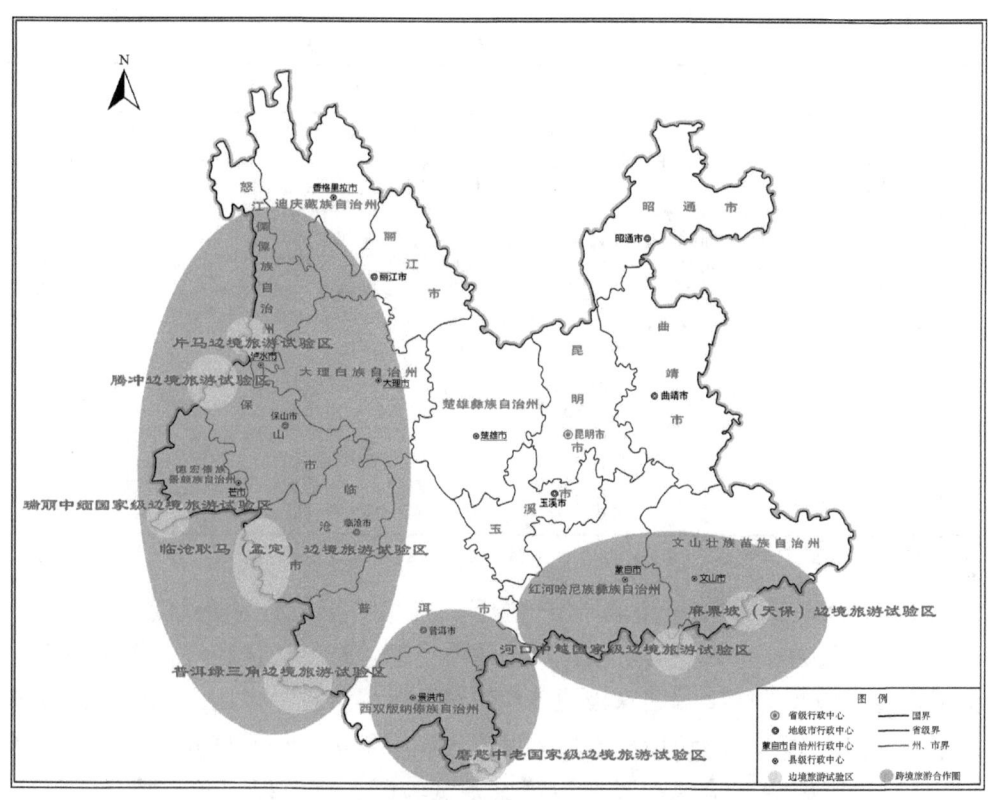

图 7-12　云南省边境旅游圈域发展模式空间布局图（详见书末彩图）

A. 三圈：云南省与缅甸、老挝、越南三国跨境旅游合作圈

依托云南省与缅甸、老挝、越南边境邻国区位优势条件，加强区域合作，积极创建滇缅、滇老、滇越三大跨境旅游合作圈，见表 7-8。

表 7-8　云南省跨境旅游合作圈

名称	位置范围	发展思路
滇缅跨境旅游合作圈	以怒江、保山、德宏、临沧、普洱、西双版纳 6 个边境州（市）以及缅甸北部边陲克钦邦下辖的密支那、葡萄、莫因和缅甸东部掸邦下辖的东枝、腊戌、景栋为空间范围	以瑞丽中缅国家级边境旅游试验区为引领，以瑞丽、腾冲边境旅游区为核心，以耿马、孟连、泸水为带动区，加快昆明-保山-芒市-瑞丽旅游经济带建设，重点面向缅甸北部边陲克钦邦、东部掸邦开放合作，积极参与孟中印缅经济走廊陆路旅游通道建设，重点在瑞丽开展旅游装备制造与旅游购物贸易合作，有序推进旅游业相关要素，如酒店住宿业、旅行社业务、景区景点开发、旅游购物等领域的开放发展，建设中缅边境旅游经济贸易中心、西南开放的重要国际陆港、国际文化交流窗口、沿边统筹城乡发展先行区和睦邻安邻富邻模范区，将滇缅跨境旅游合作圈打造成为云南省参与孟中印缅经济走廊建设的旅游产业重要战略支点

续表

名称	位置范围	发展思路
滇老跨境旅游合作圈	空间上分布在700多公里中老边境线上，以普洱、西双版纳两个边境州（市）以及老挝北部琅南塔、丰沙里、乌多姆赛、波乔、琅勃拉邦、桑怒为空间范围	以磨憨中老国家级边境旅游试验区为引领，以勐腊（磨憨）重点开发开放试验区为核心，以景洪、江城、孟连为带动区，重点面向老挝、泰国开放合作，积极推进泛亚铁路中线、昆曼国际大通道及澜沧江-湄公河黄金水道建设，重点在磨憨中老国家级边境旅游试验区探索试验旅游双多边合作政策和自由贸易规则，建设中老友好合作先行区、昆曼国际大通道重要枢纽以及面向东南亚区域性的旅游商贸服务基地、物流配送基地、文化旅游胜地，将滇老跨境旅游合作圈打造成为澜沧江-湄公河对外开放经济带旅游产业的重要战略支点
滇越跨境旅游合作圈	以红河、文山两个边境州（市）以及越南北部老街、莱州、河江、山萝、兴安、安沛、宣光、奠边、河内为空间范围	以河口中越国家级边境旅游试验区为引领，以河口为核心，以麻栗坡、金平为带动区，重点面向越南开放合作，联动红河综合保税区，依托泛亚铁路东线，重点在河口加快发展跨境旅游、物流及保税购物等相关产业，建设昆河经济走廊重要的口岸物流中心、保税物流基地、保税加工园区、生产性服务贸易基地，将滇越跨境旅游合作圈打造成为云南省对接"两廊一圈"的重要战略支点

资料来源：根据《云南省边（跨）境旅游专项规划（2018—2030年）》整理

B. 八区：三大国家级边境旅游试验区、五大省级边境旅游试验区

以边境旅游城市为核心，依托周边旅游资源，结合边境经济合作区等政策集成，着力构建瑞丽中缅国家级边境旅游试验区、磨憨中老国家级边境旅游试验区、河口中越国家级边境旅游试验区三大国家级边境旅游试验区，临沧耿马（孟定）边境旅游试验区、腾冲边境旅游试验区、普洱绿三角边境旅游试验区、麻栗坡（天保）边境旅游试验区、片马边境旅游试验区五大省级边境旅游试验区，见表7-9。

表7-9 云南省边境旅游试验区建设

名称	位置范围	发展思路
三大国家级边境旅游试验区	瑞丽中缅国家级边境旅游试验区	以瑞丽口岸、畹町口岸为核心，以瑞丽市为空间范围	立足瑞丽旅游核心区发展，打造瑞丽江旅游文化生态精品项目、边境线旅游文化项目集群带，开拓跨境旅游市场线路，开发购物、边境风情游、温泉休闲度假游、民族文化风情、康体健身游产品五大旅游文化产品，推动"五个一批"项目建设。依托"一城两国、一寨两国、一院两国"等独特的人文地理景观和"边、情、绿、宝"旅游资源，众多世居跨境少数民族，中缅胞波狂欢节等丰富的民族节事活动等，打造特色化、差异化、体验化和富有异国情调的边境旅游产品、线路体系，巩固发展中缅旅游圈，力争将瑞丽中缅国家级边境旅游试验区建设成为国内一流、国际著名的旅游目的地和中国面向南亚、东南亚区域性国际旅游集散地

续表

名称		位置范围	发展思路
三大国家级边境旅游试验区	磨憨中老国家级边境旅游试验区	以磨憨口岸为核心，以勐腊县为空间范围	充分发挥磨憨口岸的地缘优势和口岸通道优势，借力打洛、关累、景洪港等口岸优势，借助西双版纳州"提升中心，做优东线，做大西线，开发澜湄，联动内外，辐射周边"的边境旅游发展思路及努力构建"金四角"国际旅游圈的发展契机，抓好互联互通的综合交通建设，促进泛亚铁路中线建设，提升澜沧江-湄公河水运航道，加快完善旅游公共服务设施。充分发挥西双版纳-老挝良好的生态环境、独特的民族、宗教（南传佛教）特色的优势，结合澜沧江-湄公河黄金水道航道，坚持将旅游产品的特色化、差别化、体验化和异国情调化，作为建设边境旅游合作区的关键，重点打造自驾车（房车）、水陆联运、乡村生态、民族（宗教）文化、体育科考、探险等旅游产品。将磨憨中老国家级边境旅游试验区建设成云南省通向老挝、连接泰国的旅游胜地和休闲旅游目的地，成为中国面向东南亚、南亚的国际旅游集散地
	河口中越国家级边境旅游试验区	以河口口岸为核心，以河口县为空间范围	依托中越边境独特的地理区位优势和热区气候等自然资源以及丰富的文化资源，以建设口岸旅游城市为核心，着力打造跨境旅游、边境乡村旅游和边境文化旅游等品牌，形成以边境旅游为主，商务会展游、中越商贸购物游、界河漂流游等地方特色旅游为辅的发展格局。推进包括河口口岸国际旅游集散中心在内的国际化滨江旅游城市综合体、国际旅游集散地、滇越铁路、异域风情街等项目建设，将河口中越国家级边境旅游试验区打造成为通往越南连接东南亚国家的陆港无障碍跨境自由行试验示范区以及可持续发展的边境旅游集散地和目的地
五大省级边境旅游试验区	临沧耿马（孟定）边境旅游试验区	以耿马（孟定）为核心，以临沧边境经济合作区覆盖的耿马、沧源、镇康三个边境县为拓展区，辐射临沧市全境	以边境经济合作区为依托，以"全域旅游"为发展方向，打响"世界佤乡好地方、避暑避寒到临沧"品牌，依托昆（明）孟（定）国际大通道，着力培育核心竞争力强和带动力大的产业群，构建外向型产业体系。完善旅游基础配套设施，以沧源国际旅游度假区建设为重点，带动辐射镇康、耿马，打造面向印度洋，连接南亚、东南亚的国际知名的集边境旅游、多元民族风情体验游及康体养生旅游为一体的目的地，使其成为云南省边境旅游西南片区的前沿窗口、对外枢纽及重要增长极
	腾冲边境旅游试验区	以猴桥口岸为核心，以腾冲市为空间范围	充分发挥腾冲的地缘优势和特色旅游资源优势，充分利用边境文化特色资源和腾越文化资源，依托腾冲热海、古镇等发展温泉养生旅游和红色旅游，提升旅游产业发展水平；依托腾冲面向东南亚、南亚的区位优势和侨乡优势，发展现代商贸服务业，促进特色旅游、文化创意、边贸物流、金融服务等新业态融合发展。积极拓展边境旅游线路，提升腾冲旅游产业开放度和国际化水平，努力将腾冲打造成为功能齐全、开放度高、管理有序、繁荣发展的边境旅游试验区和区域性国际化旅游城市
	普洱绿三角边境旅游试验区	以思茅港、勐康口岸、孟连口岸、龙富通道为核心，以江城县为带动，以孟连县、澜沧县、西盟县为空间范围	充分发挥思茅港、勐康口岸、孟连口岸、龙富通道的地缘优势和口岸通道优势，依托江城等边境旅游城市，以中老越三国边境地区独特的旅游资源为基础，培育江城十层大山中老越三国公园等精品风景区，加快"绿三角"旅游区建设，加强边境旅游基础设施建设，充分利用陆路优势与水路优势，运营好中老边境旅游线路，规划开通中越跨境旅游线路，建设开通中老越三国旅游环线，打造优势节庆活动，助推文化旅游融合发展。争取国家、省市政策支持，实现人员、车辆在边境旅游试验区内自由流动，将普洱绿三角边境旅游试验区建成边境和跨境旅游集散地、跨国无障碍旅游示范区和边境旅游集散地

续表

名称		位置范围	发展思路
五大省级边境旅游试验区	麻栗坡（天保）边境旅游试验区	以天保口岸为核心，以麻栗坡、富宁、马关为发展带动空间范围	结合《麻栗坡县旅游发展总体规划》，构建"一核、两带、三区、四品、五组合、六线"的总布局，将旅游资源有机连接形成全县旅游发展框架。发展资源和区位优势，着力推进产业融合发展，突出资源的差异性特色，打造旅游精品，强化基础设施建设，将边境旅游业培育和发展成为全县的拳头产业并形成滇东南边境旅游增长极和重要的边境旅游试验区
	片马边境旅游试验区	以片马口岸为核心，辐射带动泸水为发展空间范围	以片马口岸为空间集散点，以民族文化为核心体验对象，以生态旅游为理念支撑，推进边境旅游的梯度发展。以全力改善交通基础设施为代表的旅游基础设施与接待设施结构为突破点，深度开发生态旅游资源，着力构建绿色旅游产业体系，推动边境经济合作区建设步伐，主动融合国家新型城镇化建设、脱贫致富等战略机遇，带动试验区的旅游跨越式发展，形成怒江边境旅游发展的新局面和全域旅游发展的增长极

资料来源：根据《云南省边（跨）境旅游专项规划（2018—2030年）》整理

第四节　云南省边境旅游发展的类型模式优化构建

基于云南省边境旅游发展模式构建的空间模式，结合云南省边境旅游发展的新趋势，并在云南省现有模式优化提升的基础上，提出旅游边贸小镇、跨境旅游经贸合作区、边境旅游走廊三类模式，构建更加具象化的边境旅游发展新模式，为云南省边境旅游的开发和未来发展方向提供更加具体的模式参考，以更好地促进云南省边境旅游发展。

一、旅游边贸小镇发展模式构建

在对国内外边境旅游发展的主要模式及经验借鉴的基础上，结合云南省已有的边境旅游特色小镇建设，在此进行旅游边贸小镇发展模式的优化构建。

旅游边贸小镇发展模式是以边境口岸小镇为发展空间，依托边境区位优势和丰富的旅游资源，借助发达的国际商贸交往，充分发挥自身优势，提高服务水平和旅游舒适度，完善城镇基础设施，吸引更多旅游者和商人，加快经济发展速度，最终使边贸旅游发展成为促进边境小镇经济发展的支柱产业或重要产业。从云南省边境小镇的建设经验来看，旅游边贸小镇发展模式可以充分发挥当地的旅游特色，从而产生更好的产业联动效果和辐射效应，也能够更好地进行招商引资，吸引各种优秀企业入驻，促进云南省边境旅游业的快速发展。

旅游边贸小镇发展模式的构建思路可以总结如下：确定发展主题，重点建设边境旅游商贸区，优先开发边境商贸文化等旅游产品，发展培育一批便民互市贸易区。具体构建内容如下。

1. 确定各旅游边贸小镇主题形象

一个地方旅游发展的关键因素在于其旅游形象定位，云南省边境口岸城镇处在多元化发展中，需要确定其特色鲜明的主题形象。在云南省各旅游边贸小镇的初期发展中，应提炼一个核心主题，体现整个小镇的文化灵魂，实现多元文化融合，塑造旅游小镇的品牌和形象，创新品牌的传播方式。云南省边境地区生态资源丰富，聚集着众多少数民族，各民族文化历史悠久、独具特色，导致不同口岸之间旅游产物不尽相同，基本上大部分口岸都有属于自己的代表一定民族特色和地域特征的旅游贸易商品。因此，云南省在建设边境口岸、发展边境旅游时应注意将商贸旅游与当地民族特色、自然风光、生态环境等进行融合，打造独具特色的边境小镇主题形象。

2. 建设一批边境贸易旅游区

云南省多数边境口岸城镇建设起步较早，边贸发展久远，形成了一定的社会经济基础，在发展边境旅游时，可借力商贸业，共促旅游与商贸融合发展。重点建设一批边境贸易旅游区，打造瑞丽中缅一条街、沧源葫芦小镇购物街区、耿马东南亚特色商品交易中心、河口越南街等；积极发展边境免税店购物体验点、腾冲翡翠批发市场、芒市珠宝小镇、德宏样样好翡翠文化产业园、瑞丽姐告国际旅游景区、瑞丽旅游淘宝场、天保中国祖母绿交易市场等，带动边境购物旅游，形成各旅游边贸小镇的产业支撑，以商带旅，以旅促商，商旅互兴。

3. 打造边贸旅游产品体系

边贸旅游小镇没有大城市的繁华和便利性，因此发展边贸小镇必须打造属于自己的特色旅游产品。通过建设特色旅游产品体系，形成具有鲜明特色的边贸旅游小镇，以此吸引广大旅游者，发展旅游业。首先，要充分利用当地特色，结合本身的民族文化、风土人情、自然风光打造出一批具有休闲娱乐、观光游览、民俗体验的核心产品。其次，要依据云南省边境口岸的工农商业，开发一系列农业生态观光游、边贸互易市场等产业，以此辅助核心旅游产品共同建设边境旅游。另外，云南省具有丰富的自然资源和人文资源，如玉石、药材、服饰和工艺品等，应充分利用这些资源，培育一批具有文化特色和地域特色的名牌旅游产品。通过打造核心产品、辅助产品、名牌产品共同构建云南省边境旅游产品体系。

二、跨境旅游经贸合作区发展模式构建

在对美国和加拿大边境旅游的跨境国家公园发展模式及经验借鉴的基础上，结合云南省现有跨境旅游合作模式和边境旅游发展的新趋势，在此进行跨境旅游经贸合作区发展模式的优化构建。

云南省地处中国西南边疆，山林众多，交通不便，历史基础薄弱，经济发展水平较低。从全国来看，云南省远离内陆腹地，地理位置偏僻，距离东南沿海发达地区较远，且与我国政治经济中心相隔甚远，因此未能得到国家的大力扶持，城市形象一直被屏蔽。但从整个南亚、东南亚来看，云南省的地理位置又极其优越，云南省毗邻东南亚诸国，国境线漫长，是中国内陆通往东南亚各国的必经之地，也是中国内陆经陆路通往印度洋的最便捷通道。因此，应充分发挥云南省边境地区的区位优势，加强与境外各国的交流合作。跨境旅游合作区作为旅游边缘区，为旅游核心区提供扩张的空间，使核心区得以向外围拓展；旅游核心区为旅游边缘区提供人才、资金、技术等各种资源，促成边缘区不断发展壮大。

如今大西南旅游圈建设如火如荼，云南省"两大一强"战略稳步推进，在边境旅游发展的大环境下，云南省边境地区迎来了前所未有的良好机遇。众多实践表明，贸易自由化和经济一体化不仅给东南沿海城市带来了巨大利益，也有利于内陆腹地经济发展，跨境旅游经贸合作区的建设正是贸易自由化和经济一体化在内陆边境地区发挥作用的体现。边贸合作区的建设将会充分调动云南省边境地区的市场资源，使边境地区市场更加自由化、灵活化，不但能够繁荣边境地区的经济，还能极大地推动边境地区旅游业的发展。

跨境旅游经贸合作区的建设应遵循优势互补原则，注意培育区域旅游的核心区，使核心区不断向边缘区扩展，为边缘区输入各种发展要素，带动边缘区的发展。具体构建内容如下：

1. 确定各跨境旅游经贸合作区的合作主体

区域旅游合作的发展需要多方共同参与，目前来看主要为政府、企业、社会组织三大主体。各区域之间本身存在一定的差异性，随着时间的推移，各地域之间发展阶段也会有所不同，因此在不同时间同一地域或者同一时间不同地域，这三方主体在旅游业发展过程中所扮演的角色也会有所不同。就目前而言，云南省跨境旅游经贸合作区的发展尚处于起步阶段，因此政府应在发展过程中扮演主导角色，制定相关政策，引导企业和组织参与合作区建设，充分发挥各自优势，共同建设合作区。即采取"政府主导、企业推进、社会组织参与"的开发模式，最终实现跨境旅游经贸合作区发展模式。

2. 确定各跨境旅游经贸合作区的合作范围

从云南省目前的边境口岸旅游和空间分布来看，绝大多数口岸直接与境外城市相连，只有景洪为内河港口。其中，瑞丽和畹町与缅甸的木姐相连，河口与老街相连，磨憨与磨丁相连。经过多年发展，这三个对接口岸双边交通便利，资源丰富，人流物流频繁，经济发展水平较高，如今已发展成为各自国内边境地区的区域经济社会中心。因此，发展边境旅游应当构建"一轴两核"空间布局，以两国互通道路为依托，重点发展道路两端城市，充分发挥道路的流通和载体作用，实现双边城市协作发展，以此带动两国边境其余地区的旅游业发展，共同打造双边旅游经贸合作区。

3. 确定各跨境旅游经贸合作区的合作内容

云南省自20世纪八九十年代就开始发展边境旅游，跨境旅游经贸合作区的提出也有数年，然而目前云南省边境旅游发展状况不容乐观，仍处于初级阶段，跨境旅游经贸合作区的建设并没有大范围展开，仅仅在其中的某一两个方面进行合作，合作内容简单，合作方式单一，旅游发展进展缓慢。跨境旅游经贸合作区是两个甚至多个国家之间展开的合作，因此具有系统性、综合性、复杂性等特征。云南省建设跨境旅游经贸合作区，就内容而言应当与各国开展全方位、多层次、多领域的合作。无规矩不成方圆，在建设初期，各国政府应当将工作重心放在政策制定、规范措施、未来旅游规划、人才培养等方面。随着合作的深入，进一步完善基础设施，共同开发旅游产品，进行线路规划以及旅游宣传和营销，营造良好的旅游环境和形象。当跨境旅游经贸合作区的建设接近尾声时,要重点加强旅游资本和信息系统的建立,实现资源共享、人员流动等。另外,还要加强监督管理工作,保证建设成果的完整性和延续性,共同创造布局合理、协调发展的跨境旅游经贸合作区。

三、边境旅游走廊发展模式构建

考虑到云南省边境线漫长,区域内各类资源丰厚,结合云南省边境旅游发展的现有交通廊道型旅游发展模式和边境旅游的生态化、科技化、个性化发展趋势,提出边境旅游走廊发展模式。

边境旅游走廊发展模式是以旅游市场为导向,整合边境线上各类旅游资源,培育各类旅游精品项目、特色产品、精品景区、精品路线,在原有旅游资源的特色优势基础上,进行深层次挖掘开发,优化配置区域内的各类旅游要素,创新旅游产品,使旅游产品具有观赏性和更深厚的文化内涵,同时提高旅游项目的可参与性,人们可以真真切切地参与其中,而不是走马观花,最终形成边境旅游精品线,以精品带旅游,打造品牌实力,提升旅游产品市场的竞争力,在市场竞争中凸显效果,从而带动周边地区旅游业快速发展。

边境旅游走廊发展模式的发展,首先,要依托边境地区丰富的旅游资源,对可利用的资源进行深度挖掘和创新,打造各具特色的精品旅游项目、优质景区、特色产品、优质线路,从而形成旅游精品。其次,以需求为导向,注重旅游者切身体验,培育特色旅游精品,形成旅游精品线。最后,在打造旅游精品特色的基础上积极参与市场竞争,在相互竞争中进一步提升各类精品质量,实现边境旅游业的可持续发展。

边境旅游走廊发展模式的建设思路可以总结如下:培育各类边境旅游精品,优先开发观光游览、森林生态、探亲访友、民族风情、度假休闲等系列旅游资源;重点开发西双版纳、瑞丽和腾冲的边境精品旅游,建设边境旅游区。具体构建内容如下。

1. 边境旅游走廊形象建设

边境旅游走廊形象要以核心旅游资源、拳头旅游产品和精品旅游项目为重点进行旅游品牌塑造,综合"边、文、生、闲"四大旅游名片,结合云南省边境旅游区旅游资源的地域性、文化性和民族性,塑造其整体旅游品牌形象。另外,树立边境旅游良好形象要以精品线路为核心,建立统一统筹机制,努力实现资源统一调配、价格统一制定、服务统一提升。

2. 边境旅游精品项目培育

云南省边境旅游资源丰富，在对各类资源的精品开发培育上，可选择重点打造精品项目、特色产品、精品景区、精品线路等，形成旅游精品市场。在精品项目的选取上侧重开发观光游览、探亲访友、民族风情、森林生态、度假休闲等系列旅游资源；在瑞丽、西双版纳、河口、腾冲、临沧、普洱、文山、片马等边境地区，争取建设一批具有独特风格的边境精品旅游区，进一步加大沿线边境旅游产品的研发力度；凸显边境地区的区域优势，重点开发一批具有浓厚地域色彩的旅游产品，并依据旅游市场的需求，打造出适用于不同风格、不同层次、不同类型的旅游者人群的产品，真正做到旅游线路、产品因人而异，提升旅游服务质量及旅游者亲身体验度。

3. 精品旅游线路开发

开发普洱-景洪-勐海-澜沧-孟连-西盟-沧源、普洱-景洪-勐腊-江城-绿春-金平-河口、沧源-耿马-镇康-龙陵-芒市-瑞丽、蒙自-河口-马关-麻栗坡-富宁、腾冲-盈江-陇川-瑞丽-芒市-龙陵、腾冲-泸水-福贡-贡山、瑞丽-芒市-龙陵-腾冲-盈江-陇川-瑞丽等边境沿线，形成精品旅游线路，整合各类旅游资源，依托精品项目、特色产品、精品景区构建边境旅游走廊。

第五节　实现云南省边境旅游发展模式对策研究

一、边境旅游发展模式的实施目标

模式的构建就是发展路径的不断更新、演化，构建出新的、更加符合发展规律的发展途径，产生相对优化的模式。新生模式的实现离不开目标愿景的设定，既能为其提供发展策略的实践操作，也能实现模式优化的战略部署。云南省边境旅游发展模式在现有模式上进行了新的模式构建，综合重构模式的价值追求与发展预期，制定云南省边境旅游发展构建模式实施的五大目标。

1. 推进云南省边境旅游系统空间结构的优化构建

云南省边境旅游涉及 25 个边境县（市），范围广、区域大，且每个区域的发展状况不尽相同，在民族文化习俗、资源分布、经济产业发展水平等方面都存在较大差异。在发展边境旅游时，要优化系统空间结构，以此统筹全空间域的发展。云南省边境旅游地域空间体系庞大，涉及边境口岸、边境城镇、边境村寨、合作区域等众多边境地域，形成了"点、线、面"多空间层次的发展，如何整合统一各类空间域是新模式重构应解决的重要问题。

云南省边境旅游空间模式的构建，通过旅游发展空间结构层面逐层构筑起其总体发展框架，在一定程度上可以为云南省边境旅游系统空间结构优化构建提供一种思路和参考，约束边境旅游的可持续发展。因此，探明实现对策能直接推进云南省边境旅游系统空间结构的科学构建。

2. 促进云南省边境旅游合作发展的区域联动

在促进旅游发展的时代大潮中，区域合作已成为一种普遍发展形式。云南省边境各州（市）繁多，随着边境旅游的发展，各地区之间交往日益增多，边界的限制作用日益减弱，双边旅游和多边旅游合作日益加强，由此产生的区域联动效应已在多个地区有所显现。

云南省边境旅游发展的跨境旅游经贸合作区、边境旅游走廊等优化构建模式，能有效加速边境旅游的区域合作，形成区域发展的联动效应。就边境旅游而言，云南省边境旅游发展模式构建不仅可以产生对内发展效应，也可以产生对外联动效应。对内方面，空间格局模式的重构，打破原有边境界线和行政限制，促使各边境地区在发展旅游业上相互合作实现资源信息共享，不分你我；同时，有利于整个边境地区对旅游线路进行统一规划，共建基础设施，共造良好形象，使旅游市场真正融为一体，促进彼此之间的交流和合作，为旅游发展创造良好的环境。对外方面，跨境旅游经贸合作发展模式的重构，将进一步深化中缅、中老、中越等双边政府的国际合作，实现资本、人才和信息等旅游产业要素的跨境自由流动。

3. 完善云南省边境旅游发展模式的内容体系

边境旅游发展模式的重构，在原有模式的发展基础上，进一步充实了其模式发展承载的元素，囊括的内容更加丰富、完善。

在云南省边境旅游发展的现有主要模式中，呈现的边贸带动与旅游融合发展模式、边境旅游小镇发展模式、交通廊道型旅游发展模式、双边城镇融合型旅游发展模式、边境民族村寨旅游扶贫发展模式、跨境旅游合作模式等的各自运作形式单一，内容体系较为单薄。重构的云南省边境旅游发展的空间模式和旅游边贸小镇、跨境旅游经贸合作区、边境旅游走廊等类型模式在构建内容上有了进一步补充，不仅在云南省边境地区的地域发展上，还在空间结构上、跨境区域上有了新发展。可以说，新模式的构建进一步完善了云南省边境旅游发展模式的内容体系。

4. 带活云南省边境旅游发展模式再生产链条

边境旅游发展模式的再生产功能以模式的操作实践为条件，因为模式自身代表了云南省边境旅游的发展方向，而发展模式又是在特定时期、特定条件下总结出来的，因此其具体内容存在时限性和地域性，故要使模式不断发挥作用，就要保持其先进性，达到与时俱进，因而模式的再生产功能显得至关重要。

在此基础上，叠加于云南省边境旅游发展空间模式的"边境旅游特色小镇"点域发展模式、"交通旅游廊带型"轴域发展模式和"边（跨）境旅游合作区"圈域发展模式之上的云南省边境旅游类型模式的构建，所进行的优化配置便最大限度地激发了模式再生产的可能性，在云南省边境旅游发展新趋势下，不断衍生出旅游边贸小镇、跨境旅游经贸合作区、边境旅游走廊等新的发展模式。模式实践路径的构建和运作则是激活此链条的根本动力，因此打造实践路径对边境旅游发展模式再生产链条的发展具有重要意义。

5. 优化云南省边境旅游发展模式的发展路径

该层次目标是指通过对云南省边境旅游发展模式的重构来动态演进地推进模式的内涵结构修正与方向调整，以实现云南省边境旅游发展模式的发展路径的进一步优化。

云南省边境旅游发展的空间模式、类型模式的优化构建框架，对边境旅游空间结构系统、旅游资源结构、地域结构、利益主体参与结构等结构性要素都有具体涉入，以此构成了模式构建的支撑性元素，云南省边境旅游发展从边境口岸到边境城镇、边境村寨到边（跨）境合作区各有侧重，弥补了现有模式的相对单一元素发展路径，既能统一于整体发展之中，又可分散为各自区域发展。在此意义上，云南省边境旅游发展模式的构建是对其发展路径的优化，进一步完善了发展模式运作实践的客观条件。

二、实现云南省边境旅游发展模式的对策

制定对策是实现发展目标的关键一步，合理有效的对策有助于目标模式的迅速达成。基于以上制定的云南省边境旅游发展构建模式实施的五大目标，针对性地提出以下五点对策。

1. 加强政府规划引导

就云南省边境旅游发展模式构建的空间模式和旅游边贸小镇发展模式、跨境旅游经贸合作区模式、边境旅游走廊模式等类型模式而言，其内容涵盖空间域到地域的不同层面，科学规划是所构建模式操作实现的首要步骤，可以进一步落实发展模式构建的理论知识，云南省边境旅游发展模式的规划操作实施是在国家各级政府相关战略主导与政策引领下开展的，构建云南省边境旅游发展模式必须加强政府规划引导。云南省边境地区各级政府不仅要与时俱进，不断优化政府结构及职能、合理配置资源、适应当下发展需求，更要加强对社会实体的引导，充分发挥社会实体的优势和作用，使社会实体能够健康合理地参与到边境旅游开发过程中。另外，相关政府部门要构建良好的开发运用环境和机制，使各社会实体之间能够相互促进、相互学习、互利共赢，形成良性竞争，在竞争中提高自身实力，以市场为标尺，逐渐加强市场的主导作用。此外，云南省边境全域内的各级政府要加强沟通，融为一体，以旅游市场需求为导向加强各边境地域之间的合作关系，建立健全资源、信息共享机制和协调融合机制等，相互扶持、相互促进，共同建设边境旅游业。同时，向边境地区提供政策倾斜，对于招商引资，政府应拓宽渠道，广泛撒网重点捕鱼，不放过任何一个优良企业入驻的机会，不断革新合作模式，为以后运营管理奠定基础。另外，政府应重点发挥宏观掌控能力，下放相关权力至底层部门，充分发挥相关旅游组织、社区等在边境旅游业兴起中的作用。

2. 大力发展边境贸易，坚持旅游边贸互动发展

边境贸易是云南省边境旅游兴起的一个重要动力，旅游边贸互动发展模式也成为云南省边境旅游发展的一个典型模式。云南省面向缅甸、老挝、越南等

边境邻国分别有瑞丽、磨憨、河口三个最大的口岸通道,这里交通相对发达,基础设施相对完善,有大量的人流物流过境,是云南省边境重要的集散地,直接带动了当地旅游业的快速发展。由此可见,在发展边境旅游时应大力发展边境贸易。针对这种情况,边境8个州(市)应在现有对外开放的基础上,提高认识,发展边境贸易与开展边境旅游二者同时进行,两手抓,形成良性发展机制;不同的州(市)要根据自己边境贸易历史的特点,在旅游与边贸上有所侧重;争取国家政策支持,将边境贸易真正重视起来,加强口岸通道基础设施建设,加快货物、客流周转速度,提高口岸运营能力。同时,加快建设河口-老街、瑞丽-木姐、磨憨-磨丁三个跨境合作区,进一步建设相关边境贸易区等;完善旅游购物街、步行街等具有当地特色的购物场所;实施具有更大力度的优惠措施,以此吸引广大旅游企业入驻。

3. 加强口岸核心带动,推进边境城镇建设

作为核心节点的边境口岸城镇在边境旅游中发挥着重要作用,是向旅游者展示自己国家形象的窗口和门户,也是国家在边境地区的精神文明及物质文明的主要载体。在探索构建云南省边境旅游发展模式中,应发展边境口岸城镇的辐射带动效应,重视边境旅游口岸城镇建设,优化边境口岸城镇发展模式。一是在整个建设过程中,完善城镇结构,提升城镇旅游形象;二是加强城镇基础设施建设,提高城镇旅游服务水平,建设一流的边(跨)境旅游目的地和集散地,构建"边境跨越+边境城镇"旅游综合体;三是不断挖掘文化内涵,提升我国边境旅游城镇文化品位,不断提高边境地区多国语言交流能力;四是加强边境免税店、特色购物街区等的规划建设,加强对边境城镇特色风貌的保护和传承,将我国边境城镇建设成宜商、宜旅、宜居的国际化边境口岸城镇;五是创新边境城镇发展模式,推动边境旅游由"口岸旅游"转向"城镇旅游"。

4. 重视轴线强化作用,完善区域交通体系建设

边境旅游发展模式需要实现从边缘到核心的逆向突破。边境地区处于两国交界地带,一般情况下这些区域基础设施较落后,经济发展缓慢,服务质量较差,旅游产品不够丰富多彩,道路基建等不够健全,有时甚至会出现边境安全问题。因此,旅游发展相比发达城市而言较为落后,然而当这些边境城镇形成跨境旅游环线之后,则可以向内陆进行辐射。要想富先修路,交通是发展旅游

最重要的基础因素，交通便利有利于旅游者合理安排时间，减少路途消耗增加游玩时间，提高旅游舒适度，进而促进当地经济发展。云南省由于处在中国西南边境，与国内发达城市相隔甚远，又多山地，经济发展水平相对较低，因此交通状况低于全国平均水平，整体交通网络不容乐观。因此，下一步应以交通网络建设为重点，构建城市与城市、城市与景区、景区与景区、景区内部组成的立体交通网络。需要提出的是，尤其要加大边境旅游通道建设力度，加强交通基础设施建设，简化通关手续，构建跨境通道体系，实现边境无障碍旅游；建设便捷的水、陆、空跨国旅游通道，同时加强边境城镇和周边城市的合作，健全基础设施，打造出入境便捷通道。

5. 注重圈层辐射延伸，发挥区域联动效应

云南省边境旅游发展模式的实现，需依托节点辐射带动功能，构建边境旅游合作圈层，进一步加强区域间旅游合作。

（1）加强境内腹地区域间发展合作

加强云南省边境地区与境内腹地区域的跨区域性旅游合作，通过工作会议、旅游推介会等形式将合作内容落到实处。具体分为四个层级：第一，25个边境县（市）之间就边境旅游发展加强合作，各县（市）旅游相关部门领导定期举行旅游商讨会议，就旅游规划、旅游产品打造、旅游宣传营销等进行商讨合作；第二，8个边境州（市）之间要加强交流，相互融合，互通有无，共同分享相关信息，重大决策共同协商，跨区域线路协同规划，开发独具特色又不失整体性的旅游产品，合力打造云南省边境旅游良好形象；第三，边境城市要加强与内陆城市之间的交流合作，利用省内著名旅游城市（昆明、大理、丽江等）的现有优势，辐射带动边境区域发展，增强区域旅游竞争力；第四，加强与邻近省份之间的跨地域合作，进行优势互补、客源互流，达到合作共赢，使云南省边境旅游不仅走出国门，也能响遍神州大地。

（2）强化跨区域跨国旅游合作

加强云南省与东南亚各国边境区域内外合作、域内联动，积极深化跨区域跨国旅游合作。一是统一进行边境区域资源整合，积极培育多元化旅游产品，打造国际化边境旅游景点、景区，开发跨区域的边境旅游线路，树立起边境区域旅游形象；二是鼓励与对方国家进行跨区域的深化合作，建立起交通、信息、产品、市场等纽带，共同打造旅游者往来便利、服务优良的国际旅游目的地，逐步推进跨区域旅游经济一体化；三是加强跨区域交通体系建设，依托跨国高速公路、铁路、水道等的建设，共同开发跨境旅游；四是探索建设跨境旅游合作区和边境旅游试验区，积极建立跨国旅游合作对话平台，完善多国旅游合作机制，促进双方或多方的旅游合作。

参考文献

艾伯特·赫希曼. 1991. 经济发展战略[M]. 潘照东，曹征海，译. 北京：经济科学出版社.

艾思彤. 2011. 黑河边境旅游开发战略研究[J]. 企业研究，（8）：113.

安俊梅. 2008. 工业旅游发展的驱动机制研究[D]. 无锡：江南大学硕士学位论文.

安平平，张择. 2014. 云南省边疆少数民族地区经济发展不平衡的原因及对策[J]. 时代金融，（8）：305-306，308.

巴淳. 2017. 对云南旅游品牌形象维护与提升的探讨[J]. 曲靖师范学院学报，36（2）：15-18.

保继刚. 1991. 旅游者空间行为规律在宾馆选址中的意义初探[J]. 人文地理，（3）：93-98.

保继刚，楚义芳. 1999. 旅游地理学[M]. 北京：高等教育出版社.

保继刚，龙江智. 2005. 城市旅游驱动力的转化及其实践意义[J]. 地理研究，24（2）：274-282.

保继刚，等. 2005. 城市旅游——原理·案例[M]. 天津：南开大学出版社.

鲍艳杰，龙江智. 2006. 旅游发展的驱动力分析[J].（4）：54-56.

毕晋锋. 2012. 五台山文化旅游可持续发展的模型构建及评价研究[J]. 武汉大学学报（哲学社会科学版），65（1）：138-144.

毕燕，易烁君，梁丽文. 2011. 边境旅游需求特征分析研究——以广西龙州县为例[J]. 广西师范学院学报（自然科学版），28（1）：68-75.

卞显红. 2005. 长江三角洲城市旅游资源的空间结构[J]. 资源开发与市场，21（4）：354-357.

蔡瀚赓，明庆忠，吴建丽. 2017. 云南省边境旅游空间结构体系开发建设探索[J]. 乐山师范学院学报，32（9）：80-87.

曹芳东，黄震方，吴江，等. 2012. 城市旅游发展效率的时空格局演化特征及其驱动机制——以泛长江三角洲地区为例[J]. 地理研究，31（8）：1431-1444.

曹敏，张振. 2016. 推进沿边重点地区开发开放步伐 构筑推进"一带一路"建设重要支撑[J]. 中国经贸导刊，（3）：60-64.

柴彦威，申悦，陈梓烽. 2014. 基于时空间行为的人本导向的智慧城市规划与管理[J]. 国际城市规划, 29（6）: 31-37, 50.

陈才. 2009. 区域经济地理学[M]. 北京: 科学出版社.

陈传康. 1982. 北京的感应和行为地理研究[J]. 经济地理,（4）: 292-299.

陈传康, 王民, 牟光蓉. 1996. 中心城市和景区旅游开发——黑龙江省冬旅考察报告[C]//中国旅游协会区域旅游开发专业委员会, 中国地理学会旅游地理专业委员会, 山东省旅游协会, 等. 北京: 地质出版社: 26-31, 89.

陈德广. 2007. 旅游驱动力研究——基于开封市城市居民出游行为的微观分析[D]. 开封: 河南大学博士学位论文.

陈桂秋. 2004a. 应对"南博会"机遇构建广西边境旅游"新三角"[J]. 世界地理研究,（3）: 81-86.

陈桂秋. 2004b. 广西边境旅游的发展和实践研究[J]. 广西教育学院学报,（2）: 101-104.

陈桂秋. 2004c. 论中国边境旅游发展的战略意义[J]. 华东经济管理,（4）: 36-38.

陈浩, 陆林, 郑嫦婷. 2011. 基于旅游流的城市群旅游地旅游空间网络结构分析——以珠江三角洲城市群为例[J]. 地理学报, 66（2）: 257-266.

陈红玲, 杨莲莲. 2007. 凭祥边境旅游发展探讨[J]. 广西财经学院学报, 20（4）: 114-117.

陈健昌, 保继刚. 1988. 旅游者的行为研究及其实践意义[J]. 地理研究, 7（3）: 44-51.

陈蓉, 耿筱青, 李生梅, 等. 2011. 基于旅游空间结构和旅游形象理论的青藏生态旅游竞合策略研究[J]. 青海师范大学学报（哲学社会科学版）,（1）: 19-22.

陈述云, 范德华, 谢洪忠, 等. 2017. 云南旅游产业发展年度报告（2016—2017）[M]. 北京: 中国旅游出版社.

陈未. 2008. 外国背包客旅游行为特征研究——以成都市为例[D]. 成都: 四川师范大学硕士学位论文.

陈小春. 2016. 传统村落旅游发展的驱动力研究[J]. 湖南行政学院学报,（6）: 69-75.

陈艳松. 2014. 瑞丽重点开发开放实验区体育旅游的RMP分析[J]. 体育科技文献通报, 22（3）: 21-23.

陈永涛. 2004. 云南边境旅游发展研究[D]. 昆明: 云南大学硕士学位论文.

陈永涛. 2013. 边境与旅游的关系及边境旅游概念分析[J]. 昆明冶金高等专科学校学报, 29（4）: 61-65.

陈玉涛. 2012. 旅游区位非优区开发策略实证研究——以滨州市为例[J]. 滨州学院学报, 28（1）: 31-37.

陈智博, 吴小根, 汤澍, 等. 2008. 江苏旅游经济发展的空间差异[J]. 经济地理, 28（6）: 1064-1067.

谌莉, 张树夫, 李巍, 等. 2002. 钟山风景区陵墓旅游资源的旅游区位特性分析[J]. 南京师大学报（自然科学版）, 25（4）: 110-115.

程丽静. 2010. 旅游强省建设的路径选择——以辽宁为例[D]. 大连: 东北财经大学硕士学位论文.

程乾, 凌素培. 2013. 中国非物质文化遗产的空间分布特征及影响因素分析[J]. 地理科学, 33（10）: 1166-1172.

程瑞芳. 2016. 环京津地区旅游交通与旅游目的地空间模式开发[J]. 河北经贸大学学报,（1）: 111-115.

程晓丽, 黄国萍. 2012. 安徽省旅游空间结构演变及优化[J]. 人文地理,（6）: 145-150.

楚义芳. 1991. 旅游地开发评价研究[J]. 地理学报,（4）: 396-404.

楚义芳. 1992. 关于旅游线路设计的初步研究[J]. 旅游学刊, 7（2）: 9-13, 57.

崔莹. 2010. 基于国家战略视角的黑龙江边境旅游发展研究[J]. 佳木斯大学社会科学学报, 28（4）: 47-49.

德宏州旅游发展委员会. 2016. 德宏州旅游产业发展"十三五"规划[R]. 芒市: 德宏州旅游发展委员会.

邓鹏, 门冬. 2002. 黑龙江省对俄边境旅游的现状、问题及对策[J]. 西伯利亚研究, 29（1）: 23-26.

刁春游, 徐华君, 张靓靓. 2007. 新疆旅游业发展的困惑: 资源优势与区位劣势[J]. 资源与产业, 9（6）: 53-55.

丁晓娜. 2011. 基于"点-轴"开发理论的皖北旅游区旅游空间布局[J]. 宿州学院学报, 26（7）: 28-31.

丁正山. 2004a. 南京国内旅游流时空演变研究[J]. 旅游学刊, 19（2）: 37-40.

丁正山. 2004b. 城市旅游流的空间结构与集散研究——以南京、苏州、徐州国内旅游为例[D]. 南京: 南京师范大学博士学位论文.

董玲. 2007. 基于区位理论的喀什地区旅游业发展研究[D]. 兰州: 西北师范大学硕士学位论文.

董锁成. 1994. 经济地域运动论——区域经济发展的时空规律研究[M]. 北京: 科学出版社.

段晓瑞. 2016-07-19. 沿边8州市贫困县全部如期摘帽[N]. 云南日报, 第3版.

樊芳卉. 2010. 省际边界城市旅游空间拓展研究[D]. 兰州: 西北师范大学硕士学位论文.

樊贞. 2008. 基于区位论的县域旅游空间结构研究[D]. 湘潭: 湘潭大学硕士学位论文.

方法林. 2016. 长江经济带旅游经济差异时空格局演化及其成因分析[J]. 南京师大学报（自然科学版）, 39（1）: 124-131.

冯迎, 张军民. 2017. 新疆旅游经济空间分异及影响因素[J]. 地域研究与开发, 36（4）: 99-104.

宓科娜, 叶持跃, 马仁锋, 等. 2014. 长江三角洲地区旅游经济分异演化[J]. 陕西师范大学学报（自然科学版）, 42（4）: 85-90.

甘静. 2016. 东北地区边境旅游地域系统研究[D]. 长春: 东北师范大学博士学位论文.

高卫国. 2001. 关于旅游空间格局与旅游区位的思考[J]. 思想战线,（3）: 36-38.

葛全胜, 钟林生, 等. 2014. 中国边境旅游发展报告[M]. 北京: 科学出版社.

龚伟. 2007. 都市旅游发展的驱动机制研究——基于政府层面的视角[D]. 上海: 华东师范大学硕士学位论文.

顾朝林. 1999. 中国城市地理[M]. 北京：商务印书馆.

顾至欣，陆明华，张宁. 2016. 基于行为注记法的休闲街区夜间旅游活动研究[J]. 地域研究与开发，35（3）：86-91.

郭建科，王绍博，王辉，等. 2017. 国家级风景名胜区区位优势度综合测评[J]. 经济地理，37（1）：187-195.

郭向阳，明庆忠，穆学青，等. 2016. 旅游景区空间结构特征及其演变——基于云南省73家高等级旅游景区的分析[J]. 云南师范大学学报（自然科学版），36（6）：61-68.

郭向阳，明庆忠，穆学青. 2017a. 云南省入境旅游发展变化及其驱动因素研究[J]. 学术探索，（4）：132-139.

郭向阳，明庆忠，穆学青，等. 2017b. 云南省边境地区州市旅游竞争力差异与整合研究[J]. 世界地理研究，26（5）：147-156.

郭向阳，明庆忠，穆学青. 2017c. 云南省边境市州旅游竞争力评价指标体系的构建及实证[J]. 旅游研究，9（4）：74-84.

韩璐. 2017. 滇西边境民族文化旅游发展模式与实践路径研究[D]. 昆明：云南师范大学硕士学位论文.

韩璐，明庆忠. 2016. 边境民族文化旅游：内涵、特征与驱动机制[J]. 广西民族研究，10（5）：139-148.

郝俊卿，曹明明. 2009. 基于时空尺度下陕西省旅游经济差异及形成机制研究[J]. 旅游科学，23（6）：35-39.

贺传阅. 2014. 黑龙江省中俄边境旅游发展战略研究[J]. 生态经济，30（2）：180-187.

赫维人. 1987. 行为地理学评述[J]. 云南师范大学学报（自然科学版），（3）：85-92.

洪烨，康明娟，李仁杰，等. 2016. 旅游地理本体模型设计与张家界实例研究[J]. 地理与地理信息科学，32（3）：95-99.

胡敏，金海龙，曾嵘，等. 2005. 边境旅游可持续发展——以青河出境游为例[J]. 新疆师范大学学报（自然科学版），24（3）：235-238.

胡文海，孙建平，余菲菲. 2015. 安徽省区域旅游经济发展的时空格局演变[J]. 地理研究，34（9）：1795-1806.

黄爱莲. 2011. 中、越跨界旅游联合营销研究[J]. 特区经济，（3）：153-154.

黄华. 2012. 边疆省区旅游空间结构的形成与演进研究[D]. 上海：华东师范大学博士学位论文.

黄守良. 2016. 基于生态位理论的红河州旅游产业品牌提升研究[D]. 昆明：云南师范大学硕士学位论文.

黄潇婷. 2011. 旅游者时空行为研究[M]. 北京：中国旅游出版社.

黄潇婷，朱树未，赵莹. 2016. 产品跟随行为：旅游时间产品规划方法[J]. 旅游学刊，31（5）：36-44.

黄羊山. 2004. 旅游规划原理[M]. 南京：东南大学出版社.

纪光萌. 2014. 国内边境旅游文献综述[J]. 武汉商学院学报，28（6）：11-14.

纪光萌. 2015. 边境旅游影响因素指标体系构建研究——以霍尔果斯为例[J]. 新疆财经大学学报，（3）：43-49.

简王华. 2000. 广西边境地区旅游区位与资源优势及其利用[J]. 世界地理研究，9（4）：58-64.

姜太芹. 2012. 我国边境旅游研究综述[J]. 旅游研究，4（3）：79-84.

姜太芹. 2014. 腾冲边境旅游发展战略初探[J]. 四川旅游学院学报，（1）：46-50.

姜晓娜. 2010. 黑龙江省边境旅游发展探析[D]. 开封：河南大学硕士学位论文.

蒋满元. 2008a. 云南边境旅游发展中存在的问题分析及对策探讨[J]. 云南农业大学学报，2（1）：40-44.

蒋满元. 2008b. 广西边境旅游发展中存在的问题分析及对策探讨[J]. 旅游论坛，1（4）：86-89.

蒋依依，刘祥艳，宋慧林. 2017. 出境旅游需求的影响因素——兼论发展中经济体与发达经济体的异同[J]. 旅游学刊，32（1）：12-21.

寇晓兵. 2016. 宗教景区型养老空间整合研究——以沙县吉祥寺为例[D]. 成都：成都理工大学硕士学位论文.

雷金纳德·戈列奇，罗伯特·斯廷森. 2013. 空间行为的地理学[M]. 柴彦威，曹小曙，等译. 北京：商务印书馆.

李滨，张志明. 2001. 实现旅游可持续发展的应有理念[J]. 学术交流，（5）：104-106.

李创新，马耀峰，张颖，等. 2011. 入境旅游流集聚扩散空间场效应时空动态分析——基于丝路东段典型区的实证研究[J]. 陕西师范大学学报（自然科学版），2（39）：81-88.

李春燕，范淑萍. 2010. 红河州边境旅游现状及其可持续发展对策[J]. 神州商贸，（9）：80-81.

李东，由亚男，张文中，等. 2017. 中哈边境地区旅游廊道空间布局与发展系统[J]. 干旱区地理，40（2）：424-433.

李凡. 2015. 云南边境口岸旅游发展模式及对策研究[D]. 昆明：云南师范大学硕士学位论文.

李芳. 2016. 云南边境旅游走廊建设研究[D]. 昆明：云南师范大学硕士学位论文.

李飞. 2013. 跨境旅游合作区：探索中的边境旅游发展新模式[J]. 旅游科学，（5）：10-21，41.

李惠云. 2005. 丽江古城国内游客空间行为实证研究[D]. 成都：四川大学硕士学位论文.

李慧娟. 2010. 中国边境口岸城市发展模式研究[D]. 北京：中央民族大学硕士学位论文.

李建峰. 2009. 秦皇岛市乡村旅游地空间分布及其驱动力机制研究[D]. 石家庄：河北师范大学硕士学位论文.

李杰. 2013. 文化旅游空间理论体系构建研究[D]. 贵阳：贵州财经大学硕士学位论文.

李缙. 2005. 周边国家与新疆相邻边境旅游发展前景展望[J]. 区域经贸，（6）：9-12.

李明. 2006. 中俄边境旅游发展研究[D]. 上海：上海师范大学硕士学位论文.

李明伟. 2007-11-19. 从畹町看边境小城镇旅游发展模式（上）[N]. 中国旅游报，第7版.

李庆友，刘杰豪. 2005. 西双版纳边境旅游发展战略初探[C]//中国地理学会. 2005年社区旅游与边境旅游国际研讨会论文集. 北京：中国旅游出版社：184-193.

李琼. 2017. 全域旅游视域下的民宿设计浅析[J]. 西部皮革，39（22）：92.

李日欣. 2011. 黑龙江省对俄边境旅游发展对策研究[J]. 黑龙江对外经贸，（7）：4-5.

李世玲，刘庆友，任黎秀. 2007. 广西北海市边境旅游开发研究[J]. 山东师范大学学报（自然科学版），22（4）：106-109.

李铁立. 2004. 边界效应与跨边界次区域经济合作研究[D]. 长春：东北师范大学博士学位论文.

李文龙. 2011. 呼包鄂地区旗（县、区）旅游区位条件分析及其发展潜力评价[D]. 呼和浩特：内蒙古师范大学硕士学位论文.

李小建. 1999. 经济地理学[M]，北京：高等教育出版社.

李小建. 2015. 经济地理学探究性学习教程[M]. 北京：高等教育出版社.

李雪，李善同. 2012. 旅游地域系统时空维演化理论探讨[J]. 社会科学家，（9）：89-92.

李英花，崔哲浩. 2011. 图们江区域边境旅游合作的现状与展望[J]. 延边大学学报（社会科学版），44（3）：32-35.

李瑛. 2007. 基于旅游者行为的旅游目的地区域空间组织研究——以西安地区为例[D]. 西安：西北大学博士学位论文.

连建功. 2008. 中国旅游节庆驱动机制研究[D]. 武汉：华中师范大学硕士学位论文.

梁流涛，杨建涛. 2012. 中国旅游业技术效率及其分解的时空格局——基于DEA模型的研究[J]. 地理研究，31（8）：1422-1430.

梁雪松，马耀峰，李天顺. 2007. 旅游区位与市场拓展关系的研究[J]. 地域研究与开发，26（1）：14.

梁雪松. 2010. 基于双重区位空间的湖南旅游业发展机遇探讨——"武广高铁"开通视阈[J]. 经济地理，30（5）：859-864.

林峰. 2017-06-13. 全域旅游基础设施与公共服务设施建设提升路径[N]. 中国旅游报，第3版.

刘安乐，杨承玥，明庆忠，等. 2016. 边疆山地城市群交通网络的时空演化——以滇中城市群为例[J]. 经济地理，36（4）：70-77.

刘滨谊，刘琴. 2006. 西部边境旅游规划的特性、原则和程序——以新疆"四地州"边境旅游规划为例[J]. 北京林业大学学报（社会科学版），5（1）：40-44.

刘德云，吕斌. 2009. 跨界城市旅游合作机制研究——基于案例的比较分析[J]. 城市问题，3（3）：34-41.

刘宏芳，明庆忠，娄思元. 2017. 边境游试验区建设的战略思维[J]. 云南社会科学，（6）：135-140.

刘乃全. 2012. 空间集聚论[M]. 上海：上海财经大学出版社.

刘宁宁. 2011. 内蒙古入境旅游市场空间结构分析与市场拓展研究[D]. 呼和浩特：内蒙古师范大学硕士学位论文.

刘卫东，等. 2013. 经济地理学思维[M]. 北京：科学出版社.

刘祥艳. 2018-01-08. 适应新时代发展需求 强化新型旅游人才建设[N]. 中国旅游报，第 3 版.

刘小蓓. 2004a. 广西边境旅游发展研究——以广西东兴市为例[D]. 成都：四川大学硕士学位论文.

刘小蓓. 2004b. 广西边境旅游发展及客源市场开拓[J]. 四川大学学报（哲学社会科学版），（S1）：244-247.

刘永明. 2008. 广西边境旅游发展研究[J]. 今日南国，（8）：74-75.

刘云. 2011. 云南中东部旅游温泉空间结构及其整合开发研究[D]. 昆明：昆明理工大学硕士学位论文.

刘云，张梦瑶. 2014. 试论中缅跨境旅游合作发展模式构建[J]. 经济问题探索，（6）：127-131.

龙青云. 2005. 城市间相互作用的万有引力模型分析[J]. 湖南经济管理干部学院学报，（5）：48-49.

娄阳，李庆雷，高大帅. 2017. 云南省中越边境旅游发展研究[J]. 资源开发与市场，33（9）：1114-1117.

卢迪. 2016. 广西中越边境旅游客源需求特征研究[J]. 中国商论，6（13）：111-114.

卢卫. 2012. 广西边境地区旅游特征分析及其发展对策研究[D]. 南宁：广西师范学院硕士学位论文.

陆邦慧. 2012. 安徽皖籍高校大学生体育旅游行为地理分布特征研究[J]. 牡丹江师范学院学报（自然科学版），（3）：46-49.

陆大道. 1995. 区域发展及其空间结构[M]. 北京：科学出版社.

陆大道. 2002. 关于"点-轴"空间结构系统的形成机理分析[J]. 地理科学，22（1）：1-6.

陆林. 1996. 山岳风景区旅游者空间行为研究——兼论黄山与美国黄石公园之比较[J]. 地理学报，51（4）：315-321.

陆玉麒. 1998. 区域发展中的空间结构研究[M]. 南京：南京师范大学出版社.

逯晓芸. 2013. 区域旅游合作模式与机制研究[D]. 兰州：兰州大学硕士学位论文.

罗奎，李广东，张蔷. 2016. 丝绸之路经济带中国-哈萨克斯坦国际合作示范区边境旅游发展与自由旅游区建设[J]. 干旱区地理，39（5）：959-966.

罗明义. 2002. 国际旅游发展导论[M]. 天津：南开大学出版社.

罗彤，钟永德. 2011. 基于交通改善的县域旅游空间结构研究——以炎陵县为例[J]. 中南林业科技大学学报（社会科学版），5（1）：86-88.

罗翔宇，徐东文，史媛媛. 2013. 湖北省旅游经济区域差异及对策研究[J]. 华中师范大学学报（自然科学版），47（5）：725-737.

马继刚，李飞，周彬学，等. 2014. 旅游集散地：区位合理性与功能提升——以云南昆明为例[J]. 经济地理，34（2）：174-179.

马丽卿. 2006. 海洋旅游产业结构模式及其空间拓展[J]. 海洋开发与管理，5：125-128.

马耀峰，苟小东，余洁. 1999. 出入西安的美加游客空间转移模式研究[J]. 人文地理，（9）：13-16，79.

马耀峰，张佑印，白凯，等. 2008. 中国入境外国游客旅游行为研究[J]. 人文地理，（2）：82-86，105.

满海峰. 2010. 辽宁省"北黄海经济带"开放开发与中朝边境旅游经济发展[J]. 东北亚论坛，19（3）：25-33.

毛昕. 2016. 云南省交通与旅游空间结构演变的时空特征研究[D]. 昆明：云南师范大学硕士学位论文.

穆希. 2016. 云南沿边地区5年规划出炉[J]. 创造，（7）：16-18.

南宇. 2013. 区域合作视角下的西北五省区旅游空间结构研究[D]. 兰州：兰州大学博士学位论文.

牛亚菲. 1988. 论我国旅游资源开发条件的地域性[J]. 人文地理，（1）：47-50.

潘航. 2014. 基于新城市主义的边境城市口岸区旅游空间重构研究[D]. 昆明：云南师范大学硕士学位论文.

潘航，王峰，明庆忠. 2014. 国内边境旅游研究现状及展望[J]. 红河学院学报，12（3）：100-104.

潘洪义. 2007. 基于RS与GIS工业用地扩展模式与布局研究[D]. 保定：河北农业大学硕士学位论文.

庞规荃. 2001. 中国旅游地理[M]. 北京：旅游教育出版社.

彭华. 1999a. 旅游发展驱动机制及动力模型探析[J]. 旅游学刊，（6）：39-44.

彭华. 1999b. 汕头城市旅游持续发展驱动机制研究[J]. 地理学与国土研究，15（3）：75-81.

彭华. 2000. 关于城市旅游发展驱动机制的初步思考[J]. 人文地理，15（1）：1-5.

彭倩，黄震方，牛品一. 2014. 长三角地区旅游经济发展动力因素研究[J]. 地域研究与开发，33（3）：90-96.

彭荣胜. 2012. 区域协调发展战略下的淮河流域经济空间开发研究[J]. 生态经济，（5）：53-57，87.

彭万臣. 2007. 黑龙江省边境旅游开发对策研究[J]. 国土与自然资源研究，（3）：75-76.

普拉提·莫合塔尔，海米提·依米提. 2009. 我国西部边境的跨国旅游合作研究——以中国新疆与中亚五国旅游合作为例[J]. 干旱区资源与环境，23（1）：136-141.

秦伟山，张义丰，李世泰. 2014. 中国东部沿海城市旅游发展的时空演变[J]. 地理研究，33（10）：1956-1965.

冉泽泽. 2017. 基于ESDA的经济空间差异实证研究——以丝绸之路经济带中国西北段核心节点城市为例[J]. 经济地理，37（5）：28-34，73.

任瀚. 2009. 论我国区域旅游产业驱动力及其阶段性演进[J]. 安徽农业科学，37（1）：341-342，352.

任静. 2007. 非优区位旅游目的地发展策略研究[D]. 北京：北京交通大学硕士学位论文.

萨缪尔森. 1979. 经济学（上册）[M]. 高鸿业译. 北京：商务印书馆.

邵琪伟. 2001-03-23. 在全省旅游产业发展工作会议上的讲话[N]. 云南政报，第6版.

沈乾芳，杨世武. 2013. 试论瑞丽傣族的多元发展[J]. 黑龙江民族丛刊，（6）：32-36.

沈玉芳. 1989. 略论行为地理学的唯物论基础[J]. 人文地理,（3）：9-13.

石美玉. 2009. 联合营销：经济全球化背景下边境旅游发展的必然选择[J]. 旅游学刊, 24（7）：9-10.

时雨晴, 钟林生, 陈田. 2014. 中国陆地边境县域旅游竞争力评价[J]. 资源科学, 36（6）：1133-1141.

司捷. 2016. 基于资源整合的秦岭北麓五台文化旅游名镇空间优化研究[D]. 西安：西安建筑科技大学硕士学位论文.

宋丽娟. 2010. 红色旅游动力机制研究[D]. 南昌：南昌大学硕士学位论文.

苏波涛. 2006. 中越边境旅游的驱动力与限制因素分析[C]//中国地理学会. 2005年社区旅游与边境旅游国际研讨会论文集. 北京：中国旅游出版社：176-183.

苏贵山. 2009. 云南中小城市所处坝区城乡一体化研究[D]. 昆明：昆明理工大学硕士学位论文.

苏靖岚. 2015. 凭祥市边境旅游产品开发研究[D]. 南宁：广西大学硕士学位论文.

孙根年. 2001. 论旅游业的区位开发与区域联合开发[J]. 人文地理, 16（4）：1-5.

孙根年, 冯茂娥. 2003. 西部入境旅游市场竞争态与资源区位的关系[J]. 西北大学学报（自然科学版）, 33（4）：23.

孙根年, 韩亚芬. 2008. 基于自主特征中国省级国内旅游预测模型构建[J]. 陕西师范大学学报（自然科学版）, 36（1）：81-98.

孙根年, 季红. 2005. 安康旅游业的区位开发与区域联合开发[J]. 商业研究,（18）：177-179.

孙建竹. 2008. 基于LCUTD理论的黄山城市旅游发展驱动机制研究[D]. 秦皇岛：燕山大学硕士学位论文.

孙杰. 2011. 蒙东地区旅游业发展的区域整合研究[J]. 中国商贸,（31）：205-206.

孙娟. 2003. 都市圈空间界定方法研究——以南京都市圈为例[J]. 城市规划汇刊,（4）：73-77.

孙晓谦. 2005. 关于黑龙江省与俄罗斯边境旅游合作的思考[J]. 学习与探索,（6）：247-248.

孙晓谦. 2006. 黑龙江省对俄旅游合作的新思路探析[J]. 西伯利亚研究, 33（6）：24-26.

孙雪菲, 王丹, 胡文君, 等. 2010. "二次创业"背景下云南省边境旅游发展对策浅析[J]. 河北旅游职业学院学报, 15（3）：26-30.

孙永刚. 2001. 发展黑河中俄边境旅游新思路[J]. 东欧中亚市场研究,（8）：34-38.

谈树成, 范柱国, 薛传东, 等. 2002. 云南省瑞丽市旅游业可持续发展研究[J]. 经济地理, 22（增）：303-306.

谭卯英. 2014. 基于GIS的湖北武陵山区旅游空间结构整合优化研究[D]. 武汉：华中师范大学硕士学位论文.

唐承财, 宋昌耀, 厉新建. 2014. 河北省入境旅游规模差异及影响因素分析[J]. 人文地理,（5）：155-160.

唐承财, 钟全林, 李小霞, 等. 2007. 城市旅游发展的驱动力分析及案例实证[J]. 沈阳大学学报, 19（5）：8-11.

唐仲霞. 2011. 基于核心-边缘理论的入境旅游区域空间结构研究——以陕西省为例[J]. 旅游论坛, 4（4）: 73-77.

滕飞, 杜金涛. 2017. 中国省级区域旅游经济发展的时空演变统计分析[J]. 吉林师范大学学报（自然科学版）, 38（1）: 51-57.

田欣. 2003. 中国边境旅游必备[M]. 北京: 中国旅游出版社.

佟玉权, 邓光玉, 赵玲. 2008. 辽宁海洋旅游区位优势与产业发展策略[J]. 海洋开发与管理,（10）: 113-117.

涂人猛. 1994. 旅游地域系统及发展模式研究[J]. 开发研究,（3）: 26-28.

涂玮, 黄震方, 方叶林, 等. 2013. 入境旅游发展效率时空格局演化及驱动因素——以浙江为例[J]. 华东经济管理, 27（12）: 14-20.

汪德根, 陈田, 陆林, 等. 2010. 区域旅游流空间结构的高铁效应及机理[J]. 地理学报, 70（2）: 214-233.

汪德根, 陈田, 陆林, 等. 2015. 区域旅游流空间结构的高铁效应及机理——以中国京沪高铁为例[J]. 地理学报, 70（2）: 214-233.

汪德根, 陆林, 陈田, 等. 2004. 我国边境省区入境客源市场结构及开发战略研究——以内蒙古自治区为例[J]. 干旱区地理, 27（4）: 615-621.

王万茂. 2006. 土地利用规划学[M]. 北京: 科学出版社.

王宝恒. 2004. 工业旅游的开发条件及风险提示[J]. 桂林旅游高等专科学校学报, 15（2）: 73-76.

王宝平. 2007. 成长型旅游目的地空间结构与游客行为研究——以延安为例[D]. 西安: 西北大学硕士学位论文.

王碧英. 2008. 新疆边境旅游购物区域品牌形象塑造研究[D]. 乌鲁木齐: 新疆财经大学硕士学位论文.

王丹彤, 明庆忠, 王峰. 2012. 云南边境旅游安全治理模式与对策研究[J]. 旅游论坛, 5（1）: 64-69.

王恒, 李悦铮. 2009. 大连市旅游交通空间结构分析与优化[J]. 海洋开发与管理, 26（9）: 95-98.

王辉, 杨兆萍. 2011. 边境口岸跨国旅游合作机理研究——以新疆为例[J]. 经济地理, 31（8）: 1387-1391, 1408.

王家骏. 1994. 适合于旅游地理学的一种概念模型[J]. 地理学报, 49（6）: 561-566.

王健君, 王仁贵. 2010. 南亚大通道启程[J]. 瞭望,（31）: 9-23.

王桀, 田里, 吴信值. 2018. 边境旅游系统空间结构与集散模式研究[J]. 资源开发与市场, 34（1）: 123-127, 138.

王凯. 2004. 旅游开发中的"边界共生"现象及其区域整合机制[J]. 开发研究,（1）: 42-44.

王磊. 2017-05-29. 今年民政突出多项惠民举措[N]. 德宏团结报, 第2版.

王丽琴. 2006. 也谈云南边境旅游开发[J]. 临沧教育学院学报, 15（2）: 36-38.

王萍兰. 2006. 武夷山风景区国内旅游者人口学、时空分布及行为特征研究[D]. 福州：福建农林大学硕士学位论文.

王帅. 2012. 河南省南阳市旅游空间结构及优化研究[D]. 西安：陕西师范大学硕士学位论文.

王思琪，李晖，姚斌义，等. 2012. 基于核心-边缘理论的大理城市旅游空间结构构建研究[J]. 科技信息，（8）：138-139.

王欣，吴殿廷，张祖群. 2015. 旅游地理学概论[M]. 北京：旅游教育出版社.

王新歌，孔钦钦，席建超. 2014. 边境旅游研究进展及其启示[J]. 资源科学，36（6）：1107-1116.

王新越，秦素贞，吴宁宁. 2014. 省域旅游化水平、测度与时空演变特征[J]. 经济地理，34（4）：179-185.

王雪芳. 2005. 环北部湾滨海跨国旅游圈的构想——环北部湾地区边境旅游研究系列论文之四[J]. 西南民族大学学报（人文社会科学版），（12）：199-202.

王衍用. 1993. 孟子故里旅游开发研究[J]. 地理学与国土研究，9（2）：50-52.

王衍用. 1999. 区域旅游开发战略研究的理论与实践[J]. 经济地理，19（1）：116-119.

王瑛，王铮. 2000. 旅游业区位分析[J]. 地理学报，55（3）：346.

王永明. 2011. 中国入境旅游者多目的地空间行为研究[D]. 西安：陕西师范大学硕士学位论文.

王铮，王莹，李山，等. 2003. 贵州省旅游业区位重构研究[J]. 地理研究，22（3）：6.

韦国兆. 2008. 广西崇左市边境旅游开发对策研究[D]. 昆明：云南大学硕士学位论文.

卫红，严艳. 2010. 陕西旅游经济的时空发展演变研究[J]. 干旱区资源与环境，34（10）：178-184.

魏鸿雁，章锦河. 2005. 黄山市交通网络优化及区域旅游效应分析[J]. 资源开发与市场，（5）：24-27.

魏权龄. 1988. 评价相对有效性的DEA方法——运筹学的新领域[M]. 北京：中国人民大学出版社.

温艳玲，张倩玉. 2010. 延边地区中俄朝边境旅游现状与发展战略之思考[J]. 东疆学刊，26（3）：94-98.

文颖. 2015. 满洲里边境旅游发展研究[J]. 城市旅游规划，（7下）：184-185，190.

吴必虎. 2001. 区域旅游规划原理[M]. 北京：中国旅游出版社.

吴必虎，俞曦. 2010. 旅游规划原理[M]. 北京：中国旅游出版社.

吴冰. 2005. 旅华外国商务游客旅游行为模式研究[D]. 西安：陕西师范大学硕士学位论文.

吴建丽，明庆忠. 2017. 云南山区交通与旅游空间结构演化的影响因素研究[J]. 四川旅游学院学报，7（4）：59-62.

吴建丽，明庆忠，蔡瀚赓，等. 2017. 基于PCA的云南边境地市州旅游竞争力的空间格局研究[J]. 资源开发与市场，33（9）：1104-1108.

吴晋峰. 2002. 旅游系统理论与空间结构模式研究[D]. 南京：南京大学博士学位论文.

吴淼，黄洁. 2009. 浅析中国新疆与俄罗斯西西伯利亚跨境旅游业合作的可行性[J]. 乌鲁木齐成人教育学院学报, 17 (4): 12-15, 19.
吴英阔. 2012. 基于城乡统筹的旅游城市发展研究[D]. 重庆: 重庆大学硕士学位论文.
肖扬, 马艺芳. 2009. 广西-越南边境旅游发展策略研究[J]. 边疆经济文化, (7): 7-8.
萧霁虹. 2013-11-12. 发挥云南佛教在国家软实力建设中的作用[N]. 中国民族报, 第8版.
谢磊, 李景保. 2017. 江苏省旅游经济空间差异及影响因素分析[J]. 兰州财经大学学报, 33 (1): 94-102.
谢莉. 2005. 西部边境旅游开发的策略研究[J]. 热带地理, 25 (2): 181-184.
谢婷, 钟林生. 2009. 边境旅游目的地的国内游客特征及感知研究——以广西壮族自治区崇左市为例[J]. 资源与产业, 11 (6): 139-142.
谢婷, 钟林生, 张宪玉. 2006. 基于空间竞争关系的中越边境旅游产品开发研究[J]. 社会科学家, (5): 123-127.
谢万燕, 虞依娜, 陈丽丽. 2015. 旅游区位非优区森林公园发展研究[J]. 北京林业大学学报 (社会科学版), 14 (1): 52-58.
谢彦君. 2004. 基础旅游学[M]. 北京: 中国旅游出版社.
谢泽氡, 李春燕. 2008. 国内边境旅游研究述评[J]. 绵阳师范学院学报, 27 (9): 16-18.
邢静, 杨子生. 2012. 我国西南沿边重点开发开放实验区发展战略初探——以云南瑞丽为例[J]. 市场论坛, (2): 23-24.
幸岭. 2015. 区域旅游发展创新模式: 跨境旅游合作区[J]. 学术探索, (9): 70-75.
幸岭, 徐燕. 2014. 云南省边境旅游发展问题研究[J]. 中共云南省委党校学报, 16 (3): 113-116.
熊礼明. 2005. 中越边境旅游系统管理研究[D]. 南宁: 广西大学硕士学位论文.
熊远光. 2015. 广西边境旅游发展现状及对策研究[J]. 农业经济, (11): 53-55.
徐东北, 徐昌贵, 谢春山. 2009. 辽宁、吉林两省构建"沿鸭绿江边境旅游带"探析[J]. 通化师范学院学报, 30 (7): 28-30.
徐松峦, 岳惠志, 张钊. 1997. 吉林省边境旅游发展浅析[J]. 经济纵横, (4): 58-60.
许春晓. 1993. 旅游资源非优区适度开发与实例研究[J]. 经济地理, 13 (2): 81-84.
许春晓. 2001a. 旅游地屏蔽理论研究[J]. 热带地理, 21 (1): 61-65.
许春晓. 2001b. 旅游地屏蔽现象研究[J]. 北京第二外国语学院学报, (1): 71-81.
许均, 周国华. 2016. 长沙都市圈空间界定的定量研究[J]. 安徽师范大学学报 (自然科学版), 2 (39): 175-180.
严江平, 唐萍, 李巍. 2016. 基于网络游记的兰州市旅游流时空行为研究[J]. 资源开发与市场, 32 (10): 1244-1248.
杨芳, 方旭红. 2010. 我国边境旅游安全问题探析[J]. 乐山师范学院学报, 25 (9): 87-91.
杨国良. 2008. 四川省旅游流空间扩散方向及路径[J]. 地理科学进展, 27 (1): 56-63.
杨洪, 陈长春, 袁开国. 2001. 我国西部边境旅游开发研究[J]. 世界地理研究, 10 (3): 64-69.
杨立. 2017-01-10. 一份优秀的答卷[N]. 德宏团结报, 第9版.
杨丽. 2001. 边境旅游市场分析与开发战略[J]. 思想战线, 27 (5): 63-66.

杨效忠, 彭敏. 2012. 边境旅游研究综述及展望[J]. 人文地理,（4）: 19-24, 93.
杨新军. 1999. 城市旅游空间结构研究[D]. 北京: 北京大学博士学位论文.
杨新军, 牛栋, 吴必虎. 2000. 旅游行为空间模式及其评价[J]. 经济地理, 20（4）: 105-108, 117.
杨怡. 2012. 来蓉欧美旅游者旅游行为特征研究[D]. 成都: 四川师范大学硕士学位论文.
杨友宝, 王荣成, 王昱. 2015. 吉林省旅游经济差异时空演变特征及影响因素研究[J]. 资源开发与市场, 31（1）: 103-107.
杨兆萍, 张小雷. 2001. 边境地区旅游业发展模式研究[J]. 经济地理,（3）: 363-366.
姚素英. 1998. 试谈边境旅游及其作用[J]. 北京第二外国语学院学报,（3）: 16-21.
要轶丽, 郑国. 2002. 旅游区位非优区的旅游业发展研究——以山西运城为例[J]. 旅游学刊, 17（5）: 58-61.
游灏, 伍进, 黄燕玲. 2008. 基于区位因素分析的旅游开发评价模型构建[J]. 商业研究,（11）: 6.
于海志. 2011. 边境旅游地吸引物组成与发展趋势[J]. 改革与开放,（6）: 109.
余冬林, 周霄. 2008. 湖北省县域旅游发展动力机制初探[J]. 消费导刊,（1）: 98, 54.
喻萧萧. 2009. 山东省旅游空间结构整合及优化研究[D]. 济南: 山东师范大学硕士学位论文.
袁晓玲, 张宝山, 张小妮. 2008. 基于超效率DEA的城市效率演变特征[J]. 城市发展研究, 15（6）: 102-107.
约翰斯顿 R J. 2010. 地理学与地理学家——1945年以来的英美人文地理学[M]. 唐晓峰, 李平, 叶冰, 等译. 北京: 商务印书馆.
张朝枝. 2003. 旅游地衰退与复苏的驱动力分析——以几个典型旅游景区为例[J]. 地理科学, 23（3）: 372-378.
张郴, 周其楼, 周强, 等. 2013. 经济发达地区旅游发展驱动机制调整——以江苏省为例[J]. 服务经济,（7）: 37-40.
张广瑞. 1994. 关于云南省瑞丽、畹町边境旅游情况的考察报告[J]. 旅游学刊,（4）: 26-29.
张广瑞. 1996a. 边境旅游发展的战略与政策选择[J]. 经济研究参考,（H6）: 38-48.
张广瑞. 1996b. 边境旅游: 国际的实践与经验[J]. 旅游研究与实践,（4）: 24-30.
张广瑞. 1997a. 中国边境旅游发展的战略选择[M]. 北京: 经济管理出版社.
张广瑞. 1997b. 中国边境旅游发展的战略与政策选择[J]. 财贸经济,（3）: 55-58.
张会会. 2014. 内蒙古边境旅游驱动力机制研究[J]. 内蒙古财经大学学报, 12（3）: 22-24.
张军, 匡耀求, 黄宁生. 2012. 欠发展地区旅游区位的渐变与重构[J]. 经济研究导刊,（9）: 141-145.
张立生. 2004. 行政区域旅游发展动力机制研究[J]. 桂林旅游高等专科学校学报, 15（4）: 10-12, 68.
张凌云. 1999. 市场评价: 旅游资源新的价值观——兼论旅游资源研究的几个理论问题[J]. 旅游学刊,（2）: 47-53.

张荣天，焦华富. 2014. 泛长三角城市发展效率时空格局演化与驱动机制[J]. 经济地理，34（5）：48-54.

张艺. 2016. 广州历史文化旅游资源开发途径探究[J]. 管理观察，（20）：53-59.

张英俊. 2005. 中越旅游客源市场合作问题及其对策[J]. 经济与社会发展，（9）：104-108.

张宇. 2015. 武广高铁对沿线区域旅游空间结构影响研究[D]. 北京：北京交通大学硕士学位论文.

张正清，朱春华，周东果，等. 2010. 西南边境山区农家乐休闲旅游业发展现状及对策[J]. 南方农业，4（12）：30-32.

张子昂，黄震方，孔少君，等. 2016. 新疆旅游经济时空差异与收敛性分析及影响因素研究[J]. 南京师大学报（自然科学版），39（2）：134-141.

章锦河. 2005. 基于旅游场理论的区域旅游空间竞争研究[J]. 地理科学，2（25）：248-256.

章锦河，张捷，李娜，等. 2005. 中国国内旅游流空间场效应分析[J]. 地理研究，24（2）：293-303.

赵爱华. 2004. 丹东中朝边境旅游的发展、问题及对策[J]. 牡丹江教育学院学报，（85）：120-121.

赵多平，孙根年，苏建军. 2012. 中国边境入境旅游的客流演化态势及其动因分析——新疆内蒙云南三省区的比较研究[J]. 人文地理，（5）：134-139.

赵磊. 2011. 网络：旅游系统研究的新经济社会学转向[J]. 旅游学刊，26（2）：20-27.

赵明，郑喜珅. 2004. 跨境旅游资源国际合作开发探讨——以黑龙江中俄边境段为例[J]. 世界地理研究，13（4）：86-93.

赵铭敏. 2016. 文化结构视野下翁丁佤族古村落旅游文化开发模式研究[D]. 昆明：云南师范大学硕士学位论文.

赵玮，李艳芳. 2012. 高铁时代的湖北旅游区位机遇[J]. 旅游经济，（7）：177-120.

郑道文. 2001. 佩鲁的经济空间理论[J]. 中南财经大学学报，（5）：17-21，126.

郑芬丽. 2008. 国际背包客旅游行为特征研究——以西安为例[D]. 西安：陕西师范大学硕士学位论文.

郑辽吉. 2002. 丹东市赴朝边境旅游发展研究[J]. 世界地理研究，11（3）：71-78.

郑辽吉. 2009. 丹东边境旅游产品创新与联合开发——基于行动者-网络理论观点[J]. 世界地理研究，18（2）：128-134.

郑少智，牛秀敏，陈纾荣. 2006. 解读中国基尼系数[J]. 统计与决策，（5）：145.

周爱梅. 2012. 中原经济区构建过程中河南省旅游空间结构优化研究[J]. 新西部（理论版），（5）：33-34.

周灿. 2009. 边境民族地区旅游发展模式研究——以德宏傣族景颇族自治州为例[J]. 经济问题探索，（7）：151-154.

周灿. 2012. 桥头堡战略下德宏发展"非大众型旅游"的探讨——以瑞丽市珠宝旅游为例[J]. 云南地理环境研究，24（5）：56-60.

周灿，赵一默. 2016. 边境地区大旅游产业发展研究[J]. 学术探索，（6）：79-85.

周成. 2014a. 山西省入境旅游时空结构演化分析[D]. 大连：辽宁师范大学硕士学位论文.

周成. 2014b. 泰国旅华市场时空结构与拓展策略研究[J]. 世界地理研究，4（24）：142-151.

周尚意，李淑方，张江雪. 2002. 行为地理与城市旅游线路设计——以苏州一日游线路设计为例[J]. 旅游学刊，17（5）：66-70.

周素勤，张昕华. 2003. 浅谈桂越边境旅游的发展[J]. 北方经贸，（5）：74-75.

朱虹. 2014-11-05. 打造旅游业升级版[N]. 人民日报，第7版.

朱虹. 2014. 把旅游业建设为国民经济战略性支柱产业[J]. 江西社会科学，（8）：5-9.

朱晓辉. 2016. 我国西南地区区域性国际旅游集散地发展水平研究[J]. 云南师范大学学报，48（7）：96-107.

朱彦玲. 2011. 黑龙江省旅游区位研究[D]. 秦皇岛：燕山大学硕士学位论文.

朱银娇，袁书琪. 2005. 论旅游区位对区域旅游市场的影响[J]. 福建地理，20（4）：8.

朱永猛，马丽卿. 2012. 基于区位视角的宿迁旅游业发展探究[J]. 生态经济（学术版），（2）：229-232.

祝招玲，谢维光. 2010. 佳木斯市边境旅游发展模式研究[J]. 赤峰学院学报（自然科学版），26（1）：154-155.

邹辉. 2008. 区域旅游整合研究——以吉林省为例[D]. 长春：东北师范大学硕士学位论文.

左文君. 2017. 基于旅游资源整合的边境县域旅游产品提升研究——以勐腊县为例[D]. 昆明：云南师范大学硕士学位论文.

左文君，明庆忠，李圆圆. 2017. 全域旅游特征、发展动力和实现路径研究[J]. 乐山师范学院学报，11（11）：91-96，136.

Anaman K A, Ismail R A. 2002. Cross border-tourism from Brunei Darussalam to Eastern Malaysia: an empirical analysis[J]. The Singapore Economic Review, 47（1）：33-42.

Andrew L, Heather G. 2012. Sensation seeking and tourism: tourist role perception of risk and destination choice[J]. Tourism Management,（29）：240-250.

Arreola D D, Madsen K. 1999. Variability of tourist attraction on all international boundary: Sonora, Mexico border towns[J]. Visions in Leisure & Business, 4（17）：19-32.

Arrington A L. 2009. Competitive labor: divisions between Zambian and Zimbabwean workers[J]. African Studies, 68（1）：163-183.

Askew M, Cohen E. 2004. Piigrimage and prostitution: contrasting modes of border tourism in lower south Thailand[J]. Tourism Recreation Research, 29（2）：89-105.

Barera E, Trejo M. 2000. Pancho villa raids again: representations of aliens in heterotopia[J]. International Journal of Intercultural Relations, 24（5）：707-722.

Bauder M. 2015. Using GPS supported speed analysis to determine spatial visitor behavior[J]. International Journal of Tourism Research, 17（4）：337-346.

Bauder M, Freytag T. 2015. Visitor mobility in the city and the effects of travel preparation[J]. Tourism Geographies, 17（5）：682-700.

Bull A. 2004. The economics of travel and tourism[M]. Dalian: Dongbei University of Finance&Economics Press.

Butler R W. 1980. The concept of a tourism area cycle of evolution: implication for management of resources [J]. Canadian Geographer, 24（1）: 5-12.

Campbell C K. 1967. An approach to research in recreational geography[C]. Occasional Papers No. 7. University of British Columbia, Department of Giography, Vancouver: 85-90.

Canally C, Timothy D J. 2007. Perceived constraints to travel across the US-Mexico border among American university students[J]. International Journal of Tourism Research, 9（6）: 423-437.

Christie R. 2010. The tourism system: an introductory text[J]. NewJersey, Prentice Hall, Englewood Cliffs,（10）: 102-106.

Crompton J L, Mckay S L. 1997. Motives of visitors attending festival event[J]. Annals of Tourism Research, 24（2）: 425-439.

Deng M F, Athanasopoulos G. 2011. Modeling Australian domestic and international inbound travel: a spatial-temporal approach[J]. Tourism Management, 32（5）: 1075-1084.

Dredge D. 1999. Destination place planning and design[J]. Annals of Tourism Research, 26（4）: 772-791.

Drezner Z. 1995. Facility Location: A survey of Applications and Methods[M]. New York: Springer.

East D, Osborne P, Kemp S, et al. 2017. Combining GPS & survey data improves understanding of visitor behaviour[J]. Tourism Management, 61: 307-320.

Edwards D, Griffin T. 2013. Understanding tourists' spatial behaviour: GPS tracking as an aid to sustainable destination management[J]. Journal of Sustainable Tourism, 21（4）: 580-595.

Felsenstein D, Freeman D. 2001. Estimating the impacts of crossborder competition: the case of gambling in Israel and Egypt[J]. Tourism Management, 22（5）: 511-521.

Ferreira S. 2004. Problems associated with tourism development in Southern Africa: the case of transfrontier conservation areas[J]. GeoJournal, 60（3）: 301-310.

Gelbman A. 2008. Border tourism in Israel: conflict, peace, fear and hope[J]. Tourism Geographies, 10（2）: 193-213.

Gerard R. 1979. On behavioral and perception geography[J]. Annals of the Association of American Geographers, 69（3）: 463-464.

Gibbons J D, Fish M. 1987. Market sensitivity of U. S. and Mexican border travel[J]. Journal of Travel Research, 26（1）: 2-6.

Golumbeanu M, Nenciu M, Teohareva M, et al. 2014. Environmental sustainable tourism within the black sea region[J]. Journal of Environmental Protection and Ecology, 15（2）: 574-579.

Greer J. 2002. Developing trans-jurisdictional tourism partnerships-insights from the Island of Ireland[J]. Tourism Management, 23（4）: 355-366.

Gunn C A. 2012. Tourism Planning[M]. New York: Taylor&Francis Press.

Gunn C A, Var T. 2002. Tourism Planning: Basics Concepts Cases（4th ed）[M]. New York: Routledge.

Hachowiak H. 2006. Tourism and Borders: Contemporary Issues, Policies and International Research[M]. Burlington: Ashgate Publishing Company.

Hall C M. 2005. Bio-security and wine tourism[J]. Tourism Management, 26（6）: 931-938.

Hampton M P. 2010. Enclaves and ethnic ties: the local impacts of Singaporean cross-border tourism in Malaysia and Indonesia[J]. Singapore Journal of Tropical Geography, 31（2）: 239-253.

Hernández-Martín R, Simancas-Cruz M R, González-Yanes J A, et al. 2016. Identifying micro-destinations and providing statistical information: a pilot study in the Canary Islands[J]. Current Issues in Tourism, 19（8）: 771-790.

Hills T L, Lundgren J. 1977. The impact of tourism in the Caribbean: a methodological study[J]. Annals of Tourism Research, 4（5）: 248-267.

Horton S, Cole S. 2011. Medical returns: seeking health care in Mexico[J]. Social Science & Medicine, 72（11）: 1846-1852.

Huang X T, Wu B H. 2012. Intra-attraction tourist spatial-temporal behavior patterns[J]. Tourism Geographies, 14（4）: 625-645.

Igu G, Andreeva M, Nica A M. 2010. Education and training needs in the field of visitors receiving structures and tourism services in the lower Danube region[J]. Amfiteatru Economic, 12: 735-760.

Ilbery B, Saxena G. 2011. Integrated rural tourism in the English-Welsh Cross-border Region: an analysis of strategic, administrative and personal challenges[J]. Regional Studies, 45（8）: 1139-1155.

Ilbery B, Saxena G, Kneafsey M. 2007. Exploring tourists and gatekeepers' attitudes towards integrated rural tourism in the England-Wales border region[J]. Tourism Geographies, 9（4）: 441-468.

Inskeep E. 1991. Tourism Planning: An Integrated and Sustainable Approach[M]. The Hugne: Van Nostrand Reinnold.

Jakosuo K. 2011. Russia and the Russian tourist in Finnish tourism strategies: the case of the Karelian region[J]. Procedia-Social and Behavioral Sciences, 24: 1003-1013.

Jarosław K. 2012. The influence of the revitalization of former industrial urban areas on new urban and tourism spaces: case studies of Manchester and Lyon[J]. Tourism, 22（1）: 11-20.

Kiazig R, Popp M. 2011. Unterwegs in fremden Umgebungen. Ein praxeologischer Zugang zum "wayfinding" von Fußgängern[J]. Raumforschung und Raumordnung, 69 (1): 3-15.

Kidd A M, Monz C, D'Antonio A, et al. 2015. The effect of minimum impact education on visitor spatial behavior in parks and protected areas: an experimental investigation using GPS-based tracking[J]. Journal of Environmental Management, 162: 53-62.

Knetsch J L. 1963. Outdoor recreation demands and benefits[J]. Land Economics, (39): 386-391.

Korpilo S, Virtanen T, Saukkone T, et al. 2018. More than A to B: understanding and managing visitor spatial behaviour in urban forests using public participation GIS[J]. Journal of Environmental Management, 207: 124-133.

Kotus J, Rzeszewski M, Ewertowski W. 2015. Tourists in the spatial structures of a big Polish city: development of an uncontrolled patchwork or concentric spheres? [J]. Tourism Management, 50: 98-110.

Leask A. 2010. Progress in visitor attraction research: towards more effective management[J]. Tourism Management, 31 (2): 155-166.

Li C M, Zhao Y, Sun X Z, et al. 2011. Photography-based analysis of tourists' temporal-spatial behaviour in the old town of Lijiang[J]. International Journal of Sustainable Development and World Ecology, 18 (6): 523-529.

Lord K R, Putrevu S, Shi Y Z. 2008. Cultural influences on cross-border vacationing[J]. Journal of Business Research, 61 (3): 183-190.

Lovelock B, Boyd S. 2006. Impediments to a cross-border collaborative model of destination management in the Catlins[J]. Tourism Geographies, 8 (2): 143-161.

Lundgren J O J. 1982. The tourist frontier of Nouveau Quebec: functions and regional linkages[J]. Tourist Review, 37 (2): 10-16.

Mansfeld Y. 2015. Between war and peace: conflict heritage tourism along three Israeli border areas[J]. Tourism Geographies, 17 (3): 437-460.

Marsico G. 2016. The borderland[J]. Culture & Psychology, 22 (2): 206-215.

Martinez O J. 1994. The dynamics of border interaction: new approaches to border analysis[C]//Schofield C H, et al. World Boundaries, Vol. 1. Global Boundaries, London: Routledge: 1-15.

Matteo L, Matteo R. 1996. An analysis of Canadian cross border travel[J]. Annals of Tourism Research, 23 (1): 103-122.

Matznetter J. 1979. Border and tourism: fundamental relations[C]//Gruber J, Lamping H, Lutz W, et al. Tourism and borders: proceedings of the meeting of the IGU working group-geography of tourism and recreation. Frankfurt: Institut für Wirtschafts-und Sozialgeographie der Johann Wolfgang Goethe Univeersität: 61-73.

Michael C H. 2005. Bio-security and wine tourism[J]. Tourism Management, 26 (6): 931-938.

Milenkovi M M. 2012. Ecoregionalism-Factor cross-border cooperation and tourism development[J]. Procedia-Social and Behavioral Sciences, 44: 236-240.

Mings R C, McHagh K E. 1992. The spatial configuration of travel to Yellowstone National Park[J]. Journal of Travel Research, (30): 38-46.

Morill R. 1969. Waves of spatial diffusion[J]. Journal of Regional Science, 8: 119.

Niu Y F. 1996. The study on spatial linkage between the supply and demand of tourism[J]. Acta Geographica Sinica, 51 (1): 80-87.

O'Byrne D J. 2001. An empirical study of tourism into the Pearl River Delta[J]. Pacific Tourism Review, (5): 33-42.

Oppermann M. 1993. Tourism space in developing countries[J]. Annals of Tourism Research, 20 (3): 535-560.

Pearce D. 1995. Tourist today: a geographical analysis (the 2nd Edition) [M]. New York: Longman Press.

Perrou X F. 1950. Economic space: theory and applications[J]. The Quarterly Journal of Economics, 64 (1): 89-109.

Pettebone D, Newman P, Lawson S R. 2010. Estimating visitor use at attraction sites and trailheads in Yosemite National Park using automated visitor counters[J]. Landscape and Urban Planning, 97 (4): 229-238.

Pettersson R, Zillinger M. 2011. Time and space in event behaviour: tracking visitors by GPS[J]. Tourism Geographies, 13 (1): 1-20.

Plog S C. 1974. Why destination areas rise and fall in popularity [J]. Cornell Hotel & Restaurant Administration Quarterly, 42 (3): 13-24.

Plumptre A J, Kujirakwinja D, Treves A, et al. 2007. Transboundary conservation in the greater Virunga landscape: its importance for landscape species[J]. Biological Conservation, 134 (2): 279-287.

Prokkola E K. 2010. Borders in tourism: the transformation of the Swedish-Finnish border landscape[J]. Current Issues in Tourism, 13 (3): 223-238.

Raun J, Ahas R, Tiru M. 2016. Measuring tourism destinations using mobile tracking data[J]. Tourism Management, 57: 202-212.

Reginald G G. 2008. Behavioral geography and the theoretical/quantitative revolution[J]. Geographical Analysis, 40: 239-257.

Reime M, Hawkins C. 1979. Tourism development: a model for growth[J]. Cornell Hotel & Restaurant Administration Quarterly, (59): 71-82.

Saxena G, Ilbery B. 2010. Developing integrated rural tourism: actor practices in the English/Welsh border[J]. Journal of Rural Studies, 26 (3): 260-271.

Schernewski W, Jülich W D. 2001. Risk assessment of virus infections in the oder estuary (southern Baltic) on the basis of spatial transport and virus decay simulations[J].

International Journal of Hy-giene and Environmental Health, 203（4）: 317-325.

Schindler S, Curado N, Nikolov S C, et al. 2011. From research to implementation: nature conservation in the Eastern Rhodopes mountains (Greece and Bulgaria), European Green Belt[J]. Journal for Nature Conservation, 19（4）: 193-201.

Spierenburg M. 2011. The politics of the luminal and the limuloid in trans-frontier conservation in southern Africa[J]. Anthropology Southern Africa, 34（2）: 81-88.

Spierings B, van der Velde M. 2013. Cross-border differences and unfamiliarity: shopping mobility in the Dutch-German Rhine-Waal Euroregion[J]. European Planning Studies, 21（1）: 5-23.

Stephen L J S. 2004. Broadening the Viewpoints of Tourism Measurement[M]. Beijing: China Statistic Press.

Stoffelen A, Vanneste D. 2017. Tourism and cross-border regional development: insights in European contexts[J]. European Planning Studies, 25（6）: 1013-1033.

Sullivan P, Bonn M A, Bhardwaj V, et al. 2012. Mexican national cross-border shopping: exploration of retail tourism[J]. Journal of Retailing and Consumer Services, 19（6）: 596-604.

Timothy D J. 1999. Cross-border partnership in tourism resource management: international parks along the US-Canada border[J]. Journal of Sustainable Tourism, 7（3-4）: 182-205.

Timothy D J. 2001. Tourism and Political Boundaries[M]. London and New York: Routledge.

Timothy D J, Butler R W. 1995. Cross-border shopping: a North American perspective[J]. Annals of Tourism Research, 22（1）: 16-34.

Timothy D J, Butler R W. 2002/2003. Promoting alpine cross border tourism but without a major player[J]. HSMAI Marketing Review, （20）: 73-76.

Timothy D J, Tosun C. 2003. Tourists' perceptions of the Canada-USA border as a barrier to tourism at the International Peace Garden[J]. Tourism Management, 24（4）: 411-421.

Valdez A, Sifaneck S J. 1997. Drug tourists and drug policy on the U. S. -Mexican Border: an ethnographic investigation of the acquisition of prescription drugs[J]. Journal of Drug Issues, 27（4）: 879-897.

Webster C, Timothy D J. 2006. Travel ling to the 'Other Side': the occupied zone and Greek Cypriot views of crossing the Green Line[J]. Tourism Geographies, 8（2）: 162-181.

Xia J, Zeephongsekul P, Packer D. 2011. Spatial and temporal modeling of tourist movements using Semi-Markov processes[J]. Tourism Management, 32（4）: 844-851.

Yilmaz O, Mansuroglu S, Yilmaz R. 2013. SWOT analysis of ecotourism as a tool for sustainable development: a case research in north-west black sea coastal zone of Turkey[J]. Journal of Environmental Protection and Ecology, 14（2）: 786-798.

Yuji Y, Sovolevsky S, Ratti C, et al. 2014. An analysis of visitors' behavior in the Louvre Museum: a study using Bluetooth data[J]. Environment & Planning B: Planning & Design,

41（6）：1113-1131.

Yun H J，Park M H. 2015. Time-space movement of festival visitors in rural areas using a smart phone application[J]. Asia Pacific Journal of Tourism Research，20（11）：1246-1265.

Zoltan J，McKercher B. 2015. Analysing intra-destination movements and activity participation of tourists through destination card consumption[J]. Tourism Geographies，17（1）：19-35.

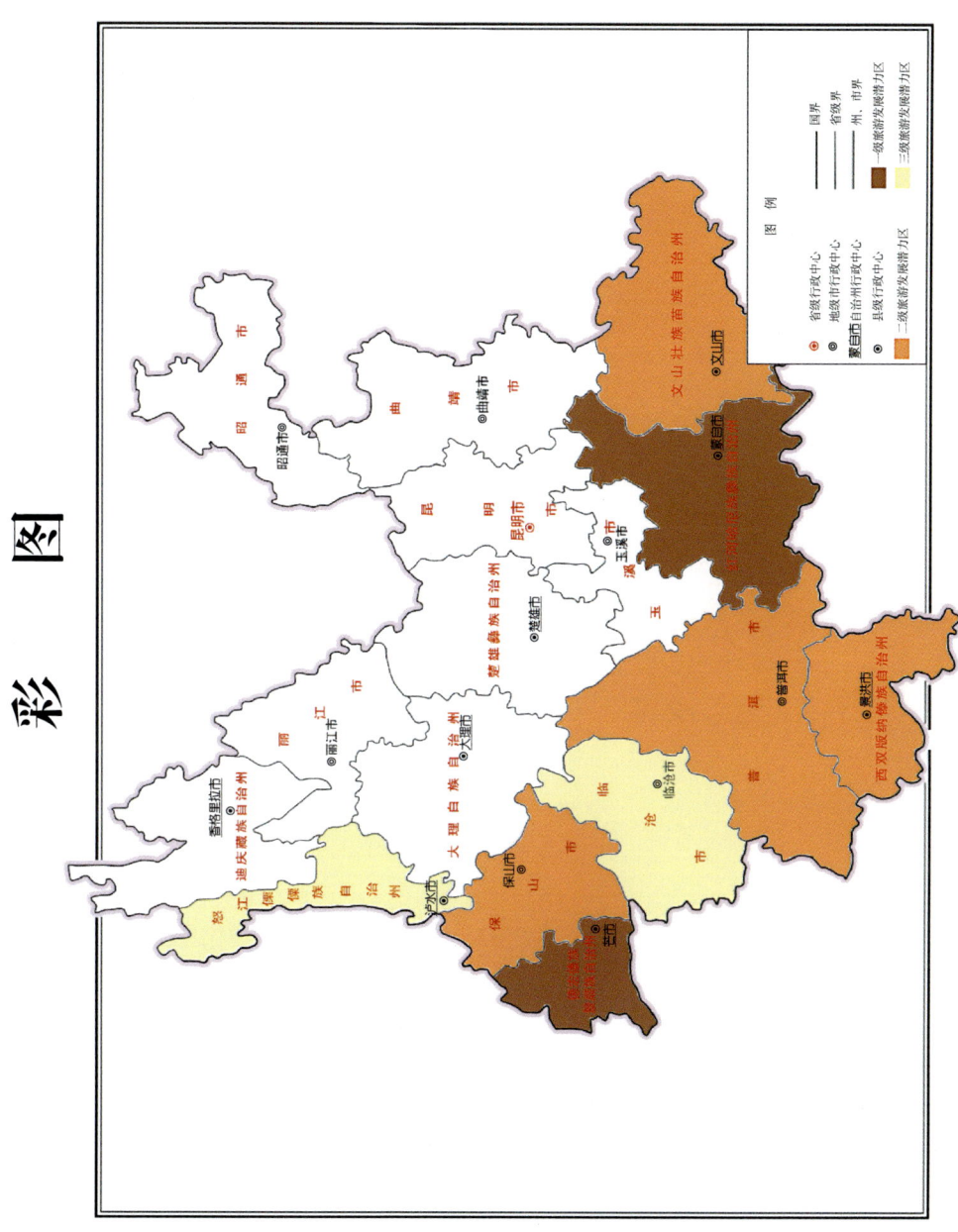

图 2-6 云南省边境各州（市）旅游发展潜力等级分布图

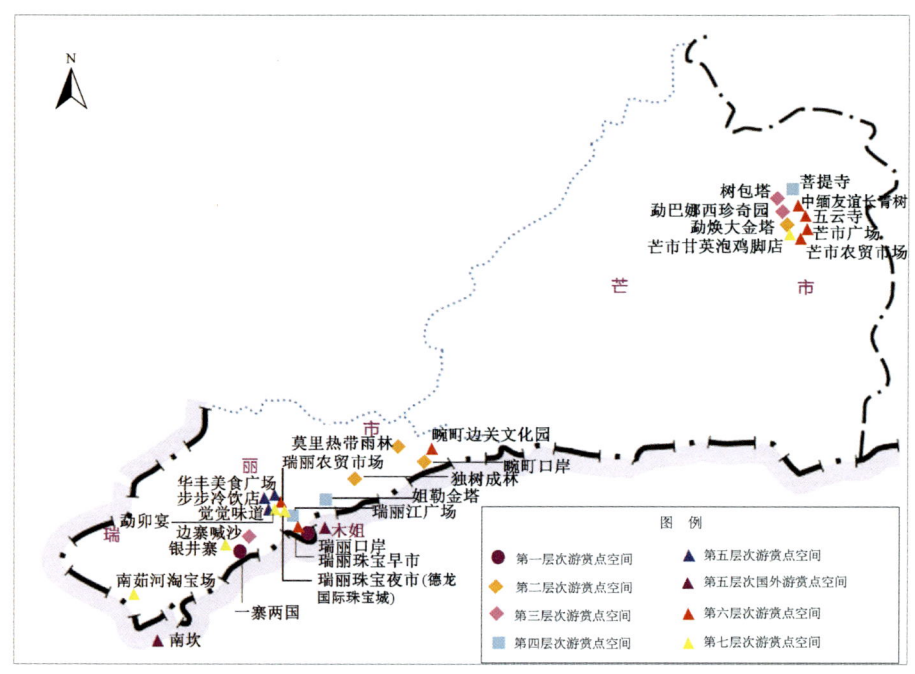

图 4-10　德宏州边境旅游主要游赏点空间层次与分布图

图 4-11　德宏州主要游赏点分布区域图

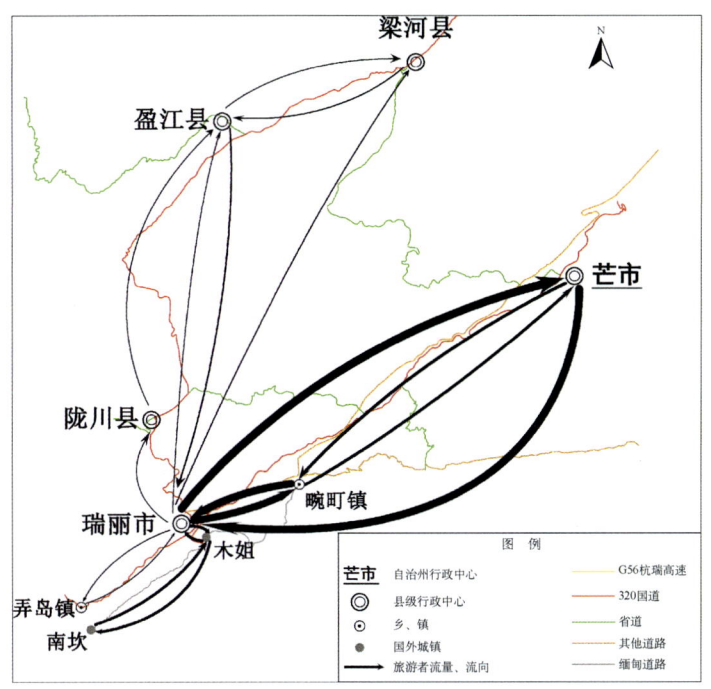

图 4-16　德宏州边境旅游者线空间行为与道路交通线空间关系图

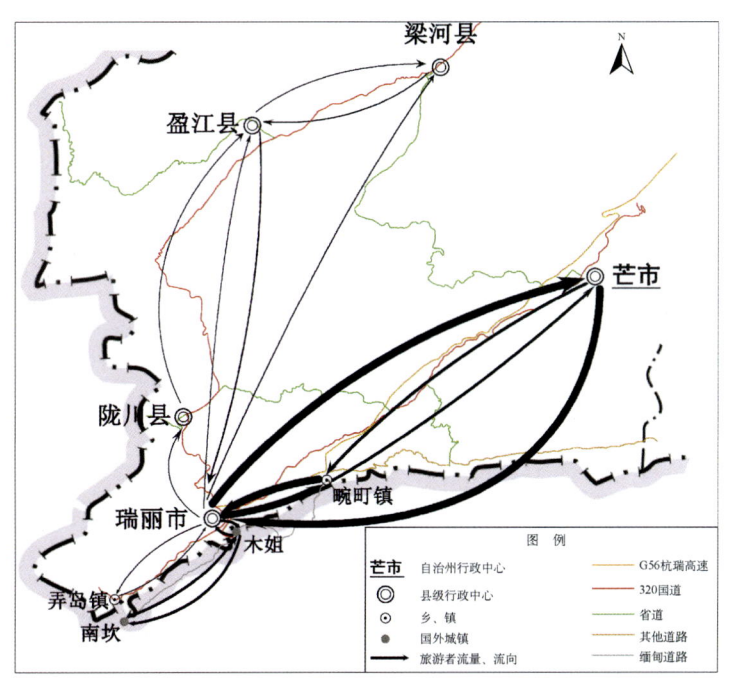

图 4-17　德宏州边境旅游者线空间行为与国界线空间关系图

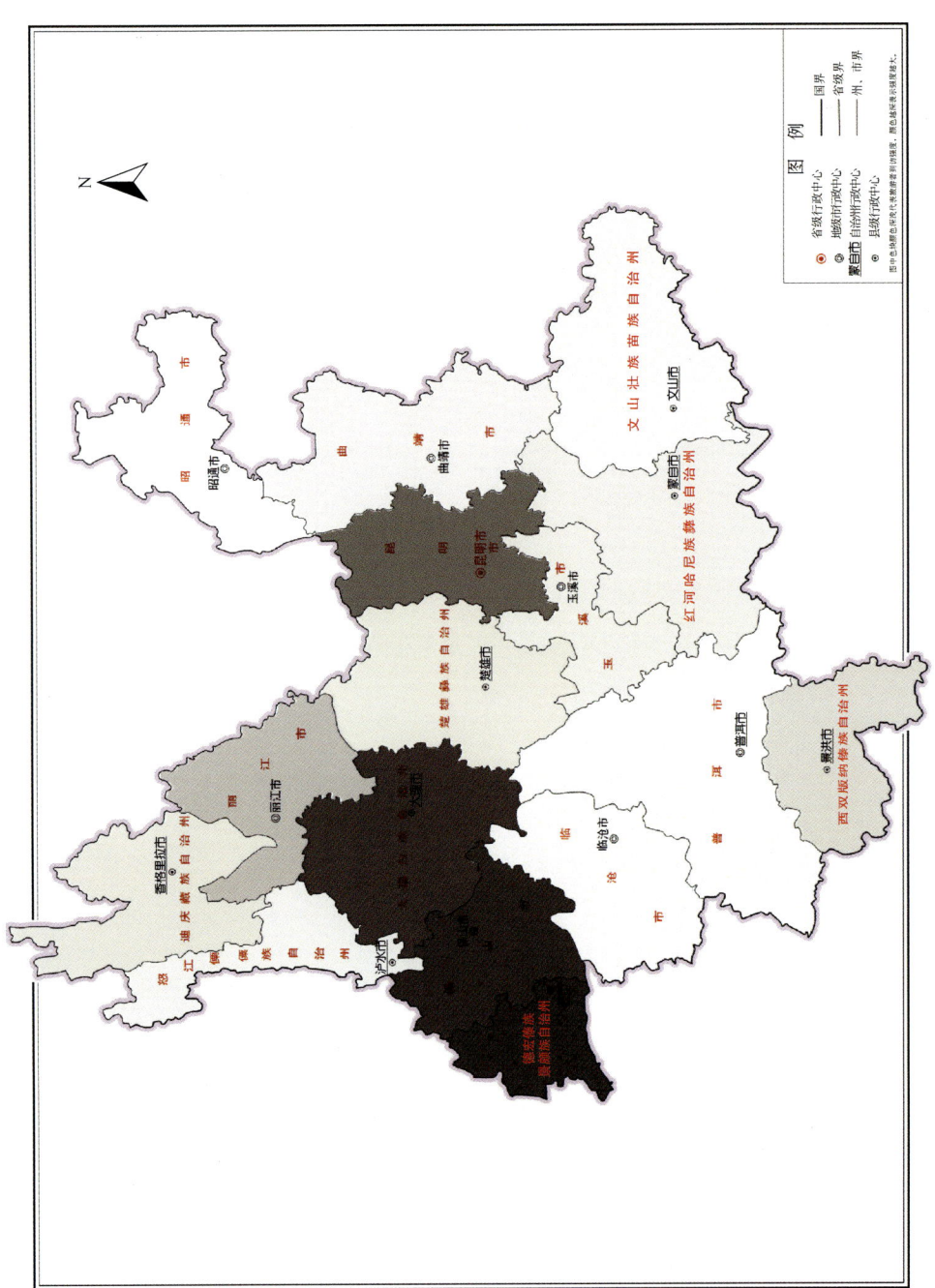

图 4-19 德宏州边境旅游者在云南省各州（市）的游赏强度分布图

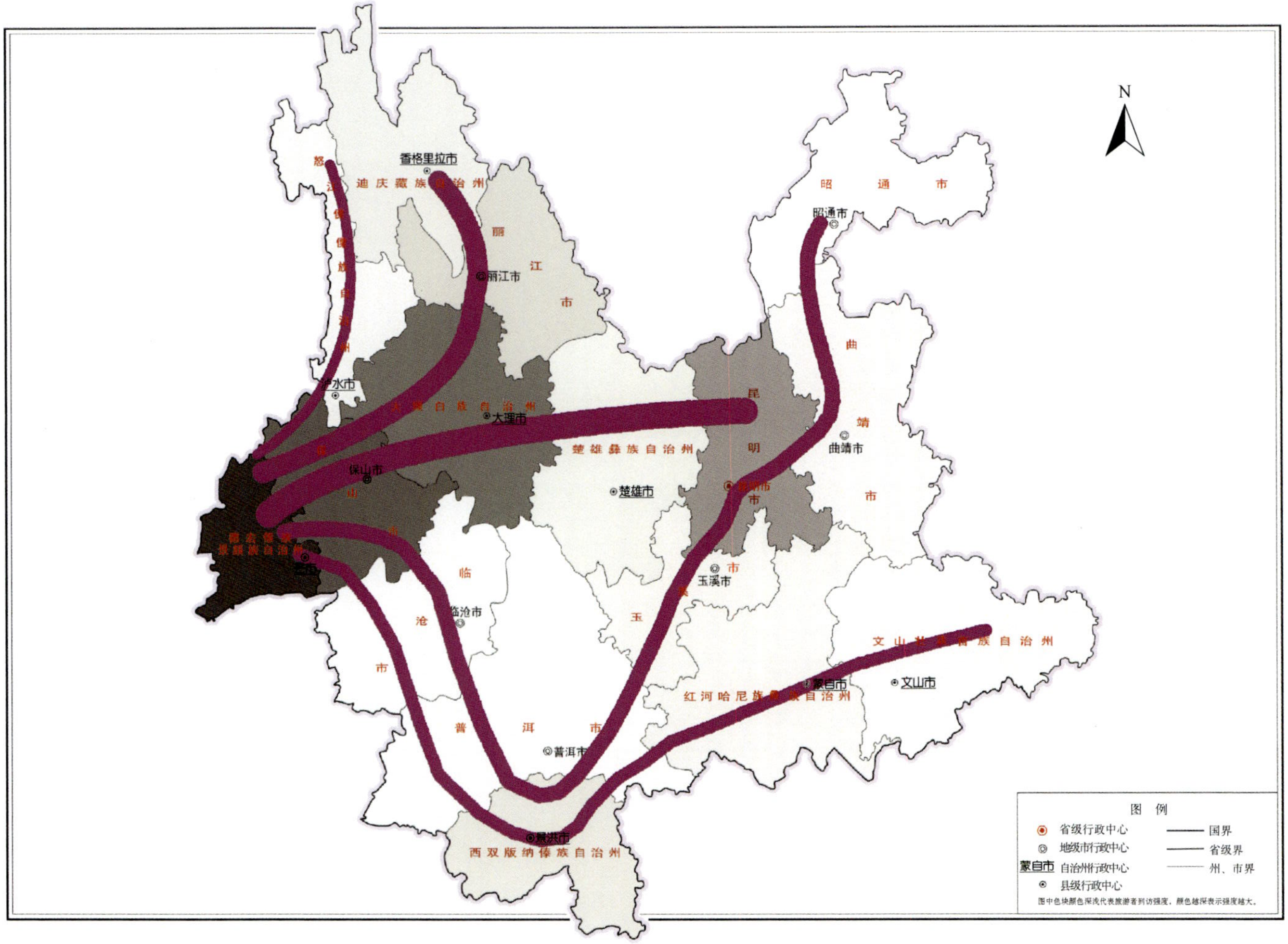

图 4-20 云南省各州（市）与德宏州旅游空间联系图

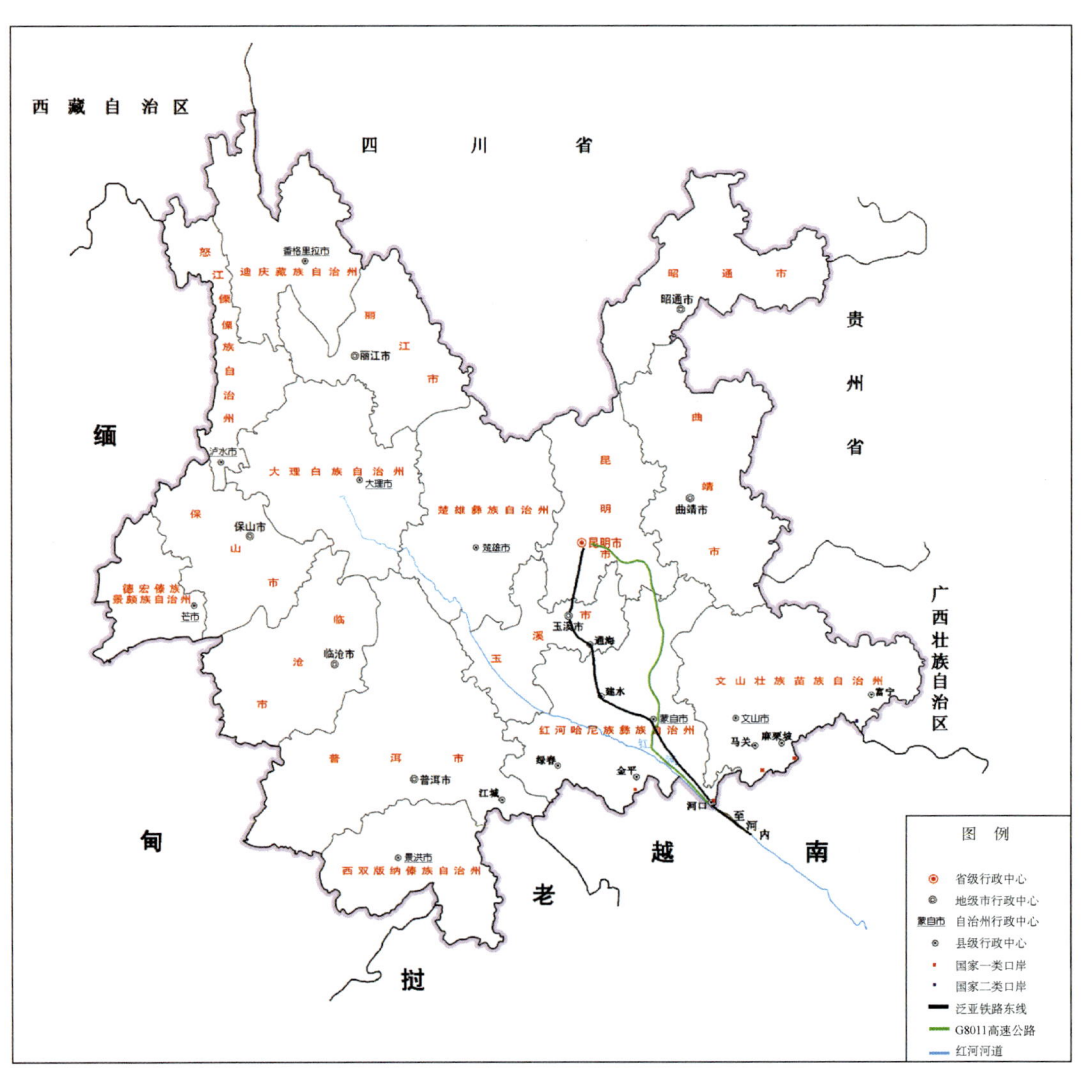

图 6-1 云南省中越边境区域概况图

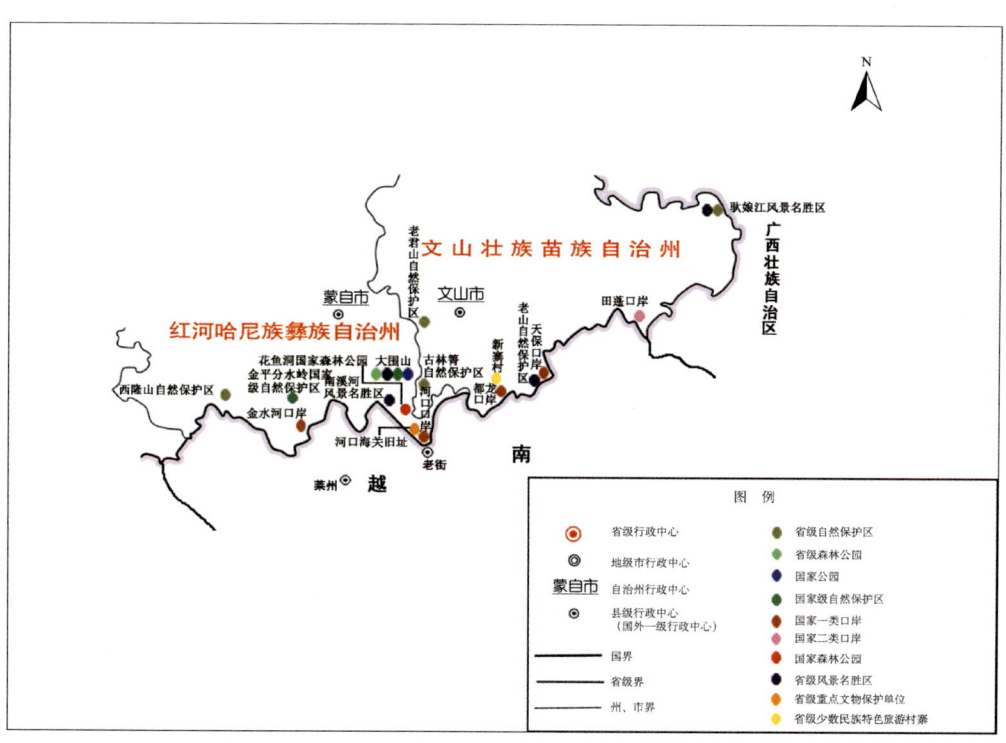

图 6-4 云南省中越边境口岸区域列级旅游资源空间分布图

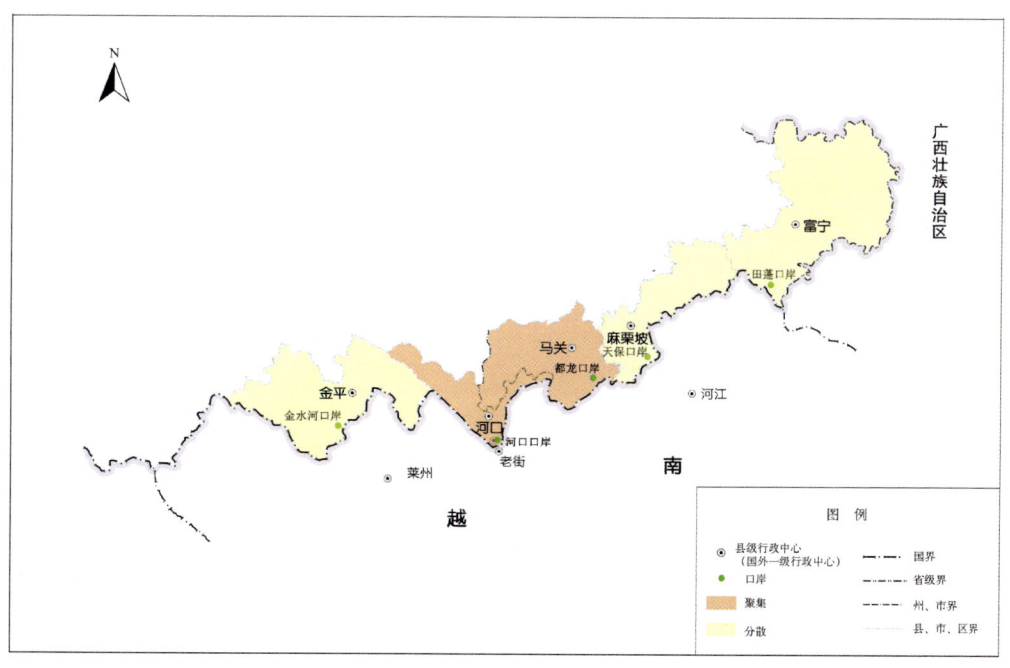

图 6-5 云南省中越边境口岸区域高质量旅游资源空间分布特征图

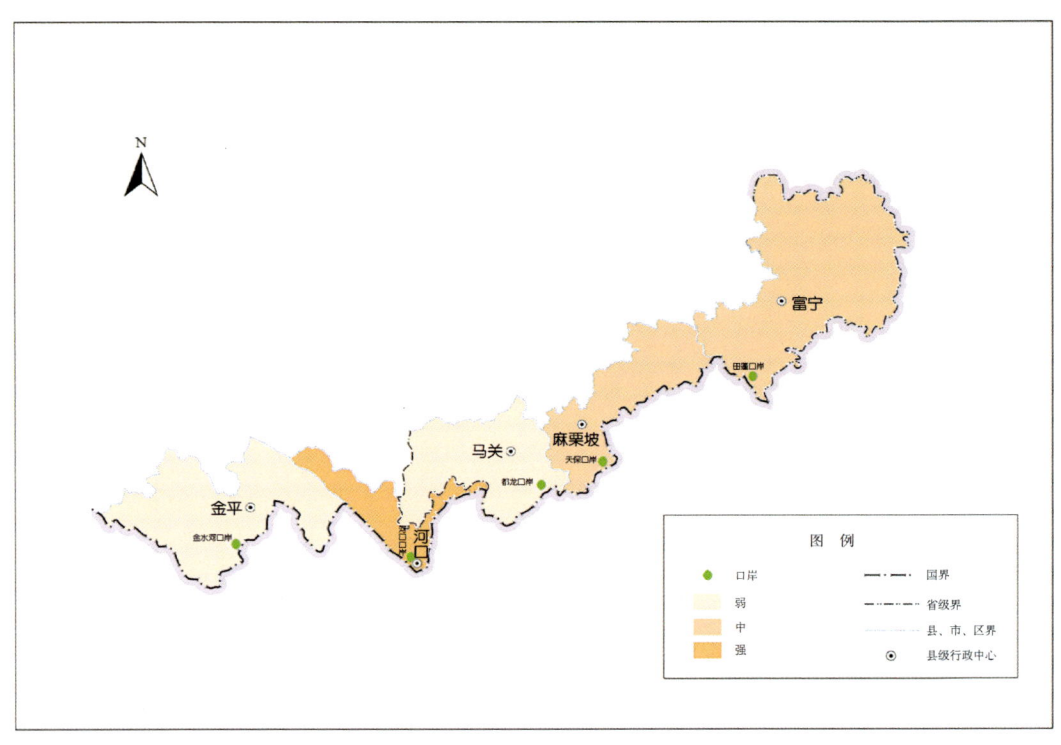

图 6-7　云南省中越边境口岸区域县域旅游综合实力空间格局

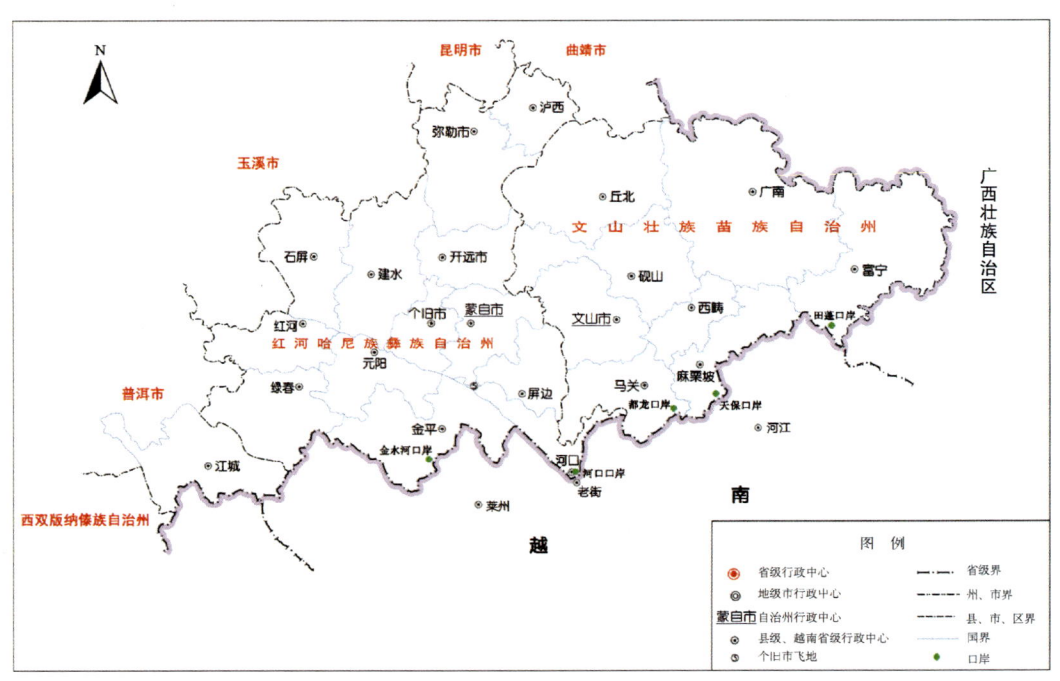

图 6-10　云南省中越边境口岸旅游空间拓展示意图

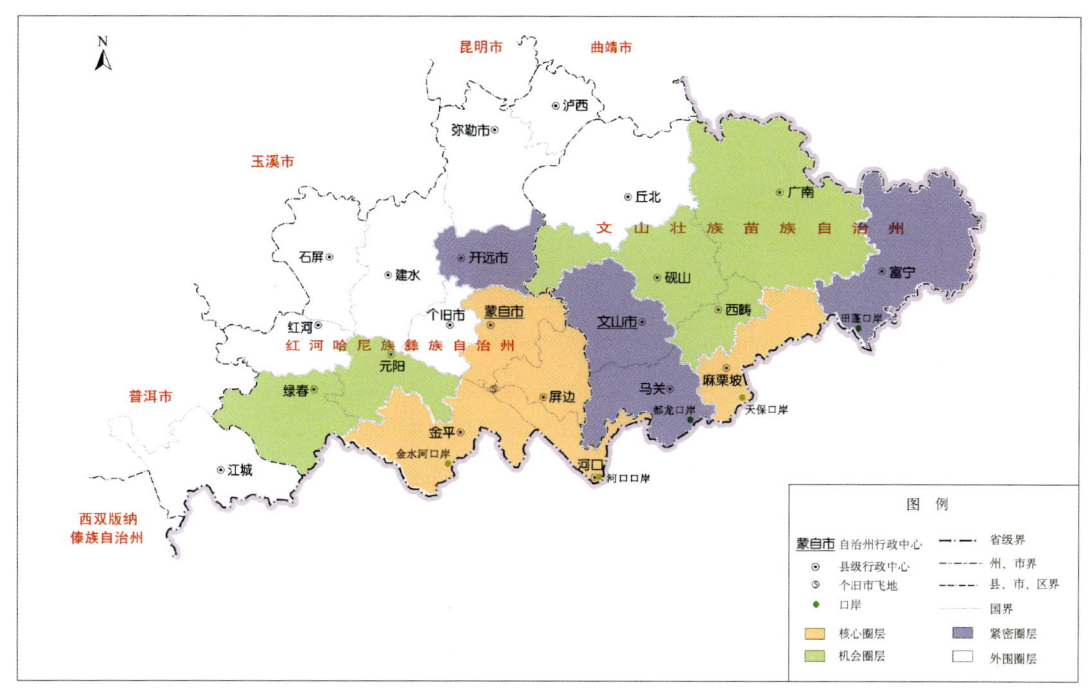

图 6-11 云南省中越边境口岸旅游辐射区域与辐射强度圈层结构

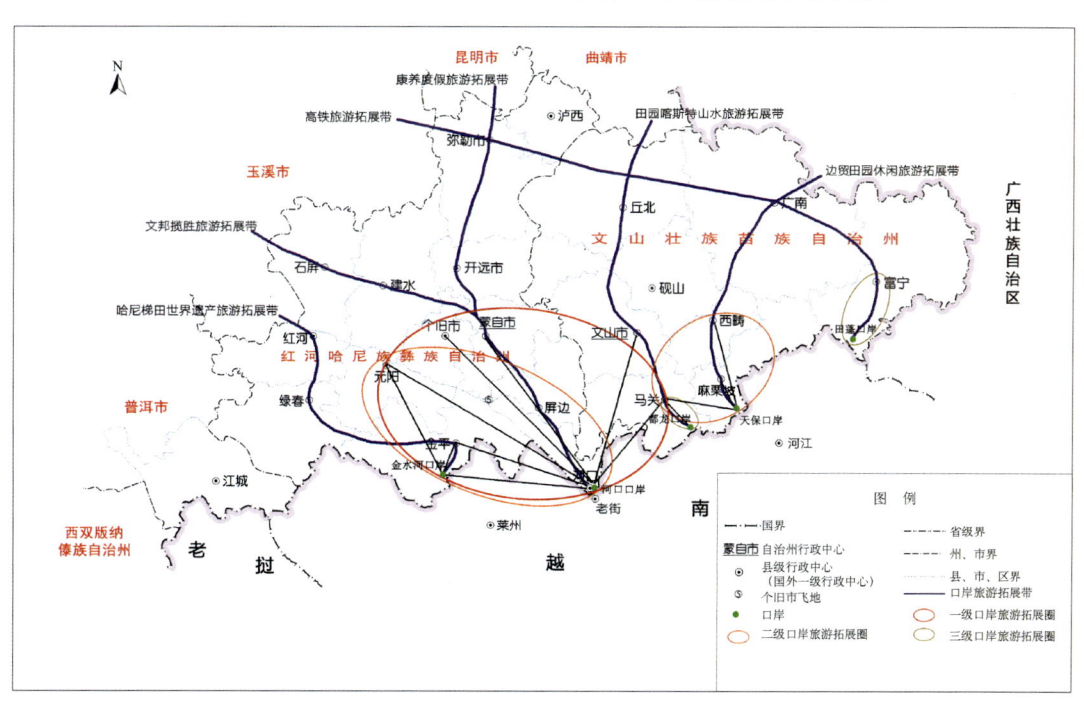

图 6-13 云南中越边境口岸旅游空间拓展图

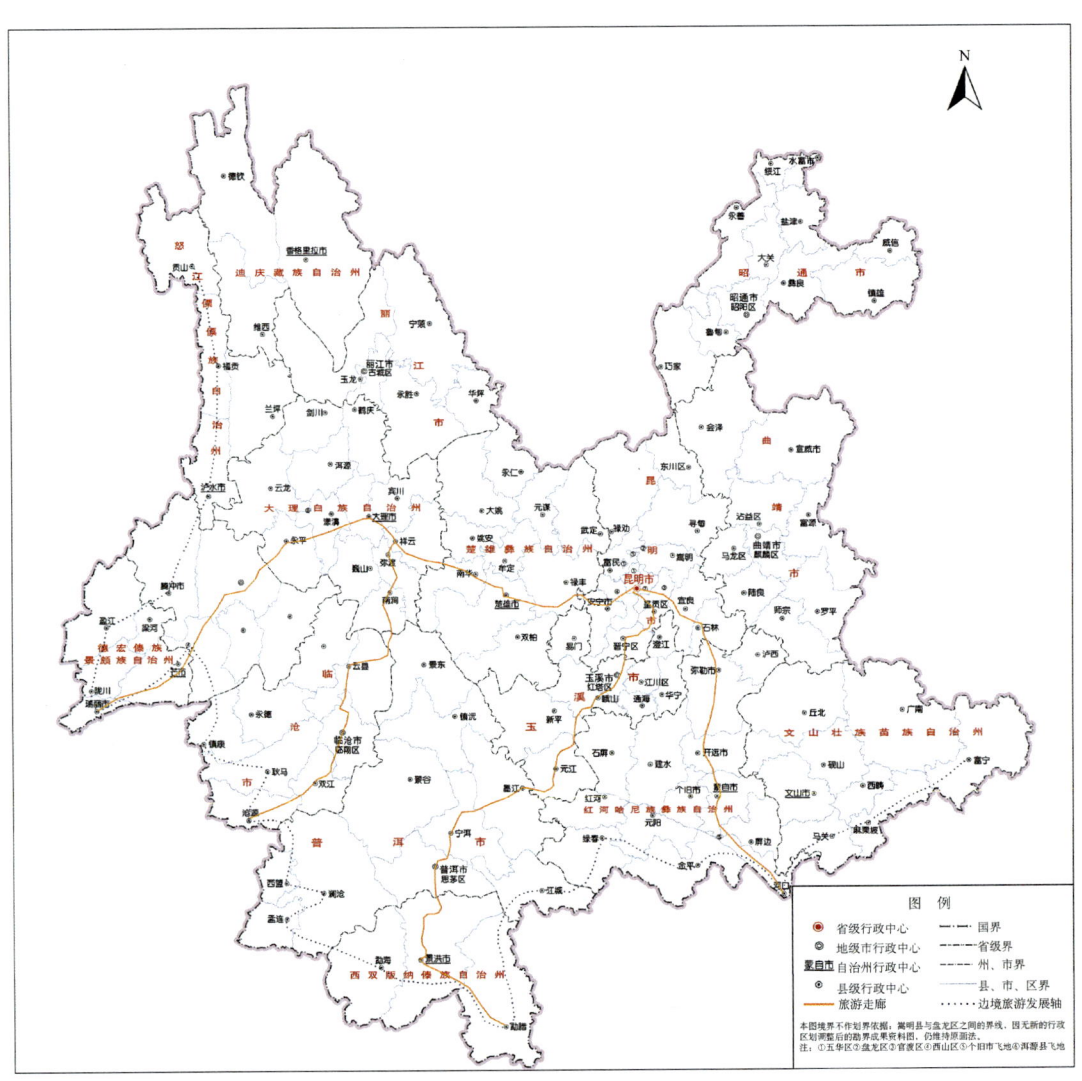

图 7-11 云南省边境旅游轴域发展模式空间布局图

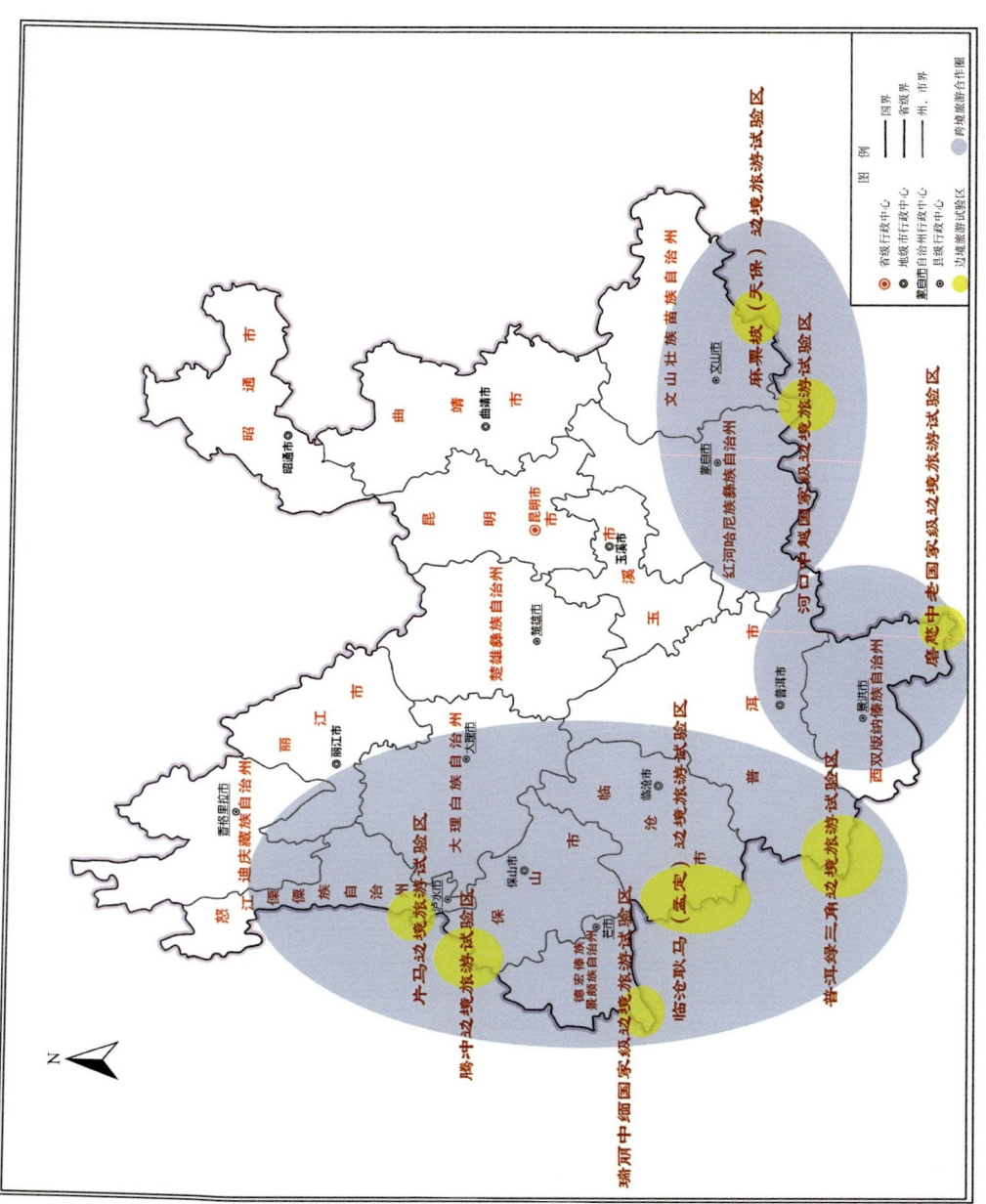

图 7-12 云南省边境旅游圈区域发展模式空间布局图